IL DIRITTO MARITTIMO

ATTRAVERSO I CASI
E LE CLAUSOLE CONTRATTUALI

Gli Autori devolvono integralmente i proventi spettanti dai diritti d'autore sulle vendite di quest'opera all'AISLA (Associazione Italiana Sclerosi Laterale Amiotrofica).

SERGIO M. CARBONE - PIERANGELO CELLE - MARCO LOPEZ DE GONZALO

IL DIRITTO MARITTIMO

ATTRAVERSO I CASI E LE CLAUSOLE CONTRATTUALI

Sesta edizione

G. Giappichelli Editore

VIA PO, 21 - TEL. 011-81.53.111 - FAX 011-81.25.100
http://www.giappichelli.it

ISBN/EAN 978-88-921-3662-5

Stampa: Stampatre s.r.l. - Torino

Indice

6. Porti e attività portuali

7. La tutela dell'ambiente marino dall'inquinamento

8. La vendita marittima

14. I sinistri ed il soccorso in mare

15. Le assicurazioni marittime

16. La tutela dei diritti

Il metodo e la materia
Introduzione alla sesta edizione

1. A quasi venticinque anni dalla prima edizione, questo volume, originariamente redatto come raccolta di lezioni e di materiali utilizzati a fini didattici, si è progressivamente sempre più trasformato. Tale evoluzione, peraltro, è avvenuta senza perdere i caratteri che l'hanno contraddistinto sin dall'inizio e l'hanno fatto apprezzare presso gli studenti ed anche da parte dei giudici e dagli avvocati che hanno avuto la cortesia di utilizzarlo. Ne è risultato così un manuale fortemente ispirato a descrivere il diritto marittimo come si presenta "in action", nella realtà dell'evoluzione della pratica giurisprudenziale e del concreto modo in cui si pone nell'ambito dei rapporti del commercio internazionale. Pertanto, non già come è descritto nel codice della navigazione e attraverso le sue ricostruzioni teoriche "in books".

2. Ne deriva la specialità di tale disciplina sempre più accentuata dalle caratteristiche dell'ambiente in cui opera e dalla marcata origine internazionale delle sue fonti, oltreché dai principi normativi e delle pratiche del commercio internazionale, la cui esecuzione è partecipe di una "fase marittima". La ricostruzione di tale evoluzione consente di superare i limiti e le specificità delle varie soluzioni adottate, volta a volta, nella pratica e di verificare l'attualità di quelle regolate nel codice della navigazione.

Di questi sviluppi è stata, anzitutto, testimone ed interprete la giurisprudenza dei diversi paesi coinvolti nel garantire la regolare esecuzione dei rapporti marittimi. Ma un ruolo altrettanto essenziale è stato svolto dai concreti comportamenti delle parti di tali rapporti e in particolare dalle loro reazioni rispetto alle deroghe a vario titolo eventualmente adottate rispetto agli assetti degli interessi concreti di cui agli esiti della pratica maturata al riguardo, tenendo conto anche dei principi e delle specifiche norme di ordine pubblico rilevanti nell'ambito dei Paesi interessati alla loro esecuzione.

3. Per tale ragione, la giurisprudenza e la pratica dei traffici marittimi, insieme ai conseguenti effetti che si sono concretamente affermati nell'ambiente del commercio internazionale, hanno sempre rappresentato, e tutt'ora rappresentano, il punto ineludibile di riferimento per la descrizione della disciplina dei rapporti e delle situazioni che gravitano intorno alla spedizione marittima e più in generale al fatto tecnico della navigazione.

Nell'ambito dell'esperienza innanzi accennata è stata anche rivalutata, e pertanto si cercherà di rivalutare anche in questa sede, quella parte "pubblicistica" della disciplina della navigazione e delle attività dipendenti dall'utilizzo degli spazi marittimi e portuali oltreché dalle modalità di gestione dei trasporti e delle relative infrastrutture. Tanto più che, al riguardo, rilevano il modello organizzativo dei traffici marittimi oltreché della gestione e del controllo di tali spazi sulla scorta degli strumenti negoziali ed autoritativi messi a disposizione, in particolare dall'ordinamento italiano, a favore degli enti e dei soggetti che ne devono assumere la responsabilità.

4. Peraltro, anche a questo proposito, i cambiamenti intervenuti rispetto all'originario disegno normativo del codice della navigazione risentono grandemente della internazionalità sempre più caratterizzante l'ambiente marittimo ed in particolare degli effetti determinanti nella disciplina del settore marittimo derivanti dalla partecipazione del nostro Paese ad organizzazioni sovranazionali (in particolare, alla Unione europea). Si pensi, ad esempio, alle modifiche apportate alla disciplina del nostro sistema portuale dagli interventi decisivi operati al riguardo da parte degli organi giurisdizionali dell'Unione europea ed attraverso i suoi atti normativi. Anche a tali profili, pertanto, non si è potuto fare a meno di assegnare il dovuto rilievo.

5. In questa nuova edizione si è cercato di meglio razionalizzare l'utilizzazione e l'impiego del materiale rilevante per una più compiuta comprensione degli istituti descritti nei vari capitoli secondo il metodo adottato nei corsi di diritto della navigazione nel Dipartimento e nella Facoltà di Giurisprudenza delle Università di Genova e di Milano, dal cui svolgimento ha tratto lo spunto, sin dalle sue origini, il presente lavoro.

SERGIO M. CARBONE

1. Le fonti

1. L'ambiente marittimo ed il fatto tecnico della navigazione

Lo studio del diritto marittimo non può prescindere da due rilievi fondamentali che giustificano le sue origini e le sue peculiarità consentendo di individuare, in tale prospettiva, anche i più corretti criteri per la sua interpretazione e per anticiparne gli sviluppi.

Da un lato, la rilevanza assunta nella sua disciplina dalla presenza di specifiche caratteristiche operative che incidono sulla disciplina dei rapporti ed in genere delle situazioni da regolare in funzione della loro gravitazione nell'ambito del, o quanto meno del loro collegamento particolarmente intenso con il, c.d. "fatto tecnico della navigazione". E cioè, di quelle situazioni che si caratterizzano per la particolare localizzazione dei beni e dei rapporti relativi alla spedizione marittima e le peculiarità delle "tecniche" nautiche e giuridiche in tale ambito impiegate che richiedono, tra l'altro, di affrontare e razionalizzare la distribuzione dei rischi della navigazione adeguando alle loro specificità le previsioni relative agli istituti da impiegare, oltreché la disciplina degli atti relativi all'esercizio della nave e della stessa "comunità viaggiante" di persone e di beni che si trovano a bordo. Tanto da giustificare l'esistenza di un vero e proprio *corpus* normativo le cui fonti hanno diverse origini ed effetti.

Si tratta quindi di un *corpus* di norme specificamente dedicate al fenomeno in esame, caratterizzato da una disciplina particolare che, oltre ad essere speciale, è stata ricostruita come tendenzialmente completa ed autosufficiente tanto da essere stata considerata in un passato non lontano addirittura come "autonoma" rispetto alle corrispondenti normative (ed ai principi) del diritto comune.

Dall'altro lato, le peculiarità proprie dell'ambiente marittimo interessato allo sfruttamento delle opportunità che presentano la spedizione marittima ed i relativi rapporti ad essa intimamente connessi che difficilmente possono essere ricondotti e regolati all'interno di un solo, e tanto meno esclusivo, ordinamento statale. L'ambiente marittimo, infatti, è caratterizzato proprio dalla sua presenza in diversi ambiti spaziali riconducibili a differenti Stati in cui si trovano variamente localizzati i diversi interessi, le opportunità ed i rischi relativi al fatto tecnico della navigazione ed alla spedizione marittima.

Un ambiente quest'ultimo caratterizzato anche dalla presenza di soggetti dotati di adeguate disponibilità e di mezzi che consentono di condividere al loro interno, volta a volta, tra tutti coloro che ad esso partecipano, o solamente tra alcuni di essi, i relativi rischi generali e specifici delle varie operazioni con conseguente effetto distributivo dei relativi oneri e vantaggi. Ma non soltanto. La distribuzione di tali rischi e delle eventuali responsabilità comporta anche la determinazione di precisi limiti massimi stabiliti in funzione, e tenendo conto, della loro effettiva esigibilità secondo indicazioni fornite dal mercato dello specifico settore delle assicurazioni marittime oppure sulla scorta di criteri mutualistici o di altre particolari tecniche di condivisione del rischio adottate nel settore marittimo a volte anche con relativo diretto coinvolgimento anche degli Stati.

L'ambiente marittimo, quindi, si presenta ed opera come un vero e proprio "cluster" unitario e coeso oltreché insofferente a qualsiasi interferenza esterna ed in particolare alle interferenze normative statali di cui cerca di evitare gli effetti nella massima misura possibile, senza che ciò comporti l'esclusione dell'impiego di nozioni e concetti ricavati dalle esperienze e dalle tradizioni di alcuni ordinamenti statali (specialmente di *common law* ed in particolare dell'ordinamento inglese). Infatti, di tali nozioni e concetti si riscontra un frequente utilizzo sulla base del loro volontario impiego nell'ambito marittimo allorché risultano particolarmente idonei ad esprimere lo specifico ed adeguato parametro valutativo di riferimento coerente con gli equilibri maturati nel mercato in virtù della mediazione tra i, e nella composizione dei, vari interessi coinvolti nei rapporti che gravitano intorno al fatto tecnico della navigazione marittima, al di là di quanto dispone la specifica legge regolatrice di tali rapporti o l'ordinamento statale in cui devono essere portati ad esecuzione.

Tale coesione ed unitarietà del sistema di cui il cluster marittimo è espressione si presentano, come tali, anche nei confronti degli Stati e nei loro ordinamenti, pur nella consapevolezza che nell'attuazione all'interno di tali spazi di sovranità statale i vari rapporti conclusi e gli atti adottati non potranno fare a meno di tener conto dei, e di adattarsi quanto meno ai, principi di ordine pubblico economico internazionale ivi vigenti. Comunque, in alcune circostanze, gli ordinamenti statali e la disciplina operante nel loro ambito si rivelano addirittura essenziali nella stessa ottica condivisa dalle parti interessate all'esecuzione dei vari rapporti, assumendo anche un ruolo ancillare e complementare al fine di completarne o precisarne la disciplina.

Infatti, in tal modo risulta possibile più facilmente giovarsi anche degli strumenti disponibili nell'ordinamento internazionale allorché risultano modellati sulla scorta di analoghi criteri, principi e nozioni adottati nei predetti ordinamenti, per portare a compimento e ad esecuzione atti volta a volta adottati secondo specifiche procedure interne al cluster. Tanto più nei casi in cui di tali atti è richiesto l'impiego per garantirne l'effettività non conseguibile altrimenti in virtù del solo volontario ed immediato riscontro adesivo da parte dei vari soggetti a vario titolo ad essi interessati.

2. Limiti e caratteristiche della c.d. autonomia del diritto marittimo. La sua specialità

Questi rilievi, già di per sé, evidenziano quanto fosse irrealistico l'obiettivo di cristallizzare, riformulare e codificare la complessa normativa operante nell'ambiente marittimo all'interno e secondo gli specifici principi propri del particolare ordinamento italiano nella convinzione di poterla offrire in tal modo con successo al mercato o addirittura di poterla imporre nei suoi confronti.

In questo senso, il codice della navigazione è subito risultato, di per sé, velleitario e inadeguato. Di esso, infatti, si è notato una immediata insoddisfazione della pratica. Ci si è invece trovati in presenza di sempre più pressanti esigenze e precise indicazioni emergenti dal mercato contrarie all'utilizzo ed all'impiego del codice della navigazione. Tanto più che tali indicazioni negative sono state variamente caratterizzate da una spiccata capacità di imporsi nella pratica, e quindi da una adeguata effettività, attraverso diverse tecniche senza esitazione adottate nell'ambiente marittimo oltreché nella pratica mercantile.

Si riafferma piuttosto la sempre più significativa importanza della speciale disciplina adottata all'interno del cluster marittimo con specifica incidenza limitativa dei suoi effetti solamente riconducibile (i) a normative internazionali di diritto uniforme le cui formulazioni consolidano e fanno convergere soluzioni incorporandone contenuti provenienti da diverse origini e da vere e proprie convenzioni interstatuali oppure (ii) ai contenuti emergenti da consolidati esiti giurisprudenziali condivisi in varie sedi particolarmente qualificate dal ruolo ad esse assegnato dalla tradizione, dalla loro importanza e dalla posizione privilegiata da esse di fatto assunta nel cluster marittimo all'interno del mercato dei relativi traffici oltreché (iii) ad altri atti rilevanti in ambito internazionale soprattutto allorché risultino formulati secondo criteri idonei ad essere utilizzati con effetti direttamente ed immediatamente operativi nei confronti delle imprese ed in generale degli utenti dei servizi marittimi.

Ne risulta, pertanto, un ridimensionamento dell'importanza e degli effetti del codice della navigazione e di quella corrente di pensiero che a suo tempo ha cercato di ricostruire il diritto marittimo (e, più in generale, il diritto della navigazione) su base nazionale ed in tale ambito come un vero e proprio sistema autonomo dotato di propri principi almeno tendenzialmente idonei a fornirne una descrizione completa ed idonea ad imporsi nella pratica.

In realtà, tale impostazione, non realistica e superata per le ragioni innanzi esposte, ha avuto il merito di affrancare il diritto marittimo (ed aeronautico) dalla posizione ancillare e subordinata che esso aveva, quanto meno nel nostro ordinamento, rispetto alle altre discipline giuridiche ed ha consentito di rappresentarlo in termini scientificamente più rigorosi tanto da poterlo configurare come una delle varie scienze giuridiche (pur nei limiti della configurabilità delle discipline giuridiche in termini di vere e proprie scienze).

Essa, peraltro, proprio per tali ragioni, trova tutt'ora tracce tangibili nell'ordinamento italiano ed in particolare, come già accennato, nel nostro codice della navigazione del 1942, configurato come corpo separato rispetto al codice civile. Quest'ultimo viene collocato addirittura all'ultimo gradino delle fonti rilevanti al riguardo secondo l'elencazione specificamente operata nello stesso art. 1 cod. nav., ove risulta preceduto sia dalle altre norme previste in leggi speciali sia da quelle prodotte dagli usi o risultanti dall'estensione analogica dei contenuti delle stesse norme appartenenti all'interno del sistema del diritto della navigazione. Si tratta, comunque, come ormai ampiamente riconosciuto, di una impostazione largamente eccedente rispetto a quanto necessario per soddisfare le esigenze innanzi accennate e le specificità di una normativa adeguata a regolare le situazioni che gravitano attorno al fatto tecnico della navigazione. Tale disciplina, infatti, pur caratterizzata dalla sua specialità, richiede un suo opportuno e continuo coordinamento con i principi di diritto comune riscontrabili nello stesso ambiente marittimo internazionale e negli ordinamenti interni secondo gli equilibri e le interazioni tra essi esistenti secondo quanto indicato alla fine del precedente paragrafo.

Quest'ultima normativa nel suo complesso, con le sue derivazioni da diverse fonti, pertanto, si pone piuttosto come speciale o "particolare" rispetto alla disciplina dei corrispondenti rapporti di diritto civile e commerciale oltreché di quelle del diritto pubblico (internazionale ed interno) sino a comprendere in tale "particolarità" anche parziali deroghe agli stessi principi generali. Si è così ricostruito un complesso organico di istituti e rapporti collegati per la loro comune formulazione e funzione rivolte a soddisfare le specifiche esigenze o addirittura le necessità imposte dai caratteri della spedizione marittima oltreché le modalità con cui essa si presenta con particolare riguardo al suo gravitare intorno al fatto tecnico della navigazione. In tal modo, peraltro, da un lato, si esclude che l'elaborazione nazionale di tale normativa operata dal codice della navigazione possa essere considerata completa ed esclusiva e tanto meno prevalente rispetto a qualsiasi altra norma o principio al riguardo applicabile. Dall'altro, si evidenzia che la sua rappresentazione in termini di autonomia, unitarietà ed esaustività si pone largamente al di là di quanto utile o necessario per soddisfare le esigenze relative alla specialità della disciplina delle situazioni e dei rapporti relativi al "fatto tecnico della navigazione" ed alla spedizione marittima.

3. La perdita di centralità del codice della navigazione

Nella prospettiva ora indicata, pertanto, la pur variamente proclamata c.d. autonomia del sistema normativo del codice della navigazione rispetto alle altre fonti del diritto che rilevano riguardo alla regolamentazione dei rapporti marittimi risulta ormai una espressione che, al di là delle polemiche teoriche e dei dissidi intervenuti nel passato, non vuole negarne i collegamenti con le norme di diritto comune e le specifiche caratteristiche del diritto internazionale uniforme. Essa, pertanto, deve essere intesa come rivolta a valorizzare la specialità del diritto della navigazione di cui non si può fare a meno di tener conto in occasione della sua applicazione.

Di questa evoluzione del significato e dei limiti della possibilità di impiego nella interpretazione delle norme di diritto marittimo della rivendicata autonomia del diritto della navigazione è chiara testimonianza l'evoluzione della giurisprudenza italiana che ha ormai da tempo superato le ambiguità e le imprecisioni al riguardo contenute nell'art. 1 cod. nav.

Ne risulta, anzitutto, che non sussiste più alcun dubbio in merito alla necessità di evitare la prevalenza delle disposizioni di riproduzione nazionale delle norme di diritto internazionale uniforme secondo le scelte operate nel codice della navigazione rispetto ai loro originari contenuti previsti dalle rilevanti convenzioni internazionali al riguardo vigenti. Ed altrettanto nessuna incertezza in merito alla necessità di applicare ed integrare le norme del codice della navigazione tenendo conto non solo delle disposizioni del "diritto civile", secondo le limitative indicazioni dell'art. 1 cod. nav., ma anche delle norme e dei principi di "diritto pubblico" oltreché del diritto internazionale ed europeo sempre più invasivo e direttamente applicabile anche ai rapporti di diritto marittimo e più in generale del diritto della navigazione.

D'altronde, in molti casi è lo stesso codice della navigazione a chiarire, secondo quanto indicato, il senso ed i limiti della sua specialità allorché richiama espressamente le norme di diritto comune ad integrazione della specifica disciplina in esso prevista. Così, ad esempio, l'art. 241 cod. nav. dispone che, per quanto non espressamente regolato nello specifico capo, al contratto di costruzione di nave "si applicano le norme che regolano il contratto di appalto". Nessuna pretesa di completezza e di autonomia della disciplina prevista dal codice della navigazione, quindi, ma sua necessaria integrazione ed interpretazione alla luce di quanto previsto dalle norme di diritto comune ed in particolare di quelle appartenenti al diritto civile (vedasi *infra*, cap. 3 § 1).

Ancora più significativo della portata riduttiva (e meramente ideologica e risalente a concezioni ormai superate) di tale pretesa autonomia del diritto della navigazione è quanto dispone l'art. 1680 cod. civ. allorché espressamente estende gli effetti delle norme del codice civile in materia di trasporto anche ai trasporti marittimi ed aerei "in quanto non derogate dal codice della navigazione e dalle leggi speciali".

Ed a maggior ragione analoghe considerazioni possono essere fatte, sulla base dell'art. 1885 cod. civ., a proposito della disciplina delle assicurazioni marittime (di cui al successivo cap. 15), in merito al quale la giurisprudenza non ha avuto esitazioni ad affermare la necessità dell'integrazione e dell'inquadramento delle disposizioni del codice della navigazione nell'ambito delle norme del codice civile. In tal senso, ad esempio, Cass. 18 settembre 1961 n. 2033 ha affermato che la disciplina dell'assicurazione marittima "trova i suoi presupposti e le necessarie premesse nella normativa dettata, in tema di assicurazione, dal codice civile" le cui disposizioni generali risultano così dotate di un "carattere primario" rispetto a quelle del codice della navigazione.

La più recente evoluzione del diritto dei trasporti evidenzia che un'eccessiva attenzione alle esigenze di una sua specifica disciplina, soprattutto allorché una modalità di trasporto è eseguita nell'ambito di una spedizione marittima incentiva la frantumazione e la separazione della normativa applicabile al riguardo, in controtendenza rispetto alle esigenze della pratica ed alle richieste del mercato.

Tra tali esigenze, in particolare, la centralità della soddisfazione dell'utenza secondo parametri omogenei per ogni tipo di trasporto anche per assicurare comuni garanzie alle merci ed ai passeggeri trasportati, come conferma il successo del recente sviluppo del trasporto multimodale delle merci e della disciplina del trasporto di passeggeri.

Si è, infatti, ampiamente dimostrata l'irragionevolezza di mantenere una regolamentazione parcellizzata del diritto dei trasporti e si indica invece, sempre più chiaramente, l'esigenza di favorire al riguardo principi e normative uniformi applicabili indipendentemente dal mezzo di trasporto impiegato.

In estrema sintesi, quindi, anche nella prospettiva ora indicata, la c.d. autonomia del diritto della navigazione va intesa come sinonimo della sua specialità (che subordina le soluzioni normative alle specifiche esigenze della pratica nella loro incessante evoluzione) descrittivo della sua origine internazionale nonché delle numerose fonti normative da applicarsi anche sulla scorta delle parallele esperienze giurisprudenziali straniere.

Appare perciò evidente come la sistematica delle fonti del diritto della navigazione descritta nell'art. 1 cod. nav. debba essere ampiamente rivista in un'ottica volta a ridurre, piuttosto che ad enfatizzare, la centralità del codice della navigazione nella disciplina della materia.

D'altro canto, la perdita di centralità del codice della navigazione risulta ulteriormente accentuata dal proliferare di una serie sempre più numerosa di leggi speciali (quali, ad esempio, limitandoci solo al settore marittimo, quella sul raccomandatario marittimo, quella sulla navigazione da diporto, quella sulla difesa del mare e, da ultimo, quella sulla disciplina portuale) che risultano provviste di, ed ispirate a, propri criteri, spesso riconducibili a principi maturati in ambito internazionale, del tutto diversi da quelli alla base dei corrispondenti istituti italiani per il codice della navigazione.

Tali leggi, pertanto, non si pongono a fianco del codice della navigazione integrandone i contenuti, ma piuttosto lo svuotano degli aspetti più significativi, ne riducono la portata e confermano la difficoltà di trovare principi comuni a tutto il diritto della navigazione. Ad esempio, anche di recente si è affermato (Cass. 26 giugno 2015 n. 3224, in *Dejure*):

> «la Corte di Appello ha qui fatto corretta applicazione del principio di specialità intercorrente tra la normativa sulla navigazione da diporto (a fini sportivi e ricreativi) da un lato, ed il codice della navigazione dall'altro. Tale principio comporta che le norme generali del codice della navigazione trovino applicazione (residuale) solo per gli aspetti e le materie non disciplinate dalla normativa sulla navigazione da diporto. Corretta deve pertanto ritenersi la ravvisata ininfluenza ai fini di causa della regola di cui all'art. 414 cod. nav., secondo cui "chi assume il trasporto di persone o di bagagli a titolo amichevole è responsabile solo quando il danneggiato provi che il danno dipende da dolo o colpa grave del vettore o dei suoi dipendenti e preposti"; trattandosi di disposizione cedevole rispetto alla previsione speciale di cui alla legge 11 febbraio 1971 n. 50, art. 47, sulla nautica da diporto (successivamente ribadito dalla cit. legge n. 171/2005, art. 40), secondo cui la responsabilità verso terzi derivante dalla circolazione dei natanti e delle imbarcazioni da diporto è invece disciplinata dall'art. 2054 cod. civ.».

Avviene così, in maniera forse ancora più marcata rispetto a quanto è successo con riferimento al codice civile, una progressiva "decodificazione" del diritto della navigazione. Ne risulta, infatti, un sistema caratterizzato da una pluralità di fonti che incidono, con diverse modalità ed effetti, sulla disciplina dei rapporti marittimi, ovvero un "polisistema" nel quale si iscrivono molteplici "microsistemi" relativi a particolari situazioni e rapporti. In tale ambito, pertanto, il codice della navigazione coesiste con le leggi speciali e con le normative di diritto internazionale uniforme, né si può ritenere che queste ultime abbiano, rispetto al codice, una funzione puramente integrativa, in quanto, al contrario, lo svuotano di porzioni sempre più rilevanti e ne riducono la portata.

4. Il diritto marittimo e la pluralità delle sue fonti. Criteri e modalità per adeguarne i contenuti alle esigenze della pratica

Il codice della navigazione non può essere inteso come il momento centrale ed esclusivo della disciplina dei rapporti marittimi. Si realizza, invece, un vero e proprio "polisistema" in cui si iscrivono discipline specifiche dei vari fenomeni relativi alla navigazione marittima che, a loro volta, risentono sempre di più dell'accennata influenza di varie normative dotate di differenti effetti e provenienti da diverse origini. Esse, peraltro, non seguono logiche proprie e tipiche di ognuna di esse. Esse, in realtà, presentano reciproche aperture, collegamenti intensi ed una comune caratteristica di continuo adeguamento alle esigenze della pratica e di puntuale attuazione della tutela di interessi con riferimento ai quali, da un lato, un'ottica puramente nazionale risulta inadeguata e, dall'altro, solo una prospettiva sensibile alla dimensione internazionale del fenomeno economico relativo ai traffici marittimi può consentirne una valutazione realistica, anche con riferimento al ruolo riservato agli interventi dello Stato al fine di proteggere alcuni fondamentali interessi della comunità nazionale direttamente coinvolti in tale fenomeno.

Si tratta, così, di una caratteristica, già da tempo evidenziata (Ascarelli), che accomuna tutto il diritto della navigazione e consente di far emergere, anticipatamente rispetto ad altri settori, soluzioni e scelte che tengano conto della peculiare "atmosfera" economica nella quale si svolgono i rapporti marittimi (ed aeronautici).

Particolare "atmosfera" che ha consentito alla pratica ed alla giurisprudenza di consolidare e legittimare gli effetti di tali scelte normative secondo modelli coerenti con l'evolvere delle nuove esigenze da soddisfare e convergenti nell'esperienza di un numero sempre maggiore di ordinamenti statali, grazie anche alla reciproca conoscenza più approfondita per mezzo della comparazione e per i comuni riscontri operativi dei loro effetti, nei vari sistemi normativi. Non si può, infatti, fare a meno di osservare che, proprio nell'ambito delle esperienze del diritto della navigazione, è maturato uno stimolante e fecondo ponte tra principi dei sistemi di *civil law* e quelli dei sistemi di *common law*.

Il codice della navigazione, così, può essere solamente un punto di riferimento normativo di avvio per la conoscenza della disciplina di diritto marittimo effettivamente vigente nell'ordinamento italiano. A quest'ultimo riguardo risulta piuttosto essenziale valutare l'impatto e gli effetti che producono in concreto sui vari rapporti relativi al traffico marittimo le diverse normative variamente rilevanti in funzione della loro origine e dei principi di ordine pubblico (in particolare economico) del nostro ordinamento e di quello europeo.

5. Il diritto internazionale privato

Si è detto nel paragrafo precedente che il codice della navigazione italiano del 1942 può essere inteso come una significativa affermazione sul piano legislativo della teoria della autonomia del diritto della navigazione. Ciò vale anche per le norme di diritto internazionale privato contenute nello stesso codice della navigazione, nelle quali, marcando una netta separazione rispetto ai criteri di collegamento adottati dalle preleggi al codice civile per i corrispondenti rapporti di diritto comune, assume un rilievo preminente e quasi totalizzante il criterio di collegamento costituito dalla nazionalità della nave (c.d. "legge della bandiera").

Così, secondo l'originaria formulazione del codice della navigazione tuttora, quantomeno formalmente, ancora in vigore, sono sottoposti alla legge nazionale della nave gli atti ed i fatti compiuti a bordo della nave in navigazione anche in acque soggette alla sovranità di uno Stato (art. 5 cod. nav.); i diritti reali e di garanzia, ivi compresi i privilegi speciali, sulla nave (art. 6 cod. nav.); la responsabilità dell'armatore e la sua limitazione (art. 7 cod. nav.); i poteri e doveri del comandante (art. 8 cod. nav.); le avarie comuni (art. 11 cod. nav.). Per le ipotesi di urto e di salvataggio, regolati dagli artt. 12 e 13 cod. nav., la nazionalità della nave viene in rilievo soltanto quando essi si verificano in alto mare (applicandosi altrimenti i criteri di collegamento ordinari). Con riferimento alle obbligazioni extracontrattuali, l'ambito di operatività di alcune delle disposizioni appena citate risulta oggi azzerato o, quanto meno, significativamente ridotto, dall'entrata in vigore del Regolamento CE/864/2007 (c.d. "Roma II") e, in materia di urto e di soccorso, rispettivamente dalla Convenzione di Bruxelles del 1910 e dalla Convenzione di Londra del 1989 (sulle quali cfr. *infra*, cap. 14).

In materia contrattuale gli artt. 9 e 10 cod. nav., oggi abrogati a seguito della entrata in vigore, prima, della Convenzione di Roma del 1980 e, poi, del Regolamento CE/593/2008 (c.d. "Roma I") sulla legge applicabile alle obbligazioni contrattuali, relativi rispettivamente ai contratti di lavoro ed ai contratti di utilizzazione della nave, affiancano al criterio di collegamento della nazionalità della nave quello della volontà delle parti.

La vasta adozione del criterio di collegamento costituito dalla nazionalità della nave pone, in alcune situazioni attinenti alla sua concreta messa in opera, rilevanti difficoltà all'interprete. Si pensi in particolare all'ipotesi di cambiamento di nazionalità della nave tra il momento del sorgere di un rapporto e quello della sua attuazione, come può avvenire, ad esempio, in materia di privilegi speciali sulla nave (cfr. la fattispecie decisa dalla sentenza Cass. 18 settembre 1970 n. 1533, in *Dir. mar.*, 1970, p. 364). Difficoltà sul piano pratico possono porsi, nell'applicazione della legge della bandiera, anche con riguardo al coordinamento tra profili sostanziali (regolati dalla legge nazionale della nave) e profili processuali (regolati dalla *lex fori*) di una stessa fattispecie, come si verifica, ad esempio, quando venga chiesta in Italia la limitazione di responsabilità dell'armatore di nave straniera (cfr. App. Messina 28 giugno 1991, in *Dir. mar.*, 1992, p. 699).

Ma, al di là dei concreti problemi applicativi cui si è appena fatto cenno, la scelta normativa a favore di un così largo impiego del criterio di collegamento costituito dalla nazionalità della nave si espone a fondate critiche, che investono gli stessi presupposti della sua utilizzazione. Si è infatti evidenziato come, da un lato, l'attribuzione da parte di uno Stato della propria "bandiera" ad una nave spesso non corrisponda ad effettivo legame socio-economico tra Stato e nave (si pensi al fenomeno largamente diffuso delle *flags of convenience*) e, dall'altro, la individuazione della nave e della sua nazionalità non costituiscano, in una vasta serie di rapporti, un elemento rilevante nel determinare la configurazione e l'equilibrio interno dei rapporti stessi.

In questa prospettiva, al criterio di collegamento costituito dalla legge nazionale della nave dovrebbe essere riservata una funzione residuale, nel senso che esso verrebbe in rilievo soltanto quando risulti impossibile applicare altri criteri di collegamento ovvero essi appaiano talmente "deboli" o confliggenti da non imporsi come sufficientemente significativi ovvero ancora non risultino idonei a garantire il soddisfacimento di legittime aspettative delle parti.

Questo ripensamento dottrinale non ha mancato di trovare eco in giurisprudenza.

Così, la Corte di Cassazione (sentenza 1 giugno 2006 n. 13053, in *Dir. mar.*, 2008, p. 1274) si è espressa in questi termini:

> «Invero la nazionalità della nave costituisce (ai sensi dell'art. 9 cod. nav.) un criterio di collegamento, la cui utilizzazione – nell'ambito del sistema di diritto internazionale privato – non ha valore assoluto, ma è condizionata all'impossibilità di individuare altri criteri di collegamento – idonei ad indicare un ordinamento coerente di tutela degli interessi e dei diritti di coloro che sono coinvolti nelle situazioni relative al fatto tecnico della navigazione – con la conseguenza che lo stesso criterio della nazionalità della nave – in dipendenza, appunto, della prospettata residualità dell'impiego per la soluzione dei conflitti tra ordinamenti giuridici nazionali, anche nel campo del lavoro – non opera come criterio di collegamento esclusivo, in quanto – come questa corte ha già avuto occasione di ritenere – esso opera solo in difetto della designazione, anche implicita, della legge regolatrice da parte dei contraenti».

Le modifiche legislative intervenute sino ad oggi, seppure insufficienti a garantire una completa revisione della materia, segnano però una parziale inversione di tendenza. Vi sono stati infatti interventi parziali, limitati a specifici settori e non riconducibili ad un disegno organico. In materia di lavoro, la legge 4 aprile 1977 n. 135, in tema di disciplina della professione di raccomandatario marittimo (vedasi *infra*, cap. 12 § 2), ha imposto, nelle ipotesi di marittimi italiani imbarcati su navi straniere tramite raccomandatari italiani, il rispetto di standard di tutela del lavoratore previsti dalla legge italiana, indipendentemente da quale sia, secondo le regole di diritto internazionale privato, la legge regolatrice del contratto.

In materia contrattuale, l'applicazione degli artt. 9 e 10 cod. nav. è stata – come ricordato – esclusa dall'entrata in vigore nell'ordinamento italiano prima della Convenzione di Roma del 1980 e poi del Regolamento n. 593/2008. In materia di trasporto di merci, l'art. 5.1 del citato Regolamento, ferma restando la prevalenza della legge eventualmente designata dalle parti, attribuisce rilevanza al criterio di collegamento costituito dalla residenza abituale del vettore a condizione che coincida con il luogo di ricezione o consegna delle merci o con la residenza abituale del mittente; ove tale coincidenza non si verifichi, si applicherà la legge del luogo di consegna convenuto dalle parti. Il comma 3 dello stesso art. 5 fa salva la possibilità per il giudice, qualora ritenga che dal complesso delle circostanze del caso il contratto presenti collegamenti manifestamente più stretti con un altro Stato, di applicare la legge di tale Stato.

L'art. 5.1 del Regolamento n. 593/2008 non definisce con precisione cosa debba intendersi per "contratto di trasporto di merci". Nella vigenza della Convenzione di Roma del 1980, la Corte di Giustizia (CGCE 6 ottobre 2009, causa C-133/08, in *Giust. civ.*, 2010, I, p. 3), peraltro, ritenne che la norma della Convenzione in tema di trasporto fosse applicabile anche a contratti di noleggio il cui oggetto essenziale non consista semplicemente nel mettere a disposizione un mezzo di trasporto, ma nel trasporto delle merci propriamente detto.

Con riferimento ai contratti di trasporto di persone (cfr. *infra*, cap. 9), il comma 2 dell'art. 5 del Regolamento, da un lato limita, a tutela del passeggero, la possibilità di scelta da parte dei contraenti della legge applicabile, dall'altro prevede che, in mancanza di tale scelta, si applichi la legge del luogo di residenza abituale del passeggero, purché coincida con il luogo di partenza o di destinazione, ovvero, in difetto di tale coincidenza, la legge del luogo di residenza abituale del vettore.

Similmente, per i contratti di lavoro marittimo è esclusa la rilevanza della legge di bandiera della nave ai sensi dell'art. 8 del Regolamento n. 593/2008 (cfr. Cass. 14 luglio 2017 n. 17549, in *DeJure* e, con riferimento al personale di volo della navigazione aerea, CGUE 14 settembre 2017, causa C-168/16; cfr. *infra*, cap. 5 § 2).

In materia di obbligazioni extracontrattuali, il Regolamento n. 864/2007 adotta come criterio di collegamento generale quello del luogo in cui si verifica il danno. Tale criterio di collegamento risulta di assai problematica applicazione in caso di eventi dannosi che si verifichino a bordo di una nave in acque internazionali (e cioè non soggette alla sovranità di alcuno Stato). In tali ipotesi si può fare ricorso alla legge della bandiera, sempre che il danno non incida su beni (per esempio: condotte sottomarine) chiaramente riconducibili ad un determinato Stato.

Così pure, la legge della bandiera non potrà avere applicazione, tenuto conto anche di quanto indicato all'art. 4.3 del Regolamento, quando il fatto illecito si inserisca in una preesistente relazione contrattuale, dovendosi in tal caso applicare la legge regolatrice di tale rapporto. Alla legge della bandiera non potrà farsi utilmente ricorso nemmeno nel caso di urto, in acque internazionali, tra navi di diversa nazionalità, dovendosi piuttosto preferire l'applicazione della *lex fori*.

Quando invece il danno si verifichi nelle acque territoriali di uno Stato, il criterio di collegamento generale dettato dal Regolamento n. 864/2007 conduce all'applicazione della legge di tale Stato. Tuttavia, come emerso anche da una pronuncia francese (Court de Cassation 27 marzo 2007, in *Dir. mar.*, 2008, p. 237), possono esservi ipotesi in cui la localizzazione del verificarsi del danno nelle acque territoriali di uno Stato si configuri come del tutto "fortuita", così da non poter esprimere un collegamento significativo da giustificare il ricorso alla "clausola di eccezione" di cui all'art. 4.3 del Regolamento n. 864/2007, che consente al giudice di applicare la legge di un diverso ordinamento (per esempio quello ove è stata posta in essere la condotta negligente che ha causato il danno) con il quale il fatto illecito risulti più strettamente collegato.

Va infine ricordato l'art. 17 del Regolamento n. 864/2007, che prescrive di tener conto, nella valutazione della condotta del soggetto responsabile, delle "norme di sicurezza e di condotta" in vigore nel luogo e nel momento in cui si verifica il fatto che determina la responsabilità. Nelle materie oggetto di questo manuale vengono quindi in rilievo le regole adottate dagli Stati costieri in funzione di esigenze di sicurezza della navigazione e di tutela dell'ambiente marino (limitazioni all'accesso o alla velocità delle navi, istituzione di corsie di traffico o di sistemi di controllo del traffico, ecc.).

6. Il diritto materiale uniforme

Si è già rilevato come l'inadeguata comprensione delle esigenze derivanti dalla internazionalità dei rapporti di diritto marittimo e di una corrispondente loro disciplina costituisca il limite forse più evidente della prospettata "autonomia del diritto della navigazione" e della sua conseguente applicazione secondo principi che le sono propri. In realtà, il carattere di internazionalità inerisce ad un gran numero (e forse alla maggior parte) dei rapporti e delle situazioni di diritto marittimo e da tale considerazione non si può prescindere nella ricostruzione del sistema delle fonti oltreché nella loro completa applicazione.

Il problema della determinazione della disciplina di fattispecie contraddistinte dal carattere della internazionalità viene tradizionalmente risolto mediante le norme di diritto internazionale privato che, sulla base di criteri di collegamento ritenuti rilevanti, conducono ad individuare un ordinamento nazionale competente a regolare la fattispecie.

I risultati ai quali conduce l'applicazione delle norme di diritto internazionale privato sono però in molti casi, come innanzi precisato al par. 3, non del tutto soddisfacenti, sotto diversi profili: sia perché i criteri di collegamento adottati sono a volte assai "deboli" e poco significativi, sia perché la normativa individuata sulla base di tali criteri di collegamento può in concreto non essere coerente con le effettive esigenze sottese ai rapporti da regolare. Inoltre la diversità delle singole normative nazionali fa sì che le regole di diritto internazionale privato non siano da sole sufficienti a garantire una effettiva uniformità di disciplina dei rapporti in questione. Per contro, una disciplina di diritto materiale uniforme appare maggiormente idonea a soddisfare le esigenze proprie dei rapporti del commercio internazionale, sotto il profilo della uniformità di trattamento di situazioni omogenee e della prevedibilità delle relative soluzioni. Ciò spiega perché nel settore del diritto marittimo, prima e più che in altri settori, si sia sviluppato un movimento tendente all'unificazione della disciplina di tutta una serie di rapporti tramite atti di diritto internazionale pattizio contenenti una disciplina materiale uniforme dei rapporti in questione e dotati di norme strumentali volte a garantirne un proprio ambito di applicazione.

È pur vero che la realizzazione di una compiuta ed effettiva uniformità di disciplina può essere compromessa dal succedersi nel tempo e dalla conseguente coesistenza di concorrenti normative uniformi aventi ad oggetto la disciplina di uno stesso tipo di rapporto (si pensi alla vicenda relativa alla Convenzione di Bruxelles del 1924 in tema di trasporto marittimo, modificata dai Protocolli del 1968 e del 1979, poi "riscritta" con la Convenzione di Amburgo del 1978 e da ultimo dalla Convenzione di Rotterdam del 2009; vedasi *infra*, cap. 11 § 10). Tuttavia, gli effetti negativi di tale coesistenza di normative non devono essere eccessivamente enfatizzati e si prestano invece ad essere ridimensionati dalla considerazione della sussistenza di significativi elementi di continuità tra tali normative. In questa prospettiva, per esempio, si pone la decisione della Corte di Cassazione (sentenza 14 febbraio 2001 n. 2155, in *Dir. mar.*, 2003, p. 227) che ha ritenuto di non dover riformare la sentenza della Corte di Appello che aveva erroneamente applicato la Convenzione di Amburgo (non in vigore in Italia), in quanto il risultato cui si sarebbe pervenuti applicando la normative effettivamente in vigore (la Convenzione di Bruxelles del 1924, integrata dai Protocolli del 1968 e del 1979) sarebbe stato il medesimo, data la sostanziale coincidenza dei criteri fondamentali in tema di distribuzione degli oneri probatori.

L'introduzione nell'ordinamento italiano delle norme uniformi contenute in convenzioni internazionali ratificate dall'Italia ha posto il problema del coordinamento tra tali norme e quelle nazionali, contenute nel codice della navigazione o in leggi speciali, in particolare quando tali norme nazionali fossero entrate in vigore successivamente alla ratifica delle citate convenzioni internazionali, così da porre l'interrogativo della possibile abrogazione implicita delle norme di origine internazionale da parte delle norme nazionali successive.

Dottrina e giurisprudenza hanno peraltro risolto tale problematica, con esiti ormai consolidati, nel senso della prevalenza delle norme di diritto internazionale uniforme su quelle nazionali, escludendosi così anche la possibile abrogazione implicita delle prime da parte delle seconde. Le ragioni di tale prevalenza vengono individuate, da un lato, nella necessità per il legislatore italiano di non contravvenire agli impegni assunti, mediante la ratifica, sul piano internazionale e, dall'altro, nel carattere di specialità delle norme di diritto internazionale uniforme.

Così pure la giurisprudenza ha da tempo risolto in senso negativo il quesito se l'applicazione della normativa materiale uniforme dettata dalla Convenzione debba essere condizionata all'operare delle norme di diritto internazionale privato, nel senso che essa sia applicabile soltanto quando tali norme conducano all'ordinamento di uno Stato contraente della Convenzione. La risposta negativa è fondata sul rilievo che la normativa uniforme è dotata di proprie norme strumentali che ne delimitano in modo autonomo l'ambito di applicazione e, in base al già ricordato criterio di specialità, prevalgono sulle norme (anch'esse di carattere strumentale) di diritto internazionale privato del codice della navigazione. La normativa uniforme risulta quindi applicabile ogniqualvolta ricorrano, oltre alla caratterizzazione soggettiva e oggettiva del rapporto regolato, gli ulteriori presupposti da essa stessa indicati, senza che sia necessario individuare preliminarmente, mediante le norme di diritto internazionale privato, una legge statale applicabile.

Si delineano così le caratteristiche delle convenzioni di diritto internazionale uniforme, nel senso che esse (i) autodelimitano i propri ambiti di applicazione ed il conseguente ruolo assegnato all'autonomia privata e agli ordinamenti statali, sia dal punto di vista della precisazione degli elementi di internazionalità rilevanti, sia dal punto di vista della determinazione *ratione materiae* delle fattispecie alle quali la normativa uniforme si riferisce; (ii) impongono gli ambiti di disciplina in cui la loro normativa risulta inderogabile e cogente prevalendo sulle disposizioni autonomamente poste in materia dai legislatori nazionali, ivi comprese le norme interne di conflitto di leggi.

La Convenzione internazionale di diritto uniforme risulta così lo strumento maggiormente idoneo al fine di garantire l'unificazione della disciplina materiale volta a volta rilevante: solo in tal modo, infatti, è possibile perseguire efficacemente l'uniforme operatività della disciplina adottata. Altri strumenti, come *model laws* o schemi contrattuali frutto dell'autonomia privata, non limitano infatti adeguatamente le potenzialità derogatorie (da parte degli operatori privati o degli ordinamenti nazionali) alla disciplina da essi adottata e si prestano, pertanto, ad un proficuo utilizzo solo allorché siano destinati a svolgere una mera funzione ricognitiva dei risultati cui è pervenuta la pratica.

La normativa prevista in convenzioni di diritto uniforme, invece, opera imponendo la propria disciplina, con portata e contenuti imperativi (almeno per una parte di essi) sia nei confronti delle parti interessate, sia nei confronti degli ordinamenti statali che vi aderiscono. Essa, quindi, è particolarmente idonea a regolare rapporti dotati dei caratteri di internazionalità in cui la posizione delle parti risulti sperequata e/o i cui effetti sono destinati ad incidere su rapporti macroeconomici.

La citata prevalenza del diritto internazionale uniforme sul diritto interno risulterebbe però svuotata di contenuto (e la sottesa esigenza di uniformità della disciplina sostanzialmente frustrata) se del diritto uniforme si consentisse un'interpretazione, nei singoli ordinamenti nazionali (coerente con i differenti principi operanti nell'ambito di ognuno di essi, ma), non omogenea.

Può così dirsi ormai consolidato il consenso intorno al rifiuto di metodi e criteri di interpretazione del diritto internazionale uniforme in chiave nazionalistica (secondo regole e principi propri della *lex fori*). La scelta a favore di una interpretazione coerente con il carattere uniforme e internazionale della disciplina convenzionale è oggi patrimonio comune alle varie normative di diritto marittimo uniforme ed è esplicitamente espressa in tutte le più recenti convenzioni adottate al riguardo: così, ad esempio, l'art. 3 della Convenzione di Amburgo del 1979 si esprime nel senso che «nell'interpretazione ed applicazione delle norme di questa Convenzione dovrà essere tenuto in considerazione il suo carattere internazionale e la necessità di promuovere l'uniformità».

In modo più specifico, tra gli strumenti interpretativi in concreto utilizzabili per integrare e precisare i contenuti delle norme di diritto uniforme in coerenza con le priorità ora indicate, due in particolare meritano di essere ricordati: e cioè (i) la prassi applicativa, costituita dalla giurisprudenza formatasi, in orientamenti univoci e consolidati, negli Stati contraenti e (ii) la valutazione comparativa delle norme uniformi marittime con le altre convenzioni di diritto internazionale uniforme relative ad analoghe fattispecie.

La giurisprudenza italiana ha, peraltro, da tempo riconosciuto l'erroneità di un'interpretazione in chiave nazionale delle norme di diritto internazionale uniforme; cfr. la sentenza della Cass. 24 giugno 1968 n. 2106 (in *Dir. mar.*, 1968, p. 110):

> «Non è invero consentito, sulla base di una norma interna avente diversa area di applicazione, dare a una norma di derivazione internazionale diretta a regolare il traffico in-

ternazionale un significato diverso da quello risultante dalla formula per essa adoperata e dalla comune intenzione degli Stati contraenti. La norma di derivazione internazionale fa parte, per effetto del provvedimento legislativo di ratifica del Trattato o della Convenzione, dell'ordinamento giuridico italiano, ma non può essere interpretata per mezzo di una norma interna che regola i trasporti marittimi, anche a carattere obiettivamente internazionale, ma con una sfera di applicazione diversa dalla Convenzione. In tale caso la norma che ha recepito la Convenzione nell'ordinamento interno conserva una propria autonomia che esige di stabilirne la portata in relazione a quanto essa esprime secondo la sua originaria formulazione».

La rilevanza dei precedenti giurisprudenziali di altri Stati contraenti è stata ribadita in occasione della interpretazione di normative sostanziali uniformi, come si è da tempo affermato in materia di trasporto (cfr. Cass. 14 luglio 2015 n. 14666, in *De-jure*) ma anche, ad esempio, a proposito di profili processuali di istituti marittimi come si è verificato in merito alla disciplina del sequestro di nave, cfr. Trib. Napoli 28 marzo 2006, in *Dir. mar.*, 2008, p. 979:

«È a tale opzione ermeneutica che questo giudicante intende aderire con l'avvallo di un precedente giurisprudenziale della Corte di Cassazione francese ... Tale statuizione, pur se resa da un giudice straniero, costituisce infatti un importante precedente, non solo per l'autorevolezza della fonte, ma anche e soprattutto perché interpretativa di una normativa convenzionale uniforme».

Esclusa, quindi, un'interpretazione in chiave "nazionale" delle norme di diritto internazionale uniforme, si è per contro autorevolmente affermata l'opportunità che, nell'interpretazione delle corrispondenti norme del codice della navigazione, si tenga conto anche dei contenuti e della *ratio* delle norme internazionali uniformi. In questo senso si è espressa Cass. 26 luglio 1983 n. 5121 (in *Dir. mar.*, 1984, p. 845):

«In secondo luogo, per quanto riguarda il mancato esplicito accenno alla responsabilità della nave, cioè alla responsabilità dell'armatore non vettore, si pone l'esigenza di una interpretazione adeguatrice delle norme del codice ai principi generali informatori della Convenzione, si tratti di trasporto internazionale o di trasporto eseguito in acque nazionali; esigenza derivante dal fatto che il codice si ispira al modello delle polizze nordamericane, le quali, già prima della sua entrata in vigore, rappresentavano il nostro diritto vivente, e hanno dato anche origine alla Convenzione di Bruxelles, traducendosi nelle sue norme».

Ma non solo; anche norme di diritto internazionale uniforme non ancora introdotte nell'ordinamento italiano sono spesso utilizzate nell'ambito di una interpretazione "evolutiva" delle norme del codice della navigazione; si veda, ad esempio, l'argomentazione svolta da Cass. 7 luglio 1999 n. 7025 (in *Dir. mar.*, 2001, p. 1072), per la quale:

«Che la mancata indicazione del luogo di destinazione e del luogo e della data di consegna non infirmino la validità della polizza di carico come titolo di credito, alla riconsegna delle merci oggetto del trasporto è, del resto, principio generalmente accettato anche nelle convenzioni internazionali, quale la "Convenzione delle Nazioni Unite sul trasporto di merci per mare", adottata ad Amburgo il 31 marzo 1978 – nella specie non applicabile, ma alla quale l'Italia ha aderito con legge 25 gennaio 1983 n. 40 – laddove stabilisce che la natura giuridica del documento non è inficiata dalla mancanza di indicazioni diverse da quelle relative all'intervenuto carico delle merci da parte del vettore e all'impegno di questi di consegnarle contro presentazione del documento stesso».

7. Il diritto dell'Unione europea

La natura transnazionale della gran parte dei rapporti che ricadono nel campo di applicazione del diritto marittimo ne ha imposto la presa in considerazione anche da parte dell'ordinamento dell'Unione europea, fin dai Trattati istitutivi della Comunità economica europea.

Va, peraltro, subito precisato che l'impatto della disciplina di origine europea non riguarda solo le, peraltro numerose, disposizioni di diritto primario e secondario emanate dalle Istituzioni volte a regolare specificamente le fattispecie marittime, ad esempio, in tema di normative di sicurezza (cfr. *infra*, cap. 2), di tutela dell'ambiente marino dall'inquinamento (cfr. *infra*, cap. 7), di responsabilità del vettore marittimo di persone (cfr. *infra*, cap. 9), ma coinvolge gli stessi princìpi e libertà fondamentali che caratterizzano il sistema dell'Unione. Essi, infatti, sono stati in grado di incidere direttamente nella regolazione di tutti i rapporti marittimi con il carattere di prevalenza che è proprio del diritto dell'Unione. Invero, è stata da tempo affermata dalla Corte di Giustizia la piena applicabilità al settore marittimo ed aereo dei principi dell'ordinamento istituito dai Trattati (CGCE 4 aprile 1974, causa 167/73, *Marinai francesi*), inclusi quelli in materia di concorrenza, anche prima dell'adozione di atti di diritto secondario specifici di tale settore (CGCE 30 aprile 1986, cause 209 e 213/89, *Nouvelles Frontières*).

Pertanto, nell'identificare la disciplina concretamente applicabile alle fattispecie marittime, non si può prescindere dal prendere in considerazione i principi e le libertà fondamentali del sistema dell'Unione europea, capaci di portare alla disapplicazione di normative nazionali con essi eventualmente confliggenti: basti qui ricordare, a titolo di esempio, l'impatto che ha avuto la normativa comunitaria in materia di concorrenza, di libera prestazione di servizi e di libera circolazione delle merci sui modelli organizzativi delle operazioni portuali (cfr. *infra*, cap. 6 § 7.7) e dei traffici marittimi (cfr. *infra*, cap. 13) o l'incidenza che ha avuto il divieto di discriminazione su base nazionale e la libertà di circolazione dei lavoratori nel settore del lavoro marittimo (cfr. *infra*, cap. 5 § 3.3).

A tale ultimo proposito, va osservato come la portata del diritto unionale non possa in alcun modo essere condizionata dalla già criticata concezione dell'autonomia del diritto della navigazione, essendo indubbio che le norme europee trovino piena applicazione necessaria e prevalente a tutte le fattispecie rientranti nel loro ambito di operatività. Così, anche recentemente, non vi è stata esitazione nel ritenere rilevanti anche rispetto ai rapporti di lavoro relativi al settore marittimo le norme di tutela del lavoratore fissate in generale nell'Accordo quadro sul lavoro a tempo determinato recepito nella direttiva 1999/70/CE (CGUE 3 luglio 2014, in causa C-362, 363 e 407/13, *Fiamingo e a.*).

La Corte di Giustizia ha poi avuto modo di precisare ulteriormente il rapporto che intercorre tra le normative di diritto internazionale, consuetudinario e pattizio, nel settore del diritto marittimo e il diritto derivato europeo. Per quanto attiene al primo aspetto, è stato così affermato (CGUE 3 giugno 2008, causa C-308/06, *Intertanko*, in *Dir. mar.*, 2010, p. 469) che:

«le competenze della Comunità devono essere esercitate nel rispetto del diritto internazionale, comprese le disposizioni delle convenzioni internazionali quando codificano norme consuetudinarie sancite dal diritto internazionale generale)».

Per quanto attiene al diritto pattizio, nella stessa decisione con riferimento al rapporto tra la normativa comunitaria e la normativa internazionale pattizia in tema di tutela dell'ambiente marino dall'inquinamento, si è affermato che l'Unione europea è vincolata al rispetto alle normative di origine internazionale allorché (i) esse siano state oggetto di specifica ratifica da parte dell'Unione europea nell'esercizio delle proprie competenze esterne; ovvero (ii) riguardino settori in cui l'Unione è interamente subentrata agli Stati membri, parti degli accordi internazionali, nell'esercizio delle competenze relative.

Conseguentemente (CGUE 17 febbraio 2016, causa C-429/14, *Air Baltic Corporation*, in *Dir. mar.*, 2016, p. 514), in tali casi le disposizioni internazionali pattizie formano parte integrante dell'ordinamento giuridico dell'Unione e, pertanto, la vincolano e possono essere oggetto di interpretazione diretta da parte della Corte di giustizia.

Così, tali disposizioni devono essere interpretate in buona fede, secondo il senso comune da attribuire ai suoi termini nel loro contesto e alla luce del suo oggetto e del suo scopo, conformemente al diritto internazionale consuetudinario, vincolante per l'Unione, come codificato dall'art. 31 della Convenzione di Vienna sul diritto dei trattati del 23 maggio 1969 (da ultimo, CGUE 9 luglio 2020, causa C-86/19, *Vueling Airlines*, in *Dejure*).

Di converso, la circostanza che le normative di origine internazionale pattizia siano state oggetto di ratifica da parte di tutti gli Stati membri prima dell'esercizio delle competenze da parte dell'Unione,

«può produrre conseguenze sull'interpretazione, da una parte, della convenzione di Montego Bay e, dall'altra, delle disposizioni del diritto derivato che rientrano nell'ambito di applicazione della convenzione Marpol 73/78. Infatti, alla luce del principio consuetudinario della buona fede, che fa parte del diritto internazionale generale, e dell'art. 10 CE, la Corte deve interpretare tali disposizioni tenendo conto della convenzione Marpol 73/78».

Se, invece, le norme internazionali pattizie vincolano solo alcuni degli Stati membri (CGUE 23 gennaio 2014, causa C-537/11, *Manzi e Compagnia Naviera Orchestra*)

«interpretare disposizioni del diritto derivato alla luce di un obbligo imposto da un accordo internazionale che non vincola tutti gli Stati membri equivarrebbe a estendere la portata di tale obbligo a quegli Stati membri che non sono parti contraenti di un tale accordo. Questi ultimi devono pertanto essere considerati come "Stati terzi" rispetto a detto accordo. Orbene, una tale estensione sarebbe incompatibile con il principio generale di diritto internazionale dell'effetto relativo dei trattati, secondo cui i trattati non devono né nuocere a Stati terzi né avvantaggiare i medesimi ("pacta tertiis nec nocent nec prosunt")».

8. L'autonomia privata

La ricostruzione, condotta sinteticamente nei paragrafi precedenti, del sistema delle fonti sulle quali si articola la disciplina dei rapporti di diritto marittimo non sarebbe completa senza un breve cenno ad alcune ulteriori tecniche in virtù delle quali l'autonomia privata contribuisce alla formazione ed all'elaborazione del diritto marittimo.

Si è già visto anche nei precedenti paragrafi, ad esempio a proposito della disciplina dei contratti relativi all'impiego della nave, come l'autonomia privata costituisca un criterio di collegamento idoneo ad individuare la legge applicabile ad essi.

Un'ulteriore questione deve ora essere esaminata, e cioè se ed in quale misura l'autonomia privata possa influire (restringendolo od estendendolo) sull'ambito di applicazione del diritto uniforme ed in particolare della Convenzione di Bruxelles del 1924. Deve essere nettamente negato che la autonomia privata possa escludere in tutto o in parte l'operatività della normativa uniforme: in tale senso depone chiaramente l'art. III.8 della Convenzione stessa. Quanto alla ipotesi opposta, di estensione per volontà delle parti dell'ambito di applicazione della Convenzione, essa è oggi espressamente prevista a livello normativo dalle modifiche introdotte dal Protocollo di Visby. Per effetto di tali modifiche, infatti, la nuova formulazione dell'art. 10 della Convenzione prevede che essa risulti applicabile non solo quando la polizza di carico sia emessa in uno Stato contraente ovvero il trasporto abbia avuto inizio in uno Stato contraente, ma anche quando le parti abbiano operato una scelta in tal senso, mediante una clausola (c.d. "*Paramount clause*") inserita nella polizza di carico. In tal modo, in presenza di un contratto di trasporto documentato da polizza di carico e dotato dei necessari requisiti di internazionalità, la volontà delle parti funge da autonomo criterio di applicazione della Convenzione, indipendentemente da qualsiasi altro collegamento con l'ordinamento di Stati contraenti.

Il problema si pone in termini diversi quando le parti, nell'esercizio della propria autonomia, abbiano inteso sottoporre alla disciplina uniforme della Convenzione contratti appartenenti a tipologie diverse da quelle che rientrano nel suo ambito di applicazione *ratione materiae*. È stato così non senza incertezze ed esitazioni che la giurisprudenza è giunta ad affermare la possibilità per le parti di estendere, mediante la c.d. "*Paramount clause*", l'applicazione della disciplina uniforme relativa al trasporto marittimo di merci anche ai *charter-party* (nonostante l'art. 5 della Convenzione espressamente preveda che essa non si applichi a tali contratti). Tale richiamo della disciplina uniforme, peraltro, può avere, secondo la giurisprudenza citata (cfr. Cass. 20 dicembre 1995 n. 13018, in *Dir. mar.* 1997, p. 1010), soltanto natura negoziale, nel senso cioè che le norme della Convenzione si trasformano in (ed acquistano valore di) clausole contrattuali.

Prima ancora di svolgere tali funzioni, finalizzate alla designazione dell'ordinamento competente a regolare determinati rapporti, l'autonomia privata opera anche, con effetti assai rilevanti che verranno brevemente indicati, sul piano negoziale, e cioè mediante la determinazione da parte dei contraenti dei rispettivi e reciproci diritti ed obblighi. In questo contesto assumono particolare rilievo le forme standardizzate di esplicazione dell'autonomia privata, che si realizzano tramite l'elaborazione di formulari e clausole tipo che hanno poi larga diffusione e vengono comunemente adottati, tanto da costituire fondamentali modelli di riferimento per la contrattazione (che spesso si attua appunto tramite l'adozione di un determinato formulario e la successiva negoziazione di limitate modifiche o aggiunte in funzione di specifiche esigenze dei contraenti).

In relazione ai rapporti che sono regolati dagli ordinamenti statali prevalentemente in virtù di norme dispositive (e rispetto ai quali è quindi scarsa l'incidenza di norme imperative) gli operatori, anche tramite le rispettive associazioni di categoria, hanno così elaborato modelli contrattuali che prevedono una disciplina assai articolata (ed anzi tendenzialmente autosufficiente).

Il risultato di tale elaborazione normativa riscuote un largo successo nella pratica proprio perché realizza un equilibrato assetto degli interessi delle parti senza identificarsi con nozioni proprie di uno specifico ordinamento statale. La disciplina che ne risulta, quindi, è una regolamentazione direttamente e compiutamente ricavabile dai citati modelli contrattuali a prescindere dall'applicazione di uno specifico ordinamento statale ed è idonea a ricevere identica valutazione nell'ambito dei vari sistemi giuridici nazionali.

A titolo esemplificativo (e rinviando per maggiori approfondimenti ai capitoli in cui vengono trattate le singole materie) si possono ricordare i formulari di *charter-party*, che modificano significativamente le disposizioni del codice della navigazione in tema di noleggio e di trasporto di carico, i formulari assicurativi di universale diffusione, la pressoché totale desuetudine della normativa legale in tema di avaria comune, di fatto sostituita dal regime contrattuale e dagli usi internazionali rilevanti al riguardo, oltreché il ruolo addirittura "trainante" che la regolamentazione contrattuale standard del soccorso di nave ha avuto rispetto all'evoluzione del diritto internazionale uniforme in tale materia.

La giurisprudenza si è mostrata ben consapevole del limitato ruolo suppletivo svolto dalle norme del codice della navigazione rispetto all'autonomia privata in alcune materie, come ad esempio la disciplina di stallie e controstallie (nei *voyage charter-party*), a proposito della quale la sentenza della App. Genova 2 luglio 1965 (in *Dir. mar.*, 1965, p. 161) ha osservato:

> «Orbene, il semplice raffronto tra le clausole contenute in detta scrittura, relative alla materia delle stallie e delle controstallie, e le norme dispositive dettate nella stessa materia dal codice della navigazione, dimostra, senza possibilità di dubbio, che i contraenti hanno pattuita una disciplina la quale si differenzia nettamente da quella predisposta in via sussidiaria dalla legge italiana, ed è invece modellata sugli schemi più largamente in uso nella prassi, di origine anglosassone, imperante nel campo del commercio marittimo internazionale, ivi compreso quello dei cereali, come è confermato dall'adozione di un formulario inglese di "*charter-party*", tipico dei trasporti marittimi internazionali relativi a questa particolare categoria di merci».

Attraverso l'elaborazione di formulari e clausole standard gli operatori tendono non solo a dettare una regolamentazione dei relativi rapporti conforme alle effettive esigenze dei traffici, ma anche a dare di tali rapporti una disciplina la più possibile uniforme. Da questa considerazione, quindi, non è possibile prescindere in sede di interpretazione di tali formulari e clausole standard. Analogamente a quanto si è visto per le norme di diritto internazionale uniforme, pertanto, anche per i modelli contrattuali del commercio marittimo si impone un metodo interpretativo che non sia vincolato ad un'ottica "nazionale" e tenga invece conto dell'internazionalità dei rapporti ai quali ineriscono tali modelli contrattuali e del fine di uniformità che essi perseguono. Sembra quindi corretto attribuire a formulari, clausole standard ed espressioni normative il significato e la portata che essi hanno avuto in particolare nei vari Paesi marittimi e/o in occasione delle varie norme di diritto uniforme in cui vengono impiegati.

Su un piano diverso si pone il delicato problema di valutare se l'adozione di un formulario elaborato all'interno di un determinato ordinamento statale equivalga ad un'implicita scelta da parte dei contraenti di assoggettare il contratto alla legge di tale Stato, inquadrandolo esclusivamente nell'ambito del suo sistema normativo. A questo proposito occorre muoversi con grande prudenza: infatti, se è vero che (come si è già osservato) l'interpretazione di formulari e clausole standard deve tener conto della normativa e della prassi internazionale, questa considerazione non può tradursi automaticamente nella disapplicazione della legge statale designata come competente a regolare il contratto e soprattutto delle norme imperative di tale legge.

Il problema si è posto con particolare rilievo pratico in materia di assicurazioni marittime, ove è assai frequente la prassi di integrare i formulari italiani con formulari inglesi, ai quali viene attribuita efficacia derogatoria rispetto ai primi. Secondo quanto indicato in precedenza, la giurisprudenza ha da un lato ritenuto che non si possa attribuire a tale prassi l'efficacia di una scelta implicita della legge inglese quale legge regolatrice del contratto di assicurazione, ma dall'altro che i clausolari stranieri incorporati debbano essere interpretati secondo il significato che ad essi è attribuito nel Paese d'origine, anche alla luce dei pertinenti precedenti giurisprudenziali (lodo arbitrale 11 marzo 1982, in *Dir. mar.*, 1982, p. 276):

> «Il testo contrattuale consiste non soltanto nel "Capitolato d'assicurazione della Società di Assicurazione già Mutua Marittima Nazionale", ma anche in alcuni clausolari – alcuni dei quali, si ripete, non soltanto richiamati ma anche materialmente inseriti nel contesto contrattuale – di origine chiaramente inglese; in particolare proprio per la copertura assicurativa dei rischi di guerra di cui ci si occupa nel presente caso la disciplina contrattuale pattuita dalle parti consiste nelle "*Institute War and Strikes Clauses Hulls – Time*", clausolario elaborato in Inghilterra in conformità al diritto inglese, che prevede o presuppone istituti giuridici propri dell'ordinamento giuridico inglese. (...) Costituisce, dunque, compito, indubbiamente arduo, dell'interprete della volontà delle parti accertare se queste ultime abbiano realmente voluto, ancorché non espressamente, designare la legge regolatrice del loro contratto, in sostanza indagando se oltre alla volontà negoziale sussista, sia pure manifestata in modo indiretto, una volontà diretta alla risoluzione del problema di diritto internazionale consistente nella individuazione della legge applicabile (...) In

sostanza, dunque, ritiene il Collegio che, pur potendo, come già si è visto, la designazione della legge regolatrice ad opera delle parti risultare implicitamente, non ha invece valore di scelta della legge regolatrice del contratto l'adozione di clausolari stranieri, specie se aggiunti a deroga di un formulario italiano. (...) Nel caso in esame le parti, come si è già visto, hanno inteso regolare il rapporto adottando le succitate I.W. & S.C. inglesi sicché si pone soltanto il problema di come tali clausole debbano essere interpretate. Le *Clauses* inserite in una polizza tipo italiana debbono essere interpretate nello stesso modo e con lo stesso significato che hanno nel loro Paese d'origine, in quanto tale affermazione coincide con quella che è la chiara volontà delle parti quando adottano per un contratto italiano le condizioni inglesi: esse intendono che i loro rapporti siano regolati, non solo nei termini che risultano dalle lettera delle *Clauses* adottate, ma anche secondo il significato che alle *Clauses* stesse è attribuito nel Paese d'origine, cioè nel loro significato – come è stato detto – generale e tipico, sicché grande importanza ha pertanto per noi l'interpretazione – particolarmente quella giurisprudenziale – che le *Clauses* ricevono in Inghilterra».

2. La nave

SOMMARIO: 1. La nave. – 1.1. La definizione di nave. – 1.2. Galleggiabilità, attitudine alla navigazione e navigabilità. – 1.3. Il relitto. – 2. Iscrizione della nave. – 2.1. Procedimento amministrativo di iscrizione nelle matricole italiane. – 2.2. Requisiti di nazionalità per l'iscrizione nelle matricole. – 2.3. Il Registro c.d. *bare-boat* e il Registro internazionale. – 2.4. Il procedimento di dismissione della bandiera italiana. – 3. Il Registro Italiano Navale.

1. La nave

1.1. La definizione di nave

L'art. 136 cod. nav. definisce la nave come «qualsiasi costruzione destinata al trasporto per acqua, anche a scopo di rimorchio, di pesca, di diporto, o ad altro scopo». La Relazione al codice (n. 89) chiarisce che il concetto di trasporto va:

> «Inteso non nel significato ristretto di trasferimento di persone o di cose da un luogo ad un altro, bensì in un significato più ampio, qual è usato dalla dottrina, di spostamento in un determinato spazio di un qualsiasi corpo per qualsiasi fine. In tal modo trasporto su acqua coincide con navigazione e la nave si può definire come mezzo di trasporto per acqua a qualsiasi scopo. Ho menzionato gli scopi principali ... ed ho aggiunto poi l'indicazione generale "o ad altro scopo". Così non si può dubitare che è nave anche quella adibita a spedizioni esplorative o talassografiche o alla posa di cavi».

È evidente nel legislatore la volontà di riferirsi alla nota posizione dottrinale dello Scialoja, che aveva appunto elaborato la nozione "ampia" di trasporto per acqua quale fondamento della definizione di nave.

Così, per nave si deve intendere un complesso di elementi, contraddistinto da determinate caratteristiche tecniche, presupposte dall'art. 136 cod. nav. (galleggiabilità e attitudine alla navigazione), e da caratteristiche funzionali, che si traducono nella destinazione al trasporto per acqua, inteso nel senso ampio di trasferimento o traslazione, a qualsiasi scopo.

A seconda delle caratteristiche costruttive, dotazioni e sistemazioni riservate all'equipaggio le navi si distinguono in navi maggiori (in quanto idonee alla navigazione alturiera) ed in navi minori (idonee alla navigazione costiera).

Peraltro, la definizione di nave adottata dal codice della navigazione è talmente ampia da non consentire di individuare l'ulteriore nozione di galleggiante. L'art. 136, comma 3, cod. nav. dispone infatti che, salvo espresse previsioni in senso contrario, le norme sulle navi si applicano ai galleggianti mobili, adibiti a qualsiasi servizio attinente alla navigazione o al traffico in acque marittime (sono esclusi, invece, i galleggianti fissi, quali boe o fari galleggianti, e i beni di cui all'art. 812, comma 2, cod. civ.).

La Relazione precisa che i galleggianti si distinguono dalle navi perché non trasportano e sono caratterizzati dalla destinazione a servizi vari. Tale definizione, però, si sovrappone ed è compresa in quella già adottata per identificare la nave, in quanto – proprio in virtù della nozione ampia di trasporto per acqua – non è necessario che la costruzione possa trasportare persone o merci perché sia definita nave, essendo sufficiente che essa sia destinata al trasferimento per acqua. Di conseguenza, argomentare che una costruzione si qualifica come galleggiante perché non trasporta non è rilevante, in quanto per la nozione di nave è sufficiente l'attitudine al trasporto in senso lato (ossia, al trasferimento) per acqua. Inoltre, la destinazione a particolari servizi attinenti la navigazione e i traffici rientra certamente nella più ampia destinazione "ad altro scopo" prevista per le navi dall'art. 136, comma 1, cod. nav.

La difficoltà di ricondurre alla teoria dello Scialoja la distinzione tra nave e galleggiante è resa evidente anche dall'esame della giurisprudenza (Cass. 15 novembre 1994 n. 9589, in *Foro it.*, 1994, I, c. 3387) allorché si è trovata a qualificare una costruzione avente caratteristiche particolari, quale un bacino galleggiante:

> «I galleggianti mobili di cui al comma 3 ... costituiscono una categoria a sé stante e si differenziano dalle navi non tanto sotto il profilo strutturale, quanto, e soprattutto, per la destinazione e la funzione. Non è, invero, sufficiente affermare che il bacino di carenaggio in questione era dotato delle "caratteristiche della galleggiabilità e dell'attitudine a navigare con propulsione esterna" per trarne la conclusione che non sussiste sostanziale diversità tra nave (in senso proprio) e galleggiante mobile ... le due cennate "caratteristiche" (mobilità ed attitudine alla navigazione), pur costituendo imprescindibili elementi oggettivi della 'nave' (non espressamente enunciati nell'art. 136 cod. nav., ma necessariamente presupposti alla nozione di "costruzione destinata al trasporto per acqua", secondo la definizione della nave contenuta nel comma 1 del citato art. 136), non bastano a qualificare la nave, se con esse non concorre la destinazione effettiva alla navigazione, ben potendo avvenire che una costruzione potenzialmente idonea a navigare sia in concreto destinata ad uno scopo diverso. È, dunque, la destinazione del natante che costituisce l'elemento decisivo di differenziazione tra le navi e i galleggianti mobili».

È, peraltro, evidente che, nonostante lo sforzo argomentativo, nell'art. 136 cod. nav. non è riscontrabile alcuna differenza "ontologica" tra nave e galleggiante, con riferimento alla loro funzione, e che la nozione di destinazione al trasferimento per acqua è talmente ampia da comprendere anche i trasferimenti per acqua che hanno la funzione di portare la costruzione sul luogo dove realizzare lo scopo (qualsiasi scopo) per il quale è stata costruita e dovrà essere definitivamente impiegata.

È stato, quindi, suggerito di ritenere che l'art. 136, comma 1, cod. nav. contenga una nozione "ampia" di nave, intesa come qualsiasi costruzione avente l'attitudine alla navigazione e destinata al trasferimento per acqua, dovendosi all'interno di tale nozione lata distinguere tra navi in senso stretto (divise a loro volta in maggiori e minori) e galleggianti, che si differenziano dalle navi non tanto per la loro peculiare destinazione, bensì in modo obiettivo in quanto difettano dell'autopropulsione, valorizzando al riguardo l'art. 62 reg. nav. int. (così App. Roma 30 maggio 2016, in

Dir. trasp., 2016, p. 869 e parzialmente Cons. Stato, sez. IV, 16 ottobre 2001 n. 5465, in *Dir. trasp.*, 2002, p. 911).

Non possono, comunque, essere considerati galleggianti quei beni (fari, boe, pontili) che non possiedono alcuna attitudine alla navigazione (ancorché con propulsione esterna).

L'evoluzione della tecnologia ha portato poi alla realizzazione di veicoli per i quali la classificazione come "nave" o "galleggiante" può essere problematica. Non sembrano esservi dubbi, in positivo, per gli aliscafi e, in negativo, per gli idrovolanti. Per gli *hovercraft* l'assimilazione alle navi è stabilita dall'art. 11 del d.p.r. 14 novembre 1972 n. 1154. Più complessa è la situazione per quanto riguarda le piattaforme petrolifere ed i rigassificatori; le profonde differenze tra le diverse tipologie di tali costruzioni rendono impossibile una soluzione valida in via generale ed impongono invece una valutazione caso per caso, in funzione di caratteristiche come la maggiore o minore mobilità, l'esistenza di mezzi di propulsione, le modalità di ancoraggio al fondo marino.

A titolo illustrativo di queste problematiche, si può menzionare la decisione della Corte di giustizia (CGUE 20 giugno 2019, causa C-291/18), che ha escluso l'applicazione dell'esenzione IVA (prevista dall'art. 148 della Direttiva IVA per le navi adibite alla navigazione in alto mare) alle piattaforme di perforazione *offshore* le quali, pur qualificate come navi in base alla legge nazionale e in concreto utilizzabili per la navigazione marittima, siano di fatto impiegate in posizione stabile e fissa nello sfruttamento di specifici giacimenti di idrocarburi del sottosuolo marino.

Non sono, poi, qualificabili come navi quelle costruzioni che, pur essendo state impiegate come navi, sono concretamente e permanentemente destinate a scopi diversi dal trasporto per acqua, quali navi ristorante o navi museo, anche nel caso in cui le trasformazioni cui sono state sottoposte non abbiano fatto perdere l'obiettiva attitudine alla navigazione, e permanga l'iscrizione del mezzo nelle matricole dello Stato della bandiera, (Cons. Stato 21 settembre 2006 n. 5547, in *Dir. trasp.*, 2007, p. 817).

La nave inizia ad esistere come tale nel senso ora indicato con il varo e cioè in quella fase della costruzione nella quale, sebbene non ancora completata (mancando i lavori di allestimento), essa incomincia a galleggiare e quindi ha acquisito l'attitudine alla navigazione. Una volta completata la costruzione, la nave si configura come un bene complesso o *res connexa*, formata da un insieme di parti costitutive, oltre a pertinenze ed accessori. Tale configurazione della nave come bene complesso, comporta che la sostituzione di singole parti di essa non ne alteri l'identità.

Le pertinenze si distinguono dalle parti costitutive per non essere essenziali alla struttura della nave, ma «destinate in modo durevole a servizio o ad ornamento della nave» (art. 246 cod. nav.). Con elencazione meramente esemplificativa, l'art. 246 cod. nav. indica come pertinenze della nave «le imbarcazioni, gli attrezzi e gli strumenti, gli arredi»; ulteriori indicazioni possono trarsi dal comma 3 dell'art. 164 cod. nav.

Gli atti e i rapporti giuridici che hanno ad oggetto la nave comprendono normalmente anche le pertinenze: il principio, enunciato in via generale dall'art. 818 del cod. civ., viene ribadito del codice della navigazione con specifico riferimento al contratto di locazione (art. 379), all'assicurazione della nave (art. 515), ai privilegi speciali (art. 552) e al pignoramento navale (art. 650). Secondo l'art. 247 cod. nav., peraltro, la proprietà aliena di una pertinenza può essere opposta ai terzi di buona fede che abbiano acquistato diritti sulla nave solo se risulti da scrittura privata con data certa o dall'inventario di bordo.

1.2. Galleggiabilità, attitudine alla navigazione e navigabilità

Per "galleggiabilità" e "attitudine alla navigazione" si devono intendere quelle caratteristiche obiettive della costruzione, dipendenti dai requisiti tecnici della stessa, che la rendono idonea a galleggiare ed al trasferimento per acqua. Tali requisiti obiettivi non vanno confusi con la "navigabilità", che è una qualità della costruzione ed indica la capacità della stessa di spostarsi per acqua in sicurezza, in relazione allo specifico viaggio che deve essere intrapreso. Poiché la destinazione alla navigazione discende dalle caratteristiche costruttive obiettive del bene, essa non viene automaticamente meno allorché si verifichi un sinistro, quale un urto che causa una via d'acqua nello scafo, pregiudicandone la navigabilità. D'altro canto, una stessa nave può essere navigabile in relazione ad uno specifico viaggio (ad esempio, costiero), ma non invece per un altro (ad esempio, alturiero). Come si vedrà *infra* la navigabilità della nave può inoltre assumere una diversa rilevanza giuridica nell'ambito della disciplina dei contratti di locazione, di noleggio, di trasporto, di assicurazione.

L'art. 164 cod. nav. dispone che «la nave che imprende la navigazione deve essere in stato di navigabilità, convenientemente armata ed equipaggiata, atta all'impiego al quale è destinata» e rinvia ad apposite normative tecniche per la specificazione dei requisiti attinenti *a*) struttura degli scafi e sistemazioni interne, *b*) galleggiabilità, stabilità e linea di massimo carico, *c*) organi di propulsione e di governo, *d*) condizioni di abitabilità ed igiene degli alloggi degli equipaggi, *e*) dotazioni di apparecchi, attrezzi, arredi, strumenti ed installazioni di bordo, mezzi di segnalazione, di salvataggio, di prevenzione ed estinzione degli incendi.

Le normative tecniche cui fa riferimento l'art. 164 cod. nav. possono essere di origine nazionale (legge 5 giugno 1962 n. 616; d.p.r. 8 novembre 1991 n. 435) o internazionale. Infatti, al fine di tutelare l'interesse pubblico alla sicurezza della navigazione marittima e alla tutela dell'ambiente marino, sono stare elaborate in ambito internazionale (soprattutto a cura dell'*IMO – International Maritime Organization*) una serie di convenzioni e regole che fissano le caratteristiche tecniche ed i requisiti di sicurezza che devono possedere le navi, con rilascio di appositi certificati, la cui perdurante validità viene garantita con l'effettuazione di visite periodiche ed occasionali.

La progressiva evoluzione del sistema di sicurezza della navigazione a livello internazionale ha portato all'adozione da parte della maggioranza degli Stati non solo di convenzioni volte a fissare gli standard tecnici relativi alla costruzione della navi (Convenzione SOLAS 1974/78 e successivi aggiornamenti e, per i profili relativi alla prevenzione dell'inquinamento marino – si cui vedasi anche *infra* al cap. 7 – Convenzione MARPOL 1973/78 e successivi aggiornamenti), ma anche a stabilire standard uniformi relativi all'addestramento e qualifica professionale dei marittimi (Convenzione STCW 1978/95 e successivi aggiornamenti), nonché ad imporre modelli relativi all'organizzazione delle società armatrici, che sono tenute ad adottare specifici programmi e sistemi gestionali, volti ad assicurare che in tutte le procedure interne e fasi decisionali vengano perseguiti gli obiettivi di sicurezza fissati dalle norme, per quanto attiene la gestione sia della singola nave che della società armatrice nel suo complesso (*ISM – International Safety Management Code*, divenuto parte del sistema SOLAS nel 1993). La verifica di tali requisiti è affidata non solo allo Stato di bandiera della nave, ma può essere effettuata anche dagli Stati nei cui porti essa si trova ad operare (c.d. Port State Control), in conformità alle pertinenti disposizioni internazionali e dell'Unione europea (cfr. direttiva 2009/16/CE come modificata dalla direttiva 2013/38/UE e d.lgs. 24 marzo 2011 n. 53), con la possibilità di sottoporre a fermo (*detention*) le navi non in regola.

1.3. Il relitto

La temporanea perdita o mancanza di navigabilità o il temporaneo pregiudizio delle caratteristiche tecniche della costruzione non fa perdere alla stessa la qualifica di nave (cfr. Cass. 5 aprile 2005 n. 7020, in *Dir. mar.*, 2007, p. 1141), in quanto la nave perisce e diviene un relitto solo quando ne vengono meno gli elementi essenziali che la rendono atta alla navigazione; in pratica può non essere facile identificare il momento in cui il bene sia a tal punto compromesso dal punto di vista obiettivo da far venir meno l'attitudine alla navigazione e, quindi, la qualifica di nave. Ciò viene chiaramente illustrato, sia pure a livello di enunciazione di principio, dalla Cass. 1 giugno 1995 n. 6134 (in *Giust. civ.*, 1996, p. 157; conf. Cass. 5 aprile 2005 n. 7020, in *Dejure*):

> «La destinazione al trasporto per acqua non va confusa, tuttavia, con la c.d. "navigabilità", e con l'attualità di questa, che restringerebbe inammissibilmente il concetto, sol che si pensi alla nave che si trovi a secco od in bacini di carenaggio, per riparazioni, ovvero a quella non attualmente in esercizio, e persino alla nave sommersa, che sia possibile riportare allo stato di galleggiabilità e di navigabilità (cfr. in generale Cass. 31 ottobre 1956 n. 4096). Trattasi, in realtà, di un elemento subiettivo impresso alla *res connexa* che ne presuppone soltanto l'attitudine alla navigazione, che, come è stato chiarito, ricorre allorché la costruzione presenti quei requisiti tecnici che la rendano idonea a galleggiare, a spostarsi sull'acqua ed a trasportare cose o persone. La nave quindi perisce come tale allorché ne vengano meno gli elementi essenziali, quando, cioè, si sia verificata una situazione tale per cui non possa più essere considerata quale costruzione atta e destinata al trasporto di cose e persone per acqua: ciò può avvenire per naufragio (che comporti la dissoluzione della *res connexa*, ovvero la *navis fractio*), derivante da cause esogene (collisione, investimento, tempesta, uragano, azione bellica, ecc.), ovvero endogene (esplosione, cedimento di parti, falle, allagamento), o comunque per una alterazione irreversibile delle sue componenti dipendente da qualsiasi altra causa (quale, ad esempio, l'incendio)».

Anche dopo il naufragio, peraltro, la nave resta nella titolarità del proprietario; a questo proposito la giurisprudenza (sentenza T.A.R. Lazio 3 giugno 2009) ha precisato che:

«la cancellazione dai registri navali (art. 163 cod. nav e art. 345 reg. nav. mar.) non è conseguenza automatica dell'evento naufragio, ma è rimessa all'iniziativa del proprietario della stessa, il quale può anche decidere … di procedere al ricupero … ciò posto, l'unità naufragata, non costituendo *res nullius*, deve considerarsi un bene ancora suscettibile di essere trasferito, fino al momento in cui il titolare non decida di cancellarla dai registri marittimi».

Il relitto di una nave può costituire un pericolo o un ostacolo alla navigazione. L'art. 73 cod. nav. dispone quindi che, quando ritenga che possa derivarne un pericolo o un intralcio per la navigazione, l'autorità marittima ordina al proprietario di procedere a proprie spese alla rimozione del relitto, fissando un termine per l'esecuzione. Se il proprietario non esegue l'ordine nel termine fissato, l'autorità marittima provvede d'ufficio e, se il ricavato della vendita non è sufficiente a coprire le spese, ricupera la differenza dal proprietario; nei casi di urgenza, l'autorità marittima può provvedere senz'altro d'ufficio, per conto e a spese del proprietario.

Sostanzialmente nella stessa linea si pongono le disposizioni della Convenzione internazionale di Nairobi del 18 maggio 2007 (non ancora in vigore in Italia), destinata ad applicarsi ai relitti che si trovino oltre i limiti del mare territoriale, ma entro la zona economica esclusiva, di uno Stato contraente. L'art. 9 della Convenzione stabilisce infatti che le autorità competenti dello Stato interessato, in presenza di un relitto che costituisca un pericolo o un ostacolo alla navigazione, fissino al proprietario un termine per effettuarne la rimozione e, in difetto, provvedano d'ufficio; le stesse autorità possono procedere d'ufficio anche quando le circostanze richiedano un intervento immediato. In base all'art. 10 della Convenzione, il proprietario è responsabile per i costi di localizzazione, segnalazione e rimozione del relitto. L'art. 12 rende obbligatoria una copertura assicurativa per tali rischi.

La normativa internazionale (Convenzione di Londra del 13 novembre 1972 e Protocollo del 7 novembre 1996, ratificati dall'Italia con legge 13 febbraio 2006 n. 87) vieta, inoltre, di liberarsi dei relitti abbandonandoli in mare.

Una volta ricuperato, il relitto deve essere smantellato e demolito. Mentre il relitto in sé considerato non è equiparabile ad un "rifiuto" (cfr. Cass. pen. 6 luglio 2007 n. 34768, in *Dejure*), i materiali risultanti dalla demolizione sono assoggettabili alla normativa in materia di movimentazione transfrontaliera di rifiuti (Convenzione di Basilea del 22 marzo 1989 e Regolamento CE n. 1013/2006). Le peculiarità della demolizione delle navi hanno però reso opportuna l'adozione di una disciplina, in deroga a quella generale in tema di trattamento e smaltimento di rifiuti, costituita dalla Convenzione di Hong Kong del 15 maggio 2009 e dal Regolamento UE n. 1257/2013, che prevede particolari cautele e procedure, volte a disciplinare la demolizione delle navi, avendo riguardo alla sicurezza, alla protezione della salute umana e dell'ambiente.

Per quanto riguarda l'Italia, tali procedure sono state attuate con il d.m. 12 ottobre 2017, che individua l'Autorità competente al rilascio delle autorizzazioni previste per le attività di demolizione e riciclaggio delle navi. In particolare, l'art. 5 prevede che il proprietario che intende procedere alla demolizione della nave deve farne dichiarazione all'ufficio marittimo di iscrizione, indicando l'impianto di riciclaggio in cui si intende far effettuare l'operazione. Il capo del compartimento marittimo competente deve approvare il piano di riciclaggio della nave, mentre l'autorità marittima nel cui ambito territoriale ha sede l'impianto di riciclaggio viene informata ai fini del controllo delle relative operazioni.

2. Iscrizione della nave

2.1. Procedimento amministrativo di iscrizione nelle matricole italiane

Gli elementi di individuazione della nave sono la stazza (ossia, il volume degli spazi interni), il nome (o, per le navi minori, il numero), il luogo ed il numero di iscrizione e la nazionalità. Le navi maggiori vengono iscritte in matricole (registri per le navi minori) tenute presso gli uffici marittimi competenti. In dottrina si è discusso quale natura abbia il procedimento di iscrizione, ossia quel procedimento finalizzato ad ottenere la registrazione del bene nave e l'abilitazione dello stesso alla navigazione.

In primo luogo, va chiarito che la qualifica di nave spetta ad un bene in funzione dalla obiettiva sussistenza delle caratteristiche richieste dall'art. 136 cod. nav. di cui ai precedenti paragrafi, sicché il bene nave è giuridicamente rilevante anche prima della sua iscrizione nelle matricole nazionali, dovendosi peraltro valutare caso per caso quali norme la legge ricollega alla circostanza che il bene nave non solo esista come tale, ma sia anche iscritto negli appositi registri (cfr. Cass. 26 maggio 2004 n. 10133, in *Foro it.*, 2005, I, c. 1874).

La tesi per cui il procedimento di ammissione avrebbe carattere costitutivo non discrezionale (e sarebbe la fonte) del diritto a navigare è respinta dalla dottrina prevalente che, sia pure con non secondarie differenze, concorda nel ritenere che la Pubblica Amministrazione, con il procedimento di iscrizione, si limiti ad accertare la sussistenza dei requisiti e dei presupposti richiesti dalla legge per l'iscrizione, il cui ottenimento è quindi un diritto del soggetto richiedente qualora i relativi requisiti richiesti sussistano.

Il procedimento giuridico-formale di ammissione della nave alla navigazione ed il controllo tecnico amministrativo sulla stessa sfociano nell'iscrizione della nave nelle matricole e nel rilascio dell'atto di nazionalità (licenza per le navi minori), ossia nell'abilitazione alla navigazione. Anche l'ottenimento di tale atto costituisce un diritto soggettivo per il richiedente, laddove sussistano i presupposti ed i requisiti richiesti dalla legge, per cui ogni eventuale controversia relativa sia all'iscrizione della nave, sia al rilascio dell'atto di nazionalità è di competenza della giurisdizione ordinaria.

Al fine di favorire il trasferimento di navi da carico e passeggeri battenti la bandiera di uno Stato membro da un registro di uno Stato membro ad un altro, assicurando al contempo un elevato livello di protezione degli interessi pubblicistici connessi al fatto tecnico della navigazione (tutela della sicurezza e dell'ambiente marino) il Regolamento CE/789/2004 prevede le modalità con cui ciascuno Stato membro deve procedere alla valutazione tecnica delle navi provenienti da un registro dell'Unione europea. In particolare, tale iscrizione non può essere negata per motivi tecnici allorché la nave risulti munita dei necessari certificati di conformità alle normative internazionali pertinenti rilasciati dalle competenti Autorità dello Stato del registro di provenienza, salvo ovviamente il diritto per lo Stato richiesto di iscrivere la nave nel proprio registro di verificare la reale corrispondenza dello stato della nave a tali certificati (art. 4).

D'altra parte, la normativa unionale ammette che per alcune tipologie di navi siano previsti anche ulteriori requisiti tecnici per l'iscrizione: ad esempio, in conformità al Regolamento CE/417/2002 (ora rifuso nel Regolamento UE/530/2012), l'art. 2 della legge 9 gennaio 2006 n. 13 prevede che non possano essere iscritte nei registri tenuti dalle Autorità nazionali navi cisterna a scafo singolo, aventi portata lorda superiore a 600 tonnellate, abilitate al trasporto di petrolio greggio o di prodotti petroliferi e chimici la cui età risalga ad oltre quindici anni.

Più discutibile appare invece l'art. 9, comma 3 della legge 28 dicembre 1999 n. 522, che vieta l'iscrizione nelle matricole e nei registri nazionali di navi adibite al trasporto passeggeri provenienti da registri stranieri, costruite da oltre venti anni. Si può osservare, infatti, che tale disposizione, non prevista dalla pertinente normativa unionale in materia di sicurezza delle navi passeggeri, né dal citato Regolamento dell'Unione europea, se applicata a navi provenienti dal registro di uno Stato membro e acquistate per essere iscritte in Italia, potrebbe configurare un ostacolo alla libera circolazione delle merci in ambito comunitario e, pertanto, essere contrastante con l'art. 34 TFUE.

Non sorprende, pertanto, che la giurisprudenza (Cons. Stato 31 maggio 2006 n. 3321, in *Dir. mar.*, 2007, p. 612; conforme T.A.R. Lazio 9 maggio 2005, inedita) abbia pacificamente interpretato detto art. 2 come non riferibile a navi provenienti da registri di iscrizione di Stati membri, da considerarsi equiparate alle navi italiane, pena in difetto la violazione dei principi dell'Unione europea:

> «I principi del Trattato istitutivo sulla libera circolazione delle persone, delle merci, dei servizi e dei capitali implicano che una motonave iscritta in un registro di uno Stato membro *a quo* può senz'altro essere iscritta nel registro di un altro Stato membro *ad quem*, purché abbia i requisiti (*in primis*, quelli sulla sicurezza) richiesti dallo Stato *ad quem* per le motonavi nazionali. Vi sarebbe una indebita discriminazione se lo Stato membro, pur ammettendo l'iscrizione nel registro di una motonave nazionale aventi determinati requisiti, non consentisse l'iscrizione di una motonave aventi i medesimi requisiti, solo perché proveniente dal registro di un altro Stato membro (nella specie, dal registro portoghese). Ciò comporta che la legge italiana – poiché consente la perdurante iscrizione di motonavi nazionali costruite da oltre venti anni – consente anche l'iscrizione (nel Registro internazionale previsto dall'art. 1 del d.l. n. 457/1997, convertito nella legge n. 30/1998) di motonavi costruite da oltre venti anni e che siano provenienti da altri Stati membri».

2.2. Requisiti di nazionalità per l'iscrizione nelle matricole

Tradizionalmente, gli ordinamenti statali subordinano la possibilità di iscrivere una nave nelle proprie matricole non solo alla sussistenza di requisiti tecnico-nautici del bene (art. 164 cod. nav.), ma anche all'esistenza di specifici requisiti di nazionalità in capo ai soggetti proprietari del bene stesso. Espressione di tale orientamento era l'art. 143 cod. nav. che, nella versione originaria, imponeva che le navi iscritte nelle matricole italiane fossero per una quota non inferiore a 16 carati di proprietà di cittadini o enti pubblici italiani o di società costituite e aventi la sede di amministrazione in Italia, in cui risultasse accertata la prevalenza degli interessi nazionali nel capitale e negli organi di amministrazione e direzione.

La rigidità di tali requisiti è stata progressivamente allentata sia per una mutata concezione del rapporto che deve legare il bene nave allo Stato di cui batte la bandiera, sia per gli obblighi sorti in capo all'Italia a seguito dell'adesione alla Comunità europea. La giurisprudenza della Corte di Giustizia, infatti, pur riaffermando il principio secondo il quale la competenza a determinare le condizioni per l'immatricolazione delle navi spetta a ciascuno Stato membro, ha però precisato che, nell'esercitare tale competenza, gli Stati membri devono comunque operare nel rispetto dei principi in tema di libertà di stabilimento (CGCE sentenza 25 luglio 1991, causa C-221/89).

Il sistema è stato, da ultimo, radicalmente trasformato a seguito dell'entrata in vigore della legge 27 febbraio 1998 n. 30, per cui l'art. 143 cod. nav., nel testo oggi vigente, ammette all'iscrizione nelle matricole italiane:

(i) le navi che appartengono per una quota superiore a dodici carati a persone fisiche giuridiche o enti italiani o di altri Paesi dell'Unione europea;

(ii) le navi di nuova costruzione o provenienti da un registro straniero non dell'Unione europea, appartenenti a persone fisiche, giuridiche o enti stranieri non dell'Unione europea, i quali assumano direttamente l'esercizio della nave attraverso una stabile organizzazione sul territorio nazionale con gestione demandata a persona fisica o giuridica di nazionalità italiana o di altri Paesi dell'Unione europea, domiciliata nel luogo di iscrizione della nave, che assuma ogni responsabilità per il suo esercizio nei confronti delle autorità amministrative e dei terzi, con dichiarazione da rendersi presso l'ufficio di iscrizione della nave, secondo le norme previste per la dichiarazione di armatore.

Viene così ad essere sostanzialmente superato il ricorso alla nazionalità dei proprietari quale unico criterio rilevante per stabilire un collegamento significativo tra il bene nave e l'ordinamento italiano, a vantaggio di un collegamento di tipo economico-funzionale, consistente nell'esercizio della nave attraverso strutture organizzative localizzate in Italia. Rimangono, però, alcune perplessità date dalla difficoltà, rilevata in dottrina, di distinguere tra l'assunzione diretta dell'esercizio tramite stabile organizzazione (ad opera dei proprietari) e gestione demandata, in virtù di un mandato di *management*, a soggetti italiani o dell'Unione europea, senza assunzione, in linea di principio, di responsabilità verso i terzi in merito agli atti da essi compiuti.

2.3. Il Registro c.d. *bare-boat* e il Registro internazionale

Secondo il sistema tradizionale, alla nave veniva attribuita la bandiera e la nazionalità delle Stato di iscrizione, e tale iscrizione era esclusiva, per cui nessuna nave poteva battere più bandiere, essendo l'iscrizione in una matricola straniera circostanza preclusiva dell'iscrizione o della permanenza della nave nelle matricole nazionali (artt. 145 e 163, lett. d), cod. nav., vecchio testo).

Peraltro, attualmente in molti Stati, normalmente in presenza di un contratto di locazione a scafo nudo (*bareboat charter party*; vedi *infra*, cap. 3 § 3.4) è consentita, sia dall'ordinamento *a quo* sia da quello *ad quem*, l'iscrizione nelle matricole (con relativa assunzione della bandiera) di navi provenienti da registri esteri anche se da questi non dismesse. In tali casi, nonostante la permanenza dell'iscrizione nelle matricole originarie, i conseguenti effetti sono sospesi per alcuni profili (soprattutto quelli concernenti l'obbligo di imbarcare equipaggio avente la stessa nazionalità della bandiera della nave), mentre continuano quelli originari per gli altri profili. Lo scopo di tale doppia iscrizione, consentita solo alle predette condizioni, da entrambi gli ordinamenti interessati, si differenzia quindi da quella preclusa dall'art. 92.2 della Convenzione di Montego Bay del 1982 (Cass. 6 giugno 2019 n. 15338, in *Dejure*), essendo voluta da entrambi gli ordinamenti per consentire agli armatori di poter usufruire delle condizioni di gestione della nave più vantaggiose che caratterizzano il secondo registro, senza al contempo eliminare del tutto il collegamento tra la nave e ordinamento di prima iscrizione rilevante anche per gli effetti su finanziamenti e garanzie in essere a favore della nave.

In Italia tale possibilità è stata ammessa in un primo tempo con la legge 14 giugno 1989 n. 234, che ha modificato l'art. 145 cod. nav., prevedendo la possibilità (per un periodo di regola non superiore ai due anni) di iscrizione in speciali registri alle navi già iscritte in un registro straniero, previa loro sospensione da tale registro ed in presenza di locazione a scafo nudo a favore di un soggetto italiano. In tal caso, si consente alle stesse di battere bandiera italiana, pur escludendole dal diritto ad effettuare navigazione di cabotaggio *ex* art. 224 cod. nav. Per converso, l'art. 156 cod. nav. (anch'esso modificato) ammette la sospensione delle navi dalle matricole italiane a seguito di locazione a scafo nudo a straniero e di temporanea iscrizione della nave per il periodo di locazione nell'apposito registro dello Stato straniero.

Il d.p.r. 21 febbraio 1990 n. 66 (art. 10) stabilisce poi le modalità con cui può essere concessa l'autorizzazione alla sospensione temporanea della abilitazione alla navigazione e all'uso della bandiera italiana.

Nonostante tale sospensione, peraltro, continuano ad essere regolati dall'ordinamento italiano la proprietà e gli altri diritti reali di garanzia gravanti sulla nave (art. 11 del d.p.r. n. 66/1990). Ogni profilo gestionale viene, invece, affidato allo Stato in cui la nave è temporaneamente registrata. Di particolare interesse, al riguardo, ed a conferma di quanto ora indicato, è l'art. 14 del d.p.r. in esame il quale prevede che, durante il periodo di sospensione temporanea dell'abilitazione alla navigazione e all'uso della bandiera, la nave non si considera italiana ai fini dell'art. 4 cod. nav. D'altro canto, anche per quanto riguarda il regime di diritto internazionale privato (e col solo limite delle norme di cui all'art. 29 della legge n. 234/1989 in tema di tutela del lavoro marittimo) legge della bandiera della nave (con riferimento all'applicazione degli artt. 5, 7, 8, 9, 10, 11, 12 e 13 cod. nav., nella sola misura in cui essi siano applicabili in quanto non siano derogati dalle pertinenti disposizioni dell'Unione europea; cfr. *supra*, cap. 1 § 5).) si considera quella del registro straniero di iscrizione temporanea. Peraltro, come già accennato, nonostante la sospensione, legge nazionale della nave, ai sensi dell'art. 6 cod. nav., dovrà intendersi quella italiana (cfr. Trib. Genova 28 aprile 1995, in *Dir. mar.*, 1997, p. 1082).

Va peraltro ricordato come le disposizioni del codice della navigazione così richiamate possano trovare applicazione solo in via residuale e nella misura in cui non siano altrimenti derogate dalle pertinenti norme di diritto internazionale privato applicabili alle fattispecie (ad esempio, in punto legge regolatrice del contratto di lavoro marittimo cfr. *infra*, cap. 4 § 2).

Così, benché la proprietà e i diritti reali parziali o di garanzia sulla nave siano regolati, quale bene mobile registrato, dalla legge della bandiera della stessa (non essendo l'art. 6 cod. nav. derogato in punto dal comma 1 dell'art. 51 della legge n. 218/1995), non vi è dubbio che nel caso in cui l'attribuzione del diritto reale dipenda da un contratto, l'acquisto e la perdita del diritto sarà regolata dalla *lex contractus ex* art. 51, comma 2, legge n. 218/1995.

In buona sostanza, il ricorso allo strumento della sospensione della nazionalità italiana a favore di una nazionalità straniera in presenza di una locazione a scafo nudo è un mezzo per consentire di derogare alle norme italiane che comportano costi di gestione della nave superiori a quelli che possono essere ottenuti gestendo la nave sotto bandiere estere, mantenendo però comunque un collegamento con l'ordinamento italiano, in particolare per quanto attiene la tutela della proprietà e degli altri diritti reali (art. 29 della legge n. 234/1989).

Ancora più significative sono le modifiche apportate al codice della navigazione dalla già ricordata legge n. 30/1998, la quale ha istituito il c.d. Registro internazionale (diviso in tre Sezioni) delle navi battenti bandiera italiana, in cui (a seguito delle modifiche di cui alla legge 7 luglio 2016 n. 122, art. 17 comma 1) possono essere iscritte (i) le navi che appartengono a soggetti italiani o di altri Paesi dell'Unione europea (art. 143, comma 1, lett. a), cod. nav.); (ii) le navi di nuova costruzione o provenienti da un registro straniero non comunitario, appartenenti a persone fisiche, giuridiche o enti stranieri non comunitari i quali assumano direttamente l'esercizio della nave attraverso una stabile organizzazione sul territorio nazionale con gestione demandata a persona fisica o giuridica di nazionalità italiana o di altri Paesi dell'Unione europea, domiciliata nel luogo di iscrizione della nave, che assuma ogni responsabilità per il suo esercizio nei confronti delle autorità amministrative e dei terzi, con dichiarazione da rendersi presso l'ufficio di iscrizione della nave, secondo le norme previste per la dichiarazione di armatore (art. 143, comma 1, lett. b), cod. nav.); (iii) le navi in regime di sospensione da un registro dell'Unione europea o non dell'Unione europea, ai sensi del comma 2 dell'art. 145 cod. nav., a seguito di locazione a scafo nudo a soggetti giuridici italiani o di altri Paesi dell'Unione europea.

Le navi iscritte nel Registro internazionale godono di un regime particolarmente favorevole sotto il profilo della composizione dell'equipaggio (con significative deroghe alla riserva di nazionalità; cfr. artt. 2 e 3 della legge n. 30/1998; vedasi *infra*, cap. 5 § 3.3) e beneficiano di un trattamento fiscale e contributivo particolare (artt. 4 e 6). Esse, peraltro, possono essere adibite esclusivamente a traffici commerciali internazionali e non possono effettuare traffici di cabotaggio se non nei limiti previsti dalla legge. In particolare, in base all'art. 1, comma 5 (più volte modificato, da ultimo dal d.lgs. 29 ottobre 2016 n. 221), le navi iscritte nel Registro internazionale non possono effettuare servizi di cabotaggio (art. 224 cod. nav.) salvo che per le navi da carico di oltre 650 tonnellate di stazza lorda e nei limiti di un viaggio di cabotaggio mensile quando il viaggio di cabotaggio segua o preceda un viaggio in provenienza o diretto verso un altro Stato, se si osservano i criteri di cui all'art. 2, comma 1, lett. b) e c). Le predette navi possono effettuare servizi di cabotaggio nel limite massimo di sei viaggi mensili, o viaggi, ciascuno con percorrenza superiore alle cento miglia marine se osservano i criteri di cui all'art. 2, comma 1, lett. a), e comma 1-*bis*, purché, limitatamente alle navi traghetto ro-ro e ro-ro pax, iscritte nel registro internazionale, adibite a traffici commerciali tra porti appartenenti al territorio nazionale, continentale e insulare, anche a seguito o in precedenza di un viaggio proveniente da o diretto verso un altro Stato, venga imbarcato esclusivamente personale italiano o comunitario.

Salvo quanto espressamente previsto dalle norme in tema di Registro internazionale (in particolare, con riferimento alla disciplina dei rapporti di lavoro nautico relativi a personale extracomunitario), le navi in esso iscritte sono assoggettate alle disposizioni generali, ai regolamenti, alla normativa dell'Unione europea ed alle disposizioni delle convenzioni internazionali applicabili alle unità iscritte nelle matricole nazionali o che fruiscono del regime di locazione a scafo nudo. In ogni caso, le navi iscritte nel Registro internazionale di cui *sub* (iii) (e cioè, le navi che conservano la registrazione in uno Stato estero pur in regime di sospensione) restano soggette alla legge dello Stato responsabile del registro sottostante (ossia, dello Stato della bandiera di provenienza) ai fini dell'applicazione dell'art. 6 cod. nav.

2.4. Il procedimento di dismissione della bandiera italiana

Il controllo da parte dello Stato della bandiera non è limitato al momento dell'iscrizione della nave, ma prosegue durante la vita della stessa, intervenendo laddove vengano meno i requisiti necessari per la perdurante iscrizione della nave nelle matricole o nei registri italiani, con conseguente cancellazione della stessa (artt. 156 e ss. cod. nav.). Scopo di tale controllo è soprattutto quello di garantire che non vengano lesi gli interessi dei creditori del proprietario della nave o degli altri soggetti che possano vantare diritti sulla stessa.

Il procedimento, peraltro, è regolato diversamente a seconda che la cancellazione della nave dalle matricole italiane venga richiesta per trasferimento ad un registro non dell'Unione europea, ovvero per passaggio ad un registro dell'Unione europea.

Nel primo caso, il proprietario che intende ottenere la cancellazione della nave deve farne dichiarazione all'Ufficio di iscrizione, il quale procede alla pubblicazione della dichiarazione, invitando gli interessati a far valere entro sessanta giorni i loro diritti.

Se entro tale termine sono promosse presso l'ufficio di iscrizione formali opposizioni con l'indicazione e quantificazione dei crediti vantati o se risulta l'esistenza di diritti reali o di garanzia sulla nave, la cancellazione della nave dal registro di iscrizione può essere effettuata solo dopo che l'opposizione sia stata respinta con sentenza passata in giudicato, o i creditori siano stati soddisfatti o i diritti estinti, ovvero, in mancanza, il proprietario abbia eseguito le provvidenze disposte dall'autorità marittima o da quella preposta alla navigazione interna per i salari dell'equipaggio e per le somme dovute all'amministrazione, o dall'autorità giudiziaria, su domanda della parte più diligente per la salvaguardia degli interessi dei creditori.

La controversia promossa per opporsi alla vendita all'estero, essendo assimilabile all'opposizione di terzo prevista dall'art. 669 cod. nav., rientra nella competenza per materia e territorio del Tribunale nella cui circoscrizione è compreso l'ufficio del registro di iscrizione della nave (cfr. Cass. 8 maggio 1998 n. 4715, in *Dir. mar.*, 1999, p. 780).

L'art. 156 cod. nav. attribuisce il potere di proporre opposizione alla dismissione di bandiera, oltre che ai titolari di diritti reali di godimento o di garanzia (ipoteca, privilegio speciale) sulla nave, anche ai titolari di semplici diritti di credito, non assistiti dallo *jus sequelae*, in ragione del comune interesse contrario alla dismissione per il pericolo di perdere le garanzie del credito. In caso di urgenza, su richiesta del proprietario, la nave può essere cancellata prima della scadenza del termine di sessanta giorni, subordinatamente all'assenza o all'avvenuto soddisfacimento od estinzione dei gravami (quali diritti reali o di garanzia) risultanti dalla matricola o dai registri, ed al deposito di fideiussione bancaria a garanzia di eventuali crediti chirografari verso il proprietario della nave, quale bene rientrante nella generale garanzia patrimoniale di quest'ultimo, pari al valore della nave accertato dai competenti organi tecnici dell'Amministrazione dei trasporti e della navigazione. Crediti chirografari relativi alla gestione della nave vantati verso soggetti diversi dal proprietario (quale, ad esempio, l'armatore cfr. cap. 4) non sono invece normalmente coperti dalla fidejussione in questione (Cass. 15 giugno 2016 n. 12298 in *Dejure*).

Una procedura semplificata è prevista nel caso in cui si intenda cancellare la nave dalle matricole nazionali per iscriverla nel registro di un altro Paese dell'Unione europea (art. 156, comma 9, cod. nav.).

La cancellazione può comunque essere disposta solo previa verifica del soddisfacimento dei crediti contributivi relativi agli equipaggi, dei pagamenti spettanti agli istituti previdenziali e all'Agenzia delle entrate (cfr. art. 156, n. 6, cod. nav. e art. 1, d.l. 25 marzo 2010 n. 40, convertito con modifiche con legge n. 73/2010).

Deve, peraltro, essere sottolineato con particolare enfasi, quale importante effetto del processo di liberalizzazione dei rapporti economici che ha caratterizzato l'ordinamento italiano nel corso dell'ultimo decennio, il fatto che, a seguito delle modifiche apportate dalla legge n. 30/1998, è venuta meno l'autorizzazione discrezionale da parte del Ministero della Marina Mercantile alla cancellazione della nave dalle matricole o dai Registri, originariamente prevista dall'art. 156 cod. nav.

3. Il Registro Italiano Navale

Le società (o Registri) di classifica sono sorte per rispondere all'esigenza dei privati interessati a vario titolo sulla nave (in origine soprattutto gli assicuratori corpo e macchine, i noleggiatori, etc.) di conoscere quali fossero le effettive condizioni della stessa. Nacquero così i certificati di classe, rilasciati da tali Enti, che attestavano il grado di fiducia che poteva essere attribuito alla nave a seguito della verifica tecnica effettuata da soggetti terzi (anche se di solito costituiti con l'intervento di società di assicurazione), specializzati nell'effettuazione di tali indagini. La certificazione di classe accompagna tutta la vita della nave, attestando – a seguito di visite periodiche ed occasionali – il permanere di quel complesso di caratteristiche che fondano il maggiore o minore grado di fiducia attribuito alla nave stessa ed è obbligatoria per alcune categorie di navi (art. 167 cod. nav.).

Accanto a questa attività tradizionale, le Società di classifica possono anche svolgere funzioni loro delegate dalla Pubblica Amministrazione in ordine all'attività di controllo tecnico delle costruzioni e delle navi. Una decisione (Trib. Genova 8 marzo 2012, in *Dir. mar.*, 2013, p. 145) ha ritenuto che, poiché lo Stato di bandiera rimane responsabile sul piano internazionale della sicurezza delle proprie navi e risponde dell'eventuale inaffidabilità degli organismi ai quali abbia delegato le proprie prerogative di controllo e certificazione, nell'attività delle società di classificazione svolta in nome e per conto dello Stato deve ravvisarsi una manifestazione della potestà pubblicistica di tale Stato, con la conseguenza, tra l'altro, che l'ente di classifica beneficia dell'immunità giurisdizionale spettante allo Stato stesso.

Nell'ordinamento italiano, tra gli enti abilitati all'esercizio di queste complesse attività di controllo è particolarmente significativo il ruolo del Registro Italiano Navale (art. 166 cod. nav.), che ha natura di ente privato delegato all'esercizio di funzioni pubbliche da parte di alcuni Stati con riguardo alle navi che ne battono la bandiera (cfr. T.A.R. Liguria 12 settembre 2007, in *Dir. mar.*, 2008, p. 1449). In particolare, la direttiva 2009/391/CE, relativa alle disposizioni ed alle norme comuni per gli organi che effettuano le ispezioni e le visite di controllo delle navi e per le pertinenti attività delle amministrazioni marittime (che rifonde le precedenti direttive in materia) disciplina i requisiti che devono possedere gli Enti cui possono essere delegate tali funzioni e determina il relativo controllo su essi. A tale disciplina si è adeguato anche l'ordinamento italiano con il d.lgs. 14 giugno 2011 n. 104 in cui vengono precisati i relativi compiti di ispezione e controllo.

In base all'art. 168 cod. nav., pertanto, i certificati ed ogni altra attestazione tecnica rilasciata dal R.I.Na. fanno fede fino a prova contraria, che può essere fornita anche a mezzo di presunzioni (App. Genova 31 gennaio 1992, in *Dir. mar.*, 1992, p. 445).

Sotto un diverso profilo, si è di recente posto all'attenzione della dottrina e giurisprudenza internazionale il problema della possibile responsabilità extracontrattuale delle società di classifica nei confronti dei soggetti terzi che facciano affidamento sulle certificazioni di classe e sicurezza da essi rilasciate. Invero, normalmente, l'incarico di provvedere alle visite ed al rilascio dei certificati relativi, ancorché obbligatori, perviene dal proprietario e/o armatore della nave, con il quale solo viene ad instaurarsi un rapporto negoziale. Peraltro, i risultati delle ispezioni compiute e le certificazioni ad esse conseguenti vengono portati a conoscenza di un numero indeterminato di terzi a vario titolo interessati a conoscere le condizioni della nave (non solo gli assicuratori corpi e macchine, ma anche i noleggiatori, i potenziali acquirenti, i proprietari delle merci destinate all'imbarco sulla nave, ecc.), tanto da essere assolutamente usuale che, ad esempio, nei contratti di utilizzazione della nave vengano indicate la classe della nave e i certificati di sicurezza ad essa relativi previsti dalle norme nazionali ed internazionali applicabili.

In presenza di certificazione rilasciate in assenza dei presupposti di legge e di fatto, per colpa imputabile ai periti della società di classifica incaricato di eseguire le visite, ci si chiede se i terzi che abbiano fatto affidamento su tali certificazioni possono far valere la responsabilità del registro di classifica per i danni conseguenti ad eventuali sinistri occorsi alla nave. Nell'ambito degli ordinamenti di *common law* la risposta è solitamente negativa: secondo i principi generali in tema di *tort*, la responsabilità di un professionista verso i terzi in generale può sorgere solo in presenza di un *duty of care* e di un collegamento sufficientemente stretto tra il professionista e il terzo potenziale reclamante, tale da far ritenere equa e ragionevole l'imposizione dell'obbligo di diligenza (*proximity*). La giurisprudenza inglese ha così espressamente escluso l'esistenza sia di un generale *duty of care* delle società di classifica nei confronti dei terzi che siano interessati alle risultanze della loro attività ispettiva, sia di una sufficiente *proximity*, sottolineandosi come, da un lato, il primo responsabile delle condizioni di navigabilità della nave debba essere l'armatore e, dall'altro, come l'attività dei registri verrebbe di fatto resa quasi impossibile se ad essi fossero accollate responsabilità equivalenti a quelle dell'armatore, a fronte di una mera attività di controllo (cfr. in particolare la decisione resa dalla House of Lords nel caso *Nicolas H.* in *Lloyd's Rep.*, 1992, 2, p. 299). Si tratta, evidentemente, di considerazioni largamente influenzate da esigenze di *policy*, che non sembrano invece trovare accoglienza negli ordinamenti di *civil law*, in cui sia la dottrina che la giurisprudenza ammettono la responsabilità dei registri di classifica anche nei confronti di qualsiasi danneggiato a seguito delle condizioni di innavigabilità della nave certificata invece, in virtù di un comportamento gravemente colpevole, come navigabile dal registro di classifica competente al riguardo. Si ritiene, infatti, sufficiente a tal fine un tale tipo di comportamento e la sussistenza di un adeguato collegamento con il sinistro occorso alla nave a seguito del quale si sono prodotti i danni (così tra gli esempi più rigorosi, cfr. le sentenze della giurisprudenza francese: Tribunal de Grande Istance de Paris 16 gennaio 2008, in *Dir. mar.*, 2008, p. 247; Cour de Cassation 27 marzo 2007, in *Dir. mar.*, 2008, p. 237.

Nello stesso senso si è collocata anche la giurisprudenza italiana, con la sentenza del Trib. Genova 24 febbraio 2010 (in *Dir. mar.* 2011, p. 230; conf. sul punto di diritto App. Genova 25 giugno 2014, in *Dir. mar.*, 2016, p. 125 e Cass. 2 marzo 2018 n. 4915, in *Dir. mar.*, 2018, p. 899), nella quale si è affermata la responsabilità extracontrattuale dell'ente di classifica nei confronti del noleggiatore di una nave laddove sussista la prova dell'aver fatto affidamento sulla certificazione di classe di una nave poi risultata invece affetta da gravi deficienze; si legge, tra l'altro nella motivazione:

> «l'emissione di tali certificati si pone alla base stessa della decisione di intraprendere il viaggio. Ne discende che i certificati di classe che vengono emessi dai pochi Registri a ciò autorizzati ... non corrispondono più solo all'interesse "privato" dell'armatore che li ha richiesti, ma si "incollano" sulla nave ... fino a diventare una parte integrante del nome del natante, un'appendice che ne rende immediatamente ed universalmente percepibile la "affidabilità" (...) prima ancora che dalla legge, questo ruolo di garanzia per l'intero mercato discende dalle pratiche commerciali uniformi che, nel settore marittimo, accreditano da due secoli e mezzo i certificati di classe dei Registri di una particolare affidabilità (...) può quindi concludersi che l'incidenza causale della non giustificata attribuzione di classe ha svolto un ruolo essenziale nella determinazione di un errore del noleggiatore sulle caratteristiche della nave, senza il quale la "*Redwood*" non sarebbe mai stata scelta».

Ne consegue che la configurabilità o meno della responsabilità (extracontrattuale) in capo ai registri di classifica viene a dipendere dalla disciplina prevista nella legge, anche penale (cfr. Trib. Savona 29 ottobre 1990, in *Dir. mar.*, 1991, p. 423), concretamente applicabile alla fattispecie, creandosi così una situazione di oggettiva incertezza *ex ante* dei rischi assunti con l'esercizio dell'attività di classificazione.

Per rispondere a tale situazione, pertanto, in sede internazionale si è iniziata l'elaborazione di regole di responsabilità uniformi applicabili alle società di classifica, tenendo conto delle specificità di tale attività e degli interessi pubblici e privati ad essa sottese. Peraltro, in assenza di uno strumento convenzionale in grado di incidere direttamente nei vari ordinamenti, non sembra in oggi possibile raggiungere tale obiettivo con discipline di tipo volontaristico e/o codici di condotta, in quanto tali non opponibili ai terzi né idonei a derogare alla disciplina legale della responsabilità extracontrattuale che risulti applicabile per effetto delle norme di diritto internazionale privato.

Al riguardo, è stato recentemente sottolineato come le azioni per risarcimento dei danni proposte contro gli enti che esercitano un'attività di classificazione e di certificazione di navi per conto e su delega di uno Stato rientrano nella nozione di «materia civile e commerciale» ai sensi della disciplina dell'Unione europea in tema di giurisdizione (cfr. Regolamento n. 44/2001 e il successivo Regolamento n. 1215/2012) qualora tale attività non sia esercitata in forza di prerogative dei pubblici poteri ai sensi del diritto dell'Unione, con conseguenza dell'applicazione delle regole ordinarie in tema di identificazione del giudice giurisdizionalmente competente, allorché tali organismi non si siano avvalsi delle prerogative dei pubblici poteri ai sensi del diritto internazionale pubblico (cfr. CGUE 7 maggio 2020, in causa C-641/18, in *Dejure*).

3. La costruzione di nave, la sua vendita ed il suo finanziamento

1. Il contratto di costruzione di nave

1.1. Il contratto di costruzione e l'acquisto della proprietà

Il codice della navigazione si occupa della costruzione di nave soprattutto per fissare le norme relative al controllo pubblico di tale attività, sia sotto il profilo tecnico e della sicurezza della navigazione, che sotto quello della circolazione giuridica del bene; al riguardo, va osservato che la mancanza di un'attuale attitudine alla navigazione esclude che la nave in costruzione sia equiparabile alla nave, salvo norme espresse che estendano alla prima disposizioni dettate per la seconda (cfr. art. 566 cod. nav.).

Solo i soggetti abilitati possono procedere alla costruzione (art. 232 cod. nav.), previa dichiarazione agli uffici competenti (art. 233 cod. nav.); inoltre, sono previste forme particolari e pubblicità legale sia per il contratto di costruzione (art. 237 cod. nav.), che per gli atti costitutivi, traslativi, modificativi ed estintivi di diritti reali sulla nave in costruzione (art. 242 cod. nav.).

Le norme del codice effettivamente dedicate alla disciplina sostanziale del contratto di costruzione sono, quindi, solo quella che fissa in due anni il termine prescrizionale per l'azione di garanzia per vizî e difformità dell'opera (art. 240 cod. nav.) e quella che prevede la necessità del consenso del committente perché il costruttore possa procedere al varo (art. 243 cod. nav.), dovendosi per tutti gli altri profili applicare le norme di diritto comune che regolano il contratto di appalto, in virtù del richiamo espresso operato dall'art. 241 cod. nav., in deroga all'art. 1 cod. nav.

Nonostante tale inquadramento, va precisato che non sempre il rapporto tra Cantiere e Cliente integra un contratto di appalto, essendo ben possibile, specie a fronte dell'evoluzione tecnologica che consente una vera e propria produzione in serie anche per le navi, che il negozio consista piuttosto in una vendita di cosa futura. Così, è stato affermato (lodo arbitrale 6 aprile 1959, in *Dir. mar.*, 1059, p. 245) che:

> «Quando ... oggetto del contratto sia stata non già la costruzione della nave (per essere stata la costruzione decisa ed intrapresa dal cantiere senza alcuna commissione), bensì la fornitura della nave stessa si ha contratto di compravendita, anche se eventualmente di nave futura».

La tesi tradizionale, allorquando il Cantiere non si limita ad un *facere*, ma fornisce anche i materiali, distingue le due ipotesi sulla base della prevalenza o meno del lavoro sulla materia; in dottrina si tende anche a valorizzare l'elemento soggettivo, per cui si avrebbe vendita di cosa futura tutte le volte in cui la costruzione venga effettuata in serie (per cui l'ordine si riferisce ad un bene facente parte di un *genus*) ovvero quando la costruzione sia stata intrapresa per conto proprio dal Cantiere, prescindendo dall'esistenza dell'ordinazione.

Nell'ipotesi di contratto di costruzione-appalto, la questione sulla quale si è concentrata l'attenzione della dottrina italiana è quella della titolarità del diritto di proprietà sulla nave in costruzione. Le ipotesi sostenute, sia pure con diverse argomentazioni, possono sinteticamente essere riassunte come segue:

a) da un lato, vi è chi distingue il caso in cui i materiali sono forniti dal committente, che acquisterebbe la proprietà del bene a titolo originario man mano che la costruzione viene eseguita, da quello in cui i materiali sono forniti dal costruttore, per cui la proprietà verrebbe acquistata a titolo originario dal costruttore ed il committente la acquisterebbe a titolo derivativo al momento della consegna o dell'accettazione della nave;

b) vi è poi chi sostiene che la proprietà spetti sempre a titolo originario al committente, anche se i materiali sono forniti dal costruttore;

c) secondo altri, invece, indipendentemente da chi fornisce i materiali, la proprietà verrebbe acquistata a titolo originario dal costruttore, ma trasferita automaticamente e contestualmente al committente in forza del contratto di costruzione;

d) infine, vi è chi ritiene che il proprietario della nave in costruzione sia sempre il costruttore, anche se i materiali sono forniti dal Committente, che ne acquisterebbe la proprietà a titolo derivativo al momento dell'accettazione.

Peraltro, come ha confermato anche la giurisprudenza (Cass. 7 febbraio 1996 n. 984, in *Giust. civ.*, 1996, p. 376), nella materia la volontà delle parti è sovrana:

> «Questa ... Corte ha escluso l'esistenza nell'ordinamento o nel sistema del codice della navigazione di alcuna "norma o principio che imponga la soluzione in un determinato senso della questione della proprietà" ed ha invece affermato che "in materia la volontà negoziale è sovrana". In particolare la sentenza nega che, una volta reso pubblico mediante trascrizione il contratto di costruzione di nave, ai sensi dell'art. 238 cod. nav., "il proprietario debba considerarsi il committente" in forza di "una presunzione che non trova

base nella legge". L'art. 238 cod. nav. stabilisce infatti che, in mancanza di trascrizione del suddetto contratto, la nave si considera, fino a prova contraria, costruita per conto del costruttore; ma l'avvenuta trascrizione, se vale ad eliminare tale presunzione, rendendo palese *erga omnes* il soggetto per conto del quale la nave viene costruita, non è sufficiente "in sé (cioè indipendentemente dalla volontà espressa in proposito dalle parti)" a giustificare l'ulteriore affermazione che quel soggetto sia anche proprietario della nave in costruzione e che il relativo diritto possa trovare la sua fonte nella "trascrizione in sé considerata". Precisa inoltre detta sentenza che, in forza del richiamo contenuto nell'art. 241 cod. nav., al contratto di costruzione di nave "si applicano le norme che regolano il contratto di appalto", alla stregua delle quali, quando oggetto del contratto sia un bene mobile da prodursi con materiale fornito dall'appaltatore, "il bene stesso passa in proprietà del committente ... a costruzione ultimata", consegnata ed accettata, realizzandosi "nel momento finale del processo esecutivo del contratto" (ossia nel momento dell'accettazione) "la funzione economica" del contratto medesimo e, con essa, il trasferimento della cosa prodotta al committente, secondo lo schema legale tipico dell'appalto».

In effetti, tutti i formulari adottati nella pratica affrontano espressamente il problema, disciplinandolo in modo diverso a seconda delle diverse tradizioni giuridiche, il che peraltro è coerente con la disciplina internazionalprivatistica, la quale prevede che l'acquisto della proprietà sulla nave sia disciplinato, *ex* art. 51, comma 2, legge n. 218/1995, dalla legge regolatrice del contratto dal quale esso dipende.

Così, vi sono contratti standard che prevedono la progressiva acquisizione della proprietà in capo al committente in proporzione alle rate versate, ovvero che questi diventi proprietario fin dal pagamento della prima rata (formulario AWES, terza opzione), o che abbia la proprietà come garanzia per le rate di prezzo pagate (AWES, prima opzione). Più semplice è invece il sistema adottato da altri formulari standard, per cui il Cantiere costruttore rimane proprietario del bene fino al momento della consegna al committente (AWES, seconda opzione). In tali casi, normalmente la restituzione delle rate di prezzo versato dal committente in caso di risoluzione per inadempimento del costruttore viene garantita da una Banca (spesso con un contratto autonomo di garanzia a prima richiesta, piuttosto che con una fidejussione).

Quest'ultima soluzione tutela maggiormente il committente, soprattutto nel caso di fallimento del Cantiere, in quanto è spesso commercialmente poco conveniente trovarsi ad essere proprietari di una nave solo parzialmente costruita ed immobilizzata presso un Cantiere fallito, soggetta a possibili azioni reali di sub-fornitori di pezzi o macchinari installati o da installare e senza nessuna certezza sul completamento dell'opera. È interessante notare come la prassi commerciale italiana adotti prevalentemente tale scelta; tanto che le stesse norme in tema di contributi alle costruzioni italiane ipotizzano come normale tale assetto.

In assenza di espresse clausole contrattuali, invece, in base alla legge italiana (Cass. 29 aprile 1998 n. 4350, in *Dir. mar.*, 2000, p. 1341):

> «Trattandosi di contratto di appalto avente ad oggetto una cosa mobile da costruirsi con materiale fornito dall'appaltatore, la nave, sino a che l'opera non sia ultimata, consegnata e accettata, si considera di proprietà dell'appaltatore stesso».

1.2. Determinabilità dell'oggetto del contratto ed oneri di forma

Come già ricordato, l'art. 237 cod. nav. prevede per il contratto di costruzione la forma scritta a pena di nullità. Si pone, quindi, il problema se tutti i profili del negozio debbano sottostare a tale rigoroso obbligo formale, o se il contratto possa dirsi validamente concluso anche se alcuni punti non sono stati oggetto di accordo scritto. Il tema è collegato con quello della determinazione dell'oggetto del contratto, dovendosi stabilire fino a che punto l'accordo debba comprendere non solo elementi di intuitiva importanza (prezzo, tipo di nave, ecc.), ma anche i particolari tecnici della costruzione.

La concreta applicazione delle norme assume notevole rilievo specie nel caso in cui, come spesso avviene, la trattativa tra le parti proceda su diversi livelli (commerciale e tecnico) e venga fissata in documenti (accordi di puntuazione, *statements of intentions*, ecc.) rispetto ai quali non è sempre agevole stabilire se abbiano natura meramente pre-contrattuale ovvero siano veri e propri contratti preliminari.

Ovviamente, al di là dell'enunciazione dei principi generali (per cui l'oggetto del contratto deve essere determinato o determinabile, avuto riguardo ai suoi elementi essenziali), l'interprete è obbligato a valutare caso per caso. Particolarmente significative al riguardo sono quindi alcune decisioni giurisprudenziali (App. Genova 31 dicembre 1960, in *Dir. mar.*, 1963, p. 82), ove si è affermato:

> «Nel caso di specie, mediante l'indicazione della categoria delle navi, della loro funzione tipica, del loro numero, della portata lorda, dell'apparato motore, del prezzo di esse, si era sufficientemente individuato l'*opus* commesso, consistente nella costruzione da parte dei Cantieri Riuniti di tre turbocisterne di tipo *standard* di cui si erano richiesti i dati nella lettera 17 agosto 1956, e che la società convenuta costruiva in serie e su modelli uniformi nei propri cantieri, a condizioni di prezzo comunemente praticate. Nelle suddette indicazioni essenziali nei confronti della società convenuta, erano implicite, e necessariamente costrette, le connotazioni specifiche delle navi, le dimensioni, le caratteristiche, e i particolari delle stesse, quali sarebbero risultati in base alla pratica costruttiva dei Cantieri cui la commessa era affidata, e secondo le norme inderogabili della tecnica, nonché alla stregua delle indicazioni del Registro Italiano Navale e dell'*American Bureau of Shipping* per la più alta classe, in relazione alla portata lorda e alla funzione tipica delle navi, elementi tutti a cui dovettero fare sicuro riferimento l'armatore e i suoi mandatari e tecnici, aventi esperienza e specifica competenza in materia … Si ha negozio *per relationem* quando la volontà del dichiarante si determina in modo non autonomo ed indirettamente, in base ad elementi estrinseci all'atto (*relatio* in senso formale), o in base a elementi estrinseci alla stessa volontà (*relatio* in senso sostanziale). Nel caso in esame, invece, la volontà del committente si è espressa nella forma diretta, individuando immediatamente l'oggetto della commessa nei suoi elementi principali ed essenziali, e non già indirettamente o *per relationem* al piano generale e alla specifica preliminare, che si richiamano nell'atto come documenti aventi semplice carattere di illustrazione dei dettagli dell'opera con valore meramente dichiarativo e funzione complementare e pratica … devesi aggiungere in linea generale che, per consenso della dottrina, il progetto di costruzione non esige di essere sottoscritto dai contraenti, essendo sufficiente che sia sottoscritta la dichiarazione con la quale si fa riferimento al progetto che è preso a base dell'appalto».

E, più recentemente, la decisione App. Trieste 23 luglio 1986 (in *Dir. mar.*, 1987, p. 79) ha confermato tale orientamento:

«Si legge all'art. 1 della scrittura che "il costruttore s'impegna a costruire ... una motonave traghetto da carico per il trasporto contenitori (containers) ... il tutto in generale conforme a quanto descritto nella specifica e nel piano generale, che, separatamente approvati e controfirmati dalle parti contraenti, si intendono formare parte integrante del presente contratto anche se ad esso non allegati ...". Questa clausola contrattuale, dalla quale si ricava che anche la specifica tecnica e il piano generale sono stati "approvati e controfirmati dalle parti contraenti", non solo toglie ogni dubbio sulla determinatezza e determinabilità dell'oggetto, ma soprattutto esclude ogni possibilità di eccepire il difetto di forma scritta, cioè, della forma prescritta dall'art. 237 cod. nav., la quale, per altro, a giudizio della Corte, qualora l'oggetto del contratto di costruzione di nave sia sufficientemente determinato nei suoi elementi essenziali (come appare essere nel caso di specie) non è necessaria per le pattuizioni relative ai particolari di natura tecnica e di specificazione degli elementi generali relativi all'oggetto già contenuti nell'atto scritto, essendo sufficiente che sugli stessi si formi il consenso delle parti, consenso che può essere manifestato anche in forma diversa da quella scritta senza che per ciò sia violata la norma che prescrive per il contratto la forma scritta».

1.3. La disciplina dei contratti standard e la garanzia per vizî dell'opera

Per quanto attiene i vari profili del rapporto, stante la natura dispositiva di quasi tutte le norme previste dal coordinato disposto del codice della navigazione e del codice civile, la concreta disciplina dello stesso viene di solito esaurientemente fissata nei formulari standard. Così, viene prevista la facoltà per il committente di eseguire visite in corso d'opera, le modalità delle visite e prove finali per la consegna della nave, la possibilità o meno per il costruttore di subappaltare parte dei lavori a terzi e la necessità o meno di un'approvazione del committente nella scelta dei sub-fornitori.

Vengono, poi, fissati i casi in cui il committente ha diritto di ottenere la risoluzione a fronte di inadempimenti particolarmente qualificati del Cantiere, i termini previsti per la consegna della nave e le eventuali penalità per il ritardo, o le penali nel caso in cui la nave non abbia le qualità promesse (ad esempio, in termini di velocità, capacità di carico, ecc.).

I vari formulari prevedono poi varie opzioni circa la possibilità di eseguire variazioni dell'opera (artt. 1659 e 1661 cod. civ.). L'AWES esclude la possibilità per il costruttore di apportare modifiche e concede al committente il diritto di chiedere solo modifiche minime, che non alterino il programma lavori, purché le parti concordino sulla revisione prezzo conseguente a tali lavori. Alcuni formulari prevedono, invece, la possibilità per il costruttore di eseguire modifiche di limitata entità, purché non comportino una revisione prezzo, ed il committente non può rifiutare il proprio consenso senza motivi ragionevoli. In altri contratti standard si prevede che il costruttore possa effettuare modifiche solo con il consenso espresso del committente, mentre quest'ultimo ha diritto, previa revisione del prezzo, di modificare l'opera anche per aspetti importanti, se tale necessità dipende da errori o difetti riscontrati nel progetto fornito dal committente. Altri formulari prevedono, invece, un'ampia facoltà per il costruttore di procedere a modifiche, con l'obbligo di ottenere il consenso solo per quelle che comportano un aumento dei costi o dei tempi di consegna e, correlativamente, anche il committente può chiedere modifiche che non comportino una grave alterazione del programma lavori.

Particolarmente delicato è il problema posto da eventuali modifiche dei regolamenti tecnici attinenti alla sicurezza della navigazione entrati in vigore nel corso dell'opera e che comportino modifiche ai progetti. In un risalente precedente venne ritenuto che, allorché il contratto prevede la costruzione a regola d'arte «secondo la miglior pratica attualmente vigente nelle moderne costruzioni» il Cantiere non è tenuto ad aggiornare l'esecuzione dell'opera alle pratiche sopravvenute (lodo 26 maggio 1964, in *Dir. mar.*, 1966, p. 105).

I formulari prevedono di solito il diritto del committente di far eseguire a proprie spese le modifiche imposte da mutamenti legislativi intervenuti, ma talvolta, specie in caso di navi innovative eseguite su progetto del Cantiere e soggette a norme tecniche di recente introduzione sulle quali non esiste una consolidata prassi applicativa, l'obbligo di conformità alle norme (e alle interpretazioni delle norme adottate dagli organismi di controllo e dagli Enti di classifica) viene posto integralmente a carico del Cantiere, che sarà tenuto ad apportare tutte le modifiche richieste dai Registri per l'approvazione della nave.

In deroga alle norme del codice civile, quasi tutti i contratti escludono la possibilità di ottenere modifiche del prezzo pattuito, anche a fronte di difficoltà impreviste dell'opera, e tale pattuizione è stata riconosciuta valida dalla giurisprudenza (lodo 8 gennaio 1987, in *Dir. mar.*, 1988, p. 513).

L'art. 240 cod. nav. prevede espressamente il medesimo termine biennale tanto per la denuncia, a pena di decadenza, quanto per la prescrizione dell'azione di responsabilità contro il costruttore per le difformità e i vizi occulti, termine che in entrambi i casi decorre dalla data della consegna dell'opera, quale ne sia stata la data di scoperta (Cass. 23 settembre 2016 n. 18757, in *Dejure*).

Anche nei contratti standard viene disciplinato l'àmbito della garanzia per vizî dell'opera, di solito stabilendo che il difetto deve essersi manifestato entro un determinato periodo di tempo dalla consegna (di solito inferiore al termine biennale) e deve essere denunciato al costruttore entro un termine di decadenza. Il cantiere è di solito obbligato ad eliminare il vizio, ma non è responsabile dei danni dipendenti da tale vizio.

In ordine a queste ultime clausole si pone il problema della compatibilità con l'art. 240 cod. nav., oggetto di opinioni discordanti in dottrina e giurisprudenza. Da una parte vi è chi ritiene che il termine prescrizionale di due anni fissi in modo inderogabile anche la durata del periodo di garanzia, neppure altrimenti comprimibile attraverso l'operatività di altri istituti: in questa logica, pertanto, le clausole che prevedono al riguardo termini di decadenza ridotti rispetto ai due anni sarebbero nulle. In senso contrario, viene argomentato (lodo 26 maggio 1964, in *Dir. mar.*, 1966, p. 105):

«L'art. 240 cod. nav. stabilisce che l'azione di responsabilità contro il costruttore per le difformità ed i vizi occulti si prescrive col decorso di due anni dalla consegna dell'opera ... è però prassi assai diffusa, sia nel campo internazionale sia nel campo nazionale, introdurre nei contratti di costruzione di navi clausole che limitano la garanzia ad un periodo di tempo più breve dei due anni ... Se la predetta clausola avesse per fine di abbreviare la durata del termine di prescrizione, e comunque di eludere il divieto posto dall'art. 2936 cod. civ., il Collegio non esiterebbe a riconoscere che essa dovrebbe considerarsi nulla e priva di ogni effetto giuridico. Senonché tale non è il significato e la portata dell'art. 25 del contratto di costruzione. Da esso infatti non risulta, né direttamente né indirettamente, che il committente non possa proporre l'azione di garanzia dopo la scadenza dell'anno dalla consegna della nave. È chiaro invece (e così deve essere interpretato l'art. 25) che il committente, qualora abbia impedito il verificarsi della decadenza compiendo in tempo utile gli atti ivi previsti, può proporre azione di responsabilità nel termine di due anni a partire dalla consegna della nave, o in quel maggiore lasso di tempo che risultasse dall'interruzione della prescrizione».

Sotto un diverso profilo, la pattuizione secondo la quale in ogni caso il Cantiere costruttore non risponde dei danni dipendenti da vizio coperto dalla garanzia può, se il contratto è regolato dalla legge italiana, risultare in contrasto con l'art. 1668 cod. civ. (applicabile per effetto del richiamo operato dall'art. 241 cod. nav.), che prevede invece il diritto del committente di ottenere, oltre all'eliminazione dei vizi o difformità, anche il risarcimento del danno in presenza di colpa dell'appaltatore. In ogni caso, tale clausola non opera in presenza di dolo o colpa grave dell'appaltatore ai sensi di quanto prevede l'art. 1229 cod. civ.

Assai più dubbia appare invece l'applicabilità dell'art. 1669 cod. civ., ammessa in una risalente decisione (Cass. 15 giugno 1956 n. 2092, in *Riv. dir. nav.*, 1956, p. 156), ma negata dalla dottrina prevalente.

È stata poi affermata in giurisprudenza la sussistenza di un'azione extracontrattuale contro il cantiere da parte di soggetti diversi dal committente e non vincolati dal contratto di costruzione, in caso di colposa e difettosa progettazione e costruzione, allorché il vizio abbia posto la nave in situazione di pericolo e causato un danno al terzo, costretto a versare un compenso di salvataggio (Trib. Firenze 23 maggio 1980, in *Dir. mar.*, 1980, p. 521).

I formulari normalmente prevedono, infine, che in caso di perdita totale o costruttiva della nave in costruzione non imputabile alle parti il contratto si risolva, ma l'indennità assicurativa viene pagata al committente (anche se non proprietario) fino a concorrenza delle rate di prezzo versate.

2. Vendita di nave

2.1. Gli usi internazionali in materia di vendita di nave: il MOA Saleform 2012

In base al codice della navigazione (art. 6) la proprietà della nave e le forme di pubblicità degli atti traslativi della stessa sono regolati dalla legge della bandiera. Va, peraltro, subito precisato come la rilevanza della legge della bandiera sia limitata alla valutazione di quei profili che, secondo i principi generali di diritto internazionale privato, sono affidati alla *lex rei sitae* (quali i presupposti dell'acquisto del diritto, il contenuto e la tutela di cui gode, nonché la pubblicità dei relativi atti cfr. art. 51, comma 1, legge n. 218/1995), mentre, come già accennato, si deve riconoscere alla legge regolatrice del titolo, dai cui effetti dipende la titolarità del diritto di proprietà, la funzione di condizionarne l'acquisto derivativo e/o la perdita (cfr. art. 51, comma 2, legge n. 218/1995). Secondo le disposizioni del Regolamento CE/593/2008 le parti possono liberamente stabilire la legge regolatrice del contratto relativo alla vendita di una nave (art. 3), dovendosi in difetto applicare (art. 4.1, lett. a)) la legge nel quale il venditore ha la residenza abituale, salvo che (art. 4.3) dal complesso delle circostanze relative al rapporto risulti che questi presenta un collegamento più stretto con un altro paese, nel qual caso si applica la legge di quest'ultimo.

Il codice della navigazione non prevede una disciplina speciale organica per quanto attiene la vendita di nave, limitandosi a dettare le norme relative alla pubblicità legale dei negozi relativi. La dottrina si è, quindi, trovata a dover inquadrare negli schemi di diritto comune la prassi degli operatori, che fanno solitamente ricorso a formulari standard di origine straniera. Il più usato in Italia è il c.d. *Memorandum of Agreement – Saleform*, la cui ultima edizione risale al 2012.

Il testo prevede che le parti nominate hanno rispettivamente «*agreed to sell and … to buy*» una nave, identificata attraverso il nome, la data ed il Cantiere di costruzione, la bandiera e il porto di registro e altri dati. Vengono quindi definiti alcuni termini impiegati nel testo dell'accordo e vengono fissati i contenuti dello stesso. All'art. 1 viene indicato il prezzo di vendita concordato, mentre all'art. 2 il compratore si impegna – a garanzia della corretta esecuzione dell'accordo – a versare un deposito, di solito pari al 10% del prezzo, entro un determinato termine e secondo le modalità previste.

L'art. 3 prevede che il pagamento del prezzo sia effettuato alla consegna della nave, ma non oltre tre giorni dalla "*notice of readiness*" che deve essere data dal venditore ai sensi dell'art. 5, essendo altresì stati adempiuti tutti i termini dell'accordo.

L'art. 4 prevede un'opzione:

– se la nave è già stata ispezionata ed accettata dal compratore, alla firma del Memorandum la vendita «*is outright and definite, subject only to the terms and conditions of this Agreement*» (art. 4a);

– in caso contrario viene dettagliatamente previsto come e quando verranno effettuate le visite ed il compratore ha diritto di accettare o meno la nave entro 72 ore dal completamento delle stesse. In caso di silenzio, rifiuto o mancato rispetto del termine, l'accordo diventa automaticamente inefficace ed il deposito viene restituito al compratore senza ulteriori conseguenze (art. 4b).

L'art. 5 stabilisce una serie di obblighi di informazione per il venditore funzionali all'effettuazione della consegna della nave, che deve essere eseguita nel luogo ed entro il termine indicato. Normalmente i contratti prevedono una data indicativa entro la quale deve essere effettuata la consegna fisica della nave (con adeguati preavvisi) ed un termine ultimo entro il quale deve essere comunque completata l'operazione.

Nel caso in cui il venditore comunichi di non poter rispettare tale termine ed indichi un nuovo termine di consegna, il compratore deve entro 7 giorni comunicare se accetta tale spostamento o se invece considera il contratto cancellato. In caso di silenzio o mancato rispetto del termine, la nuova data si considera accettata, ma senza pregiudizio per eventuali reclami per risarcimento dei danni conseguenti alla mancata consegna alla data originariamente pattuita.

Di particolare interesse è la clausola 5d, per cui in caso di perdita totale (effettiva o presunta per legge) della nave prima della consegna, il deposito viene restituito e l'accordo diviene inefficace senza ulteriori conseguenze.

L'art. 6 disciplina se, come e quando deve essere effettuata una visita in bacino della nave, ponendo a carico del venditore l'onere delle riparazioni per le parti sommerse in caso di danni che inficino la classe. L'art. 7 prevede con estremo dettaglio che cosa sia incluso e cosa escluso dalla vendita per quanto riguarda parti di ricambio, pertinenze, accessori, forniture, ecc.

Di grande importanza è l'art. 8 che prevede specificamente quali documenti debbano essere presentati dal venditore al momento della consegna della nave. In particolare, essi debbono essere idonei anche dal punto di vista formale a consentire al compratore l'iscrizione della nave nel Registro indicato nel contratto e a soddisfare gli obblighi previsti dalle disposizioni delle varie normative di sicurezza applicabili in caso di cambio di registro di iscrizione di una nave.

Nell'art. 9 il venditore garantisce che la nave non è data in locazione o noleggio a terzi, che su di essa non vi sono gravami di sorta (ipoteche, privilegi, ecc.), né oggetto di *detention* per effetto di ispezioni di *Port State Control* (cfr. *supra*, cap. 2 § 1.2), impegnandosi a tenere indenne il compratore in caso di reclami effettuati contro la nave in virtù di *actio in rem* o diritti reali di garanzia gravanti su di essa.

L'art. 10 ripartisce gli oneri fiscali conseguenti alla vendita, mentre l'art. 11 prevede che il rischio di danni alla nave nel tempo intercorrente tra l'ispezione di cui all'art. 4 (o in mancanza dalla data della firma dell'accordo) e la consegna rimane a carico del venditore, colla sola esclusione della normale usura. La nave, quindi, deve essere consegnata nelle stesse condizioni in cui si trovava al momento dell'ispezione, con tutti i certificati in corso di validità e senza riserve. L'art. 12 comporta l'obbligo per il compratore di cambiare il nome della nave e modificare i segni di identificazione della stessa.

Gli artt. 13 e 14 fissano le conseguenze del mancato adempimento dei rispettivi obblighi contrattuali. In caso di mancato pagamento del deposito nei modi prescritti il venditore ha diritto di risolvere l'accordo e chiedere il risarcimento del danno e delle spese, mentre se non viene versato il saldo del prezzo il venditore può risolvere il contratto incamerando il deposito. Se però quest'ultimo non è sufficiente a coprire i danni subiti, il venditore può comunque agire per il risarcimento della differenza. Se, invece, il venditore risulta inadempiente all'obbligo di consegnare la nave e trasferire il titolo legale su di essa al compratore nei termini e colle modalità previste dal contratto, il compratore può risolvere l'accordo, salvo in ogni caso il diritto al risarcimento dei danni.

L'art. 15 prevede la possibilità per il compratore di inviare a bordo due suoi rappresentanti dopo la firma ed il versamento del deposito (e prima della consegna) «*to the purpose of familiarisation*», mentre l'art. 16 prevede – con varie opzioni circa il luogo e la legge arbitrale – una clausola compromissoria in caso di controversia tra le parti.

2.2. Il momento del passaggio della proprietà

A fronte di questo testo contrattuale, si pongono alcuni problemi in caso di applicazione della legge italiana, variamente discussi in dottrina.

In linea di massima, sembra potersi ritenere che, nel caso in cui si versi nel caso *sub* art. 4a, l'accordo abbia natura di vendita obbligatoria, in quanto l'effettivo trasferimento della proprietà e dei rischi relativi alla nave si verifica non già al momento della firma dell'accordo, bensì nel successivo momento della consegna della nave e dei documenti menzionati nell'art. 8 (cfr. Trib. Trieste 7 maggio 2008, in *Dir. trasp.*, 2010, p. 194). Ciò è anche confermato dal fatto che i rischi gravanti sul bene sono a carico del venditore fino alla consegna (art. 5d), secondo la regola per cui *casum sentit dominum*.

Se invece, si versa nel caso *sub* 4b, sembra preferibile l'opinione di chi ritiene l'accordo composto da due parti: un'opzione a favore del compratore che, se esercitata, dà luogo ad una vendita obbligatoria.

È interessante notare che l'effetto traslativo della proprietà si verifica alla consegna della nave, che può essere effettuata solo se il venditore mette in grado il compratore di ottenere l'effettivo trasferimento legale del diritto, con conseguente consegna tra l'altro di un titolo per tale trasferimento redatto nella forma richiesta dall'ordinamento in cui deve essere iscritta la nave (art. 8). In ambito internazionale tale documento è normalmente un *Bill of Sale*, ossia un atto unilaterale, sottoscritto dal venditore e debitamente autenticato e legalizzato, ed anche nella prassi italiana esso viene considerato sufficiente per dimostrare la titolarità del diritto di proprietà in capo al soggetto che chiede l'iscrizione.

2.3. La garanzia per vizî

Benché il *Memorandum of Agreement* disciplini con ampiezza i vari profili attinenti gli eventuali vizî della nave, si può porre il problema del regime applicabile per il caso di vizî preesistenti al negozio taciuti dal venditore.

Nel sistema italiano, in tema di garanzia per vizi della cosa venduta, l'occultamento degli stessi, per assumere rilevanza, deve consistere non nel semplice silenzio serbato dal venditore, ma in una particolare attività illecita, funzionale, con adeguati accorgimenti, a nascondere il vizio della cosa (da ultimo, Cass. 23 marzo 2018 n. 7287, in *Dejure*).

Va anche tenuto conto che, nella prassi, il compratore ha diritto di effettuare ispezioni e visite assai approfondite a mezzo sia di personale tecnico di propria fiducia che degli ispettori del Registro, nonché di far imbarcare propri rappresentanti nel periodo antecedente la consegna della nave (art. 15), per cui è difficile ipotizzare che manchevolezze della nave – tali da integrare veri e propri vizî – sfuggano ad un esame condotto secondo un parametro di diligenza professionale: non a caso, proprio in questo specifico ambito è stato attribuito rilievo alla circostanza che il compratore abbia potuto far eseguire da propri tecnici ispezioni e prove (cfr. Cass. 21 febbraio 2013 n. 4431, in *Dejure*).

In ordine all'applicabilità delle norme sulla garanzia per vizi nella vendita di cose usate, la più recente giurisprudenza sottolinea che (Cass. 23 marzo 2018 n. 7287, in *Dejure*):

> «il riferimento al bene come non nuovo comporta che la promessa del venditore è determinata dallo stato del bene stesso conseguente al suo uso, e che le relative qualità si intendono ridotte in ragione dell'usura, che non va considerata (onde escludere la garanzia) come quella che, astrattamente, presenterebbe il bene utilizzato secondo la comune diligenza, bensì come quella concreta che scaturisce dalla reali vicende cui il bene stesso sia stato sottoposto nel periodo precedente la vendita».

In casi particolari (vendita di navi destinate alla demolizione o vittime di sinistri importanti, a seguito dei quali il proprietario vende la nave a ditte specializzate in delicate operazioni di recupero, liberandosi così dei rischi relativi) le parti intendono escludere la garanzia per vizî, stabilendo che la nave viene venduta "*as she lies*", ossia nelle condizioni in cui si trova, quali che esse siano, note o conoscibili al compratore o no. Tale è perlomeno lo scopo della pattuizione nella pratica del commercio internazionale, anche se la giurisprudenza italiana ha in talune circostanze ritenuto di dover interpretare restrittivamente tale pattuizione, fino a privarla di contenuto (App. Genova 7 ottobre 1952, in *Dir. mar.*, 1953, p. 71).

Più correttamente, invece, va sottolineato che tale clausola è efficace e idonea a escludere la garanzia per vizi occulti, ma solo in quanto il venditore non sia stato reticente (al di là del mero silenzio) o comunque in malafede nel senso sopra indicato o ne abbia impedito la scoperta, per cui va effettuato un coordinamento tra essa e la garanzia per vizî, come risulta nella giurisprudenza arbitrale (lodo 28 febbraio 1990, in *Dir. mar.*, 1990, p. 1144).

Al riguardo, va osservato che nel *Norwegian sale form* 2012 è stata inserita all'art. 18 la precisazione che «*Any terms implied into this Agreement by any applicable statute or law are hereby excluded to the extent that such exclusion can be legally made*» proprio allo scopo di escludere l'applicazione all'accordo della implicita garanzia di qualità del bene compravenduto prevista nella legge inglese (come affermato in relazione all'edizione del 1993 cfr. *Dalmare SpA v Union Maritime Ltd* (*the Union Power*) [2012] EWHC 3537).

2.4. La pubblicità del contratto

Il codice della navigazione disciplina la forma (art. 249 cod. nav.) e la pubblicità (artt. 250 e ss. cod. nav.) prevista per gli atti costitutivi, traslativi, modificativi od estintivi della proprietà o di altri diritti reali di godimento o di garanzia sulle navi iscritte nelle matricole nazionali. Per quanto attiene la vendita, la pubblicità ha natura dichiarativa, ossia è volta a dirimere le controversie tra due o più acquirenti del bene dallo stesso dante causa (c.d. terzi in senso tecnico) circa la priorità dell'acquisto.

Gli atti vengono trascritti sulle matricole della nave ed annotati sull'atto di nazionalità della stessa, ma in caso di discordanza prevalgono i dati inseriti nella matricola. Tuttavia, se la nave acquistata proviene da un registro di iscrizione straniero, anche prima dell'iscrizione della bave nelle matricole italiane alla stessa può essere rilasciato un passavanti provvisorio in presenza di espressa dichiarazione dell'autorità marittima o consolare straniera che il venditore ha avanzato la richiesta di cancellazione della nave dai registri secondo le procedure ivi vigenti e che l'atto di nazionalità, o documento equipollente, straniero è stato preso in consegna. Il passavanti è anche rilasciato alle navi il cui atto di nazionalità o altro documento equivalente sia andato smarrito o distrutto (art. 152 cod, nav.). In tali casi le eventuali trascrizioni vengono annotate sul passavanti provvisorio, in attesa del rilascio dell'atto di nazionalità.

In caso di vendita di nave iscritta nelle matricole nazionali ad un compratore che non abbia i requisiti soggettivi richiesti per l'iscrizione della nave nelle matricole italiane si deve procedere alla già descritta procedura di dismissione della bandiera italiana (artt. 156 e ss. cod. nav.; cfr. *supra*, cap. 2).

La cancellazione può comunque essere disposta solo previa verifica del soddisfacimento dei crediti contributivi relativi agli equipaggi, dei pagamenti spettanti agli istituti previdenziali e all'Agenzia delle entrate (cfr. art. 156, n. 6, cod. nav. e art. 1, d.l. 25 marzo 2010 n. 40, convertito con modifiche con legge n. 73/2010).

3. La locazione di nave

3.1. Dalla fattispecie codicistica ai contratti standard del commercio internazionale

L'esigenza di provvedere ad una disciplina speciale per la locazione di nave sorge non tanto perché il contratto ha per oggetto la nave, quanto per alcuni ulteriori effetti giuridici, rispetto a quelli previsti dal diritto comune, che conseguono da tale pattuizione, ossia in primo luogo il trasferimento della qualità di Armatore in capo al conduttore. Tale trasferimento, ovviamente sconosciuto al diritto comune, porta ad un mutamento del centro di imputazione giuridico delle vicende attinenti al fatto tecnico della navigazione ed, in effetti, rende opportuna una speciale considerazione del rapporto contrattuale.

In secondo luogo, la fondamentale obbligazione di fornire una nave navigabile comporta uno stretto collegamento con il complesso di norme del codice della navigazione che disciplinano tale profilo sotto l'aspetto pubblicistico ed amministrativo, il che giustifica la previsione di norme speciali relative a tale contratto.

La presenza di una disciplina speciale appare, quindi, giustificata dalle sopra illustrate considerazioni. Va peraltro precisato che – nella pratica – si è assistito ad un'evoluzione della fattispecie in esame che ha reso del tutto obsoleta tale disciplina codicistica.

In realtà, la fattispecie tipica di locazione di nave regolata dal codice della navigazione, ossia quella in cui un soggetto (anche non proprietario) si obbliga a far godere all'altra parte per un dato tempo la nave contro pagamento di un determinato corrispettivo (art. 376 cod. nav.), non è più coerente con il perseguimento degli interessi ulteriori e diversi rispetto a quelli attinenti al mero godimento del bene, richiesti dalla pratica commerciale. Conseguentemente, si sono affermati in modo ormai indiscusso formulari contrattuali standard che, proprio in vista di tali ulteriori e diversi interessi, alterano drasticamente il regime normativo previsto nel codice.

L'esame della prassi, quindi, porta a ritenere superato l'impianto codicistico, essendo invece necessario esaminare il diritto vivente, come esso emerge dalle pratiche del commercio internazionale. Preliminarmente, però, è necessario accennare alle ragioni che sono poste alla base del fenomeno sopra illustrato.

È comunemente osservato come i proprietari di nave siano restii ad affidare un bene – spesso frutto di cospicui investimenti – a terzi, a fronte non solo dei rischi intrinsecamente connessi all'esercizio della nave, ma anche delle responsabilità che possono comunque gravare sul proprietario anche quando la gestione è affidata al conduttore. Ad esempio, a seguito dell'attività del conduttore possono derivare diritti reali di garanzia (privilegi marittimi) gravanti sulla nave anche se non di proprietà del soggetto debitore; inoltre, norme speciali (ad esempio, in tema di inquinamento marino da idrocarburi) rendono responsabile il proprietario in caso di sinistro anche se la nave è data in locazione a terzi.

Ciò comporta che, nella pratica, salvo casi eccezionali relativi ad alcuni mezzi specializzati in servizi particolari, la nave viene normalmente data dal proprietario in locazione ad un conduttore in quanto appartenente allo stesso gruppo oppure in quanto legato ad esso da altri particolari vincoli economici o finanziari.

È, quindi, frequente che tra locatore e conduttore esistano tali collegamenti, che consentono di superare le ragioni di diffidenza sopra illustrate. Ipotesi tipica è quella in cui la proprietà del bene sia in capo ad una società di un gruppo per ragioni relative all'ottenimento di più favorevoli condizioni di finanziamento o allo sfruttamento dei benefici connessi alla registrazione della nave sotto una determinata bandiera, mentre la gestione della stessa sia affidata – tramite un contratto di locazione – ad una società operativa dello stesso gruppo.

È evidente come, tutte le volte in cui il preesistente collegamento economico tra i due soggetti fonda il ricorso al contratto di locazione, l'allocazione degli obblighi e dei rischi tra le parti sia necessariamente funzionale all'interesse perseguito dai contraenti in virtù di tale collegamento. Non sorprende, quindi, che la conseguente disciplina del rapporto di locazione sia difforme da quanto previsto nel codice della navigazione e che non via sia un riscontro giurisprudenziale circa tali fattispecie, mancando per lo più un effettivo conflitto di interessi tra locatore e conduttore.

È nella accennata prospettiva che si è così affermata nella pratica la particolare disciplina del rapporto di locazione allorché si tratti di contratto di locazione finanziaria (*leasing*), le cui clausole sono modellate in funzione del collegamento tra contratto di costruzione, mutuo e locazione, ovvero tra locazione, mutuo e vendita della nave. Anche in questo caso, pertanto, la regolamentazione del rapporto è funzionale ad interessi che sono affatto diversi da quelli presi in considerazione nella fattispecie codicistica della locazione, sicché vi è assoluta diversità tra contratti standard e norme del codice della navigazione.

Ne è risultata una tipizzazione delle fattispecie innanzi indicate, distinguendosi tra locazione di nave già in esercizio (c.d. *leasing* operativo), cui corrisponde il formulario *Standard Bareboat Charter* "A" (Barecon A) e la locazione di nave nuova (c.d. *leasing* finanziario), cui corrisponde il formulario *Standard Bareboat Charter* "B" (Barecon B). L'evoluzione della prassi nel senso di attribuire al contratto di locazione di nave il ruolo di strumento di finanziamento e/o di gestione infragruppo è poi confermata dal fatto che tali due formulari sono stati sostituiti dal *Standard Bareboat Charter 1989* (Barecon 89), il quale disciplina unitariamente le due fattispecie negoziali, dettando solo alcune clausole opzionali relative a scelte da operare in funzione di alcuni aspetti peculiari del *leasing* finanziario rispetto al *leasing* operativo. Tale formulario standard è stato più volte aggiornato (da ultimo Barecon 2017), lasciandone peraltro sostanzialmente inalterato l'impianto generale.

Va osservato che, ai fini della determinazione della legge applicabile al contratto di locazione, non trova più applicazione l'art. 10 cod. nav., essendo esso derogato dalle pertinenti disposizioni del Regolamento CE/593/2008; in particolare, in assenza di scelta delle parti, il contratto sarà regolato dalla legge del paese in cui ha la residenza abituale il locatore, quale parte che effettua la prestazione caratteristica (art. 4.2). Ciò, peraltro, non esclude che – sotto specifici profili – possa comunque venire in rilievo l'ordinamento della bandiera della nave, come ad esempio in ordine all'identificazione della legge alla luce della quale devono essere verificati gli obblighi contrattuali relativi alla sussistenza delle certificazioni di sicurezza della nave stessa.

3.2. Il *bareboat charter party* (Barecon 2017)

L'esame dei formulari consente, quindi, di individuare con chiarezza l'evoluzione della fattispecie della locazione di nave rispetto a quanto prefigurato nel codice della navigazione.

In quest'ultimo, infatti, non solo il locatore è tenuto a consegnare la nave in stato di navigabilità, ma deve provvedere a tutte le riparazioni dovute a forza maggiore o alla normale usura della nave (art. 379 cod. nav.; cfr. Trib. Genova 23 gennaio 2013, in *Dir. mar.*, 2014, p. 182).

Nella prassi viene confermato il fondamentale obbligo di consegnare una nave navigabile, esplicitando il collegamento che tale requisito deve avere in funzione del servizio da rendere nel traffico cui il mezzo è destinato. Peraltro, con portata derogatoria rispetto a quanto disposto nell'art. 379 cod. nav., si precisa che vengono trasferiti sul conduttore tutti gli obblighi relativi al mantenimento della nave in stato di navigabilità, dovendo egli così provvedere completamente alla manutenzione ordinaria e straordinaria. Tale prassi (chiaramente illustrata nella clausola 13 del Barecon 2017) porta, pertanto, a ritenere superati i problemi relativi al coordinamento tra l'art. 379 cod. nav. e l'art. 1576 cod. civ.

Particolarmente interessante, peraltro, è l'opzione inserita nella stessa clausola 13 del Barecon 2017 che, a fronte dell'obbligo del conduttore di adeguare la nave a normative tecniche sopravvenute che condizionino la possibilità di utilizzare il bene, prevede la scelta in sede di stipulazione del contratto tra il far sopportare integralmente i costi relativi al conduttore o il ricalcolo del corrispettivo ed una ripartizione del relativo costo tra proprietario e conduttore, anche alla luce del periodo di locazione residuo. Il che si giustifica proprio alla luce della finalità e delle caratteristiche che il contratto ha nella prassi, in contrasto con il principio tradizionale per cui spetta al solo proprietario far sì che la cosa locata rimanga idonea al servizio pattuito nel corso del contratto.

Nel sistema del codice il locatore è responsabile dei danni derivanti da difetto di navigabilità, a meno che provi che si trattava di vizio occulto, pertanto non riconoscibile con la normale diligenza (art. 380 cod. nav.). La dottrina italiana si è a lungo affaticata per coordinare tale norma con gli artt. 1578-1581 cod. civ., in tema di garanzia per vizî della cosa locata e relativi rimedi.

La pratica, invece, ha optato per un regìme diverso da quello codicistico, prevedendo una garanzia obiettiva del locatore per tutti i "latent defects" (definiti quali "defect which could not be discovered on such an examination as a reasonably skilled person would make") della nave (anche se non strettamente ricollegati alla navigabilità), purché essi si manifestino entro 12 mesi (o altro periodo scelto dai contraenti) dalla consegna e siano riconducibili ad un periodo precedente ad essa (clausola 3 Barecon 2017). Peraltro, tale responsabilità è limitata in quanto essa è circoscritta al rimborso al conduttore dei soli costi per l'eliminazione del vizio, con esclusione di ogni ulteriore danno diretto o indiretto.

Inoltre, pur in presenza di vizî preesistenti che rendano la nave temporaneamente inidonea al servizio, è escluso che il conduttore possa sospendere il pagamento del nolo per il tempo necessario per le riparazioni. Ciò esclude in radice il problema relativo all'applicabilità analogica alla locazione delle norme del noleggio in tema di *off-hire*.

Può, peraltro, osservarsi come la disciplina standard possa apparire in parziale contrasto con gli artt. 1578 e 1580 cod. civ., la cui applicabilità alle fattispecie marittime non sembra esclusa dall'art. 380 cod. nav. (il quale sembra rendere, invece, inapplicabile l'art. 1579 cod. civ.) e che, in diritto comune, sono considerati inderogabili. Conseguentemente, analogamente a quanto più sopra accennato in tema di vizi della nave nel contratto di vendita, deve ritenersi che – laddove il vizio sia stato maliziosamente occultato – il proprietario ne risponderà senza poter invocare la limitazione di cui sopra, ma solo in presenza di una prova rigorosa dell'effettiva natura latente del vizio stesso, tenendo conto delle ispezioni eseguite al momento della consegna della nave e dello standard di competenza esigibile in capo al conduttore.

Un problema non preso in esame dalla disciplina della locazione prevista dal codice della navigazione è quello relativo alle modalità ed al tempo della consegna della nave. A ciò rimediano i formulari (clausole 3, 4 e 5 Barecon 2017), che prevedono una disciplina che è ispirata quella prevista nei contratti di noleggio (di cui *infra*, cap. 10).

Per quanto attiene gli obblighi del locatore, va ricordato, in particolare, anche quello di garantire al conduttore il pacifico godimento della cosa locata, che soprattutto interessa per la possibile incidenza dei privilegi marittimi, nel caso in cui essi siano sorti prima della consegna e siano esercitati dal terzo creditore con una *actio in rem* sulla nave nella vigenza del contratto.

Mentre nel codice della navigazione il conduttore appare tenuto solo a pagare il corrispettivo e ad usare la nave secondo le sue caratteristiche tecniche e l'impiego convenuto (art. 381 cod. nav.), lo spostamento dei rischi dal locatore al conduttore che abbiamo visto essere proprio della prassi commerciale comporta un notevole aumento degli obblighi gravanti su quest'ultimo.

In primo luogo, il tenore dei formulari induce a ritenere che il conduttore abbia un vero e proprio obbligo a prendere in consegna la nave, di talché in caso di rifiuto non si applicano i rimedi previsti per la *mora accipiendi* (come ritenuto dalla prevalente dottrina italiana, in assenza di una previsione codicistica), bensì quelli propri dell'inadempimento. In caso di inadempimento del conduttore all'obbligo di prendere in consegna la nave il locatore può, quindi, scegliere tra l'azione per la risoluzione o quella per l'adempimento del contratto; in tale secondo caso, la parte inadempiente è tenuta a corrispondere al locatore il canone giornaliero, nonché a rimborsare le spese sostenute dal locatore per la conservazione della nave, come chiaramente indicato dalla giurisprudenza (Trib. Genova 4 agosto 1990, in *Dir. mar.*, 1992, p. 127):

> «Né può invocare la convenuta una violazione, da parte dell'attrice, del precetto di cui al comma 2 dell'art. 1227 cod. civ. e ciò per la semplice considerazione che, essendo tenuta l'attrice a mantenere la nave a disposizione della convenuta in esecuzione del contratto ritenuto valido ed efficace e dovendo l'attrice essere pronta, in qualsiasi momento, a consegnare la nave alla convenuta, a semplice richiesta di quest'ultima, non poteva, per ciò solo, l'attrice utilizzare la nave, o in proprio o noleggiandola a terzi, esponendosi al rischio di non poter fronteggiare una eventuale richiesta della convenuta, incorrendo in un'azione di inadempimento esperibile dalla convenuta medesima».

Come già ricordato, il conduttore deve provvedere a mantenere la nave in stato di navigabilità. Il totale trasferimento dei rischi a carico del conduttore al riguardo di tale circostanza è reso significativamente evidente da tutta una serie di pattuizioni, quali ad esempio quella relativa all'obbligo di provvedere alla copertura assicurativa della nave, anche per rischi che sono di interesse del locatore, e di provvedere alle riparazioni (clausola 17, che pure prevede, in alternativa, la possibilità di porre a carico del proprietario la copertura assicurativa corpi e rischi guerra, e 18 Barecon 2017). Tanto che anche se, a seguito di tali interventi di riparazione, risultano apportate "migliorie" alla nave, si ritiene che la loro presenza ed i vantaggi che ne derivano al locatore alla fine della locazione, quanto meno secondo i principi di diritto inglese e le clausole contrattuali del Barecon 2017, non debbano comportare il pagamento di qualsiasi indennizzo a favore del conduttore. Altrettanto significativo è che venga contrattualmente trasferito sul conduttore l'onere di provvedere alla copertura assicurativa delle responsabilità verso i terzi, se richiesta dalle normative applicabili, incluse quelle obbligatorie, quale ad esempio quella gravante *ex lege* sul proprietario della nave in ordine alla copertura dei rischi per inquinamento marino da idrocarburi (clausola 17 Barecon 2017; cfr. cap. 7).

Infine, per quanto riguarda la disciplina del pagamento del corrispettivo (clausola

15 Barecon 2017), essa ricalca quella dei formulari di noleggio a tempo e prevede che il tempestivo pagamento dell'"*hire*" (in rate anticipate di trenta giorni) è un obbligo fondamentale. Pertanto, il suo mancato rispetto autorizza il locatore a risolvere il contratto (c.d. "*termination*"), anche se è previsto un meccanismo (c.d. *anti-technicality clause*) che impedisce tale drastica conseguenza laddove il ritardo nel pagamento sia dipeso da meri errori del locatore o della sua banca: in tale ipotesi, il locatore deve concedere al conduttore un periodo di tempo per rimediare e solo in caso di perdurante inadempimento sorge il diritto alla *termination*.

Nel codice della navigazione viene espresso in misura più rigorosa rispetto al diritto comune il divieto di sublocazione o cessione del contratto (art. 378 cod. nav.) e tale divieto è confermato anche dalla prassi contrattuale (clausola 26 Barecon 2017), sia pure temperato dalla previsione che il necessario consenso del proprietario non sia "unreasonably withheld". Di particolare interesse è la disposizione che prevede l'obbligo per il locatore di ottenere il previo consenso del conduttore in caso di vendita a terzi della nave durante il periodo della locazione, nonché il consenso del nuovo proprietario di subentrare nel contratto di locazione medesimo.

Il conduttore, alla scadenza del periodo di locazione previsto in contratto (essendo sconosciute nella pratica locazioni a tempo indeterminato), è tenuto a restituire la nave al locatore nelle stesse condizioni in cui questa era stata presa in consegna, ad esclusione del solo deterioramento conseguente al normale uso della cosa secondo il servizio convenuto cui essa era destinata. Una delle novità introdotte dal Barecon 2017 è la possibilità di prevedere sin dal momento della stipula del contratto l'opzione di estendere il periodo di locazione.

3.3. Il *leasing* finanziario

Come detto, l'evoluzione della prassi porta peraltro ad utilizzare lo schema della locazione per perseguire interessi ulteriori (e diversi rispetto a quello del mero godimento della cosa locata), di natura precipuamente finanziaria; invero, il *leasing* finanziario di nave è finalizzato a dare all'utilizzatore le risorse economiche necessarie per procedere alla costruzione o all'acquisto della nave, per cui il futuro utilizzatore identifica sul mercato il soggetto costruttore, stabilendo con esso le caratteristiche che deve avere la futura nave, ovvero individua la nave esistente che abbia le caratteristiche corrispondenti alle proprie esigenze, dopodiché egli mette in contatto il fornitore del bene e il soggetto finanziatore, il quale acquisisce la nave (stipulando il contratto di compravendita o il contratto di costruzione), la quale viene (immediatamente ovvero al termine della costruzione) ceduta in godimento all'utilizzatore, contro pagamento di un corrispettivo che è calcolato in funzione del rimborso del finanziamento erogato, più interessi e spese.

Coerentemente con tale impostazione, nei formulari, oltre a trasferire integralmente sul conduttore i rischi e gli oneri relativi alla nave ed al suo utilizzo (tanto che in caso di danni al bene causati da terzi, il conduttore è legittimato ad agire direttamente contro il responsabile del danno stesso, cfr. Cass. 12 gennaio 2011 n. 534, in *Foro it.*, 2011, 4, I, c. 1126; Trib. Piacenza 18 ottobre 2011, in *Dir. mar.*, 2012, p.

247), si opera uno stretto collegamento tra il contratto di costruzione di nave, il contratto di finanziamento garantito da ipoteca (o da *mortgage*) sulla nave ed il contratto di locazione vero e proprio.

Di tale struttura complessa, coerente con l'esigenza di separazione tra rischio finanziario e rischio operativo che è alla base dell'operazione economica, è pienamente conscia anche la giurisprudenza, per cui si è osservato (Cass. 4 agosto 2014 n. 17597, in *Dejure*):

> «Sul piano della causa contrattuale, ruolo centrale è rivestito dal conseguimento del bene nella disponibilità dell'utilizzatore; risultato reso possibile dall'intervento del concedente il quale, sostanzialmente indifferente allo svolgimento della relazione materiale con il bene, esaurisce il proprio ruolo nel supporto finanziario necessario ad acquistare il bene da attribuirsi alla disponibilità dell'utilizzatore. Di ciò sì ha conferma nel fatto che il concedente – pur acquirente del bene, di cui diviene proprietario in mera funzione di garanzia del rientro dell'anticipazione finanziaria – non intrattiene rapporti diretti con il fornitore; per meglio dire, non intrattiene rapporti diversi ed ulteriori rispetto a quelli strettamente necessari a formalizzare l'acquisto. E, soprattutto, nel fatto che ogni rischio a vario titolo riconducibile al rapporto con la cosa grava di solito, per contratto, in via esclusiva sull'utilizzatore; così quanto, ad esempio, a deterioramento, sottrazione o perimento; a qualità promesse, vizi, difetti funzionali o inidoneità all'uso previsto; a mancata o incompleta consegna ... la prevalente dottrina e, dopo un iniziale opposto orientamento, anche la giurisprudenza di legittimità convergono ormai nel disattendere l'impostazione trilatera del contratto; preferendovi la figura del collegamento negoziale tra la compravendita da un lato, e la locazione finanziaria dall'altro».

Particolarmente significative al riguardo sono la parte III del Barecon 2017, in cui appare evidente la natura trilaterale del rapporto e la reciproca interferenza tra i distinti segmenti dell'operazione, tanto che il locatario non può far valere contro il proprietario-locatore maggiori pretese rispetto a quelle che lo stesso proprietario-locatore può far valere contro il costruttore.

È poi prevista la possibilità che, al termine del periodo di locazione, la nave diventi di proprietà del conduttore (parte IV Barecon 2017).

Nell'ordinamento italiano è stato a lungo discusso se, in difetto di specifiche pattuizioni che prevedano la cessione da parte del *lessor* (locatore) al *lessee* (conduttore) di tutte le azioni contrattuali contro il costruttore o il venditore, il *lessee* abbia o meno la possibilità di esercitare direttamente nei confronti del costruttore o del venditore le azioni che spettano al *lessor*.

In assenza di tali pattuizioni, dopo alcune oscillazioni giurisprudenziali, l'orientamento prevalente (Cass. S.U. 5 ottobre 2015 n. 19785, in *Dejure*) sembra essersi attestato nell'ammettere l'azione diretta dell'utilizzatore nei confronti del fornitore per i vizi emersi successivamente alla consegna:

> «In tema di vizi della cosa concessa in locazione finanziaria che la rendano inidonea all'uso, occorre distinguere l'ipotesi in cui gli stessi siano emersi prima della consegna (rifiutata dall'utilizzatore) da quella in cui siano emersi successivamente alla stessa perché nascosti o taciuti in mala fede dal fornitore. Il primo caso va assimilato a quello della

mancata consegna, con la conseguenza che il concedente, in forza del principio di buona fede, una volta informato della rifiutata consegna, ha il dovere di sospendere il pagamento del prezzo in favore del fornitore e, ricorrendone i presupposti, di agire verso quest'ultimo per la risoluzione del contratto di fornitura o per la riduzione del prezzo. Nel secondo caso, l'utilizzatore ha azione diretta verso il fornitore per l'eliminazione dei vizi o la sostituzione della cosa, mentre il concedente, una volta informato, ha i medesimi doveri di cui al precedente caso. In ogni ipotesi, l'utilizzatore può agire contro il fornitore per il risarcimento dei danni, compresa la restituzione della somma corrispondente ai canoni già eventualmente pagati al concedente.».

Il *leasing* finanziario internazionale è regolato dalla Convenzione di Ottawa del 28 maggio 1988 (ratificata dall'Italia con legge 14 luglio 1993 n. 259), che viene in rilievo allorché il soggetto concedente e l'utilizzatore hanno sede in Stati diversi, entrambi contraenti, ovvero se la legge regolatrice del rapporto tra concedente e fornitore e del rapporto tra concedente e utilizzatore è quella di uno Stato contraente. Tale normativa si applica anche alle navi, ma non sorprendentemente essa è in larga misura confermativa di quelle che sono le prassi già esistenti e consolidate nei contratti standard. Infatti, si stabilisce che il concedente è in generale esonerato da ogni responsabilità derivante dal bene nei confronti dell'utilizzatore, ma deve garantire il pacifico godimento del bene stesso all'utilizzatore; quest'ultimo deve avere cura del bene, usarlo in modo ragionevole e conservarlo nello stato in cui gli è stato consegnato, fatta eccezione per la normale usura. La disciplina internazionale conferma anche il parallelismo già riscontrato nella disciplina dei formulari standard tra consegna ai fini del contratto di fornitura e del contratto di locazione, nonché prevede che gli obblighi del fornitore in base al contratto di fornitura possono essere fatti valere direttamente anche dall'utilizzatore.

Nell'ordinamento italiano, invece, l'art. 1, comma 136, della legge 4 agosto 2017 n. 124 ha solo recentemente dato una definizione di locazione finanziaria che appare in larga misura coerente con quella che emerge dalla prassi commerciale internazionale; infatti, essa viene definita come il contratto con il quale la banca o l'intermediario finanziario si obbliga ad acquistare o a far costruire un bene su scelta e secondo le indicazioni dell'utilizzatore, che ne assume tutti i rischi, anche di perimento, e lo fa mettere a disposizione per un dato tempo verso un determinato corrispettivo che tiene conto del prezzo di acquisto o di costruzione e della durata del contratto. Alla scadenza del contratto l'utilizzatore ha diritto di acquistare la proprietà del bene ad un prezzo prestabilito ovvero, in caso di mancato esercizio del diritto, l'obbligo di restituirlo.

Rispetto a tale contratto, peraltro, viene espressamente disciplinata solo l'ipotesi della risoluzione per inadempimento grave dell'utilizzatore: mentre in precedenza la giurisprudenza prevalente riteneva applicabile l'art. 1526 cod. civ. (cfr. Cass. 8 gennaio 2010 n. 73, in *Dir. mar.*, 2011, p. 458), la norma ora prevede che, in caso di risoluzione del contratto per l'inadempimento grave dell'utilizzatore ai sensi del comma 137, il concedente ha diritto alla restituzione del bene ed è tenuto a corrispondere all'utilizzatore quanto ricavato dalla vendita o da altra collocazione del bene, effettuata ai valori di mercato secondo le modalità previste dalla legge stessa al comma 139, dedotte la somma pari all'ammontare dei canoni scaduti e non pagati fino alla data della risoluzione, dei canoni a scadere, solo in linea capitale, e del prezzo pattuito per l'esercizio dell'opzione finale di acquisto, nonché le spese anticipate per il recupero del bene, la stima e la sua conservazione per il tempo necessario alla vendita e fermo restando il diritto di credito del concedente nei confronti dell'utilizzatore per il residuo quando il valore realizzato è inferiore all'ammontare dell'importo dovuto dall'utilizzatore (sul problema dell'applicabilità o meno di tale nuova normativa ai rapporti sorti anteriormente alla riforma vedasi Cass. 25 febbraio 2020 n. 5022, in *Dejure*).

Perplessità suscita la circostanza che la legge stessa riconduca a tale disciplina la sola ipotesi di inadempimento "grave" espressamente definita nel comma 137, ossia il mancato pagamento – per i contratti non relativi ad immobili – di almeno quattro canoni mensili anche non consecutivi o un importo equivalente; il che appare da un lato non omogeneo con la prassi commerciale internazionale, che attribuisce al *lessor* il diritto di risolvere il contratto in presenza del mancato pagamento da parte del *lessee* di anche solo una rata (cfr. clausola 15 Barecon 2017), ma anche foriero di incertezze su quale regime sia concretamente applicabile in caso di risoluzione per altri gravi inadempimenti del *lessee*, quale ad esempio la violazione dell'obbligo di mantenere la nave in classe durante tutta la durata del *leasing* (cfr. il caso *M/v Arctic* deciso dalla Commercial Court in data 22 febbraio 2019, [2019] EWHC 376 (Comm) e dalla Court of Appeal in data 10 luglio 2019 [2019] EWCA Civ 1161).

3.4. Contratto di locazione e doppia registrazione della nave

Un ulteriore aspetto che merita di essere approfondito è quello relativo all'utilizzo del contratto di locazione a scafo nudo nel quadro della più generale tendenza a trasferire la gestione del bene nave in ordinamenti più favorevoli sotto il profilo dei costi, specie per quanto attiene la nazionalità e composizione dell'equipaggio ed i relativi carichi fiscali e previdenziali.

Come già ricordato (vedasi *supra*, cap. 2 §§ 2.1 e 2.3) in molti Stati viene oggi consentita l'iscrizione nelle matricole (con relativa assunzione della bandiera) di navi provenienti da registri esteri e da questi non cancellate. In tali casi l'iscrizione nelle matricole originarie rimane sospesa per alcuni profili (soprattutto quelli concernenti all'obbligo di imbarcare equipaggio avente la stessa nazionalità della bandiera della nave), mentre continua ad esplicare effetti per altri profili.

Lo scopo dell'operazione è quello di consentire agli armatori di poter usufruire della condizioni di gestione della nave più vantaggiose garantite dal secondo registro, senza al contempo eliminare del tutto il collegamento tra la nave e l'ordinamento di prima iscrizione.

Anche in Italia è possibile sospendere temporaneamente alcuni effetti dell'iscrizione della nave nelle matricole italiane e consentire il trasferimento di questa in matricole estere. In base alla legge n. 234/1989, che modifica l'art. 156 cod. nav., tale risultato si può ottenere appunto effettuando una locazione della nave a scafo nudo a straniero e conseguente temporanea iscrizione della nave per il periodo di locazione nell'apposito registro dello Stato straniero.

È evidente che in questi casi il ricorso allo strumento della locazione a scafo nudo altro non è che un mezzo per consentire di derogare alle norme italiane che comportano costi di gestione della nave superiori a quelli che possono essere ottenuti gestendo la nave sotto bandiere estere, mantenendo però un collegamento con l'ordinamento d'origine per quanto attiene la tutela della proprietà e delle condizioni dell'equipaggio (art. 29, legge n. 234/1989). Va da sé che in molti casi il soggetto estero al quale viene data in locazione la nave è comunque una società collegata alla società italiana proprietaria, per cui il vero significato economico della locazione è solo quello di poter gestire la nave con costi più ridotti e concorrenziali.

Non sorprende, quindi, che anche la prassi recepisca tali orientamenti. Infatti, il Barecon 2017 contiene una Part V (opzionale) che per l'appunto disciplina alcuni profili peculiari qualora il contratto di locazione sia collegato ad una operazione di doppia registrazione della nave. Peraltro, va osservato come anche su tale profilo si possa avere una incidenza della legge dell'ordinamento nazionale della nave, i cui effetti sono temporaneamente sospesi, la quale dovrà determinare in quali limiti e per quali situazioni l'ordinamento di temporanea registrazione della nave dovrà essere considerato quale legge della bandiera a fini internazionalprivatistici in sostituzione temporanea della sua disciplina con specifico riguardo alla determinazione della legge regolatrice dei diritti reali e di garanzia sulla nave.

4. Il finanziamento e le garanzie per la costruzione o l'acquisto di nave

4.1. L'ipoteca navale e le garanzie collaterali

L'ipoteca su nave costituisce, nell'intenzione del legislatore, uno strumento privilegiato per il finanziamento all'industria marittima. Ciò giustifica, ad esempio, la scelta di prevedere solo l'ipoteca volontaria (normalmente collegata ad un contratto di mutuo), con esclusione della possibilità di ipoteca legale o giudiziale, e di rendere possibile anche la costituzione di ipoteca su nave in costruzione (art. 566 cod. nav.).

In realtà, l'ipoteca non sembra fornire una garanzia del tutto soddisfacente, posto che i privilegi marittimi sulla nave (che costituiscono diritti reali di garanzia; vedi *infra*, cap. 16 § 1) prevalgono sull'ipoteca stessa ed essendo occulti (ancorché soggetti a decadenze brevi), nonché dotati del c.d. diritto di seguito sulla nave anche successivamente al suo eventuale trasferimento di proprietà, possono in concreto porre nel nulla la garanzia data dallo strumento ipotecario.

Inoltre, ai sensi dell'art. 577 cod. nav., l'ipoteca su nave si prescrive nel termine di due anni dal giorno della scadenza dell'obbligazione garantita (cfr. Trib. Torre Annunziata 28 novembre 2018, in *Dir. mar.*, 2019, p. 622), con una significativa modifica del regime comune, che resta peraltro applicabile per i profili non espressamente disciplinati dal codice della navigazione (cfr. per una fattispecie aeronautica Cass. 19 ottobre 1991 n. 11059, in *Dejure*):

> «Premesso che sia l'ipoteca navale che quella aeronautica, sia i privilegi speciali sulla nave o sull'aeromobile si estinguono in tempi estremamente brevi (cfr. artt. 558, 1025,

577 e 1037 cod. nav.) e che tale brevità trova la sua giustificazione nella tutela accordata al credito navale ed aeronautico, la cui erogazione verrebbe ad essere ostacolata dalla permanenza delle garanzie reali sulla nave o sull'aeromobile, deve notarsi come il termine di prescrizione dell'ipoteca aeronautica (due anni dalla scadenza dell'obbligazione garantita) a differenza di quanto è previsto dal codice civile, è collegato con l'obbligazione garantita, iniziando esso a decorrere dalla scadenza della stessa obbligazione. Tale collegamento ... spiega l'obbligo dell'indicazione nella nota di trascrizione dell'ipoteca ... (artt. 569 e 1032 cod. nav.) il tempo dell'esigibilità del credito, e tale esigibilità si riferisce alla scadenza dell'obbligazione originariamente garantita. È pacifico peraltro che all'ipoteca ... si applichino le norme del codice civile, ove siano mancanti disposizioni espresse speciali e sempre che le prime non siano in contrasto con le seconde. Orbene certamente tra tali norme si applicano all'ipoteca ... quelle di cui agli artt. 2935 e 2936 c.c.».

Non sorprende, quindi, che nella pratica il soggetto finanziatore pretenda, in aggiunta alla garanzia ipotecaria, altre garanzie collaterali.

In primo luogo, benché ai sensi dell'art. 573 cod. nav. possa essere pattuita l'estensione dell'ipoteca al nolo, di solito i creditori, nel caso in cui la nave oggetto dell'ipoteca sia noleggiata a tempo o locata a scafo nudo, preferiscono farsi cedere direttamente il credito per nolo a garanzia del rimborso delle rate del finanziamento. Tale cessione deve peraltro essere ritualmente notificata e risultare da atto avente data certa in modo da poter essere opponibile ai terzi (art. 1265 cod. civ.).

Inoltre, benché l'art. 572, lett. a), cod. nav. preveda che sono vincolate al creditore ipotecario le indennità spettanti al proprietario per danni sofferti dalla nave (cfr. Trib. Genova 5 marzo 2018, in *Dir. mar.*, 2019, p. 171) in tutti i contratti di finanziamento è comunque previsto l'obbligo per il debitore di stipulare una copertura assicurativa della nave presso una Compagnia approvata dal creditore per un massimale adeguato. Il debitore si obbliga, poi, a far inserire nella polizza una clausola di vincolo, ossia una pattuizione con cui gli Assicuratori si impegnano a liquidare gli indennizzi dovuti in base alla polizza (di solito, quando superano un determinato ammontare) al creditore ipotecario vincolatario. La clausola di vincolo prevede poi normalmente l'impegno dell'Assicuratore di comunicare al creditore ipotecario vincolatario gli eventi che possano pregiudicare l'effettività della copertura, tra cui principalmente il mancato pagamento del premio o il mancato rinnovo, e il diritto del creditore ipotecario vincolatario di evitare il venir meno della copertura provvedendo direttamente (entro un certo termine) al pagamento o al rinnovo. Un testo standard di clausola di vincolo è il seguente:

«La presente assicurazione deve intendersi vincolata a favore della Spett. ... (Vincolataria), creditrice ipotecaria della Spett. ... (proprietaria della m/n ... e Assicurata in base alla presente copertura) in forza di contratto di mutuo per Lit. ... stipulato il ...

Pertanto gli Assicuratori sottoscritti si impegnano:

a) a riconoscere il presente vincolo come l'unico ad essi dichiarato e da essi riconosciuto;

b) a notificare tempestivamente a mezzo raccomandata AR alla Vincolataria l'eventuale mancato pagamento dei premi ed accessori ovvero il mancato rinnovo della presente copertura e a considerare valida a tutti gli effetti la presente assicurazione fino a quando non siano trascorsi 30 giorni dalla ricezione della suddetta comunicazione, restando la facoltà della Vincolataria stessa di provvedere direttamente al pagamento del premio e degli accessori dovuti o al rinnovo della copertura;

c) a non apportare alcuna variazione alle condizioni di copertura senza il consenso della Vincolataria e a notificare a mezzo raccomandata AR alla stessa tutte le circostanze che possano pregiudicare la copertura;

d) a non liquidare alcun indennizzo all'Assicurata se non con il consenso scritto della Vincolataria, che non sarà irragionevolmente negato a condizione che l'Assicurata sia in regola con il rimborso della rate del contratto di mutuo sopra indicato».

Esiste, poi, la possibilità per il creditore ipotecario di stipulare direttamente una copertura assicurativa che ha per oggetto la nave e che mira a tutelare il suo particolare interesse alla conservazione del bene in funzione della garanzia.

La clausola di vincolo costituisce la trasposizione italiana della *Loss Payable Clause* inglese, normalmente redatta in modo da costituire una vera e propria cessione di credito.

Dottrina e giurisprudenza si sono invece affaticati per cercare di qualificare negli schemi giuridici nazionali la clausola di vincolo, giungendo ad esiti difformi. Va preliminarmente chiarito che, stante il diverso tenore letterale delle clausole di vincolo e le diverse fattispecie cui esse si possono riferire, non è sempre agevole trarre indicazioni univoche dai casi concreti oggetto di esame nella giurisprudenza.

Secondo un primo orientamento, la clausola di vincolo costituisce un contratto a favore di terzi, per cui l'Assicuratore, nel caso in cui risulti concretamente dovuto un indennizzo assicurativo in base alla polizza, si impegna a versarlo al creditore vincolatario (App. Venezia 16 settembre 1963, in *Dir. mar.*, 1964, p. 298). Un altro orientamento, invece, attribuisce alla clausola di vincolo la natura di cessione di credito a scopo di garanzia (Trib. Genova 22 giugno 1988, in *Dir. mar.*, 1990, p. 94). Un terzo orientamento, infine, attribuisce alla clausola la funzione di rafforzare il vincolo legale, già esistente secondo la legge italiana (*ex* art. 572 cod. nav.), per cui se la nave è perita o deteriorata, le indennità assicurative sono vincolate al pagamento dei creditori ipotecari, a meno che non vengano impiegate per riparare i danni sofferti dalla nave (Cass. 14 dicembre 1963, in *Dir. mar.*, 1965, p. 134).

Tutte queste tesi presentano profili di verità, anche se nessuna sembra poter spiegare esaurientemente il fenomeno e realizzare compiutamente lo scopo perseguito dalle parti.

Le tesi del contratto a favore di terzi e della cessione del credito presentano l'indubbio vantaggio di conferire al creditore vincolatario un'azione diretta contro l'Assicuratore. Peraltro, in virtù di tale impostazione, il proprietario debitore perde completamente la titolarità del diritto al pagamento dell'indennizzo e si può ritenere che conseguentemente perda la legittimazione a compiere tutti i vari obblighi e/o oneri che conseguono al sinistro in quanto funzionali all'effettivo conseguimento dell'indennizzo (avviso danno o richiesta di liquidazione, presentazione, documenti, ecc.). La configurazione come cessione del credito, inoltre, pone l'ulteriore problema dell'efficacia di tale negozio verso i terzi, in mancanza di un atto avente data certa.

Le difficoltà ricostruttive della clausola di vincolo sono chiaramente espresse nella seguente decisione. Nel caso di specie, il proprietario della nave (assicurato) aveva agito in giudizio contro gli Assicuratori, reclamando l'indennizzo per perdita totale della nave. Gli Assicuratori avevano respinto la pretesa, argomentando che in forza della clausola di vincolo, unico soggetto legittimato a reclamare l'indennizzo era appunto il vincolatario, creditore ipotecario del proprietario della nave. In fase di appello (App. Genova 18 maggio 1991, in *Ass.*, 1992, II, 2, p. 21) è stato osservato che il contenuto del rapporto tra Assicuratori, proprietario della nave e creditore ipotecario dipende dagli:

> «effetti della c.d. clausola di vincolo inserita in polizza. Se ad essa si attribuirà un'efficacia non diversa da quella scaturente dalla disciplina legale (*ex* artt. 572 cod. nav. e 2742 cod. civ.) si tratterà di stabilire se l'effetto della surrogazione reale (in una situazione in cui il venire meno dell'oggetto originario della garanzia reale e la sua sostituzione con un diverso oggetto, quale è un mero diritto di credito, non può non interagire sulla struttura del rapporto preesistente) sia – scrutinando le varie opzioni professate dalla dottrina al riguardo – un nuovo diritto di prelazione sull'indennizzo riconducibile allo schema del privilegio, ovvero la costituzione di un diritto di pegno sul credito che sorge in capo al debitore proprietario assicurato; ovvero, infine, l'attribuzione di una vera e propria azione diretta esercitabile verso l'assicuratore. Qualora, invece alla clausola si attribuisca l'effetto di dar vita ad una stipulazione (fra proprietario assicurato e assicuratore) a favore di terzo, ovvero, come ritenuto dai primi giudici, una cessione volontaria di credito, allora sarà rispettivamente dall'art. 1411 e dagli artt. 1260 e ss. che si ritroverà la disciplina del rapporto ... Trattandosi, così, di un unico rapporto con pluralità di parti, all'unità di diritto sostanziale deve corrispondere quella processuale per l'incompatibilità, che altrimenti ne deriva, di definire la posizione delle presenti senza (poter) incidere su quella del soggetto estraneo al giudizio, sicché in difetto di tale unità la sentenza risulterebbe *inutiliter data*. L'accertamento giudiziale del credito non può pertanto non avvenire nel contraddittorio dell'assicuratore (da una parte) con il creditore ipotecario e il debitore costituente dall'altra: valendo come misura dei diritti di entrambi, reciprocamente elidentesi».

La Corte, quindi, ricostruisce l'effetto della clausola di vincolo come quello di trasformare un rapporto bilaterale (Assicuratore/Assicurato) in un rapporto che, benché unitario ed inscindibile, è trilaterale (Assicuratore/Assicurato-debitore/Creditore ipotecario vincolatario), di talché vi sarebbe sempre e comunque una legittimazione concorrente dei due soggetti astrattamente legittimati all'incasso dell'indennizzo (Assicurato-debitore e Creditore ipotecario vincolatario), in litisconsorzio necessario tra di loro, dovendosi giudizialmente accertare quanta parte dell'indennizzo assicurativo debba essere pagata eventualmente al creditore ipotecario vincolatario, in base all'effettiva entità del suo credito, spettando all'Assicurato-debitore solo il saldo residuo.

Tale ricostruzione sembra essere quella che maggiormente realizza sul piano giuridico l'assetto degli interessi perseguito dalle parti per mezzo della stipulazione del vincolo e, sebbene non pacifica (cfr. Cass. 27 giugno 1994 n. 6156, in *Dejure*), ha trovato ulteriori significativi riscontri nella giurisprudenza recente (cfr. Cass. 20 maggio 2009 n. 11706, in *Foro it.*, 2010, 2, 1, c. 528), nella quale, in virtù del collegamento contrattuale realizzato dalla clausola di vincolo tra il contratto di finanziamento e il contratto di assicurazione, si è riconosciuto l'interesse dell'assicurato all'esatta determinazione dell'indennità dovuta dall'assicuratore al beneficiario identificato nella clausola di vincolo stessa.

Infatti, va sottolineato (Cass. 21 giugno 1995 n. 7021, in *Giust. civ.*, 1996, p. 2697; conf. Cass. 26 ottobre 2004 n. 20743, in *Dejure*) che:

«La clausola del contratto di assicurazione che attribuisce al finanziatore della somma utilizzata per l'acquisto del bene assicurato il diritto di soddisfarsi … sull'eventuale indennità dovuta dall'assicuratore (c.d. appendice di vincolo) crea un collegamento tra il contratto di assicurazione ed il contratto di finanziamento che estende ad ognuno gli effetti della invalidità della sopravvenuta inefficacia o della risoluzione dell'altro senza pregiudicare la loro autonomia … ne consegue che … il pagamento in virtù dell'appendice di vincolo, dell'indennizzo al finanziatore ha solo l'effetto di ridurre il credito del finanziatore verso l'utilizzatore, che rimane obbligato per l'eccedenza, in base all'autonomo e distinto contratto di finanziamento».

Di conseguenza (Cass. 27 marzo 2019 n. 8472, in *Dejure*):

«l'appendice di vincolo apposta alla polizza assicurativa indica il creditore legittimato a ricevere la prestazione d'indennizzo (nei limiti dell'importo del credito maturato nel rapporto di leasing), ma non immuta – diversificandola – la qualità di soggetto contraente da quella di soggetto assicurato, venendo a creare piuttosto un collegamento tra contratto di assicurazione e contratto di finanziamento, di modo che, in virtù di detto istituto, il pagamento ha l'effetto di ridurre il credito del finanziatore verso il finanziato, che resta comunque obbligato per l'eccedenza, donde il suo interesse a ottenere il risarcimento nella misura più elevata possibile».

4.2. La prassi contrattuale e il divieto di patto commissorio

Nei sistemi di *common law* esiste l'istituto parzialmente affine all'ipoteca denominato "*mortgage*", che peraltro attribuisce al creditore garantito (*mortgagee*) un fascio di poteri ben più ampio di quelli propri del creditore ipotecario, potendo egli procedere direttamente, in caso di inadempimento (*default*), all'amministrazione della nave (senza passare per il complesso meccanismo dell'art. 652 cod. nav.). Inoltre, il *first preferred mortgage* è prevalente su molti privilegi, anche marittimi. In caso di inadempimento da parte del debitore, in molti ordinamenti di *common law* è previsto il trasferimento in capo al creditore della proprietà del bene gravato dal *mortgage*; il che rafforza grandemente la posizione del *mortgagee* rispetto al mero creditore ipotecario. Si è, pertanto, cercato di trasferire gli effetti conseguenti a tale disciplina anche in ordinamenti di *civil law*, che pure non prevedono l'istituto del *mortgage*.

È noto, peraltro, come nel nostro ordinamento sia vista con estremo sfavore la possibilità di trasferimento in capo al creditore della proprietà del bene dato in garanzia in caso di inadempimento del debitore, tanto che il divieto legale di patto commissorio (art. 2744 cod. civ.) è stato esteso dalla giurisprudenza anche ad ipotesi in cui lo scopo vietato dalla norma veniva perseguito attraverso schemi negoziali leciti (ad esempio, vendita con patto di riscatto, in cui il prezzo della vendita era pari all'ammontare del finanziamento e il prezzo del riscatto era equivalente al debito garantito; cfr. Cass. 3 aprile 1989 n. 1611, in *Foro it.*, 1989, I, c. 1428).

I tentativi, quindi, di rafforzare contrattualmente la posizione del creditore ipotecario, assimilandone la disciplina convenzionale, in deroga a quella legale, a quella del *mortgage*, rischiano in concreto di venir talvolta vanificati in caso di superamento dei limiti inderogabili sanciti dall'art. 2744 cod. civ.

Va peraltro osservato, al riguardo, che nel nostro ordinamento si è assistito in tempi più recenti ad una rivalutazione della meritevolezza, in presenza di specifiche condizioni, di quegli schemi negoziali che perseguano la finalità di consentire un più rapido ed efficiente recupero dei crediti, in quanto essi concorrono a rendere, da un lato, più agevole l'accesso ai finanziamenti e, dall'altro, ad evitare che la lunghezza delle procedure determini un costo complessivo superiore e una minore percentuale di recupero, a danno dell'intero sistema creditizio.

In questa direzione si pongono, ad esempio, la giurisprudenza che ha ammesso la legittimità del c.d. patto marciano (Cass. 9 maggio 2013 n. 10986, in *Dejure*) e una serie di interventi legislativi che, in ambiti molto settoriali, hanno introdotto ipotesi di trasferimento immediato della proprietà di un bene in capo al creditore in caso di inadempimenti qualificati del debitore (quali l'istituto del finanziamento garantito dal trasferimento di un immobile sospensivamente condizionato di cui all'art. 48-*bis* del Testo Unico Bancario introdotto dal d.l. 2 maggio 2016 n. 59, convertito con modificazioni dalla legge 30 giugno 2016 n. 119 e d.lgs. 21 aprile 2016 n. 72, che ha attuato la direttiva UE/2014/17 in tema di contratti credito ai consumatori).

Particolarmente interessanti risultano, quindi, alcuni schemi negoziali adottati nella pratica del settore marittimo, in cui, per rafforzare la posizione del creditore ipotecario, viene ad esso conferito un mandato a vendere, la cui operatività è subordinata all'inadempimento da parte del debitore. Un esempio di tale schema si riscontra nella seguente clausola, inserita nell'àmbito della disciplina convenzionale di una garanzia volontaria:

> «Se i presupposti per la realizzazione della garanzia si saranno verificati, le Banche, senza pregiudizio di qualsiasi diritto o facoltà che loro possano spettare in conformità alla legge italiana o ad ogni altra legge applicabile avranno immediatamente il potere (che potrà essere esercitato se e quando le Banche lo riterranno opportuno) di vendere la nave al pubblico incanto, a condizione peraltro che (i) la vendita avvenga tramite primari *brokers*; (ii) venga determinato il valore di mercato della nave in base a perizia redatta da un perito indipendente; (iii) venga dato al debitore un preavviso della vendita di almeno 21 giorni; (iv) la vendita venga pubblicizzata almeno 21 giorni prima, su giornali internazionali e locali, ivi compresi il Lloyd's List e Il Sole 24 Ore; (v) in mancanza di offerte perlomeno pari all'ammontare di cui al punto (ii), venga fissata una nuova data per la vendita al pubblico incanto su un prezzo base ridotto rispetto alla prima valutazione di una percentuale non superiore al 20%; in mancanza di offerte si procederà analogamente a fissare le ulteriori date e le ulteriori riduzioni; (vi) la vendita venga eseguita per pagamento in contanti e immediatamente dopo il pagamento le Banche consegnino al debitore una chiara e completa prova delle modalità della vendita, nonché l'eventuale saldo positivo tra il ricavato della vendita dedotto il credito vantato dalle Banche».

Il conferimento al creditore di un mandato a vendere a terzi (irrevocabile in quanto attribuito anche nell'interesse del mandatario), unitamente ad adeguate garanzie procedurali volte a salvaguardare la posizione del debitore secondo criteri adottati dal codice civile a proposito della vendita di cosa mobile gravata da pegno al fine di soddisfare le ragioni creditorie del creditore pignoratizio (art. 2797 cod. civ.), anche con particolare riguardo del prezzo richiesto per la vendita (parametrato al valore di mercato del bene e non al debito garantito) e dell'imputazione del ricavato, sembrano soddisfare i requisiti richiesti dalla giurisprudenza ai fini di riconoscere la validità della clausola. In tal caso, infatti, la clausola qui riportata non ha una funzione coercitiva della volontà del debitore, né la proprietà viene trasferita in capo al creditore, bensì quest'ultimo si soddisfa, nei limiti del credito effettivamente vantato, sul ricavato della vendita del bene a terzi, sulla scorta di modalità che tutelano il debitore ma, al contempo, consentono una pronta liquidazione del bene, senza passare per le complesse e lunghe procedure di vendita giudiziale in forza dell'ipoteca, secondo criteri condivisi, se pur ad altro proposito, dallo stesso legislatore italiano.

Peraltro, particolare attenzione è prestata dalla giurisprudenza al fine di evitare che tali schemi negoziali travalichino i limiti posti dai principi generali dell'ordinamento, di talché si è osservato (Cass. 10 marzo 2011 n. 5740, in *Vita not.*, 2011, 2, p. 984):

> «In materia di violazione del divieto del patto commissorio, questa Corte ha già avuto modo di precisare come non sia possibile in astratto identificare una categoria di negozi soggetti a tale nullità, occorrendo invece riconoscere che qualsiasi negozio può integrare tale violazione, quale che ne sia il contenuto, nell'ipotesi in cui venga impiegato per conseguire il risultato concreto, vietato dall'ordinamento giuridico, di far ottenere al creditore, mediante l'illecita coercizione del debitore al momento della conclusione del negozio, la proprietà del bene dell'altra parte nel caso in cui questa non adempia la propria obbligazione... La considerazione che il patto commissorio costituisce un vizio che attiene alla causa del contratto, che viene piegata all'interesse del creditore ad acquisire una garanzia reale diretta, autonoma ed atipica sul bene del debitore, con conseguente snaturamento della causa tipica del negozio di scambio, autorizza d'altra parte l'interprete a svolgere, ai fini di tale accertamento, un'indagine penetrante, che non si può fermare agli aspetti formali del negozio, ma deve inoltrarsi anche a verificarne la causa in concreto. In particolare, ciò richiede che, in caso di operazione complessa, i singoli atti vengano valutati alla luce di un loro potenziale collegamento funzionale e che a tal fine venga apprezzata ogni circostanza di fatto relativa agli atti compiuti e, non ultimo, il risultato concreto (la funzione) che, al là delle clausole negoziali ambigue o non vincolanti, l'operazione negoziale nel suo complesso era idonea a produrre ed ha in concreto prodotto (cfr. Cass. n. 9466 del 2004)».

Il rigore di questo orientamento determina, in presenza dei necessari elementi sintomatici, l'applicazione del divieto anche in presenza di schemi negoziali formalmente riconducibili al c.d. *sale and lease back* (Cass. 7 marzo 2019 n. 6589, in *Dejure*):

> «Il *sale and lease back* consiste nella vendita di un cespite a una società finanziaria che ne paga il prezzo per poi concederlo in locazione alla stessa venditrice e che esso è nullo solamente se in concreto realizza una funzione di garanzia ... c) gli indici rivelatori della fittizietà sono, secondo la giurisprudenza: cl) la ricorrenza di un pregresso rapporto obbligatorio tra il concedente e il conduttore/alienante; c2) la ricorrenza di difficoltà economiche dell'impresa venditrice; c3) la sproporzione tra il valore del bene trasferito ed il corrispettivo versato dall'acquirente ... c4) l'assenza del c.d. patto marciano, cioè di apposita clausola con cui le parti abbiano preventivamente convenuto (Cass. 28 gennaio 2015 n. 1625) che al termine del rapporto – effettuata la stima del bene con tempi certi e

modalità definite, tali da assicurare una valutazione imparziale ancorata a parametri oggettivi ed autonomi ad opera di un terzo – il creditore debba, per acquisire il bene, pagare l'importo eccedente l'entità del suo credito, sì da ristabilire l'equilibrio sinallagmatico tra le prestazioni e da evitare che il debitore subisca una lesione dal trasferimento del bene … Essi costituiscono alcune manifestazioni possibili, le più frequenti, dell'impiego fraudolento del *sale and lease back*».

ONLINE *Vedi allegato al Capitolo 3*

4. L'armatore

SOMMARIO: 1. La nozione di armatore nel codice della navigazione. – 2. Le *single ship companies* ed il superamento della personalità giuridica. – 3. La responsabilità dell'armatore tra principi di diritto comune e principi di diritto speciale. – 4. La limitazione del debito dell'armatore. – 4.1. Fondamento e giustificazione della limitazione. – 4.2. La disciplina della limitazione. – 4.3. La decadenza dalla limitazione. – 4.4. La procedura per l'attuazione della limitazione.

1. La nozione di armatore nel codice della navigazione

L'armatore è definito dal codice della navigazione (art. 265) come colui che assume l'esercizio della nave. In tal modo il momento dinamico dell'esercizio viene distinto da quello statico della proprietà. La figura dell'armatore diviene così il centro di imputazione di tutti i rapporti che fanno capo all'esercizio della nave, assumendone le relative responsabilità.

In concreto, l'elemento caratterizzante dell'esercizio della nave, di cui l'armatore deve comunque avere la disponibilità a vario titolo, deve essere rintracciato nell'assunzione e organizzazione del personale nautico che ne garantisce l'operatività. Il che avviene, anzitutto, attraverso la nomina del comandante e l'assunzione dell'equipaggio. Non rientra, invece nel contenuto minimo della nozione di esercizio della nave, lo svolgimento dell'attività di vettore marittimo o in genere di altra attività commerciale relativa all'utilizzo della nave; pertanto, da un lato, può essere vettore anche chi non sia armatore e, dall'altro, l'esercizio della nave può anche tradursi in attività di tipo non commerciale (diporto, ricerca scientifica, ecc.). Si vedano al riguardo le precisazioni contenute nella sentenza della Cass. 12 marzo 2003 n. 3623 (in *Dir. mar.*, 2005, p. 152):

> «È ben noto che nell'ambito del diritto della navigazione svolgono un ruolo centrale le figure dell'"armatore", che è il soggetto che "assume l'esercizio della nave" (art. 265) e dell'"esercente", che è il soggetto che "assume l'esercizio di un aeromobile" (art. 874). L'assunzione di tali qualifiche non presuppone l'esercizio di un'attività lucrativa, essendo sufficiente il perseguimento di utilità di diversa natura. Può quindi essere assente la qualifica di imprenditore ai sensi del codice civile».

La distinzione sul piano concettuale tra il momento statico della proprietà e quello dinamico dell'esercizio può anche corrispondere ad un'effettiva distinzione di soggetti, nel senso che il proprietario non sia anche armatore, avendo trasferito ad altri l'esercizio della nave. Tale trasferimento avviene per lo più sulla base di un contratto di locazione a scafo nudo o di *leasing* (sui quali v. *supra*, cap. 3). Può anche accadere, in alcune ipotesi caratterizzate da particolari specificità rispetto al normale esercizio della navigazione, che il proprietario affidi la gestione tecnico-nautica della nave ad un altro soggetto, dotato di speciali competenze, che provvede ad assumere l'equipaggio ed a compiere tutte le attività per la gestione tecnica della nave, della quale, secondo una opinione seguita da parte della giurisprudenza, diviene, in tal modo, armatore. Infatti, accogliendo questa impostazione, si è affermato (cfr. App. Campobasso 1 aprile 2011, in *Dir. mar.*, 2011, p. 917), che tali contratti di "gestione armatoriale", nel realizzare l'effetto ora indicato, vanno qualificati come appalto di servizi e, pertanto, non costituiscono violazioni del divieto di intermediazione di manodopera.

La separazione tra proprietà ed esercizio fa sì che sia l'armatore (e non il proprietario) il titolare, dal lato attivo e dal lato passivo, dei rapporti giuridici connessi all'esercizio della nave. Quest'ultima affermazione necessita però di una precisazione. Infatti, mentre dal lato attivo i proventi dell'esercizio spettano sempre ed esclusivamente all'armatore, dal lato passivo il proprietario resta esposto ai rischi connessi all'esercizio nella misura in cui i crediti dei terzi nei confronti dell'armatore siano assistiti da privilegi speciali sulla nave (in argomento vedi *infra*, cap. 16 § 1).

È anche opportuno un breve chiarimento terminologico in merito al significato della parola inglese "*owner*" o "*shipowner*", di assai frequente utilizzo nella prassi. Tale espressione può infatti designare, a seconda dei contenuti, sia il proprietario (più propriamente "*registered owner*") sia l'armatore nel senso di cui all'art. 265 cod. nav. (detto anche "*operator*", ma per il significato attribuito a tale termine nel sistema inglese vedasi di recente la decisione della High Court 22 maggio 2020, *"The Stema Barge II"*, *Splitt Chartering APS et al. v. Saga shipholding Norway As et al.*, [2020] EWHC 1294 (Admlty)). Con il termine "*disponent owner*" si intende invece chi, avendo la disponibilità della nave a qualsiasi titolo (e quindi anche senza essere né proprietario né armatore, ma, ad esempio, sulla base di un contratto di noleggio a tempo), stipuli, in veste di noleggiante e/o vettore, un contratto di noleggio o di trasporto. Si deve infine rilevare come la definizione di "*owner*" fornita in talune normative internazionali uniformi (in particolare, la Convenzione di Londra del 1976, di cui *infra*, § 4) equipari all'armatore in senso proprio, ai fini dell'applicazione della normativa stessa, altri soggetti, quali il proprietario o il "*manager*" o il noleggiatore.

L'art. 265 cod. nav. dispone che chi assume l'esercizio di una nave deve preventivamente fare dichiarazione di armatore all'ufficio di iscrizione della nave. L'art. 272 cod. nav. a sua volta dispone che, in mancanza di tale dichiarazione, armatore si presume essere il proprietario, fino a prova contraria. Ciò significa che la dichiarazione di armatore acquista concreta rilevanza soltanto nelle ipotesi di separazione tra proprietà ed esercizio. In sostanza, l'effetto della dichiarazione di armatore è quello di rendere opponibile a terzi la eventuale separazione tra proprietà ed esercizio, evitando al proprietario non armatore di assumere di fronte a terzi le responsabilità connesse all'esercizio.

In difetto di dichiarazione di armatore, dotata dei necessari requisiti di pubblicità, la separazione tra proprietà ed esercizio rileva al fine di consentire al proprietario non armatore di non assumere verso i terzi la responsabilità relativa all'esercizio della nave solamente in presenza di una prova rigorosa di conoscenza di tale situazione da parte dei terzi. Al riguardo, così, ad esempio, non è rilevante la sola produzione di un contratto di locazione a scafo nudo non registrato.

Ad oggi (e salvo il caso della navigazione da diporto) è raro che l'esercizio della nave venga assunto direttamente da una persona fisica (imprenditore individuale) o nelle forme della società d'armamento tra comproprietari (regolata dagli artt. 278-286 cod. nav.).

Quest'ultima forma comporta la qualifica di armatore per tutti i soci (abbiano o meno consentito alla costituzione della società di armamento) e si realizza di fatto (allorché i caratisti-comproprietari abbiano consentito all'esercizio in comune della nave) oppure in virtù di apposita delibera. Tale delibera può essere adottata anche a maggioranza e si impone ai soci di minoranza (nei cui confronti la società di armamento risulta essere "coattiva"). Peraltro i soci dissidenti dalla delibera in esame non sono illimitatamente ed in solido responsabili per le obbligazioni relative all'esercizio della nave (rispetto alle quali la loro responsabilità è limitata al valore delle rispettive quote). Illimitatamente e solidalmente responsabili sono invece i soci che hanno votato a favore della costituzione della società d'armamento di cui non sia stata data adeguata pubblicità, *ex* art. 284 cod. nav. o coloro che ne hanno consentito la costituzione di fatto, anche se la società d'armamento è affidata ad un gerente, la cui nomina deve essere resa pubblica (artt. 279 e 282 cod. nav.). Peraltro, qualora la società di armamento abbia ottenuto l'adeguata pubblicità, i soci consenzienti rispondono illimitatamente verso i terzi in proporzione delle rispettive quote sociali. Gli ora indicati effetti a carico dei soci nella società di armamento ne hanno grandemente disincentivato l'impiego nella pratica.

2. Le *single ship companies* ed il superamento della personalità giuridica

Nessuno stupore quindi se nella stragrande maggioranza dei casi l'esercizio di navi destinate ad impieghi commerciali viene assunto da società di capitali, dotate, in quanto tali, di autonomia patrimoniale perfetta.

È, altresì, frequente che uno stesso centro di interessi economici, al quale fa capo una pluralità di navi, costituisca una pluralità di società, ciascuna delle quali sia proprietaria e armatrice di una sola nave. Si assiste così al fenomeno delle "*single ship companies*", nelle quali l'unitarietà della flotta viene frazionata in una pluralità di soggetti giuridici separati, dotati di autonomia patrimoniale, ciascuno proprietario e armatore di una sola nave e quindi responsabile soltanto delle obbligazioni derivanti dall'esercizio di detta nave.

L'unitarietà della gestione della flotta viene conseguita non tanto mediante la struttura piramidale della *holding* (nella quale la capo-gruppo detiene il controllo azionario delle singole società armatrici), quanto mediante l'identità delle persone fisiche che assumono il ruolo di amministratori delle diverse società e/o mediante l'accentramento di talune funzioni imprenditoriali (gestione tecnica, approvvigionamento di beni e servizi, ecc.) affidati ad una stessa società di *management*.

Questo tipo di struttura è di evidente pregiudizio per i creditori che, facendo affidamento sulla consistenza della flotta, si trovano poi, nelle ipotesi di incapienza della società armatrice della nave a cui si riferisce il credito, nell'impossibilità di soddisfare il proprio credito sulle altre navi della stessa flotta. Di qui i frequenti tentativi di superare lo schermo della personalità giuridica (il c.d. "*corporate veil*"), di cui si denuncia l'uso strumentale.

Punto di emersione di tali problematiche è soprattutto la giurisprudenza in materia cautelare (relativa cioè ad ipotesi in cui, a tutela di un credito relativo ad una nave appartenente ad una determinata società, si chiede il sequestro conservativo di un'altra nave, appartenente ad un'altra società, facente parte della stessa "flotta").

Particolarmente significativa a questo proposito è la giurisprudenza francese, che ha valorizzato in proposito una serie di elementi, quali l'identità delle persone fisiche preposte alla amministrazione delle società, l'identità (o quasi) degli azionisti, l'identità della sede o del domicilio effettivo delle società, l'affidamento della gestione operativa delle navi ad una stessa società di *management*, la stipula di una unica polizza assicurativa per tutte le navi della "flotta". Si veda, a titolo esemplificativo, la sentenza App. Rennes 21 giugno 1989 (in *Dir. mar.*, 1990, p. 780).

Altro argomento sviluppato dalla giurisprudenza francese è quello della "apparenza" sulla quale abbiano fatto affidamento i creditori. In virtù di tale teoria, i creditori possono legittimamente considerare come una sola entità la società debitrice e quella proprietaria della nave sequestrata, qualora il comportamento da queste tenuto nei rapporti con i terzi ingeneri la apparenza di una totale assenza di reale indipendenza tra di esse. Si veda in proposito la sentenza App. Bordeaux 13 giugno 1990 (in *Dir. mar.*, 1992, p. 233).

Anche la giurisprudenza statunitense ha enucleato una serie di fattori, la cui presenza (specie se in combinazione tra di loro) può costituire il presupposto per superare lo schermo della personalità giuridica ("*piercing the corporate veil*"). Nella decisione nel caso *Bergesen* c. *Lindholm* (in *American Mar. Cases*, 1991, p. 2839) la Corte Distrettuale del Connecticut ne ha elencato alcuni, relativi principalmente alla assenza di autonomia ed indipendenza nella gestione delle singole società, quali l'identità degli azionisti e/o degli amministratori, l'uso degli stessi uffici, prestiti o altri flussi finanziari tra le società, mancanza di reale autonomia decisionale, utilizzo da parte di una società dei beni dell'altra.

Qualche spunto, nel senso del superamento della persona giuridica, è emerso di recente anche nella giurisprudenza italiana, come si ricava dalla lettura del provvedimento cautelare del Trib. Livorno 18 novembre 1996 (in *Dir. mar.*, 1998, p. 433) ove il Giudice, richiamata anche l'esperienza giurisprudenziale francese, ritiene acquisiti elementi sufficienti per affermare la natura fittizia della intestazione della proprietà della nave di cui si chiedeva il sequestro:

> «Nel merito il G.D. osserva che è ammissibile il sequestro di nave formalmente di proprietà di soggetto diverso dal debitore ma sostanzialmente appartenente al debitore. ... Le indicazioni puramente formali contenute nei registri navali hanno perso rilievo ai fini della identificazione dell'effettiva proprietà della nave e hanno assunto importanza varie circostanze di fatto, quali il controllo e la gestione delle due società da parte di un unico azionista, l'unione dei patrimoni delle due società attraverso i soci, nonché delle famiglie. ... Nella specie emergono numerosi elementi che fanno ritenere che l'intestazio-

ne della nave in capo alla Euroshipping sia fittizia e volta a sottrarre un bene di notevole valore ai creditori, atteso che: 1) la Baltic Shipping è la detentrice dell'intero capitale sociale della Euroshipping, 2) il trasferimento della nave dalla Baltic Shipping alla Euroshipping è avvenuto successivamente al sorgere del credito della Cipriani nei confronti della Baltic Shipping, 3) la sede sociale della Baltic Shipping coincide con il Branch Office della Euroshipping, 4) la proposta formulata dalla Baltic Shipping con fax dell'11 novembre 1996 al fine di ottenere il dissequestro della nave è ulteriore prova della comunanza di interessi che lega la Baltic e la Euroshipping».

Nello stesso senso cfr. anche l'ordinanza del Trib. Bari 19 luglio 2002 (in *Dir. mar.*, 2004, p. 1424):

«Occorre esaminare il disposto di cui all'art. 3.2 della Convenzione che recita "Le navi saranno considerate come appartenenti allo stesso proprietario qualora tutte le quote di proprietà appartengano alla stessa o alle stesse persone". La ricorrente ha prodotto la lettera del Ministero della Marina Mercantile greco del 5 luglio 2002, con allegato verbale dell'assemblea congiunta dei soci ed amministratori della Poseidon, da cui risulta che Evangelos Pothithos ne è il presidente, amministratore ed unico socio e che Spyridon Pothithos ne è il segretario, tesoriere ed amministratore. Non risultano altri soci o amministratori della società. La Morfimare ha, inoltre, prodotto certificazione del 5 luglio 2002 rilasciato dal Ministero del Commercio, Industria e Turismo Cipriota, da cui risulta che i soci della Bellatrix sono sempre e solo Evangelos Pothithos (titolare di 999 quote societarie) e Spyridon Pothithos (titolare di una quota societaria). Non vi è dubbio, quindi, che ricorrano nella specie tutti i presupposti di cui all'art. 3.2 della Convenzione per sequestrare la nave "*Sea Serenade*", benché essa formalmente sia di proprietà della Bellatrix, estranea al rapporto che lega la Morfimare alla Poseidon. ... La finalità delle c.d. *single shipping companies* è fin troppo chiara: sottrarsi alla propria responsabilità patrimoniale, in violazione degli artt. 2740, 2362, 2901 cod. civ. Infatti, la società (Poseidon) che ha contratto l'obbligazione inadempiuta a cautela della quale si invoca la tutela appare formalmente impossidente (in termini di proprietà navale), ... mentre quella (Bellatrix) che ha la proprietà effettiva della nave non è debitrice, sì che non può rispondere di debiti altrui. In tal modo, entrambe le società non rispondono formalmente *ex* art. 2740 cod. civ. ed il creditore resta del tutto insoddisfatto ... La Convenzione, quindi, ha introdotto uno strumento agile e veloce che consente il sequestro anche di navi, appartenenti formalmente a terzi, saltando il passaggio attraverso la fase dell'azione revocatoria, quando le compagini societarie dei due soggetti sono sovrapponibili».

La problematica del superamento della personalità giuridica si pone in termini diversi quando ci si trovi in presenza, anziché di una serie di "*single ship companies*" solo apparentemente distinte, di una società armatrice inserita in un gruppo di società a struttura piramidale, con al vertice una *holding* capo-gruppo. In tali ipotesi si tratta non tanto di denunciare il carattere "fittizio" della struttura societaria, quanto di verificare se, al di là del caso estremo del socio unico (di cui all'art. 2362 cod. civ.), l'ingerenza della capo-gruppo nella gestione della controllata sia di tale intensità da giustificare la responsabilità della prima per gli illeciti della seconda. Il problema è sinteticamente affrontato dalla Corte Distrettuale dell'Illinois del 18 aprile 1984 nel caso della "*Amoco Cadiz*" (in *Dir. mar.*, 1985, p. 904), in cui venne affermata la responsabilità della capo-gruppo Standard Oil per l'inquinamento causato dalla nave della quale erano, rispettivamente, proprietaria e armatrice due società controllate, in quanto la capo-gruppo aveva di fatto controllato la progettazione, la costruzione e la operatività della nave, come se questa fosse di sua proprietà.

3. La responsabilità dell'armatore tra principi di diritto comune e principi di diritto speciale

L'art. 274 cod. nav. regola la responsabilità dell'armatore disponendo che esso risponda dei fatti dell'equipaggio e delle obbligazioni contratte dal comandante per quanto riguarda la nave e la spedizione. Il comma 2 della stessa norma precisa che l'armatore non risponde dell'adempimento da parte del comandante degli obblighi di assistenza e salvataggio e degli altri obblighi, che la legge impone al comandante medesimo, quale capo della spedizione. I limiti di questa eccezione alla regola generale della responsabilità dell'armatore per l'operato del comandante sono stati recentemente precisati dalla Corte di Cassazione (sentenza 14 novembre 2014 n. 24347) in relazione ad una fattispecie di lesioni personali ad un passeggero:

> «Non può essere invocato come esimente il disposto dell'art. 274, comma 2, cod. nav. che stabilisce che "l'armatore non risponde dell'adempimento da parte del comandante degli obblighi di assistenza e salvataggio previsti dagli artt. 489 e 490, né degli altri obblighi che la legge impone al comandante quale capo della spedizione". Esclusa infatti nel caso di specie l'esenzione per l'osservanza degli artt. 489 e 490, si osserva che gli altri obblighi che la legge impone al comandante quale capo della spedizione devono intendersi solo quelli espressamente previsti da specifiche disposizioni di legge come facenti al comandante personalmente, quali ad esempio, gli obblighi gravanti sullo stesso quale ufficiale di stato civile o quelli relativi alla adozione di specifiche misure di sicurezza ovvero quelli relativi ad obblighi di carattere doganale o quant'altro. Tra tali obblighi specificatamente previsti per legge non rientra un generico obbligo di prudenza e di perizia nella gestione della navigazione ed in particolare quello di effettuare correttamente le manovre della nave ivi compresa quella di attracco».

L'art. 274 cod. nav. si pone come norma speciale rispetto alla norma generale in tema di responsabilità vicaria contenuta nell'art. 2049 cod. civ. Ciò non significa peraltro che l'art. 274 cod. nav. esaurisca la disciplina della responsabilità dell'armatore, escludendo la rilevanza delle altre norme del codice civile; al contrario, la giurisprudenza non ha avuto esitazioni nel ritenere soggetta alla normativa del codice civile ogni ipotesi non contemplata dal codice della navigazione (Cass. 14 novembre 2014 n. 24347, in *Dejure*), ad esempio applicando all'armatore le regole particolari in tema di responsabilità contenute negli artt. 2050 e 2051 cod. civ. (relative rispettivamente allo svolgimento di attività pericolose ed ai danni cagionati da cose in custodia). Esemplare in questo senso è la sentenza della Cass. 15 luglio 1976 n. 2796 (in *Dir. mar.*, 1976, p. 680), relativa ad un caso di esplosione di nave cisterna:

> «La specialità della materia non toglie, come risulta testualmente dall'art. 1, comma 2, cod. nav., che "ove manchino disposizioni del diritto della navigazione e non ve ne siano

di applicabili per analogia, si applica il diritto civile"; il quale pertanto si pone in rapporto di *genus* a *species* e, quindi, in funzione integrativa di una disciplina che, per quanto particolare e tendenzialmente autonoma, non per questo è avulsa dal sistema. Ora l'art. 274 cod. nav., nel disporre che "l'armatore è responsabile dei fatti dell'equipaggio", detta una regola che può considerarsi speciale rispetto all'art. 2049 cod. civ., ma che non esaurisce la disciplina della responsabilità cui l'armatore, come soggetto di diritto e come imprenditore, deve pur sempre soggiacere. All'armatore l'art. 274 cod. nav. riferisce, parallelamente ed in parziale deroga all'art. 2049 cod. civ., le conseguenze giuridiche dei fatti (leciti e illeciti) dei suoi preposti (i membri dell'equipaggio), ma nulla prevede in ordine al fatto generatore della responsabilità, quale è regolato dalle altre norme del codice civile, fra cui gli artt. 2050 e 2051. E poiché tale materia non è altrimenti disciplinata, neppure analogicamente, dal codice della navigazione, torna applicabile la normativa del codice civile, giusto il disposto del citato art. 1 cod. nav. ... La Corte romana ha fatto un esatto richiamo alla duplice presunzione di colpa di cui era gravata la Cosarma in forza dei citati artt. 2050 e 2051: il primo, per l'esercizio dell'attività indubbiamente pericolosa, qual è quella consistente nel caricamento di olio greggio nelle tanche di una nave cisterna; il secondo, per il danno proveniente dalle cose in custodia, cioè del gas di idrocarburi, che è il naturale prodotto di evaporazione dell'olio greggio».

4. La limitazione del debito dell'armatore

4.1. Fondamento e giustificazione della limitazione

Dopo aver sancito, all'art. 274, il principio della responsabilità dell'armatore per i fatti dell'equipaggio e per le obbligazioni contratte dal comandante per quanto riguarda la nave e la spedizione, il codice della navigazione prevede, al successivo art. 275, il diritto dell'armatore a limitare il proprio debito complessivo per le obbligazioni contratte in occasione e per i bisogni di un viaggio e per le obbligazioni sorte da fatti o atti compiuti durante lo stesso viaggio.

Secondo la giurisprudenza italiana, questa locuzione comporta che l'istituto della limitazione di responsabilità trova applicazione solo quando gli eventi occorsi durante il viaggio rappresentano il fatto determinativo dell'insorgenza dell'obbligazione di pagamento del relativo corrispettivo, mentre non è applicabile quando la fonte dell'obbligazione è costituita da atti o fatti successivi al termine del viaggio, quale ad esempio l'ordine di rimozione emesso dall'Autorità marittima successivamente al naufragio di una nave (cfr. Cass. 30 novembre 2018 n. 30978, in *Dejure*).

L'istituto della limitazione è previsto, seppure con alcune differenze di disciplina, anche dalla maggior parte degli ordinamenti stranieri. Inoltre, ciò che più qui rileva, esso ha formato oggetto di normative di diritto internazionale uniforme, in epoca più risalente della Convenzione di Bruxelles del 1957, e, più di recente, la Convenzione di Londra del 1976, poi modificata dal Protocollo del 1996.

L'ordinamento italiano è rimasto a lungo estraneo a tale movimento di uniformazione della normativa in tema di limitazione della responsabilità armatoriale, restando invece fedele alle disposizioni dettate dal codice della navigazione, disposizioni che, in virtù della norma di diritto internazionale privato di cui all'art. 7 cod. nav., risultavano applicabili, in funzione del criterio di collegamento costituito dalla nazionalità della nave alla limitazione di responsabilità di navi italiane.

Solo con il d.lgs. 28 giugno 2012 n. 111 (inteso a dare attuazione in Italia alla direttiva 2009/20/CE in tema di assicurazione degli armatori per i crediti marittimi) l'Italia ha, in modo parziale ed imperfetto, introdotto nel proprio ordinamento norme corrispondenti a quelle della Convenzione di Londra del 1976 e del Protocollo del 1996, senza però ratificarli. In precedenza, con la legge 23 dicembre 2009 n. 201, il Parlamento aveva autorizzato la ratifica della Convenzione di Londra del 1976 e del Protocollo del 1996, delegando il Governo ad adottare la relativa normativa di attuazione; tuttavia, lo strumento di ratifica non è stato depositato, né il Governo ha adottato i decreti attuativi. Ci si può peraltro chiedere se e fino a che punto, in oggi, l'avvenuta emanazione del d.lgs. 28 giugno 2012 n. 111 possa essere considerata equivalente ad un ordine di esecuzione o ad una normativa di attuazione della Convenzione di Londra e del relativo Protocollo e/o di quanto previsto dalla legge 23 dicembre 2009 n. 201. Le incertezze che emergono dalle prime pronunce di merito (Trib. Napoli 27 gennaio 2015, in *Dir. mar.*, 2016, p. 736; Trib. Larino 16 febbraio 2016, in *Dir. mar.*, 2016, p. 775 e Trib. Nola 14 febbraio 2017, in *Dir. mar.*, 2018, p. 178) confermano la scarsa chiarezza ed i dubbi effetti della tecnica redazionale adottata dal legislatore italiano.

Pur essendo profondamente radicato nella tradizione storica del diritto marittimo, l'istituto della limitazione provoca ricorrenti interrogativi sulle motivazioni che giustifichino una così significativa deroga ai principi generali in tema di responsabilità patrimoniale. In passato, si riteneva comunemente che l'istituto della limitazione costituisse un ragionevole incentivo all'esercizio di una attività imprenditoriale particolarmente rischiosa; oggi si tende piuttosto ad affermare che esso trovi la sua giustificazione nella esigenza di contenere la responsabilità dell'armatore entro i limiti in cui essa può essere coperta da assicurazione.

La perdurante validità delle motivazioni che giustificano l'istituto della limitazione e la compatibilità di quest'ultimo con i principi generali dell'ordinamento è stata riaffermata dalla sentenza App. Messina 23 giugno 1991 (in *Dir. mar.*, 1992, p. 699), in un caso in cui si trattava di applicare, in base all'art. 7 cod. nav., la legge olandese ed era stato eccepita dai danneggiati la contrarietà di tale legge all'ordine pubblico *ex* art. 31 prel.:

> «Resta da esaminare se la previsione normativa di limitazione del debito armatoriale contrasti con i principi fondamentali che stanno alla base dell'ordine pubblico italiano. A legittimare la risposta negativa sarebbe già sufficiente il rilievo che una disciplina limitativa del genere, presente nella legge olandese come in molte altre, caratterizza la responsabilità armatoriale regolata dall'ordinamento italiano. E non si vede come un istituto giuridico che, per lunga ed inveterata tradizione, trova pieno riscontro nella legge nazionale, possa confliggere con questa al punto da vulnerarne i principi su cui poggia l'ordine pubblico ... Ciò che rimane, pertanto, è la critica al sistema della limitazione del debito armatoriale in quanto tale. Senonché, a parte il rilievo che, così impostato, il problema perde qualsiasi contatto con il diritto internazionale privato e lambisce, al più, il terreno della legittimità costituzionale, è da osservare che, anche sotto questo profilo, la critica si rivela del tutto inconsistente. Infatti, il dire che "il diritto al risarcimento è stato oggetto di con-

tinua evoluzione migliorativa nel nostro ordinamento", costituisce affermazione accettabile solo nella misura in cui risulta ampliata l'area del danno risarcibile, specie per le persone (assai meno per le cose) e semplificata la tecnica di imputazione della responsabilità (sempre più fondata sul rischio d'impresa o su criteri oggettivi, anziché sulla colpa); ma è un'affermazione errata nella misura in cui non tiene conto che, in parallelo a questa tendenza espansiva, si va correlativamente a restringere il risarcimento integrale del danno a preferenza di modelli risarcitori limitati o ridotti entro massimali invalicabili. E la limitazione del debito armatoriale, lungi dal porsi in contrasto con queste tecniche risarcitorie, ne costituisce un anticipato prototipo».

Come già lascia intravvedere un accenno nella motivazione della sentenza appena citata, è però lecito chiedersi se l'istituto della limitazione potrebbe passare indenne il controllo di costituzionalità in ipotesi in cui esso venisse a collidere con l'esigenza di garantire un risarcimento adeguato, ancorché non integrale, di danni alla persona (si pensi all'ipotesi di un sinistro che colpisca una nave passeggeri e comporti la morte di un gran numero di persone). Al riguardo, è bene ricordare alcuni passi della sentenza 6 maggio 1985 n. 132 (in *Dir. mar.*, 1985, p. 751), con la quale la Corte costituzionale dichiarò la incostituzionalità del limite di responsabilità del vettore aereo per danni alle persone. Pur rilevando che la previsione di limiti quantitativi al risarcimento non determina di per sé sola la illegittimità costituzionale della norma, la Corte sottolinea che la limitazione deve comunque salvaguardare l'effettività e l'adeguatezza del risarcimento del danno conseguente alla lesione di diritti primari costituzionalmente garantiti:

«Questo Collegio è chiamato in definitiva ad esaminare come si conciliano le confliggenti istanze del vettore e del danneggiato. Si può intanto precisare che l'aver comunque sancito un limite alla responsabilità del vettore non basta ad integrare la prospettata ipotesi di illegittimità costituzionale, sebbene importi una deroga al principio del risarcimento integrale del danno ... Occorre vedere, più da vicino, se la limitazione dell'obbligo risarcitorio sia giustificata dallo stesso contesto normativo in cui essa si colloca, nel senso che la denunciata disciplina pattizia riesca a comporre gli interessi del vettore con un sistema di ristoro del danno non lesivo della norma costituzionale di raffronto. L'esigenza di tutela del danneggiato, che qui viene in considerazione, va peraltro puntualizzata, tenendo conto della ragioni che hanno ispirato il regime della responsabilità in sede internazionale e ne hanno promosso l'evoluzione. È allora, in questa prospettiva, che risulta quale assetto della limitazione del risarcimento possa soddisfare gli estremi della compatibilità con l'art. 2 della Costituzione. Ad avviso della Corte, deve trattarsi di una soluzione normativa atta ad assicurare l'equilibrato componimento degli interessi in gioco: e dunque, per un verso sostenuta dalla necessità di non comprimere indebitamente la sfera di iniziativa economica del vettore, per l'altro congegnata secondo criteri che, in ordine alla imputazione di responsabilità e alla determinazione della consistenza del limite in discorso, comportano idonee e specifiche salvaguardie del diritto fatto valere da chi subisce il danno ... Le osservazioni fin qui svolte sugli sviluppi della normativa pattizia e della nostra legislazione interna conducono al seguente risultato: la limitazione della responsabilità del vettore si appalesa giustificata solo in quanto siano al tempo stesso predisposte adeguate garanzie di certezza ed adeguatezza per il ristoro del danno».

4.2. La disciplina della limitazione

Come accennato, mediante il d.lgs. 28 giugno 2012 n. 111, l'Italia ha solo parzialmente, e con modalità sotto molti profili criticabili, adeguato l'ordinamento interno alla Convenzione di Londra del 1976 ed al relativo Protocollo del 1996. Il citato decreto, infatti, ha come oggetto l'attuazione in Itala della direttiva europea in tema di assicurazione dei crediti marittimi; tuttavia, poiché tale direttiva è modellata sulla normativa della Convenzione di Londra del 1976, come modificata dal Protocollo del 1996 (presupponendone la vigenza negli Stati membri), il decreto legislativo italiano ha avuto l'effetto indiretto di introdurre nell'ordinamento italiano anche alcuni dei (ma non tutti i) contenuti della Convenzione e del Protocollo, abrogando nel contempo l'art. 275 cod. nav. (che resta in vigore solo per le navi di stazza lorda inferiore a 300 ton.). I risultati sono stati però, come si vedrà, assai problematici.

Dal punto di vista soggettivo, la Convenzione di Londra del 1976 consente la limitazione, oltre che all'armatore propriamente detto, anche ad altri soggetti quali il proprietario, il noleggiatore, il gerente («*the term shipowner shall mean the owner, charterer, manager and operator of a sea-going ship*»). Sono inoltre ammessi a beneficiare della limitazione i soccorritori nonché quei soggetti (dipendenti e preposti) del cui operato lo "*shipowner*" o il "*salvor*" devono rispondere. Il "beneficio" della limitazione si estende anche all'assicuratore della responsabilità dell'armatore (o degli altri soggetti ad esso equiparati) per crediti soggetti a limitazione. Secondo il codice della navigazione, invece, soltanto l'armatore poteva beneficiare della limitazione e tale sembra essere la posizione anche oggi in base all'art. 2 del d.lgs. 28 giugno 2012 n. 111, che definisce "armatore" come «la persona che figura quale proprietario della nave nel registro in cui la nave è iscritta o qualsiasi altro soggetto, persona fisica o giuridica, quale il conduttore a scafo nudo, che sia responsabile dell'esercizio di una nave adibita alla navigazione marittima».

Dal punto di vista oggettivo, l'art. 275 cod. nav. era ispirato al principio della globalità della limitazione, nel senso che tutte le obbligazioni contratte in occasione di un viaggio o sorte da atti o fatti compiuti durante il viaggio erano sottoposte a limitazione. Il criterio della globalità viene abbandonato nella Convenzione di Londra del 1976, che adotta invece il criterio della "lista chiusa" di crediti ammessi alla limitazione. In base all'art. 2 della Convenzione, sono sottoposti a limitazione, i crediti per (a) danni a persone o cose (ivi comprese le opere di porti, bacini e vie navigabili) che si verificano a bordo della nave o in diretta relazione con il suo esercizio o con operazioni di soccorso, (b) danni da ritardo nel trasporto di persone o cose, (c) danni derivanti dalla violazione di diritti diversi da quelli nascenti da contratto che si verifichino in diretta relazione con l'esercizio della nave o con operazioni di soccorso, (d) rimozione di relitto, (e) rimozione di carico; sono inoltre soggetti a limitazione i crediti di soggetti diversi da quello responsabile per misure adottate al fine di evitare o ridurre il danno per il quale il soggetto responsabile può limitare la sua responsabilità in base alla Convenzione. Sono invece espressamente esclusi dalla limitazione i crediti per (a) compenso di soccorso o contributo di avaria comune, (b) crediti per danni da inquinamento, (c) crediti per danni nucleari, (d) salari ed altre somme dovute all'equipaggio in forza del contratto di arruolamento. Come si vedrà meglio in seguito, sono previsti limiti separati per i danni dalle persone e per i danni alle cose: qualora il primo risulti insufficiente, il saldo residuo dei crediti per danni a persone concorre sul secondo con i crediti per danni a cose. Va inoltre ricordato che limiti separati ed autonomi sono previsti dalla Convenzione CLC per i danni da inquinamento da idrocarburi e dalla Convenzione HNS per i danni causati da sostanze tossiche e nocive (cfr. *infra*, cap. 7).

In modo assai equivoco, gli artt. 4 e 5 del d.lgs. 28 giugno 2012 n. 111 elencano i crediti ai quali rispettivamente si riferisce o meno l'obbligo di assicurazione in termini equivalenti a quelli impiegati dalla Convenzione per definire i crediti soggetti o meno a limitazione. Tuttavia, quelli di crediti soggetti a limitazione e di crediti per i quali vi è obbligo di assicurazione sono concetti ben diversi e non sovrapponibili. Secondo un'interpretazione letterale sembrerebbe quindi che la limitazione di cui al decreto legislativo sia applicabile alla generalità dei crediti, compresi quelli per i quali la Convenzione esclude invece la limitazione e quelli per i quali il decreto non prevede l'obbligo di assicurazione, con la conseguenza (che appare non soddisfacente) che i crediti per i quali vi è assicurazione potrebbero, nel concorso con altri crediti non assicurati, risultare soddisfatti per importo inferiore a quello assicurato.

Un'ulteriore differenza tra il codice della navigazione e la normativa internazionale uniforme è data dal fatto che nel primo la limitazione è per viaggio, mentre nella seconda la limitazione è per avvenimento. La definizione della nozione di viaggio, ai fini dell'art. 275 cod. nav., non era esente da aspetti problematici, come è emerso in una fattispecie relativa ad un sinistro verificatosi nel corso della esecuzione di lavori di riparazione su una nave che aveva completato la discarica ed ancora non aveva iniziato la caricazione per la destinazione successiva. Dopo che in primo grado era stata negata la applicabilità della limitazione, nel giudizio di appello (App. Trieste 16 giugno 1995, in *Dir. mar.*, 1996, p. 1052), rovesciando la precedente decisione, si affermò l'applicabilità dell'art. 275 cod. nav. sulla base di una più ampia definizione del concetto di viaggio che «non si identifica con quello giuridico di trasporto né con quello fisico di movimento, dovendo invece comprendere anche le fasi propedeutiche, strumentali o complementari allo stesso». Analogamente, in occasione di un sinistro occorso ad una draga che stazionava all'ancora impegnata in operazioni di dragaggio, si ritenne applicabile l'art. 275 cod. nav. argomentando che il termine "viaggio" assume nel diritto della navigazione significativi più specifici di quello meramente descrittivo dello spostamento da un punto geografico ad un altro, potendo coincidere «con una fase del ciclo operativo, che ha inizio con la partenza della nave stessa per la zona di mare dove dovrà operare a termine con il suo rientro in porto» (cfr. App. Venezia 13 giugno 2005, in *Dir. mar.*, 2007, p. 1208).

Nella Convenzione di Londra del 1976 la limitazione viene invece applicata in relazione a crediti derivanti da uno stesso avvenimento ("*claims ... arising on any distinct occasion*"). Il d.lgs. 28 giugno 2012 n. 111 si adegua a tale impostazione stabilendo che il limite si applichi ai crediti "derivanti dallo stesso evento". Anche tale nozione di "*distinct occasion*" o di "stesso evento" si profila, specialmente in presenza di sequenze complesse di eventi concatenati, non priva di potenziali difficoltà interpretative, che solo la successiva prassi giurisprudenziale potrà chiarire. Si veda, per esempio il caso deciso dalla Corte Federale australiana (sentenza 18 marzo 2010, in *Dir. mar.*, 2010, p. 676): l'ancora di una nave aveva incocciato un gasdotto, causando l'ovalizzazione di un tratto di tubo ed il suo sollevamento; successivamente, dopo circa 30 minuti, a seguito di un ulteriore movimento in avanti della nave, si verificò la rottura della tubazione con fuoruscita di gas; la Corte ritenne che si fosse in presenza di due "*distinct occasions*", con la conseguenza che l'armatore avrebbe dovuto costituire due fondi di limitazione.

La determinazione dell'importo della somma-limite era, nel codice della navigazione commisurata al valore della nave alla fine del viaggio, con alcuni correttivi, nel senso che tale valore non poteva essere inferiore ad un quinto e superiore a due quinti del valore della nave all'inizio del viaggio (ciò significa, in pratica, che, qualora la nave fosse andata perduta nel sinistro, la somma-limite sarebbe stata pari ad un quinto del valore della nave allo stato sano).

La normativa internazionale uniforme adotta invece criteri di calcolo commisurati alla stazza della nave, che prescindono dal valore della nave stessa, sia allo stato sano che dopo il sinistro. In particolare, la Convenzione di Londra del 1976, come modificata dal Protocollo del 1996 e in vigore sino al 18 aprile 2015, prevede limiti così calcolati: (a) per danni a persona (i) 2.000.000 di Diritti Speciali di Prelievo (DSP) per navi di stazza lorda fino a 2000 tonn., (ii) 800 DSP per ogni tonn. di stazza lorda tra 2.000 e 30.000 tonn., (iii) 600 DSP per ogni tonn. di stazza lorda tra 30.000 e 70.000 tonn., (iv) 400 DSP per ogni tonn. di stazza lorda oltre le 70.000 tonn.; (b) per altri crediti (i) 1.000.000 di DSP per navi di stazza lorda fino a 2000 tonn., (ii) 400 DSP per ogni tonn. di stazza lorda tra 2000 e 30.000 tonn., (iii) 300 DSP per ogni tonn. di stazza lorda tra 30.000 e 70.000 tonn., (iv) 200 DSP per ogni tonn. di stazza lorda oltre le 70.000 tonn. L'art. 7 della Convenzione detta una regola particolare per le navi passeggeri; per tale tipologia di navi il limite è calcolato in ragione di 175.000 DSP moltiplicati per il numero di passeggeri che la nave è abilitata a trasportare.

Il d.lgs. 28 giugno 2012 n. 111 fissa, agli artt. 7 ed 8, limiti analoghi a quelli previsti dalla normativa internazionale, anche se, apparentemente, riferiti alla generalità dei crediti e non solo a quelli ammessi alla limitazione in base all'art. 2 della Convenzione di Londra.

Peraltro, a far data dal 19 aprile 2015 e per effetto della risoluzione IMO del 19 aprile 2012, in attuazione dalle procedure di revisione di cui all'art. 8 del Protocollo del 1996, i limiti previsti dalla Convenzione di Londra del 1976 sono stati ulteriormente aumentati.

Nel silenzio dell'art. 275 cod. nav. era discusso se la somma limite dovesse essere incrementata degli interessi maturati a partire dalla data del sinistro; la giurisprudenza italiana (Trib. Genova 22 luglio 1993, in *Dir. mar.*, 1993, p. 780) aveva risolto affermativamente l'analogo quesito che si poneva in relazione alla somma-limite prevista dalla Convenzione CLC in tema di responsabilità da inquinamento. L'art. 11.1 della Convenzione di Londra del 1976 prevede invece esplicitamente che la somma-limite sia maggiorata degli interessi dalla data del sinistro a quella della costituzione del fondo.

Al fine di garantire concreta effettività ai diritti dei creditori, l'Unione europea, con la direttiva 2009/20/CE ha fatto obbligo agli Stati membri di prescrivere, per le navi che battono la propria bandiera e per le navi di paesi terzi che scalino i propri porti, la stipula di una copertura assicurativa di responsabilità di importo almeno pari alla somma-limite determinata in conformità alla Convenzione di Londra del 1976, come modificata dal Protocollo del 1996. Come detto, l'Italia (nei modi e con i problemi che si sono visti) ha dato attuazione alla direttiva mediante il d.lgs. 28 giugno 2012 n. 111.

4.3. La decadenza dalla limitazione

Proprio perché costituisce un "beneficio", la limitazione è condizionata al fatto che l'armatore ne sia, per così dire, "meritevole". Così l'art. 275 cod. nav. esclude la possibilità di invocare la limitazione in relazione alle obbligazioni derivanti da dolo o colpa grave dell'armatore. Nella Convenzione di Bruxelles del 1957 qualsiasi comportamento colposo dell'armatore esclude il diritto alla limitazione.

Nella Convenzione di Londra del 1976 invece, correlativamente ad un sostanzioso incremento quantitativo della somma limite, le ipotesi che fanno venir meno il diritto alla limitazione sono state ristrette a comportamenti dolosi (si veda, ad esempio, la sentenza della *High Court of Justice* inglese 11 ottobre 2016, "*Atlantik Confidence*", [2016] EWHC 2412 (Admlty) in *www.bailii.org*), ovvero commessi temerariamente e con la consapevolezza che un danno si sarebbe probabilmente verificato. Quali esempi di condotta caratterizzata dagli estremi della "temerarietà" e della "consapevolezza" si possono ricordare, nella giurisprudenza più recente, quello del proprietario (e comandante) di un peschereccio che, al fine di raggiungere più rapidamente la zona di pesca, entri nella corsia dello schema di separazione del traffico in senso opposto a quello stabilito, così provocando una collisione (sentenza della *High Court of Justice* inglese 28 novembre 2002, in *Dir. mar.*, 2003, p. 1090) o quello dell'armatore il quale, pur dovendo sapere che lo sbarco di una gru poteva avvenire in sicurezza solo se la parte rotante era bloccata, non si assicuri che i freni che ne impediscono il movimento siano bloccati, così provocando la caduta della gru sulle sottostanti installazioni portuali (sentenza della Court de Cassation francese 3 aprile 2002, in *Dir. mar.*, 2004, p. 1544).

Il d.lgs. 28 giugno 2012 n. 111 nulla dispone a questo riguardo, rendendo così assai difficile per l'interprete determinare se i comportamenti che giustificano il venir meno del diritto alla limitazione siano oggi nell'ordinamento italiano quelli di cui all'art. 275 cod. nav. (che è però rimasto in vigore solo per le navi di stazza lorda inferiore a 300 ton.) o quelli previsti dalla Convenzione di Londra (anche se le relative norme non sono state introdotte nell'ordinamento italiano) o se, addirittura, il diritto alla limitazione permanga sempre e comunque (con seri dubbi di costituzionalità).

Tanto nella normativa del codice della navigazione che in quella uniforme si deve trattare di comportamenti imputabili "personalmente" all'armatore. Come si è già osservato, l'attività armatoriale viene oggi svolta per lo più nelle forme della società di capitali. Si pone di conseguenza il problema di individuare quale sia, nell'ambito della struttura aziendale, il livello per il quale si possa parlare di colpa personale dell'armatore. In questa prospettiva, si esclude normalmente che possa ravvisarsi una colpa personale dell'armatore in presenza di comportamenti negligenti del comandante, quali, in particolare, quelli relativi alla condotta della navigazione ovvero alla caricazione ed allo stivaggio del carico.

Peraltro all'armatore (ovvero ai suoi preposti ai vertici delle strutture tecniche dell'azienda armatoriale) incombono precisi obblighi di vigilanza sull'operato del comandante e sulle procedure operative adottate a bordo (obblighi e procedure oggi esplicitati dal Codice ISM – cfr. *supra*, cap. 2) e la mancata osservanza di tali obblighi si traduce in colpa personale dell'armatore. Assai significativa in questo senso è la sentenza della *House of Lords* inglese del 9 aprile 1984 nel caso "*Marion*" (in *Dir. mar.*, 1985, p. 127) ove venne affermata la colpa personale dell'armatore per non aver controllato adeguatamente l'aggiornamento delle carte nautiche da parte del comandante.

4.4. La procedura per l'attuazione della limitazione

Per completare l'esame dell'istituto della limitazione, occorre accennare brevemente alle disposizioni di natura processuale che ne disciplinano la concreta attuazione.

In primo luogo, va ricordato che il ricorso alla procedura di limitazione da parte dell'armatore non può essere inteso come ammissione di responsabilità da parte dello stesso (né come acquiescenza ad una eventuale sentenza di primo grado sul merito di uno dei crediti soggetti a limitazione). In questo senso, e con riferimento alla normativa del codice della navigazione, si è recentemente pronunciata la giurisprudenza italiana (cfr. App. Trieste 5 aprile 2007, in *Dir. mar.*, 2008, p. 172). Analogamente, l'art. 1.7 della Convenzione di Londra, afferma esplicitamente che «*the act of invoking limitation shall not constitute an admission of liability*».

Il d.lgs. 28 giugno 2012 n. 111 non contiene disposizioni relative alla procedura di limitazione, che sembrerebbe quindi essere ancora quella disciplinata dal codice della navigazione, che si avvia con un ricorso presentato dall'armatore (art. 621 cod. nav.); alla presentazione del ricorso segue la sentenza di apertura della procedura (art. 623 cod. nav.), che dispone il deposito della somma limite (art. 629 cod. nav.). Dalla data della sentenza di apertura non sono più ammissibili azioni esecutive (o cautelari) sui beni dell'armatore in relazione ai crediti soggetti a limitazione (art. 625 cod. nav.). La sentenza di apertura è notificata ai creditori (art. 624 cod. nav.) che, ove ritengano insussistenti i presupposti della limitazione, possono proporre opposizione (art. 627 cod. nav.). Segue poi la formazione dello stato attivo e dello stato passivo, con le relative impugnazioni (artt. 628-634-635-636), ed infine si procede al riparto della somma-limite, tenuto conto anche delle eventuali cause di prelazione (artt. 637 e 275, comma 2, cod. nav.).

Come è stato evidenziato dalla giurisprudenza, le caratteristiche sopra delineate del procedimento di limitazione della responsabilità armatoriale presentano significativi elementi di analogia con le procedure concorsuali ed in particolare con quella fallimentare: cfr. il passo che segue della sentenza del Trib. La Spezia 8 maggio 2007, in *Dir. mar.*, 2008, p. 220 (e, per considerazioni negli stessi termini riferite alla procedura di limitazione disciplinata dalla Convenzione CLC in tema di inquinamento marino da idrocarburi cfr. Trib. Messina 30 luglio 1986, in *Dir. mar.*, 1986, p. 996):

«L'art. 275 cod. nav. prevede il diritto dell'armatore di limitare il proprio debito complessivo per le obbligazioni contratte in occasione e per bisogni di un viaggio, attraverso l'attivazione di una specifica procedura, disciplinata appunto dal cod. nav. Secondo la dottrina dominante, si tratta di una procedura che determina una vera e propria limitazione della responsabilità dell'armatore, nel senso che questi è chiamato a rispondere per le obbligazioni di cui all'art. 175 cod. nav. unicamente con una quota ideale del suo patrimonio, costituita da una somma pari al valore della nave e all'ammontare del nolo *ex* art. 276 cod. nav. In particolare, attraverso tale procedura, si vuole assicurare la *par condicio creditorum*; infatti, la normativa impedisce a ciascuna creditore di promuovere individualmente l'esecuzione forzata sui beni dell'armatore per le obbligazioni soggette a limitazione e attua la separazione di una somma di denaro del rimanente patrimonio dell'armatore ed è solo su questa che possono soddisfarsi i creditori (secondo l'ordine delle rispettive cause di prelazione; art. 275 cod. nav.) soggetti a limitazione. Spetta poi, al Giudice della procedura di limitazione della responsabilità dell'armatore procedere a garantire la *par condicio creditorum*, procedendo ad un riparto delle relative somme in proporzione ai crediti di ciascuno. La giurisprudenza e la dottrina hanno posto in rilievo le numerose somiglianze tra tale procedura e quella fallimentare, tanto da ritenere applicabili, in via analogica, alla prima le norme dettate per la seconda, in assenza di norme specifiche. Infatti, si è in presenza, in entrambi i casi, di liquidazioni concorsuali destinate al soddisfacimento dei debiti di un determinato soggetto, la cui attivazione impedisce le aggressioni individuali sui beni dei debitori».

Gli innegabili elementi di analogia tra la procedura di limitazione della responsabilità dell'armatore e quella fallimentare non possono però condurre alla completa assimilazione; così la già citata sentenza del Tribunale di La Spezia ha escluso che potesse valere anche nella procedura di limitazione la regola della competenza esclusiva del Tribunale fallimentare per l'accertamento di crediti illiquidi:

«Si deve considerare che la specialità del fallimento, anche rispetto ad altre procedure fallimentari e alla procedura esecutiva individuale, consiste nella regola della esclusività del concorso formale che comporta il trasferimento nella sede concorsuale di tutte le azioni di accertamento dei crediti verso il fallito. Tale principio si pone in stretto rapporto con l'altro fondamentale principio su cui poggia la procedura concorsuale, vale a dire il divieto di azioni esecutive individuali. Sotto tale profilo, mentre la disciplina in materia di divieto di azioni esecutive individuali tra le due procedure è identica (si vedano, in particolare, l'art. 51 legge fall. e l'art. 626 cod. nav.), nulla viene detto dal legislatore per quanto riguarda il concorso formale. La giurisprudenza ha affermato che il principio dell'esclusività del foro fallimentare ai fini della verifica dei crediti trae origine dall'art. 52 legge fall. ... Il cod. nav. non contiene alcuna disposizione analoga all'art. 52 legge fall. ... Inoltre si deve ritenere che il giudice della procedura di limitazione della responsabilità dell'armatore non abbia reali poteri di accertamento dei crediti illiquidi (qual è quello oggetto del presente giudizio, non essendo stato determinato il corrispettivo per le prestazioni eseguite dalla convenuta, rendendosi, quindi, necessario un accertamento giudiziale). Infatti, il cod. nav. non contiene una disciplina analitica qual è quella posta degli artt. 92 e ss. legge fall., non disponendo nulla al riguardo».

La Convenzione di Londra del 1976 stabilisce, all'art. 11, che il soggetto responsabile può costituire il fondo di limitazione presso il Tribunale di uno Stato contraente ove è stata proposta nei suoi confronti una domanda giudiziale per far valere uno o più crediti soggetti a limitazione. In tal modo è stato adottato nella Convenzione il principio che la limitazione può avvenire solo in via incidentale, in quanto il soggetto responsabile non può prendere autonomamente l'iniziativa, ma deve attendere che un creditore faccia valere giudizialmente le sue pretese. Il fondo può essere costituito mediante deposito in contanti o mediante una garanzia che sia accettabile in base alla legislazione dello Stato contraente ove il fondo viene costituito. Il fondo costituito da uno dei soggetti (proprietario, armatore, noleggiatore, soccorritore, rispettivi "*servants or agents*" ed assicuratori) si intenderà come costituito nell'interesse di tutti tali soggetti.

La Convenzione di Londra prevede anche la possibilità di eccepire la limitazione senza contestualmente provvedere alla costituzione del fondo; tuttavia la normativa uniforme fa salva la possibilità per gli Stati contraenti di prevedere che il beneficio della limitazione possa essere invocato soltanto se ha luogo la costituzione del fondo.

L'art. 13 della Convenzione di Londra del 1976 prevede che, dal momento in cui viene costituito il fondo di limitazione, i creditori non possano più esercitare o proseguire azioni cautelari o esecutive sui beni dei soggetti responsabili.

A seguito della entrata in vigore nell'ordinamento italiano della Convenzione di Londra del 1976, la disciplina processuale, di cui agli artt. 620 e ss. cod. nav., relativa alla attuazione della limitazione, dovrà essere opportunamente sottoposta a revisione, al fine di adattarne i contenuti alla nuova disciplina sostanziale dettata dalla normativa internazionale uniforme; come indicato, a tali adattamenti si dovrà provvedere mediante i decreti di attuazione che il Governo è stato delegato ad emanare con la legge di autorizzazione alla ratifica della Convenzione di Londra.

5. Il personale marittimo

1. Il controllo pubblico delle professioni marittime

La dottrina riconosce come sia interesse dello Stato il corretto e regolare svolgimento dei traffici marittimi, specialmente per quanto attiene la sicurezza della navigazione, la tutela delle persone e dei beni connessi a tali traffici, nonché – più di recente – la protezione ambientale. Nel sistema del codice della navigazione tale interesse si traduce, tra l'altro, in un'esigenza pubblicistica di organizzazione e controllo delle attività inerenti alle professioni marittime.

Va, peraltro, subito rilevato come questa esigenza non sia oggi più percepita come tale da condizionare in modo assoluto il concreto svolgimento delle attività marittime, poiché l'evoluzione normativa ed una più corretta percezione della specialità ed autonomia della materia rendono possibile, ed anzi necessario in alcuni ambiti, bilanciare l'interesse pubblicistico con le esigenze dei soggetti privati. Così, non vi è dubbio che, ad esempio, nel settore del lavoro marittimo il principio della protezione del prestatore di lavoro possa in alcune ipotesi assumere rilievo anche a fronte dell'interesse pubblico all'organizzazione e al controllo dell'attività.

La proiezione settoriale dell'astratta affermazione dell'interesse dello Stato al fenomeno marittimo è, quindi, data in primo luogo dal complesso di norme che regolano l'iscrizione e il permanere del personale marittimo negli appositi registri, quale presupposto per il legittimo esercizio della corrispondente attività professionale, e che disciplinano l'organizzazione a bordo della nave.

Il controllo sul personale marittimo, cui è funzionalizzato il procedimento di iscrizione (artt. 119 e ss. cod. nav.), si traduce nella verificazione da parte della Pubblica Amministrazione della sussistenza in capo al soggetto dei requisiti previsti per lo svolgimento dell'attività prescelta. In presenza di tali requisiti, l'iscrizione è un atto vincolato della Pubblica Amministrazione, cui corrisponde, secondo l'orientamento pacifico della giurisprudenza (Cass. 27 gennaio 1954, in *Foro it.*, 1954, I, c. 1283), un diritto soggettivo dell'interessato:

> «L'iscrizione nelle matricole della gente di mare, prevista dall'art. 119 cod. nav., costituisce per i cittadini che si trovino in possesso dei requisiti stabiliti dalla legge, un diritto soggettivo perfetto, il quale può affievolirsi e degradare in interesse legittimo solo quando

l'amministrazione, per esigenze di pubblico interesse da essa discrezionalmente valutate, si valga del potere, riconosciutole dallo stesso art. 119, di sospendere temporaneamente le iscrizioni».

Il procedimento di iscrizione può essere qualificato come un accertamento avente effetti costitutivi, dal cui compimento scaturisce la legittimazione all'esercizio delle attività che trovano il loro presupposto nella qualifica che con tale iscrizione viene attribuita al soggetto.

Nella sistematica del codice della navigazione, al personale marittimo (art. 113 cod. nav.) appartengono:

a) la gente di mare;
b) il personale addetto ai servizi nei porti;
c) il personale tecnico delle costruzioni navali.

Ciascuna categoria è a sua volta distinta in sottocategorie.

All'iscritto viene rilasciato un documento di lavoro (per la gente di mare, il libretto di navigazione), che è sia documento di identità personale, sia certificazione avente effetto abilitante all'esercizio dell'attività corrispondente.

Per alcune categorie è necessario altresì il possesso di specifici titoli professionali, i quali attestano l'astratta idoneità del soggetto a svolgere quelle specifiche attività cui intende essere destinato. Ad esempio, i soggetti iscritti alla gente di mare, sottocategoria del personale di stato maggiore addetto ai servizi di coperta, devono altresì essere muniti di specifici titoli professionali (quali, capitano superiore di lungo corso, capitano di lungo corso, ecc.) che attestino il possesso dei requisiti tecnici per poter svolgere in concreto le funzioni a bordo della nave in determinati inquadramenti organizzativi.

2. La legge regolatrice del contratto di lavoro marittimo

Con riferimento al settore del lavoro marittimo, si è assistito nell'evoluzione legislativa, giurisprudenziale e nella prassi ad una progressiva erosione della competenza esclusiva dell'ordinamento giuridico dello Stato di cui la nave batte la bandiera, rispetto al quale si rinvengono sempre più significative interferenze da parte di altri sistemi normativi, soprattutto da parte degli ordinamenti giuridici dei porti degli Stati nell'ambito dei quali la nave si trova ad operare.

Sotto un primo profilo, per quanto attiene specificamente la legge regolatrice del contratto di lavoro marittimo, già in passato era stato pacificamente riconosciuto dalla giurisprudenza il carattere del tutto residuale del criterio di collegamento posto dalla bandiera della nave previsto dall'art. 9 cod. nav. rispetto alla disciplina sostanziale del rapporto (cfr. Cass. 1 giugno 2006 n. 13053, in *Dir. mar.*, 2008, p. 1274; Cass. 18 ottobre 1993 n. 10293, *Dir. mar.*, 1994, p. 785). Ciò vale a maggior ragione oggi per effetto dell'art. 8 del Regolamento CE/593/2008 sulla legge regolatrice delle obbligazioni contrattuali (ma già anche dalla Convenzione di Roma del 1980, cfr. Cass. 26 novembre 2005 n. 22332, in *Riv. dir. int. priv. proc.*, 2005, p. 771), la quale ultima norma determina la legge regolatrice dei rapporti di lavoro marittimo senza menzionare in alcun modo la nazionalità della nave, escludendo, così, qualsiasi residua operatività dell'art. 9 cod. nav. nell'individuazione dell'ordinamento applicabile ai contratti di lavoro a bordo di nave.

Invero, le scelte operate dalla norma in esame sono rivolte a garantire un'adeguata tutela sostanziale del lavoratore marittimo quale contraente debole nei confronti del suo datore di lavoro. Pertanto, i vari criteri di collegamento indicati nell'art. 8 del Regolamento, comprensivi dell'autonomia privata, devono essere adattati alla specificità del lavoro marittimo e la scelta tra essi deve essere operata al fine di applicare al lavoratore marittimo la disciplina ad esso più favorevole.

A quest'ultimo riguardo, alcune indicazioni possono essere ricavate dalla giurisprudenza della Corte di Giustizia con riferimento all'art. 6 della Convenzione di Roma del 1980 (da ultimo, CGUE 15 dicembre 2011, C-384/10, in *Dir. mar.*, 2012, p. 847):

> «Tale interpretazione è confortata anche dall'analisi dell'obiettivo perseguito dall'art. 6 della Convenzione di Roma, che è quello di assicurare una tutela adeguata al lavoratore. ... il criterio del paese del compimento abituale del lavoro deve essere inteso nel senso che si riferisce al luogo in cui o a partire dal quale il lavoratore esercita effettivamente le proprie attività professionali e, in mancanza di un tale centro di affari, al luogo in cui il medesimo svolge la maggior parte delle proprie attività ... in considerazione della natura del lavoro nel settore marittimo ... il giudice adito deve tener conto di tutti gli elementi che caratterizzano l'attività del lavoratore e, in particolare, esso deve stabilire in quale Stato si trovi il luogo a partire dal quale il lavoratore effettua le sue missioni di trasporto, riceve le istruzioni sulle sue missioni e organizza il suo lavoro, nonché il luogo in cui si trovano i suoi strumenti lavorativi».

Il criterio interpretativo da adottare non può, peraltro, essere quello di limitarsi al riscontro formale della sussistenza in senso ristretto di uno dei criteri di collegamento previsti, ma deve consistere nella ricerca dell'ordinamento che abbia il collegamento più significativo rispetto alla fattispecie, valorizzando in ordine a ciò tutti gli elementi rilevanti della vicenda, tenendo in debito conto che, da un lato, la nazionalità della nave ha perso la valenza "territoriale" che in precedenza le era assegnata e, dall'altro lato, le prestazioni lavorative vengono svolte abitualmente nell'ambito di traffici e spazi marittimi che coinvolgono gli interessi di più Stati.

Del resto, la stessa Corte di Giustizia (CGUE 12 settembre 2013, C-64/12) ha precisato (facendo anche significativo riferimento all'art. 8 del Regolamento CE/593/2008) che ai fini dell'identificazione della legge regolatrice devono essere presi in considerazione anche ulteriori elementi del rapporto di lavoro, ove appaia che il contratto presenti un collegamento più stretto con uno Stato diverso da quello risultante dai criteri principali menzionali nella suddetta norma:

> «a tal fine, il giudice del rinvio deve valutare l'insieme delle circostanze che caratterizzano il rapporto di lavoro ed esaminare quella o quelle che, a suo parere, risultano maggiormente significative ... tra gli elementi significativi di collegamento, occorre in particolare prendere in considerazione il paese in cui il lavoratore versa le imposte e le tasse sui redditi della sua attività nonché quello in cui egli è iscritto al sistema di previdenza sociale ed

ai diversi regimi pensionistici, di assicurazione malattia e di invalidità. Inoltre, il giudice nazionale deve tenere conto anche dell'insieme delle circostanze del procedimento, quali, segnatamente, i parametri presi in considerazione per stabilire la retribuzione e le altre condizioni di lavoro».

Tale orientamento, che ha avuto significativo riconoscimento anche nella giurisprudenza straniera (Cour d'appel di Aix-en-Provence 25 marzo 2003, in *Dr. mar. fr.*, 2003, p. 960) e nazionale (Cass. 17 luglio 2008 n. 19595, in *Dir. mar.*, 2009, p. 144), sia pure in punto giurisdizione, è stato da ultimo accolto anche dalla stessa Corte di giustizia, che ha espressamente ammesso, sempre in punto giurisdizione, la rilevanza del criterio di collegamento rappresentato dalla base operativa dei traffici riconducibili alla nave oppure dal suo porto di abituale riferimento (CGUE 14 settembre 2017, in cause C-168/16 e C-169/16, in *Dir. mar.*, 2018, p. 402).

Sotto un secondo profilo, non va sottovalutata l'incidenza – rispetto alla legge che regola il rapporto di lavoro – dei contratti collettivi elaborati non tanto all'interno dei vari ordinamenti statali, ma in sede internazionale. Tale contrattazione collettiva avviene spesso a prescindere da una specifica legge applicabile e viene negoziata su base multilaterale, da un lato, dai rappresentanti dei più importanti gruppi armatoriali (il c.d. *International Maritime Employers's Committee*) e, dall'altro, dalla Federazione Internazionale dei Lavoratori del Trasporto (ITF) nell'ambito dell'*International Bargaining Forum* (IBF). L'accettazione di tale disciplina da parte degli armatori che si impegnano a garantirne l'applicazione nei confronti dei marittimi impiegati sulle loro navi è favorita dalla circostanza che in tal modo essi sono in grado di dotarsi di un c.d. *green ticket* idoneo a certificare l'adeguatezza del trattamento riservato ai lavoratori marittimi, a prescindere dalla legge applicabile al relativo contratto al fine di prevenire conflitti con i sindacati e di favorire il positivo esito dei controlli pubblicistici rilevanti al riguardo nei vari porti di sosta della nave.

Ed in realtà, la più significativa interferenza rispetto all'ordinamento della bandiera è sempre più rappresentata dal penetrante potere di controllo reclamato dallo Stato del porto (sulla scorta di significative esperienze americane risalenti al c.d. *Jones Act*) al fine di soddisfare l'esigenza di proteggere diritti fondamentali dei marittimi stranieri sulla scorta delle tutele accordate da standard normativi adottati in virtù di detti negoziati collettivi o codificati in vere e proprie norme di diritto internazionale, le quali ultime si pongo senza dubbio come *mandatory rules* applicabili *ex* art. 9.2 Regolamento CE/593/2008 a tutti i rapporti di lavoro marittimo dedotti davanti al giudice italiano, indipendentemente dalla legge regolatrice del rapporto.

A questo riguardo, particolare rilievo deve, poi, essere dato alla *Maritime Labour Convention* adottata in sede OIL il 7 febbraio 2006 (ratificata dall'Italia con legge 23 settembre 2013 n. 113), nella quale, da un lato, sono stati consolidati principi e criteri di applicazione di norme e standard internazionali relativi al trattamento dei marittimi, attribuendo ai più significativi carattere inderogabile, e, dall'altro, è stato previsto l'obbligo per gli Stati contraenti di garantirne effettività *erga omnes*, non solo avvalendosi del ruolo e delle funzioni tradizionalmente riconosciuti all'ordinamento dello Stato della bandiera, ma anche assegnando al riguardo un ruolo essenziale allo Stato del porto in cui si trova la nave, in virtù di specifici poteri di controllo e di *enforcement* della relativa disciplina, e allo Stato in cui operano i c.d. *manning agent*, allorché svolgono attività di selezione e reclutamento del personale navigante in nome e per conto dell'armatore; anche l'art. 1 della direttiva 2009/13/CE dà attuazione all'accordo concluso dall'Associazione armatori della Comunità europea (ECSA) e dalla Federazione europea dei lavoratori dei trasporti (ETF) con riferimento a detta Convenzione.

Da ultimo, va osservato come la stessa giurisprudenza della Corte di Giustizia (cfr. CGCE 11 dicembre 2007, causa C-438/05, in *Dir. mar.*, 2008, p. 416) abbia riconosciuto la necessità di operare un adeguato bilanciamento tra l'esercizio delle libertà fondamentali garantite dal Trattato (nella specie, libertà di stabilimento *ex* art. 43 TCE, ora art. 49 TFUE) e le esigenze di tutela dei diritti dei lavoratori, che in specifiche circostanze, da valutarsi in concreto da parte del giudice, possono consentire restrizioni a tale esercizio, purché proporzionate e non discriminatorie.

3. Il comandante e l'equipaggio

3.1. La figura del comandante di nave

Il comandante di nave appartiene alla gente di mare e, in funzione del tipo di nave e di navigazione che deve essere svolta, è tenuto a possedere gli idonei titoli professionali per poter in concreto assumere il comando della nave cui è destinato. Nonostante la peculiarità delle funzioni che caratterizzano la sua figura, il comandante di nave fa comunque parte dell'equipaggio (art. 316 cod. nav.) ed è legato all'armatore da un contratto di arruolamento. La nomina a comandante è conseguenza di un atto volontario di natura privatistica da parte dell'armatore (vi sono, peraltro, ipotesi di affidamento del comando da parte della Pubblica Amministrazione o *ex lege* – artt. 293 e 294 cod. nav.), il quale però può attribuire il comando solo a soggetti muniti delle prescritte abilitazioni (art. 292 cod. nav.).

Peraltro, da tale nomina la legge fa discendere in capo al soggetto investito del comando della nave un coacervo di funzioni, poteri e doveri di natura pubblicistica e privatistica, che ne caratterizza il ruolo. Si realizza, così, una peculiare sovrapposizione, per cui in molte ipotesi l'attività del comandante è nello stesso tempo estrinsecazione delle istruzioni e dei compiti conferiti dall'armatore in vista dei propri interessi privati e commerciali, ma anche adempimento di doveri di protezione di più generali interessi pubblicistici.

Nonostante gli sforzi della dottrina (che è ricorsa alle figure del *munus*, di diritto privato o di diritto pubblico, o dell'esercizio privato di pubbliche funzioni), non sembra possibile ricondurre l'intero àmbito dei poteri e delle funzioni attribuite al comandante ad una "essenza unitaria", poiché tali attribuzioni sono il risultato non tanto di una sistemazione teorica, quanto dell'accumulazione stratificata di compiti conseguente alla evoluzione del ruolo svolto in concreto dal comandante nella realtà dei traffici marittimi, sicché le diverse funzioni rispondono spesso all'esigenza congiunta di tutelare più interessi di varia natura. Coerentemente, l'àmbito di applicazione e il contenuto dei poteri attribuiti al comandante devono essere esaminati e ricostruiti non tanto alla luce dell'astratta appartenenza all'una o all'altra delle categorie in cui sono tradizionalmente ripartite le funzioni di questo soggetto, ma in concreto alla luce delle specifiche norme e degli interessi che si sono voluti tutelare con esse.

3.2. Poteri e funzioni del comandante

Nei limiti di cui sopra, rimane tuttora valida la distinzione che individua tra le attribuzioni del comandante quelle attinenti:

(i) alla direzione tecnica e al governo della nave;
(ii) alla gestione di interessi privati dei soggetti interessati alla spedizione (in genere, l'armatore, ma anche il proprietario o i comproprietari della nave, il vettore e gli interessati sul carico);
(iii) alla qualità di capo della spedizione;
(iv) alla qualità di capo della comunità viaggiante.

Per quanto attiene (i) la direzione tecnica della nave, il codice della navigazione precisa che essa spetta in modo esclusivo al comandante, che ne è responsabile anche quando essa sia in tutto o in parte stata materialmente svolta da soggetti diversi (art. 295, comma 1, cod. nav.). In tale prospettiva, è stata sottolineata con forza da parte della giurisprudenza la posizione di garanzia rivestita dal comandante della nave rispetto alle persone (passeggeri ed equipaggio) presenti a bordo, cui è correlato l'obbligo di sovraintendere a tutte le funzioni che attengono alla salvaguardia della incolumità collettiva (così espressamente Cass. pen. 5 dicembre 2014 n. 9897; cfr. anche Cass. pen. 20 gennaio 2017 n. 6376, in *Dir. mar.*, 2018, p. 159; Cass. pen. 12 maggio 2017 n. 35585, in *Dejure*):

> «l'ordinamento della navigazione marittima delineato dal Codice della navigazione attribuisce icasticamente al comandante un ruolo di autorità egemone, oltre a varie funzioni di carattere giuridico ed amministrativo che in vario modo coinvolgono la vita delle persone nel corso della navigazione. Tale ruolo è espresso con forza, riassuntivamente, dall'art. 186 che attribuisce a tale figura autorità nei confronti di tutte le persone presenti a bordo. La norma va coordinata con il successivo art. 190 che obbliga tutti i componenti dell'equipaggio a cooperare alla salvezza della nave, delle persone e del carico, fino a quando il comandante non ordini l'abbandono dell'imbarcazione. È dunque chiaro che il comandante sovraintende a tutte le funzioni che attengano alla "salvezza" delle persone e delle cose. Naturalmente tale potere "alto" non può certo conculcare le sfere di competenza di figure, anche subordinate, che tuttavia abbiano competenze tecnico-scientifiche peculiari. Esso, però, potrà ben trovarsi ad interagire, in determinate contingenze, con le valutazioni e le iniziative di tali diverse figure professionali».

Tale imputazione si riverbera, poi, sull'armatore, il quale risponde degli eventuali danni a terzi causati dal comportamento del comandante (art. 274 cod. nav.; cfr. *supra*, cap. 4 § 3). A tale proposito, è stato chiarito in giurisprudenza (Cass. 14 novembre 2014 n. 24347, in *Dejure*) che:

> «L'art. 274 c.n., nel disporre che "l'armatore è responsabile dei fatti dell'equipaggio" detta, in *subiecta* materia, una disposizione speciale e, come tale, prevalente rispetto a

quella, parallela, di cui all'art. 2049 c.c., senza, peraltro, esaurire del tutto il tema della disciplina della responsabilità dell'armatore, che rimane soggetta alle norme del cod. civ. (art. 2049 e ss.) per ogni ipotesi non espressamente contemplata dal codice della navigazione. (Cass. 11124/1997). A tale proposito si osserva che non può essere invocato come esimente il disposto dell'art. 274 c.n., comma 2, che stabilisce che "l'armatore non risponde dell'adempimento da parte del comandante degli obblighi di assistenza e salvataggio previsti dagli articoli 489, 490, né degli altri obblighi che la legge impone al comandante quale capo della spedizione" ... gli ... obblighi che la legge impone al comandante quale capo della spedizione, devono intendersi solo quelli espressamente previsti da specifiche disposizioni di legge come facenti capo al comandante personalmente, quali, ad esempio, gli obblighi gravanti sullo stesso quale ufficiale dello stato civile o quelli relativi alla adozione di specifiche misure di sicurezza ovvero quelli relativi ad obblighi di carattere doganale o quant'altro».

Per quanto riguarda (ii) la rappresentanza sostanziale del comandante, essa si esplica in primo luogo rispetto al soggetto preponente, ossia l'armatore (art. 295, comma 2, cod. nav.), e il suo contenuto minimo è delimitato inderogabilmente dalle norme di legge, salva la possibilità per l'armatore di estendere tale contenuto secondo le regole proprie della rappresentanza volontaria. Così, in base all'art. 306, comma 1, cod. nav., il comandante può "in ogni caso" provvedere ad assumere le obbligazioni per far fronte alle normali necessità della nave, mentre per compiere atti aventi il carattere della straordinarietà è necessaria la ricorrenza degli specifici presupposti previsti dal codice (artt. 306, comma 2 e 307, cod. nav.). I criteri che fanno sussistere la rappresentanza legale dell'armatore in capo al comandante sono l'*absentia domini* e la *necessitas urgens*, e l'armatore risponde delle obbligazioni assunte dal comandante nell'esercizio di tali poteri legali (artt. 274 e 308 cod. nav.). Nel caso in cui, invece, il comandante assuma obbligazioni in violazione dei limiti di legge, l'armatore non risponde di tali atti, salvo che l'interessato provi la propria buona fede (art. 306, ultimo comma, cod. nav.).

Il comandante ha, in certe condizioni, la rappresentanza sostanziale anche degli altri interessati alla spedizione, quali i proprietari e comproprietari della nave (artt. 310 e 311 cod. nav.) o gli stessi proprietari della merce caricata. In particolare, il comandante è obbligato *ex lege* a provvedere alla tutela degli interessi di questi ultimi, cercando altresì di informarli delle circostanze che impongono l'adozione di misure speciali e di ottenere da essi le relative istruzioni. In mancanza (e, quindi, nuovamente ricorrendo gli estremi della *necessitas urgens* e dell'*absentia domini*) è facoltizzato ad agire a suo criterio nel modo migliore (art. 312 cod. nav.).

Questa attribuzione di poteri di rappresentanza del comandante nei confronti dei proprietari del carico si ritrova anche in altri ordinamenti, quale quello inglese, ma è foriera di notevoli problemi pratici, come illustrato da un importante precedente in tema di salvataggio. Nella specie (*The "Choko Star"*, in 1 *Lloyd's Rep.*, 1990, p. 516), la Corte d'Appello inglese ha ribadito che il comandante è autorizzato a concludere un contratto per conto dei proprietari del carico solo quando vi sia nella specie una "*true agency of necessity*", la quale è appunto caratterizzata dai requisiti della *absentia domini* e della *necessitas urgens* («*If communication can be made to the owners, and they can give their own orders, the charachter of agent is not imposed upon the master, because the necessity which creates it does not arise*»).

Questa ricostruzione restrittiva è giustificata dall'esigenza di tutelare i diritti del proprietario delle merci, ma risulta inadeguata rispetto alle mutate condizioni dei traffici marittimi. Se in passato era normale che il comandante, salvo casi eccezionali, non fosse in grado di ottenere istruzioni direttamente dai proprietari delle merci, rendendo così applicabili le norme in tema di poteri legali, in oggi l'evoluzione tecnologica porta ad escludere in molti casi che il comandante possa esercitare legittimamente tali poteri in tutte quelle situazioni in cui, anche grazie agli odierni sistemi di comunicazione, egli sia teoricamente in grado di chiedere istruzioni. Ciò, però, appare per altri versi incongruo in quanto, ad esempio nel caso di salvataggio, l'eventuale esercizio illegittimo di tali poteri si ripercuote in sostanza sulla posizione del salvatore che stipula il contratto con il comandante, il quale in sede di azione per ottenere dal carico il compenso si vedrà eccepire la non opponibilità del contratto stipulato dal comandante, senza potersi rivalere contro l'armatore della nave che non risponde di illegittimo esercizio da parte del comandante dei poteri conferiti *ex lege* a quest'ultimo nell'interesse dei proprietari del carico.

In tali casi, l'esigenza di tutela del proprietario della merce si contrappone all'esigenza di certezza riguardo al compimento di atti in condizioni che spesso rendono obiettivamente difficile per il terzo (e per il comandante stesso) verificare se sussistano o meno gli estremi per agire in esercizio di tali poteri legali.

Proprio nell'ottica di un'attribuzione di poteri legali del comandante volta ad evitare tali incertezze, ed i risultati irragionevoli che ne possono derivare, al fine di tutelare la posizione di coloro che concludono rapporti contrattuali con il comandante nella sua predetta qualità, è invece l'art. 6.2 della Convenzione di Londra del 1989 sul salvataggio (vedasi *infra*, cap. 14 § 2). Tale norma, infatti, espressamente prevede che il comandante abbia il potere di concludere contratti per operazioni di salvataggio per conto dei proprietari del carico, senza limitare tale potere alla sussistenza dei requisiti della *absentia domini* e della *necessitas urgens*.

Il comandante è altresì fornito della rappresentanza processuale attiva rispetto all'armatore per quanto riguarda la nave e la spedizione, condizionata alla sussistenza dei requisiti dell'*absentia domini* e della *necessitas urgens* (art. 309, comma 1, cod. nav.), mentre la rappresentanza processuale passiva riguarda le azioni dei terzi contro l'armatore per quanto concerne fatti dell'equipaggio relativi alla nave e alla spedizione, ovvero alle obbligazioni contratte dal comandante durante la spedizione, ed è subordinata solo al requisito dell'*absentia domini* (art. 306, comma 2, cod. nav.).

Una forma di rappresentanza processuale attiva del comandante rispetto al vettore si ricava dall'art. 437 cod. nav., che autorizza il comandante ad agire sul carico in caso di mancato pagamento del nolo, mentre non sussiste alcuna rappresentanza processuale passiva del comandante rispetto agli altri interessati alla spedizione, neppure per quei profili per i quali sussiste la rappresentanza sostanziale.

Anche questa situazione è foriera, nel nostro ordinamento, di notevoli problemi, di cui è chiara eco in alcune decisioni giurisprudenziali (Trib. Taranto 6 maggio 1994, in *Dir. mar.*, 1995, p. 759), laddove in alcuni casi specifici si è escluso che la notifica al comandante di un provvedimento cautelare eseguito sulla nave possa tenere luogo della notifica al proprietario della nave (art. 683 cod. nav.).

Quale (iii) capo della spedizione il comandante risulta investito oltre che degli specifici poteri per far fronte a situazioni che mettano in pericolo la spedizione nel suo complesso (artt. 300 e ss. cod. nav.), anche di poteri disciplinari nei confronti della comunità viaggiante, inclusi i passeggeri.

Il comandante risulta poi investito (iv) di ulteriori attribuzioni di natura pubblicistica, in cui svolge occasionalmente il ruolo di delegato all'esercizio di poteri statali (quali la funzione di ufficiale di stato civile, funzioni notarili, funzioni di polizia giudiziaria, sanitaria, ecc.). Rispetto a tali funzioni il comandante, pur incardinato nella funzione a seguito dell'atto di nomina da parte dell'armatore, agisce quale esercente privato di pubbliche funzioni, di talché degli eventuali danni arrecati a terzi nell'esercizio di tali attribuzioni non risponde l'armatore (art. 274, comma 2, cod. nav.), come pacificamente riconosciuto in giurisprudenza (cfr. Cass. 14 novembre 2014 n. 24348). In particolare, secondo un orientamento giurisprudenziale, in base all'art. 178 cod. nav., attesa la veste speciale del comandante della nave, il giornale nautico è equiparato ad atto pubblico, sicché esso (Cass. 1 ottobre 2014 n. 20724, in *Dejure*)

> «ha efficacia probatoria a favore di imprenditore nautico anche nei confronti di altro imprenditore e non solo relativamente a quanto sia direttamente inerente all'esercizio nautico ma anche a quanto vi si riconnette in via indiretta ... detti libri conservano integra la loro efficacia probatoria nella istruttoria che si svolge in sede giudiziale, anche nel caso in cui non abbia avuto luogo la indagine stragiudiziale diretta a confermare o meno la relazione del capitano»;

mentre secondo altro orientamento più restrittivo (Cass. 26 luglio 2013 n. 18163, in *Dejure*)

> «in conseguenza del carattere complesso (pubblicistico e privatistico) della figura giuridica del comandante, il valore di atto pubblico, in conformità dell'art. 2699 c.c., va limitato a quanto annotato dal capitano nell'adempimento delle funzioni pubbliche, di cui egli è investito, ai sensi dell'art. 296 c.n. (redazione di Atti di stato civile, ecc.); al contrario, sussiste la efficacia di scrittura privata (art. 2702 c.c.) per le annotazioni relative alla condotta della nave e agli eventi del viaggio; peraltro, la efficacia propria del giornale nautico è limitata alle attestazioni fattevi dal capitano, ma non vincola il giudice sulla valutazione dei fatti attestati».

3.3. L'equipaggio

In dottrina è oggetto di ampio dibattito quale esatto significato abbia il termine "equipaggio", ossia se con esso si debba intendere il complesso di soggetti che sono legati all'armatore della nave da un contratto di arruolamento ovvero se esso includa anche quei soggetti che, pur non essendo legati all'armatore da un contratto di arruolamento in quanto non facenti parte della gente di mare, sono comunque imbarcati al servizio della nave (personale di comandata, hostess e animatori su navi crociera, personale delle ditte di *catering*, ispettori e tecnici incaricati di eseguire visite o riparazioni a bordo in corso di navigazione, ecc.). L'art. 316, comma 2, cod. nav.

prevede poi espressamente che il pilota fa parte dell'equipaggio nel periodo in cui è a bordo della nave, pur non essendo legato all'armatore da alcun rapporto di lavoro subordinato. È stato così sostenuto in giurisprudenza (Pret. La Spezia 3 novembre 1980, in *Dir. mar.*, 1981, p. 601) che:

> «Il codice della navigazione in tanto comprende una persona nell'ambito dell'equipaggio in quanto la stessa sia vincolata in forza di contratto di arruolamento. Ora tale contratto ai sensi e per gli effetti di cui all'art. 327 del codice ridetto ha per oggetto la prestazione di servizio su nave determinata. Il concetto di equipaggio, pertanto, non può essere assunto come equivalente a quello di personale dipendente della stessa impresa di navigazione pur se imbarcato su diverse navi dovendo, al contrario, ritenersi che esso corrisponda necessariamente a quel complesso di persone, gerarchicamente organizzate, imbarcate a bordo di una determinata nave e destinate al servizio della stessa».

Sembra, però, preferibile l'opinione della miglior dottrina, che chiarisce come il legislatore utilizzi via via il termine equipaggio con significati diversi nelle varie norme, senza che se ne possa ricavare una nozione unitaria, riferendosi in alcuni casi a coloro che sono soggetti alle obbligazioni di lavoro scaturenti dal contratto di arruolamento e sono legati da un vincolo di subordinazione tipico del rapporto lavoristico di natura privata; mentre in altri casi la locuzione si riferisce, invece, a coloro che sono soggetti alla gerarchia di bordo, che riguarda non solo i marittimi ma tutti i soggetti presenti a bordo, e che è dettata per i fini pubblicistici della sicurezza della navigazione e del buon esito della spedizione.

Per quanto concerne la composizione dell'equipaggio, era tradizione per il nostro ordinamento che per le navi battenti bandiera italiana esso fosse composto esclusivamente da soggetti aventi la cittadinanza italiana (art. 318 cod. nav., nella sua versione originaria). Le sole deroghe previste dal codice della navigazione erano quelle di cui agli artt. 294 e 319 cod. nav., nonché, in un secondo tempo, quelle introdotte dalla legge n. 234/1989 per le navi iscritte in regime di sospensione della bandiera (vedasi *supra*, cap. 2 § 2.3).

Questa situazione prestava il fianco ad alcune critiche circa la conformità ai principi sulla libera circolazione dei lavoratori aventi nazionalità comunitaria (art. 39 TCE, ora art. 45 TFUE), in quanto gli interessi pubblicistici connessi al controllo delle professioni marittime non sembravano tali da giustificare una totale esclusione dei soggetti comunitari dall'accesso a tali attività lavorative.

La situazione è oggi radicalmente cambiata, l'art. 318 cod. nav., come modificato dalla legge n. 30/1998, dispone che l'equipaggio delle navi nazionali deve essere interamente composto da cittadini italiani o di altri Paesi appartenenti all'Unione europea, prevedendosi altresì, a seguito della modifica introdotta con la legge 16 marzo 2001 n. 88, che a tali disposizioni può derogarsi attraverso accordi collettivi nazionali stipulati dalle organizzazioni sindacali dei datori di lavoro e dei lavoratori comparativamente più rappresentative a livello nazionale.

Per le navi iscritte nel Registro internazionale (cfr *supra*, cap. 2 § 2.3), può ulteriormente derogarsi a quanto disposto dall'art. 318 cod. nav., sulla base di accordi tra le organizzazioni sindacali dei datori di lavoro e dei lavoratori del settore, comparativamente più rappresentative, relativi a ciascuna nave da iscrivere o già iscritta nel Registro internazionale, osservando i criteri stabiliti dalla stessa legge.

L'aspetto più innovativo di questa riforma è, quindi, il venire meno del requisito della nazionalità italiana con possibilità di assunzione non solo dei soggetti appartenenti all'Unione europea, ma anche – a determinate condizioni – al personale extracomunitario per tutto l'equipaggio.

Prima della riforma era oggetto di dibattito la questione se il comandante rientrasse nell'ambito di applicazione della libera circolazione dei lavoratori appartenenti all'Unione europea o se invece potesse per esso valere la clausola di salvaguardia, in forza della quale sono ammesse le eccezioni a tale libertà per gli impieghi nella pubblica amministrazione. Il giudizio su tale problematica dipendeva dalla maggiore o minore valorizzazione delle sopra illustrate competenze pubblicistiche riconosciute al Comandante (spesso retaggio della tradizione ma, oggi, in larga misura ipotesi di scuola).

L'inequivoco tenore dell'art. 318 cod. nav. sgombra oggi il campo da ogni possibile perplessità, come riconosciuto dalla giurisprudenza formatasi a seguito della legge n. 30/1998 (per tutte App. Genova 5 marzo 2002, in *Foro it.*, 2002, I, c. 3196):

> «Non esiste alcuna norma che imponga la nazionalità italiana del comandante di nave per il fatto che allo stesso siano attribuite alcune funzioni pubblicistiche, rientrando l'ipotesi in esame nel novero di tutti gli altri casi in cui in via eccezionale l'ordinamento consente la temporanea assunzione della veste di pubblico ufficiale ad un soggetto privato in considerazione di una particolare situazione di fatto o soggettiva ... nulla pertanto impedisce al comandante cittadino comunitario di svolgere le medesime funzioni del comandante italiano».

Tale orientamento ha trovato ulteriore conferma nella stessa giurisprudenza della Corte di Giustizia (CGCE 30 settembre 2003, causa C-405/01, *Collegio de Officiales*, in *Dir. mar.*, 2004, p. 65; conf. CGCE 30 settembre 2003, causa C-47/02, in *Dir. mar.*, 2004, p. 79) che ha, da un lato, escluso la possibilità di invocare le eccezioni previste dall'art. 39 TCE (ora art. 45 TFUE) alla libera circolazione dei lavoratori per rifiutare al cittadino dell'Unione europea l'assunzione della qualifica di comandante laddove le funzioni pubblicistiche connesse a tale qualifica siano occasionali e non riguardino una parte preponderante della sua attività; e, dall'altro (CGCE 11 settembre 2008, causa C-447/07, in *Dir. mar.*, 2009, p. 447) nell'àmbito di un procedimento di infrazione ha condannato l'Italia per aver mantenuto nel proprio ordinamento il requisito della nazionalità italiana per i Comandanti e primi ufficiali della navi battenti bandiera italiana.

L'ordinamento italiano si è quindi conformato a tale giurisprudenza colla legge 6 giugno 2008 n. 151, la quale ha introdotto il nuovo art. 292-*bis* che ammette tutti i cittadini di Paesi membri dell'Unione europea o dello SEE all'imbarco su navi iscritte nelle matricole nazionali nelle funzioni di Comandante o primo ufficiale, previo accertamento dei requisiti, mentre in base all'art. 318 cod. nav. l'imbarco è ammesso indistintamente per tutti i profili professionali a tutti i cittadini dell'Unione europea, con possibilità di estensione in via di contrattazione collettiva, soprattutto allorché si tratta di navi italiane iscritte nel Registro internazionale, a cittadini extra-comunitari.

I componenti l'equipaggio devono essere comunque in possesso dei certificati rilasciati dall'amministrazione italiana o di altro Stato contraente previsti dalle Convenzioni internazionali sugli standard di addestramento, abilitazione e tenuta della guardia per i marittimi (Convenzioni STCW 1978/1995 e successive) e, al riguardo, la giurisprudenza non ha avuto esitazione a disapplicare l'art. 4 del d.p.r. 9 maggio 2001 n. 324, nella parte in cui – in contrasto colle direttive 94/58/CE, 89/48/CE e 92/51/CE – escludeva il riconoscimento di tali titoli abilitativi rilasciati da Stati dell'Unione europea ai propri cittadini per l'accesso alle funzioni di comandante su navi italiane (Trib. Genova 10 settembre 2002, in *Dir. mar.*, 2004, p. 229).

4. La disciplina del lavoro marittimo

Come già più sopra precisato, nell'identificazione della disciplina applicabile al lavoro marittimo occorre distinguere tra norme che regolano il comportamento dell'equipaggio attinenti al profilo privatistico dell'attività dedotta nel rapporto di lavoro subordinato e norme invece che impongono determinati comportamenti in funzione di un fine pubblicistico. In base a questo criterio deve essere, poi, valutata la specialità del lavoro marittimo, nel senso che le deroghe ai principî di diritto comune (e di tutela del lavoratore) sono giustificate solo quando esse siano strettamente necessarie per la tutela di un superiore interesse pubblicistico, ovvero quando esse siano imprescindibilmente ricollegate alle particolari caratteristiche della prestazione di lavoro marittimo, stante il peculiare ambiente in cui essa viene resa.

Al riguardo, è stato efficacemente affermato in giurisprudenza (ordinanza Cass. 20 giugno 2013 n. 15561, in *Dejure*) come

> «La *ratio* della normativa è ricercata costantemente nella necessità di garantire la coesistenza fra disciplina privatistica e pubblicistica indipendentemente dal suo grado di effettività e concreta incidenza sui principi di eguaglianza e di parità di trattamento; si sostiene la specialità del contratto individuandone di volta in volta gli elementi nella sicurezza della nave e della navigazione, nel controllo di tipo pubblicistico sulle competenze dei lavoratori mediante l'iscrizione agli Albi, Registri, etc., nel forte regime disciplinare, nell'accentuato grado di subordinazione, nel rapporto fiduciario intercorrente con l'armatore, nel potere gerarchico e disciplinare di carattere pubblico, nelle condizioni di vita e di lavoro a bordo».

Chiara illustrazione di questi principi è la decisione della Corte cost. 28 dicembre 1962 n. 124 (in *Dir. mar.*, 1962, p. 522) in materia di sciopero:

> «La titolarità del diritto di sciopero non può essere disconosciuta, in via di massima, neppure nei confronti dei marittimi ... ciò posto, l'oggetto dell'esame deve centrarsi sul punto se l'esercizio di tale diritto, per rimanere legittimo, debba essere sottoposto al verificarsi di determinate condizioni, o all'osservanza di date modalità, in relazione ai caratteri proprî del lavoro nautico ... l'indizione dello sciopero rimane condizionato all'adempimento dell'obbligo dei lavoratori di abbandonare il lavoro solo dopo aver adottato tutte

quelle cautele le quali si palesino necessarie ad evitare il pericolo o della distruzione degli impianti, oppure la produzione di danni alle persone o ai beni dello stesso datore, o, a più forte ragione, dei terzi. Si tratta ora di vedere se un pericolo del genere non debba ritenersi necessariamente inerente ad ogni sospensione o irregolarità della prestazione di lavoro affidato all'equipaggio di una nave dopo l'inizio del viaggio e durante l'intero periodo della navigazione, fino al compimento del medesimo. La risposta affermativa del quesito discende dalla considerazione della natura del mezzo con il quale si svolge la navigazione, che è tale da rendere possibile in ogni momento il verificarsi di eventi atti a mettere in pericolo la nave, e quindi da far considerare il pericolo stesso sempre immanente ... se pure è vero che il rapporto di lavoro nautico poggia su una base di diritto privato, si colora tuttavia di uno spiccato aspetto pubblicistico. Dev'essere però precisato come non sia questo aspetto, di per sé solo considerato, che influisce sulla soluzione della questione in oggetto, ma piuttosto il fine cui è indirizzata la disciplina, rivolto com'è alla conservazione del patrimonio navigante e, più ancora, dell'integrità fisica e della vita delle persone imbarcate ... In conclusione, la legittimità costituzionale dell'art. 1105 nei confronti dell'art. 40 Cost. deve farsi discendere ... dalla particolarità dei beni dal medesimo tutelato».

Non deve, quindi, sorprendere come l'orientamento ormai prevalente, sia in sede di legittimità – anche costituzionale – sia di merito, affermi la necessità di una parità di trattamento fra lavoro marittimo e lavoro a terra ogniqualvolta vi sia un'obiettiva analogia di situazioni, salva l'ammissibilità di una disciplina difforme quando vi siano effettive ragioni di divergenza. In questo senso, la giurisprudenza costituzionale è andata via via precisando i limiti della specialità del lavoro marittimo e la possibilità di estendere allo stesso le norme di diritto comune in materia di lavoro (Corte cost. 3 aprile 1987 n. 96, in *Dir. mar.*, 1987, p. 836; vedasi anche cap. 1 § 2):

«Questa Corte ha avuto occasione di precisare la forza delle norme regolatrici del rapporto di lavoro del personale marittimo navigante, in due distinte proiezioni: rispetto alle norme di diritto civile (o comune) e alle norme costituzionali. Nei confronti delle prime la prevalenza della norma speciale è determinata dal suo carattere di regola propria e diretta del rapporto, mentre la prevalenza del precetto costituzionale è da ascrivere al suo rango di norma superiore. La peculiarità della disciplina posta dall'art. 345 cod. nav. viene tradizionalmente ricondotta alla necessità di attribuire all'armatore i poteri necessari per garantire la disciplina di bordo e la sicurezza della navigazione, alle quali farebbero riscontro la struttura fiduciaria e la rilevanza personale della prestazione a bordo del marittimo. Senonché lo stesso codice della navigazione, col prevedere la derogabilità dell'art. 345 da parte dei contratti collettivi e, se a favore dell'arruolato, dei contratti individuali, configura l'ampia facoltà di licenziamento del marittimo come diretta a tutelare un interesse, il cui perseguimento è rimesso alla disponibilità dell'armatore; tale facoltà non appare, di conseguenza, intesa a realizzare finalità generali, indisponibili, della spedizione. Quanto alle esigenze di sicurezza, l'ordinanza di rimessione pone in luce la supervalutazione che se n'è data rispetto alla navigazione. In questo ambito esse non sono più pregnanti di quelle esistenti in settori di lavoro terrestre a più elevato rischio. È stata ancora invocata a fondamento della regola posta dall'art. 345 la particolare, ampia autonomia dell'armatore di organizzare la comunità a bordo ... osserva la Corte che l'esercizio di tale potestà organizzativa non può ritenersi pregiudicato dall'esistenza dei razionali limiti posti alla facoltà di licenziamento ... considerate l'intrinseca obiettività e la elasticità dei concetti di giusta causa e di giustificato motivo, il cui controllo giurisdizionale è destinato inoltre ad esplicarsi *ex post*, quando sono esauriti non solo la fase tipicamente organizzativa della spedizione ma lo stesso rapporto negoziale. Il giudizio sulla legittimità del provvedimento dell'armatore – giudizio certamente capace di valutare le esigenze della comunità di bordo e il correlativo comportamento richiesto dalle persone dell'equipaggio – non può dunque pregiudicare l'indefettibile salvaguardia della vita umana e dei beni coinvolti nella spedizione marittima».

L'orientamento della Corte costituzionale tendente ad ammettere una differenziazione nel trattamento dei lavoratori marittimi solo in presenza di effettive ed imprescindibili esigenze riconducibili alla specialità della prestazione lavorativa si è andato via via rafforzando in successive decisioni (ad esempio Corte cost. 23 luglio 1991 n. 364, in *Foro it.*, 1991, I, c. 2609, sull'applicabilità delle garanzie procedimentali di cui all'art. 7, commi 2 e 3, dello Statuto dei lavoratori in occasione dell'applicazione di sanzioni disciplinari; Corte cost. 15 marzo 1996 n. 72, in *Giust. civ.*, 1996, I, p. 1567, in materia di limiti di pignorabilità delle retribuzioni) così che può ormai rilevarsi come (Corte. cost. 10 marzo 1994 n. 80, in *Foro it.*, 1994, I, c. 2344):

> «Talune delle peculiarità del lavoro a bordo hanno perduto progressivamente rilievo per l'avanzamento della tecnica, accompagnato dall'intensificarsi delle previsioni a tutela del lavoratore a bordo (e che) la parità di trattamento del lavoratore marittimo, rispetto a quello comune, va sempre perseguita, salvo che esistano e prevalgano esigenze diverse che giustificano la differenziazione di tutela».

Anche nella giurisprudenza della Cassazione (Cass. 23 settembre 1986 n. 5732, in *Dir. mar.*, 1987, p. 333) non si è esitato ad affermare che, pur non trovando immediata applicazione al lavoro marittimo l'art. 7 dello Statuto dei lavoratori, il contenuto essenziale "di garanzia" di tale norma non può non applicarsi anche ai lavoratori marittimi:

> «Il concetto di sanzione disciplinare, se bene inteso in un ordinamento "civile" che proclama la dignità del cittadino e del lavoratore, la cui attività costituisce l'elemento fondamentale della Repubblica nella vita associata della collettività, implica sempre di per sé la possibilità per il soggetto incolpato di difendersi prima che la sanzione venga irrogata. Non basta la tutela successiva perché questa attiene ad una fase che non assicura in pieno al lavoratore la tutela della dignità e quindi della personalità. Si può quindi dire che il principio della necessità che sia assicurato al lavoratore un "minimo" di garanzia (contestazione anche non formale dell'addebito e possibilità di uno spazio temporale per difendersi) si ricava ancor prima che dallo Statuto dei lavoratori, dall'intero ordinamento che ha recepito pienamente le regole del vivere "civile" (...) da quanto sopra esposto la Corte ne ricava che anche in materia di lavoro marittimo, nella irrogazione di sanzioni disciplinari da parte del datore di lavoro, occorre rispettare il principio di assicurare al lavoratore un "minimo" di garanzia».

Ciò non significa, peraltro, che non esistano situazioni in cui la specificità dell'assetto del lavoro marittimo determina una deviazione rispetto a quanto normalmente avviene per altri rapporti lavorativi, come, ad esempio, in tema di assegnazione di mansioni superiori, (Cass. 20 giugno 2013 n. 15561):

«La Corte di appello ha già osservato che dall'insieme della normativa specialistica emergono, invece, un insieme di protezioni della professionalità dei lavoratori del settore che individua meccanismi prestabiliti di promozione (con il sistema dell'imbarco e delle relative graduatorie), regola minuziosamente i titoli professionali necessari per ciascuna qualifica, assegna comunque il diritto ad una retribuzione maggiorata in caso di esercizio provvisorio di mansioni superiori, limita attraverso la contrattazione collettiva le quote dei lavoratori in CRL ed in TP. Pertanto la sollevata eccezione di costituzionalità della L. n. 300 del 1970, art. 35 appare manifestamente infondata e basata su rilievi che non considerano adeguatamente quanto offerto in materia di tutela della professionalità dalla disciplina (complessivamente considerata) del lavoro nautico e del carattere specialistico della materia fortemente connotata da poteri della Pubblica amministrazione (funzionali all'interesse primario della sicurezza della navigazione) che predeterminano in gran parte le scelte del singolo armatore»;

così come in tema di riposo settimanale, è stato riconosciuto (Trib. Genova 11 marzo 1987, in *Dir. mar.*, 1988, p. 812) che:

«Dal sistema contrattuale così ricostruito si desume chiaramente una deroga al regìme ordinario del riposo settimanale di cui all'art. 36 Cost. Nessun dubbio può, tuttavia, seriamente sussistere in ordine al fatto che tale deroga sia giustificata dalle peculiari necessità della navigazione marittima ed in ordine al fatto che il sistema rispetti pur sempre il rapporto tra un giorno di riposo e sei di lavoro. Più delicato si presenta, indubbiamente, il tema del rispetto dell'ulteriore principio enunciato dalla Corte costituzionale, quello, cioè, relativo al rispetto dei limiti di ragionevolezza nella (diversa) periodizzazione dei riposi settimanali (...) (al riguardo) si deve osservare che il riferimento alle esigenze di servizio, specialmente se riferito alle peculiarità della navigazione marittima, costituisce un dato sufficientemente ragionevole e non tale da non consentire un serio controllo».

Il progressivo ridimensionamento della specialità del lavoro marittimo rispetto al nucleo essenziale di garanzie che l'ordinamento prevede in generale per il lavoratore è poi chiaramente illustrato dall'evoluzione della giurisprudenza in tema recesso per giusta causa e di tutela reale. Invero, in un primo tempo tali istituti venivano applicati a quei rapporti di lavoro marittimo rientranti nel c.d. regime di continuità (Cass. 8 marzo 1990 n. 1874); successivamente, invece, non si è avuta esitazione ad estendere la tutela reale anche alle ulteriori ipotesi di contratto a tempo indeterminato senza regime di continuità, per le quali l'art. 342 cod. nav. prevedeva invece la cessazione *ad nutum* (Cass. 17 gennaio 2005 n. 777, in *Dir. trasp.*, 2006, 1, p. 311), tanto da ritenere che (Cass. 13 gennaio 2005 n. 492, in *Dir. mar.*, 2006, p. 821) che:

«A seguito delle sentenze della Corte costituzionale n. 96/1987 e n. 41/1991, l'affermata applicabilità al personale dipendente da imprese di navigazione marittima ed aerea del regime di stabilità obbligatoria o reale del rapporto di lavoro di cui alle legge n. 604/1966, e legge n. 300/1970, con la conseguente possibilità di controllo in sede giudiziale della ricorrenza ed adeguatezza delle causali di risoluzione del rapporto di lavoro, pone in una situazione di incompatibilità non solo le disposizioni del codice della navigazione che stabiliscono un illimitato potere di recesso da parte del datore di lavoro (artt. 345 e 916 c.n., successivamente dichiarate in maniera esplicita costituzionalmente illegittime con la sentenza n. 41/1991 ... ma anche quelle che, in genere nell'interesse del datore di lavoro, prevedono cause di risoluzione automatica del rapporto di lavoro, quale l'art. 343 c.n. Posta infatti "la sostanziale omogeneità delle ... situazioni afferenti ai lavoratori comuni e a quelli nautici", in materia di stabilità del rapporto di lavoro e di controllo sulla relativa risoluzione, la quale "impone l'uniformità delle discipline, nella mancanza di fondate ragioni per differenziarle" (Corte cost., sent. n. 96/1987), non si giustifica la sopravvivenza nell'Ordinamento, a seguito della dichiarazione di incostituzionalità indicata, di una disciplina che eluda il necessario controllo giudiziale, funzionale alla effettività del regime di stabilità, attraverso la previsione di ipotesi di risoluzione automatica del rapporto di lavoro, sulla quale pertanto prevale l'applicabilità della disciplina generale della stabilità».

Similmente, non si è esitato ad applicare anche al lavoro marittimo la disciplina relativa al risarcimento del danno dovuto al lavoratore illegittimamente assunto a termine *ex* art. 32 della legge 4 novembre 2010 n. 183 (Cass. 10 maggio 2016 n. 9468, in *Dejure*).

In conclusione, non può non rilevarsi come, alla luce dell'evoluzione sopra analizzata, il ruolo del codice della navigazione nella determinazione della disciplina del contratto di lavoro marittimo appare oggi assai ridimensionato. Invero, da un lato, la giurisprudenza costituzionale ha chiaramente sottolineato la diversa incidenza che hanno, nell'attuale evoluzione normativa, le fonti della disciplina del rapporto di lavoro marittimo rappresentate dall'autonomia collettiva rispetto a quelle tradizionali di cui all'art. 1 cod. nav. (Corte cost. 2 marzo 1987 n. 63, in *Dir. mar.*, 1987, p. 285):

«La giurisprudenza di questa Corte ha avuto ripetute occasioni di porre in luce, nel quadro del rapporto di lavoro, le peculiarità del contratto di arruolamento, sottolineando le ragioni di alcuni rilevanti aspetti della relativa disciplina ... I rapporti tra la disciplina del contratto di arruolamento, posta dal codice della navigazione, e quella della prestazione di lavoro subordinato contenuta nel codice civile sono regolati dall'art. 1 cod. nav., che sancisce il principio della priorità di applicazione del codice e delle leggi speciali (oltre che degli usi e dell'analogia) rispetto al ricorso al diritto comune, dando così prevalenza alla normativa propria della materia. Contestualmente al principio della graduazione di queste fonti, la Corte ha affermato l'esigenza della parità di tutela del lavoratore marittimo rispetto a quello comune, salvo che esistano (e prevalgano) esigenze diverse ... l'evoluzione in atto della normativa del rapporto di arruolamento è caratterizzata dall'accentuazione del ruolo di talune delle fonti che l'art. 1 cod. nav. collocava in posizione subordinata. Tra esse, in particolare, quelle che sono espressione dell'autonomia collettiva, chiamate ad operare in modo sempre più penetrante nella disciplina ... può quindi affermarsi che la normativa del contratto di arruolamento posta dal codice della navigazione, viene sempre più largamente limitata dalla produzione dell'autonomia collettiva, cedendo ad essa momenti fondamentali ... Rispetto alla disciplina di taluni degli anzidetti aspetti del contratto di arruolamento l'autonomia collettiva si è venuta a collocare come fonte primaria, mentre altre fonti, alle quali era stata attribuita dall'art. 1 posizione prioritaria, hanno assunto un ruolo subordinato».

Inoltre, come già ricordato, nella disciplina del rapporto rilevano altre fonti, ulteriori rispetto al codice della navigazione, costituite non solo dai principi costituzionali ma anche dai principi di diritto comune di cui si è riconosciuta l'operatività anche a proposito del lavoro marittimo, disconoscendo, pertanto, che esso sia dotato di principi propri alternativi ad essi (Cass. 8 novembre 2001 n. 13834):

«In termini generali, può osservarsi che effettivamente, come più volte ribadito dalla Corte costituzionale, non è venuto meno formalmente l'assetto delle fonti normative delineato dall'art. 1 cod. nav. ... ma deve altresì rilevarsi che sussiste un ampio corpo di principi applicabili senza distinzioni al lavoro subordinato, compreso il sottotipo rappresentato dal contratto di arruolamento, per l'operare di un complesso di fattori convergenti, tra cui deve sottolinearsi: a) l'esistenza di comuni capisaldi consistenti nei principi di tutela dettati in materia dalla Costituzione; b) la sostanziale omogeneità di gran parte delle situazioni relative al lavoro comune e al lavoro nautico, la quale "impone l'uniformità delle discipline, nella mancanza di fondate ragioni per differenziarle" ... c) la necessità di un'interpretazione sistematica, peraltro orientata dai principi costituzionali, della complessiva disciplina applicabile al lavoro nautico, nell'ambito della quale le norme speciali dettate dal codice della navigazione si intrecciano ampiamente con quelle comuni, sia per le lacune intrinseche della normativa speciale, sia per effetto di numerosi interventi della Corte costituzionale».

In materia rilevano altresì le normative internazionali, le quali impongono standard uniformi relativi alle condizioni di lavoro a bordo delle navi ed alle modalità di svolgimento della prestazione lavorativa, quali, ad esempio, la già ricordata *Maritime Labour Convention* 2006 elaborata in seno all'OIL e le norme dell'Unione europea. A tale ultimo proposito, vengono in rilievo non solo le disposizioni di settore adottate dall'Unione, ma anche le norme generali di diritto dell'Unione in materia lavoristica laddove non sia stata fatta specifica riserva rispetto alla loro applicazione nel settore marittimo, come affermato dalla stessa Corte di Giustizia con riferimento alla direttiva 1999/70/CE e all'accordo quadro cui essa dà attuazione (CGUE 3 luglio 2014 nelle cause riunite C-362/13, C-363/13 e C-407/13):

«Dallo stesso dettato della clausola 2, punto 1, dell'accordo quadro si evince che la sfera di applicazione di quest'ultimo è concepita in modo ampio, di modo che essa concerne in maniera generale i "lavoratori a tempo determinato con un contratto di assunzione o un rapporto di lavoro disciplinato dalla legge, dai contratti collettivi o dalla prassi in vigore di ciascuno Stato membro" ... la definizione della nozione di "lavoratore a tempo determinato" ai sensi dell'accordo quadro, enunciata nella clausola 3, punto 1, di quest'ultimo, include tutti i lavoratori, senza operare distinzioni basate sulla natura pubblica o privata del loro datore di lavoro ... da ciò discende che lavoratori che si trovino nella posizione dei ricorrenti nei procedimenti principali, i quali hanno la qualità di marittimi occupati in forza di contratti di lavoro a tempo determinato su traghetti che effettuano un tragitto marittimo tra due porti collocati nel medesimo Stato membro, rientrano nella sfera d'applicazione dell'accordo quadro, dato che quest'ultimo non esclude nessun settore particolare dalla sua sfera d'applicazione».

Pertanto, anche applicando le disposizioni lavoristiche del codice della navigazione, è necessario verificare che i presupposti per l'applicazione e l'effettiva attuazione di detta normativa siano coerenti con le finalità perseguite dal diritto dell'Unione europea, ad esempio in relazione alla prevenzione del ricorso abusivo ad una successione di contratti o rapporti di lavoro a tempo determinato (così espressamente Cass. 11 gennaio 2019 n. 117, in *Dejure*).

La progressiva internazionalizzazione degli equipaggi solleva, poi, alcuni delicati problemi relativi alla disciplina del rapporto di lavoro marittimo instaurato con i singoli componenti dell'equipaggio, aventi tra di loro nazionalità diversa. Ne risulta, comunque, una normativa sempre meno riconducibile all'ordinamento italiano ed, anche per tali motivi, appare comunque del tutto marginale il ruolo svolto dal codice della navigazione. I relativi rapporti, infatti, sono disciplinati, quasi integralmente, per quanto concerne le condizioni economiche applicate, dai contratti collettivi stipulati con le organizzazioni sindacali nazionali ed internazionali, sulla scorta dei principi generali del nostro ordinamento e delle varie Convenzioni internazionali. Solo in difetto di adeguata disciplina nella contrattazione collettiva ci si dovrà riferire alla legge regolatrice del rapporto di lavoro marittimo, che oggi non coincide con quella della bandiera della nave. Per quanto riguarda, invece, le condizioni di lavoro a bordo e le relative modalità di svolgimento, nonché per quanto concerne i fondamentali istituti attinenti alla tutela del lavoratore a bordo di navi italiane, anche se iscritte nel Registro internazionale, trovano applicazione le norme internazionali e dell'Unione europea, nonché i principi costituzionali e di diritto comune, che estendono la loro operatività anche a favore dei marittimi extra-comunitari, a prescindere dalla legge regolatrice del loro rapporto di lavoro marittimo.

6. Porti e attività portuali

SOMMARIO: 1. La natura e la funzione del porto. – 2. Le fonti della disciplina: il diritto internazionale e dell'Unione europea. – 3. (*Segue*): il diritto interno. – 4. Ruolo e funzioni dei porti: competenze statali, regionali e degli enti territoriali. – 5. Il Regolamento UE/352/2017. – 6. Le Autorità di Sistema portuale. – 6.1. Il rapporto tra Autorità di Sistema portuale ed Autorità marittima. – 7. Le attività imprenditoriali svolte nei porti. – 7.1. L'assetto del ciclo delle operazioni portuali prima della legge n. 84/1994 e l'intervento della Corte di Giustizia e della Commissione. – 7.2. Le operazioni portuali nella legge n. 84/1994. – 7.3. L'impresa terminalista. – 7.4. Le imprese portuali e i servizi portuali. – 7.5. L'uso delle aree demaniali in concessione alle imprese portuali. – 7.6. Il c.d. mercato della mera fornitura di manodopera. – 7.7. La c.d. autoproduzione delle operazioni e dei servizi portuali. – 8. I servizi "tecnico-nautici" ancillari alla navigazione. – 8.1. Fonti della disciplina. – 8.2. Il pilotaggio. – 8.3. Il rimorchio. – 8.4. Ormeggio e battellaggio. – 8.5. L'accesso al mercato e la c.d. autoproduzione di servizi tecnico-nautici. – 8.6. Gli altri servizi di interesse generale.

1. La natura e la funzione del porto

Il legislatore italiano ha inserito i porti nell'ambito del demanio dello Stato: l'art. 822, comma 1, cod. civ. annovera i porti tra i beni appartenenti allo Stato e facenti parte del demanio pubblico, mentre l'art. 28, lett. a), cod. nav. precisa che si tratta di beni rientranti nell'ambito del demanio marittimo. Peraltro, la natura pubblica del porto non si ferma alla caratteristica demaniale del bene, in quanto nel codice della navigazione le attività economiche nel porto risultano soggette ad un pervasivo regime di diritto amministrativo e sono gestite da enti pubblici o affidate a privati in regime di concessione di servizio.

Peraltro, i mutamenti verificatisi nel comparto del trasporto e della logistica hanno evidenziato la natura del porto quale infrastruttura del trasporto e snodo logistico nel quale il transito delle merci deve avvenire rapidamente, natura che è progressivamente diventata così importante da assorbire tutte le altre funzioni del porto. Non solo: la crescita degli scambi, soprattutto internazionali, ha moltiplicato i volumi di merci transitanti per i porti; per altro verso, l'aumento dei costi di gestione delle navi, e conseguentemente della loro sosta dei porti, ha rivoluzionato pure i tempi di movimentazione delle merci in ambito portuale.

Parimenti, il progressivo rafforzamento della "catena" del trasporto, con conseguente decremento della rottura dei carichi in corrispondenza del cambio del modo di trasporto, è proseguito di pari passo con lo sviluppo della rete di infrastrutture interne e retroportuali. Questi fenomeni hanno messo in connessione più porti col medesimo ambito geografico ad essi relativo, creando così i presupposti per l'intensificarsi di una vera e propria competizione tra porti marittimi.

Così, i porti hanno cominciato a connotarsi come infrastruttura la cui gestione è efficiente soltanto nella misura in cui essa consenta di dare celerità alle operazioni portuali, sia per accogliere i traffici in aumento, sia per competere con scali concorrenti.

Tale evoluzione ha messo in crisi il modello amministrativo dei porti italiani come sancito dal codice della navigazione, nel quale le diverse attività economiche svolte al loro interno erano rigidamente inquadrate all'interno di schemi monopolistici; inoltre, queste attività erano sovente direttamente esercitate dalle amministrazioni portuali, che comunque ne controllavano capillarmente lo svolgimento, spesso insieme all'Autorità marittima.

L'inadeguatezza di questo modello si è tradotta in una progressiva incapacità dei porti italiani di assecondare gli sviluppi che andavano affermandosi nella portualità a livello internazionale. L'esigenza di liberalizzazione delle attività economiche avanzata dagli utenti portuali, in uno con l'appartenenza dell'Italia all'ordinamento comunitario e il conseguente suo assoggettamento alle regole previste in tale ordinamento, sono state determinanti, pertanto, nel produrre un cambiamento epocale: infatti, in virtù dell'applicazione delle regole di libertà stabilite nei Trattati, in particolare la libertà di prestazione dei servizi e la libertà di concorrenza, il vecchio modello amministrativo dei porti italiani è stato cancellato dalla legge n. 84/1994, a vantaggio di un'impostazione che privilegia il porto come un "mercato", nel quale cioè determinati servizi vengono rispettivamente richiesti e offerti, secondo le regole proprie, appunto, dell'economia di mercato.

Negli ultimi anni il peso della filiera logistica ha peraltro assunto una tale importanza che il porto e le attività in esso svolte non possono più essere considerate, né disciplinate, senza tener conto dei condizionamenti derivanti dalla presenza di tale filiera e delle sue specifiche esigenze. Ciò vale sia per i profili di regolazione della catena logistica sia, più in generale, per la disciplina legislativa delle responsabilità collegate alle sue vari fasi, tra cui in particolare quella delle operazioni portuali. Peraltro, la disciplina in parola risponde tuttora a una logica settoriale del fenomeno (porti, reti di trasporto, interporti), in una situazione in cui, invece, si appalesa necessaria una visione di insieme dell'intero sistema della mobilità delle merci, delle imprese che operano nel suo ambito e delle autorità che, a vario titolo, esercitano le rilevanti competenze al riguardo.

Così, soprattutto negli ultimi anni è divenuto evidente che, di fronte al generale aumento delle dimensioni delle imprese, alla crescente concentrazione nei mercati e all'allargamento dei rispettivi ambiti di riferimento, l'identificazione del singolo porto come mercato a sé stante può dar luogo a molteplici errori di prospettiva, e quindi anche a un'errata valutazione economica e giuridica. Infatti, molto spesso le imprese portuali concorrono tra loro in ambiti ben più ampi rispetto a quelli del singolo porto e sempre più spesso è il singolo porto nel suo complesso a competere con altri porti, determinando l'esigenza di scelte regolatorie a un livello decisionale superiore, o quanto meno di un coordinamento tra gli enti regolatori dei vari ambiti portuali. Del che ha dato atto pure il nostro legislatore con il d.lgs. n. 169/2016 di riforma della già citata legge n. 84/1994, cui si deve la modifica anche geografica della *governance* portuale, mediante l'estensione del suo ambito spaziale da un singolo porto ad un "sistema portuale" normalmente comprensivo di più porti.

Infine, l'integrazione "verticale" delle imprese interessate alla logistica ha ulteriormente accentuato la caratteristica del porto quale infrastruttura scarsa, condizionata dal suo collegamento con grandi reti di trasporto e logistiche retroportuali. Specie in taluni settori dei traffici, infatti, l'enorme concentrazione delle imprese interessate all'intera filiera logistica avvenuta negli ultimi anni determina il rischio che la loro presenza nel "mercato" delle operazioni portuali avvenga al fine di porsi in una posizione privilegiata rispetto a concorrenti operanti solamente in un segmento della filiera logistica e di escluderne o condizionarne l'attività anche in tale ambito. Sotto questo profilo, occorre prestare la massima attenzione affinché si eviti che l'appropriazione di spazi portuali e l'acquisizione del controllo delle relative imprese da parte di soggetti operanti nei mercati a monte o a valle rispetto a quello dei servizi portuali possa avvenire in modo tale da evitare un ingiusto pregiudizio non solo degli interessi delle altre imprese concorrenti ma anche (i) dei soggetti che movimentano le merci, ovvero (ii) dei passeggeri che transitano per un porto, ovvero ancora (iii) delle stesse navi che richiedono servizi in ambito portuale. E cioè, in definitiva, anche delle categorie economiche e sociali che sono gli utenti finali dei servizi resi all'interno del "mercato" portuale.

2. Le fonti della disciplina: il diritto internazionale e dell'Unione europea

La disciplina giuridica dei porti, tanto più quelli che assumono le caratteristiche di snodo logistico dei grandi traffici internazionali, costituisce materia di interesse per il diritto internazionale e dell'Unione europea, così come per il diritto interno. Quest'ultimo, a sua volta, è suscettibile di declinarsi in funzione delle competenze infrastatuali rilevanti al riguardo, che appaiono di non agevole individuazione soprattutto a valle della riforma degli artt. 117 e 118 Cost., attuata con la legge costituzionale 18 ottobre 2001 n. 3 (recante "*Modifiche al Titolo V della parte seconda della Costituzione*"), a mente della potestà legislativa concorrente da tale disposizione attribuita alle Regioni nella materia dei porti.

Dall'angolo visuale del diritto internazionale, il porto è visto come uno sbocco dei commerci, il cui accesso da parte delle navi mercantili deve essere preservato dagli Stati senza discriminazioni, come naturale complemento della libertà dei traffici marittimi: a tali principi si ispira l'assai risalente Convenzione di Ginevra del 9 dicembre 1923 sul regime internazionale dei porti marittimi, in vigore tra tutti i principali Stati marittimi, compreso il nostro. La Convenzione, che ai suoi tempi rappresentava un importante passaggio evolutivo nei rapporti del commercio internazionale, oggi ha perso molta della sua importanza pratica, atteso che le regole da essa codificate costituiscono in buona parte un patrimonio acquisito nel diritto internazionale dell'economia.

Per quanto concerne, invece, il diritto dell'Unione europea, va sottolineato come il porto sia un "mercato" nel quale vengono prestati determinati servizi: quando assumono un rilievo intracomunitario in conformità al test applicativo proprio delle libertà fondamentali, essi risultano così assoggettati alle norme di cui agli artt. 56 e ss. TFUE, e quindi, in sintesi, al diritto delle imprese rispettivamente di prestare e ricevere questi servizi, e correlativamente all'obbligo per gli Stati membri di rimuovere gli ostacoli esistenti all'esercizio del diritto di cui sopra, nonché alle eventuali norme speciali di origine unionale (cfr. Regolamento 15 febbraio 2017 n. 352 che istituisce un quadro normativo per la fornitura di servizi portuali e norme comuni in materia di trasparenza finanziaria dei porti). Altrettanto importanti appaiono, poi, le norme dell'Unione europea sulla concorrenza e di aiuti di stato. Esse, infatti, per le loro particolari caratteristiche applicative, possono in talune ipotesi rendere direttamente ed immediatamente operativa questa disciplina per i (maggiori) porti italiani in quanto «parte sostanziale del mercato comune». Il *public enforcement* di tali disposizioni spetta anzitutto alla Commissione e, in via decentrata, alle autorità nazionali antitrust secondo i criteri di ripartizione delle rispettive competenze ai sensi del Regolamento CE/1/2003. Peraltro, la stessa Autorità Garante della Concorrenza e del Mercato non ha mancato di intervenire ripetutamente nel settore portuale, applicando non solo le norme del TFUE, ma anche quelle di analogo contenuto riconducibili agli artt. 2 e 3 della legge n. 287/1990, con riferimento alle condotte aventi un mero rilievo nel mercato interno italiano.

Infine, la norma probabilmente più rilevante per la disciplina dei porti è data dall'art. 106 TFUE. Quest'ultimo, infatti, ha ad oggetto gli obblighi degli Stati nei confronti delle imprese titolari di diritti speciali o esclusivi, che vengono comunque assoggettate alle regole del TFUE e in particolare a quelle sulla concorrenza; ma individua altresì il regime delle imprese incaricate di servizi di interesse economico generale, per le quali gli Stati membri possono legittimamente prevedere deroghe rispetto al normale regime delle regole di concorrenza. Tale norma viene quindi direttamente in rilievo se si considera che nei porti italiani la maggior parte delle imprese ivi operanti appartengono a una delle categorie rilevanti ai fini dell'art. 106 TFUE in quanto titolari di concessioni demaniali, erogatrici di servizi in regime di riserva o in condizioni di monopolio, o operanti come prestatore universale gravato di obblighi di servizio pubblico (come è il caso, ad esempio, degli erogatori dei servizi tecnico-nautici).

3. (*Segue*): il diritto interno

Oltre al primato della disciplina internazionale e dell'Unione, le principali fonti applicabili al comparto portuale sono tutt'ora di diritto interno. Tra esse, rivestono sicuro interesse le residue norme vigenti del codice della navigazione e del relativo Regolamento di esecuzione, specificamente rivolte a disciplinare i porti e i servizi portuali. Ma è soprattutto la legge n. 84/1994, più volte modificata, la normativa di riferimento sotto il profilo degli assetti e della *governance* dei porti italiani, alla quale si affiancano, ovviamente, i principi e le norme di diritto comune applicabili anche nei porti (come, ad esempio, la normativa sugli appalti di lavori e servizi, il già ricordato diritto antitrust, la disciplina sull'attività amministrativa, oltreché le regole del diritto privato volte a disciplinare non solo i rapporti tra imprese, ma anche gli stessi rapporti tra AdSP e altre istituzioni a vario titolo competenti o interessate al comparto portuale).

Queste normative configurano un quadro normativo tendenzialmente completo relativamente alla disciplina dei beni e del demanio portuali, dell'attività amministrativa al riguardo rilevante e delle attività di impresa che si svolgono nei porti, accanto alle quali esiste una pletora di regole prodotte da fonti ulteriori, spesso di rango sub-legislativo, volte a disciplinare aspetti settoriali ovvero tecnici della vita portuale, frequentemente adottate in attuazione di regole aventi origine internazionale.

Secondo l'intenzione del legislatore, la legge n. 84/1994 si pone come la principale fonte normativa di riordino complessivo del settore portuale comprensiva, da ultimo, anche della già citata novella del 2016 e del successivo "correttivo porti" (decreto n. 232/2017), che tendono ad allargare ulteriormente la relativa disciplina alle infrastrutture retroportuali e alla catena logistica ad esse relativa.

La legge n. 84/1994 (come modificata) disegna un nuovo statuto dei porti italiani, al centro dei quali pone l'Autorità di Sistema Portuale, alla quale, da un lato, preclude lo svolgimento di atti gestori delle attività economiche relative alle operazioni portuali, dall'altro, attribuisce poteri di programmazione e sviluppo del porto, di regolazione delle principali attività imprenditoriali svolte nel porto, oltreché di coordinamento orizzontale e verticale dell'esercizio dei poteri attribuiti alle altre amministrazioni dentro e fuori dal porto. Nell'attività di programmazione un ruolo preminente viene così riservato al piano regolatore portuale, la cui predisposizione rappresenta uno dei compiti qualificanti dell'AdSP, proprio perché tale piano costituisce lo strumento nel quale si concretizza la funzione di programmazione e sviluppo del porto. Delineati gli organi dell'AdSP, la legge n. 84/1994 disciplina le modalità ed i criteri che le imprese possono impiegare per l'esercizio delle operazioni portuali (e dei servizi portuali la cui attività è in ogni caso preclusa alle predette autorità), nonché il lavoro portuale. Per gli altri servizi resi in ambito portuale, la legge n. 84/1994 indica talune disposizioni di principio, ovvero si raccorda alle norme del cod. nav., in larga parte tuttora valide e vigenti soprattutto con riferimento ai servizi tecnico-nautici, il cui esercizio è pure escluso da parte delle AdSP.

Ulteriore novità rispetto al passato, la novella del 2016 apportata alla legge n. 84/1994 assoggetta alle AdSP la sostanziale totalità dei porti italiani, includendo all'interno dei singoli sistemi portuali diversi scali c.d. minori. Si realizza, quindi, un apprezzabile sforzo di omogeneizzazione della *governance* portuale coordinata con le competenze dell'Autorità marittima e in particolare delle capitanerie di porto con specifico riguardo alle loro accresciute attribuzioni e alla loro progressiva specializzazione soprattutto nei settori della sicurezza della navigazione e delle acque portuali, oltreché della salvaguardia della vita umana in mare, assolutamente fondamentali per una corretta amministrazione dei porti e delle risorse del mare.

4. Ruolo e funzioni dei porti: competenze statali, regionali e degli enti territoriali

L'art. 4 della legge n. 84/1994 distingue tra (1) porti appartenenti alla prima categoria, ossia quelli destinati alla difesa militare ed alla tutela della sicurezza dello Stato; (2) porti appartenenti alla seconda categoria, aventi unicamente rilevanza economica. Gli scali appartenenti a tale ultima categoria vengono a loro volta ripartiti, da un lato, per classi, a seconda della loro rilevanza (i) internazionale, (ii) nazionale oppure (iii) regionale o interregionale; dall'altro lato, per funzioni esercitate, e cioè (a) commerciale e logistica, (b) industriale e petrolifera, (c) di servizio passeggeri, inclusi i crocieristici, (d) peschereccia ed (e) turistica e da diporto.

L'individuazione dei porti (o delle specifiche aree portuali) appartenenti alla prima categoria nonché la determinazione delle loro caratteristiche è operata con decreto del Ministro della difesa, emanato di concerto con il Ministro dei trasporti (art. 4, comma 2).

Il compito di determinare le caratteristiche dimensionali, tipologiche e funzionali dei porti della seconda categoria, nonché l'appartenenza di ciascuno scalo ad una delle tre classi di cui essa si compone, è stato invece direttamente assegnato al Ministro dei trasporti, il quale provvede al riguardo con decreto, sentite le Autorità di Sistema Portuale o, laddove queste ultime non siano state istituite, le Autorità marittime, facendo riferimento al bacino di utenza internazionale o nazionale, attuale e potenziale, tenendo conto di criteri quali l'entità del traffico globale e delle rispettive componenti; la capacità operativa degli scali derivante dalle caratteristiche funzionali; il livello ed efficienza dei servizi di collegamento con l'entroterra (art. 4, comma 4).

Al fine di rispettare prerogative regionali e statali, peraltro, l'art. 4.5 prevede anche che lo schema di decreto venga inviato per un parere preventivamente alle Regioni e alle due Camere, e più precisamente alle commissioni permanenti competenti, che lo esprimono conformemente alle disposizioni dei relativi regolamenti di funzionamento. Al riguardo, la Corte costituzionale ha confermato la legittimità costituzionale delle citate disposizioni della legge n. 84/1994 ritenendo pienamente adeguato il livello di partecipazione in tal modo garantito alle Regioni nel procedimento di approvazione del decreto ministeriale (Corte cost. 20 luglio 1994 n. 317, in *Giur. cost.*, 1994, II, p. 2692).

La natura concorrente della legislazione in materia portuale ha imposto numerosi interventi alla Corte costituzionale, chiamata a risolvere diversi conflitti di attribuzione. In questa prospettiva, la Corte costituzionale, anche per quel che riguarda i porti di rilievo nazionale e internazionale, non ha mai condiviso una compressione delle competenze regionali, rivendicando invece il principio di leale cooperazione tra Stato e Regione quale chiave di lettura della legislazione concorrente *in subiecta materia*. Basti pensare che, anche su un atto certamente di rilievo nazionale come l'approvazione del Piano strategico nazionale della portualità e della logistica, la Corte ha censurato la sua mancata approvazione in sede di Conferenza Stato-Regioni, poiché, ferma certamente l'attrazione della questione a livello statale, l'assoluto mancato coinvolgimento delle Regioni è stato ritenuto lesivo delle prerogative regionali e del principio di leale cooperazione (cfr. Corte cost. 11 dicembre 2015 n. 261, in *Dejure*).

A identici principi si è ispirata la giurisprudenza costituzionale anche con riguardo al delicato tema della nomina del presidente dell'Autorità in presenza di una previsione di legge che richiede l'intesa tra Ministro e Presidente della Regione interessata.

Infatti, sotto un primo profilo, la Corte non ha avuto esitazioni nel ritenere incostituzionali disposizioni della legge n. 84/1994 che, in caso di mancata intesa, attribuivano comunque la scelta al Ministro, poiché ciò comportava il venir meno a danno della Regione, dell'equilibrio tra istanze ed esigenze di vario livello (cfr. Corte cost. 7 ottobre 2005 n. 378, in *Dejure*).

Con la novella del 2016, la questione viene oggi risolta a livello legislativo confermando doverosamente l'intesa tra Ministro e presidenti della Regione o delle Regioni interessate rispetto alla singola AdSP, e attraverso la previsione della procedura di diritto comune prevista dall'art. 14-*quinquies* della legge n. 241/1990 qualora l'intesa non sia stata trovata.

Tutta la materia in esame risulta, pertanto, connaturata al principio di leale cooperazione, che esclude la legittimità di scelte normative rivolte ad escludere nel settore portuale il coinvolgimento dello Stato anche per fattispecie che, *prima facie*, parrebbero di caratura prettamente regionale.

Alle Regioni sono comunque garantiti ambiti di partecipazione alla "*governance*" delle AdSP (cfr. ad esempio art. 6.3, legge n. 84/1994); rilevante appare pure il contributo della Regione nella definizione dell'assetto territoriale del sistema portuale e dei singoli piani regolatori portuali (cfr. art. 5.1-*quater*, lett. b), legge n. 84/1994).

Di converso, l'art. 117 Cost. individua anche materie di competenza legislativa esclusiva dello Stato, le quali, pur non riguardando direttamente porti e trasporti, possono tuttavia incidere sul funzionamento di tali comparti.

Infatti, come chiarito in più occasioni dalla Corte costituzionale (cfr. Corte cost. 26 giugno 2002 n. 282; Corte cost. 26 luglio 2002 n. 407; Corte cost. 20 dicembre 2002 n. 536; Corte cost. 13 gennaio 2004 n. 14; Corte cost. 28 aprile 2004 n. 129, tutte in *Dejure*), alcune delle materie riservate allo Stato dall'art. 117 Cost. esprimono valori costituzionalmente protetti e, in quanto tali, possiedono carattere "trasversale", ovvero sono in grado di incidere su più interessi e su più settori, ancorché affidati alla competenza legislativa regionale, posto comunque che la potestà legislativa esclusiva statale dovrà esercitarsi con limiti e contenuti tali da non comportare una completa compressione verticale delle competenze regionali che, volta a volta, siano da esse concretamente attraversate. È stato altresì sottolineato come i profili organizzativi fondamentali delle AdSP, quali la determinazione del numero delle AdSP e la relativa istituzione, siano riconducibili ai principi fondamentali della materia, di competenza statale, specie trattandosi di enti pubblici non economici di rilevanza nazionale (cfr. Corte cost. 9 ottobre 2020 n. 208, in *Dejure*).

Per quanto attiene, invece, il tema della leale collaborazione tra porto e città l'attuale art. 5 novellato della legge n. 84/1994 individua in particolare, dal lato del porto, due livelli di pianificazione: il piano regolatore di sistema portuale ("PRSP") si compone quindi del già ricordato Documento di pianificazione strategica di sistema ("DPSS"), cui si affiancano i singoli piani regolatori portuali di ciascun porto ("PRP").

Il comune interviene non solo nella pianificazione delle aree di interazione col porto, ma esprime un parere sull'intero DPSS, una volta elaborato dall'AdSP. In ogni caso, nell'attività di pianificazione del porto, le AdSP debbono tener conto degli strumenti urbanistici vigenti, e anzi è espressamente previsto (e questo fin dall'entrata in vigore della legge n. 84/1994) che le previsioni del PRP non possano contrastare con i primi, ai sensi dell'art. 5.2-*sexies*.

La leale cooperazione e l'interazione tra porto e città presuppongono, altresì, che i rispettivi ambiti territoriali siano delineati. La novella del 2016 ha sostanzialmente preso atto delle delimitazioni territoriali pre-esistenti (art. 6, commi 1 e 2, e allegato alla legge medesima, in cui sono indicati i rispettivi ambiti spaziali ed in particolare i porti ricompresi in ciascuna di esse), nonché ha stabilito la possibilità (cfr. l'art. 6.15, legge n. 84/1994) di variare i limiti territoriali delle esistenti AdSP con d.p.r. adottato su proposta del Ministro delle infrastrutture e dei trasporti, ai sensi dell'art. 17.2, legge n. 400/1988, previo parere della Conferenza unificata di cui all'art. 8, d.lgs. n. 281/1997.

Da ultimo, va ricordato il d.lgs. n. 85/2010, attuativo dell'art. 19 della legge n. 42/2009, con cui sono state trasferiti alle autonomie locali i beni appartenenti al demanio marittimo, con esclusione dei porti di rilevanza economica nazionale e internazionale.

5. Il Regolamento UE/352/2017

Il Regolamento UE/352/2017 conferma, da un lato, l'importanza dei principi del diritto UE nella disciplina dei porti rispettando, peraltro, molte competenze degli Stati membri su importanti attività svolte nei porti; dall'altro, si limita a dettare norme direttamente applicabili volutamente generiche, idonee a consentire agli Stati membri di limitare le modifiche ai propri modelli organizzativi in virtù di semplici adeguamenti. Risulta, quindi, confermato l'ampio impiego del principio di sussidiarietà di cui all'art. 5 TUE nella distribuzione delle competenze tra Unione europea e Stati membri della disciplina portuale.

Il regolamento si compone di due parti, rispettivamente relative alla disciplina di taluni servizi portuali e all'individuazione di un quadro di riferimento sulla trasparenza dei trasferimenti finanziari ai porti. È applicabile ai soli porti «centrali» (c.d. *core*) della rete infrastrutturale europea TEN-T (di cui al Regolamento n. 1315/2013), essendo peraltro lasciata agli Stati membri la scelta di estenderne l'operatività anche agli altri porti non centrali della stessa rete (c.d. *comprehensive*) o addirittura ad altri.

Per quanto concerne la loro disciplina, l'assetto previsto dal regolamento integra e precisa i modelli che si sono andati assestando a seguito dell'applicazione dei principi UE di diritto primario relativi al settore dei servizi portuali. In questa prospettiva, il regolamento appare dunque largamente coerente con la disciplina vigente nei porti nazionali, sia dal punto di vista delle condizioni di accesso al mercato di questi servizi (artt. 3 e ss. del Regolamento) sia da quello delle limitazioni che, ai sensi del suo art. 6, le competenti autorità possono introdurre rispetto al numero e alle caratteristiche dei prestatori dei servizi medesimi, ad esempio ai fini dell'assolvimento di obblighi di servizio pubblico, come definiti all'art. 7.

Ciò vale in particolare rispetto alla possibilità di identificare anche un solo prestatore di servizio per porto, nonché riguardo alla figura del c.d. operatore interno, codificata dall'art. 9 del Regolamento. Tali previsioni appaiono idonee a legittimare definitivamente anche il modello organizzativo, o quantomeno regolatorio, dei servizi tecnico-nautici da tempo adottato nel nostro ordinamento.

La portata più codificatrice che innovativa del regolamento traspare anche nella sua seconda parte, dedicata – come anticipato – alla trasparenza delle relazioni finanziarie nei rapporti tra Stati ed enti gestori dei porti, e tra questi e gli operatori e utenti portuali. Anzi, questa disciplina costituisce occasione per una riflessione più ampia relativa non soltanto alla remunerazione dei servizi portuali resi in contesti regolati, ma anche al finanziamento dei costi per le infrastrutture portuali, inclusi i dragaggi.

Sotto questo profilo, infatti, è importante la previsione secondo cui gli Stati membri hanno diritto a vedere riconosciute le proprie scelte di politica portuale rispetto ai corrispettivi per l'utilizzo delle infrastrutture, ferma la coerenza di questi ultimi con la disciplina degli aiuti di Stato.

Un maggiore approfondimento dell'incidenza del diritto della concorrenza nella disciplina portuale merita invece il rapporto tra normativa portuale e disciplina sugli aiuti di Stato, per la crescente rilevanza a quest'ultima attribuita su iniziativa della Commissione (cfr. da ultimo la decisone della Commissione adottate in seguito allo svolgimento della fase di indagine formale del 20 settembre 2018, relativa all'aiuto di Stato SA.36112 (2016/C), su cui oggi si innesta il Regolamento n. 352/2017, nella parte relativa alla trasparenza finanziaria nei porti.

Il più importante di tali temi riguarda la qualificazione delle risorse assegnate dallo Stato italiano alle AdSP come un aiuto di Stato. Peraltro, tale impostazione non sembra condivisibile, assumendo erroneamente che le AdSP operino istituzionalmente come imprese. In tal modo si disconoscono le specifiche caratterizzazioni delle particolarità della legislazione italiana di settore. Al fine di superare gli equivoci innanzi indicati, è assai opportuna la precisazione fornita dal nostro legislatore allorché, in occasione degli adeguamenti alla normativa portuale apportati nel 2016, ha chiaramente ribadito che l'AdSP non è un'impresa alla quale risulta applicabile il divieto di aiuti di Stato, ma piuttosto un «ente pubblico non economico di rilevanza nazionale a ordinamento speciale ed è dotato di autonomia amministrativa, organizzativa, regolamentare, di bilancio e finanziaria» (art. 6.5, legge n. 84/1994). Da tale qualificazione dell'AdSP quale ente non economico dotato di poteri autoritativi dello Stato (seppure a statuto speciale) e non già quale "impresa", pertanto, non si può prescindere anche ai fini ora indicati e, in particolare, ai sensi dell'art. 107 TFUE.

6. Le Autorità di Sistema portuale

La disciplina italiana dei porti che ha preceduto l'attuale normativa era costituita dalle rilevanti disposizioni del codice della navigazione e del regolamento per la navigazione marittima, nonché da leggi speciali che disciplinavano gli enti preposti alla gestione dei porti principali. Si trattava di enti pubblici che svolgevano le tipiche funzioni amministrative delle autorità preposte alla gestione dei beni demaniali ed esercitavano al contempo attività di impresa. A partire dagli anni Ottanta il sistema di gestione così delineato ha iniziato a manifestare le proprie criticità, in quanto gli effetti negativi derivanti dalla frammentarietà della disciplina, spesso diversa da porto a porto, e la commistione di poteri regolamentari ed imprenditoriali in capo agli enti suddetti, mettevano in evidenza la scarsa competitività dei nostri porti.

Il passaggio decisivo verso un'integrale riforma del regime giuridico dei porti italiani, è stato compiuto con l'adozione della legge n. 84/1994, che, come già accennato, è la definitiva affermazione nel settore portuale del principio di origine comunitaria che prevede la separazione tra i compiti di amministrazione del porto, che vennero affidati in via esclusiva alle Autorità portuali, ed i compiti di gestione delle attività di erogazione dei servizi e delle operazioni portuali, riservati a soggetti privati.

A tal fine, gli enti portuali precedentemente esistenti vennero sostituiti, ai sensi della legge n. 84/1994, da Autorità portuali, enti di diritto pubblico, dotati di autonomia finanziaria e di bilancio, assoggettate al potere di vigilanza del governo, e, segnatamente del Ministero dei trasporti, alle quali sono tendenzialmente devolute funzioni di gestione del territorio e di amministrazione del porto per il perseguimento di finalità pubblicistiche.

L'impianto della legge n. 84/1994, peraltro, da tempo richiedeva un ripensamento profondo, a causa dell'evoluzione registratasi dalla fine del secolo scorso nel diritto dell'economia, nella regolazione delle attività economiche, e nell'applicazione sempre più dettagliata delle norme unionali al settore marittimo-portuale e dei trasporti; nonché a motivo delle profonde trasformazioni intervenute nel comparto della logistica e dei trasporti, rispetto alle quali la visione "porto-mercato" della legge n. 84/1994 non appariva più attuale. Si è così giunti alla riforma di cui al d.lgs. n. 169/2016.

I principali elementi di interesse della riforma, sono la riduzione del numero degli "enti di gestione del porto", e la loro trasformazione in enti di gestione del sistema portuale; il coordinamento verticale delle AdSP da parte del Ministero delle infrastrutture e dei trasporti; l'esclusione dei rappresentanti delle imprese e dei lavoratori dall'organo di gestione dell'AdSP; l'attribuzione al presidente dell'AdSP di un ruolo di guida delle altre amministrazioni che a vario titolo esercitano competenze in ambito portuale, in un'ottica rivolta a semplificare e rendere più efficienti i processi decisionali e di regolazione sia dei porti che dei sistemi portuali.

Oltre a queste importanti innovazioni normative, la novella del 2016 precisa e affina numerosi altri profili della legge n. 84/1994. Tra essi, in particolare, viene riconfermata e anzi rafforzata la natura di ente pubblico non economico delle AdSP (cfr. Cass., sez. un., 13 giugno 2016 n. 12085, in *Dejure*).

Il compito fondamentale dell'AdSP è quello di controllare e regolare l'esercizio delle attività economiche finalizzate alla produzione delle operazioni e dei servizi portuali, promuovendo le attività portuali e favorendo la regolare e proficua utilizzazione delle strutture che compongono il porto. A tali funzioni previste ad origine si aggiungono oggi quelle scaturenti dalla novella del 2016 e dall'attribuzione all'AdSP di un ruolo chiave non solo all'interno del proprio sistema portuale, ma anche in quello logistico di riferimento sotto il coordinamento e la regia del Ministero delle infrastrutture e dei trasporti.

Così, l'art. 6.4 della legge n. 84/1994, attribuisce all'AdSP compiti di indirizzo, programmazione, coordinamento, regolazione, promozione e controllo delle operazioni e dei servizi portuali, ivi inclusa la fornitura di manodopera portuale, secondo il regime autorizzativo e concessorio. Inoltre, quale gestore del demanio portuale, l'AdSP ha il compito di manutenzione ordinaria e straordinaria delle parti comuni nell'ambito portuale, ivi compresa quella relativa al mantenimento dei fondali. L'AdSP poi affida e controlla le attività dirette alla fornitura a titolo oneroso agli utenti portuali di servizi di interesse generale, di cui in appresso, coordina le attività amministrative esercitate dagli enti e dagli organismi pubblici nell'ambito dei porti e nelle aree demaniali marittime comprese nella circoscrizione territoriale; amministra in via esclusiva le aree e dei beni del demanio marittimo ricompresi nella propria circoscrizione; promuove e coordina forme di raccordo con i sistemi logistici retro portuali e interportuali.

Al di là degli atti e provvedimenti adottabili dall'AdSP per lo svolgimento delle funzioni assegnatele dal legislatore, è essenziale ribadire la volontà di quest'ultimo di conferirle una missione e un obbligo di risultato nella promozione e gestione del sistema portuale. Nella prospettiva ora descritta, la natura dell'ente e il suo essere amministrazione non possono costituire ostacolo all'esigenza di un suo funzionamento agile e snello, in coerenza con principi di semplificazione dell'azione amministrativa, di buona amministrazione e di orientamento al risultato.

Gli organi dell'AdSP sono il Presidente, il Comitato di gestione e il Collegio dei revisori dei conti. In particolare, al Presidente sono attribuite significative funzioni (art. 8) tra le quali spiccano quelle provvedere al coordinamento delle attività svolte nel porto dalle pubbliche amministrazioni, nonché al coordinamento e al controllo delle attività soggette ad autorizzazione e concessione, e dei servizi portuali; promuovere programmi di investimento infrastrutturali che prevedano contributi dello Stato o di soggetti pubblici nazionali o dell'Unione europea; amministrare le aree e i beni del demanio marittimo, ricadenti nella circoscrizione territoriale di competenza.

Il Comitato di gestione è composto dal Presidente; da un componente designato dalla Regione o da ciascuna Regione il cui territorio è incluso, anche parzialmente, nel sistema portuale; da un componente designato dal sindaco di ciascuna delle città metropolitane, ove presente, il cui territorio è incluso, anche parzialmente, nel sistema portuale; da un componente designato dal sindaco di ciascuno dei comuni ex sede di autorità portuale inclusi nell'AdSP, esclusi i comuni capoluogo delle città metropolitane; e dal direttore marittimo nella cui giurisdizione rientra il porto sede dell'Autorità di sistema portuale.

Tra i compiti assegnati al Comitato di gestione (art. 9), spiccano l'approvazione, su proposta del Presidente, del piano operativo triennale concernente le strategie di sviluppo delle attività portuali e logistiche e le deliberazioni, su proposta del Presidente, in ordine alle autorizzazioni ed alle concessioni di cui agli artt. 6, comma 10, 16 e 18 della legge n. 84/1994 di durata superiore a quattro anni.

6.1. Il rapporto tra Autorità di Sistema portuale ed Autorità marittima

La legge n. 84/1994 generalmente individua con la locuzione "Autorità marittima" diverse figure, in particolare: a) il direttore marittimo, preposto alla zona marittima (ufficio: direzione marittima); b) il capo di compartimento, preposto al compartimento (ufficio: capitaneria di porto); c) il capo di circondario preposto al circondario (ufficio: circondariale marittimo).

L'Autorità marittima costituisce, comunque, l'amministrazione ministeriale periferica che, nei porti privi di Autorità portuale, esercita in via esclusiva tutte le funzioni amministrative e di vigilanza proprie dell'amministrazione statale, secondo quanto previsto dagli artt. 62-82 cod. nav., incluse le modalità di svolgimento dei servizi svolti all'interno del porto (cfr. T.A.R. Pescara 19 novembre 2007, in *Dir. mar.*, 209, p. 882).

Nei porti, invece, in cui sono istituite Autorità portuali, secondo quanto previsto dall'art. 14, comma 1, all'Autorità marittima sono assegnate soltanto le «funzioni di polizia e di sicurezza previste dal codice della navigazione e dalle leggi speciali» oltreché le «rimanenti funzioni amministrative» rispetto a quelle attribuite alle Autorità portuali.

Stante la genericità della norma da ultimo menzionata e l'assenza di ulteriori indicazioni all'interno della legge n. 84/1994, nella sua versione originaria, nei porti sede di Autorità portuale, potevano esistere "zone grigie" in cui le competenze delle Autorità portuale e dell'Autorità marittima tendevano a sovrapporsi e rispetto alle quali sorgono pertanto problemi di interpretazione.

In linea di principio, comunque, era possibile affermare che spettassero all'Autorità portuale le competenze terrestri del porto, essendo invece attribuite all'Autorità marittima le competenze in materia di sicurezza nelle acque portuali e negli spazi marittimi antistanti.

A seguito della riforma del 2016 restano ferme le competenze dell'Autorità marittima per tutto quanto attiene la disciplina delle attività svolte in mare, nonché la disciplina e l'organizzazione (nei limiti disposti dall'art. 14.1-*ter* della legge n. 84/1994), il controllo e la vigilanza sui servizi tecnico-nautici, e cioè le attività rese a favore delle navi in occasione del loro approdo e navigazione in acque portuali. Viceversa, per quel che riguarda la sicurezza delle attività che si svolgono negli spazi terrestri del porto, e più precisamente del lavoro che si svolge sulle banchine, la relativa disciplina viene esercitata dall'AdSP. Ciò non esclude tuttavia che l'AdSP possa anche esercitare funzioni di polizia portuale, per il cui esercizio si potrà avvalere dell'Autorità marittima, che in tal caso agisce come suo "braccio operativo" per portare ad esecuzione i provvedimenti da essa assunti nell'esercizio delle competenze amministrative riservatele dalla legge n. 84/1994 sugli spazi a terra.

Per contro, tornando al versante marittimo, l'Autorità marittima è competente al rilascio e alla disciplina dei servizi nautici presenti in porto, del tipo previsto all'art. 60 reg. nav. mar. Ma nella misura in cui l'esercizio di tale servizio richieda l'impiego di impianti e strutture fisse a terra, anche eventualmente per potervi ormeggiare le unità da utilizzare per la prestazione del servizio, è necessario che l'erogatore ottenga anche una concessione dall'AdSP relativa a tali spazi ed al loro utilizzo con conseguente necessità di coordinamento tra le due amministrazioni.

A valle della novella del 2016 non vi sono più dubbi che l'esercizio delle competenze relative al funzionamento delle stazioni marittime rientri pienamente nella sfera dell'AdSP.

Un'area particolarmente delicata nella quale concorrono attribuzioni delle AdSP e dell'Autorità Marittima resta quella relativa all'esercizio delle competenze in materia di autorizzazione all'accesso delle navi in porto ed in particolare a proposito delle modalità e dei criteri sulla base dei quali si provvede in merito all'ordine di accosto alle banchine del porto. Con specifico riferimento a tali profili, infatti, si pone il problema di coordinare aspetti attinenti alla sicurezza nel porto ed aspetti di carattere commerciale. Sotto un primo profilo, è infatti innegabile che l'ordine di accosto alle banchine presupponga valutazioni attinenti alle caratteristiche tecniche delle navi, alle condizioni delle banchine, alla congestione delle vie di traffico nel porto, ossia ad aspetti relativi alla sicurezza relativamente alle quali il comandante del porto resta competente a provvedere "per tutto quanto concerne" tali aspetti (art. 81 cod. nav.). Sotto un secondo profilo, tuttavia, non si deve trascurare che le decisioni relative ai tempi ed alle modalità di accesso dei singoli vettori alle banchine influiscono sull'andamento dei traffici all'interno dello scalo e, quindi, hanno un'indubbia valenza commerciale. Tanto più che, nei porti maggiori tutte le banchine sono ormai affidate in concessione a imprese terminaliste e l'organizzazione delle operazioni portuali non può prescindere dal luogo e dai tempi di accosto della nave indicati dal terminalista: in caso contrario ne risulterebbe pregiudicata l'efficienza e la qualità del servizio, a scapito dei traffici portuali.

Così, a fronte del già citato art. 81 cod. nav. e dell'art. 62 cod. nav. secondo cui «[i]l comandante del porto regola e vigila, secondo le disposizioni del regolamento, l'entrata e l'uscita, il movimento, gli ancoraggi e gli ormeggi delle navi», oltreché dell'art. 62 reg. nav. mar., a mente del quale «il comandante del porto, nel regolare gli accosti delle navi e dei galleggianti deve osservare di regola l'ordine di arrivo salvo che trattisi di navi addette a speciali servizi o che trasportino particolari carichi», da molti anni ormai le relative modalità operative sono attuate in modo da contemperare entrambe le esigenze ora indicate e garantire una adeguata partecipazione del terminal, dell'agente della nave e dei servizi interessati alle determinazioni relative ai tempi ed ai modi di approdo della nave.

Ciò posto, è ovvio che, in condizioni di emergenza, si riespandono totalmente i poteri dell'Autorità marittima come previsti al citato art. 62 cod. nav.

7. Le attività imprenditoriali svolte nei porti

La struttura dei "mercati" afferenti al ciclo delle operazioni e dei servizi portuali previsti all'art. 16 della legge n. 84/1994 può sinteticamente essere suddivisa in tre: in primo luogo, il mercato degli operatori terminalisti, e cioè i soggetti che svolgono le operazioni portuali avvalendosi di attrezzature, sovrastrutture fisse, oltreché, salvo casi eccezionali, di una banchina dedicata, di cui hanno generalmente il diritto di utilizzo in virtù di uno specifico atto concessorio che ne prevede la disponibilità (tendenzialmente in via esclusiva) *ex* art. 18 della legge n. 84/1994. In secondo luogo, il mercato dei servizi portuali – anche relativi a singoli segmenti del ciclo delle operazioni portuali – resi a favore del terminalista o dell'utente portuale da parte di imprese portuali a ciò autorizzate. In terzo luogo, il mercato dell'avviamento temporaneo di manodopera portuale, integrativa delle maestranze delle altre imprese portuali ovvero necessaria per rispondere ai c.d. "picchi di domanda", che si verificano in occasione di picchi di traffico con presenza di una o più navi in banchina, ed esigenza di completare nel più breve tempo possibile le operazioni portuali per consentire alla nave di riprendere il viaggio.

7.1. L'assetto del ciclo delle operazioni portuali prima della legge n. 84/1994 e l'intervento della Corte di Giustizia e della Commissione

Precedentemente alla riforma attuata con la legge n. 84/1994, l'erogazione delle operazioni portuali – che l'abrogato art. 108 cod. nav. definiva come le «operazioni di imbarco, sbarco, trasbordo, deposito e movimento in genere delle merci e di ogni altro materiale nel porto» – era considerata un servizio pubblico.

L'art. 201 reg. nav. mar., peraltro, consentiva che il solo svolgimento di tali operazioni per conto proprio, vale a dire come un segmento del più ampio ciclo produttivo dell'impresa; per contro, lo svolgimento di operazioni portuali per conto terzi richiedeva una concessione *ex* art. 111 cod. nav., proprio in quanto esse erano considerate alla stregua di un servizio pubblico. Analoghe forme di esclusiva erano presenti anche in relazione alla fornitura temporanea di manodopera: segnatamente, secondo gli artt. 110 e 111 cod. nav., le imprese titolari di una concessione per lo svolgimento di operazioni portuali per conto terzi ovvero autorizzate al loro svolgimento per conto proprio erano obbligate ad impiegare solo i lavoratori appartenenti alle c.d. compagnie o gruppi portuali.

Si istituiva in tal modo una vera e propria «riserva di lavoro portuale», la quale incideva pesantemente nella stessa organizzazione delle imprese portuali concessionarie. Così, le pur apprezzabili intuizioni del codice della navigazione, volte a enfatizzare il controllo pubblico sull'attività di impresa nei porti, stante l'importanza della stessa, e a garantire modelli di avviamento al lavoro idonei a tutelare le maestranze portuali, avevano generato disfunzioni e inefficienze.

Il regime appena descritto appariva tuttavia difficilmente compatibile con norme e principi di diritto comunitario.

Non deve quindi stupire se la Corte di Giustizia e la Commissione non abbiano esitato a evidenziare le incongruenze esistenti fra la disciplina portuale italiana relativa allo svolgimento delle operazioni e dei servizi portuali e la normativa comunitaria in materia di concorrenza ed abuso di posizione dominante, oltreché in tema di libera circolazione delle merci e dei servizi. Segnatamente, e ai fini che qui interessano, nella "storica" sentenza *Porto di Genova* (CGCE 10 dicembre 1991, causa C-179/90, *Siderurgica Gabrielli* c. *Merci Convenzionali Porto di Genova*, in *Dir. mar.*, 1991, p. 1128 ss.), la Corte condannò senza riserve innanzitutto la discriminazione in base alla nazionalità degli artt. 152 e 156 reg. nav. mar. allorché riservano ai soli cittadini italiani la partecipazione alle compagnie portuali; ma soprattutto, la Corte rilevava la piena applicabilità delle regole di concorrenza al settore delle operazioni e del lavoro portuale, condannando come incompatibile con le norme previste dal diritto comunitario il regime di monopoli portuali disposto dal codice della navigazione, in quanto *necessariamente* generatore di abusi. Tale regime, d'altro canto, venne anche condannato in quanto considerato in contrasto coi principi comunitari relativi alla libera circolazione delle merci, a motivo delle illegittime preclusioni all'accesso al mercato che detto regime pone nei confronti delle imprese interessate rispettivamente a fornire ovvero a ricevere servizi compresi nelle c.d. operazioni portuali.

7.2. Le operazioni portuali nella legge n. 84/1994

La legge n. 84/1994 ha profondamente innovato gli aspetti attinenti alla disciplina e all'organizzazione dei tre mercati prima individuati, nello sforzo di renderli coerenti coi principi comunitari, in particolare quelli relativi alla libera concorrenza e alla libera prestazioni dei servizi e del principio di separazione, per cui è escluso l'esercizio da parte delle AdSP di attività di impresa, in particolare lo svolgimento di operazioni e servizi portuali (cfr. art. 6, legge n. 84/1994). In particolare, benché nel Regolamento n. 352/2017 sia previsto che le norme di cui al Capo II non si applicano alla movimentazione merci e ai servizi passeggeri (art. 10.1), ciò non toglie che alle imprese che svolgono tali attività siano applicabili le regole e i principi primari dei Trattati, relativi segnatamente alla prestazione dei servizi e alle regole di concorrenza nelle situazioni non puramente interne.

Va peraltro osservato che la declinazione di questi tre mercati contemplati dalla legge n. 84/1994 non è affatto rigida, e subisce notevolmente l'evoluzione del settore, reagendo anche al cambiamento delle caratteristiche della domanda di servizi resi in un porto. Così, e per fare un esempio, il progressivo affermarsi dell'automazione nei terminal portuali e lo stesso gigantismo navale da un lato riducono, dall'altro trasformano, la quantità e le modalità di lavoro portuale, creando non pochi sconvolgimenti nei modelli organizzativi, sicché la tassonomia che precede va assunta come dinamica e flessibile.

L'apertura alla concorrenza è espressamente sancita dall'art. 16, comma 7, in cui si precisa che l'AdSP, nel determinare il numero massimo di autorizzazioni che possono essere rilasciate per l'esercizio delle operazioni portuali è tenuta «ad assicura[re], comunque, il massimo della concorrenza nel settore», ma anche dall'art. 18, espressamente dedicato alla disciplina delle imprese terminaliste, il cui comma 7 individua l'esigenza di dar luogo in ogni porto a modelli organizzativi delle attività portuali caratterizzati dalla contestuale presenza di una pluralità di imprese.

Ciò non implica che l'apertura dei mercati alla concorrenza debba essere necessariamente intesa come concorrenza nel porto, bensì come esigenza, propria di ciascun porto, di garantire ad una pluralità di imprese accesso al loro rispettivo mercato (geografico e merceologico) di appartenenza, al fine di favorire la concorrenza nel suddetto mercato rilevante.

Sotto questo profilo, così, soprattutto a causa della vicinanza geografica di molti porti italiani (si pensi, solo per fare un esempio, all'area del Mar Ligure e dell'Alto Tirreno, in cui vi sono quattro scali a vocazione internazionale, e cioè Savona, Genova, La Spezia e Livorno) la legge n. 84/1994 deve essere interpretata tenendo conto non già della situazione del singolo scalo portuale, ma delle effettive presenze delle imprese portuali autorizzate all'interno di tutti i porti appartenenti al medesimo mercato rilevante.

Un tale approccio, tra l'altro, è perfettamente rispondente alle indicazioni della Commissione, secondo la quale la nozione di mercato portuale rilevante deve prendere in considerazione la sostituibilità geografica dei (e pertanto la competizione tra imprese operanti nei) porti situati nelle adiacenze di quello all'interno del quale valutare l'esistenza di condotte rientranti nell'ambito di applicazione dell'attuale art.

102 TFUE (cfr. anche ad esempio i casi *Hutchinson/RCPM/ECT* in *GUCE* n. C 39 del 7 febbraio 2001 e *Hutchinson/ECT* in *GUCE* n. C 293 del 19 ottobre 2001). Così, interessanti appaiono le considerazioni svolte dalla Commissione Europea nel caso *HOV-SVZ/Maritime Container Network* (*GUCE* n. 104 del 23 aprile 1994, p. 34 ss.), in cui la Commissione europea ha chiarito che:

> «Per determinare il mercato geografico è opportuno tenere conto degli elementi elencati nei paragrafi che seguono. I principali porti tedeschi, belgi ed olandesi ... sono attrezzati per gestire flussi ingenti di *containers* marittimi. La configurazione geografica dell'Europa fa sì che alcune località tedesche risultino più vicine ai porti belgi od olandesi che a quelli tedeschi. I porti di questi tre Stati membri sono collegati alle più importanti località tedesche da una fitta rete ferroviaria ed autostradale. Le compagnie marittime che si occupano di sbarcare od imbarcare *containers* marittimi nei porti tedeschi, belgi od olandesi praticano un prezzo che risulta identico per tutti questi porti, giacché i porti di questi tre Stati membri vengono effettivamente da esse considerati sostituibili. ... I punti sopra esposti giustificano la conclusione che il mercato geografico da prendere in considerazione nel caso in esame sia quello che comprende i territori della Germania, del Belgio e dei Paesi Bassi».

La chiara apertura verso la concorrenza, secondo le indicazioni dianzi accennate, deve comunque interpretatasi tenendo conto, da un lato, dell'effettiva dimensione della domanda rispetto ai singoli servizi o ai singoli porti (e dunque, in questo senso, anche dell'ampiezza delle infrastrutture portuali); dall'altro lato, della circostanza secondo cui efficienza e specializzazione risultano necessariamente correlate. Occorre pertanto contemperare le esigenze di una liberalizzazione del mercato con quelle di efficienza dei singoli porti, sulla scorta delle esigenze e delle circostanze appena indicate.

7.3. L'impresa terminalista

Elemento qualificante della legge n. 84/1994 è costituito dalla compiuta disciplina delle imprese terminaliste: di quelle imprese, cioè, che svolgono le operazioni portuali all'interno di aree e banchine demaniali loro concesse in via esclusiva. Normalmente, l'impiego esclusivo delle aree è connesso alla necessità di impiegare attrezzature fisse di banchina, il cui utilizzo esige la disponibilità di aree portuali in via esclusiva; ma con sempre maggiore frequenza si assiste anche all'assegnazione di terminal portuali ad imprese la cui operatività non è caratterizzata dall'impiego di questa tipologia di attrezzature (perché ad esempio servono traffici ro-ro), ma richiede comunque l'utilizzo di aree in esclusiva per lo stoccaggio o il parcheggio di veicoli.

La disciplina dell'impresa terminalista è contenuta essenzialmente nell'ambito dell'art. 18 della legge n. 84/1994, il quale presuppone il possesso, in capo all'impresa stessa, dei requisiti di cui all'art. 16, necessari al rilascio dell'autorizzazione allo svolgimento di operazioni portuali. Accanto ai suddetti requisiti qualitativi, l'art. 18 aggiunge la titolarità di una concessione all'utilizzo esclusivo di un'area demaniale e banchina per l'espletamento delle operazioni portuali, «fatta salva l'utilizzazione degli immobili da parte di amministrazioni pubbliche per lo svolgimento di funzioni attinenti ad attività marittime e portuali».

L'aspirante impresa terminalista deve essere già in possesso di un'autorizzazione allo svolgimento delle operazioni portuali ai sensi dell'art. 16 della legge n. 84/1994; in secondo luogo, è necessario che l'impresa sia dotata di requisiti di professionalità e capacità tecnico-organizzative idonee a consentire uno sviluppo del porto in termini di efficienza e competitività, da comprovarsi mediante specifici adempimenti normativamente previsti (cfr. art. 18, comma 6).

Per quanto attiene le modalità di rilascio della concessione, va osservato come la giurisprudenza (per tutte Cons. Stato 30 gennaio 2007 n. 362, in *Dir. mar.*, 2007, p. 1193) sia ormai consolidata nel ritenere che debba essere

> «Svolta una procedura concorrenziale previa pubblicità, per le medesime ragioni già esposte nella propria decisione 25 gennaio 2005 n. 168, oltre che in quella 30 dicembre 2005 n. 7616 che si richiama alla prima. L'obbligo di dare corpo a forme idonee di pubblicità deriva dai principi del Trattato dell'Unione europea, direttamente applicabili a prescindere dalla ricorrenza di specifiche norme comunitarie o interne e in modo prevalente su eventuali disposizioni interne di segno opposto ...».

Al riguardo, deve sottolinearsi l'importanza che la procedura venga svolta garantendo una adeguata pubblicità, in quanto è stato affermato (con riferimento in generale al procedimento concessorio riferito al demanio marittimo cfr. ad esempio Cons. Stato 30 settembre 2010 n. 7239, in *Dejure*; conf. Cons. Stato 1 luglio 2008 n. 3326, in *Dir. mar.*, 2009, p. 763):

> «Come ritenuto da una diffusa e ormai consolidata giurisprudenza del Consiglio di Stato che è sufficiente in questa sede richiamare (sez. VI, 25 gennaio 2005 n. 168; sez. VI, 30 gennaio 2007 n. 362), l'obbligo di dare corpo a forme idonee di pubblicità deriva in via diretta dai principi del Trattato dell'Unione europea, direttamente applicabili a prescindere dalla ricorrenza di specifiche norme comunitarie o interne, in guisa da tenere in non cale disposizioni interne di segno opposto».

Una volta instauratosi, il rapporto concessorio si caratterizza per un penetrante e costante controllo sulle imprese terminaliste da parte dell'AdSP al fine di imporre alle prime il rispetto degli obblighi assunti nei confronti della Pubblica Amministrazione con riguardo al piano di investimenti e all'incremento dell'efficienza e competitività del porto. Ciò perché, operando come terminalisti, un'inefficiente occupazione e gestione degli spazi e delle banchine portuali è particolarmente negativa rispetto al perseguimento di quegli obiettivi di sviluppo e massima competitività possibile del porto perseguiti dalla legge n. 84/1994.

Oltre a ciò, il concessionario è tenuto al pagamento di un canone demaniale, il cui ammontare, secondo quanto stabilito dall'art. 18, comma 1, legge n. 84/1994, deve essere determinato prima del rilascio del provvedimento.

La durata delle concessioni demaniali rilasciate all'impresa terminalista, talora fino a cinquanta anni, in uno con la necessità di avere imprese efficienti nel porto, tanto più se titolari di diritti esclusivi sulle (scarse) aree demaniali, rende essenziale l'effettuazione di periodiche verifiche e di aggiornamenti dei piani di impresa rispetto al termine di scadenza della concessione (cfr. art. 18, commi 8 e 9).

Benché l'art. 18, comma 7 preveda che ciascun operatore possa avere un'unica concessione, è stato osservato (T.A.R. Liguria 24 maggio 2012, in *Dir. mar.*, p. 1251) come

> «La norma mira a prevenire la concentrazione in capo ad un medesimo imprenditore della disponibilità degli spazi eccessivamente ampi in ambito portuale dichiarando l'illegittimità della costituzione o del rafforzamento della posizione dominante ritenuta dal legislatore naturalmente idonea ad ingenerare pratiche anticoncorrenziali, prescindendo dall'accertamento dell'avvenuta realizzazione delle pratiche abusive ... [ma] la norma non pone un divieto. Non è affatto (ontologicamente) proibitiva dal momento che essa stessa prevede un'eccezione (cfr. art. 18 l. cit., comma 7), segnatamente: "su motivata richiesta dell'impresa concessionaria, l'autorità concedente può autorizzare l'affidamento ad altre imprese portuali, autorizzate ai sensi dell'art. 16, dell'esercizio di alcune attività comprese nel ciclo operativo" ... la legge 8 luglio 2003 n. 172, integrativa dell'art. 18, che tale facoltà ha riconosciuto, viene incontro, secondo la dottrina che s'è convincentemente occupata *ex professo* del tema, all'esigenza di rendere più flessibili e più efficienti le imprese portuali scongiurando il rischio, conseguente alla rigida applicazione dell'obbligo dell'esercizio diretto ed esclusivo dell'attività da parte del terminalista, che si congeli oltre misura l'organizzazione degli operatori portuali penalizzando, il necessario dinamismo imprenditoriale».

Dal punto di vista giuridico, non è revocabile in dubbio l'esigenza di assecondare il superamento di tale vincolo, che può sopravvivere solo nella misura in cui esso si identifichi col divieto di introdurre o rafforzare una posizione dominante nel mercato rilevante e non quindi necessariamente nel singolo porto, non essendo possibile immaginare che, nella disciplina delle operazioni portuali, il nostro ordinamento impedisca alle imprese concessionarie di acquisire nuovi spazi demaniali per assecondare progetti di crescita e miglioramento dei servizi resi agli utenti. Deve quindi ritenersi che il divieto posto dall'art. 18.7 non possa più essere ritenuto operante, se non nei limiti appena accennati, pena il contrasto della disposizione con norme e principi di rango superiore e, quanto al diritto UE, caratterizzati da effetto diretto.

7.4. Le imprese portuali e i servizi portuali

Il secondo mercato afferente al ciclo portuale comprende gli operatori portuali che offrono al terminalista o all'utente portuale i propri servizi, per la cui erogazione non è tuttavia necessario disporre di attrezzature fisse di banchina. In sintesi, le imprese di cui trattasi possono essere oggi suddivise nelle seguenti categorie: (a) quelle che svolgono operazioni portuali specifiche ai sensi dell'art. 16, comma 1 prima parte della legge n. 84/1994 senza strutture fisse di banchina e (b) quelle che svolgono i c.d. "servizi portuali" in senso stretto, introdotti dalla legge 30 giugno 2000 n. 186.

In entrambi i casi, com'è noto, la disciplina rilevante è contenuta nell'art. 16 della legge n. 84/1994, che subordina lo svolgimento di tali attività all'ottenimento di un'autorizzazione da parte dell'AdSP.

La categoria delle imprese oggetto del c.d. secondo mercato si caratterizza per la tipologia dei servizi da loro resi che, pur interni al ciclo portuale, possono essere prestati senza attrezzature fisse di banchina. Ciò ha determinato una specializzazione di queste imprese nella fornitura di prestazioni inerenti a specifici segmenti interni al ciclo portuale, favorendo una vocazione delle imprese autorizzate ai sensi dell'art. 16, comma 1, legge n. 84/1994, a lavorare nell'intero ambito portuale, sovente per conto del terminalista, ma non infrequentemente anche direttamente per l'utente portuale.

A tale differenziazione fattuale e operativa, non corrisponde tuttavia una diversa disciplina normativa con riguardo ai criteri di accesso al mercato delle operazioni portuali, che l'art. 16 della legge n. 84/1994 dispone per qualunque impresa erogatrice di operazioni portuali. La procedura per il rilascio dell'autorizzazione all'esercizio delle operazioni portuali è compiutamente disciplinata nell'art. 16 della legge n. 84/1994; dei contenuti di tale norma è stata poi data attuazione con d.m. 15 novembre 1995 n. 585 ("*Regolamento recante norme per la determinazione dei canoni per le concessioni demaniali marittime*"), che stabilisce anche regole relative al canone di autorizzazione da pagarsi ad opera delle imprese portuali.

Atteso il ruolo che le imprese autorizzate ai sensi dell'art. 16 della legge n. 84/1994 sono chiamate a svolgere in porto, anche le procedure per il rilascio delle autorizzazioni sono improntate al rispetto di esigenze di trasparenza, pubblicità e concorrenza, oltreché alla verifica della sussistenza di particolari requisiti di professionalità e capacità tecnica, organizzativa e finanziaria (cfr. art. 16, comma 4).

In conformità ai principi da tempo affermatisi nell'ambito comunitario, peraltro, è possibile verificare l'idoneità delle imprese interessate soltanto in virtù di criteri trasparenti, non discriminatori, obiettivi, pertinenti e proporzionati, riguardanti unicamente elementi quali (a) le qualifiche professionali del prestatore di servizi e del suo personale, la sua solidità finanziaria e l'esistenza di una sufficiente copertura assicurativa; (b) la sicurezza marittima o la sicurezza e la protezione del porto o dell'accesso ad esso, dei suoi impianti, delle attrezzature e delle persone; (c) l'osservanza della normativa sociale o del lavoro; (d) il rispetto dei requisiti ambientali locali, nazionali ed internazionali; (e) la politica di sviluppo del porto.

L'art. 16, comma 7, legge n. 84/1994 attribuisce all'Autorità portuale il compito di determinare il numero massimo di autorizzazioni che possono essere rilasciate ad imprese portuali, ma ciò solo tenendo in debita considerazione le esigenze di funzionalità del porto e del traffico, assicurando, comunque, il massimo di concorrenza nel settore.

È stato, infine, precisato (Cons. Stato 12 settembre 2014 n. 4667, in *Dejure*) che:

> «Le operazioni portuali riguardano il ciclo di attività che attengono al transito della merce imbarcata, sbarcata, movimentata o depositata in spazi portuali, con riferimento ai contratti di trasporto marittimo o di deposito temporaneo, cioè al movimento della merce che determina un effetto giuridico all'interno del rapporto contrattuale tra vettore e caricatore o ricevitore … il carico di provviste, vettovagliamento e altro materiale destinato al consumo diretto a bordo delle navi da crociera [è] estraneo al ciclo di trasporto della merce, come ad altre operazioni quali lo scarico dei rifiuti delle navi, o la fornitura idrica di bordo, o il rifornimento del carburante, che pertanto non possono essere qualificate

come operazioni portuali ... Se ne ricava che le imprese autorizzate allo svolgimento di operazioni portuali di cui all'art. 16, comma 1, alle quali sono affidate in concessione banchine per l'espletamento di operazioni portuali, non possano espletare attività relative ai passeggeri».

La legge n. 186/2000 ha introdotto accanto alle "operazioni portuali", come definite dall'art. 16 della legge n. 84/1994, la categoria dei "servizi portuali", identificati nelle «prestazioni specialistiche, complementari ed accessorie al ciclo delle operazioni portuali» e precisati a livello locale dalle singole Autorità portuali sulla base di criteri vincolanti fissati con decreto del Ministero dei trasporti.

Si tratta di servizi contigui alla prestazione di mera manodopera (ad esempio, servizi di spunta e controllo dei carichi e dei contenitori, rizzaggio e derizzaggio di contenitori e autoveicoli sulle navi o nel terminal, servizi di riparazione dei contenitori, o di manutenzione/controllo di quelli refrigerati, servizi di trasporto interni al terminal), ma da essi chiaramente distinguibili. Rispetto alla mera fornitura di manodopera, infatti, implicano l'esistenza di un'autonoma (quantunque spesso modesta) organizzazione, di una specifica qualificazione e di una direzione degli addetti alle rilevanti prestazioni, con assunzione delle conseguenti responsabilità verso il committente di questi servizi (sovente il terminalista).

Al riguardo, precedentemente alla novella di cui alla legge n. 186/2000, la legge 23 dicembre 1996 n. 647 aveva introdotto una disposizione nel testo della legge n. 84/1994 che riservava di fatto alle ex compagnie portuali l'erogazione degli «appalti di servizi, compresi quelli ad alto contenuto di manodopera»; tale disciplina introduceva, così, un'evidente differenziazione di trattamento delle ex compagnie rispetto alle altre imprese autorizzate, immediatamente valutata dagli organi comunitari come incompatibile con le regole in tema di concorrenza.

Infatti, la Commissione (decisione 97/774/CE) non ha avuto alcuna incertezza nel rilevare l'illegittimità dell'allora art. 17, comma 3, legge n. 84/1994 nella parte ora indicata: l'esclusiva così assegnata a favore di un soggetto (la società derivante dalla trasformazione della ex compagnia portuale), il quale contestualmente operava in competizione con altre imprese alle quali forniva la manodopera in esclusiva, era suscettibile di creare una situazione di conflitto di interessi inaccettabile ed illegittima ai sensi del combinato disposto degli artt. 82 ed 86 TCE (ora artt. 102 e 196 TFUE).

Alle medesime conclusioni è giunta anche, pochi mesi dopo, la Corte di Giustizia (CGCE 12 febbraio 1998, causa C-163/96, *Silvano Raso*, in *Raccolta*, 1998, p. I-533), la quale ha ritenuto in particolare che la deroga rispetto al c.d. divieto di intermediazione di manodopera assicurata dalla normativa portuale esclusivamente alle (ex) compagnie portuali nell'erogazione di servizi ad alto contenuto di manodopera fosse discriminatoria e suscettibile di determinare un illegittimo conflitto di interessi, per i motivi ora indicati.

Nessuno stupore, quindi, se, dovendo decidere su questioni direttamente discendenti da quelle oggetto della causa *Silvano Raso*, la giurisprudenza italiana abbia ripetutamente accolto queste regole a proposito dell'accesso delle imprese portuali al mercato dei servizi portuali ad alto contenuto di manodopera (Trib. La Spezia 18 luglio 2000, in *Foro it.*, 2000, I, c. 3631; App. Genova 30 gennaio 2003, in *Foro it.*, 2004, I, c. 247).

Attualmente, l'art. 16, comma 1 novellato ad opera della legge n. 186/2000, è stato attuato con d.m. 6 febbraio 2001 n. 132, in cui si prevede all'art. 2 che i servizi portuali comprendono «le attività imprenditoriali consistenti nelle prestazioni specialistiche, che siano complementari e accessorie al ciclo delle operazioni portuali, da rendersi su richiesta di soggetti autorizzati allo svolgimento anche in autoproduzione delle operazioni portuali».

Anche lo svolgimento di tali servizi portuali è naturalmente subordinato al rilascio di un'autorizzazione. I criteri che le aspiranti imprese devono soddisfare sono indicati nel già citato d.m. n. 132/2001 e la relativa disciplina è sostanzialmente improntata ai medesimi criteri dettati dall'art. 16 della legge n. 84/1994 e dal d.m. n. 585/1995 per le imprese autorizzate all'esercizio delle "operazioni portuali".

7.5. L'uso delle aree demaniali in concessione alle imprese portuali

Come si è illustrato, a seguito della riforma portuale attuata con la legge n. 84/1994 nel mercato delle operazioni e dei servizi portuali sono venute ad operare più imprese, a volte in concorrenza fra di loro, le quali svolgono diverse attività fra loro integrate. Peraltro, soltanto all'impresa concessionaria è consentita l'occupazione esclusiva di alcuni spazi demaniali. Si pone, quindi, quindi il problema di un possibile accesso a tali spazi ad opera di imprese non concessionarie, allorché tale ingresso non avvenga nell'ambito della cooperazione tra queste ultime e il terminalista e tale accesso sia ritenuto essenziale per consentire alle imprese dei servizi portuali di cogliere le opportunità del mercato dell'utenza portuale, altrimenti loro precluso.

Proprio per l'importanza assegnata all'impresa terminalista nell'attuazione dei programmi di sviluppo portuale, è naturale che, quale regola generale, la legge n. 84/1994 garantisca all'operatore terminalista diritti esclusivi di accesso agli, e uso degli, spazi portuali per i quali abbia ottenuto la concessione.

Pertanto, l'esistenza di una autorizzazione all'espletamento di operazioni o di servizi portuali non può implicare a favore delle imprese autorizzate un diritto di utilizzo delle infrastrutture realizzate dai concessionari, e neppure un diritto di accesso alle aree demaniali in concessione, se non nei limiti eventualmente indicati nell'atto di concessione ovvero in norme regolamentari adottate dall'Autorità portuale (talora anche congiuntamente all'Autorità marittima), ovvero in forza di accordi tra impresa autorizzata e concessionaria, funzionali ad affrontare specifiche situazioni di fatto.

Un diritto di accesso può essere invocato solo qualora sia possibile riconoscere ad un terminal portuale la natura di "infrastruttura essenziale" nel senso fatto proprio dal diritto *antitrust* (cfr. i casi *Sea Containers/Stena Sealink* e *Porto di Rødby*); in tal caso, dovrebbe comunque garantirsi l'utilizzo delle infrastrutture portuali all'utente portuale che voglia eseguire e completare il trasporto marittimo utilizzando un'infrastruttura che, per le sue caratteristiche, non sia sostituibile con un altro, nel senso cioè di configurarsi *ex se* come un autonomo mercato rilevante. Ben diversa è, comunque, la prospettiva quando si abbia riguardo non all'utente, bensì alle altre imprese che competono o intendono competere col terminalista: infatti, attesa la scarsità degli spazi portuali, una volta esaurita la capacità di aree demaniali in ciascun porto, qualunque area diventa "essenziale" per le imprese non concessionarie operanti o interessate ad operare nel porto. Ma ciò, di per sé (e salvi casi eccezionali), non può implicare una limitazione dei diritti di proprietà, o di iniziativa economica, dei terminalisti, sempreché, naturalmente, questi ultimi siano divenuti concessionari in forza di procedure legittime e corrispondano all'Autorità portuale un canone adeguato per l'utilizzo delle aree.

7.6. Il c.d. mercato della mera fornitura di manodopera

Nella sua versione originaria, l'art. 21, comma 1, lett. a), legge n. 84/1994 prevedeva la trasformazione delle compagnie in imprese, e in particolare in società legittimate a svolgere operazioni portuali in concorrenza con le altre imprese autorizzate ai sensi dell'art. 16. Accanto a tale opzione, l'art. 21, comma 1, lett. b), legge n. 84/1994 permetteva alle compagnie di costituire, accanto alla società erogatrice di operazioni portuali, società o cooperative per la fornitura di servizi, ivi comprese le mere prestazioni di lavoro; inoltre, il testo originario art. 17, comma 2, legge n. 84/1994 consentiva la costituzione, tra imprese operanti nel porto, di associazioni di lavoro portuale per far fronte alle fluttuazioni del traffico, garantendo una maggior efficienza all'attività del porto. Queste associazioni potevano però essere costituite solo in ogni porto ove non siano costituite le società o le cooperative di cui all'art. 21, comma 1, lett. b), il che, nei fatti, determinava la creazione di un monopolio "facoltativo" a favore delle compagnie portuali, con riguardo alla intermediazione di manodopera portuale.

Così, la legittimità dal punto di vista comunitario della norma in esame appariva quanto meno dubbia, nella misura in cui essa sembrava assicurare, di fatto, un monopolio a favore delle compagnie portuali e favorirne gli abusi.

Gli aspetti di incompatibilità con la normativa comunitaria dianzi indicati vennero subito evidenziati dalla Commissione, la quale, pochi mesi dopo l'entrata in vigore della legge n. 84/1994, annunciò l'avvio di una procedura di infrazione nei confronti dell'Italia rivolta ad ottenere la modifica della disciplina del mercato della mera fornitura di manodopera temporanea. Il legislatore italiano provvedeva quindi ad apportare modifiche alla disciplina originaria della legge n. 84/1994, con l'adozione della legge n. 647/1996. Anzitutto, si introduceva un termine ultimo per la fornitura di manodopera temporanea da parte delle imprese derivanti dalla trasformazione delle ex compagnie, fissandolo al 31 dicembre 1996. Alla scadenza di tale termine, il nuovo art. 17 della legge n. 84/1994 prevedeva due modelli alternativi: la costituzione di un consorzio volontario per la fornitura di manodopera temporanea costituito dalle imprese portuali, ovvero l'istituzione da parte dell'Autorità portuale di un'agenzia quale unico soggetto autorizzato a svolgere attività di fornitura di manodopera temporanea, in deroga alla legge 23 ottobre 1960 n. 1369, a parità di condizioni tra tutte le imprese portuali. Restava, peraltro, a favore delle ex compagnie portuali l'esclusiva nella fornitura dei servizi ad alto contenuto di manodopera, su cui si è già avuto modo di discutere in precedenza.

Appare di immediata percezione come anche le modifiche apportate dalla legge

n. 647/1996 non fossero sufficienti a garantire l'eliminazione delle distorsioni alla concorrenza e delle restrizioni alla libera circolazione dei servizi oggetto di attenzione parallela da parte della Commissione e della Corte di Giustizia. Non è quindi casuale che anche tali modifiche siano state considerate insufficienti da entrambe (cfr. *supra*, § 6.5).

Con riferimento alla normativa previgente, in giurisprudenza (Cass. 18 gennaio 2007 n. 1104, in *Dir. mar.*, 2008, p. 973) è stato osservato come

> «Dai principi affermati dalla Corte di Giustizia della Comunità europea si ricava non già che nei porti viga un indiscriminato principio di divieto di intermediazione di mano d'opera o di fornitura di lavoro temporaneo, ma al contrario che tali forme di fornitura di mano d'opera sono lecite. Quello che è vietato al legislatore nazionale è la costituzione di un monopolio al riguardo, sia esso in favore di compagnie portuali "*tout court*", ovvero di compagnie portuali 'trasformate. Il principio desumibile dalla normativa interna è quindi nel senso che il diritto alla libera concorrenza e alla libera prestazione di servizi non si salvaguarda vietando per tutti l'appalto di mano d'opera all'interno dei porti, bensì assicurando la relativa attività a tutti gli operatori del settore, senza privilegiare un soggetto piuttosto che altri, come le compagnie portuali».

A seguito delle pronunce delle autorità comunitarie appena ricordate, pertanto, il legislatore italiano ha introdotto una ulteriore "novella" alla disciplina dell'avviamento al lavoro temporaneo delle maestranze portuali (l'art. 3, legge n. 186/2000), riformulando integralmente, salvo che per la rubrica, l'art. 17 della legge n. 84/1994.

Questa norma, divenuta molto lunga e articolata, introduce le seguenti innovazioni: in primo luogo, si prevede per ciascun porto un unico soggetto fornitore di manodopera temporanea, anche in deroga all'art. 1 della legge n. 1369/1960 (cfr. Cass. 8 ottobre 2012 n. 17092, in *Dejure*). In secondo luogo, si stabilisce un articolato regime per evitare l'esistenza o l'insorgere di situazioni di conflitto di interessi tra l'impresa fornitrice di manodopera e le altre imprese portuali che ne richiedono le prestazioni, nell'ottica di soddisfare i requisiti imposti dalla Commissione e dalla Corte di Giustizia. Ciò avviene, da un lato, condizionando il rilascio (da parte delle Autorità portuali) dell'autorizzazione a svolgere le prestazioni di cui trattasi, all'effettiva verifica e positiva adozione di atti rivolti ad escludere situazioni di conflitto di interessi; dall'altro lato, imponendo l'adozione di opportuni regolamenti volti ad assicurare l'adempimento dell'obbligo di parità di trattamento, a favore di tutti gli utenti, nell'erogazione delle prestazioni in esame, e la permanenza di adeguati standard qualitativi e quantitativi nella fornitura delle prestazioni medesime.

In terzo luogo, si prevede che l'impresa fornitrice di manodopera temporanea, autorizzata come detto dall'AdSP, (i) sia selezionata in base ad una procedura aperta, accessibile ad imprese italiane e dell'Unione europea; (ii) sia dotata di adeguato personale e di risorse proprie; (iii) non possa svolgere alcun'altra attività se non quella relativa alle prestazioni di cui sopra a favore delle imprese erogatrici di operazioni o servizi portuali ai sensi dell'art. 16 della legge n. 84/1994; (iv) sia "indipendente" da altre imprese *ex* artt. 16, 18 o 21 della legge n. 84/1994 e/o abbia effettivamente cessato ogni attività relativa ad operazioni o servizi portuali, ovvero abbia dimesso eventuali partecipazioni detenute in imprese svolgenti tali attività.

Qualora non sia possibile avere un fornitore di manodopera secondo le caratteristiche innanzi indicate (ma sussistano effettive esigenze di una tale presenza da parte dell'utenza portuale), il soggetto fornitore di manodopera dovrà essere costituito direttamente da parte dell'AdSP mediante la creazione di un'agenzia amministrata dagli utenti delle prestazioni di quest'ultima.

Quest'ultima previsione è giustificata in quanto il diritto unionale della concorrenza non osta ad una legislazione nazionale che impone alle imprese portuali (e cioè a tutte le imprese portuali) l'impiego esclusivo di lavoratori professionalmente qualificati, appartenenti a specifici organismi e riconosciuti a tal fine da provvedimenti della Pubblica Amministrazione competente, e ciò anche se il costo di tali lavoratori è più alto di quello di altri lavoratori o dei dipendenti delle imprese portuali (CGCE 16 settembre 1999, causa C-22/98, *Becu*, in *Raccolta*, 1999, p. I-5665).

Peraltro, è stato affermata dalla Corte di Giustizia (CGCE 11 dicembre 2014, causa C-576/13) la necessità che le misure poste a tutela della continuità, regolarità e qualità delle operazioni portuali non solo perseguano un obiettivo legittimo, ma siano anche in concreto proporzionate, senza quindi restringere al di là di quanto necessario la possibilità di avvalersi delle altre libertà fondamentali garantite dai Trattati, quali la libertà di stabilimento:

> «S'agissant de la protection des travailleurs, la Cour a reconnu qu'elle figure parmi les raisons impérieuses d'intérêt général qui peuvent justifier des restrictions à la liberté d'établissement ... Toutefois, la circonstance que le régime portuaire espagnol poursuive un objectif légitime n'est pas suffisante pour justifier valablement la restriction constatée. En effet, conformément à une jurisprudence constante de la Cour, l'application d'une réglementation d'un État membre poursuivant un objectif légitime doit être indispensable pour garantir sa realization ... il importe de relever qu'il existe des mesures moins restrictives que celles mises en œuvre par le Royaume d'Espagne, tout en étant de nature à assurer un résultat similaire et à garantir tant la continuité, la régularité et la qualité du service de manutention des marchandises que la protection des travailleurs. Ainsi, par exemple, il serait possible, comme le suggère la Commission, de prévoir que ce sont les entreprises de manutention de marchandises qui, étant en mesure d'embaucher librement des travailleurs permanents ou temporaires, gèrent les bureaux de placement devant leur fournir la main-d'œuvre et organisent la formation de ces travailleurs, ou encore de créer une réserve de travailleurs gérée par des entreprises privées, fonctionnant comme des agences de travail temporaire et mettant des travailleurs à la disposition des entreprises de manutention».

In ogni caso, va osservato che le regole di concorrenza non sono applicabili solo rispetto ai diritti esclusivi posti a favore di lavoratori. Sembra, quindi, necessario che nei casi in cui il *pool* di manodopera operi come un'unica impresa la sua presenza sia condivisa dalle imprese portuali e dall'utenza ed essa sia individuata ai sensi dell'art. 17, comma 2, e cioè a seguito di gara. Tale soluzione, in effetti, garantisce comunque una concorrenza, se non nel mercato, certamente per il mercato, offrendo al tempo stesso garanzie e protezioni rispetto alla creazione di modelli organizzativi monopolistici in porto, sprovvisti dei caratteri necessari ad assicurare il rispetto dei principi di concorrenza e libera circolazione dei servizi.

7.7. La c.d. autoproduzione delle operazioni e dei servizi portuali

Di particolare rilievo nell'ambito dell'adeguamento ai principi comunitari della disciplina italiana in materia di porti è, senza dubbio, il diritto di autoproduzione delle operazioni portuali, che è previsto dalla legge n. 84/1994 a favore dei vettori marittimi.

La specifica norma della legge n. 84/1994 in tema di autoproduzione, era costituita in particolare dall'art. 16, comma 4, lett. d), la quale rinvia a successive norme di secondo grado, al fine di stabilire «i criteri inerenti il rilascio di autorizzazioni specifiche per l'esercizio di operazioni portuali, da effettuarsi all'arrivo o alla partenza di navi dotate di propri mezzi meccanici e di proprio personale adeguato alle operazioni da svolgere, nonché per la determinazione di un corrispettivo e di un'idonea cauzione».

In attuazione di tale disposizione, con l'art. 8 del d.m. n. 585/1995 (confermando il prevalente orientamento giurisprudenziale in punto cfr. Trib. Genova 22 dicembre 1993, in *Dir. mar.*, 1994, p. 1107, nonché App. Catania 7 luglio 1994, in *Dir. mar.*, 1994, p. 1097; T.A.R. Sicilia, sez. Catania 22 luglio 1995 n. 1875, in *TAR*, 1995, I, p. 4397; T.A.R. Sicilia 23 febbraio 1999 n. 224, inedita) si prevedeva espressamente che il diritto all'autoproduzione è riconosciuto soltanto ai vettori marittimi; gli altri soggetti non autorizzati allo svolgimento delle operazioni portuali, ma operanti ad altro titolo nei porti, non godono infatti di alcun diritto di autoprodurre tali operazioni o servizi.

Peraltro, non esistendo un "diritto assoluto" all'accesso al mercato delle operazioni portuali, neppure può parlarsi di un diritto assoluto ad autoprodurre operazioni portuali da parte dei soggetti ora indicati. Esso, quindi, deve essere esercitato soltanto previo controllo e verifica da parte dell'AdSP, non solo degli strumenti e dei mezzi utilizzati dal vettore interessato, ma anche del personale da questi specificamente impiegato per l'autoproduzione, al fine di verificarne l'adeguatezza e la professionalità.

La disciplina è stata peraltro recentemente innovata dall'art. 199-*bis*, comma 1, lett. a), del d.l. 19 maggio 2020 n. 34, convertito con modificazioni dalla legge 17 luglio 2020 n. 77, il quale, da un lato, ha abrogato la citata lett. d) dell'art. 16.4 e, dall'altro, ha introdotto un nuovo regime (artt. 16.4-*bis* e *ter*), in forza del quale qualora non sia possibile soddisfare la domanda di svolgimento di operazioni portuali né mediante le imprese autorizzate ai sensi dell'art. 16.3, né tramite il ricorso all'impresa o all'agenzia per la fornitura di lavoro portuale temporaneo di cui all'art. 17 della legge n. 84/1994, la nave è autorizzata a svolgere le operazioni in regime di autoproduzione a condizione che sia dotata di mezzi meccanici adeguati; sia dotata di personale idoneo, aggiuntivo rispetto all'organico della tabella di sicurezza e di esercizio della nave e dedicato esclusivamente allo svolgimento di tali operazioni; sia stato pagato il corrispettivo e sia stata prestata idonea cauzione.

L'autorizzazione in questione è rilasciata previa verifica della sussistenza dei requisiti e delle condizioni ivi previsti e non è compresa nel numero massimo di cui all'art. 16.7.

8. I servizi "tecnico-nautici" ancillari alla navigazione

Accanto alle operazioni e servizi portuali sopra descritti, nei porti ne esistono altri che si caratterizzano per la loro capacità di promuovere e tutelare interessi generali e di rilievo extraeconomico, ulteriori quindi al mero soddisfacimento dell'utilità specifica degli utenti portuali che ricevono questi servizi. Gli interessi di tipo generale che questi servizi soddisfano riguardano, in particolare, la sicurezza del porto e delle acque portuali, ovvero la tutela dell'ambiente.

Nella legislazione italiana, nell'ambito della categoria dei servizi ora indicati la legge n. 84/1994 e il codice della navigazione regolano specificamente i servizi tecnico-nautici di pilotaggio, rimorchio, ormeggio e battellaggio; anche se non menzionati, altri servizi possano essere considerati "di interesse generale", poiché erogati a vantaggio dell'intera comunità portuale e in modo indistinto, come è il caso ad esempio dell'illuminazione o della raccolta dei rifiuti, ma pure dei servizi di vigilanza antincendio e – secondo alcuni – dei servizi in concessione *ex* art. 60 reg. nav. mar.

In base all'art. 14.1-*bis* della legge n. 84/1994 i servizi tecnico-nautici di pilotaggio, rimorchio, ormeggio e battellaggio sono servizi di interesse generale atti a garantire nei porti, ove essi sono istituiti, la sicurezza della navigazione e dell'approdo.

8.1. Fonti della disciplina

Con l'espressione servizi tecnico-nautici ancillari alla navigazione vengono solitamente indicati i servizi, diversi dalle operazioni portuali, che vengono resi alla nave in occasione del suo arrivo o della sua partenza dal porto, al fine di garantire la sicurezza della navigazione nei porti e nelle zone adiacenti (e quindi la sicurezza delle navi, delle infrastrutture portuali, delle persone e, non ultimo, dell'ambiente), nell'interesse sia dell'utente nave, che della comunità portuale e, più in generale, della collettività.

I servizi tecnico-nautici sono essenzialmente quattro: pilotaggio, rimorchio, ormeggio e battellaggio. L'inquadramento dei servizi tecnico-nautici nell'ottica dei principi di diritto comunitario, insieme ai loro criteri organizzativi e funzionali, è stabilito dalla legge n. 84/1994, all'art. 14, il quale regola, in particolare, le modalità di determinazione delle relative tariffe e il concorso di AdSP e Autorità marittima nella loro disciplina e organizzazione all'interno dei singoli scali. Per contro, sono il codice della navigazione e il regolamento per la navigazione marittima che disciplinano in modo analitico le modalità di "accesso al mercato" da parte dei soggetti erogatori dei servizi, i contenuti delle prestazioni e il loro svolgimento, il contesto di riferimento e le esigenze di sicurezza che tali servizi sono chiamati a soddisfare, oltreché i poteri di controllo e regolazione che l'Autorità marittima esercita sui prestatori dei servizi tecnico-nautici. Le norme del codice della navigazione e del relativo regolamento, specialmente quelle sul pilotaggio, disciplinano infine anche le specifiche modalità organizzative del servizio dal punto di vista istituzionale, oltre ad aspetti diversi, quali quelli in senso lato previdenziali, di minore interesse ai fini del presente lavoro, ma assai rilevanti ai fini della determinazione delle tariffe del servizio.

Tra le norme ora indicate, viene innanzitutto in rilievo l'art. 17 cod. nav., il quale individua nell'Autorità marittima l'organo dell'amministrazione dotato di tutte le competenze generali e residuali nella materia della navigazione, ivi compresa quindi la disciplina dei servizi tecnico-nautici. Tale competenza è ulteriormente precisata dagli artt. 62 e 63 cod. nav., che stabiliscono il potere dell'Autorità marittima di «regolare e vigilare, secondo le disposizioni del regolamento, l'entrata e l'uscita, il movimento, gli ancoraggi e gli ormeggi delle navi», e di intervenire in casi di emergenza, con conseguente potestà di utilizzo dei prestatori dei servizi tecnico-nautici anche quali ausiliari dell'Autorità marittima stessa.

Con riferimento agli altri profili organizzativi dei servizi in esame, vanno inoltre specificamente ricordati gli artt. 66 e 67 cod. nav., sulla base dei quali l'Autorità marittima individua i mezzi di cui devono dotarsi in ciascun porto gli erogatori dei servizi tecnico-nautici per svolgere la propria attività, nonché l'art. 81 cod. nav., che attribuisce alla medesima Autorità marittima un generale potere di provvedere per tutto quanto concerne «la sicurezza e la polizia del porto o dell'approdo e delle relative adiacenze».

Le norme ora indicate, ed i poteri in esse previsti, consentono quindi all'Autorità marittima di disciplinare in modo compiuto i servizi tecnico-nautici, stabilendo in particolare gli obblighi di servizio pubblico associati all'erogazione di tali servizi, in virtù di appositi regolamenti di servizio in vigore in ogni porto, da adottarsi d'intesa con le Autorità portuali ai sensi dell'art. 14, comma 1-*ter* della legge n. 84/1994, che ne confermano e precisano la funzione di interesse generale svolta dai servizi tecnico-nautici, e la loro caratterizzazione di c.d. servizio universale.

A differenza di quanto è avvenuto per le operazioni portuali e in generale i servizi resi alle merci in ambito portuale, l'impianto della normativa sui servizi tecnico-nautici, come prevista dal codice della navigazione e dal relativo regolamento, non è stato rivoluzionato dall'entrata in vigore della legge n. 84/1994. Piuttosto, e soprattutto per effetto delle novelle di cui alla legge n. 647/1996 e alla legge n. 186/2000, su tale impianto si è innestato un quadro di riferimento coerente col diritto unionale, come oggi regolato dal già citato Regolamento n. 352/2017. Esso, in particolare, è volto, da un lato, a stabilire che la non applicazione di modelli concorrenziali ai servizi di cui trattasi, avvenga in coerenza con le deroghe legittimamente opponibili al riguardo dagli Stati membri quando si tratta di servizi ricompresi nell'ambito dell'art. 106, comma 2, TFUE; dall'altro lato, a precisare gli assetti di regolazione concernenti i servizi di cui trattasi, sia sotto il profilo della sottoposizione degli erogatori dei servizi ai poteri di Autorità marittima, d'intesa con l'AdSP, sia con riferimento agli aspetti legati ai costi di tali servizi in un contesto regolato, e cioè alle tariffe ad essi relative.

Segnatamente, le due novelle del 1996 e del 2000, sopra citate, hanno provveduto a definire i seguenti principi con riguardo ai servizi di cui trattasi: (a) la loro natura di servizi di interesse economico generale, come tali prestati all'interno di un mercato regolato; (b) l'unitarietà e l'omogeneità di questi servizi sotto i profili rilevanti quanto meno dal punto di vista del modello organizzativo ad essi relativo (c) il progressivo coinvolgimento dell'Autorità portuale (oggi, AdSP), accanto all'Autorità marittima, nella disciplina e organizzazione dei servizi tecnico-nautici all'interno dei porti, ferma l'attribuzione esclusiva all'Autorità marittima del potere di adottare atti autoritativi volti ad imporre l'impiego dei servizi tecnico-nautici agli utenti portuali per esigenze di sicurezza della navigazione e del porto, in coerenza con le competenze tecniche e professionali che la caratterizzano, il cui solo esercizio rileva ai fini delle scelte di cui trattasi; (d) l'individuazione di criteri e meccanismi per la determinazione delle tariffe dei servizi stessi secondo principi di trasparenza, partecipazione e obiettività.

Infine, l'art. 14, comma 1-*bis*, legge n. 84/1994, espressamente conferma che l'Autorità marittima può rendere obbligatori i servizi tecnico-nautici (cfr. Cons. Stato 16 settembre 2004 n. 5977, in *Foro amm.-CdS*, 2004, p. 2633; Cons. Stato, sez. VI, ord. 12 luglio 2005 n. 3298).

Si realizza, così, (Con. Stato 21 aprile 2017 n. 1872, in *Dejure*) in capo agli erogatori dei servizi

> «una strutturale, congenita, qualificante natura pubblicistica» «*ab origine* funzionalizzata ad un superiore interesse pubblico a cui presidio è posta un'Autorità pubblica (il Comandante del Porto o, in alcuni casi, il Ministro delle infrastrutture e dei trasporti), dotata nei loro confronti di un potere non solo di (peraltro assai penetrante) regolazione, controllo e vigilanza, ma anche di vero e proprio ordine, nonché della capacità di incidere, pure in senso definitivo, sul[lo] status professionale mediante la spendita del potere disciplinare».

L'obbligatorietà dei servizi tecnico-nautici è stabilita e disciplinata con decreto del Ministro delle infrastrutture e dei trasporti, su proposta dell'autorità marittima, d'intesa con l'AdSP, sentite le associazioni di categoria nazionali interessate. In caso di necessità e di urgenza, l'autorità marittima, può temporaneamente modificare il regime di obbligatorietà dei servizi tecnico-nautici per un periodo non superiore a trenta giorni, prorogabili una sola volta. I criteri e i meccanismi di formazione delle tariffe dei servizi di pilotaggio, rimorchio, ormeggio e battellaggio sono stabiliti dal Ministero delle infrastrutture e dei trasporti sulla base di un'istruttoria condotta congiuntamente dal comando generale del Corpo delle capitanerie di porto e dalle rappresentanze unitarie delle Autorità di sistema portuali, dei soggetti erogatori dei servizi e dell'utenza portuale.

8.2. Il pilotaggio

Il servizio di pilotaggio è funzionale all'esigenza di garantire la sicurezza della navigazione in ambito portuale e negli altri ambiti contigui, essendo l'attività espletata a beneficio della sicurezza del porto nel suo complesso e non solo quale ausilio alle attività di conduzione e manovra del singolo comandante di imbarcazione (in tal senso, recentemente, Tar Catania 14 febbraio 2014, in *Dejure*).

Ai sensi dell'art. 14, comma 1-*bis*, legge 28 gennaio 1994 n. 84, il servizio di pilotaggio al pari degli altri servizi tecnico nautici, costituisce un servizio di interesse generale atto a garantire la sicurezza della navigazione e dell'approdo, in quanto volto a soddisfare le esigenze di tutti i soggetti che intervengono all'interno delle acque portuali. Dal quadro normativo vigente, si deduce chiaramente che la regola generale del diritto italiano della navigazione prevede l'obbligatorietà (art. 87 cod. nav.), di regola, del pilotaggio nei porti italiani, alla luce delle primarie esigenze di sicurezza della navigazione, ed è oggetto, per ciascun porto, di un apposito decreto ministeriale di attuazione (cfr. T.A.R. Lazio 10 dicembre 2019 n. 14094, in *Dejure*).

Secondo l'art. 92 cod. nav., «[i]l pilota suggerisce la rotta e assiste il comandante nella determinazione delle manovre necessarie per seguirla», svolgendo tale attività negli spazi acquei nei quali è prevista l'obbligatorietà del pilotaggio, ovvero a richiesta del comandante della nave, quando il pilotaggio è facoltativo.

Il codice della navigazione ed il relativo regolamento prevedono una struttura ed una organizzazione del servizio caratterizzata da un modello organizzativo monopolistico (in senso contrario si veda, però, T.A.R. Catania 16 febbraio 2015, inedita): ai sensi dell'art. 86 cod. nav., infatti, «[n]ei porti e negli altri luoghi di approdo e di transito delle navi, dove è riconosciuta la necessità del servizio di pilotaggio», i piloti sono costituiti in corporazione ("corpo piloti") mediante apposito decreto, e svolgono quindi *ipso jure* il servizio nel porto (o nei porti) rientranti nell'ambito loro assegnato.

La norma individua, quindi, un presidio unitario nel quale i singoli piloti persone fisiche concretamente svolgono il servizio in modo tra loro organizzato. Il loro numero è determinato nella stretta misura necessaria alla soddisfazione delle esigenze proprie dell'espletamento del servizio in condizioni di sicurezza ed efficienza. Pertanto, al provvedimento normativo (attualmente, un d.p.r.) di istituzione del servizio di pilotaggio in un porto, segue un'ulteriore regolamentazione ad esso relativo, che comporta uno stretto potere di vigilanza dell'Autorità marittima sull'organizzazione, oltreché sulla dotazione e l'adeguatezza dei mezzi tecnici necessari all'espletamento del servizio (artt. 88 e 95 cod. nav.).

Il regolamento per la navigazione marittima disciplina nel dettaglio i vari aspetti relativi all'organizzazione del servizio e al funzionamento della corporazione (cfr. artt. da 98 e ss. cod. nav.); altre norme regolano poi l'esercizio del servizio di pilotaggio (artt. 125 e ss. cod. nav.), con portata e precisione tali da inserirsi anche nella determinazione di significativi contenuti relativi anche al rapporto contrattuale che intercorre tra pilota e nave.

Sono invece state fatto oggetto di una recente riforma le disposizioni (artt. 93 e 94 cod. nav.) in tema di responsabilità del pilota.

In base all'art. 93 cod. nav. il pilota è responsabile per i danni cagionati da atti da esso compiuti o fatti da esso determinati durante il pilotaggio solo quando venga provato che l'evento dannoso occorso alla nave, a persone o a cose deriva da inesattezza delle informazioni o delle indicazioni fornite dal pilota medesimo per la determinazione della rotta, realizzandosi così un'inversione dell'onere della prova a carico del danneggiato per quanto riguarda il fatto generatore di responsabilità, in coerenza con la specificità della prestazione di pilotaggio assimilabile a quella di un'opera intellettuale, sia per le caratteristiche "personali" relative all'attività di assistenza e consulenza assegnata al pilota, sia per la soluzione dei problemi tecnici di speciale difficoltà che essa comporta. Tanto più se si considera il ruolo preminente e le responsabilità gravanti sul comandante della nave anche durante le manovre per le quali questi è assistito dal pilota.

In ogni caso, la responsabilità del pilota comunque limitata all'importo complessivo di euro un milione per ciascun evento, indipendentemente dal numero dei soggetti danneggiati e dai tipi di sinistro occorsi, ferma restando la responsabilità dell'armatore secondo i principi dell'ordinamento, ma il limite non si applica nel caso in cui sia accertata la responsabilità del pilota per dolo o colpa grave.

L'art. 94 cod. nav. prevede la copertura assicurativa obbligatoria per la responsabilità civile derivante dai danni cagionati nell'esercizio dell'attività di pilotaggio e con massimale pari al limite di responsabilità del pilota.

8.3. Il rimorchio

Assai più scarna appare la normativa del codice della navigazione e del relativo regolamento in tema di rimorchio, che tuttavia può giovarsi, rispetto al pilotaggio, della generale disciplina prevista dal nostro ordinamento e da quello unionale a proposito delle concessioni, essendo questo l'atto indicato dal cod. nav. per accedere al "mercato" del servizio in esame. Infatti, secondo quanto stabilito negli artt. 101 cod. nav. e 138 reg. nav. mar., il servizio di rimorchio nei porti e negli altri luoghi di approdo o di transito delle navi addette alla navigazione può essere esercitato solo a seguito di un atto di concessione, da adottarsi dal capo del compartimento, nel quale devono essere indicate e determinate tutte le condizioni di prestazione del servizio, con particolare riguardo al numero ed alle caratteristiche dei mezzi tecnici da adibire al servizio. Al riguardo, è stato ritenuto che, sebbene non espressamente citato nell'elenco di cui all'art. 1, comma 25, della legge 12 giugno 1990 n. 146, il servizio di rimorchio nei porti costituisca un servizio pubblico essenziale (Cass. 8 agosto 2011 n. 17082, in *Dir. trasp.*, 2013, p. 283) e che la procedura di scelta del concessionario debba avvenire con una procedura ad evidenza pubblica che garantisca il rispetto dei principi di trasparenza e pubblicità (T.A.R. Catania 14 febbraio 2014, in *Dejure*; Corte dei Conti Friuli Venezia Giulia 13 novembre 2012, in *Dir. mar.*, 2013, 620), rendendosi necessaria una gara pubblica allorché l'affidamento del servizio implichi anche l'assegnazione di spazi demaniali in concessione (Cons. Stato 25 giugno 2008 n. 3235, in *Foro amm.*, 2008, p. 1858). Per effetto di tale concessione, il concessionario è tenuto a corrispondere all'Autorità amministrativa un canone annuo.

Ne risulta una disciplina prevalentemente dettata a livello locale e prevista, sia nell'atto di concessione, che identifica in particolare obblighi e dotazioni del concessionario, il cui adempimento nel tempo condiziona lo stesso mantenimento della concessione, sia nell'ambito del regolamento di servizio (art. 102 cod. nav.), che individua anche rispetto ai terzi utenti del servizio le norme applicabili alle attività del concessionario.

Di rilievo appaiono anche le disposizioni (artt. 103 e 104 cod. nav.) in tema di obblighi derivanti dal contratto e di responsabilità del rimorchiatore; in particolare, in ambito portuale viene effettuato il c.d. "rimorchio manovra", nel quale – non essendovi consegna al rimorchiatore degli elementi rimorchiati – la prestazione dedotta è esclusivamente quella della trazione e, normalmente, la direzione delle operazioni è affidata al comandante della nave. Gli armatori del rimorchiatore e della nave rimorchiata sono responsabili in solido degli eventuali danni subiti da terzi a causa delle operazioni, salva la prova della non imputabilità (cfr. Trib. Livorno 13 gennaio 2009, in *Dir. mar.*, 2010, p. 648); mentre nei rapporti reciproci, quando la direzione delle operazioni è affidata al comandante delle nave rimorchiata – come è la prassi nel rimorchio in ambito portuale – per i danni causati dalle manovra l'armatore del rimorchiatore si libera da ogni responsabilità fornendo la prova che i danni non sono derivati da mancata o cattiva esecuzione degli ordini impartiti dal comandante della nave rimorchiata al comandante del rimorchiatore (cfr. Cass. 2 luglio 1997 n. 5950, in *Dir. mar.*, 1998, p. 1097).

8.4. Ormeggio e battellaggio

Anche i servizi di ormeggio e battellaggio sono sottoposti ad un penetrante controllo da parte dell'Autorità marittima. Ferme le disposizioni di riferimento della legge n. 84/1994, come novellata, la disciplina di questi servizi si trova soprattutto nel regolamento per la navigazione marittima e a livello locale.

Ormeggiatori e barcaioli risultano inseriti nel personale marittimo (artt. 113, 114 e 116 cod. nav.), e sono iscritti in appositi registri a cura del Comandante di Porto (art. 118 cod. nav.). L'accesso alla professione è riservato a soggetti provvisti di specifici requisiti personali e professionali (artt. 208 e 216 reg. nav. mar.).

Sul piano organizzativo, già le norme del regolamento per la navigazione marittima individuano meccanismi tali da permettere all'Autorità marittima di determinare l'assetto del mercato dei servizi di ormeggio e battellaggio secondo modelli in effetti assai simili a quello previsto per i piloti (artt. 209, 210 e 215 reg. nav. mar.).

8.5. L'accesso al mercato e la c.d. autoproduzione di servizi tecnico-nautici

La disciplina relativa ai servizi tecnico-nautici enfatizza una struttura dei servizi in esame caratterizzata da connotati di universalità, organizzata in funzione di assicurare una precisa disponibilità di servizio in ciascun porto a prescindere dalla domanda effettiva del servizio, e strutturata quindi con riserve di capacità al fine di fronteggiare non soltanto le specifiche ed individuali esigenze commerciali di ogni singolo utente, ma anche quelle generali relative alla sicurezza delle acque portuali, oltreché le prestazioni che devono essere rese dagli erogatori di questi servizi in caso di necessità o di emergenza. Da tale angolo visuale, oltre a svolgere servizi suscettibili di essere valutati dal punto di vista economico, i prestatori di servizi tecnico-nautici assumono le caratteristiche di ausiliari dell'autorità pubblica e di polizia del porto. Tanto che l'assunzione da parte degli stessi di vincoli e obblighi nell'interesse del porto costituisce il presupposto che il legislatore ha posto per l'accesso al mercato da parte di questi soggetti. Questi vincoli ed obblighi, ed i servizi ad essi relativi, devono, pertanto, essere remunerati dalla tariffa di servizio vigente in ciascun porto per ciascun servizio, e i relativi costi devono essere in essa ricompresi. Restano salve, ovviamente, le diverse disposizioni riguardanti l'istituto del soccorso (cfr. *infra*, cap. 14 § 2), in quanto applicabili.

Così, l'accesso al mercato e le caratteristiche della domanda e dell'offerta dei servizi in esame non sono determinati nel mercato, quindi dall'incontro tra le sole esigenze commerciali degli utenti e la disponibilità a soddisfare tali esigenze da parte dei prestatori dei servizi. Piuttosto, risultano "eterodeterminate", tanto dal lato dell'offerta, le cui caratteristiche sono infatti imposte dall'autorità ai prestatori dei servizi secondo i criteri innanzi indicati, quanto da quello della domanda: basti pensare alla circostanza secondo cui il servizio può essere imposto, sia nell'*an*, sia nel *quomodo*, non rilevando, al riguardo, né le propensioni né le esigenze commerciali dell'utente. Le restrizioni al libero accesso al servizio previste al riguardo si giustificano, pertanto, in funzione della loro caratterizzazione (e codificazione) come servizi di interesse generale, alla stregua e nei limiti di quanto previsto dall'art. 106, comma 2, TFUE.

In particolare, nel caso dei servizi tecnico-nautici – e con portata probabilmente estendibile a tutti i servizi di interesse generale resi nel porto – si deve escludere la configurabilità di un diritto assoluto alla c.d. autoproduzione. È noto che l'autoproduzione vuole e deve servire sostanzialmente come incentivo all'efficienza dell'erogatore universale; e a tal fine le condizioni di prestazione del servizio da parte dell'autoproduttore devono essere le stesse alle quali è vincolato l'erogatore universale. Altrimenti, qualora al soggetto autoproduttore siano risparmiati oneri gravanti soltanto sull'erogatore universale, si creano distorsioni che non pregiudicano solo quest'ultimo, ma anche tutti gli utenti che non autoproducono, in quanto su di essi finiscono per gravare, in quota parte, gli oneri che l'utente autoproduttore dovrebbe invece sostenere. Contro l'affermazione di un incondizionato diritto di autoproduzione dei servizi tecnico-nautici militano inoltre la circostanza che le caratteristiche dei servizi in esame siano eterodeterminate dall'Autorità, le modeste dimensioni del "mercato" e il fatto che l'ingresso competitivo di terzi autoproduttori sul mercato, più che un risparmio di costi, determina barriere di ingresso e duplicazione di risorse.

Al riguardo, si segnala il parere reso dal Consiglio di Stato in relazione all'ormeggio (Cons. Stato, sez. II, 30 agosto 1996 n. 1726, in *Dir. mar.*, 2000, p. 1123), ma con un'ampiezza di motivazione idonea ad essere applicata anche per gli altri servizi:

> «Il diritto di autoproduzione previsto dall'art. 9, comma 1, legge n. 287/1990, è un diritto soggettivo perfetto, esercitabile e tutelabile *erga omnes*, attributivo di potestà e facoltà liberamente esercitabili dei privati. … Il diritto di autoproduzione non ha, tuttavia, una portata assoluta. L'art. 9, comma 2, delinea i limiti dell'autoproduzione, non consentita nei casi in cui in base alle disposizioni che prevedono la riserva [a favore di determinate imprese cui sono garantiti diritti esclusivi sul mercato] risulti che la stessa è stabilita per motivi di ordine pubblico e difesa nazionale … La norma rinvia alla disposizione normativa fonte del monopolio pubblico, quale criterio per accertare la presenza di un limite all'autoproduzione. Nella specie, la normativa di riferimento è data dagli artt. 208-214 reg. cod. nav. L'esegesi della disciplina regolamentare dimostra che l'attività di ormeggio è un servizio d'ordine pubblico, strutturato in guisa da garantire la sicurezza pubblica della navigazione e la sicurezza interna dei porti. Gli artt. 208-214 reg. cod. nav. assoggettano il servizio di ormeggio ad una rigorosa disciplina amministrativa, sotto la sorveglianza [dell'Autorità marittima]. L'esame delle norme del reg. cod. nav. esprime la *ratio iuris* della riserva monopolistica consistente nella sicurezza pubblica. Sul piano interpretativo l'art.

9, comma 2, è da interpretare in senso ampio: la sicurezza pubblica corrisponde alle condizioni essenziali per assicurare le ottimali situazioni di navigazione, ancoraggio e stazionamento della nave all'interno del porto ... Ne deriva che *ex* art. 9, comma 2, legge n. 287/1990, va ritenuto che il diritto di autoproduzione non sia operante per il servizio di ormeggio disciplinato dagli artt. 208-214 reg. cod. nav.».

Questo orientamento appare non solo condivisibile, ma anche confermato dalla stessa giurisprudenza della Corte di Giustizia (CGCE 18 giugno 1998, causa C-266/96, *Corsica Ferries France SA* c. *Gruppo Antichi Ormeggiatori del porto di Genova Coop. a r.l.*, in *Giur. it.*, 1998, p. 2396), in cui non solo si è affermato che gli artt. 5, 81, 82 e 86, n. 1, TCE (ora artt. 5, 105, 106 e 110, n. 1, TFUE) non si oppongono ad una normativa di uno Stato membro che conferisca ad imprese stabilite in questo Stato il diritto esclusivo di assicurare il servizio di ormeggio (imponendo il ricorso a questo servizio per un prezzo che, oltre al costo effettivo delle prestazioni, comprende il supplemento che il mantenimento di un servizio universale di ormeggio comporta, e che prevede tariffe differenti a seconda dei porti per tener conto delle caratteristiche proprie di ciascuno di questi), ma si è precisato che il principio della libera prestazione dei servizi non esclude la possibilità per uno Stato di imporre di far ricorso contro corrispettivo ai servizi di gruppi di ormeggiatori locali titolari di concessioni esclusive, poiché tale normativa, anche se costituisse un ostacolo alla libera prestazione dei servizi di trasporto marittimo, sarebbe comunque giustificata da considerazioni di pubblica sicurezza rilevanti ai sensi dell'art. 62 TFUE.

Coerentemente, la Suprema Corte (Cass., S.U., 7 maggio 2002 n. 6488, in *Foro it.*, 2002, I) non ha esitato ad affermare che per quanto attiene il servizio di ormeggio:

«Il diritto di autoproduzione non sussiste perché le disposizioni della normativa in materia di navigazione marittima, che prevedono la possibilità di istituire una riserva di ormeggio nei porti, trovano il loro fondamento in "motivi di sicurezza pubblica", e cioè di sicurezza della navigazione nei porti ... il potere discrezionale dell'autorità amministrativa di istituire il servizio obbligatorio di ormeggio trova il proprio fondamento legale nel codice della navigazione, ribadito dalla legge 28 gennaio 1994 n. 84 ... la liberalizzazione che (tale legge) ha attuato per le operazioni terrestri non si è, quindi, estesa ai servizi nautici (tra cui è compreso l'ormeggio), in ordine ai quali il legislatore ... ha confermato il potere di regolamentazione attribuito all'autorità amministrativa, includendovi espressamente quello di organizzazione del servizio ... Ciò non comporta che una liberalizzazione (analoga o meno a quella realizzatasi per le operazioni portuali) debba escludersi per i servizi nautici, bensì che essa rientra nei poteri conferiti all'amministrazione dal codice della navigazione e dalla legge n. 84/1994, onde la società attrice non può vantare un diritto soggettivo allo svolgimento dell'attività di ormeggio, ma è titolare soltanto di un interesse legittimo in ordine all'esercizio corretto dei detti poteri amministrativi di regolamentazione, nel cui ambito rientra l'ammissione di una (più o meno ampia) liberalizzazione del servizio di ormeggio».

Appare evidente come la motivazione addotta dalla Suprema Corte possa essere estesa anche agli altri servizi nautici, tanto che la decisione conclude osservando:

«Le norme concernenti l'ordinamento portuale contemperano le esigenze di disciplinare il porto come bene del demanio marittimo, al cui uso si riconducono anche profili di

> sicurezza pubblica, e ad un tempo come bene in cui si esplicano importanti attività economiche, nel cui ambito assumono sempre maggiore rilevanza gli aspetti imprenditoriali. Dall'interpretazione letterale e sistematica emerge che, relativamente ai servizi a terra, prevalgono nettamente le esigenze d'impresa, in conformità con i nuovi orientamenti fissati per le attività economiche dalla Comunità Europea, mentre la disciplina dei servizi in mare risente tuttora delle ragioni pubblicistiche, tra le quali assumono in questa sede rilievo quelle inerenti alla sicurezza pubblica. In altre parole, il maggiore spazio che all'attività economica ed alla tutela della concorrenza si è riconosciuto non esclude la perdurante rilevanza delle ragioni pubblicistiche, ed in particolare di quelle dettate dall'esigenza collettiva della sicurezza. Spetta al potere amministrativo contemperare tale esigenza collettiva, salvaguardata specificamente dall'art. 9 della legge 10 ottobre 1990 n. 287 (in tema di autoproduzione), con la tutela della concorrenza e del mercato».

Si deve, quindi, ritenere che il divieto di autoprodurre servizi tecnico-nautici sia senz'altro giustificato, sulla base dei criteri sopra indicati, come strumento per garantire il mantenimento del servizio universale, come anche recentemente confermato in tema di servizio di pilotaggio (T.A.R. Catania 16 febbraio 2015 n. 495, inedita):

> «La richiesta di "autoproduzione", intesa dalle ricorrenti come forma di "esenzione", non può essere ritenuta conforme all'architettura normativa sulla quale i servizi marittimi si reggono ... i servizi nautici ancillari sono strumentali alla sicurezza dell'intero specchio acqueo del porto, inteso come tratto di mare in cui sono compresenti diverse imbarcazioni ed operatori; essi, quindi, non devono essere guardati, in un'ottica riduttiva, come mero ausilio prestato alla conduzione della singola nave in ragione della mancata o insufficiente conoscenza del sito di navigazione e/o approdo ... le esigenze di sicura navigazione ed approdo sorgano non solo (e non tanto) per effetto della possibile inesperienza o insufficiente conoscenza dei luoghi da parte del comandante e/o del suo pilota, quanto in ragione del fatto che nella ristretta area marittima interessata sono (o possono essere) contestualmente presenti diverse imbarcazioni in manovra, con rotte incrociate, i cui movimenti e posizioni devono essere necessariamente conosciuti da un organismo unitario, che sappia coordinare l'azione dei singoli piloti, onde evitare il verificarsi di quelle accidentali collisioni che recenti fatti di cronaca hanno dimostrato essere sempre possibili ... Alla luce di tale primaria esigenza, il servizio di pilotaggio non potrebbe essere svolto in proprio da ogni armatore, a beneficio delle sue navi, in quanto i singoli conducenti, ancorché tecnicamente capaci ed esperti, non potrebbero avere quella visione d'insieme del traffico portuale necessaria a gestire le operazioni in totale sicurezza. Sicurezza che, per contro, viene garantita solo da una regìa unitaria che coordini gli interventi dei vari piloti presenti, in un determinato momento, nel porto».

8.6. Gli altri servizi di interesse generale

Accanto ai servizi tecnico-nautici esistono altri servizi di interesse generale all'interno dei porti, taluni espressamente considerati dalla stessa legge n. 84/1994, all'art. 6, comma 1, lett. c), altri previsti sulla base di leggi speciali.

Si tratta di attività che, indicate dalla legge n. 84/1994 come i «servizi di interesse generale, non coincidenti né strettamente connessi alle operazioni portuali di cui all'art. 16, comma 1», erano stati individuati con due decreti del Ministero delle Infrastrutture e dei Trasporti rispettivamente del 14 novembre 1994 e del 4 aprile 1996, successivamente abrogati. In assenza ormai di specifiche indicazioni a livello centrale, spetta ora alle AdSP identificare, in aggiunta ai servizi tecnico-nautici, che abbiamo visto sono normativamente qualificati come SIEG, gli ulteriori servizi resi nel porto dotati di questa caratteristica.

Ciò potrà avvenire con un provvedimento che, anche implicitamente, organizzi un determinato servizio come SIEG, affidando cioè all'erogatore del medesimo un compito che si caratterizzi come svolto non solo nell'interesse della generalità degli utenti del servizio, ma possa essere gravato di oneri di servizio pubblico in funzione dei quali vengono determinate specifiche garanzie relative alle modalità di erogazione del servizio. Si tratta, quindi, di soddisfare anche esigenze diverse da quelle della mera soddisfazione della domanda del servizio da parte del singolo erogatore e/o dell'utente. Importa, in altri termini, che al prestatore del SIEG sia affidata una "missione" di interesse generale per il sistema portuale che si presenti come ulteriore rispetto agli specifici interessi degli utilizzatori dei relativi servizi.

Si tratta comunque di attività tra loro piuttosto eterogenee, comprendendo i servizi di illuminazione, manutenzione e riparazione delle parti comuni del porto, la pulizia e raccolta rifiuti, il servizio idrico, le stazioni marittime, i servizi informatici e telematici portuali, i c.d. servizi comuni al settore commerciale e industriale, quali parcheggi o bacini di carenaggio, le manovre ferroviarie in porto; tra di essi sono stati fatti anche rientrare i servizi attinenti alla sicurezza delle aree portuali (cfr. Cons. Stato 15 dicembre 2014 n. 6146, in *Dejure*).

Come già osservato, l'elenco dei «servizi di interesse generale» on va inteso in senso tassativo, in quanto altri servizi aventi queste caratteristiche sono infatti presenti nei porti, quali ad esempio il servizio integrativo antincendio.

Con riferimento a quest'ultimo, ma il principio sembra poter valere per tutti i servizi in questione, è stata esclusa in giurisprudenza (cfr. Cons. giust. amm. Sicilia 26 maggio 2006 n. 254, in *Dir. mar.*, 2008, p. 1360) la possibilità di provvedere in via di autoproduzione, in quanto

> «L'attività antincendio nei porti viene assicurata: – dai servizi di bordo di competenza del comandante della nave (cfr. art. 8 della legge n. 690/1940 e art. 20, ultimo comma, della legge n. 850/1973); – dai servizi integrativi svolti da privati o da organismi pubblici, autorizzati dalla Amministrazione, in relazione all'accertato possesso di adeguati requisiti di idoneità soggettiva e di capacità tecnica (art. 20, comma 1, della legge n. 850/1973). I servizi integrativi sono disposti dall'Amministrazione ove siano ritenuti necessari in relazione ad esigenze di sicurezza. Tali esigenze escludono un diritto alla autoproduzione *ex* art. 9, comma 2, della legge n. 287/1990 (cfr. anche, ma in momento successivo agli atti in vertenza, art. 5, d.lgs. n. 272/1999). In proposito è stato affermato in giurisprudenza che il comma 2 dell'art. 9 della legge n. 287/1990 non prevede una riserva di legge per l'esclusione dell'autoproduzione ed, in generale, per l'istituzione del servizio obbligatorio. Ne consegue che quest'ultimo può essere istituito dall'autorità amministrativa per motivi di sicurezza pubblica, con il relativo affievolimento del diritto del privato all'autoproduzione del servizio stesso (Cass., S.U., 7 maggio 2002 n. 6488; cfr. anche Corte giust. amm. 20 dicembre 2000 n. 49 e 8 febbraio 2002 n. 63)».

7. La tutela dell'ambiente marino dall'inquinamento

1. Gli obblighi posti a carico degli Stati dal diritto internazionale

La definizione di obblighi e diritti degli Stati in merito alla protezione dell'ambiente marino dall'inquinamento risulta già da tempo delineata sulla base di alcuni principi consolidati nella giurisprudenza internazionale. È stato così sottolineato che al riconoscimento di competenze esclusive agli Stati negli spazi in cui essi esercitano poteri giurisdizionali e di governo corrisponde necessariamente l'assunzione, da parte degli stessi Stati, di specifici obblighi nei confronti degli altri Stati, correlativi ai poteri di cui dispongono. In particolare, in relazione al tema dell'inquinamento "transfrontaliero", tali obblighi sono stati precisati nel senso che nessuno Stato ha il diritto di "usare" gli spazi sottoposti alla sua sovranità, o di permetterne l'uso, in modo da provocare danno in ambiti soggetti alla sovranità di altri Stati.

In questa prospettiva si collocano alcune significative disposizioni della Convenzione di Montego Bay del 10 dicembre 1982 sul diritto del mare. L'art. 192 di detta Convenzione prevede, in termini assai generali, un obbligo di proteggere e preservare l'ambiente marino. Tale obbligo viene meglio precisato nel successivo art. 194, comma 2 della stessa Convenzione, ove si dispone che gli Stati prendano tutte le misure necessarie ad assicurare che le attività nel proprio ambito di sovranità non provochino danni da inquinamento ad altri Stati e che eventuali fenomeni di inquinamento a seguito di incidenti verificatisi nel proprio ambito di sovranità non si propaghino nell'ambito di sovranità di altri Stati.

L'art. 211 della Convenzione di Montego Bay del 1982 impone inoltre agli Stati di concorrere, per il tramite delle organizzazioni internazionali a ciò preposte, alla formazione di norme e regole uniformi al fine di prevenire, ridurre e controllare l'inquinamento dell'ambiente marino da parte di navi e, a livello nazionale, di adottare norme non meno rigorose di quelle stabilite a livello internazionale.

Gli artt. 235 e 304 della Convenzione sanciscono, pertanto, la conseguente responsabilità degli Stati in relazione alla violazione dei suddetti obblighi di protezione dell'ambiente marino, facendo salva peraltro l'applicazione di altre norme di diritto internazionale (già esistenti o che si formassero in futuro) che stabiliscano al riguardo regole più rigorose.

In particolare, con specifico riferimento ai poteri ed ai correlativi doveri degli Stati in caso di sinistri che si verifichino in acque internazionali e che determinino (o siano suscettibili di determinare) un inquinamento da idrocarburi, è da segnalarsi la disciplina dalla Convenzione di Bruxelles del 29 novembre 1969 (c.d. "*Intervention Convention*"). In virtù di detta Convenzione, infatti, si stabilisce (art. I) che:

> «Gli Stati contraenti di questa Convenzione potranno adottare, in alto mare, le misure che sono necessarie a prevenire, attenuare o eliminare i gravi ed imminenti rischi che possono derivare ai loro litorali o interessi connessi dall'inquinamento delle acque di mare da idrocarburi in seguito ad un sinistro marittimo o a fatti connessi a tale sinistro, che appaiano suscettibili di avere gravi e dannose conseguenze».

In correlazione a tale diritto, la Convenzione sancisce peraltro una serie di obblighi a carico degli Stati, l'adempimento dei quali costituisce presupposto di liceità degli interventi posti in essere in alto mare allo scopo di prevenire e/o contrastare l'inquinamento marino. A tale proposito l'art. III dispone quindi che:

> «Prima di agire, lo Stato rivierasco consulta gli altri Stati interessati dal sinistro marittimo, in particolare lo Stato o gli Stati di bandiera ... notifica senza indugio le misure previste alle persone fisiche o giuridiche note allo Stato rivierasco o segnalate ad esso nel corso delle consultazioni come aventi degli interessi che potrebbero verosimilmente essere compromessi o lesi da tali misure; ... prima di adottare tali misure e nel corso della loro esecuzione, si adopera nel modo migliore per evitare ogni rischio per le vite umane, nonché ad apportare alle persone in pericolo, il più rapidamente possibile, tutto l'aiuto di cui possano avere bisogno, e a non ostacolare e a facilitare, se del caso, il rimpatrio degli equipaggi delle navi».

Le misure consentite agli Stati, avvalendosi dei poteri di cui all'art. I, devono rispondere, pertanto, a criteri di "proporzionalità" e di "ragionevolezza" (specificati anche nel successivo art. IV), in funzione sia della portata e della probabilità dei danni che si intendono evitare, sia della probabile efficacia o, per contro, dei possibili effetti dannosi, degli interventi adottati.

Per il suo particolare rilievo in merito alla definizione degli obblighi statali in vista della preservazione dell'ambiente marino, va inoltre ricordata la Convenzione di Londra 2 novembre 1973 per la prevenzione dell'inquinamento causato da navi, comunemente denominata MARPOL, modificata a seguito del Protocollo di Londra 18 febbraio 1978. Tale Convenzione, in vigore dal 2 ottobre 1983, si caratterizza per l'approccio globale con il quale affronta il problema dell'inquinamento causato da navi. A sensi di tale normativa, gli Stati contraenti si impegnano innanzi tutto a prevenire l'inquinamento derivante dallo scarico in mare di sostanze nocive o di effluenti contenenti tali sostanze. A tale normativa di carattere generale si affiancano disposizioni settoriali quali (tra le più recenti) quelle relative al contenuto di zolfo dei combustibili (c.d. "*sulphur cap*") ed alla gestione delle acque di zavorra.

2. La normativa italiana in tema di "difesa del mare"

La ricostruzione del quadro normativo di diritto pubblico in tema di protezione e preservazione dell'ambiente marino va completata con l'indicazione delle principali disposizioni adottate al riguardo dal legislatore italiano.

In particolare vanno segnalate la legge 31 dicembre 1989 n. 979 (recante "*Disposizioni per la difesa del mare*"), la legge 28 febbraio 1992 n. 220 ("*Interventi per la difesa del mare*"), la legge 8 luglio 1986 n. 349, istitutiva del Ministero dell'Ambiente e, da ultimo, il d.lgs. 3 aprile 2006 n. 152 (noto come "Codice dell'Ambiente").

Dalla normativa in esame si desume una nozione di "difesa del mare" particolarmente ampia, tanto da ricomprendere al suo interno una molteplicità di fini perseguiti attraverso la sua adozione. Con tale normativa si intende infatti non soltanto realizzare una efficace protezione dell'ambiente marino, ma anche disciplinare le attività marittime ed economiche in mare.

Ai sensi del suo art. 1, comma 1, la legge n. 979/1982 prevede che, quando si verifichi un inquinamento, o si prospetti, quanto meno, un imminente pericolo di inquinamento delle acque del mare, suscettibile di recare danni all'ambiente marino, al litorale e agli interessi connessi, l'autorità marittima sia tenuta a programmare e/o attuare ogni misura necessaria in vista di un'efficace azione di "pronto intervento". Tali interventi sono diversamente configurati a seconda che ci si trovi in presenza di una emergenza "locale" o "nazionale".

L'obiettivo di garantire un "pronto intervento" per la difesa del mare viene perseguito anche attraverso l'imposizione a carico del comandante, dell'armatore o del proprietario della nave o, ancora, dal responsabile di impianti suscettibili di recare pregiudizio all'ambiente marino dell'obbligo (previsto all'art. 12) di prendere tutte le misure necessarie per prevenire il pericolo di inquinamento e per eliminarne gli effetti già prodottisi, facoltizzando inoltre l'autorità marittima ad operare al riguardo in sostituzione dei privati inadempienti.

Come è stato precisato dalla giurisprudenza (cfr. Trib. Genova 13 novembre 2003, in *Dir. mar.*, 2005, p. 1418) quella prevista a carico dell'armatore o proprietario dall'art. 12 della legge n. 979/1982 è una responsabilità di natura oggettiva.

Deve peraltro essere segnalato che il coordinamento tra la normativa di diritto interno e le Convenzioni internazionali sopra ricordate non sempre risulta agevole. Significativa al riguardo è la problematica sorta con riferimento al contrasto tra l'art. 16 della legge n. 979/1982, che impone un divieto assoluto alle navi di bandiera italiana di operare lo scarico in acque internazionali di sostanze inquinanti, prevedendo anche sanzioni penali, e la Convenzione Marpol, che invece consente, entro certi limiti ed in presenza di determinate condizioni, tale scarico. Dopo una tormentata vicenda giurisprudenziale, il contrasto è stato risolto dalle Sezioni Unite penali della Cass. 24 giugno 1998 (in *Dir. mar.*, 1999, p. 1156) a favore della prevalenza della normativa internazionale:

> «Ritengono queste sezioni unite che ... lo scarico in mare delle sostanze comprese nell'allegato alla legge n. 979/1982, effettuato seguendo le prescrizioni della Convenzione Marpol (intendendosi con tale espressione sia la Convenzione principale sia gli annessi,

sia gli allegati, sia il protocollo) non costituisca reato. L'operatività del regime più permissivo disposto dalla Convenzione scaturisce, anzi tutto, dall'interpretazione letterale dell'intero contesto normativo di origine internazionale, introdotto, come fonte di diritto interno, attraverso la tecnica di adattamento dell'ordine di ratifica e di esecuzione e, quindi, nel suo contenuto integrale, come fonte gerarchicamente preordinata rispetto alla legge di difesa del mare. ... Il vincolo nascente per le parti impone così (al momento di entrata in vigore della Convenzione Marpol) un vero e proprio obbligo per lo Stato contraente di introdurre, per le navi battenti la sua bandiera, un adeguamento che non ecceda i contenuti minimi indicati dalla Convenzione e dal protocollo, così da precludere che i singoli Stati contraenti possano emanare una disciplina di maggior rigore per perseguire i fini della disciplina internazionale. A ciò va aggiunto che l'uniformità della disciplina rappresenta uno degli snodi cruciali della Convenzione, come emerge in modo assolutamente univoco dal suo "preambolo" quando vi si afferma che il mezzo migliore per realizzare l'obiettivo di porre fine all'inquinamento intenzionale dell'ambiente marino causato da idrocarburi e da altre sostanze nocive è quello di fissare delle norme di portata universale».

La stessa Corte di Cassazione penale (12 marzo 2003, in *Dir. mar.*, 2005, p. 508) ha, peraltro, precisato che le prescrizioni della Convenzione Marpol (ed in particolare dell'allegato V relativo al trattamento dei rifiuti prodotti dalle navi) non operano in relazione allo smaltimento di rifiuti in aree portuali nazionali:

> «Le prescrizioni di cui all'allegato V della Convenzione internazionale Marpol 73/78 conclusa a Londra il 2 novembre 1973 e ratificata in Italia con legge 29 settembre 1980 n. 662, entrata in vigore il 2 ottobre 1983, nonché del protocollo adottato a Londra il 17 febbraio 1978 (c.d. Marpol 78) e della relativa legge di adesione 4 giugno 1982 n. 436, che escluderebbero dalla categoria dei rifiuti tutte le sostanze indicate o definite in altri allegati, tra cui le acque di sentina e le sostanze liquide nocive previste nell'allegato IV, non operano, infatti, nel caso di esecuzione di operazioni di smaltimento di rifiuti pericolosi effettuate in aree portuali nazionali, che, invece, sono regolate dalla normativa nazionale, conforme a quella comunitaria, in materia di rifiuti».

3. La Convenzione di Bruxelles del 29 novembre 1969 (CLC)

Sul piano civilistico, la responsabilità per inquinamento marino da idrocarburi è disciplinata dalla Convenzione di Bruxelles del 29 novembre 1969 (CLC), poi modificata dal Protocollo del 1992. La normativa uniforme della Convenzione CLC si applica ai danni da inquinamento (come definiti dalla stessa Convenzione – v. *infra*) provocati sul territorio, nelle acque territoriali e nella zona economica esclusiva di uno Stato contraente dagli idrocarburi trasportati come carico o come combustibile su navi cisterna. A tale ultimo riguardo, si ritiene che rientrino nella definizione di nave anche quelle costruzioni, dotate di tutte le caratteristiche di una nave per il trasporto di idrocarburi, che siano temporaneamente utilizzate come unità galleggianti di stoccaggio.

L'art. III.1 della Convenzione prevede la responsabilità oggettiva del proprietario della nave per il danno da inquinamento provocato da idrocarburi fuoriusciti dalla nave, canalizzando su di esso la responsabilità dei vari soggetti che a vario titolo possono aver contribuito a tale evento dannoso. Il Protocollo del 1992 ha, rispetto al testo originario della Convenzione CLC, rafforzato tale "canalizzazione" della responsabilità sul proprietario, escludendo (all'art. III.4) la possibilità di azioni, non solo nei confronti dei suoi "*servants or agents*", ma anche nei confronti di pilota, conduttore, noleggiatore, "*manager*", soccorritori, nonché, di quegli altri soggetti che abbiano reso servizi alla nave. La individuazione dei contorni di quest'ultima categoria di soggetti, definita in modo non preciso dalla norma (art. III.4.b), ha dato adito di recente a problematiche interpretative particolarmente acute in relazione alle società di classifica. Le decisioni assunte, in giurisdizioni diverse, nelle controversie seguite ai gravissimi sinistri che hanno coinvolto le navi "*Erika*" e "*Prestige*" hanno inizialmente fornito soluzioni radicalmente contrastanti (da un lato, Tribunal de Grand Instance di Parigi, sentenza 16 gennaio 2008, in *Dir. mar.*, 2008, p. 247), dall'altro Corte Distrettuale di New York, sentenza 2 gennaio 2008, in *Dir. mar.*, 2008, p. 270) per poi convergere (Cass. fr. 25 settembre 2012, in *Dir. mar.*, 2012, p. 1269) nell'orientamento che ritiene che anche le società di classifica rientrino tra i soggetti menzionati dall'art IIII.4.b, che beneficiano della "canalizzazione". Il beneficio della "canalizzazione" viene però meno se i soggetti di cui all'art. III.4 si rendono responsabili di comportamenti volontari o temerari e connotati dalla consapevolezza del probabile verificarsi del danno (cfr. ancora Cass. 25 settembre 2012, in *Dir. mar.*, 2012, p. 1269).

Il paragrafo 4 della stessa norma prevede, da un lato, che nessun ulteriore reclamo possa essere proposto nei confronti del proprietario se non in base alla Convenzione e, dall'altro, che quest'ultimo non possa in alcun modo rivalersi al riguardo nei confronti dei suoi "*servants or agents*". In tale modo, si tende a concentrare su un unico soggetto l'obbligo di risarcimento dei danni da inquinamento riconducibili al trasporto via mare da idrocarburi, ponendolo a carico del soggetto che risulta essere proprietario della nave al momento dell'incidente. La tecnica della "canalizzazione" della responsabilità viene infatti considerata idonea ad imputare l'onere complessivo del risarcimento dei danni e del costo delle attività di bonifica e/o delle spese di prevenzione sul soggetto che, svolgendo un'attività presuntivamente pericolosa, crea la situazione di rischio, ma allo stesso tempo ne controlla le condizioni ed è in grado di operare per ridurre i margini di pericolosità dell'attività stessa. La scelta di identificare il soggetto responsabile con il proprietario della nave risponde, oltre che alla *ratio* appena ricordata, anche all'esigenza di garantire una più facile identificazione del soggetto responsabile, con evidente agevolazione del soggetto danneggiato sul piano processuale e probatorio.

Le sole eccezioni alla responsabilità oggettiva del proprietario della nave sono previste dall'art. III.2 nei casi in cui il danno da inquinamento sia stato causato a) da eventi bellici o da fenomeni naturali aventi caratteristiche di forza maggiore, b) da fatto doloso di terzi, c) da colpa delle autorità preposte al mantenimento di fari o altri "*navigational aids*" (quali, ad esempio, le carte nautiche, delle quali tali autorità debbono curare la redazione e l'aggiornamento). Peraltro, con disposizione analoga a quella dell'art. 1227 cod. civ., la responsabilità del proprietario è esclusa, o proporzionalmente diminuita, in relazione al concorso di colpa del danneggiato.

La imputazione della responsabilità al proprietario della nave secondo criteri che prescindono totalmente dall'accertamento di una sua colpa e si fondano invece sul rischio trova un bilanciamento nella previsione di limiti quantitativi al risarcimento. Tali limiti sono determinati in proporzione alla stazza lorda della nave e calcolati in Diritti Speciali di Prelievo (unità di conto monetaria che ha sostituito, per effetto del Protocollo del 1976, il Franco-oro), fino ad un massimo di 59,7 milioni di DSP. Il diritto del proprietario ad avvalersi di tale limitazione viene meno qualora l'incidente che ha dato luogo all'inquinamento sia stato causato da un comportamento del proprietario qualificabile come doloso o come temerario e commesso con la consapevolezza del probabile verificarsi di un danno.

Il sistema di responsabilità civile delineato dalla Convenzione CLC si completa con l'obbligo per i proprietari di navi cisterna di dotarsi di una copertura assicurativa, obbligo il cui adempimento viene certificato dallo Stato di immatricolazione della nave. In tale modo viene garantita ai danneggiati, grazie anche al diritto di azione diretta nei confronti dell'assicuratore loro attribuito, la effettiva disponibilità ai fini del risarcimento delle somme corrispondenti ai limiti di responsabilità di cui si è detto. Nell'ambito del "sistema" delineato dalla Convenzione CLC, la connessione tra regole di responsabilità (canalizzazione sul proprietario, imputazione secondo criteri oggettivi, limiti massimi di risarcimento) e disciplina assicurativa (obbligo di assicurazione ed azione diretta contro l'assicuratore) appare particolarmente intensa e significativa. Da un lato, infatti, lo strumento assicurativo consente di dare effettività e certezza alle pretese dei danneggiati ad un risarcimento (seppure non integrale); dall'altro, la capacità di assorbimento del rischio da parte del mercato assicurativo segna il limite oltre il quale non possono essere elevati i limiti di risarcimento e sconsiglia la adozione di meccanismi di tipo sanzionatorio (che pure potrebbero avere effetti deterrenti rispetto a pratiche operative poco rispettose delle esigenze di sicurezza e salvaguardia dell'ambiente), che consentano di superare con relativa facilità i limiti risarcitori o che prevedono la condanna a "*punitive damages*". Il risarcimento del danno svolge infatti nella Convenzione CLC una funzione esclusivamente compensativa, con esclusione invece di quelle finalità di deterrenza che nell'ordinamento statunitense hanno condotto al riconoscimento di *punitive damages* nel caso del gravissimo inquinamento provocato in Alaska dalla petroliera "*Exxon Valdez*" (cfr. US Supreme Court 25 giugno 2008, in *Int. Lis*, 2008, p. 166).

Per quanto elevati (anche per effetto delle modifiche introdotte nel 1992 e nel 2000), i limiti quantitativi al risarcimento dei danni da inquinamento previsti dalla Convenzione CLC possono risultare inadeguati in caso di eventi catastrofici. In tali ipotesi, la somma a disposizione dei danneggiati viene incrementata dall'ulteriore ammontare fornito dall'*International Oil Pollution* (IOPCF), istituito con la Convenzione di Bruxelles del 16 ottobre 1971 (anch'essa oggetto di modifica mediante un Protocollo del 1992) ed alimentato con i contributi degli Stati aderenti, determinati in proporzione ai quantitativi di idrocarburi importati via mare da ciascuno di essi.

Tale fondo è destinato ad operare, oltre che nell'ipotesi, già menzionata, in cui il tetto massimo, entro il quale è limitato il debito del proprietario della nave in base alla CLC, risulti insufficiente a soddisfare integralmente le richieste di indennizzo, anche quando si verifichino le ipotesi di esclusione della responsabilità del proprietario previste dall'art. III.2 della CLC o quando il proprietario o il suo assicuratore siano insolventi o comunque non in grado di adempiere in tutto o in parte agli obblighi risarcitori previsti dalla CLC.

Anche il fondo posto a carico dell'IOPCF ha un limite quantitativo, proporzionato alla stazza della nave, fino ad un tetto massimo che, con il Protocollo del 1992, è stato portato a 135 milioni di DSP e poi, mediante il procedimento semplificato di revisione previsto dallo stesso Protocollo del 1992, ulteriormente incrementato del 50%.

Nel marzo 2005 è entrato in vigore il Protocollo adottato in occasione della conferenza diplomatica del 16 maggio 2003 con il quale è stato istituito un Fondo Supplementare, destinato di fatto ad operare in presenza di danni risarcibili a seguito di inquinamento marino da idrocarburi particolarmente elevati in funzione dei criteri, più generosi nei confronti dei danneggiati, che sono adottati negli Stati appartenenti all'area dei paesi industrializzati o comunque ad elevato sviluppo economico; sono pertanto (come è ragionevole) solamente questi ultimi interessati a partecipare ad esso, accollandosi l'onere di contribuzioni economiche aggiuntive rispetto a quelle previste per il funzionamento del Fondo in base alla Convenzione del 1971 ed al Protocollo del 1992.

Ad un altro profilo di criticità del sistema derivante dalla Convenzione CLC, e cioè la esiguità del limite di responsabilità di cui possono giovarsi le navi di piccole dimensioni, si è posto rimedio (in attesa di una revisione in tal senso della normativa) a livello volontario e privatistico, mediante la conclusione di un accordo, denominato *Small Tankers Oil Pollution Idenmnification Agreement* ("STOPIA"), mediante il quale gli assicuratori che coprono i rischi di responsabilità da inquinamento (e cioè i P&I Clubs – cfr. *infra* al cap. 15) hanno accettato di garantire all'IOPCF il diritto di promuovere azioni di rivalsa, direttamente nei confronti degli stessi assicuratori con i quali sono assicurati i proprietari di navi di piccole dimensioni, fino all'importo di 20 milioni di DSP, a prescindere dal minore importo da essi dovuto in virtù della normativa attualmente vigente.

4. Le misure preventive

Nell'ambito della disciplina uniforme della Convenzione CLC riveste grande rilievo la definizione del danno risarcibile.

L'art. I.6 della Convenzione CLC comprende nell'ambito del "*pollution damage*" (il cui risarcimento è ammesso in base alla Convenzione stessa e consistente nella perdita o danno causato al di fuori della nave dalla contaminazione risultante dalla fuga o discarica di idrocarburi) anche il costo delle misure rivolte a ridurre o prevenire tale danno e degli ulteriori danni causati da tali misure preventive. A quest'ultimo riguardo, il successivo paragrafo della stessa norma definisce misure preventive quelle misure che vengono ragionevolmente adottate dopo il verificarsi di un incidente per evitare o diminuire il danno da inquinamento. Si tratta, quindi, di determinare in cosa esse consistano.

La prassi, sia interna che internazionale, maturata con riferimento a gravi episodi di inquinamento marino da idrocarburi, ha consentito di precisare i requisiti in presenza dei quali le misure preventive sono indennizzabili in base alla Convenzione

CLC. Deve trattarsi di misure (i) che abbiano avuto quale scopo essenziale o primario quello di evitare o quanto meno circoscrivere, gli effetti dannosi dell'inquinamento; (ii) adottate secondo criteri di ragionevolezza, proporzionalità e congruità oltreché (iii) poste in essere dopo il verificarsi di un incidente o anche anteriormente, in presenza di un grave ed imminente pericolo di inquinamento.

Sotto il primo profilo, la prassi ha mostrato qualche incertezza, oscillando tra un atteggiamento più restrittivo, volto a prendere in considerazione unicamente le attività preordinate in via esclusiva a prevenire o contrastare l'evento suscettibile di produrre conseguenze dannose per l'ambiente marino, ed un approccio invece meno rigoroso, nel quale la nozione di misura preventiva viene ampliata fino a ricomprendervi le iniziative mirate anche a scongiurare o circoscrivere tutti i possibili effetti pregiudizievoli ascrivibili all'inquinamento. Così, ad esempio, nell'ambito della vicenda relativa al naufragio della petroliera liberiana *Braer* (avvenuto nel gennaio 1993), vennero considerati rimborsabili a titolo di "misure preventive" le spese sostenute da un'associazione di pescatori per una campagna pubblicitaria diretta a fugare i timori in merito alla tossicità dei prodotti ittici locali. La *ratio* di tale favorevole valutazione è da condividersi e deve essere rinvenuta nel riconoscimento che le spese così incorse avevano come scopo la riduzione di un danno (da lucro cessante, conseguente alla minor vendita di prodotti ittici) qualificato come "*pollution damage*" ai sensi della Convenzione (v. *infra*, § successivo).

Il problema della qualificazione come misura preventiva, sulla base dello scopo primario della attività svolta, si è posto in modo particolarmente delicato in relazione alle operazioni di soccorso prestate a favore di navi cisterna. In occasione di tali operazioni, la qualificazione delle attività svolte come dirette ad impedire la perdita della nave e del carico (e quindi come salvataggio), ovvero alla salvaguardia dell'ambiente marino dall'inquinamento (e quindi come misure preventive), ha rilevanti conseguenze sul piano della disciplina applicabile e sulla correlativa determinazione dei crediti spettanti a chi abbia posto in essere le attività in questione. Il problema è stato affrontato dalla giurisprudenza italiana nel caso della petroliera "*Patmos*". In quella occasione, il Trib. Messina 30 luglio 1986 (in *Dir. mar.*, 1986, p. 996), sentenza poi confermata da App. Messina 24 dicembre 1993 (in *Dir. mar.*, 1994, p. 1080) evidenziò, proprio sulla base dello scopo perseguito, i criteri di distinzione tra attività di prevenzione dell'inquinamento ed attività di soccorso:

> «L'art. 1 n. 6 della Convenzione di Bruxelles precisa che "per danno da inquinamento deve intendersi qualsiasi perdita o danno all'esterno della nave che trasporta idrocarburi, causati da inquinamento ... ed include il costo delle misure preventive ed ogni ulteriore perdita o danno prodotto da dette misure preventive". Occorre però, tenere conto degli scopi che le varie persone o enti intervenuti intendevano raggiungere con la loro azione, non potendo evidentemente una attività diretta al salvataggio della nave e del carico essere compensata anche a carico del fondo di limitazione sol perché occasionalmente sia riuscita utile ai fini del disinquinamento. Salvataggio ed attività disinquinante, invero, costituiscono attività distinte e diverse per natura, scopi e disciplina. Per qualificare una attività come "salvataggio" o "antinquinante" occorre anzitutto aver riguardo allo scopo primario di detta attività, accertare cioè se lo scopo era quello di salvare la nave ed il carico in vista del compenso tanto più alto quanto maggiore il

valore salvato, o era, invece, quello di eliminare o prevenire l'inquinamento del litorale e del mare con diritto alle sole spese, escluso qualsiasi compenso rapportato all'utile risultato raggiunto».

Nella realtà, la complessità, complementarietà e contestualità delle operazioni poste in essere in occasione di un sinistro può rendere difficile una distinzione in ordine allo scopo fondamentale cui sono dirette.

Si è giunti così, nella pratica, in situazioni in cui risultava impossibile identificare lo scopo "primario" delle attività poste in essere, ad operare un "frazionamento" della disciplina applicabile, scomponendo la fattispecie concreta nei suoi diversi aspetti ed ammettendo la indennizzabilità a titolo di misure preventive di una parte (determinata in via transattiva e forfettaria) delle spese incorse.

A seguito di queste difficoltà, la nuova convenzione di Londra del 1989 sul soccorso in mare ha introdotto specifiche disposizioni volte a remunerare l'attività compiuta per evitare o diminuire danni all'ambiente marino, allorché essa sia prestata nel contesto di un soccorso in mare (cfr. *infra*, cap. 14 § 2).

Quanto all'ulteriore criterio, formulato in termini di "ragionevolezza" ("proporzionalità" e "congruità" delle misure adottate), occorre precisare che va accertato sulla base di criteri oggettivi ed alla luce delle specifiche circostanze del caso concreto. Il semplice fatto che l'adozione di tali misure sia stata decisa da un'autorità pubblica non costituisce quindi, di per sé, circostanza sufficiente o necessaria al fine di provare l'esistenza di tale requisito. Inoltre il controllo circa la "ragionevolezza" delle misure preventive va operato *ex ante*, sulla base delle informazioni e conoscenze di cui il soggetto agente ha effettivamente potuto avvalersi allorché si è determinato ad agire. Al fine della loro risarcibilità, pertanto, non è richiesto al reclamante di fornire la prova, assai più gravosa, circa la conformità della sua condotta a quanto sarebbe stato giusto fare sulla scorta dell'evoluzione effettiva degli eventi, quale si è evidenziata soltanto a posteriori. Quindi l'accertamento della "ragionevolezza" dell'intervento attuato dal soggetto agente va condotto non solo e non tanto sulla base dei risultati effettivamente conseguiti quanto, piuttosto, attraverso un'opportuna considerazione e valorizzazione delle circostanze in presenza delle quali le misure sono state concretamente adottate.

Il controllo di "ragionevolezza", in merito alle misure preventive adottate a seguito di un inquinamento marino accidentale implica inoltre, come già sottolineato, una verifica della "congruità" del *quantum* richiesto dal soggetto agente a titolo di indennizzo, da operarsi in due fasi distinte: la prima rivolta all'accertamento della proporzionalità delle spese affrontate (in vista dell'attuazione delle operazioni antinquinamento rispetto al danno che si è inteso evitare); la seconda preordinata invece al riscontro degli importi richiesti rispetto al costo effettivo dell'intervento attuato.

La prima fase di tale indagine richiede dunque di determinare se l'impiego di risorse è stato commisurato al risultato conseguito ovvero che poteva essere "ragionevolmente" conseguito da parte del soggetto agente, in base ad un giudizio operato *ex ante*. Tale test è stato applicato dalla giurisprudenza italiana (Trib. Genova 5 aprile 1996, in *Dir. mar.*, 1996, p. 510) in coerenza con le regole generali del nostro ordinamento in tema di risarcibilità del danno ed in particolare con quanto dispone l'art. 1227 cod. civ.:

> «Particolare rilievo nelle voci di danno reclamate dallo Stato assume il costo delle misure preventive adottate allo scopo di prevenire o limitare il danno. Con riferimento ad esse la Convenzione CLC esplicitamente introduce il criterio di ragionevolezza come limite di risarcibilità di tale tipo di danno. Quel criterio non pare però nulla aggiungere al generale dovere del creditore di non aggravare i danni ed al principio per cui non sono risarcibili i danni che il creditore avrebbe potuto evitare usando l'ordinaria diligenza (art. 1227 cpv. cod. civ.) Il dovere di diligenza del creditore impone a questi una vigilanza ed un controllo sulle spese effettuate, che non potranno eccedere quelle ragionevoli in relazione alle circostanze; non saranno perciò ripetibili tutti i costi comunque sopportati, ma solo quelli obiettivamente necessari secondo criteri di prudenza nell'assunzione di essi. I maggiori costi eventualmente sopportati per interventi che già a priori potevano apparire non necessari non potranno essere ammessi al risarcimento. Nella complessa fattispecie che riguarda il credito insinuato dallo Stato, ove vi sia contestazione circa i costi sostenuti, sarà quindi necessario accertare in relazione agli impegni assunti ed ai valori di mercato delle prestazioni effettuate se il costo pagato e che si vuole ripetere nei confronti del proprietario, dell'assicuratore e del Fondo sia ragionevole, o se invece sia ingiustificatamente oneroso così da non potere essere per intero ritrasferito sui predetti soggetti».

Una seconda verifica attiene alla diretta e specifica identificazione delle spese indennizzabili con riferimento ad un sinistro marittimo dal quale sia derivato un inquinamento da idrocarburi di cui siano stati evitati i danni o il loro aggravamento.

Risultano così non indennizzabili tutti i "costi fissi" a carico del soggetto erogatore di servizi antinquinamento mentre, come è avvenuto in occasione del naufragio della "*Amoco Cadiz*" (in *Dir. mar.*, 1989, p. 891), sono indennizzabili i costi dell'attività prestata da dipendenti di un ente o di un'impresa allorché è fornita la prova che tali soggetti sono stati effettivamente distolti dalle loro occupazioni ordinarie ovvero, in previsione di tali operazioni, hanno effettuato prestazioni di lavoro straordinario oltre il normale orario di lavoro.

Per quanto riguarda infine il criterio "temporale", esso è stato oggetto in passato (nella vigenza del testo originario della Convenzione CLC) di un atteggiamento rigoroso, volto ad escludere la indennizzabilità di misure poste in essere prima del verificarsi del sinistro. Tale scelta interpretativa, che si poneva in contrasto con l'obiettivo di conseguire un'efficace prevenzione dell'inquinamento marino, è stata superata con le precisazioni apportate dal Protocollo del 1992, in virtù delle quali viene opportunamente incentivata, garantendone l'indennizzabilità, l'adozione di misure preventive anche in presenza soltanto di una minaccia di inquinamento.

5. Il danno risarcibile ed in particolare il danno ambientale

La Convenzione CLC del 1969 non definisce, se non in modo assai generico, il "*pollution damage*" risarcibile in base alla Convenzione ed, anche a questo riguardo, occorre quindi fare riferimento alla prassi interna ed internazionale. In tale prospettiva, pertanto, nell'ambito del danno economico causato dall'inquinamento del mare si considera sicuramente risarcibile il danno sofferto a seguito della perdita di un bene o del suo danneggiamento nonché le spese incorse per la pulizia o la riparazione di beni contaminati da idrocarburi. Sono stati infatti ritenuti risarcibili senza alcuna incertezza, ad esempio, (i) i danni dovuti alla contaminazione causata ad una nave che si trovava in bacino di carenaggio, (ii) le spese sostenute allo scopo di liberare dai residui oleosi le prese d'acqua di una centrale idroelettrica localizzata nell'area colpita dal versamento di idrocarburi, (iii) le spese sostenute per la sostituzione di attrezzature da pesca, danneggiate in modo irreparabile dall'inquinamento. Sono stati inoltre considerati risarcibili (con una decisione della Court of Session scozzese nel caso "*Braer*") i danni alla persona, ivi compresi quelli di natura psichica, quali stress, ansia e depressione provocati dall'evento inquinante.

In secondo luogo, si deve considerare risarcibile il danno da lucro cessante che sia collegato ad un danno fisico alle cose, come, ad esempio, i danni reclamati da un pescatore a seguito del mancato utilizzo per alcuni giorni delle reti contaminate da idrocarburi o da un albergatore in conseguenza della temporanea chiusura del suo esercizio, dovuta alla necessità di rimuovere lo strato di idrocarburi depositatosi sulla strada di accesso.

Maggiormente problematica è la risarcibilità del danno da lucro cessante che non sia direttamente collegata al danneggiamento fisico di un bene, quanto piuttosto alla minore redditività di una attività imprenditoriale (turistica, di pesca o altro) che, a seguito dell'inquinamento, abbia visto contrarsi il proprio volume di affari.

Il Trib. Genova 5 aprile 1996 (in *Dir. mar.*, 1996, p. 500) nel caso "*Haven*" ha ritenuto risarcibile tale tipo di danno, a condizione che venga accolto un rigoroso onere probatorio in merito, sia alla sussistenza del danno, sia al nesso di causalità tra il danno stesso e l'incidente:

> «Numerose istanze di ammissione al passivo sono, poi, non documentate. Si tratta per lo più di operatori economici che, pur avendo avanzato il reclamo, non hanno allegato nessuna documentazione a supporto atta a valutare, seppure in via presuntiva il danno subito. Ritiene in proposito questo G.D., che pure nell'ambito di discrezionale valutazione degli elementi presuntivi di danni, che pare essere propria della procedura, non possa automaticamente ritenersi la sussistenza di un danno agli operatori economici della zona interessata dal disastro, sulla sola base di un presunto fatto notorio; infatti, ciò che può ritenersi notorio è solo la gravità del disastro, non la sua incidenza sull'attività degli operatori economici; infatti non può affermarsi che le attività economiche, sia pure solo quelle collegate con l'industria turistica, siano state tutte incise da quell'evento e, tanto meno può attingere al notorio la quantificazione del preteso danno. Inoltre, lo stesso comportamento omissivo del reclamante non può che essere valutato negativamente, evidenziando una trascuratezza nella cura del proprio interesse che non consente di riconoscere attendibilità al reclamo di danno ... Per tale tipo di danno si pone innanzitutto un problema di legittimazione al reclamo e quindi di prova. Quanto alla legittimazione, non si vede come essa possa essere riconosciuta agli enti territoriali, avendo essi, ciascuno nell'ambito delle proprie competenze istituzionali, il compito di promuovere e tutelare le attività economiche connesse al turismo e all'uso del territorio, ma non essendo certo titolari di esse. La legittimazione spetta per contro ai titolari di quegli interessi economici, unitamente all'onere della prova del danno effettivamente subito, eventualmente anche in prospettiva futura, qualora esso

si concreti in un'attuale diminuzione del valore patrimoniale della propria attività economica. Il concetto di immagine turistica potrebbe anche essere utilizzato per qualificare l'esito di quel complesso di attività promozionali del turismo poste in essere dagli enti locali, e ad essa potrebbe connettersi un danno quando si dimostri che la sua efficacia è stata vanificata in tutto o i parte dall'evento *Haven*, oppure che, in correlazione con esso, sono stati fatti specifici investimenti di quel tipo. Ma nessuno dei reclami degli enti locali ha assunto esplicitamente quel tipo di prospettazione; solo in taluni casi è stato richiesto il risarcimento delle spese documentate affrontate per iniziative di sostegno pubblicitario delle località interessate al disastro».

Per contro, la Court of Session scozzese, nel già citato caso "*Braer*", ha escluso la risarcibilità del danno reclamato da allevatori di salmone che, pur non avendo subito alcun danno materiale alle proprie attrezzature, avevano sofferto una diminuzione dei propri introiti a causa del calo della domanda e dei prezzi del salmone; analogamente è stata respinta la domanda degli operatori di un servizio di traghetto per le isole Shetland (colpite dall'inquinamento) per il minor utile conseguente alla riduzione del traffico in tale zona nel periodo successivo all'incidente.

Ancora più problematica appare la determinazione dei limiti di risarcibilità del c.d. "danno ambientale" e cioè del danno consistente nella lesione del complesso delle risorse naturali dell'ambiente marino considerato indipendentemente dalla sua idoneità a produrre una qualche utilità economica.

Sotto quest'ultimo profilo, secondo un orientamento (affermato, ad esempio, dalle corti statunitensi nel caso della "*Zoe Colocotroni*", incagliatasi il 18 marzo 1973 al largo di Porto Rico), il danno ora indicato è risarcibile soltanto nella misura corrispondente all'ammontare delle spese necessarie per la realizzazione, secondo criteri di ragionevolezza, di un piano di risanamento ecologico.

Il piano di recupero ambientale, nella prospettiva ora indicata, rappresenta così non solo il punto di riferimento fondamentale per la quantificazione del danno ambientale, non direttamente identificabile con il danno ad un bene o alla minore reddittività di una attività di impresa, ma costituisce un vero e proprio requisito essenziale che ne condiziona la risarcibilità. Il piano di recupero deve essere a tal fine "effettivo" e cioè sia (i) idoneo a garantire un (tendenzialmente) completo ripristino degli equilibri ecologici compromessi dall'inquinamento, sia (ii) programmato in funzione della sua concreta messa in opera.

Nell'ambito di una valutazione di "ragionevolezza" del piano di recupero, può essere ammesso il ricorso alla sostituzione delle risorse perdute con altre diverse, compatibili rispetto alle mutate condizioni ambientali, qualora la reintegrazione delle originarie condizioni risulti impraticabile. Nel citato caso della "*Zoe Colocotroni*" i giudici statunitensi hanno indicato i parametri del giudizio di "ragionevolezza" di un piano di recupero ambientale nella fattibilità tecnica, negli eventuali effetti collaterali negativi, nella proporzionalità, nella utilità marginale dell'impiego di ulteriori risorse, nella compatibilità o sovrapposizione con la naturale tendenza dell'ambiente a rigenerarsi.

A questo proposito deve anche rilevarsi che, come evidenziato nel caso "*Amoco Cadiz*" (in *Dir. mar.*, 1989, p. 891), un piano di recupero può considerarsi ragionevole solo in quanto sia tempestivo, dovendosi ritenere che, dopo un certo periodo di tempo, gli equilibri ambientali, ove non irrimediabilmente compromessi, tendano a riassestarsi naturalmente.

L'orientamento della giurisprudenza italiana in tema di risarcibilità del danno all'ambiente marino non direttamente identificabile con il danno ad un bene od alla minore redditività di un'attività di impresa ne offre una nozione più lata ed è in parte diverso da quanto risulta dall'approccio della giurisprudenza statunitense ora indicato. Tale orientamento, infatti, prende le mosse dalla definizione di danno ambientale contenuta nella legge n. 349/1986 (v. *supra*, § 2) e da una decisione della Corte cost. 30 dicembre 1987 n. 641, in *Giur. cost.*, 1987, I, p. 3797):

> «L'ambiente è stato considerato un bene immateriale unitario sebbene a varie componenti, ciascuna delle quali può anche costituire, isolatamente o separatamente, oggetto di cura e di tutela; ma tutte, nell'insieme, sono riconducibili ad unità ... L'ambiente è protetto come elemento determinativo della qualità della vita. La sua protezione non persegue astratte finalità naturalistiche o estetizzanti, ma esprime l'esigenza di un *habitat* naturale nel quale l'uomo vive ed agisce e che è necessario alla collettività e, per essa, ai cittadini, secondo valori largamente sentiti ... Il danno (all'ambiente) è certamente patrimoniale, sebbene sia svincolato da una concezione aritmetico-contabile e si concreti piuttosto nella rilevanza economica che la distruzione o il deterioramento o l'alterazione o, in genere, la compromissione del bene riveste in sé e per sé e che si riflette sulla collettività la quale viene gravata di costi economici ... si può effettuare la stima e la pianificazione degli interventi di preservazione, di miglioramento e di recupero; si possono valutare i costi del danneggiamento. E per tutto questo l'impatto ambientale può essere ricondotto in termini monetari. Il tutto consente di dare all'ambiente e quindi al danno ambientale un valore economico».

Muovendo da tali premesse, la giurisprudenza italiana ha ritenuto risarcibile il danno all'ambiente marino anche in mancanza di qualsiasi effettivo esborso per iniziative di ripristino o reintegrazione dell'ambiente marino, ritenendo comunque sussistente una perdita economica, correlata alla diminuita fruibilità delle risorse naturali da parte della comunità. Tale perdita, non è suscettibile di quantificazione pecuniaria sulla base di un ipotetico valore di mercato dei beni oggetto di lesione, ma può essere determinato secondo criteri equitativi: cfr. App. Messina 22 maggio 1989 (in *Dir. mar.*, 1989, p. 1056):

> «Il danno all'ambiente è indubitabilmente di carattere economico, sebbene lo stesso sia svincolato da una concezione aritmetico-contabile e si concreti nella rilevanza che la distruzione, il deterioramento o l'alterazione dello stesso ambiente (inteso come bene unitario comprensivo delle risorse naturali, della salubrità e paesaggio e soprattutto autonomo rispetto sia ai beni, che sono oggetto di specifici diritti patrimoniali, sia alle cose che, come le *res communes omnium*, ne sono comunque elemento integrativo) riveste in sé e per sé e che si riflette sulla collettività, la quale trae dalle risorse ambientali, e particolarmente dal mare un complesso di utilità sotto i profili alimentari, turistici, sanitari, della ricerca e degli studi biologici sia per la vita umana che per quella ittica e floristica marina ..., utilità, queste, che lo Stato tutela, riconoscendo ad esse nella legislazione una particolare protezione ... Il danno in parola incide, quindi, sui valori immateriali, non suscettibili di valutazione economica secondo i prezzi di mercato, derivando tale parametro dall'ap-

> partenenza e dalla commerciabilità del bene, mentre, nella specie, la diminuzione del valore economico consegue alla diminuita fruibilità del bene-ambiente, per sua natura indisponibile. … Attesa la surriferita natura del danno all'ambiente, il criterio equitativo di valutazione è quello che meglio risponde alla peculiare natura giuridica del bene aggredito. Tale problema, però, potrà essere affrontato e risolto dopo che saranno acquisite le risultanze del mezzo istruttorio. Tale mezzo istruttorio dev'essere disposto, in quanto la consulenza costituisce mezzo di prova nei casi in cui, come quello di specie, i dati costituenti l'oggetto della prova invocata non siano percepibili, per loro intrinseca natura, dall'uomo di normale esperienza e diligenza e debbano perciò essere rilevati con l'ausilio di particolari strumentazioni e/o di particolari cognizioni».

Ulteriori elementi di differenziazione della nozione italiana di danno ambientale rispetto a quella prevista a livello internazionale erano contenuti nell'art. 18.6 della legge n. 349/1986 che indicava, quali criteri di determinazione del danno in via equitativa, oltre al costo di ripristino, anche la gravità della colpa ed il profitto conseguito dal trasgressore.

La difformità di orientamento tra i diversi ordinamenti nazionali in merito alla risarcibilità del "danno ambientale" ed ai parametri per la sua determinazione ha infine trovato una composizione a livello internazionale con i Protocolli del 1992 alla Convenzione CLC ed alla Convenzione istitutiva del Fondo IOPCF. Mediante tali Protocolli, infatti, si è precisato, nell'ambito della definizione di "*pollution damage*", che il danno ambientale è risarcibile nei limiti dei costi effettivamente sostenuti o da sostenersi per attuare ragionevoli misure di ripristino dell'ambiente compromesso dall'inquinamento.

In questa stessa prospettiva si colloca la più recente evoluzione della normativa italiana, contenuta nel c.d. Codice dell'Ambiente (d.lgs. 3 aprile 2006 n. 152 e successive modifiche): l'art. 305 prevede che, al verificarsi di un sinistro, l'operatore, oltre ad informare le autorità competenti ed adottare tutte le iniziative praticabili al fine di prevenire o limitare ulteriori danni, sia obbligato ad adottare le misure di ripristino. Le tipologie di tali misure di ripristino sono indicate all'Allegato 3, che prevede, in primo luogo, la riparazione "primaria" (ossia quella «che riporta le risorse e/o i servizi naturali danneggiati alle, o verso le, condizioni originarie») e, ove questa non sia possibile o efficace, la riparazione "complementare" (ossia quella «intrapresa in relazione a risorse e/o servizi naturali per compensare il mancato ripristino completo delle risorse e/o dei servizi naturali danneggiati»); la riparazione "compensativa" è invece quella intrapresa «per compensare la perdita temporanea di risorse e/o servizi naturali dalla data del verificarsi del danno fino a quando la riparazione primaria non abbia prodotto un effetto completo».

6. L'attuazione della limitazione

Dal punto di vista processuale, la limitazione della responsabilità del proprietario della nave per danni da inquinamento marino si attua secondo modalità non dissimili da quelle previste per la limitazione del debito all'armatore negli artt. 620-642 cod. nav. (alle quali anzi la normativa italiana di attuazione della Convenzione CLC fa espresso riferimento "in quanto applicabili").

È quindi prevista la costituzione di un fondo, mediante deposito in contanti ovvero, come più spesso avviene nella pratica, mediante fideiussione bancaria e la pronuncia, previa verifica sul piano formale della sussistenza dei requisiti per la limitazione, della sentenza di apertura del procedimento di limitazione. A partire da tale momento, è preclusa ai danneggiati qualsiasi azione individuale relativa a domande di indennizzo per danni da inquinamento, ivi comprese in particolare azioni esecutive o cautelari sui beni del proprietario della nave; tutte le domande devono essere proposte, secondo un principio di concorsualità, nell'ambito della procedura di limitazione.

La procedura prosegue con la formazione di uno stato attivo (formato dal fondo di limitazione, costituito nei modi di cui si è detto) e di uno stato passivo, nell'ambito del quale (e della eventuale fase di opposizione) viene verificata la sussistenza e l'entità dei crediti ammissibili all'indennizzo in base alla Convenzione CLC.

Con riferimento alla massa attiva della procedura di limitazione, si è posto il problema se la somma limite, anche quando viene depositata nella forma della fideiussione bancaria, debba produrre interessi. Tale interrogativo ha trovato risposta affermativa nella giurisprudenza italiana sulla scorta delle stesse considerazioni svolte (v. *supra*, cap. 4 § 4) in proposito della disciplina della limitazione di responsabilità dell'armatore.

Deve infine essere ricordato che i crediti per l'indennizzo di danni da inquinamento in base alla Convenzione CLC sono sottoposti ad un termine di prescrizione di tre anni dalla data in cui il danno si è verificato, termine che non può comunque estendersi oltre i sei anni dalla data dell'incidente che ha causato il danno.

7. L'evoluzione della disciplina

Per completare l'esposizione, occorre infine dare brevemente conto delle più recenti evoluzioni della normativa in tema di inquinamento marino.

In primo luogo, è opportuno segnalare che gli Stati Uniti d'America non hanno ratificato le Convenzioni internazionali in materia di inquinamento marino da idrocarburi descritte nei paragrafi precedenti e si sono invece dotati di una propria normativa interna che, sotto molti profili, prevede una disciplina più rigorosa per il proprietario della nave rispetto a quanto previsto dalla Convenzione CLC. Tale normativa è contenuta nella legge federale denominata *Oil Pollution Act* (OPA) emanata nel 1990.

Una prima differenza significativa rispetto alla CLC è costituita dal fatto che l'OPA allarga il numero dei soggetti potenzialmente responsabili, prevedendo la responsabilità, oltre che del proprietario, anche del conduttore a scafo nudo e dell'operatore, soggetto definito in modo assai ampio come «*a contractor who conducts or who is responsible for the operations of a vessel*», includendosi in tale definizione anche il costruttore, il riparatore, il demolitore ed il venditore della nave.

L'ambito dei danni risarcibili comprende anche i "*damages to natural resources*" nei quali rientra anche il danno sofferto da privati per la minore fruibilità delle risorse naturali a causa dell'inquinamento.

Il soggetto responsabile (definito nel modo appena visto) si esonera da responsabilità solo se prova che la fuoriuscita dei prodotti petroliferi inquinanti ed il conseguente danno siano stati causati da "*act of God*", eventi bellici, fatti di terzi (purché in tale ultima ipotesi, il soggetto responsabile dimostri di aver esercitato la dovuta diligenza nella custodia e nel trasporto dei prodotti petroliferi anche in funzione di prevedibili azioni od omissioni di terzi). La possibilità di avvalersi di tali cause di esonero da responsabilità viene, comunque, meno quando il soggetto responsabile abbia omesso o rifiutato di segnalare l'incidente ovvero di prestare un ragionevole contributo alle attività di disinquinamento ovvero di uniformarsi al piano di emergenza predisposto dalle autorità competenti.

Anche in base all'OPA sono previsti limiti quantitativi ai risarcimenti, ma si tratta di limiti assai più elevati di quelli previsti dalla Convenzione CLC. In ogni caso, il soggetto responsabile perde il diritto di limitare la propria responsabilità quando l'incidente sia stato causato dalla sua "*gross negligence*" o "*wilful misconduct*".

L'OPA impone, infine, a tutte le navi che trasportano idrocarburi e che navigano nelle acque territoriali o nella zona esclusiva degli Stati Uniti di essere dotate di copertura assicurativa per un importo pari al limite di responsabilità. L'adempimento di tale obbligo deve essere documentato da un "*certificate of financial responsibility*" rilasciato dalla *Coast Guard* previa verifica dell'effettiva sussistenza della copertura richiesta. I danneggiati hanno azione diretta nei confronti dell'assicuratore, che potrà beneficiare degli stessi esoneri e delle stesse limitazioni del soggetto responsabile.

A livello internazionale, si è invece perseguito un ampliamento della disciplina della responsabilità da inquinamento marino anche a fattispecie diverse da quelle oggetto della Convenzione CLC. Muovendosi in questa direzione si è così, in primo luogo, disciplinata, secondo uno schema analogo a quello adottato dalla Convenzione CLC, la responsabilità per i danni causati da sostanze tossiche e nocive ("*hazardous and noxious substances*"). Ciò è avvenuto mediante la Convenzione di Londra del 3 maggio 1996 (Convenzione HNS, non ancora in vigore).

La Convenzione HNS pone a carico del proprietario della nave una responsabilità oggettiva per i danni causati da sostanze tossiche o nocive trasportate sulla nave ed impone l'obbligo di assicurazione in relazione a tale responsabilità. Analogamente a quanto previsto dalla Convenzione CLC, la responsabilità viene "canalizzata" sul proprietario, con esclusione di altri soggetti. Le sole cause di esonero previste sono (i) eventi bellici o fenomeni naturali eccezionali, (ii) fatti dolosi di terzi, (iii) negligenza delle autorità preposte al mantenimento di "*navigational aids*", (iv) omissione da parte del caricatore di corrette informazioni in merito alla natura del carico.

La responsabilità del proprietario è limitata, in proporzione alla stazza della nave, secondo parametri variabili in relazione alle dimensioni della nave, fino ad un massimo di 100 milioni di DSP; è importante ricordare che si tratta di un limite separato e distinto rispetto a quello previsto in via generale per la responsabilità dell'armatore (cfr. cap. 4) ed anche rispetto a quello previsto dalla Convenzione CLC.

I danni ammessi a concorrere su tale somma-limite sono i danni a persone, i danni a cose, i danni all'ambiente (nei limiti del costo di ragionevoli attività di ripristino) e le misure preventive. Il diritto ad avvalersi della limitazione viene meno in presenza di comportamenti dolosi o temerari e commessi con la consapevolezza del probabile verificarsi del danno.

Analogamente alla Convenzione CLC, anche la Convenzione HNS prevede un ulteriore livello di risarcimento (in aggiunta a quello posto a carico del proprietario della nave); tale risarcimento, fino ad un massimo di 250 milioni di DSP, è garantito da un Fondo, alimentato dall'industria chimica.

Il quadro della disciplina relativa alla responsabilità per inquinamento marino viene completato dalla Convenzione di Londra del 23 marzo 2001 sulla responsabilità per danni da inquinamento causati da combustibile (c.d. "*Bunker Convention*"). Come indicato nel precedente § 3 di questo capitolo, la Convenzione CLC del 1969 (integrata dal Protocollo del 1992) si applica ai danni da inquinamento causati da idrocarburi che costituiscono il carico o il combustibile di navi cisterna. La *Bunker Convention* colma la lacuna lasciata dalla Convenzione CLC, disciplinando la responsabilità per inquinamento causato dal combustibile di navi diverse dalle navi cisterna.

Analogamente a quanto previsto dalla Convenzione CLC, la responsabilità viene canalizzata sul proprietario della nave e ha natura di responsabilità oggettiva. Identiche sono le cause di esonero ed identica è la definizione del danno indennizzabile.

La fondamentale differenza rispetto alla Convenzione CLC è costituita dalla assenza di specifiche disposizioni in tema di limitazione di responsabilità; le responsabilità derivanti dalla *Bunker Convention* restano quindi sottoposte al regime generale della limitazione di responsabilità dell'armatore prevista dalla Convenzione di Londra del 1976 (come modificata dal Protocollo del 1996) e dalla normativa nazionale altrimenti applicabile al riguardo.

8. Diritto dell'Unione europea e inquinamento marittimo

Sotto la spinta delle reazioni provocate da gravi sinistri verificatisi nelle acque europee, l'Unione europea ha dedicato, a partire dai primi anni del nuovo secolo, una crescente attenzione ai temi della sicurezza della navigazione marittima e della tutela dell'ambiente marino. Tale attenzione si è sostanziata nella adozione di una serie di provvedimenti normativi, noti come "pacchetti" ("Erika I", "Erika II" ed "Erika III", dal nome della nave protagonista di uno dei ricordati sinistri).

Con il primo "pacchetto", nel 2001, l'Unione europea ha disposto una riforma degli organi competenti per la effettuazione delle ispezioni a bordo delle navi (direttiva 2001/105/CE) e dei controlli da parte dello Stato del porto di approdo (direttiva 2001/106/CE) ed una introduzione accelerata delle norme che impongono per le navi cisterna l'adozione del doppio scafo (Regolamento CE/417/2008).

Con il secondo "pacchetto" si è proceduto all'istituzione di un sistema comunitario di monitoraggio del traffico navale (direttiva 2002/59/CE) ed alla creazione di un'Agenzia europea per la sicurezza marittima (Regolamento CE/1406/2002). Non ha invece avuto seguito (anche a motivo della adozione a livello internazionale del Protocollo del 2003 relativo al Fondo Supplementare – cfr. *supra* al § 3) la proposta di istituzione di un fondo europeo per l'indennizzo di danni conseguenti alla fuoriuscita accidentale di idrocarburi.

Infine, con il terzo “pacchetto”, sono stati emanati ulteriori provvedimenti in tema di ispezioni e visite di controllo sulle navi (direttiva 2009/15/CE), controlli da parte dello Stato membro di approdo (direttiva 2009/16/CE), monitoraggio del traffico marittimo (direttiva 2009/17/CE), inchieste sui sinistri marittimi (direttiva 2009/18/CE), rispetto agli obblighi degli Stati di bandiera (direttiva 2009/21/CE).

Un altro importante tassello dell’azione comunitaria in tema di sicurezza della navigazione e tutela dell’ambiente marino è costituito dalla direttiva 2005/05/CE, con la quale viene fatto obbligo agli Stati membri di adottare adeguati meccanismi sanzionatori, anche di natura penale, per punire gli scarichi di sostanze inquinanti da navi; tali sanzioni, secondo la direttiva, devono essere “efficaci, proporzionate e dissuasive” ed applicarsi a chiunque sia responsabile di una violazione. Con la sentenza del 3 giugno 2008 (causa C-308/06, in *Dir. mar.*, 2010, p. 469) la Corte di Giustizia ha affermato che la legittimità della suddetta direttiva non può essere contestata in relazione ad asseriti contrasti con la Convenzione Marpol o con la Convenzione di Montego Bay del 1982 sul diritto del mare.

Il quadro degli interventi del legislatore comunitario destinati ad incidere sulla materia della tutela dell’ambiente marino si completa con la disciplina dettata in tema di rifiuti: in particolare, viene in rilievo la direttiva 75/442/CEE. La Corte di Giustizia (CGCE 24 giugno 2008, causa C-188/07, in *Dir. mar.*, 2009, p. 426) ha affermato che idrocarburi accidentalmente sversati in mare a seguito di un naufragio, miscelati ad acqua e sedimenti, non più sfruttabili commercialmente, che vadano alla deriva verso le coste di uno Stato membro, devono considerarsi “rifiuti” ai sensi della citata direttiva; ne consegue che il venditore del prodotto e il noleggiatore della nave possono essere considerati “detentori” dei rifiuti ed essere tenuti, qualora abbiano contribuito al rischio del verificarsi dell’inquinamento a seguito di naufragio (per es. non adottando provvedimenti, come quelli relativi alla scelta della nave, diretti a prevenire tale evento), a sopportare o rimborsare il costo di smaltimento di tali rifiuti, nella misura in cui non siano recuperabili dal proprietario della nave in base alla Convenzione CLC o del fondo IOPCF.

La stessa Corte (sentenza 16 maggio 2019, causa C-689/17) ha recentemente affrontato, dando risposta negativa, la questione se i residui (rottami metallici, acqua di spegnimento, fanghi, ecc.) prodottisi a bordo di una nave a seguito di un sinistro rientrino nell’ambito di applicazione del Regolamento CE/1013/2006 in tema di spedizioni transfrontaliere di rifiuti.

8. La vendita marittima

SOMMARIO: 1. La vendita con spedizione: la consegna della merce. – 2. Le clausole CIF e FOB. – 3. La consegna documentale. – 4. La polizza di carico nella vendita su documenti. – 5. Il trasferimento del rischio.

1. La vendita con spedizione: la consegna della merce

Con il termine "vendita marittima" si vuole designare la vendita di cose mobili, tra soggetti localizzati in aree geografiche diverse, che richiede quindi, per la consegna della merce venduta, il trasporto della merce stessa. Proprio a motivo di tale stretta connessione, si è ritenuto opportuno far precedere alla trattazione del contratto di trasporto di cose e degli altri contratti di utilizzazione della nave l'esame della "vendita marittima". Si evidenzia così il ruolo del trasporto della merce allorché si inserisce in una operazione economica più complessa di cui uno degli elementi essenziali è il trasferimento delle merci, in particolare riguardo all'esecuzione dell'obbligazione di consegna. Una corretta comprensione di taluni aspetti della disciplina del trasporto è, quindi, utilmente preceduta dallo studio della vendita marittima.

Il trasporto di cose costituisce infatti, nella stragrande maggioranza dei casi, un'attività strumentale collegata alla esecuzione di una più complessa operazione economica, incentrata su un contratto di vendita di cose mobili intervenuto tra contraenti localizzati in luoghi diversi (c.d. vendita da piazza a piazza).

L'esecuzione di tale tipologia di vendita non può infatti realizzarsi mediante la contestualità tra la dismissione della cosa da parte del venditore e la sua apprensione da parte del compratore; tra questi due momenti si inserisce così il trasporto della cosa venduta.

Questa separazione tra il momento della dismissione della cosa da parte del venditore e la sua apprensione da parte del compratore (momenti coincidenti rispettivamente con la fase iniziale e quella conclusiva del trasporto) pone il problema di determinare in quale di tali momenti si produca la liberazione del venditore dall'obbligo di consegna.

L'alternativa tra il modello della vendita con spedizione (nella quale l'obbligazione di consegna del venditore si considera adempiuta con la rimessione della cosa al vettore) e quella della vendita con consegna all'arrivo (nella quale l'obbligazione di consegna del venditore si perfeziona con la conclusione del trasporto e la riconsegna della cosa a destino) è stata risolta dal legislatore italiano a favore della vendita con spedizione; l'art. 1510 cod. civ. pone infatti una presunzione (peraltro derogabile dall'autonomia privata) in tal senso, disponendo che «salvo patto o uso contrario, se la cosa venduta deve essere trasportata da un luogo all'altro, il venditore si libera dell'obbligo della consegna rimettendo la cosa al vettore o allo spedizioniere». Il meccanismo della liberazione del venditore dall'obbligo di consegna mediante l'affidamento della cosa al vettore è più puntualmente descritto e precisato nella sentenza della Cass. 18 maggio 1984 n. 3064 (in *Foro it.*, 1984, I, c. 2182):

> «L'attività di consegna delle cose mobili al vettore (o allo spedizioniere, parificato al vettore in quanto si obbliga a concludere il contratto di trasporto in proprio nome ma per conto del mandante) trascende dunque la sfera giuridica di tali soggetti parti nel rapporto contrattuale di trasporto (o di spedizione), riflettendosi nella sfera giuridica del terzo cui le cose devono essere riconsegnate dal vettore; nel senso che, nelle due fattispecie astratte tipizzate dalle citate norme, quell'attività di consegna al vettore (o allo spedizioniere) ha anche valore di atto giuridico di consegna al compratore delle cose mobili oggetto del contratto di vendita. ... Ed allora in ipotesi di obbligazione di consegna o restituzione di cose mobili, qualunque ne sia la genesi negoziale, essa è adempiuta con la conseguente liberazione del debitore, salvo patto od uso contrario, come disposto dal comma 2 dell'art. 1510 cod. civ. per la vendita di cose mobili, nel momento in cui il debitore abbia consegnato le cose ad un vettore (o ad uno spedizioniere) per il trasporto e la riconsegna al destinatario, creditore nel detto rapporto obbligatorio».

Nella vendita con spedizione, quindi, alla liberazione da parte del venditore dall'obbligo di consegna corrisponde da parte del compratore l'acquisto in un primo momento soltanto del possesso mediato delle cose vendute, che restano nella detenzione del vettore. A questo proposito, pur essendo indiscutibile la funzione strumentale che il vettore svolge rispetto all'attuazione della consegna (funzione variamente qualificata da dottrina e giurisprudenza), è però pacifico che il vettore non possa essere qualificato come ausiliario del venditore, con la rilevante conseguenza pratica che il venditore non può essere chiamato a rispondere *ex* art. 1228 cod. civ. nei confronti del compratore di eventuali inadempimenti del vettore; si veda per esempio la sentenza della Cass. 11 febbraio 1994 n. 1381 (in *Dir. mar.*, 1996, p. 141):

> «Tale affermazione della Corte di merito è saldamente ancorata all'indiscusso principio giurisprudenziale, derivante dal chiaro disposto dell'art. 1510, comma 2, cod. civ., secondo il quale nella vendita (anche internazionale) di cose mobili di piazza a piazza, il contratto di trasporto si inserisce nella vicenda contrattuale come modalità esecutiva di essa ed il venditore si fa sostituire nella prestazione di consegnare la cosa, con effetto liberatorio, dal vettore e dallo spedizioniere che assumono, così, la veste di ausiliari *ex lege* del compratore, a prescindere da una effettiva volontà di quest'ultimo in tal senso, con la conseguenza che il venditore, salvo espresso patto contrario, non risponde dell'inadempimento del vettore, come dovrebbe secondo i principi generali dettati dall'art. 1228 cod. civ.; non ne risponde neppure in presenza della clausola C&F o CIF che attiene soltanto all'assunzione del costo del nolo da parte di esso venditore, salvo, beninteso, che sia provata una sua colpa per non avere scelto il vettore o lo spedizioniere secondo quanto contrattualmente convenuto ovvero secondo le modalità e le regole imposte dalla comune diligenza».

Il rapporto di strumentalità tra contratto di vendita e contratto di trasporto è illustrato in una recente sentenza della Corte di Cassazione (Cass. 12 aprile 2011 n. 8321, in *Dir. mar.*, 2013, p. 586):

> «È, viceversa, di tutta evidenza che, nella specie, ricorra un'ipotesi di contratto di vendita internazionale di merci, in cui il trasporto costituisce un'obbligazione del venditore, come d'altra parte è desumibile dalla stessa norma dell'art. 32 [della Convenzione di Vienna del 1980] contenuta nel capitolo intitolato degli "obblighi del venditore" e relativo all'obbligo del venditore di concludere i contratti necessari perché sia effettuato il trasporto. Non si tratta, pertanto, di un'autonoma ipotesi di trasporto, ma di un obbligo (quello di trasporto) strumentale all'adempimento del contratto di vendita internazionale concluso tra le parti, dipendente da quest'ultimo, ed allo stesso accessorio».

Il rapporto di strumentalità tra i contratti di vendita e di trasporto non si spinge però fino ad escludere la autonomia dei due contratti (in questo senso cfr. Cass. 14 marzo 2017 n. 6483, in *Dir. mar.*, 2018, p. 165).

2. Le clausole CIF e FOB

La nozione generale di vendita con spedizione richiede di essere maggiormente precisata in relazione alle diverse ipotesi di affidamento della merce da parte del venditore allo spedizioniere, ovvero al vettore (eventualmente anche presso depositi terrestri o aree portuali), ovvero di effettiva messa a bordo della merce. Inoltre, anche nel caso in cui la disciplina legale non sia stata derogata dalle parti, la materiale remissione della cosa al vettore non esaurisce gli obblighi del venditore: al riguardo sono, infatti, necessari ulteriori adempimenti. Essi trovano compiuta definizione e disciplina nelle c.d. "clausola di consegna", codificate negli *Incoterms* della Camera di Commercio Internazionale; le più note e diffuse di tali clausole sono la clausola CIF e la clausola FOB.

Anzitutto la lettura di tali clausole, allorché operano nell'ambito della vendita con spedizione, evidenzia che il venditore adempie l'obbligo di consegna solamente mediante l'effettiva caricazione della merce sulla nave al porto di caricazione, che, ad esempio, con particolare riferimento all'ipotesi di carichi liquidi (prodotti petroliferi), si è precisato (cfr. App. Genova 24 marzo 1995, in *Dir. mar.*, 1995, p. 1054) avviene solamente dopo il passaggio del prodotto dalla flangia di raccordo con la tubazione di bordo:

> «Secondo lo schema accettato dalla vendita internazionale FOB (vincolante *inter partes* quale uso internazionale *ex* art. 9 Convenzione Vienna 11 aprile 1980) ed anche secondo le condizioni generali dei contratti Nioc richiamate in contratto, la venditrice Italimpianti avrebbe adempiuto l'obbligo di consegna quando la merce superava la murata della nave (trattandosi di petrolio quando superava la flangia di raccordo con le tubazioni di bordo della n/c "*Atlantic Emperor*") e, conseguentemente doveva sopportare tutti i rischi di perdita o di danni alla merce fino a quel momento».

Inoltre, la clausola CIF e la clausola FOB (sempre nel caso di un loro impiego in un contratto di compra-vendita) si differenziano invece per quanto riguarda gli ulteriori obblighi a carico del venditore in merito alla stipulazione (si noti: stipulazione e non esecuzione) a proprie spese del contratto di trasporto, che nella vendita a condizioni CIF è a carico del venditore, mentre nella vendita a condizioni FOB è a carico del compratore.

L'obbligo del venditore a condizioni CIF di provvedere alla stipulazione del contratto di trasporto richiede comunque qualche ulteriore precisazione: si osserva abitualmente, e con ragione, che il venditore non risponde degli inadempimenti del vettore; il venditore deve però stipulare un contratto che sia astrattamente idoneo, secondo un canone di ragionevole prevedibilità (da valutarsi *ex ante* e non *ex post*) a far conseguire al compratore la materiale disponibilità delle cose vendute con il tempestivo e regolare arrivo di esse a destino. Il venditore a condizioni CIF può quindi essere chiamato a rispondere anche per *mala electio* del vettore o per aver stipulato un contratto di trasporto a condizioni inusuali o con impiego di nave non idonea o con itinerario che comporta irragionevoli deviazioni e ritardi. Per una illustrazione di questa problematica si veda la sentenza del Trib. Genova 6 aprile 1966 (in *Dir. mar.*, 1966, p. 336):

> «Il venditore CIF, infatti, è bensì tenuto a consegnare la merce a destino in conformità ai termini contrattuali, ma per ciò che riguarda il trasporto e la messa a disposizione della stessa, in particolare, stipulare a proprie spese ed alle condizioni usuali, un contratto per il trasporto della merce al porto di destinazione convenuto, secondo l'itinerario normale e su nave del tipo normalmente usato per il trasporto delle merci del genere, nonché provvedere alla caricazione delle stesse e darne comunicazione, ottenere la licenza di esportazione, e, infine, stipulare, sempre a proprie spese, un contratto di assicurazione marittima contro i rischi ordinari della navigazione. Ora non v'è chi non veda come, per quanto riguarda la scelta della nave, sia sufficiente l'uso di una ragionevole diligenza, come, cioè, l'obbligazione relativa integri, per adottare una discussa, ma sempre utile classificazione, un'obbligazione di diligenza, espletabile mediante l'impiego della cura ordinaria, normale di un *pater familias* (art. 1176 cod. civ.), non già un'obbligazione assoluta, con garanzia del risultato. Nella specie, quindi, posto che la Supply Oil Co. diede mandato alla FIP per la spedizione della merce e che questa si rivolse ad una rinomata, sul piano internazionale, agenzia di raccomandazione e mediazione navali, che, a sua volta, fissò la nave in classe e idonea alla caricazione ed al trasporto, non sospettando la sua inidoneità a procedere allo sbarco su maone a Mogadiscio in quella stagione dell'anno, e posto che dalla venditrice si provvide pure, come pacifico, alla stipulazione di un contratto di assicurazione della merce contro i rischi ordinari, non si vede come, sotto questo riguardo, la venditrice possa essere, avendo per suo conto fatto tutto quanto ragionevolmente incombente e dichiarata responsabile di inadempienza contrattuale. La mancata consegna della merce dipese dall'imprevedibile, *a priori*, comportamento della nave determinato dalla sua innavigabilità commerciale agli effetti della scaricazione, *in loco* ed *illo tempore*. La compratrice c.i.f. doveva quindi rivolgere le sue pretese verso l'assicuratore delle merci per ottenere l'indennizzo oppure, od oltre che, come ha fatto, agire direttamente verso la società armatrice-vettrice».

Infine, altri obblighi del venditore a condizioni CIF riguardano la copertura assicurativa della merce, l'ottenimento della licenza di esportazione, l'imballaggio della merce e quanto altro sia analiticamente previsto dal contratto o possa ricavarsi dagli usi mercantili.

Nella compravendita a condizioni FOB invece, come si è accennato, l'obbligo di provvedere alla stipulazione del contratto di trasporto e di assicurazione grava sul compratore. Tale obbligo del compratore deve però essere coordinato con l'obbligo del venditore di rendere disponibile la merce pronta per la caricazione in tempo utile per la prevista data di arrivo della nave, in modo da evitare l'inutile attesa della nave nel porto di caricazione con conseguenti oneri relativi ai costi di tale attesa a carico del compratore, salva la presenza di una diversa disciplina contrattuale e gli effetti del mancato rispetto dell'accennato obbligo di cooperazione a carico di entrambe le parti ed in particolare a carico del venditore. Una interessante fattispecie è stata esaminata al riguardo da App. Milano 3 settembre 1996 (in *Dir. mar.*, 1997, p. 798):

> «Il contratto di compravendita a condizione FOB e quello di noleggio (o di trasporto), e, più specificamente, l'apprestamento della merce per la caricazione e l'invio della nave al porto d'imbarco sono negozi ed operazioni che presentano una necessaria complementarietà, nel senso che devono essere tra loro coordinati, sia per quanto concerne il tempo della conclusione che dell'esecuzione. E quanto ai tempi di esecuzione, che qui interessano, è sufficiente rilevare che le clausole 10 e 13 facevano obbligo alla venditrice innanzi tutto di trasmettere copia, entro trenta giorni dalla data del negozio di compravendita, della licenza di esportazione e, inoltre, di dare comunicazione per iscritto alla acquirente della data entro la quale la nave avrebbe dovuto presentarsi per la caricazione della merce pronta alla banchina. Questi adempimenti dovevano necessariamente precedere, sotto il profilo cronologico ed eziologico, la conclusione del noleggio e l'invio del bastimento in porto, giacché non si vede come, mancando la fissazione del termine di caricazione da parte del venditore, il compratore avrebbe potuto, nel momento in cui stipulava il contratto di noleggio, negoziare e determinare col vettore il termine di "cancello" per la nave (di cui al successivo par. 8.2) e, ancor più, non si vede come si possa rimproverare al compratore, in difetto di una prescrizione contrattuale che gli facesse obbligo del preventivo noleggio della nave, di non avere assunto (esponendosi a gravi rischi) l'iniziativa di concludere il contratto, appunto, di noleggio o trasporto senza avere prima ricevuto il documento necessario a dargli un ragionevole affidamento circa l'effettiva disponibilità della merce e la possibilità dell'esportazione».

3. La consegna documentale

Quanto si è detto in precedenza, circa la separazione tra il momento in cui il venditore si libera dell'obbligo di consegna rimettendo le cose al vettore e quello in cui il compratore consegue la materiale disponibilità delle cose, non può non riflettersi anche sulle problematiche attinenti il pagamento del prezzo. Il venditore ha infatti interesse ad incassare il prezzo non appena adempie l'obbligo di consegna (e senza attendere l'arrivo della merce a destino) mentre, al contrario, il compratore ha interesse a ritardare il pagamento fino al momento in cui ha ottenuto la materiale disponibilità della merce.

Un punto di equilibrio tra queste contrapposte esigenze viene raggiunto mediante il meccanismo della vendita su documenti collegata al credito documentario ed in tale logica per conseguire il pagamento del prezzo è necessario che alla consegna materiale della merce al vettore (di cui si è trattato in precedenza) si affianchi anche la consegna dei documenti previsti nel contratto di vendita: pertanto, nel momento in cui il venditore conclude i rapporti eventualmente previsti nel contratto di vendita provvedendo ai relativi pagamenti e soprattutto adempie all'obbligo di consegna materiale, ottiene anche i documenti (in particolare la polizza di carico od altro titolo rappresentativo della merce) che attestano tali circostanze e che consentono, tra l'altro, al compratore di ottenere la riconsegna delle merci trasportate dal vettore che di esse è detentore; appare, pertanto, naturale che, a seguito della consegna di tali documenti al compratore (e cioè anteriormente ed indipendentemente dall'arrivo della merce a destino), il venditore ottenga il pagamento del prezzo. In tale modo il venditore anticipa il momento dell'incasso del prezzo e, per converso, il compratore paga sulla base di un preciso e documentato affidamento dell'adempimento da parte del venditore. In merito al rapporto tra consegna materiale e consegna documentale è particolarmente interessante quanto è stato osservato nella sentenza della Cass. 9 aprile 1987 n. 3482 (in *Dir. mar.*, 1989, p. 429):

«Indubbiamente, nella specie, ricorre un'ipotesi di vendita da piazza a piazza, giacché la merce doveva essere trasportata da un luogo ad un altro. Questa qualificazione, tuttavia, è tutt'altro che incompatibile con l'ipotesi di una vendita su documenti, la quale ha luogo quando il solo compratore o entrambi i contraenti si trovano in luogo diverso da quello in cui è situato l'oggetto mobile dell'alienazione e questo è, a sua volta, nel possesso di un terzo (depositario o vettore). In tal caso, se la cosa è rappresentata da un titolo, chi la detiene è tenuto a consegnarla a chi risulta legittimo possessore del titolo. Pertanto, la vendita di merce da piazza a piazza, quando sia convenuto che il vettore rilasci un titolo rappresentativo delle cose trasportate, si risolve appunto in una vendita su documenti; contratto in forza del quale (art. 1527 cod. civ.), il venditore si libera dell'obbligo di consegna della merce, trasferendo al compratore il titolo rappresentativo, tal che il legittimo possessore del titolo acquista la legittimazione alla riconsegna della merce da parte del vettore ed il potere di disporne. Il che non significa, come adombra la ricorrente, che oggetto della contrattazione, in tal caso, è il titolo: con la rimessione di questo al compratore, infatti, il venditore esegue proprio l'obbligo di consegna del bene venduto (art. 1527 cod. civ.)».

Si deve, peraltro, ancora precisare che tra i documenti da presentarsi da parte del venditore per ottenere il pagamento della merce oggetto della vendita, assumono, nella pratica, particolare rilievo, oltre alla polizza di carico, i certificati di quantità o qualità, rivolti ad attestare la conformità della merce alle specifiche contrattuali. Tali certificati, emessi da ispettori indipendenti, possono avere valore meramente presuntivo (determinando l'obbligo per il compratore di pagare il prezzo, ma consentendo la prova contraria, secondo il meccanismo del "*solve et repete*"), ma possono avere anche valore "*final and binding*", e cioè definitivo (precludendo qualsiasi ulteriore contestazione al compratore, al quale non resterà altro che un'azione di responsabilità nei confronti dell'ispettore che abbia emesso un certificato risultato erroneo). La rilevanza e gli effetti di certificati allorché sono contrattualmente previsti come "*final and binding*" viene esaminata nella sentenza del Trib. Bari 10 gennaio 1994 (in *Dir. mar.*, 1994, p. 842):

«La vendita venne stipulata con la clausola "*weight/quality/conditions: final at loading as per first class superintendent certificate(s) at seller's option and expenses*". L'interpretazione offerta dalla comparente, secondo cui nella prassi commerciale internazionale la clausola mira a demandare congiuntamente ad un terzo qualificato – con efficacia vincolante tra le parti – l'accertamento (operato al momento dell'imbarco delle merci, ma con efficacia appunto "finale") della rispondenza qualitativa e quantitativa tra l'oggetto della pattuizione e la merce effettivamente consegnata dal venditore, non è stata contestata dalla ricorrente, ed appare altresì suffragata dalle pronunce depositate in atti e rese sia dalle corti – arbitrali e non – inglesi, sia dalla Camera Arbitrale di Parigi. La *ratio* del carattere (tendenzialmente) definitivo e vincolante dell'accertamento operato dal terzo appare individuata con particolare chiarezza nella pronuncia della Court of Appeal in data 19-20 giugno 1973, in atti, che rimarca l'esigenza di certezza e di speditezza dei traffici commerciali, specie in un ambito in cui è utilizzabile una pluralità di sistemi di classificazione del grano proveniente dai Paesi diversi da quelli anglosassoni, ed è presente una miriade di operatori, commerciali e finanziari, che interviene nella catena distributiva del certificato reso dall'ente di controllo. Il certificato, pertanto, è ritenuto impugnabile allorquando si provi essere stato frutto di dolo, frode o collusione del venditore con il terzo; negli altri casi, e quindi anche quando sia stato reso con negligenza e si riveli erroneo, non può invece dar luogo a contestazioni nei confronti del vettore».

Il meccanismo della consegna documentale si rafforza mediante il credito documentario (e più precisamente il credito documentario "confermato"), nel quale una banca incaricata dal compratore assume direttamente nei confronti del venditore l'obbligo di pagare il prezzo contro presentazione di determinati documenti, analiticamente indicati nella lettera di credito. In tal modo, da un lato, il venditore, nel momento in cui adempie il proprio obbligo di consegna materiale, sa di poter contare sull'impegno di un terzo di sicura solvibilità (la banca confermante) al pagamento del prezzo; dall'altro il compratore sa che il prezzo verrà pagato soltanto dopo il controllo (formale, ma rigoroso) da parte della banca dei documenti che comprovino (con un ragionevole grado di affidamento) l'avvenuto adempimento da parte del venditore. Il meccanismo del credito documentario è illustrato dalla sentenza della Cass. 10 giugno 1983 n. 3999 (in *Banca, borsa, tit. cred.*, 1985, II, p. 160):

«In siffatta ipotesi negoziale il compratore, obbligato al pagamento del prezzo, conferisce alla banca, la quale si obbliga nei suoi confronti, l'incarico di compiere, in nome proprio ma per conto di esso ordinante, determinati atti giuridici, cioè conferisce un mandato senza rappresentanza. La incarica, irrevocabilmente, di aprire un credito, non confermato, per una somma di denaro, corrispondente all'ammontare del prezzo, in favore del compratore; incarico che è accompagnato, ed integrato, da quello di ritirare e controllare i documenti indicati nel contratto di mandato, attinenti alla merce compravenduta ed alla sua spedizione, e di mettere successivamente a disposizione del beneficiario, venditore della merce, il credito aperto in suo favore, sì che possa utilizzarlo (in unica soluzione od in più riprese; mediante pagamento o mediante emissione di titolo di credito), ma dopo la scadenza di un certo termine dalla data della polizza di carico (e quindi dalla data di spedizione della merce al compratore o ad un suo incaricato). La complessa operazione bancaria è dunque strumentale rispetto al pagamento del prezzo della compravendita, e finalizzata all'esecuzione del contratto di compravendita della merce nell'aspetto dell'obbligazione, a carico del compratore, di pagare il prezzo ... Se il credito è confermato dalla banca nei confronti del beneficiario, il rapporto obbligatorio costituito fra la banca ed il beneficiario è astratto, cioè indipendente, rispetto al contratto di compravendita esistente fra l'ordinatario ed il beneficiario. L'apertura di credito documentario ha pur sempre come presupposto il contratto di compravendita; ma fra i due contratti non esiste un collegamento funzionale, sì che l'apertura di credito, effettuata dalla banca in favore del beneficiario-venditore in esecuzione del contratto di mandato concluso con l'ordinante-compratore, sia influenzata sotto il profilo causale, dal contratto di compravendita. La posizione che il contratto di compravendita ha di presupposto del contratto di mandato di apertura di credito – non concretantesi in una stretta relazione di collegamento funzionale – incide bensì nel rapporto obbligatorio costituito fra la banca accreditante ed il beneficiario, di mettere a disposizione di questi la somma di denaro oggetto dell'apertura di credito, che è condizionata all'esito positivo del controllo, che la banca ha assunto l'obbligo di effettuare nei confronti dell'ordinante, della regolarità dei documenti, relativi all'esecuzione del contratto di compravendita *a parte venditoris* che il beneficiario ha l'onere di presentare alla banca entro un certo termine».

La struttura complessa del credito documentario è stata confermata anche nella più recente giurisprudenza (Cass. civ., sez. I, 12 dicembre 2017 n. 29793, in *Dejure*), per la quale esso dà luogo a una delegazione obbligatoria costituita da un triplice rapporto: un rapporto delegante-delegatario (compratore-venditore) di compravendita; un rapporto delegante-delegato (compratore-banca) di mandato, con il quale il compratore incarica la banca di effettuare il pagamento al venditore; e da un rapporto delegato-delegatario (banca-venditore) con il quale la banca apre il credito a favore del venditore e si obbliga in proprio a pagargli il prezzo contro consegna dei documenti rappresentativi, senza potergli opporre – attesa l'autonomia degli altri rapporti – se non le eccezioni che derivano dall'incompletezza o dalla irregolarità dei documenti o che derivano dallo stesso rapporto di conferma del credito.

In materia assumono grande rilievo le "Norme ed Usi Uniformi relativi ai crediti documentari", (da ultimo revisionate nel 2007, Pubblicazione n. 600 della Camera di Commercio Internazionale), che codificano la prassi interpretativa adottata dalle Banche e che sono normalmente oggetto di specifico richiamo nel credito documentario. Con riferimento ad esse si è osservato (Cass. 31 maggio 2016 n. 11263, in *Dejure*):

«la disciplina del credito documentario è regolato "da un complesso normativo sorto dalle prassi del commercio internazionale, stratificatosi nel tempo, adottato a livello internazionale da numerose associazioni bancarie e formalizzato in un testo soggetto a periodiche revisioni e denominato "norme ed usi uniformi relativi ai crediti documentari" … le norme e gli usi uniformi relativi ai crediti documentari non sono usi giuridici o normativi, ma costituiscono clausole d'uso, integrative della volontà negoziale dei contraenti, ai sensi dell'art. 1340 cod. civ., e sono dirette a regolare in maniera uniforme le operazioni di apertura di credito documentario; con la conseguenza che la loro interpretazione, compiuta dal giudice del merito con motivazione esauriente ed immune da vizi logico-giuridici, risolvendosi in indagine di fatto, non è censurabile in sede di legittimità … in detta valutazione la giurisprudenza di questa Corte "ha giustamente escluso un'applicazione rigida del principio del c.d. 'formalismo' del credito documentario relativamente all'attività di controllo della corrispondenza dei documenti alle condizioni del credito stesso svolta dalla banca 'mandataria' osservando come "l'esecuzione del mandato, ancorché vincolata alle forme, debba trovare una certa ampiezza di respiro, che si debba tradurre, cioè, in un accertamento intelligente e non automatico della corrispondenza formale fra titolo e documenti, da svolgere sulla base delle conoscenze normali ... secondo il criterio della comune esperienza ...” (così sent. n. 3417 del 1953 cit.)”; ed il criterio della “ragionevolezza”, che deve guidare l’attività di controllo documentale della banca verso il giudizio finale di conformità o discordanza, “se, da un lato, non deve limitarsi ad una verifica meramente estrinseca e letterale dei documenti con il rischio di pervenire ad un giudizio di discordanza documentale per errori immediatamente evidenti e non incidenti sul rispetto sostanziale delle condizioni del credito – parimenti non deve, dall’altro, esorbitare in un vero e proprio sindacato sulla corrispondenza del contenuto degli stessi alle condizioni del credito. Escluso, dunque, che, in materia, viga un principio di rigido ‘formalismo’, può, invece, ribadirsi che il rigoroso controllo formale di conformità dei documenti alle condizioni del credito, demandato alla banca mandataria, deve essere guidato ed illuminato dal criterio della ragionevolezza, in relazione alle molteplici circostanze del caso concreto, nel rispetto dei confini prima individuati”».

4. La polizza di carico nella vendita su documenti

Come si è accennato l’elemento fondamentale sul quale fa perno il meccanismo della consegna documentale è la polizza di carico. La polizza di carico svolge tre funzioni, tutte rilevanti nell’ambito della consegna documentale: essa è (i) ricevuta del carico, (ii) documentazione del contratto di trasporto e (iii) titolo di credito rappresentativo della merce. In quanto ricevuta del carico rilasciata dal vettore essa attesta l’adempimento da parte del venditore dell’obbligo di consegna, mediante rimessione delle cose al vettore. In quanto documentazione del contratto di trasporto attesta l’adempimento da parte del venditore a condizioni CIF dell’obbligo di stipulare il contratto di trasporto. In quanto titolo di credito rappresentativo della merce consente, da un lato, il trasferimento dal venditore al compratore del possesso (mediato) della merce e del diritto ad esso collegato di ottenerne la riconsegna dal vettore (o, in difetto di riconsegna, il risarcimento del danno); dall’altro, consente l’ulteriore trasferimento del possesso e del diritto alla riconsegna da parte del compratore, mediante il meccanismo di circolazione dei titoli di credito (e cioè, nell’ipotesi normale di polizza di carico all’ordine, mediante girata).

In particolare, sempre a proposito della funzione della polizza di carico quale ricevuta della merce oggetto del contratto di compra-vendita, va precisato, inoltre, che essa, a tal fine, deve indicare quantità e qualità corrispondenti a quanto previsto nel contratto di vendita e, pertanto, non deve contenere riserve che sminuiscano il valore probatorio della descrizione in polizza di tali quantità e qualità (sul tema delle riserve cfr. *infra*, cap. 11 § 6). Ma non soltanto. Il suo contenuto deve chiaramente indicare (nella vendita a condizioni CIF) anche (a) l’avvenuta effettiva caricazione sulla nave e non la mera presa in consegna della merce da parte del vettore (deve cioè essere una “*shipped bill of lading*” e non una “*received for shipment bill of lading*”) e (b) la data dell’adempimento della consegna da parte del venditore entro il termine (normalmente avente carattere di termine essenziale) previsto dal contratto di vendita.

La rilevanza della funzione della polizza di carico quale ricevuta della merce e prova dell’adempimento da parte del venditore dell’obbligo di provvedere al trasporto della merce, ai fini dell’affidamento che in essa ripongono gli operatori del commercio internazionale (compratori e banche che intervengono nella operazione di vendita su documenti), rende ragione della severità con la quale la giurisprudenza considera gli accordi che intervengono tra caricatore-venditore e vettore per l'emissione di polizze di carico non veritiere (in quanto contenenti una falsa descrizione della merce o antidatate), eventualmente con rilascio da parte del caricatore-venditore al vettore di una lettera di garanzia; cfr. in argomento App. Napoli 12 maggio 1983 (in *Dir. mar.*, 1985, p. 332) relativa ad un caso di antidatazione della polizza di carico:

> «L'antidatazione della polizza di carico (e a maggior ragione la completa falsità della stessa) costituisce un fatto illecito, produttivo di responsabilità extracontrattuale e solidale del vettore e del caricatore quando da essa sia derivato un danno ingiusto ad un terzo, normalmente identificabile nel destinatario del carico. La ragione di tale responsabilità extracontrattuale del caricatore è evidente anche in presenza di un contratto di compravendita tra il caricatore stesso ed il destinatario: in questo caso, infatti, prima ancora che l'inadempimento all'obbligo contrattuale di consegna viene in questione l'attività fraudolenta del caricatore-venditore il quale, al di là e al di fuori del meccanismo negoziale, concorre nella falsificazione del titolo rappresentativo della merce per simulare l'avvenuto adempimento della propria prestazione cui era condizionata la controprestazione, ossia il pagamento del prezzo, e quindi per ottenere illecitamente la medesima. Il fatto illecito consiste nella falsificazione della polizza di carico e il danno, nel caso di polizza da emettersi in una determinata data (data cui è espressamente condizionata l'esecuzione dell'apertura di credito documentato), si identifica con l'avvenuto esborso di una somma che altrimenti, se la polizza fosse stata genuina, non sarebbe stata erogata».

La giurisprudenza ha, comunque, riconosciuto la possibilità per il compratore di ottenere l'inibitoria, con provvedimento d'urgenza *ex* art. 700 c.p.c., dell'incasso del prezzo da parte del compratore, quando risulti acquisita la prova "liquida" della falsità della polizza di carico (ed in particolare di alcuni elementi essenziali relativi alla descrizione della merce in essa contenuti) presentata alla banca per ottenere il pagamento in base all'apertura di credito. A questo riguardo, si veda l'ordinanza del Trib. Mantova 7 marzo 1996 (in *Dir. mar.*, 1998, p. 140).

> «– ritenuto che, nel caso *de quo*, il comportamento fraudolento o comunque scorretto secondo i parametri desumibili dagli artt. 1175 e 1375 cod. civ., si desume con certezza avuto riguardo alla circostanza che i *coils* presentano i difetti più sopra evidenziati e che, per come emerge dalla relazione del CTU, la polizza di carico non porta alcuna annotazione di anomalia/difetto della merce descritta come "*clean on boad*" cioè priva di anomalie e/o difetti; – rilevato che in base alla richiesta di apertura di credito irrevocabile fra i documenti da consegnare alla banca per il pagamento deve esserci l'originale *bill of lading*, per merce a bordo senza riserve sicché, in tal caso, la presentazione della polizza di carico senza le riserve che vi avrebbero dovuto essere apposte non avrebbe consentito neppure alla banca di effettuare il controllo sulla regolarità dei documenti inducendola illecitamente ad eseguire il pagamento; – ritenuto pertanto che vi è "prova pronta e liquida" del comportamento fraudolento, o comunque, contrario alla buona fede contrattuale, e quindi sussiste il *fumus boni iuris*».

Il tratto saliente della polizza di carico rispetto ad altri tipi di documento di trasporto, come innanzi accennato, viene tradizionalmente individuato nella sua funzione di essere, tra l'altro, anche un titolo di credito rappresentativo di merci. Peraltro, è proprio tale aspetto della polizza di carico ad essere oggetto in tempi recenti di qualche ripensamento. La "crisi" di tale funzione "rappresentativa delle merci" propria della polizza di carico viene generalmente ricondotta all'evoluzione tecnologica dei trasporti, che ha grandemente ridotto i tempi di trasferimento delle merci dal porto di caricazione a quello di destino, senza una parallela accelerazione delle conseguenti operazioni documentali; le merci circolano quindi più velocemente della polizza di carico e giungono spesso a destino prima del titolo rappresentativo; d'altra parte solo il possesso del titolo legittima il destinatario-acquirente ad ottenere la riconsegna del carico ed è pacifica in giurisprudenza l'illiceità della riconsegna della merce trasportata a soggetto non legittimato dal possesso del titolo, con la conseguente responsabilità del vettore che può essere fatta valere anche da parte del caricatore della merce; cfr. per esempio Trib. Livorno 10 dicembre 1986 (in *Dir. mar.*, 1987, p. 961):

> «Il Tribunale, pur riconoscendo la esattezza dei principi così enunciati, non ravvisa peraltro nella fattispecie la possibilità di sostenere in base ad essi una carenza di legittimazione attiva della caricatrice venditrice società Spini a conseguire in questa sede un risarcimento di danno contrattuale del vettore per avere questo consegnato la merce ad un soggetto sprovvisto del titolo legittimativo a tale consegna (così come risulta dai non contestati elementi di fatto esposti dall'attrice sopra richiamati) con conseguente mancata percezione da parte dell'attrice stessa del prezzo di tale merce. La legittimazione attiva della S.r.l. Spini appare infatti evidente non solo sotto un profilo sostanziale, ma anche sotto un profilo formale non potendosi nella fattispecie accogliere la tesi della convenuta secondo cui, indebitamente ritirando le merci a destinazione, senza esserne legittimato e senza pagarne il prezzo, l'acquirente ricevitore sarebbe egli stesso divenuto controparte nel contratto rispetto al vettore e lui solo sarebbe legittimato a proporre le azioni nascenti dal contratto stesso, con conseguente perdita di ogni legittimazione del venditore caricatore a proporre azioni di responsabilità contro il vettore».

Per evitare gli inconvenienti che tale situazione determina, sia per il destinatario-compratore (che non può ritirare tempestivamente la merce qualora la polizza di carico arrivi successivamente alla nave), sia per il vettore (costretto ad inutili tempi di attesa nel porto di sbarco), si è diffusa in taluni settori di traffico la consegna della merce, pur in mancanza della polizza di carico, contro rilascio da parte del ricevitore di una "*letter of indemnity*", con la quale il ricevitore si impegna nei confronti del vettore a consegnargli la polizza di carico non appena gli perverrà e comunque a tenerlo indenne dalle pretese di terzi portatori della polizza di carico. Anche questa soluzione, peraltro, non è però scevra da rischi, prestandosi a comportamenti di mala fede.

Va, infine, precisato che, quanto meno per alcuni tipi di traffici, si è pensato di ricorrere nella vendita marittima all'impiego di strumenti alternativi alla polizza di carico privi delle caratteristiche e della funzione rappresentativa delle merci in essi descritte: e cioè a documenti di trasporto (come la *seawaybill*) che non siano titoli di credito negoziabili e quindi consentano la riconsegna della merce al destinatario in essi indicato, anche prescindendo dalla materiale esibizione e consegna del titolo. Una ulteriore tendenza evolutiva verso il superamento della polizza di carico (e degli inconvenienti ad essa collegati) è costituita dai sistemi di EDI (*Electronic Data Interchange*) che, sostituendo al documento cartaceo degli impulsi elettronici, dovrebbero realizzare modalità di circolazione del titolo relativo alla merce assai più veloci (anche se ovviamente non prive di problemi, tecnici e giuridici, di altro tipo), o, in tempi ancora più recenti, di sistemi c.d. "*blockchain*".

5. Il trasferimento del rischio

Nelle pagine precedenti si è esaminato attraverso quali comportamenti materiali (caricazione della merce), negoziali (stipulazione del contratto di trasporto e di quello di assicurazione) e documentali (trasferimento della polizza di carico e degli altri documenti previsti dal contratto) il venditore adempia il proprio obbligo di consegna all'acquirente e maturi il proprio diritto al pagamento del prezzo. Resta ora da esaminare come venga ripartita tra venditore e compratore l'incidenza del rischio di perdita o avaria delle cose verificatesi nel corso del trasporto.

La regola legislativa che si ricava dagli artt. 1378 e 1465 cod. civ. è che, in applicazione del principio "*res perit domino*", il trasferimento del rischio si realizzi alla trasmissione della proprietà delle merci e cioè solo a seguito della loro individuazione. La prassi contrattuale internazionale, ed in particolare le clausole CIF e FOB, è invece nel senso di far coincidere il trasferimento del rischio con il momento dell'adempimento dell'obbligazione di consegna. Quindi, in particolare, nella vendita a condizioni CIF o FOB, è il momento della caricazione della merce sulla nave per il trasporto che rileva a tal fine: tanto più che in un gran numero di casi la caricazione della merce sulla nave realizza contemporaneamente la consegna e l'individuazione della merce.

Vi sono però alcune ipotesi, quale quella di pluralità di partite caricate frammiste di cose determinate solo nel genere, con destinatari diversi, nelle quali tale coincidenza della consegna della merce al vettore e della loro individuazione non si realizza; in tali ipotesi la giurisprudenza italiana fa prevalere la regola legislativa sulle pattuizioni contrattuali, come si ricava dalla sentenza della Cass. 20 luglio 2011 n. 15905 (in *Dir. mar.*, 2012, p. 184):

> «Va innanzi tutto ribadito che, in tema di trasporto di merci, la clausola CIF comporta l'assunzione da parte del venditore del costo del trasporto e degli oneri connessi, ma non implica di per sé lo spostamento convenzionale del luogo di consegna ... Sulla base del menzionato principio ed attraverso la corretta interpretazione delle clausola CIF in concreto stipulata dalle parti, ... trattandosi di una partita di merce oggetto di una pluralità di vendite e spedita a diversi compratori senza distinzione di lotti, il venditore non si libera dall'obbligo di consegna in favore dei compratori con la messa a disposizione del vettore della merce, ma soggiace all'onere della individuazione da compiersi con la materiale separazione dei vari lotti».

Al trasferimento al compratore del rischio di perdita delle cose vendute a partire dal momento della caricazione consegue necessariamente l'attribuzione al compratore-destinatario della legittimazione ad agire nei confronti del vettore per il risarcimento della perdita o avaria delle cose oggetto della vendita e del trasporto. Si può, quindi, dire che il compratore acquista dal venditore non solo la merce, ma anche i diritti derivanti dal contratto di trasporto relativo a tale merce e quindi, non solo il diritto alla riconsegna della merce, ma anche il diritto nei confronti del vettore al risarcimento del danno in caso di perdita o avaria.

L'art. 1689 cod. civ. dispone, infatti, che il destinatario acquista i diritti nei confronti del vettore derivanti dal contratto di trasporto dal momento in cui richiede la riconsegna delle cose a destino (cfr. di recente Cass. 14 marzo 2017 n. 6483, in *Dir. mar.*, 2018, p. 165). Questa norma si salda con gli effetti che conseguono all'esercizio dei diritti incorporati in un titolo di credito, attribuendo definitivamente la legittimazione nei confronti del vettore al titolare della polizza di carico per quanto riguarda il diritto alla riconsegna delle merci ed il risarcimento degli eventuali danni. Sul collegamento tra trasferimento del rischio e trasferimento dei diritti nei confronti del vettore è particolarmente significativa, con riferimento alle considerazioni ed agli effetti ora indicati, la sentenza della Cass. 6 dicembre 1985 n. 6151 (in *Foro it.*, 1986, I, c. 953):

> «A norma dell'art. 1510 cod. civ., nella vendita di cose mobili, salvo patto o uso contrario, il venditore si libera dall'obbligo della consegna rimettendole al vettore. E con la consegna al vettore passano al compratore la proprietà e quindi anche i rischi e i pericoli delle cose stesse e non contraddice a tale normativa sulla vendita con spedizione, la disciplina relativa al contratto di trasporto di cose, nel quale i diritti nascenti sono attribuiti al mittente, ma soltanto fino al momento della effettuazione della riconsegna al destinatario stesso, da tale momento unico legittimato all'esercizio dei diritti nascenti dal contratto di trasporto, ivi compresa l'azione di risarcimento del danno per perdita od avaria delle cose trasportate ... Perdutane la proprietà e liberato da ogni relativo rischio, il venditore mittente non ha perciò alcun diritto a far valer per la perdita o l'avaria delle cose, spettante al nuovo proprietario compratore».

L'accennato collegamento fra allocazione del rischio nell'ambito del contratto di vendita e legittimazione dell'esercizio dell'azione di risarcimento del danno nei confronti del vettore, risulta confermato dall'orientamento giurisprudenziale che, in caso di risoluzione del contratto di vendita, riconosce tale legittimazione al venditore-caricatore; cfr. Cass. 19 dicembre 2000 n. 15946 (in *Dir. mar.*, 2002, p. 539):

> «Ed allora, se la vendita si era risolta e non c'era più il trasferimento della proprietà della merce trasportata e perduta in capo al compratore destinatario, si applica non l'art. 1510 ma l'art. 1689, alla cui stregua nel trasporto di cose la sostituzione del destinatario al mittente nei diritti nascenti dal contratto ha luogo, nel caso di perdita delle cose consegnate al vettore, soltanto dal momento in cui, scaduto il termine legale o convenzionale della consegna, il destinatario sia venuto a conoscenza di tale evento a seguito della richiesta di riconsegna della merce, con la conseguenza che, in assenza di tale richiesta, la legittimazione all'azione di risarcimento del danno contro il vettore permane in capo al mittente ... Nella specie, per quanto riguarda, il destinatario non più proprietario non ha fatto richiesta al vettore di consegnare la merce e, pertanto, la legittimazione ad agire per il risarcimento dei danni conseguenti alla perdita della merce stessa restava in capo al mittente».

Similmente, la legittimazione nei confronti del vettore merce resta in capo al venditore nella ipotesi di vendita con consegna all'arrivo, nella quale il rischio della perdita o del danno della merce durante il trasporto grava sul venditore (cfr. Trib. Milano 27 gennaio 2009, in *Dir. mar.*, 2010, p. 655).

Considerazioni analoghe a quelle appena svolte possono essere fatte anche con riferimento al contratto di assicurazione concluso nell'ambito di un rapporto di compra-vendita a condizioni CIF. Secondo criteri e sulla scorta delle considerazioni ora indicate, infatti, tra i diritti che il venditore trasferisce al compratore vi è infatti anche il diritto all'indennizzo assicurativo per la perdita o avaria delle cose trasportate (che funge quindi anch'esso da bilanciamento della sopportazione del rischio da parte del compratore).

L'assicurazione delle merci trasportate (su cui v. *infra*, cap. 15 § 6), così come disciplinata dall'art. 1891 cod. civ. e dall'art. 517 cod. nav., e cioè nella sua normale configurazione di assicurazione "per conto di chi spetta", fa coincidere il soggetto titolare del diritto all'indennizzo con il portatore dell'interesse assicurato e cioè, secondo l'orientamento tradizionale, con il proprietario della merce; per un'affermazione di tale regola cfr. la sentenza della Cass. 9 luglio 2003 n. 10770 (in *Dir. mar.*, 2004, p. 172):

> «Va poi ricordato che, in tema di assicurazione per conto di chi spetta di cose mobili da trasportare da un luogo ad un altro, l'orientamento di questa Corte è fermo nel ravvisare, nell'ipotesi di perimento delle cose consegnate al vettore, la titolarità del diritto all'indennizzo in capo all'acquirente destinatario della merce (quale titolare dell'interesse tutelato dalla garanzia assicurativa) e non in capo al mittente venditore e ciò in applicazione dell'art. 1510 cod. civ., in forza del quale il venditore rimettendo al vettore o allo spedizioniere le cose oggetto della vendita non solo si libera dell'obbligazione della loro consegna e dei rischi connessi al loro perimento, ma trasferisce all'acquirente, salvo patto contrario, anche la loro proprietà, con la conseguenza che la qualità di assicurato con detta consegna si trasferisce dal venditore all'acquirente. Il venditore non è quindi legittimato ad agire nei confronti della società con cui ha stipulato il contratto di assicurazione per il risarcimento dei danni verificatisi al bene alienato successivamente alla consegna del vettore. ... Il diritto alla prestazione dell'assicuratore spetta a chi risulti essere titolare dell'interesse assicurato nel momento del verificarsi del sinistro. In particolare nell'assicurazione contro i danni stipulata per conto di chi spetta la persona dell'assicurato va individuata in colui che al momento dell'evento dannoso sia proprietario della cosa».

Una riflessione più attenta su questo tema conduce però alla precisazione che la titolarità dell'interesse assicurato (e quindi la legittimazione a percepire l'indennizzo assicurativo) spetti al soggetto che, in virtù delle pattuizioni del contratto di vendita in tema di trasferimento del rischio, effettivamente sopporta il pregiudizio economico conseguente alla perdita o avaria della cosa venduta; in questo senso cfr. la sentenza del Trib. Genova 22 aprile 1989 (in *Dir. mar.*, 1990, p. 1066):

> «Effettivamente il rapporto contrattuale intercorse fra la Trisolvent e la Uwaks International di Cotonou deve essere inquadrato nella fattispecie della "vendita con spedizione" di cui all'art. 1510, comma 2, cod. civ.: in base a tale normativa, il venditore si libera di ogni suo obbligo mediante la consegna delle cose vendute al vettore. Con la conseguenza che da tale momento il compratore diventa titolare del diritto di proprietà sulla stessa e correlativamente si assume tutti i rischi ad essa relativi. Su tale disciplina non incide la clausola CIF (che era appunto prevista dal contratto Trisolvent-Uwaks) la quale ha il solo effetto di esonerare il compratore dal pagamento delle spese di trasporto e d'assicurazio-

ne della merce, ponendole a carico del venditore. Conseguentemente, se dal momento della consegna della merce al vettore è sull'acquirente, in quanto proprietario, che gravano tutti i rischi relativi alla merce stessa, deve necessariamente concludersi che, nell'ipotesi in cui uno di tali rischi si sia effettivamente concretizzato, è solo l'acquirente che può agire nei confronti dell'assicurazione per ottenere il risarcimento del danno che ne è derivato. Nel caso in esame, dunque, verificatosi il danno conseguente alla mancata consegna della merce, soltanto l'acquirente Uwaks International era legittimata a pretendere dalla Agenzia Assicurativa Vittorio Pino S.a.s. la relativa indennità».

ONLINE *Vedi allegato al Capitolo 8*

9. Il trasporto marittimo di persone

1. La responsabilità del vettore nel codice della navigazione

Fino all'entrata in vigore, alla data del 31 dicembre 2012, del Regolamento CE/392/2009 (sul quale v. *infra*), la disciplina della responsabilità del vettore marittimo di persone per morte o infortunio del passeggero era, nell'ordinamento italiano, quella dettata dal codice della navigazione e, più precisamente, dall'art. 409 cod. nav., secondo il quale «il vettore è responsabile per i sinistri che colpiscono la persona del passeggero, dipendenti da fatti verificatisi dall'inizio dell'imbarco sino al compimento dello sbarco, se non prova che l'evento è derivato da causa a lui non imputabile». Si tratta del modello classico di responsabilità per colpa presunta (analogo a quello previsto in via generale per la responsabilità contrattuale dall'art. 1218 cod. civ.), nel quale la prova liberatoria, comprensiva in primo luogo della individuazione della causa del sinistro, fa carico al debitore della prestazione.

La giurisprudenza italiana, ed in particolare quella della Corte di Cassazione, ha però interpretato questa norma in modo tale da attenuarne il rigore, a discapito della posizione del passeggero danneggiato. In questa direzione, si è così affermato che spetti al passeggero dimostrare l'esistenza di una "anomalia" del trasporto e quindi, in sostanza, individuare la causa del sinistro: cfr. Cass. 9 agosto 1972 n. 2658 (in *Dir. mar.*, 1974, p. 137):

> «Sotto il profilo costitutivo della responsabilità del vettore, è posta a carico del passeggero infortunato l'individuazione non solo dell'infortunio subito ... ma anche della causa specifica del sinistro quale inerente al trasporto, cioè quale accidente o anomalia dello svolgimento delle operazioni del trasporto stesso, accidente o anomalia rapportabile alla condotta del vettore o dei dipendenti di lui».

L'interpretazione "correttiva" (in senso favorevole al vettore) dell'art. 409 cod. nav. ha inoltre introdotto la distinzione tra i sinistri "a causa" e quelli "in occasione" del trasporto, con una diversa configurazione della prova liberatoria a carico del vettore; il *leading case* a questo riguardo è costituito dalla sentenza della Corte di Cassazione 7 febbraio 1962 n. 244 (in *Dir. mar.*, 1962, p. 557):

> «Il vettore ... è tenuto a porre in essere quanto necessario per assicurare, secondo una normale diligenza, la incolumità dei passeggeri, mentre resta liberato da responsabilità qualora risulti accertata la mancanza di una colpa di lui o dei suoi dipendenti o preposti. Per tale mancanza di colpa, negli incidenti in occasione del trasporto, è sufficiente la prova di aver predisposto tutto quanto necessario alla incolumità dei passeggeri; negli incidenti a causa del trasporto è necessaria la prova che l'evento dannoso è conseguente a fatto non prevedibile dal vettore o dai suoi preposti e dipendenti (fortuito), ovvero da fatto non potuto evitare nonostante l'uso della dovuta diligenza (forza maggiore)».

Facendo applicazione di tale distinzione, si è così ritenuto (App. Messina 15 aprile 2015, in *Dir. mar.*, 2017, p. 482) che la caduta di un passeggero mentre scendeva le scale costituisse sinistro "in occasione" del trasporto, con la conseguenza che incombesse al passeggero l'onere di dimostrare quale fosse stato il fattore, addebitabile al vettore, che aveva determinato la caduta.

Secondo la stessa giurisprudenza, nella valutazione della condotta del vettore occorre tenere conto anche dell'onere di prudenza che grava sul passeggero stesso: cfr. ancora Cass. 7 febbraio 1962 n. 244:

> «Occorre, quindi, che il giudice di merito accerti, volta a volta, le modalità dell'incidente occorso al passeggero ... Occorre precisare però che, poiché il passeggero non può essere equiparato ad una *res*, nell'accertamento di cui sopra deve essere tenuto presente che al passeggero incombe, a sua volta, l'onere di un comportamento ispirato alla comune diligenza».

È importante notare, anche per rilevarne la differenza rispetto alle diverse soluzioni adottate dal legislatore internazionale e dell'Unione europea, che le norme del codice della navigazione non prevedono limitazioni quantitative al risarcimento dovuto dal vettore per i casi di morte o infortunio del passeggero.

In base all'art. 412 cod. nav. il vettore è responsabile per la perdita o avaria del bagaglio che gli è stato consegnato, se non prova che la perdita o avaria è derivata da causa a lui non imputabile. A questa responsabilità del vettore si applica un limite di Euro 6,20 per chilogrammo. Per il bagaglio non consegnato il vettore è responsabile solo se il passeggero dimostra che la perdita o avaria è stata causata da causa imputabile al vettore.

La prescrizione dei diritti derivanti dal contratto di trasporto di persone è fissata dall'art. 418 cod. nav. nel termine di sei mesi dal giorno di arrivo (o di previsto arrivo) a destinazione, ovvero di un anno quando il trasporto abbia inizio o termine al di fuori dell'Europa o dei paesi bagnati dal Mediterraneo, salva comunque l'applicazione dell'art. 2947 cod. civ. laddove il fatto generatore della responsabilità costituisca anche reato (cfr. Cass. 14 novembre 2014 n. 24347, in *Dir. mar.*, 2014, p. 600).

2. La Convenzione di Atene del 1974 ed il Protocollo di Londra del 2002

A livello internazionale la disciplina uniforme del trasporto marittimo di persone è costituita dalla Convenzione di Atene del 1974, come modificata dal Protocollo di

Londra del 2002. La Convenzione si applica ai contratti internazionali di trasporto marittimo di persone, per tali intendendosi quelli che, secondo le disposizioni contrattuali, abbiano inizio e fine in due diversi Stati, o in un unico Stato se sia prevista uno scalo intermedio in un altro Stato. I criteri di collegamento previsti dalla Convenzione per la sua applicazione sono, alternativamente, a) che la nave vettrice abbia la nazionalità di uno Stato contraente, b) che il contratto sia stato concluso in uno Stato contraente, c) che il luogo di partenza o di destinazione si trovi (in base alle disposizioni contrattuali) in uno Stato contraente.

Nella definizione dell'ambito di applicazione *ratione materiae* della Convenzione di Atene non viene precisato se il trasporto debba essere a titolo oneroso; si può quindi ritenere che la Convenzione si applichi a tutti i trasporti internazionali di persone aventi natura contrattuale, ivi compresi quelli che, nell'ordinamento italiano, ricadono nella definizione di trasporto gratuito, con esclusione invece del c.d. "trasporto di cortesia".

L'ambito spazio temporale del trasporto oggetto della disciplina convenzionale comprende il periodo nel quale i passeggeri si trovano a bordo della nave e le operazioni di imbarco e sbarco, nonché quello nel quale «sono trasportati per via d'acqua dalla banchina alla nave e viceversa» (nella giurisprudenza inglese, cfr. Court of Appeal 27 novembre 2017, in *www.bailii.org*); sono invece esclusi i periodi nei quali i passeggeri si trovano «in una stazione marittima o in un terminal marittimo o su una banchina o altra infrastruttura portuale» (sempre nella giurisprudenza inglese cfr. Admiralty Court 22 gennaio 2018, in *www.bailii.org*).

Le regole dettate dalla Convenzione in tema di responsabilità vettoriale si applicano tanto al vettore contrattuale quanto, per la parte di trasporto da lui eseguita, al vettore di fatto ("*performing carrier*") e cioè il soggetto, «diverso dal vettore contrattuale, proprietario, armatore o noleggiatore della nave che esegue materialmente, in tutto o in parte, il trasporto». Vettore contrattuale e vettore di fatto (quest'ultimo per la parte di trasporto materialmente eseguita) sono responsabili in solido nei confronti del passeggero.

L'art. 3 della Convenzione di Atene, come modificato dal Protocollo del 2002, regola la responsabilità del vettore marittimo di persone con una pluralità di norme di natura inderogabile che compongono un sistema piuttosto complesso. Tale sistema si articola, in primo luogo, nella distinzione tra sinistri causati da un "incidente marittimo" o da altri eventi. La nozione di "incidente marittimo" è definita all'art. 3.5.a) come «il naufragio, il capovolgimento, la collisione o l'incaglio della nave, un'esplosione o un incendio a bordo o un difetto della nave»; tale elencazione deve ritenersi tassativa (non suscettibile quindi di estensione in via analogica) e, sotto questo profilo, si presta a qualche critica, in quanto non comprende alcune tipologie di evento che pure potrebbero considerarsi come espressione del rischio tipico della navigazione. Inoltre, sebbene la Convenzione sia muta sul punto, si ritiene che spetti al passeggero provare che l'infortunio è stato causato da un "incidente marittimo".

Nel caso di danni causati da "incidente marittimo", la responsabilità del vettore è oggettiva (con le sole eccezioni di atti di guerra, fenomeni naturali di carattere eccezionale, inevitabile e irresistibile o di fatti dolosi di terzi) fino all'importo di 250.000 DSP (Diritti Speciali di Prelievo), mentre al di sopra di tale importo il vettore è responsabile a meno che non provi che l'evento dannoso non è imputabile a sua colpa o negligenza (responsabilità per colpa presunta). Si tratta di un modello di responsabilità "a doppio livello" ("*two tier*"), che presenta elementi di analogia con quello previsto per il vettore aereo di persone dalla Convenzione di Montreal del 1999. Qualora invece i danni alla persona del passeggero siano stati provocati da cause diverse da un "incidente marittimo", l'onere di provare la colpa del vettore è posto a carico del danneggiato.

In tutti i casi, e quindi a prescindere dalla circostanza se il danno sia stato provocato da un "incidente marittimo" o da una diversa causa, il risarcimento dovuto dal vettore per i danni da morte o infortunio del passeggero è limitato all'importo massimo di 400.000 DSP. Il diritto per il vettore di avvalersi di tale limite viene meno quando il danneggiato provi che il danno è stato causato da un atto o un'omissione commessi dal vettore con l'intenzione di provocare il danno o temerariamente e con la consapevolezza del probabile verificarsi del danno.

Il Protocollo del 2002 ha aggiunto alle norme della Convenzione di Atene un art. 4-*bis*, che integra le norme in tema di responsabilità del vettore, prevedendo l'obbligo di assicurazione a carico del vettore (contrattuale o di fatto) «che esegue realmente la totalità o parte del trasporto». Più precisamente, il vettore deve dotarsi di una copertura assicurativa della propria responsabilità per morte o infortunio con un massimale pari ad almeno 250.000 DSP. I danneggiati possono proporre le domande di risarcimento direttamente nei confronti dell'assicuratore. Gli Stati contraenti rilasciano alle navi che battono la propria bandiera un certificato che attesta la sussistenza di una copertura assicurativa conforme ai requisiti dettati dall'art. 4-*bis*. Inoltre, ciascuno Stato contraente, da un lato, autorizza le navi battenti la propria bandiera ad operare solo se munite del suddetto certificato e, dall'altro, non consente lo scalo nei propri porti alle navi, di qualsiasi nazionalità, che siano sprovviste di tale certificato.

La Convenzione di Atene disciplina anche la responsabilità del vettore per la perdita o l'avaria del bagaglio distinguendo, da un lato, tra bagaglio a mano ed altro bagaglio e, dall'altro, tra perdita o avaria provocata da "incidente marittimo" o da altra causa. La colpa del vettore è presunta nel caso di danno al bagaglio a mano causato da "incidente marittimo" e di danno al bagaglio di altro tipo, mentre deve essere provata dal passeggero in caso di danno al bagaglio a mano provocato da causa diversa da un "incidente marittimo". I limiti della responsabilità del vettore sono fissati, per passeggero, in 2.250 DSP per il bagaglio a mano, 3.375 DSP per il bagaglio di altro tipo e 12.700 DSP per i veicoli.

Al diritto al risarcimento dei danni per morte o lesione personale, come pure per perdita o avaria del bagaglio, si applica un termine di prescrizione di due anni. La Supreme Court inglese (sentenza 17 ottobre 2018, in *Dir. mar.*, 2019, p. 210) ha chiarito la necessità di interpretare le nozioni di "interruzione" e "sospensione" in modo autonomo rispetto ai singoli ordinamenti nazionali degli Stati contraenti, stante l'origine internazionale di tali disposizioni, con ciò confermando l'orientamento ormai del tutto prevalente in tema di interpretazione delle convenzioni internazionali di diritto uniforme (cfr. cap. 1 § 6).

3. Il Regolamento CE/392/2009

L'Italia non ha ratificato né la Convenzione del Atene del 1974, né il Protocollo di Londra del 2002, sicché per lungo tempo l'unica disciplina applicabile al trasporto marittimo di persone è stata quella dettata dal codice della navigazione (sulla quale v. *supra*).

La svolta si è avuta con l'entrata in vigore, nel dicembre 2012, del Regolamento CE/392/2009, che ha introdotto negli ordinamenti di tutti gli Stati membri una disciplina della responsabilità del vettore marittimo di persone modellata (con le ulteriori precisazioni di cui si dirà *infra*) sulle norme della Convenzione di Atene, come modificata dal Protocollo del 2002.

Il preambolo al Regolamento dichiara infatti che:

> «nell'ambito della politica comune dei trasporti è necessario adottare ulteriori provvedimenti al fine di migliorare la sicurezza del trasporto via mare; tali provvedimenti dovrebbero comprendere disposizioni in materia di responsabilità per i danni causati ai passeggeri, giacché è importante garantire un adeguato livello di risarcimento ai passeggeri coinvolti in incidenti durante il trasporto via mare; a tal fine le disposizioni della Convenzione di Atene ... dovrebbero essere intese, *mutatis mutandis*, nel contesto della normativa comunitaria».

Il recepimento dei contenuti di normative di diritto internazionale uniforme dei trasporti in un regolamento, al fine di renderle immediatamente operanti in tutti gli Stati membri, indipendentemente dalle ratifiche da parte dei singoli Stati, non costituisce una novità: in modo analogo si era già proceduto con i Regolamenti nn. 2027/97 e 889/92 per il trasporto aereo e con il Regolamento n. 1371/2007 per il trasporto ferroviario. In tal modo si è inteso porre in essere, in tutti gli Stati membri, standard uniformi di responsabilità del vettore e quindi livelli adeguati di protezione dei passeggeri.

Tali interventi diretti alla tutela dei passeggeri costituiscono una delle direzioni fondamentali del crescente intervento dell'Unione europea nel settore dei trasporti (cfr. *supra*, cap. 1 § 7), per cui, nell'ambito del polisistema di fonti del diritto della navigazione, la crescente rilevanza del diritto europeo rappresenta uno dei fenomeni più significativi della fine del secolo scorso e dell'inizio di questo.

Nel recepire ed introdurre negli ordinamenti degli Stati membri le norme della Convenzione e del Protocollo il Regolamento ne estende l'ambito di applicazione anche ai trasporti effettuati all'interno di un singolo Stato membro a bordo di navi appartenenti alle classi A e B di cui all'art. 4 della direttiva 98/18/CE (che costituiscono la maggior parte delle navi passeggeri), salva la possibilità per gli Stati membri di rinviare tale applicazione rispettivamente a partire dal 31 dicembre 2016 e 2018 (come ha scelto di fare l'Italia; cfr. circolare Ministero infrastrutture dell'8 agosto 2013 n. 13977; così Trib. Firenze 17 settembre 2014, inedita). L'ambito di applicazione riservato alle norme interne dei singoli Stati resta così confinato ai trasporti nazionali effettuati con navi delle classi C e D di cui alla citata direttiva e ad alcune limitate tematiche per le quali è la stessa Convenzione di Atene a rinviare alla legge nazionale.

Oltre ad introdurre negli ordinamenti degli Stati membri le norme della Convenzione e del Protocollo, il Regolamento CE/392/2009 ne integra la disciplina mediante il recepimento delle *IMO Reservations and Guidelines* relative alla stessa Convenzione, attribuendo però natura cogente a quelle che sarebbero per loro natura solo raccomandazioni. Per effetto di tali disposizioni IMO l'obbligo di assicurazione a carico del vettore viene esteso per ricomprendervi alcuni rischi (in particolare il rischio di atti terroristici) altrimenti non coperti dalle usuali polizze, con un massimale di 250.000 DSP per persona ed un massimale complessivo per sinistro pari a 340.000.000 DSP.

Il Regolamento CE/392/2009 aggiunge poi alla disciplina della Convenzione di Atene e del Protocollo del 2002 alcune norme intese a rafforzare ulteriormente la tutela del passeggero. Così, in primo luogo, l'art. 6 del Regolamento prevede l'obbligo per il vettore, quando la morte o le lesioni del passeggero sono state causate da un incidente marittimo, di effettuare entro 15 giorni un anticipo di pagamento, in misura proporzionale al danno subito e sufficiente a coprire le necessità economiche immediate; in caso di morte, l'importo di tale pagamento non può essere inferiore a 21.000 Euro.

L'art. 7 impone invece al vettore di fornire ai passeggeri informazioni "appropriate e comprensibili" in merito ai diritti che ad essi spettano in forza del Regolamento stesso.

Una norma particolare è dettata dall'art. 4 per il risarcimento dei danni in caso di perdita o danneggiamento di ausili alla mobilità o altre apparecchiature utilizzate da passeggeri a mobilità ridotta; il risarcimento è pari, a seconda dei casi, al valore di sostituzione o al costo di riparazione; a questa ipotesi di responsabilità del vettore si applicano le norme dettate dalla Convenzione di Atene per il bagaglio a mano.

L'art. 5 del Regolamento fa salvo il diritto del vettore di avvalersi, in quanto ne abbia titolo, della limitazione globale di responsabilità di cui alla Convenzione di Londra del 1976, come modificata dal Protocollo del 1996 (cfr. *supra* al cap. 4) o della relativa normativa nazionale di attuazione; in mancanza, l'unica limitazione applicabile è quella prevista dalla Convenzione di Atene (come modificata dal Protocollo del 2002). Si ripropone così, anche con riferimento a questo specifico profilo, il quesito (già esaminato *supra* al cap. 4) della possibilità di assimilare il d.lgs. 28 giugno 2012 n. 111 ad una normativa nazionale di attuazione della Convenzione di Londra e del successivo Protocollo. Della limitazione prevista dalla Convenzione di Londra può beneficiare anche l'assicuratore che presta la copertura obbligatoria prevista dalla Convenzione di Atene e dal Regolamento contro il quale abbia eventualmente agito il danneggiato in virtù del diritto di azione diretta previsto da dette normative.

Va però osservato che il limite di responsabilità previsto dalla Convenzione di Londra per le azioni relative a morte o lesioni personali dei passeggeri, come aggiornato nel 1996 proprio per tenere conto dei nuovi limiti introdotti nella Convenzione di Atene dal Protocollo del 1990 (175.000 unità di conto moltiplicato per il numero di passeggeri che la nave è autorizzata a trasportare in base ai certificati), non è invece allineato coi limiti introdotti nel 2002 e nel 2012 e può risultare in concreto inferiore ad essi.

Non a caso il diciottesimo considerando del Regolamento ricorda la possibilità per gli stati di avvalersi dell'opzione prevista all'art. 15, § 3-*bis* della Convenzione di Londra al fine di disciplinare, mediante specifiche disposizioni, il sistema di limitazione della responsabilità da applicare ai passeggeri, ovviamente nel senso di allineare detta limitazione ai nuovi limiti introdotti.

Infine, va menzionato il ruolo che il Regolamento CE/392/2009, e quindi indirettamente la Convenzione di Atene ed il Protocollo del 2002, possono avere nella disciplina dei "pacchetti turistici", che comprendono anche una tratta di trasporto marittimo. A questo riguardo, l'art. 5.2 della direttiva 90/314/CEE prevede che gli Stati membri possano ammettere che il risarcimento per i danni alla persona sia limitato "conformemente alle Convenzioni internazionali" che disciplinano le singole prestazioni che compongono il pacchetto. La normativa italiana di attuazione della citata direttiva (art. 44 del d.lgs. 23 maggio 2011 n. 79, c.d. "Codice del Turismo") prevede che «il danno derivante alla persona dall'inadempimento o dalla inesatta esecuzione delle prestazioni che formano oggetto del pacchetto turistico è risarcibile secondo le norme stabilite dalle Convenzioni internazionali di cui sono parte l'Italia e l'Unione europea, che disciplinano le singole prestazioni». Anche se tecnicamente non si può parlare di una ratifica italiana della Convenzione di Atene e del Protocollo del 2002, sembra ragionevole ritenere che la Convenzione ed il Protocollo facciano parte, per effetto dell'entrata in vigore del Regolamento CE/392/2009 dell'ordinamento italiano (e di quello dell'Unione europea) e che le limitazioni di risarcimento previste dalla Convenzione di Atene, come modificata dal Protocollo, si applichino anche alla responsabilità del *tour operator* per le tratte di trasporto marittimo comprese in un pacchetto turistico.

4. Il Regolamento UE/1177/2010

Similmente a quanto fatto in altri settori del trasporto (cfr. Regolamenti nn. 261/2004, 1371/2007 e 181/2011, relativi, rispettivamente, ai passeggeri del trasporto aereo, ferroviario e in autobus), l'Unione europea ha dettato con il Regolamento n. 1177/2010 norme specifiche volte alla tutela dei diritti dei passeggeri nel settore del trasporto marittimo; benché tale disciplina appaia in larga misura ispirata a quella elaborata per la tutela del passeggero nel trasporto aereo, va preliminarmente osservato come, secondo la Corte di Giustizia (cfr. CGUE 26 settembre 2013, causa C-509/11, in tema di trasporto ferroviario)

> «la situazione delle imprese che operano nel settore di attività dei diversi mezzi di trasporto non è paragonabile, in quanto, alla luce delle loro modalità di funzionamento, delle condizioni della loro accessibilità e della ripartizione delle loro reti, le diverse modalità di trasporto non sono, quanto alle loro condizioni di utilizzazione, intercambiabili. In tali circostanze, il legislatore dell'Unione ha potuto introdurre regole che prevedono un diverso livello di protezione del consumatore a seconda del settore di trasporto considerato (sentenza del 31 gennaio 2013, McDonagh, C-12/11, punti 56 e 57)».

Pertanto, particolare attenzione deve essere prestata prima di trasporre, in via di interpretazione analogica, le specifiche soluzioni adottate per un settore ad un altro, nonché i relativi esiti interpretativi.

Le ragioni poste alla base della normativa in questione sono riconducibili, secondo quanto indicato nei considerando del Regolamento, all'esigenza di provvedere alla tutela del passeggero, considerato parte debole nel contratto di trasporto, anche con specifico riferimento alle persone a mobilità ridotta, e di evitare il rischio di distorsioni concorrenziali nel mercato dei trasporti di passeggeri. Ciò giustifica altresì il carattere inderogabile della disciplina, che non può essere modificata contrattualmente, se non in senso più favorevole al passeggero (art. 6).

Il Regolamento si applica a decorrere dal 18 dicembre 2012 (con possibilità per alcune tipologie di navi di un rinvio al 18 dicembre 2014 a scelta dello Stato) e introduce i diritti minimi che spettano ai passeggeri che utilizzano servizi di trasporto commerciale via mare o per vie navigabili interne effettuati secondo un orario pubblicato (c.d. servizi passeggeri) con imbarco in un porto situato in un Paese membro dell'Unione europea. Laddove il porto d'imbarco sia situato in un Paese diverso, il Regolamento si applica comunque se il trasporto è effettuato da un vettore stabilito nel territorio di uno Stato membro o che offre servizi di trasporto passeggeri da o verso il territorio di uno Stato membro, allorché il porto di sbarco è situato in un Paese dell'Unione europea. Sono, peraltro, previste particolari esclusioni dall'applicazione di tutte o parte delle regole stabilite nel Regolamento per alcune tipologie di trasporti e per i servizi crocieristici.

Viene, però, precisato dall'art. 21 che quanto stabilito nel Regolamento non pregiudica in alcun modo gli ulteriori diritti per i passeggeri, previsti dalla legge nazionale, per ottenere il risarcimento dei danni connessi alla cancellazione o al ritardo, anche a norma della direttiva 90/314/CEE; ciò appare coerente sia con il carattere di tutela "minima" attribuito al regime introdotto con il Regolamento, sia con la natura peculiare delle forme di assistenza e ristoro applicabili. Invero, con riferimento alle analoghe disposizioni previste nel Regolamento n. 261/2004, allorché si è trovata a doverne valutare la compatibilità con la normativa internazionale prevista per la responsabilità da ritardo dalla Convenzione di Montreal del 1999 sul trasporto aereo internazionale, la Corte di Giustizia (CGCE 10 gennaio 2006, causa C-344/04, *IATA*, in *Dir. trasp.*, 2006, p. 851) ha avuto modo di precisare come le misure introdotte dalla disciplina (in allora) comunitaria

> «non ostano di per sé a che i passeggeri interessati, nel caso in cui lo stesso ritardo causi loro anche danni che facciano sorgere un diritto a indennizzo, possano intentare comunque le azioni di risarcimento dei detti danni alle condizioni previste dalla Convenzione di Montreal. Tali misure, che migliorano la tutela degli interessi dei passeggeri e le condizioni in cui si applica nei loro confronti il principio di risarcimento, non possono quindi essere considerate incompatibili con la Convenzione di Montreal»;

il che vale anche rispetto alle disposizioni di diritto interno che concernono il risarcimento del danno da ritardo che compete individualmente al singolo passeggero (cfr. CGUE 13 ottobre 2011, causa C-83/10, in *Dir. trasp.*, 2012, p. 193) e che è ulteriore e diverso rispetto al disagio subito per la perdita di tempo, oggetto delle misure standardizzate introdotte dal Regolamento (così CGUE 23 ottobre 2012, cause C-581/10 e C-629/10, in *Dir. trasp.*, 2013, p. 491).

I soggetti obbligati a garantire ai passeggeri le misure di tutela previste dal Regolamento sono non solo il vettore contrattuale, ma anche quello di fatto (ossia, il soggetto – diverso dal vettore – che esegue effettivamente il trasporto, interamente o parzialmente) e gli altri soggetti indicati nell'art. 5.

Per quanto attiene le misure introdotte, tutti i passeggeri che acquistano biglietti per servizi di trasporto marittimo hanno diritto a non essere discriminate direttamente o indirettamente in base alla loro nazionalità o al luogo di stabilimento del vettore o del venditore di biglietti nell'Unione, fatta però salva l'applicazione delle tariffe sociali. Inoltre, essi hanno il diritto di ricevere informazioni adeguate per tutta la durata del viaggio, anche riguardo al contenuto dei diritti e delle procedure di tutela loro attribuiti dal Regolamento stesso, e in caso di cancellazione o ritardo alla partenza, hanno il diritto di essere informati del ritardo o della cancellazione e dell'orario di partenza e di arrivo previsti non appena tale informazione è disponibile.

In caso di ritardo superiore a novanta minuti o di cancellazione, ai passeggeri deve essere prestata assistenza gratuitamente in ragione della durata dell'attesa. Se si rende necessario un soggiorno di una o più notti, ai passeggeri deve essere messa a disposizione gratuitamente una sistemazione adeguata, salvo che la cancellazione o il ritardo siano stati provocati da condizioni meteorologiche che mettono a rischio il funzionamento sicuro della nave. Tuttavia, i passeggeri non hanno diritto all'assistenza se sono stati informati della cancellazione o del ritardo prima di procedere all'acquisto del biglietto o nel caso in cui la cancellazione o il ritardo siano dipesi da comportamenti a loro riconducibili. I passeggeri possono, poi, scegliere di usufruire di un trasporto alternativo a condizioni simili a quello di cui al biglietto acquistato, non appena possibile e senza oneri supplementari, oppure di ottenere il rimborso del prezzo del viaggio e, se del caso, il ritorno gratuito al luogo di partenza.

I passeggeri possono altresì chiedere una compensazione economica che è calcolata in misura percentuale del prezzo del biglietto e crescente con il crescere del ritardo, ma il vettore è esonerato se prova che il ritardo è stato causato da condizioni meteorologiche che mettono a rischio il funzionamento sicuro della nave, o da circostanze straordinarie che ostacolano l'esecuzione del trasporto, le quali non potevano ragionevolmente essere evitate.

A questo ultimo riguardo, con riferimento alle analoghe disposizioni nel Regolamento n. 261/2004 la Corte di Giustizia (CGCE 22 dicembre 2008, causa C-549/07, *Wallentin-Herman*, in *Dir. trasp.*, 2009, p. 801) ha stabilito che un problema tecnico che comporta la cancellazione di un viaggio non rientra nella nozione di "circostanze eccezionali" a meno che detto problema derivi da eventi che, per la loro natura o la loro origine, non sono inerenti al normale esercizio dell'attività del vettore in questione e sfuggono al suo effettivo controllo, precisando altresì che

> «non tutte le circostanze eccezionali determinano un esonero, spetta a colui che vuole avvalersene dimostrare, in aggiunta, che esse non si sarebbero comunque potute evitare con misure idonee alla situazione, ossia mediante le misure che, nel momento in cui si sono verificate tali circostanze eccezionali, rispondono, in particolare, a condizioni tecnicamente ed economicamente sopportabili per il vettore aereo in questione ... La circostanza che un vettore aereo abbia rispettato i requisiti minimi di manutenzione di un aeromobile non è di per sé sufficiente per dimostrare che tale vettore ha adottato "tutte le misure del caso"».

Sempre con riferimento al Regolamento n. 261/2004, la Corte di giustizia ha così affermato la non imputabilità al vettore delle situazioni che si vengano a creare per effetto delle decisioni prese dalle Autorità preposte alla gestione delle infrastrutture di trasporto, purché esse non siano conseguenza di atti imputabili al vettore medesimo (CGUE 26 giugno 2019, causa C-159/18) e, allorché si verifichino circostanze eccezionali, la sussistenza dell'onere per il vettore di dimostrare che, anche avvalendosi di tutti i mezzi di cui disponeva, in termini di personale, di materiale e di risorse finanziarie, egli non avrebbe potuto evitare – se non a pena di acconsentire a sacrifici insopportabili per le capacità della sua impresa – che dette circostanze eccezionali comportassero la cancellazione del viaggio (CGUE 4 maggio 2017, causa C-315/15).

Nel Regolamento n. 1177/2010 viene, poi, prevista un'ampia e articolata disciplina volta a garantire il diritto ad usufruire dei servizi di trasporto da parte delle persone a mobilità ridotta.

I soggetti tenuti a prestare l'assistenza ai passeggeri hanno l'obbligo di prevedere procedure di esame dei reclami degli stessi nei modi e tempi fissati dal Regolamento; inoltre, gli Stati membri devono istituire organismi nazionali cui è attribuita la responsabilità di verificare il rispetto dei diritti e degli obblighi contenuti nel Regolamento e cui i passeggeri possono inoltrare reclami per le presunte infrazioni (art. 25); gli Stati membri devono, altresì, introdurre sanzioni effettive, proporzionate e dissuasive applicabili a tali infrazioni. A tali obblighi l'Italia ha dato attuazione con il d.lgs. 29 luglio 2015 n. 129, recante la "Disciplina sanzionatoria delle violazioni delle disposizioni del Regolamento (UE) n. 1177/2010, che modifica il Regolamento (CE) n. 2006/2004, relativo ai diritti dei passeggeri che viaggiano via mare e per vie navigabili interne", nel quale le funzioni di organismo nazionale responsabile sono attribuite all'Autorità di regolazione dei trasporti, istituita dall'art. 37 del d.l. 6 dicembre 2011 n. 201, convertito, con modificazioni, dalla legge 22 dicembre 2011 n. 214, e successive modifiche.

10. I *charter parties*

SOMMARIO: 1. Introduzione. – 1.1. Profili sistematici e di qualificazione. – 1.2. Conclusione e documentazione dei contratti. – 2. Il *time-charter*. – 2.1. Clausole relative alle caratteristiche della nave. – 2.2. Clausole relative ai limiti di impiego della nave. – 2.3. Clausole relative alla consegna ed alla riconsegna della nave. – 2.4. Ripartizione dei costi tra *disponent owner* e *charterer*. – 2.5. Clausole relative all'impiego commerciale della nave. – 2.6. Clausole relative al pagamento del nolo. – 3. Il *voyage-charter*. – 3.1. *Charter-party* e polizza di carico. – 3.2. Clausole fondamentali. – 3.3. Delimitazione spaziale e temporale del viaggio. – 4. (*Segue*): stallie e controstallie. – 4.1. Disciplina legale e prassi contrattuale. – 4.2. Decorrenza e computo di stallie e controstallie. – 5. Contratti atipici. – 5.1. La prassi contrattuale risultante dai formulari più diffusi. – 5.2. Atipicità dei contratti e disciplina applicabile.

1. Introduzione

1.1. Profili sistematici e di qualificazione

Il Titolo I del Libro terzo del codice della navigazione è dedicato ai "contratti di utilizzazione della nave". Sotto tale denominazione vengono raggruppati il contratto di locazione, il contratto di noleggio ed il contratto di trasporto, a sua volta articolato in trasporto di persone, trasporto di carico e trasporto di cose determinate.

La trattazione dei contratti di utilizzazione della nave in questo capitolo ed in quello successivo si differenzia però dalla sistematica del codice della navigazione ed in particolare dalla tripartizione ivi prevista (locazione, noleggio, trasporto), che appare, sotto molteplici profili, non aderente alla realtà e quindi non in grado di offrire una compiuta risposta alle esigenze dei traffici marittimi ed una adeguata disciplina, coerente con le indicazioni della prassi contrattuale al riguardo adottata.

Come si è già indicato (*supra*, cap. 3 § 3) il contratto di locazione assolve oggi ad una funzione economica non omogenea rispetto a quella dei contratti di noleggio e di trasporto e certamente diversa da quella immaginata dal legislatore del 1942.

Questo capitolo ed il successivo avranno quindi ad oggetto i contratti di noleggio e di trasporto.

Mentre la configurazione del contratto di trasporto, che trova anche precise corrispondenze nel codice civile e nella normativa uniforme, non appare problematica, assai più difficile è la esatta definizione del tipo contrattuale del noleggio di nave, tanto più ove si consideri che la normativa codicistica al riguardo è costituita da poche e frammentarie norme, per lo più di carattere dispositivo, che non disciplinano la materia in modo esauriente.

Il problema dell'individuazione dei precisi contorni della figura del noleggio si sovrappone a quello della possibilità o meno di configurare il noleggio come tipo contrattuale autonomo rispetto al trasporto.

L'orientamento tradizionale della dottrina, che trovava riscontro nella menzionata tripartizione di cui al Titolo I del Libro terzo del codice della navigazione, era nel senso di ritenere che il noleggio costituisse un tipo contrattuale separato dal trasporto.

Il criterio distintivo tra i due tipi contrattuali veniva individuato nel fatto che, mentre l'obbligazione fondamentale del vettore sarebbe quella di trasferire cose o persone, l'obbligazione fondamentale del noleggiante sarebbe quella di effettuare viaggi o di "navigare". A tale impostazione tradizionale si è contrapposta, in tempi più recenti, l'esatta osservazione che il navigare non è mai fine a se stesso, ma è normalmente finalizzato al trasferimento di cose o persone, con la conseguenza che non sarebbe possibile tracciare una netta differenziazione tra noleggio e trasporto, dovendosi, al contrario, considerare il primo un sottotipo del secondo. Se poi dal piano delle ricostruzioni dogmatiche si passa a quello dell'osservazione della prassi, e più precisamente all'analisi dei formulari contrattuali maggiormente diffusi, l'assimilabilità del noleggio ad un sottotipo del trasporto risulta difficilmente contestabile.

Il termine "noleggio", oltre a designare una delle figure contrattuali tipiche previste dal legislatore nel codice della navigazione, indica anche, nel linguaggio degli operatori, quei contratti che vengono documentati mediante *charter-party* e cioè, da un lato, i c.d. *voyage-charter* e, dall'altro, i c.d. *time-charter*.

Quanto ai contratti documentati da *voyage charter-party*, in passato si è cercato di sostenere che essi potessero essere qualificati come contratti di noleggio a viaggio. In realtà, proprio la osservazione della prassi ha consentito di rilevare come tali contratti abbiano caratteristiche ben definite, sostanzialmente riconducibili ad un trasporto di quantitativi rilevanti di merci (tali normalmente da esaurire l'intera portata della nave), su una particolare tratta, in funzione delle specifiche esigenze indicate dal *charterer*. L'analisi dei formulari comunemente impiegati evidenzia infatti chiaramente quale elemento caratterizzante di questo tipo contrattuale l'assunzione da parte dell'armatore (o *disponent owner*) dell'obbligo di trasferimento e custodia del carico imbarcato. Ne consegue, come la dottrina più recente pacificamente ritiene, da un lato l'impossibilità di riscontrare nella realtà operativa dei traffici marittimi una figura contrattuale di noleggio a viaggio differenziata dal trasporto e, dall'altro, l'assimilabilità dei contratti di *voyage-charter* al contratto di trasporto di carico (totale o parziale) di cui agli artt. 439 e ss. cod. nav. Anche la giurisprudenza è ormai chiaramente orientata in questo senso; cfr. ad esempio il lodo arbitrale 26 ottobre 1983 (in *Dir. mar.*, 1984, p. 916):

> «Per risolvere la questione è necessario stabilire la natura giuridica del contratto stipulato tra l'Intermare e la Borra e di quello, perfettamente corrispondente, stipulato tra la Borra e la I.P. Il formulario usato per il contratto si intesta "contratto di noleggio a viaggio per nave cisterna" ma la locuzione usata non rivela l'esatta natura del contratto ivi regolato. La dottrina infatti è pressoché unanime nel ritenere inesistente il tipo di contratto "noleggio a viaggio", e nel ricondurre il contratto così denominato dalla pratica a quello che il codice della navigazione definisce contratto di trasporto di carico. La tesi, nella specie, è confermata da più disposizioni del contratto dalle quali risulta che oggetto dello stesso era il trasporto di un predeterminato quantitativo di *fuel oil* da un porto ad un al-

tro nel Mediterraneo. Dispone infatti l'art. 1 del contratto Intermare/Borra che la nave dovrà recarsi a "1/2 sicuro(i) porto(i) in Mediterraneo e/o Mar Nero, escluso Libano ed Israele, ad opzione noleggiatori, nel punto più vicino ove potrà arrivare senza pericolo, sempre galleggiante, per ivi caricare, dagli incaricati dei suddetti noleggiatori, un pieno e completo carico … e così caricata la nave procederà subito (come sarà ordinato alla firma delle polizze di carico) direttamente per 1/2 sicuro(i) porto(i) in Mediterraneo o Mar Nero, escluso Libano ed Israele, ad opzione noleggiatori nel più prossimo punto ove potrà arrivare senza pericolo (sempre galleggiante), e consegnerà il carico contro pagamento del nolo". Lo stesso art. 1 fissa il nolo in accordo alla *Worldscale* per ogni tonn. di olio imbarcato; e i successivi artt. 5 e 8 fissano la durata delle stallie ed il compenso di controstallia. Bastano queste disposizioni per dire con sicurezza che il contratto stipulato dalla Intermare con la Borra (come quello stipulato dalla Borra con la I.P.) è un contratto di trasporto di carico».

Più complesso e meno lineare appare invece l'inquadramento dei contratti documentati da *time charter-party*. Si ritiene infatti comunemente che tali contratti siano riconducibili alla figura contrattuale del noleggio a tempo disciplinata dagli artt. 384-395 cod. nav. Peraltro tali contratti hanno assunto nella prassi operativa dei traffici marittimi caratteristiche ben definite, che ne rendono problematica la configurabilità come tipo contrattuale autonomo e distinto rispetto al trasporto e coincidente con quello delineato negli artt. 384 e ss. cod. nav. L'esame dei formulari comunemente impiegati rivela infatti che il noleggiante non assume un generico obbligo di "navigare", quanto invece quello di effettuare una serie di viaggi con una ben precisa finalità di trasporto. Di recente il Tribunale di Genova (sentenza 1 marzo 2016, in *Dir. mar.*, 2016, p. 188) non ha avuto esitazioni nell'affermare la equiparabilità, ai fini del riconoscimento del privilegio di cui all'art. 561.4 cod. nav., di un contratto di *time charter* su formulario NYPE Government Form con un contratto di trasporto:

«Anche a non voler condividere la tesi, pur diffusa in dottrina, secondo cui il noleggio a tempo della nave è una sottospecie particolare di trasporto – esso implicherebbe infatti sempre il trasferimento di persone oc cose da un luogo ad un altro, dato che il noleggio non è mai *puro*, cioè diretto ad un viaggio fine a sé stesso – resta il fatto che, nella pratica, l'assunzione dell'obbligo di navigare distinto da quello di trasportare è del tutto marginale. Per qualificare correttamente la fattispecie, si tratta quindi di verificare in concreto cosa le parti abbiano effettivamente pattuito: In particolare, è necessario verificare se l'accordo tra le parti implichi almeno alcuni aspetti tipici del trasporto. Solo in caso negativo, infatti, ricorrerebbe la forma *pura* del noleggio. Passando quindi all'esame del contratto stipulato dalle parti, in primo luogo si rileva che il punto 8 del Time Charter … contiene le c.d. clausole *Empolyment* e *Indemnity* … Si tratta di pattuizione che – sebbene simile – non coincide con la più ampia esenzione di responsabilità di cui all'art. 393 cod. nav. in tema di noleggio e che non sarebbe stata necessaria se si fisse trattato di un contratto di noleggio *puro*. In particolare, ... mentre l'art. 393/2 cod. nav implica l'esclusione della responsabilità del noleggiante anche per la custodi del carico, tale esclusione non può verificarsi sulla base delle clausole citate. E la responsabilità per custodia del carico è tipica del contratto di trasporto. La clausola 44 del Time Charter prevede poi l'iscrizione dell'Owner in una P&In Association che includa quanto meno *ordinary cover for cargo claims*. Anche questa pattuizione non avrebbe significato in un contratto di noleggio *puro*. Analogamente, la manleva di cui alla clausola n. 100 – che il noleggiatore concede contrattualmente al noleggiante nel caso di *cargo shortage* – acquista un senso solo se, secondo la disciplina generale del rapporto, il noleggiante dovrebbe rispondere nei confronti del destinatario. Circostanza, anche questa, incompatibile con il noleggio *puro* e che è coerente invece con il trasporto».

L'assimilabilità del *time-charter* ad un contratto di trasporto risulta poi evidente quando la responsabilità del noleggiante per perdita o avaria del carico venga disciplinata secondo parametri tipici del contratto di trasporto ed in particolare quando, per effetto della inserzione del contratto di una "*Paramount clause*", il noleggiante assume nei confronti del noleggiatore una responsabilità corrispondente a quella prevista dalla disciplina internazionale uniforme in tema di trasporto di cose documentato da polizza di carico; estremamente significativa a questo proposito è la sentenza App. Genova 16 giugno 1993 (in *Dir. mar.*, 1993, p. 733):

«Sostiene la Co.Mar. che trattasi di un contratto di noleggio a tempo in virtù del quale il noleggiante ha assunto soltanto l'obbligazione di compiere con la sua nave una determinata attività di navigazione in conformità alle disposizioni del noleggiatore e nell'interesse del noleggiatore medesimo, al quale resta riferibile la qualità di vettore, come tale tenuto agli obblighi e soggetto alle responsabilità concernenti l'esecuzione del trasporto. Si osserva in contrario (e in adesione sostanziale all'opinione a suo tempo espressa dal Collegio arbitrale nel lodo in cui è stato pronunciata la nullità) quanto segue: nella clausola n. 24 del *time charter* 10 ottobre 1984, redatto su formulario N.Y.P.E. ed. 3 ottobre 1946, risulta incorporato, per effetto della susseguente *Paramount Clause*, il *Carriage of Goods by Sea Act* degli U.S.A. del 16 aprile 1936; nella clausola è specificamente prevista l'incorporazione del Cogsa non solo nelle polizze di carico ma anche nel *charter party*, il che significa che il Cogsa è destinato a regolare non solo il rapporto cartolare tra il vettore emittente della polizza ed il portatore del titolo rappresentativo della merce viaggiante, ma anche e specificatamente il rapporto negoziale tra le parti stipulanti. E si deve così pervenire alla conclusione che, con l'assoggettare convenzionalmente il rapporto alla Convenzione di Bruxelles le parti hanno manifestato la inequivoca volontà di assumere rispettivamente la veste giuridica di vettore (il noleggiante) e di caricatore (il noleggiatore) e di sottoporre il rapporto stesso alla disciplina degli obblighi e delle responsabilità del vettore e dei diritti del caricatore».

Una netta differenziazione tra noleggio e trasporto appare quindi in contrasto con la realtà operativa dei traffici marittimi, nell'ambito della quale il noleggio si presenta piuttosto come rientrante nel più ampio *genus* del trasporto. Il distacco della disciplina contrattuale risultante dai formulari di *time-charter* rispetto alla configurazione del tipo legale del noleggio previsto dal codice della navigazione (e nel senso invece di una sostanziale assimilabilità al trasporto) non trova peraltro ostacolo in norme imperative dettate dal legislatore italiano; al contrario il carattere dispositivo delle norme in tema di noleggio fa sì che i confini di tale tipo contrattuale siano assai "flessibili" e "cedevoli".

La distinzione tra *time-charter* e *voyage-charter* e tra questi ed il trasporto di linea (o trasporto di cose determinate, per usare la terminologia del codice della navigazione) non consiste quindi nell'individuazione di diversi tipi contrattuali (né tanto meno nella contrapposizione in termini causali, tra "navigare" e "trasportare") quanto nella precisazione, nell'ambito di una stessa operazione economica caratterizzata dalla finalità di trasporto, di diverse definizioni della prestazione dovuta dal *disponent owner* e di diversi criteri di ripartizione di costi e rischi.

Sotto il primo profilo (e come si vedrà meglio nei paragrafi successivi), nel *voyage-charter* il *disponent owner* si impegna ad effettuare un viaggio per trasferire da un porto ad un altro, determinati contrattualmente in funzione delle esigenze del *charterer*, le merci descritte in contratto; nel *time-charter* invece il *disponent owner* si impegna ad eseguire, per un periodo di tempo determinato, i viaggi che gli verranno richiesti dal *charterer*, con i carichi e sugli itinerari che verranno di volta in volta indicati dal *charterer*.

Tale diversa definizione della prestazione dovuta dal *disponent owner* si riflette in diverse modalità di determinazione del corrispettivo e, correlativamente, in diversi criteri di allocazione dei rischi e dei costi.

Nel *voyage-charterer* (nel quale gli elementi fondamentali del viaggio sono definiti contrattualmente) il corrispettivo è fissato in una cifra globale; nel *time-charter* invece (nel quale il concreto impiego della nave è invece rimesso alle successive scelte del *charterer*) il corrispettivo è calcolato a tempo e, cioè, in funzione della durata del periodo nel quale la nave è a disposizione del *charterer*.

A questo diverso meccanismo di calcolo del corrispettivo corrisponde una parzialmente diversa allocazione dei rischi, nel senso che nel *time-charter* il rischio di maggiore difficoltà dell'*opus* (e cioè di maggiore durate del viaggio) ricade sul *charterer*, che sopporta anche i costi variabili (tra i quali, in primo luogo, il costo del combustibile): nel *voyage-charter* il rischio di maggiore durata del viaggio ricade principalmente sul *disponent owner*, almeno per quanto riguarda la navigazione e salvo quanto si dirà (v. *infra*, § 4 di questo capitolo) con riferimento alla disciplina di stallie e controstallie, per quanto riguarda le fasi di caricazione e scaricazione.

Quanto alla distinzione tra contratti documentati da *charterparty* da un lato e contratti di trasporto di linea (o di trasporto di cose determinate) dall'altro, si può riscontrare in quest'ultimo un'ancora più accentuato spostamento del rischio di maggiore difficoltà dell'*opus* a carico del vettore, che assume interamente a proprio carico anche le operazioni di caricazione e scaricazione.

La differenza più significativa tra i contratti documentati da *charter-party* e contratti di trasporto di linea è però costituita dalle diverse caratteristiche strutturali dei rispettivi "mercati", alle quali non a caso corrispondono anche diverse norme in tema di concorrenza (v. *infra*, cap. 13). I contratti documentati da *charter-party* sono infatti negoziati e stipulati in funzione delle specifiche esigenze del singolo utente; i contratti di trasporti di linea sono invece conclusi sulla base di una offerta al pubblico di servizi di trasporto con caratteristiche predeterminate e si configurano quindi come contratti per adesione. Nel primo caso i contraenti si muovono su un piano di sostanziale parità di potere negoziale, che giustifica l'ampio spazio lasciato all'autonomia privata; nel secondo caso invece l'utente dei servizi di trasporto si pone come contraente "debole", la cui posizione deve essere tutelata mediante norme inderogabili che impongano standard minimi ed incomprimibili di responsabilità del vettore. Proprio tale significativa differenza "strutturale" ha suggerito la trattazione in separati capitoli dei contratti documentati da *charter-party* e dei contratti di trasporto di linea.

Un'ultima precisazione si impone per concludere queste considerazioni introduttive.

Si è detto che il trasporto di linea, o quanto meno gli aspetti più qualificati di esso ed in particolare la disciplina della responsabilità del vettore per perdita o avaria delle cose trasportate, sono regolati da norme inderogabili; più precisamente, come si vedrà meglio in seguito, si tratta della normativa di diritto internazionale uniforme della Convenzione di Bruxelles del 1924 e dei successivi Protocolli. Tale normativa tende appunto a garantire l'applicazione di standard minimi, inderogabili ed internazionalmente uniformi di responsabilità del vettore.

Come già indicato (v. *supra*, cap. 1 § 8), è però assai frequente che le parti, nell'esercizio della propria autonomia, inseriscano nei *charter-party* clausole *Paramount* che, seppure attraverso una varietà di formulazioni (che di volta in volta richiamano il testo originario della Convenzione di Bruxelles del 1924 ovvero quello risultante dalle modifiche introdotte con il Protocollo di Bruxelles del 1968 ovvero leggi nazionali di attuazione della Convenzione stessa) hanno l'inequivoco scopo di operare un recepimento negoziale della disciplina della responsabilità dell'armatore-vettore contenuta nella normativa uniforme. In tal modo, l'applicazione della normativa uniforme viene estesa (seppure solo con valore di disciplina negoziale) anche a tipologie contrattuali che sono di per sé al di fuori del necessario ed incomprimibile ambito *ratione materiae* della Convenzione, pur se dotate di caratteri in virtù dei quali detta normativa risulta ad esse facilmente estendibile. In tali ipotesi, infatti, l'applicazione della normativa internazionale uniforme non trova giustificazione nella necessità (da soddisfarsi tramite norme inderogabili) di garantire un livello minimo ed incomprimibile di tutela all'utente dei servizi di trasporto, configurato come contraente debole. Si tratta, invece, di una scelta volontaria, da parte di contraenti che si pongono su un piano di sostanziale parità di potere negoziale, di adottare, per la disciplina del proprio rapporto contrattuale una disciplina maggiormente rigorosa a carico del *disponent owner* secondo regole standard internazionalmente uniformi e largamente note e diffuse, tali quindi da garantire soluzioni equilibrate (e soprattutto prevedibili) ad eventuali controversie, coincidenti con quelle applicabili anche agli ulteriori rapporti che il *charterer* avesse concluso nell'ambito dell'impiego della nave su un traffico di linea.

1.2. Conclusione e documentazione dei contratti

Come si è indicato, la reale configurazione dei contratti oggetto di questo capitolo deriva, assai più che dalle disposizioni del codice della navigazione, dalla prassi contrattuale ed in particolare dalle forme standardizzate che essa assume.

Le parti si avvalgono infatti, per la stipulazione dei contratti, di appositi formulari, elaborati dalle associazioni di categoria, anche in relazione alle specifiche esigenze dei diversi settori di traffici. Tali formulari sono poi frequentemente oggetto di modifiche più o meno significative ovvero di integrazioni mediante clausole aggiuntive ("*rider*").

Le caratteristiche della contrattazione (che, da un lato, intercorre tra soggetti localizzati in punti spesso assai distanti e, dall'altro, è improntata ad esigenze di speditezza ed assenza di formalismo) fanno sì che i *charterparties* siano spesso privi di sottoscrizione autografa dei contraenti. Gli artt. 385 e 420 cod. nav. richiedono, rispettivamente, per i contratti di noleggio e di trasporto, la forma scritta *ad probationem*. Nell'interpretare tali disposizioni, la giurisprudenza ha ritenuto che possa ritenersi raggiunta tale prova quando la parte che ne invoca l'esistenza abbia prodotto in giudizio il *charter-party*, ancorché non sottoscritto ed il contratto abbia avuto regolare esecuzione, oltre ad essere menzionato nella corrispondenza intercorsa tra le parti; in questo senso cfr. Trib. Genova 12 ottobre 1991 (in *Dir. mar.*, 1992, p. 159):

> «Nessun dubbio può sussistere sulla intervenuta conclusione fra le parti di un contratto di trasporto definitivo e perfetto. Non ignora questo Tribunale che, ai sensi dell'art. 420 cod. nav., il contratto di trasporto deve essere provato per iscritto, presupposto che, indubbiamente, ricorre nella fattispecie in esame. È assolutamente pacifico, sia in dottrina che in giurisprudenza, che, non essendo richiesta la forma scritta *ad substantiam* ma, esclusivamente, *ad probationem*, la prova del contratto può anche aversi attraverso la combinazione fra una dichiarazione ed un comportamento e che la prova del comportamento-accettazione di una Convenzione documentata da una scrittura privata firmata da uno solo dei contraenti può essere fornita anche attraverso la prova orale».

La conclusione del contratto avviene assai frequentemente con l'assistenza, nella fase di trattativa, di mediatori ("*broker*") (in merito alla quale cfr. *infra*, cap. 12 § 4).

Un'ulteriore problematica, attinente alle modalità di conclusione del contratto (e connessa alle menzionate caratteristiche di speditezza della contrattazione e sinteticità delle comunicazioni) è quella relativa alla rilevanza della clausola "*subject to details*". Ci si chiede, cioè, se si possa ritenere il contratto validamente concluso, in presenza di un messaggio di ricapitolazione delle pattuizioni contrattuali che indichi il formulario adottato e le condizioni principali e includa la clausola "*subject to details*" per quanto riguarda le ulteriori condizioni.

A questo riguardo, mentre alcune sentenze (Trib. Genova 12 settembre 1989, in *Dir. mar.*, 1990, p. 391) hanno fatto dipendere la decisione della rilevanza nell'economia negoziale dei "*details*" rimasti in sospeso, sicché la conclusione del contratto sia esclusa solo qualora i "*details*" abbiano importanza non marginale, altre pronunce, sulla base degli orientamenti maturati nella giurisprudenza inglese (e più correttamente anche dal punto di vista del diritto italiano) hanno dato rilievo alla piena corrispondenza tra proposta ed accettazione ed all'effettiva ed incondizionata volontà delle parti di vincolarsi all'accordo contrattuale. In questo senso si esprime l'ordinanza del Trib. Ravenna 8 ottobre 2003 (in *Dir. mar.*, 2005, p. 1410):

> «Si premette in fatto che tra gli odierni contraddittori è intercorsa una trattativa a distanza (mediante la comunicazione di messaggi e-mail) finalizzata al noleggio a tempo della predetta m/n Marylaki. Non vi è contestazione: – sulla circostanza che la fattispecie in esame debba essere regolata dal diritto inglese; – sull'esattezza della regola espressa nel caso "Junion K" (Queens Bench Division Commercial Court 25 febbraio 1988) secondo cui, ove in un fissato sia apposta la condizione "*sub details*" e sia richiamato il (diverso) testo contrattuale che tali "*details*" contenga, il perfezionamento del contratto esige il raggiungimento di un accordo esteso a tutti i "*details*" (clausole) contenute nel testo ri-

chiamato; – sulla circostanza che nel testo delle prime proposte scambiate tra le parti il contratto era espressamente condizionato ai dettagli del *charter-party* della m/n Amber Wave datato 3 febbraio 2003 ... Sarebbe allora del tutto arbitrario, a giudizio di questo collegio e in mancanza di significativi elementi ermeneutici di segno contrario, estrapolare alcuni aspetti di un'unica trattativa contrattuale, circoscrivendo ad essi il perfezionamento dell'accordo, e ritenere la trattativa anche in corso quanto al resto. La conclusione, pacifica per il diritto italiano, appare pienamente il linea con il diritto anglosassone applicabile alla fattispecie: è significativo che il Giudice del caso "Junior K" prenda le mosse nel suo argomentare dalla proposizione secondo la quale se un'offerta viene accettata completamente e senza condizioni, un contratto viene ad esistere (*if there has been a complete and unqualified acceptance of an offer, prima facie, a contract comes into existence*): la completezza e l'assenza di condizioni, evidentemente, altro non rappresentano che la piena ed incondizionata conformità dell'accettazione rispetto alla proposta, non riscontrata, nel caso di specie».

2. Il *time-charter*

2.1. Clausole relative alle caratteristiche della nave

In estrema sintesi (e con le precisazioni che seguiranno) il *time-charter* si caratterizza per la circostanza che il noleggiante, verso pagamento di un nolo a tempo, mette la nave, per un periodo determinato, a disposizione del noleggiatore perché questo la impieghi nel trasporto di merci, sia dello stesso noleggiatore, sia di terzi con i quali il noleggiatore abbia stipulato contratti di trasporto. La durata del contratto è normalmente determinata in un periodo di tempo medio-lungo, ma può anche, come avviene nel c.d. *trip time charter*, essere invece commisurata al tempo necessario per l'esecuzione di un viaggio (sulla differenza tra *trip time charter* e *voyage charter* cfr., nella giurisprudenza inglese Commercial Court 22 marzo 2016, in *www.bailii.org*).

Nell'ambito della disciplina contrattuale elaborata nella prospettiva ora indicata, un primo gruppo di clausole rilevanti è quello relativo alla descrizione della nave ed agli obblighi assunti dal noleggiante in merito all'idoneità della nave all'impiego voluto dal noleggiatore. Le caratteristiche della nave (dimensioni, portata, tipologia delle stive e dei mezzi di movimentazione del carico, ecc.) sono quindi abitualmente oggetto di descrizione analitica nel contratto.

Il noleggiante garantisce in particolare una certa *performance* della nave in termini di velocità e consumi. Tale garanzia di *performance* è spesso oggetto di controversie, sia in merito agli eventuali margini di tolleranza concessi al noleggiante, sia in merito ai criteri con i quali valutare in concreto la *performance*, sia infine in merito alla delicata questione se la *performance* debba essere garantita dal noleggiante per tutta la durata del contratto o soltanto nel momento iniziale di esso. Un'analisi di tali problematiche si trova nel lodo arbitrale 27 aprile 1989 (in *Dir. mar.*, 1990, p. 765):

«Il primo problema da risolvere riguarda l'interpretazione da darsi alla clausola "*about*". Il Collegio ritiene, tenuto conto delle specifiche circostanze del caso ed in specie del fatto che il previsto utilizzo della nave era per un servizio traghetto di linea (vedasi la clausola n. 12 del *rider* del contratto) che comportava una esigenza di particolare puntualità, di fissare – con valutazione che appare in linea con una serie di precedenti giurisprudenziali inglesi – una tolleranza di 0,5 nodi, cioè una velocità minima garantita di 18,5 nodi. ... Il requisito della *speed capability*, secondo la giurisprudenza inglese ora prevalente, deve sussistere non tanto al momento della stipula del contratto, quanto e soprattutto al momento di inizio della sua esecuzione, cioè alla consegna della nave al noleggiatore. La prevalente giurisprudenza anglosassone ritiene che la *capability* non abbia, salvo espressa pattuizione contrattuale, natura *continuing* nel corso dell'intero contratto. Il conflitto tra le rispettive tesi difensive nasce sui criteri da adottare per il riscontro in concreto della sussistenza o meno della *capability* iniziale. Al riguardo rileva il Collegio come la prassi generalmente seguita negli arbitrati anglosassoni sia quella di considerare la *performance* della nave durante il periodo contrattuale, escludendo i periodi di cattivo tempo ed altresì concedendo riduzioni e tolleranze giustificate da specifici motivi, quali la già citata crescita di vegetazione di scafo per soste prolungate in zone a clima caldo».

Il noleggiante garantisce, inoltre, la concreta utilizzabilità commerciale della nave per gli scopi di cui al contratto di noleggio, da cui dipende la reddittività della stessa per il noleggiatore. Al riguardo, pertanto, risulta assai rilevante che essa sia anche "gradita" ai principali operatori del settore. Si è così diffusa, soprattutto nel settore del trasporto di prodotti petroliferi, la prassi di ispezioni e verifiche sulle navi (c.d. "*vetting*") condotte dalle principali compagnie petrolifere (c.d. "*oil majors*") e l'inserimento nei contratti di *time-charter* di clausole con le quali il noleggiante garantisce che la nave è "approvata" da un certo numero di "*majors*". Si vedano al riguardo, ad esempio, le considerazioni svolte dal Collegio arbitrale nel lodo 26 luglio 1995 (inedito):

«L'attività di *vetting* è invece eminentemente privatistica, essendo rimessa alla discrezionalità della compagnia. La funzione certificativa, tipica degli istituti di classifica, è del tutto estranea al "*vetting*" praticato dalle "*majors*". Pur avvertendo l'esigenza di compiere in proprio verifiche in qualche modo simili a quelle cui istituzionalmente sono preposti i registri e/o le Autorità Marittime, le "*majors*" senza pretendere di sostituirsi vicariamente alle prime, cionondimeno attraverso la diffusione della pratica del "*vetting*", talvolta attuata con più severità di quella palesata dagli ispettori degli enti di classifica o delle capitanerie, hanno, di fatto, spinto ai margini del mercato cisterniero le navi non "*majors approved*"; la "*majors approval*" finisce per costituire un requisito indispensabile per assicurare competitività ad una petroliera che, quando ne è priva, scende sensibilmente nella scala dei valori, a livello sia di nolo sia di prezzo».

Sempre con riferimento all'obbligo del noleggiante di garantire la navigabilità della nave intesa come comprensiva anche della sua idoneità all'utilizzo di cui al contratto di noleggio, si deve precisare che essa, a volte, è configurata come limitata al momento iniziale del contratto, mentre altre volte è prevista come continuativa per tutta la durata di esso, anche se qualificata in termini di obbligo di diligenza.

Quando il noleggiante assume nei confronti del noleggiatore (per effetto di una *Paramount Clause* inserita nel *time-charter* che, come già accennato, estende ad esso la disciplina uniforme del trasporto marittimo di cose determinate) una posizione contrattuale coincidente con quella del vettore, che ha emesso una polizza di carico, il contenuto dell'obbligazione ora accennata relativa al mantenimento della navigabilità della nave durante l'esecuzione del contratto di *time-charter* (prevista nei formulari di *time-charter party*) deve essere coordinata con quella adottata dalla disciplina uniforme del contratto di trasporto marittimo di merci determinate. Il tema viene approfondito nella sentenza App. Genova 17 novembre 1990 (in *Dir. mar.*, 1991, p. 1027), allorché si interpreta la c.d. *maintenance clause* alla luce e secondo i principi di cui alla Convenzione di Bruxelles sulla polizza di carico. Si rileva, infatti, al riguardo che in presenza delle ora indicate circostanze:

«La funzione dell'apposizione della *maintenance clause* non è quella di prevedere un obbligo continuativo del vettore di assicurare le condizioni di efficienza della nave, per tutta la durata del viaggio, bensì quella – che non contraddice la portata normativa della Convenzione di Bruxelles, e comunque ne esplicita e recepisce come clausola negoziale uno dei possibili significati che da essa si ricavano – di far permanere solo un'obbligazione di diligenza, intesa come obbligazione di mezzi, rivolta a mantenere la nave in classe e in condizioni di efficienza ... E il sistema dimostra tutta la sua coerenza se si considera che, se la nave diventa innavigabile nel corso della navigazione (come può accadere a seguito di un incidente) ed il vettore pur essendone informato (o essendo nelle condizioni di informarsi mediante l'uso dell'ordinaria diligenza) e pur avendo la possibilità di restituirla a condizioni di navigabilità o di assicurare altrimenti la custodia della merce e l'esecuzione del trasporto, ometta di fare ciò sarà questa una negligenza sua personale di cui sarà tenuto a rispondere. Ciò non significa, ovviamente, che l'obbligo di mettere la nave in stato di navigabilità, posto a carico del vettore all'inizio del viaggio permanga inalterato, quale obbligo continuativo per tutta la durata dello stesso».

2.2. Clausole relative ai limiti di impiego della nave

Un altro gruppo di clausole riguarda i limiti entro cui il noleggiatore può utilizzare commercialmente la nave. Tali limiti possono avere in primo luogo natura spaziale, escludendo l'impiego della nave in determinate aree geografiche. In secondo luogo si prevede abitualmente che il noleggiatore può impiegare la nave soltanto in *safe ports and safe places*, dovendosi intendere tali espressioni come relative alla sicurezza di un porto o altro approdo non solo in senso fisico (condizioni dei fondali, condizioni meteo prevalenti, caratteristiche delle banchine, ecc.) ma anche in senso "politico" (condizioni di guerra o guerriglia, rischio di atti terroristici, ecc.). Al riguardo, la giurisprudenza ha chiarito che la responsabilità del noleggiatore per le conseguenze dannose derivanti dalla insicurezza del porto o dell'ormeggio prescinde dalla colpa del noleggiatore stesso; cfr. App. Venezia 18 maggio 1973 (in *Dir. mar.*, 1974, p. 529):

«La conclusione che la espressione "*safe port or places*" (porti e luoghi sicuri) dovesse assumere in concreto un significato onnicomprensivo di qualsiasi ormeggio scelto dal noleggiatore, ovunque lo stesso si trovasse, sembra giustificato anche dalla considerazione che la insicurezza di un porto, nel suo complesso, non può che riferirsi, in ultima analisi, al punto specifico in cui la nave viene ad ormeggiarsi. Per non dire, poi, che ... in relazione alla natura del contratto di noleggio a tempo di una nave, il noleggiatore ha la facoltà di fare procedere la nave stessa, a suo piacimento, o secondo le sue esigenze commerciali, in parecchi porti ... Insomma, è il noleggiatore che per i danni alla nave, dipendenti da insicurezza dell'accosto, risponde, in via diretta e principale, nei confronti del responsabile dell'accosto. E più specificamente, nel caso concreto, la noleggiatrice aveva garantito assumendosene i relativi rischi, alla controparte la sicurezza dell'ormeggio; poiché, al contrario, questo si è rilevato inidoneo ed insicuro, la noleggiatrice a prescindere da ogni effettiva sua colpa, problema del resto che esula dai termini della questione, non può che subire le conseguenze della mancata osservanza del divieto».

Del resto, nel senso che la responsabilità per la violazione della garanzia di "*safe berth*" prescinda dal grado di diligenza del *charterer*, è anche la giurisprudenza straniera (cfr. U.S. Court of Appeals for the Third Circuit 29 marzo 2018). La responsabilità del *charterer* può invece essere esclusa quando il danno alla nave sia dovuto non tanto alla intrinseca insicurezza dell'ormeggio, quanto ad eventi esterni eccezionali (UK Supreme Court 10 maggio 2017, in *Dir. mar.*, 2017, p. 558).

Inoltre, altri limiti all'utilizzo commerciale della nave oggetto del *time-charter* attengono invece alle caratteristiche dei carichi che i noleggiatori possono imbarcare: oltre alla generale previsione che deve trattarsi di *lawful merchandise*, possono essere escluse determinate categorie merceologiche, ritenute pericolose (quali armi, esplosivi, prodotti infiammabili o radioattivi, ecc.) o incompatibili con le caratteristiche della nave. A titolo esemplificativo si veda la clausola 4 del formulario NYPE 93.

La presenza dei limiti contrattuali ora indicati all'impiego della nave si riflette anche sulla responsabilità del noleggiatore nei confronti del noleggiante per i danni sofferti dalla nave in conseguenza del tipo di impiego richiesto dal noleggiatore stesso. Per una fattispecie di questo tipo si veda il lodo arbitrale 24 maggio 1991 (in *Dir. mar.*, 1991, p. 818):

«Secondo la Gardella, ai sensi degli artt. 387 e 393 cod. nav. il noleggiante dovrebbe sopportare solo i danni connessi all'esercizio nautico della nave, mentre tutti i danni causati in relazione alla gestione commerciale, sia a terzi che al noleggiante, graverebbero sul noleggiatore, perché il noleggiatore è quello che trae l'utile dalla gestione commerciale della nave. La Sidermar oppone che nel nostro diritto non esiste responsabilità senza colpa e che, nel caso in esame, i danni reclamati dalla Gardella rappresentano la inevitabile conseguenza dell'utilizzo della nave per il trasporto dei minerali alla rinfusa e dell'autorizzato uso delle benne. Replica la Gardella osservando che l'onere di provare la mancanza di colpa grava sul debitore e che la Sidermar aveva l'onere, non assolto, di provare la non colpevolezza dei propri preposti. Avuto riguardo a quanto sopra, il Collegio osserva: a) che, in linea di principio, è corretto affermare che il noleggiatore è responsabile per le conseguenze della gestione commerciale della nave anche in rapporto agli eventuali danni cagionati alla nave stessa. Tale responsabilità trova, però, un limite nella inevitabilità e ordinarietà di tali danni. La vita di una nave non è indefinita, ma limitata nel tempo, e le conseguenze del logorio per l'uso normale della nave secondo l'impiego convenuto non possono essere accollate al noleggiatore. b) che, in linea di fatto, nel caso in esame, per *ordinary grab damage*, assimilato nella clausola n. 4 alla normale usura (*wear and tear*), debbono intendersi le conseguenze inevitabili ed incolpevoli dell'uso delle benne. Il c.t.u. ha analizzato in dettaglio il problema nei suoi aspetti tecnici, anche visitando gli impianti di Taranto e Zeebrugge, e ha osservato nella sua relazione che l'uso normale delle benne (mezzi pesanti varie tonnellate) lascia inevitabilmente sulle lamiere delle stive segni più incisivi di quelli provocati da mezzi più leggeri. Il c.t.u. ha peraltro rimarcato che l'uso improprio delle benne può determinare alle strutture della nave danni ben maggiori di quelli ordinari ed inevitabili. Tali danni, ad avviso del Collegio, vanno risarciti dal noleggiatore all'armatore, in quanto non rientranti nella categoria dei danni inevitabilmente conseguenti all'uso contrattualmente pattuito dalla nave. *Ad abundantiam*, si osserva che siffatta conclusione appare conforme alla interpretazione che della clausola n. 4 del formulario N.Y.P.E. dà la giurisprudenza di *common law* nel cui regime è stato redatto il formulario stesso».

2.3. Clausole relative alla consegna ed alla riconsegna della nave

Altre clausole disciplinano tempi e modalità della consegna della nave al noleggiatore all'inizio del contratto e della riconsegna della stessa al noleggiante al termine del contratto. In relazione al primo aspetto, i formulari prevedono spesso una clausola di cancello (su cui vedi anche *infra*, § 3.3 di questo capitolo), che attribuisce al noleggiatore la facoltà di recesso unilaterale dal contratto in caso di mancata presentazione della nave entro il termine pattuito, come per esempio prescrive la clausola 5 del formulario Shelltime 4.

Per quanto riguarda il secondo aspetto, può essere problematica la regolamentazione dell'ultimo viaggio, la cui esecuzione si prolunghi oltre il termine di scadenza del contratto. A questo proposito, in assenza di decisioni dei tribunali italiani, si può fare riferimento alla giurisprudenza inglese, nell'ambito della quale si è ritenuto che le istruzioni dei noleggiatori in merito all'ultimo viaggio nel periodo di noleggio possano dirsi "legittime", con conseguente obbligo dell'armatore di darvi esecuzione, nella misura in cui si possa ragionevolmente prevedere che tale ultimo viaggio venga completato prima della scadenza del periodo di noleggio (sentenza della House of Lords nel caso "*The Gregos*", in *Lloyds Law Rep.*, 1995, I, p. 1). La stessa giurisprudenza inglese ha altresì affermato che qualora, nonostante la legittimità delle istruzioni dei noleggiatori al riguardo, l'ultimo viaggio si prolunghi oltre la scadenza del periodo di noleggio, l'armatore ha diritto, per il tempo che eccede tale periodo, al risarcimento dell'eventuale danno pari alla differenza tra il nolo contrattuale e quello (più alto) di mercato (sentenza della Court of Appeal nel caso "*The Peonia*", in *Lloyds Law Rep.*, 1991, I, p. 100).

2.4. Ripartizione dei costi tra *disponent owner* e *charterer*

Durante la esecuzione del contratto, la ripartizione tra noleggiante e noleggiatore dei costi di esercizio della nave è analiticamente disciplinata da apposite clausole. In genere, può dirsi che sono a carico del noleggiante i costi fissi (quali equipaggio, assicurazione, manutenzione e classifica della nave), mentre sono a carico del noleggiatore i costi variabili (quali combustibile, spese portuali e di agenzia, costi relativi alla movimentazione e cura del carico). Si vedano ad esempio le clausole 6 e 7 del formulario NYPE 93.

2.5. Clausole relative all'impiego commerciale della nave

Come è stato ripetutamente osservato, l'obbligazione fondamentale a carico del noleggiante è quella di porre la nave a disposizione del noleggiatore per l'impiego commerciale da questo richiesto. I formulari di *time-charter* attribuiscono quindi (con la c.d. *employment clause*) al noleggiatore il potere di impartire istruzioni al comandante per quanto riguarda l'impiego commerciale della nave ed in particolare anche per quanto riguarda la emissione e la sottoscrizione delle polizze di carico; in alcuni casi la facoltà di emettere le polizze di carico può essere attribuita anche direttamente ai noleggiatori. La *employment clause* è di solito integrata dalla *indemnity clause*, con la quale il noleggiatore si impegna a manlevare il noleggiante dalle conseguenze pregiudizievoli derivanti dalla esecuzione da parte del comandante degli ordini del noleggiatore relativi all'impiego commerciale della nave. Si leggano ad esempio le clausole 8a, 30a e 30b del formulario NYPE (riportate in appendice a questo capitolo).

Le modalità di emissione e di sottoscrizione delle polizze di carico possono condurre il noleggiante ad assumere responsabilità di tipo vettoriale per la perdita e avaria del carico (non solo e non tanto nei confronti del noleggiatore, quanto piuttosto) direttamente nei confronti dei terzi portatori delle polizze di carico. Per converso il noleggiatore può essere chiamato a rispondere nei confronti dei terzi portatori delle polizze per perdite o danni al carico imputabili ad inadempimenti del noleggiante.

La ripartizione interna tra noleggiante e noleggiatore dell'onere del risarcimento verso i terzi portatori di polizze di carico di perdite e danni al carico può essere variamente disciplinato nell'ambito del contratto di noleggio. Il modello legale previsto dall'art. 393 cod. nav., secondo il quale il noleggiante non risponde mai verso il noleggiatore delle "colpe commerciali" del comandante e dell'equipaggio, sembra trovare scarsa rispondenza nella prassi contrattuale. Invero, in virtù dell'operatività della già accennata *Paramount Clause* e/o di ulteriori specifiche clausole redatte in coerenza con quanto previsto a proposito del traffico marittimo di linea, la responsabilità del noleggiante verso il noleggiatore viene spesso regolata in termini analoghi a quella del vettore (così come risultante dalla disciplina di diritto internazionale uniforme) o addirittura, mediante criteri percentuali predeterminati e forfettari, che prescindono totalmente sia dalla disciplina legale del noleggio sia da quella del trasporto, come avviene nel caso di richiamo al "*NYPE InterClub Agreement*" (sull'interpretazione del *NYPE InterClub Agreement* cfr. di recente Court of Appeal 13 dicembre 2017, in *Dir. mar.*, 2018, p. 717).

2.6. Clausole relative al pagamento del nolo

Si deve, infine, precisare che a fronte dell'obbligo fondamentale del noleggiante di mettere a disposizione la nave per l'impiego commerciale richiesto dal noleggiatore sta l'obbligo (altrettanto fondamentale) di quest'ultimo di pagare il nolo. I formulari di *time-charter* disciplinano analiticamente le modalità di pagamento del nolo e le conseguenze dell'eventuale inadempimento del noleggiatore, ivi compreso il *right of withdrawal* e cioè il diritto del noleggiante (per effetto di una clausola risolutiva espressa) di ritirare la nave dal servizio (nella giurisprudenza inglese, per l'interpretazione di tali clausole cfr. Court of Appeal 7 ottobre 2016, in *Dir. mar.*, 2017, p. 269). A questo proposito vi sono clausole assai rigorose, che prevedono il diritto di "*withdrawal*" quale immediata e automatica conseguenza del mancato pagamento del nolo nel termine previsto (quale ad esempio la cl. 6 del formulario Baltime) ed altre (quale ad esempio la cl. 11b del formulario NYPE) che invece temperano tale rigore con la previsione di un "periodo di grazia" entro il quale è consentito al noleggiatore ovviare al ritardo nel pagamento che sia imputabile a "*oversight, negligence, errors or omissions*".

L'obbligo di pagamento del nolo è, peraltro, sospeso (c.d. *off-hire*) nei periodi di temporanea indisponibilità della nave per l'impiego commerciale richiesto dal noleggiatore, per cause imputabili al noleggiante (quali, ad esempio, avaria della nave, inadempienze o scioperi dell'equipaggio, riparazioni e soste in bacino, collisioni o incagli, azioni di creditori del noleggiante o delle autorità marittime che si traducano nel fermo della nave, ecc.). L'assimilazione tra causa di *off-hire* e causa non imputabile al *charterer* deve tuttavia essere intesa con cautela, dal momento che le clausola dei formulari prevedono spesso una regolamentazione particolareggiata dei casi di *off-hire* con un'elencazione tassativa di eventi tipici che consentono al *charterer* di sospendere il pagamento del nolo, con la conseguenza che, in presenza di eventi che, ancorché non imputabili al *charterer*, non siano inclusi i tale elencazione, il nolo resta dovuto. L'esempio forse più eclatante di questa discrasia è costituito dall'ipotesi di sequestro della nave da parte di pirati; nel caso "Saldanha" (QBD Commercial Court 11 giugno 2010, in *Dir. mar.*, 2011, p. 1364), avendo riscontrato che il caso non risultava espressamente previsto dalla clausola *off-hire* del contratto, si decise che il *charterer* rimanesse obbligato al pagamento del nolo. In argomento, la giurisprudenza inglese ha anche affermato (cfr. Commercial Court 10 aprile 2019, in *www.bailii.org*), che nell'interpretazione delle clausole di *off hire* occorre tenere presente la distribuzione dei rischi tipica dei contratti di *time charter*, secondo la quale il rischio di ritardo è fondamentalmente a carico del noleggiatore, con la conseguenza che, nel dubbio, le clausole *off hire* devono essere interpretate in senso restrittivo e cioè a favore dell'armatore.

3. Il *voyage-charter*

3.1. *Charter-party* e polizza di carico

Pur documentando (come visto al § 1) un contratto di trasporto, il *voyage charter-party* non attesta l'effettiva presa in consegna della merce da parte del vettore, né costituisce un titolo di credito negoziabile che consenta il trasferimento a terzi del diritto alla riconsegna della merce. È quindi del tutto normale che, una volta avvenuta l'effettiva caricazione della merce, venga emessa una polizza di carico. La funzione di quest'ultimo documento e la sua correlazione con il *charter-party* variano in modo assai rilevante a seconda che la polizza resti a mani del contraente originario del *charter-party* o venga trasferita (mediante girata) a terzi, come sarà meglio precisato nel capitolo relativo al trasporto marittimo di merci in traffici di linea (vedi *infra*, cap. 11). Nel primo caso infatti la polizza di carico costituisce una mera ricevuta del carico ed i rapporti tra le parti restano disciplinati dal *charter-party*, come viene chiarito dalla sentenza App. Genova 18 settembre 1971 (in *Dir. mar.*, 1972, p. 583):

> «Si profila la questione della prevalenza del *charter-party* sulla polizza di carico, nel caso in cui il caricatore sia anche il prenditore originario del titolo: e tale prevalenza va affermata. Nei diretti contatti tra vettore e caricatore, la successiva emissione della polizza ha il semplice valore di una ricevuta del carico, dal quale esula qualsiasi intento novativo, poiché *charterer* e caricatore costituiscono un'unica parte, in senso giuridico ed economico, del contratto di trasporto, già validamente concluso prima del rilascio del titolo rappresentativo».

Una volta trasferita a terzi, la polizza di carico acquista invece anche la propria funzione di titolo di credito rappresentativo e pertanto, per il principio della letteralità dei titoli di credito, i rapporti tra i terzi ed il vettore sono regolati esclusivamente da quanto risulta dalla polizza stessa, mentre le pattuizioni del *charter-party* conservano la loro rilevanza soltanto nella misura in cui siano oggetto di espresso richiamo nella polizza stessa. La giurisprudenza italiana (cfr. Trib. Napoli 19 febbraio 1982, in *Dir. mar.*, 1983, p. 809 e, più di recente, Trib. Ravenna 23 novembre 2005, in *Dir. mar.*, 2007, p. 513) richiede, per l'efficacia di tale richiamo o incorporazione, che il *charterparty* in questione sia individuato con sufficiente precisione, mediante l'indicazione (almeno) di luogo e data di stipulazione. Parametri ancora più rigorosi vengono applicati al fine di consentire la incorporazione nella polizza di carico (e quindi per la opponibilità al terzo giratario) della clausola compromissoria contenuta nel *charterparty* richiamato in polizza (cfr. Cass. 1° marzo 2002 n. 3029, in *Dir. mar.*, 2004, p. 468).

3.2. Clausole fondamentali

Il sinallagma fondamentale del contratto di trasporto, e cioè l'obbligo di trasferire merci da un luogo all'altro verso pagamento di un corrispettivo in denaro (nolo) trova analitica specificazione nei formulari di *voyage-charter*.

Un primo gruppo di clausole riguarda la descrizione della nave impiegata per il trasporto (sia in via generale, sia con riferimento alle specifiche caratteristiche del carico oggetto di trasporto); talune di queste caratteristiche possono essere oggetto di vere e proprie *warranties* da parte dell'armatore-vettore. Per quanto riguarda la portata della nave, l'art. 443 cod. nav. prevede una tolleranza nella misura di un ventesimo; anche i formulari qualificano frequentemente con l'indicazione "*about*" la dichiarazione relativa alla portata della nave. Va peraltro precisato che il margine di tolleranza eventualmente previsto nelle pattuizioni contrattuali, si sostituisce, e non si aggiunge, a quello legale.

Altre clausole disciplinano gli obblighi dell'armatore-vettore in merito alla navigabilità della nave. Alcuni formulari contengono clausole che restringono notevolmente la portata di tale obbligo; tipica in tal senso è la clausola 2 del formulario GENCON che limita la responsabilità per innavigabilità alla ipotesi di colpa "personale" dell'armatore-vettore.

Peraltro la concreta operatività di tali clausole viene frequentemente esclusa mediante l'inserzione di clausole aggiuntive, ed in particolare della clausola *Paramount*, che, prevalendo sul formulario a stampa, riconducono la responsabilità del vettore per innavigabilità agli standard più rigorosi previsti dalla normativa internazionale uniforme.

Altre clausole possono contenere specifiche dichiarazioni dell'armatore in merito alle caratteristiche della nave relative alla idoneità della stessa al trasporto ed alla movimentazione del carico: volume delle stive, mezzi di sollevamento (per i carichi secchi), rivestimento delle cisterne, pompe, tubazioni, sistemi di riscaldamento del carico (per i carichi liquidi).

Il corrispettivo dovuto al vettore per l'esecuzione del trasporto è il nolo ("*freight*") ed è normalmente commisurato al quantitativo di carico trasportato; in alcuni casi è invece determinato in una cifra globale e forfettaria (nolo "*lumpsum*").

Quando il nolo è commisurato al quantitativo imbarcato, i formulari prevedono l'obbligo per il *charterer* di imbarcare un carico completo ("*a full and complete cargo*"), normalmente con un margine di tolleranza ad opzione del *charterer*, ovvero, in caso di carico parziale, l'indicazione del quantitativo previsto (anche in questo caso, di solito, con una certa tolleranza).

Qualora venga imbarcato un quantitativo inferiore al pieno carico (o al carico parziale eventualmente pattuito), il *charterer* è tenuto al pagamento del nolo anche sul quantitativo imbarcato in meno ("*deadfreight*" o "nolo vuoto per pieno").

L'art. 432 cod. nav. prevede, in caso di recesso del caricatore prima della partenza (e cioè di mancata caricazione totale), il pagamento di una somma pari alla metà del nolo oltre alle eventuali spese incorse per la caricazione e salva la prova che il vettore ha in realtà subito un danno minore o nessun danno. Tale norma è però frequentemente derogata dai formulari, che prevedono invece, per le ipotesi di mancata esecuzione del contratto, il risarcimento del danno effettivo (lodo arbitrale 13 dicembre 1999, in *Dir. trasp.*, 2001, p. 839).

Quanto al momento del pagamento del nolo, è possibile pattuire che esso venga effettuato sia in anticipo, sia entro un certo numero di giorni dall'emissione delle polizze di carico, sia prima dell'inizio della scaricazione ("*before breaking bulk*"), sia al completamento della consegna ("*on right and true delivery*").

Le clausole relativa alla modalità di pagamento del nolo sono correlate alle clausole che regolano l'incidenza del rischio della mancata effettuazione del viaggio, nel senso che, se il nolo è prepagato, esso è a rischio del noleggiatore ed è dovuto anche in caso di mancata esecuzione (ovviamente, per cause non imputabili al vettore) del trasporto, mentre, se il nolo è pagabile a destino, esso è a rischio del *disponent owner*, che ha diritto a percepirlo solo se il carico viene riconsegnato.

I crediti del vettore per nolo, *deadfreight* e controstallie (su cui vedi *infra* § 4) sono assistiti da privilegio speciale sul carico in base all'art. 561 cod. nav.; a garanzia degli stessi crediti, i formulari attribuiscono al *disponent owner* un *lien* (pegno contrattuale con diritto di ritenzione) sul carico (vedi *infra*, cap. 16 § 2).

3.3. Delimitazione spaziale e temporale del viaggio

Il viaggio oggetto del contratto è, dal punto di vista temporale, delimitato nel suo momento iniziale dalla clausola di cancello, che impone all'armatore-vettore di presentare la nave al porto di imbarco entro una determinata data, dando altrimenti al *charterer* facoltà di recedere dal contratto (per un esempio di *cancelling clause*, si veda la cl. 10 del formulario GENCON). Nella fase antecedente la presentazione della nave, i formulari prevedono spesso un obbligo del *disponent owner* di procedere al porto di caricazione "*with utmost despatch*" (in argomento cfr. Court of Appeal 6 novembre 2018, in *Dir. mar.*, 2019, p. 212).

Nonostante taluni elementi di affinità, la clausola di cancello non può essere qualificata come clausola risolutiva espressa a norma dell'art. 1456 cod. civ., in quanto l'operare di essa prescinde da qualsiasi indagine in merito alle cause del mancato rispetto del termine per la presentazione della nave e quindi in merito alla sussistenza di un inadempimento dell'armatore. La clausola di cancello deve, quindi, essere qualificata come clausola che attribuisce al *charterer* una facoltà di recesso unilaterale, subordinata al verificarsi di un evento costituito dalla mancata presentazione della nave nel termine pattuito. L'indagine relativa alle cause del mancato rispetto di tale termine viene in rilievo in un momento successivo, al fine di determinare se il *charterer* abbia diritto, non solo di recedere dal contratto, ma anche di richiedere il risarcimento del danno. Infatti, secondo l'orientamento prevalente, il risarcimento del danno è dovuto soltanto qualora il ritardo sia imputabile a dolo o colpa grave dell'armatore. La tematica relativa alla clausola di cancello, nel senso ora indicato, viene esaminata nella sentenza del Trib. Trieste 30 settembre 1975 (in *Dir. mar.*, 1976, p. 219):

> «Ritiene invece il Tribunale di dover aderire a quella teoria per la quale la dichiarazione di voler risolvere il contratto, in applicazione della *cancelling clause*, mentre non può correttamente inserirsi nel quadro della condizione né in quello del termine, rappresenta un caso tipico di recesso unilaterale dal contratto subordinato al verificarsi di una condizione. L'art. 1373 cod. civ. disciplina tale istituto, che si delinea quando ad una delle parti è attribuita la facoltà di recedere dal contratto. La clausola di cancello realizza puntualmente questa ipotesi, in quanto la sua essenza sta nella facoltà data al noleggiatore, se la nave non si presenta nel termine, di recedere dal contratto di noleggio. .... . Si spiega allora il motivo per cui il noleggiatore o caricatore hanno facoltà di recedere dal contratto, anche se la mancata presentazione della nave al porto di imbarco nel termine sia dipesa da caso fortuito o da forza maggiore: il recesso è consentito se la nave non si presenta nel termine ed è quindi irrilevante la natura della causa, che ha determinato la mancata presentazione. Non essendo presupposto l'inadempimento, la dichiarazione di risoluzione del contratto si inquadra razionalmente nel recesso unilaterale, mentre non potrebbe inserirsi nello schema della clausola risolutiva espressa. Una siffatta costruzione escluderebbe, in ogni caso, la possibilità da parte del noleggiatore o del vettore di carico totale, che si avvale della clausola di cancello, di esperire una azione di danni contro, rispettivamente, il noleggiante od il vettore. Ciò, peraltro, non è conforme agli usi marittimi, che ammettono l'esperibilità dell'azione di danni in caso di mancata presentazione della nave per dolo o colpa grave del disponente, il che permette di cogliere ancor meglio la natura della clausola di cancello, il cui effetto è quello di permettere al noleggiatore od al caricatore di porre nel nulla il contratto allo spirare del termine prefissato, rimandando

ad un momento successivo l'indagine, quasi mai semplice, circa le ragioni di mancata presentazione della nave nel termine prefissato»

Quanto alla concreta operatività della "clausola di cancello" si è precisato (Trib. Treviso 8 settembre 2003, in *Dir. mar.*, 2005, p. 223) che:

«La facoltà così conferita al noleggiatore, secondo gli usi e le interpretazioni prevalenti, può essere esercitata solo dopo la scadenza del termine, accertato quindi il ritardo nell'adempimento da parte del noleggiante; l'individuare questo come momento iniziale si risolve in vantaggio evidente per il noleggiatore, poiché costringe il noleggiante a raggiungere il porto anche se è in un insuperabile ritardo ed a subire le conseguenze della possibile scelta successiva della controparte. Di qui l'introduzione di clausole contrattuali che prevedono la possibilità dell'*owner* (o del *disponent owner*) di chiedere in anticipo, rispetto al giorno stabilito per l'arrivo della nave, l'esercizio dell'opzione da parte del noleggiatore, ad evitare i danni di una navigazione che all'ultimo momento si riveli inutile».

Va ricordato inoltre che (i) la facoltà di recesso può essere esercitata quando sia scaduto il termine per la presentazione della nave ma non dopo che sia iniziata l'esecuzione del contratto e che (ii) la presentazione di una nave che non sia in condizioni di effettiva "prontezza" equivale alla mancata presentazione; si veda al riguardo la fattispecie decisa dalla sentenza Cass. 25 febbraio 2000 n. 2137 (in *Dir. mar.*, 2002, p. 1258):

«Il recesso (o "cancello") non può, tuttavia, essere esercitato se, dopo la scadenza di detto termine ma prima che il noleggiatore abbia espresso la propria volontà di recedere, il noleggiante abbia messo la nave a disposizione del noleggiatore, formulando la c.d. "dichiarazione di prontezza" (*notice of readiness*), perché con tale dichiarazione egli comunica al noleggiatore che l'esecuzione del contratto ha avuto inizio e ciò rende operante la *ratio* che presiede anche al principio più generale, contenuto nell'art. 1373 cod. civ., secondo cui la facoltà di recedere non può essere esercitata se il contratto ha avuto un principio di esecuzione. È, peraltro, ovvio che la dichiarazione di prontezza del noleggiante non spiega l'effetto preclusivo del recesso del noleggiatore nel caso in cui ad essa non corrisponda la effettiva prontezza della nave e cioè nel caso in cui la nave, ancorché dichiarata "pronta", non possa intraprendere immediatamente il viaggio perché non sia in stato di navigabilità (o non sia armata o equipaggiata o munita dei prescritti documenti), giacché in questo caso, nonostante la dichiarazione di prontezza fatta dal noleggiante, l'esecuzione del noleggio per quanto si è detto innanzi – non può ritenersi iniziata e, quindi, l'inutile decorso del termine stabilito per la prestazione della nave legittima il noleggiatore all'esercizio del cancello. Nella specie la Corte di merito, avendo accertato che la nave noleggiata fu pronta ad iniziare il viaggio soltanto undici ore dopo la scadenza del termine pattuito per la presentazione al noleggiante (perché nelle ore precedenti non aveva potuto prendere il mare a causa di guasti ai meccanismi di sollevamento di un'ancora e di avviamento del motore principale), ha correttamente ritenuto efficace la dichiarazione di cancello nel frattempo formulata dalla società noleggiatrice».

Per quanto attiene le operazioni di caricazione e scaricazione, la prassi contrattuale è orientata nel senso di porre tali operazioni a rischio e spese del *charterer*. Si inserisce a questo riguardo la dibattuta questione della portata della clausola FIO (*"free in and out"*) e cioè se essa riguardi solo l'attribuzione delle spese delle operazioni di carico e scarico o se invece essa abbia l'effetto di attribuire al *charterer* anche il rischio relativo a tali operazioni: fermo restando che valutazione non può che essere caso per caso, la soluzione corretta sembra essere che la clausola FIO possa avere l'efficacia di clausola di ripartizione dei rischi (e non solo delle spese) quando essa corrisponda ad una effettiva assunzione da parte del *charterer* dello svolgimento delle operazioni di carico e scarico, con conseguente delimitazione della prestazione del vettore.

Dal punto di vista geografico, il viaggio oggetto del contratto può essere definito mediante la indicazione dei porti di caricazione e di scaricazione ovvero di un *range* di porti entro una determinata area. Il *charterer* è comunque tenuto a garantire la sicurezza (anche in senso "politico") del porto e dell'ormeggio ai quali la nave viene richiesta di scalare. Di quanto da ultimo indicato si ha traccia evidente nella clausola 9 del formulario Asbatankvoy con la quale il *charterer* garantisce che la nave potrà raggiungere il luogo di ormeggio designato, permanervi per effettuare le operazioni commerciali e ripartirne in condizioni di sicurezza.

In merito alla interpretazione delle clausole di "*safe port*" o "*safe berth*", si rinvia inoltre a quanto osservato nel precedente paragrafo relativamente ai *time charter-party*.

4. (*Segue*): stallie e controstallie

4.1. Disciplina legale e prassi contrattuale

Il nolo contrattualmente pattuito remunera l'esecuzione da parte dell'armatore-vettore del viaggio, comprensivo anche di un lasso di tempo predeterminato detto "stallia" (*laytime*) a disposizione del *charterer* per le operazioni di imbarco e sbarco del carico. Trascorso tale tempo di stallia, l'ulteriore prolungarsi delle operazioni di imbarco e sbarco fa sorgere in capo all'armatore-vettore il diritto al compenso di controstallia (*demurrage*).

Dal punto di vista del substrato economico, il compenso di controstallia costituisce un meccanismo di parziale redistribuzione tra le parti del rischio dell'operazione economica di trasporto e quindi, anche in relazione all'andamento del mercato dei noli, uno degli elementi di speculazione nell'ambito di detta operazione. Infatti, mentre nel *time-charter* il rischio di maggiore difficoltà dell'*opus* relativo alle varie spedizioni effettuate durante l'esecuzione del rapporto, viene suddiviso in base al criterio per cui il noleggiante sopporta gli eventuali maggiori costi fissi ed il noleggiatore i costi variabili, nel *voyage-charter* tale rischio è tendenzialmente posto a carico dell'armatore-vettore. Le controstallie rappresentano un correttivo a tale schema, trasferendo (almeno in parte) sull'altro contraente il rischio relativo alla maggiore durata delle operazioni di carico e scarico.

Sul piano, invece, della qualificazione giuridica, la natura delle controstallie ha formato oggetto di un ampio dibattito. La problematica è strettamente connessa con quella della configurabilità di un obbligo (principale o accessorio) o di una *mora ac-*

cipiendi da parte del *charterer* (o del caricatore/ricevitore) in merito alla sollecita esecuzione delle operazioni di caricazione e scaricazione. Se infatti si qualifica il ritardo nelle operazioni di caricazione e scaricazione in termini di inadempimento (o di *mora accipiendi*) ne deriva l'affermazione della natura risarcitoria del debito per controstallie. Se invece si esclude la natura risarcitoria del debito per controstallie, in quanto esso prescinde dalla sussistenza o meno di una colpa del *charterer* (o del caricatore/ricevitore), e quindi dall'imputabilità dell'inadempimento, tale debito viene allora configurato come corrispettivo supplementare. L'orientamento della giurisprudenza italiana a questo proposito non è univoco. Alcune decisioni aderiscono alla tesi della natura risarcitoria delle controstallie (per es. App. Genova 28 aprile 1987, in *Dir. mar.*, 1987, p. 943):

> «Ora, secondo l'opinione ormai prevalente nella dottrina italiana più recente, al compenso di controstallie deve essere attribuita la natura di liquidazione preventiva e forfettaria dei danni e delle spese causate al vettore per l'inadempimento dell'obbligo di cooperazione del creditore, sul quale grava la responsabilità personale patrimoniale».

Nell'ambito di questo orientamento si colloca anche una recente decisione (Cass. 20 luglio 2012 n. 12711, in *Dir. mar.*, 2013, p. 837) che attribuisce al compenso di controstallia natura assimilabile a quella di una clausola penale *ex* art. 1382 cod. civ.:

> «La stessa ricorrente riconosce infatti di aver avanzato nel procedimento arbitrale una domanda di accertamento dell'inadempimento della S.G. e di condanna della stessa al risarcimento del danno in misura pari al compenso di controstallia, il quale, come ha osservato la Corte d'Appello, richiamando anche la giurisprudenza di legittimità, ha natura di liquidazione forfettaria dei danni e delle spese cagionati dalla mancata cooperazione del ricevitore al compimento delle operazioni di sbarco della merce da parte del vettore e svolge pertanto una funzione analoga a quella della penale, la cui pattuizione, rispondendo alla finalità di stabilire in via preventiva la prestazione dovuta per il caso di inadempimento o ritardo, con l'effetto di determinare e limitare a tale prestazione il risarcimento dovuto (salvo il caso in cui sia stata prevista la risarcibilità del danno ulteriore), dispensa il creditore dall'onere di fornire la prova dell'esistenza e dell'ammontare del danno sofferto».

Altre decisioni aderiscono invece al diverso orientamento della qualificazione del compenso di controstallia come corrispettivo supplementare (per es. Cass. 18 ottobre 1971 n. 2944, in *Dir. mar.*, 1973, p. 255):

> «Invero il compenso per le controstallie ha la stessa natura del nolo (cfr. Cass. 4 marzo 1967 n. 577) essendo, come questo, null'altro che il corrispettivo per l'utilizzazione della nave oltre i termini concessi per la caricazione e la scaricazione».

Altre decisioni ancora hanno adottato un atteggiamento "agnostico", ritenendo di poter risolvere il punto concreto controverso (e cioè la qualificazione come debito di valore o debito di valuta) senza affrontare problematiche di ordine teorico (cfr. Cass. 17 luglio 1974 n. 2130, in *Dir. mar.*, 1974, p. 744):

«Al fine che qui interessa, questo Supremo Collegio non ha bisogno di risolvere l'annosa questione che si dibatte in dottrina circa la natura di obbligazione risarcitoria oppure di compenso supplementare per la più lunga attesa cui è costretta la nave, che assume in genere il compenso di controstallia. Invero, quando anche si accedesse alla prima ipotesi il fatto indiscusso che tale compenso costituisce pur sempre una liquidazione preventiva e forfettaria delle spese e dei danni di cui si tratta varrebbe a qualificarlo (per la avvenuta consensuale conversione della obbligazione di risarcimento in una obbligazione di pagamento di una somma determinata) come debito di valuta e non di valore».

Dall'inquadramento concettuale delle controstallie viene fatta discendere la individuazione dei soggetti obbligati al pagamento delle stesse; in particolare, dalla qualificazione in termini risarcitori deriva che obbligati al pagamento nei confronti del *disponent owner* siano, rispettivamente, il *charterer* per le controstallie maturate alla caricazione ed il ricevitore per quelle maturate allo sbarco.

La prassi contrattuale risultante dai formulari è invece nel senso di rendere il *charterer* responsabile per tutte le controstallie, ivi comprese quelle maturate al porto di sbarco, quanto meno, come previsto dalla clausola 8 del formulario Gencon nei limiti in cui non sia stato possibile per il *disponent owner* soddisfare il proprio credito mediante l'esercizio del *lien* sul carico trasportato.

I diversi criteri legali e contrattuali di imputazione del debito per controstallie sono illustrati nella già citata sentenza App. Genova 28 aprile 1987 (in *Dir. mar.*, 1987, p. 943):

«La configurazione delle controstallie come *mora accipiendi* consente, quindi, di individuare nel possessore della polizza il debitore del compenso indipendentemente dal fatto che egli abbia o meno acquistato la titolarità passiva nei confronti del vettore di un rapporto obbligatorio primario quale quello relativo al pagamento del nolo. Per converso l'incorporazione del diritto alla riconsegna nel titolo fa venir meno la posizione di creditore della prestazione nel *charterer* e dunque esclude, in linea generale, la configurabilità di una *mora accipiendi* da parte sua. Tali essendo i principi di diritto in *subiecta materia* è indubitabile che debitore delle controstallie di sbarco sia il ricevitore. Tuttavia nella specie si innesta il *charterparty* stipulato tra la s.r.l. Aliboni e la Psaltimar Maritime Co. Ltd., *charterparty* che come è noto con riferimento ai contratti di trasporto di carico totale o parziale disciplina i rapporti tra *charterer* e vettore. E quest'ultimo contratto afferma (cl. 8 del formulario 'Gencon') la responsabilità dei noleggiatori anche con riguardo ai crediti del vettore sorti nel porto di sbarco prevedendo la loro liberazione dalla stessa solo nei limiti in cui il vettore ha potuto soddisfarsi mediante l'esercizio del diritto di ritenzione (c.d. *lien*) sul carico».

Quello appena indicato (relativo alla individuazione dei soggetti tenuti al pagamento delle controstallie) non è l'unico caso di significativa differenziazione tra le disciplina legale e quella contrattuale risultante dai formulari largamente diffusi sul mercato internazionale; il carattere dispositivo delle norme del codice della navigazione rilevanti al riguardo non lascia peraltro dubbi circa la prevalenza della regolamentazione contrattuale.

D'altra parte, l'autonomia privata è certamente lo strumento più idoneo a realizzare la funzione di "riequilibrio" del contratto, che si è visto essere propria di stallie e controstallie, realizzando una redistribuzione del rischio coerente con le specifiche esigenze ed aspettative delle parti e modulato anche in funzione dei variabili andamenti del mercato.

La giurisprudenza italiana si è dimostrata ben consapevole del ruolo spettante all'autonomia privata nella disciplina di stallie e controstallie, con un orientamento consolidato, a partire da alcune non recenti, ma importanti decisioni (cfr. per es. App. Genova 2 luglio 1965, in *Dir. mar.*, 1965, p. 163):

> «Orbene, il semplice raffronto tra le clausole contenute in detta scrittura, relative alla materia delle stallie e controstallie, e le norme dispositive dettate nella stessa materia dal codice della navigazione, dimostra, senza possibilità di dubbio, che i contraenti hanno pattuito una disciplina la quale si differenzia nettamente da quella predisposta in via sussidiaria dalla legge italiana ed è invece modellata sugli schemi più largamente in uso nella prassi di origine anglosassone ... come è confermato dall'adozione di un formulario inglese di *charter-party*».

Dal ruolo preminente riconosciuto alla autonomia privata (in particolare quando essa si attui in forme standardizzate mediante l'adozione di formulari di larga diffusione) deriva altresì il canone interpretativo che tende a configurare la disciplina contrattuale come completa ed autosufficiente, ricercando le soluzioni all'interno di tale disciplina, piuttosto che ipotizzare l'esistenza di "lacune" da integrare mediante il ricorso alla normativa legale; in questo senso si esprime App. Venezia 11 maggio 1967 (in *Dir. mar.*, 1967, p. 589):

> «La regolamentazione convenzionale dell'obbligo di corrispondere il compenso di controstallie non presenta alcuna lacuna entro la quale può essere inserita la disciplina legale suppletiva ... ed ogni accostamento di questa a quella costituirebbe per contro violazione della volontà delle parti».

L'accennata prevalenza dell'autonomia privata vale anche, in particolare, per quanto riguarda la durata delle controstallie che, secondo l'art. 446 cod. nav. è pari a tanti giorni correnti quanti sono stati i giorni lavorativi di stallia; trascorso tale ulteriore periodo, trova applicazione l'art. 449 cod. nav., che prevede un compenso maggiorato (c.d. "controstallie straordinarie") o, in alternativa, la facoltà per il comandante di partire senza completare la caricazione ovvero di sbarcare il carico. Secondo la prassi contrattuale internazionale, invece, la durata delle controstallie è indeterminata (almeno fino a quando il ritardo non si protragga tanto da determinare la *frustration* del contratto). Le differenze ora indicate sono ben illustrate dalla sentenza App. Genova 2 luglio 1965 (in *Dir. mar.*, 1965, p. 161):

> «Secondo il codice della navigazione, il termine di stallia si computa a giorni lavorativi (art. 445), e, dopo il suo decorso, ha inizio quello di controstallia (art. 446, comma 1) la cui durata è di tanti giorni correnti quanti sono stati i giorni lavorativi di stallia (art. 446, comma 2). Spirato, poi, il termine di controstallia, sia per la caricazione che per la discarica (ove il comandante non si sia avvalso della facoltà di partire senza attendere il completamento della caricazione, ovvero di scaricare le merci a norma dell'art. 450), è dovuto, per l'ulteriore sosta della nave, fissata d'accordo tra le parti, un compenso maggiorato

della metà rispetto a quello ordinario di controstallia, e che è denominato, appunto, "compenso di controstallia straordinaria" (art. 449). Per contro, secondo il sistema tipico della prassi internazionale sopra richiamata, le stallie (*laytime*) si computano a giorni correnti, salve le sospensioni o le interruzioni per cause espressamente pattuite tra le parti. La durata delle stallie è stabilita, nel contratto, in giorni fissi o in relazione ad una determinata rata di caricazione o di scaricazione. Terminate le stallie la nave va in controstallia (*demurrage*), la cui durata non è, tuttavia, prestabilita, e il caricatore o ricevitore deve pagare, giorno per giorno all'armatore il relativo compenso (stabilito in contratto per ogni giorno di controstallia o *prorata*) per tutto in tempo intercorrente tra la scadenza del periodo delle stallie e l'ultimazione della caricazione o della scaricazione salvo che il ritardo divenga eccessivo (*detention*), tale, cioè, in relazione al complesso della prestazione di trasporto, da giustificare la risoluzione del contratto e il conseguente obbligo del risarcimento del danno».

Le controstallie costituiscono normalmente l'unico rimedio dell'armatore per il prolungarsi delle operazioni di carico o scarico. Tale principio trova un limite nelle ipotesi di comportamenti abusivi del *charterer*, come nella fattispecie esaminata da Trib. Ancona 16 giugno 1970 (in *Dir. mar.*, 1970, p. 210):

«Diversa questione invece è se, posta l'illimitatezza nel tempo del compenso di controstallie, possa proprio dalla mancanza di un termine conseguire un abuso del diritto da parte del caricatore o ricevitore e quindi se in siffatta ipotesi possa consentirsi al vettore di esperire l'azione di risarcimento dei danni ulteriormente conseguiti alla eccessività del ritardo. … Preliminare è l'indagine sulla giuridica natura del compenso di controstallia e qui è unanime la dottrina nel ritenere tale compenso liquidazione preventiva e forfettaria delle spese e dei danni sofferti dal vettore in dipendenza del ritardo del caricatore o ricevitore, ritardo questo che deve però essere colpevole, imputabile cioè al caricatore o ricevitore. … siffatta opinione resta valida nel solo presupposto che il ritardo sia imputabile al creditore a titolo di colpa, diverse essendo invece le conclusioni nella diversa ipotesi in cui il ritardo sia da ascriversi al deliberato proposito del caricatore-ricevitore di arrecare danno al vettore per ricavarne un diretto vantaggio … Se è prevedibile, e rientra nella normale previsione, in vista della quale è appunto convenuto il compenso di controstallia, che debba la nave attendere in rada essendo la banchina già occupata, non può la successiva alterazione del turno di accosto, alterazione ripetuta in favore non di uno ma di ben cinque piroscafi, trovare causa e giustificazione se non in un comportamento del destinatario deliberatamente posto in essere al fine di conseguire un vantaggio con pregiudizio degli opposti interessi del vettore. L'aver ceduto la precedenza o comunque l'aver prestato adesione al fatto che ben cinque piroscafi giunti in epoca successiva, attraccassero al molo al posto del '*Mar Tirreno*' è circostanza che per l'entità stessa del fatto e per l'eccessività del conseguente ritardo da sola denuncia non già e solo l'abuso del diritto, per il che sarebbe operante l'anticipata forfettaria liquidazione del danno, ma un comportamento doloso e predeterminato che bene legittima ai sensi dell'art. 1229 cod. civ. la proponibilità della domanda volta ad ottenere il risarcimento dei danni maggiori in sostituzione delle controstallie».

4.2. Decorrenza e computo di stallie e controstallie

I contratti disciplinano minuziosamente con apposite clausole le modalità di computo, la durata, la decorrenza e le cause di sospensione di stallie e controstallie.

In linea di principio il tempo di stallia dovrebbe iniziare a decorrere dal momento in cui la nave sia "pronta" ad iniziare l'operazione di caricazione (o di scaricazione). La nozione di "prontezza" della nave, ai fini del decorso delle stallie, si articola in elementi "geografici", "materiali" ed "amministrativi". L'elemento geografico consiste nell'arrivo della nave nel punto designato. Per la realizzazione dell'elemento materiale si richiede che la nave sia effettivamente in grado di ricevere o sbarcare la merce. L'elemento amministrativo è costituito dall'ottenimento della libera pratica doganale e sanitaria. Oltre che alla "prontezza" della nave, l'inizio della decorrenza delle stallie è subordinato all'invio, da parte del *disponent owner* di un avviso ("*notice of readiness*"); tale avviso può legittimamente essere inviato solo quando la nave sia "pronta".

Tali regole generali possono essere modificate mediante apposite clausole contrattuali. In particolare, per quanto riguarda l'elemento "geografico" della prontezza, le parti possono pattuire, mediante le clausole "*whether in berth or not*" ("WIBON"), "*whether in port or not*" ("WIPON"), o "*time lost in waiting for berth to count as laytime*", che il tempo di stallia inizi a decorrere indipendentemente dall'effettivo ormeggio della nave, sulla base del semplice arrivo della stessa nell'usuale luogo di attesa nel porto o in rada, ponendo così a carico del *charterer* il rischio di indisponibilità della banchina operativa. In argomento si veda la sentenza della Cass. 7 luglio 1980 n. 4328 (in *Dir. mar.*, 1981, p. 27):

> «Orbene, non v'è dubbio che funzione della clausola "*time lost ...*" come pure di quella "*whether in berth or not*", apposta in una polizza di carico, sia quella di introdurre una deroga al regime legale delle stallie, quale posto dall'ordinamento italiano, nel senso di far considerare come stallia, il tempo perduto dalla nave nell'attesa del posto di ormeggio e, quindi, di far decorrere il relativo termine prescindendo dall'effettiva prontezza della nave. Ma se le parti, nell'esercizio del loro potere di autonomia contrattuale, hanno stabilito diversamente, nel senso di richiedere che per l'inizio del decorso del tempo di stallia occorra in ogni caso (cioè anche quando come stallia debba considerarsi il tempo perso in rada in attesa dell'accosto) l'avviso di prontezza – peraltro specificandone particolareggiatamente le modalità – così come richiesto dall'art. 444 del codice della navigazione italiana, ritenere che questo sia il momento decisivo per la decorrenza del relativo termine non comporta alcuna contraddizione, essendo da un punto di vista astrattamente logico perfettamente ammissibile che, anche per l'inizio della stallia consistente nel tempo perduto in attesa dell'accosto, le parti abbiano stabilito la necessità della comunicazione dell'avviso di prontezza. Invero, dottrina e giurisprudenza non scorgono particolari difficoltà a riconoscere che l'art. 441 del codice della navigazione italiana ("luogo di ancoraggio o di ormeggio") – invocato dal ricorrente – riguardi uno dei requisiti della prontezza della nave richiesta dall'art. 444 stesso codice e precisamente la posizione geografica di essa, ma che di ciò non impedisca affatto di ritenere che, in presenza della clausola "sia la nave a posto o no", l'avviso di prontezza possa essere dato anche se la nave sia ferma in rada o nell'avamporto in attesa del turno operativo a causa della particolare situazione del porto e, quindi, non possa dirsi pronta nel senso vero e proprio del termine, in quanto in tal caso saranno i ricevitori (o i caricatori) a sopportare le conseguenze di questa prontezza "fittizia" della nave».

La durata delle stallie può essere computata secondo parametri differenti, ossia sulla base di giorni (od ore) lavorativi o di giorni (od ore) correnti. Essa può essere fissata direttamente in un certo numero di giorni (od ore) ovvero indirettamente, con riferimento ad una determinata rata di caricazione/scaricazione (stabilendosi cioè che tutto il carico debba essere imbarcato/sbarcato in un lasso di tempo calcolato moltiplicando il quantitativo effettivo per una determinata rata di caricazione/scaricazione). La durata delle controstallie è normalmente stabilita in due periodi distinti, uno per la caricazione e l'altro per la scaricazione; è però possibili pattuire invece una durata fissata in modo unitario e complessivo per caricazione e scaricazione (c.d. stallie "reversibili" o "cumulative"). L'esame delle singole clausole impiegate nella prassi e della casistica giurisprudenziale sviluppatasi in relazione a tali clausole richiederebbe un'analisi troppo dettagliata rispetto agli scopi di questo manuale. A titolo esemplificativo si riporta la sentenza del Trib. Genova 6 agosto 1976 (in *Dir. mar.*, 1977, p. 103), relativa alla interpretazione della espressione "*running days*":

«Il principale aspetto della lite concerne la discussa computabilità, nel termine di stallia, del periodo di sospensione delle operazioni portuali a Milazzo a causa di uno sciopero del personale addetto. Al riguardo si osserva, in primo luogo, che il contratto di trasporto in questione prevedeva, all'art. 5, un termine di stallia, per la caricazione e la scaricazione di 72 "ore correnti" (*running hours*) ed è ben noto che, nella prassi marittima internazionale, il significato di questa espressione, e di quella analoga "giorni correnti" (*running days*) indica un periodo di tempo corrente in ogni caso, cioè da non intendersi sospeso per via di circostanze pattuite o di qualsiasi altro impedimento alla caricazione o alla scaricazione, tranne quelli espressamente previsti dal contratto, come, nella specie, le giornate festive, purché non usate, e il maltempo atmosferico. Come riconosciuto già da tempo dalla giurisprudenza, anche la più autorevole, la clausola in esame comporta l'effetto di spostare sul caricatore o sul destinatario del carico il rischio per gli eventi di forza maggiore, in deroga alle disposizioni di cui agli art. 445, comma 2, e 446, prima parte, del codice della navigazione, secondo le quali il decorso del termine di stallia rimane sospeso durante i giorni in cui le operazioni sono impedite per causa non imputabile al caricatore o al destinatario. Le mitigazioni apportate dai contraenti al rigore di questa clausola, con l'espressa esclusione delle giornate festive e dei periodi di maltempo (art. 5 contratto); e con riduzione a metà del compenso di controstallie per i ritardi causati da avaria al macchinario dei noleggiatori o da incendio (art. 8 contratto) non son suscettibili di essere applicate in ipotesi diverse da quelle specificamente considerate dalle parti (ad esempio, nel caso di sciopero), trattandosi di eccezioni apportate alla regola, propria della clausola "*running hours*" o "*running days*" che addossa al caricatore o al destinatario il rischio derivante da impedimenti alle operazioni d'imbarco o sbarco della merce, e, appunto in quanto eccezioni ad una regola, non estensibili a casi analoghi».

nonché la sentenza App. Genova 3 marzo 1973 (in *Dir. mar.*, 1973, p. 271), relativa all'interpretazione dell'espressione "*wheather working days*":

«Al fine di procedere al computo dei giorni "lavorativi" del periodo di stallia, occorre interpretare la espressione contenuta nell'art. 18: "*weather working days*". Secondo la prassi, di origine anglosassone, che è quella nordamericana, tanto le stallie quanto le controstallie si calcolano, di regola, a giorni correnti – sia lavorativi sia non lavorativi – "*running days*": a differenza del sistema italiano per il quale le stallie si computano a giorni la-

> vorativi (art. 445 cod. nav.) e le controstallie a giorni consecutivi (art. 449 cod. nav.). Alla normativa straniera ordinaria possono apportarsi deroghe convenzionali: e la più nota consiste nella pattuizione "*weather working days*", che, ai fini del conteggio del tempo di stallia, comprende i giorni veramente lavorativi ed esclude i giorni festivi e quelli "non lavorativi" nei quali, a causa delle generali condizioni metereologiche, o non si sia lavorato e non si sarebbe potuto lavorare. Circa il concetto del "tempo non lavorativo", il giorno va escluso da termine di stallia, anche se la nave non avrebbe potuto comunque lavorare, perché era in banchina in attesa, o avrebbe potuto lavorare, perché nella ristretta zona del porto in cui era ormeggiato non imperversava il maltempo. In sintesi, la clausola in esame qualifica come "lavorativo" il giorno, sulla base delle obiettive condizioni generali del tempo e non dell'effettiva possibilità di lavoro in ipotesi contingenti. Diversa è, invece, la portata della clausola "*working days, weather permitting*", che concerne l'impedimento derivato in concreto alle operazioni: essa ha riguardo all'impedimento realmente verificatosi rispetto a particolari zone nel porto ovvero all'imbarco o allo sbarco di specifiche partite di merce su o da una determinata nave. Non vengono, quindi, compresi nel conteggio del termine di stallia i soli giorni festivi e i non lavorativi in cui la nave non abbia potuto lavorare in quanto non glielo abbiano consentito ragioni peculiari (atmosferiche o relative alle operazioni singole di caricazione o discarica delle merci)».

Per quanto riguarda le controstallie, invece, una volta spirato il tempo di stallia, esse decorrono in modo continuativo, secondo la regola "*once on demurrage, always on demurrage*", essendo peraltro escluso di poter computare quale periodo di controstallia i ritardi, successivi al termine della stallia, che dipendano da eventi imputabili allo *shipowner*.

Va infine ricordato che è possibile anche la pattuizione del "*despatch money*" (o "premio di accelerazione") mediante la quale si pone a carico dell'armatore l'obbligo di corrispondere un compenso al *charterer* qualora le operazioni di caricazione o scaricazione vengano completate in un tempo inferiore alla durata delle stallie.

I conteggi relativi all'eventuale compenso di controstallie (o *despatch money*) vengono effettuati sulla base di un documento denominato "*statement of facts*" contenente la cronistoria delle operazioni dall'arrivo in data della nave alla partenza, con specifica indicazione dell'invio della *notice of readiness*, dell'ormeggio, delle eventuali interruzioni delle operazioni e di tutti gli altri elementi rilevanti. Se sottoscritto congiuntamente dalle parti, lo *statement of facts* ha valore di confessione stragiudiziale *ex* art. 2730 cod. civ. Con un successivo documento, detto "*time-sheet*", i dati obiettivi contenuti nello *statement of facts* vengono tradotti in un vero e proprio conteggio del tempo utilizzato e del relativo addebito sulla base delle pattuizioni contrattuali.

5. Contratti atipici

5.1. La prassi contrattuale risultante dai formulari più diffusi

Le tipologie contrattuali esaminate nei paragrafi precedenti corrispondono (come visto) con qualche approssimazione alle figure del noleggio e del trasporto di carico previste dal codice della navigazione.

La prassi mercantile internazionale ha però elaborato, accanto a tali figure più "tradizionali" e consolidate, altre tipologie contrattuali "atipiche", alcune delle quali, seppure ancora sprovviste di precisi riscontri a livello normativo hanno ormai acquisito sufficiente specificità e determinatezza grazie anche alla elaborazione di formulari standard largamente diffusi.

Una prima tipologia è costituita da quei contratti che, partendo da un modello tradizionale, introducono in esso pattuizioni ispirate ad altre figure, quali ad esempio i *consecutive voyage charters* (nei quali il contratto standard di charter a viaggio viene modificato per consentire l'effettuazione di più viaggi consecutivi, talora con riferimento ad un arco di tempo predeterminato) o i *trip time charters* (nei quali la nave viene messa a disposizione del *charterer* per il tempo necessario per effettuare un singolo viaggio tra porti e aree geografiche predeterminate). In questi casi l'allocazione delle obbligazioni, dei costi e rischi tra le parti deve essere in concreto accertata attraverso l'esegesi delle singole pattuizioni concordate, tenendo però conto del modello contrattuale di partenza (cfr. High Court 22 marzo 2016, *The "Wehr Trave"*, in *www.bailii.org*).

Grande rilievo pratico hanno poi i c.d. *contract of affreightment* (COA), detti anche *hybrid contracts*, destinati a soddisfare le esigenze di "grandi utenti", che necessitano in maniera continuativa e programmata di servizi di trasporto per quantitativi rilevanti. Essi prevedono quindi l'effettuazione in un periodo di tempo medio-lungo di una serie di viaggi, secondo scadenze programmate (seppure con una certa elasticità), per il trasporto di carichi omogenei di cui si determina sia il quantitativo complessivo sia quello per singolo viaggio, con navi non specificamente individuate ma di cui si indicano le caratteristiche fondamentali in relazione all'idoneità ad effettuare il servizio richiesto.

Strutturalmente i COA si articolano spesso in un contratto-quadro (*steering contract*) contenente la disciplina generale del rapporto ed in una serie di *voyage charter-party* (il cui contenuto è predeterminato nel contratto-quadro) per ciascun singolo viaggio. Altre possibilità sono la redazione di un unico contratto, contenente sia la regolamentazione complessiva del rapporto sia quella delle singole prestazioni, oppure l'adozione di un formulario di *voyage-charter* con una serie di modifiche ed integrazioni. I formulari più diffusi (il VOLCOA per i carichi secchi e l'INTERCOA 80 per i carichi liquidi) sono contratti-quadro, che espressamente prevedono la redazione di *voyage charter-party* in relazione ai singoli viaggi mediante i quali viene data esecuzione al contratto.

I formulari in questione prevedono quindi in primo luogo clausole relative alla durata del contratto, spesso integrate con la possibilità di prolungamento ad opzione di una delle parti.

Altre clausole determinano il carico oggetto del contratto, sia dal punto di vista delle caratteristiche merceologiche, sia dal punto di vista quantitativo; a quest'ultimo riguardo vengono presi in considerazione sia il quantitativo complessivo (con i relativi margini di oscillazione tra un minimo ed un massimo) sia i criteri di distribuzione di tale quantitativo complessivo nei singoli viaggi, regolandosi anche i casi di *overlifting* o di *shortlifting*.

Come si è già accennato, il contratto-quadro di solito non individua specificamente la nave che effettuerà i singoli viaggi, limitandosi piuttosto ad indicare determinati requisiti che devono essere soddisfatti dalle navi *to be nominated* di volta in volta.

La durata prolungata del contratto richiede un elevato grado di cooperazione tra le parti (*owner* e *charterer*) nel programmare e coordinare i propri obblighi relativi rispettivamente alla messa a disposizione ed alla presa in consegna delle singole partite di merce. Si vedono al riguardo la clausola B del formulario INTERCOA 80 e le clausole 5 e 8 del formulario VOLCOA.

La durata prolungata del contratto influisce spesso anche sui meccanismi di determinazione del corrispettivo, mediante clausole che prevedono aggiustamenti periodici in relazione all'andamento dei cambi, del costo della vita o di determinati costi (quali il combustibile o l'equipaggio) che incidono in modo particolarmente significativo sul bilancio operativo dell'impresa di trasporto.

Particolarmente delicata è la disciplina delle conseguenze dell'inadempimento di una delle parti agli obblighi che ad essa fanno carico in relazione al singolo viaggio e dei riflessi di tale inadempimento "parziale" sul contratto nel suo complesso. Una regolamentazione assai dettagliata di tali ipotesi si trova nelle clausole 10-14-15-16-17-18 del formulario VOLCOA, dalle quali si può notare la tendenza a "salvare" il contratto, prevedendo meccanismi di "aggiustamento" o di risarcimento danni in caso di inadempimenti parziali e consentendo invece la risoluzione dell'intero contratto soltanto in caso di inadempimenti reiterati o particolarmente gravi.

Lo stesso formulario disciplina inoltre alla clausola 19 la interruzione dell'esecuzione del contratto per cause non imputabili ad alcuna delle parti (tendendo, anche in questo caso, alla conservazione del contratto e quindi disponendo che, qualora l'esecuzione del contratto sia impedita, il contratto resta sospeso e si risolva soltanto se l'impedimento si prolunga oltre un certo limite).

5.2. Atipicità dei contratti e disciplina applicabile

Chiamata a confrontarsi con modelli contrattuali che non corrispondono ai tipi legali delineati dal codice della navigazione, la giurisprudenza italiana si pone il problema della qualificazione del contratto e, nell'effettuare tale operazione, oscilla tra la tendenza a ricondurre comunque la fattispecie concreta al tipo legale (ritenendo che gli elementi di difformità rispetto a tale tipo non siano comunque tali da "snaturare" il contratto) e quella opposta, ad affermare la atipicità del contratto, chiedendosi poi quale sia la disciplina ad esso applicabile ed in particolare se possano trovare applicazione, in tutto o in parte, in via diretta o analogica, le norme che regolano il tipo legale più "vicino" alla fattispecie concreta.

Tipico di questa antinomia è il lodo arbitrale 27 dicembre 1993 (in *Dir. mar.*, 1994, p. 1123) relativo ad un contratto caratterizzato dall'obbligo dell'armatore di mettere a disposizione del caricatore un determinato spazio per ogni viaggio effettuato dalla nave e dal corrispettivo obbligo del caricatore di pagare il nolo indipendentemente dall'effettivo utilizzo di tale spazio. La maggioranza del Collegio, ritenuta la atipicità del contratto, ne ricostruisce un'autonoma disciplina:

«Il Collegio, a maggioranza, ritiene che il contratto di cui è controversia non possa qualificarsi come contratto di trasporto e ciò per i seguenti motivi ... In base ai dati sopra illustrati il Collegio, a maggioranza, visti gli artt. 1322 e 1362, 1363 cod. civ., ritiene che il contratto stipulato *inter partes* sia un contratto atipico, nel quale le prestazioni corrispettive caratterizzanti sono rappresentate, da un lato, dalla garanzia dello spazio a favore del "caricatore" a bordo della nave VIS per un periodo di tempo determinato, contro il pagamento di un corrispettivo (vuoto per pieno) che prescinde completamente dall'effettiva utilizzazione degli spazi riservati e garantiti. Corrispettivo che proprio in vista delle reciproche garanzie (di spazio e di pagamento del nolo "vuoto per pieno") è ridotto del 20% rispetto alla "tariffa base" (quella, cioè, applicata ai caricatori non vincolati dall'accordo speciale). In altri termini, il sinallagma contrattuale si è formato fra garanzia di spazio e obbligo di pagamento per tale spazio. L'utilizzazione dello spazio garantito per la concreta effettuazione di trasporti è, nella prospettazione delle parti, puramente eventuale e non incide sulle obbligazioni delle parti: tanto che le parti hanno sentito il bisogno di precisare (cl. 16) che "Per i rapporti fra le Parti non contemplati dal presente contratto saranno valide le norme previste dalle condizioni generali di trasporto del vettore" ...

In conclusione, la maggioranza del Collegio ritiene che il contratto di cui è controversia vada qualificato come contratto (di durata) atipico, diverso dal trasporto; senza che sia necessario a tutti i costi rapportare la fattispecie, direttamente o per analogia, a taluno dei contratti aventi disciplina particolare. Da ciò discende, quanto ai diritti derivanti dal contratto stesso (e così quelli azionati nella presente controversia arbitrale) l'applicazione della prescrizione ordinaria decennale».

Peraltro, in relazione alla stessa fattispecie, l'arbitro dissenziente afferma invece la riconducibilità del contratto al trasporto e quindi l'applicabilità ad esso dell'art. 438 cod. nav. in tema di prescrizione:

«Ritiene l'Arbitro dissenziente che il contratto di cui è controversia debba qualificarsi come contratto di trasporto. In particolare la pattuizione relativa agli spazi di caricazione su una nave ro-ro classifica il contratto come trasporto di carico parziale, simile all'impegno di fornire al caricatore una stiva su una nave tradizionale. Al di là della impropria terminologia usata dalle parti, è evidente infatti che "mettere a disposizione degli spazi" significa null'altro che "offrire una prestazione di trasporto". Lo spazio riservato alla Nuova Comtra sulla nave era infatti destinato ad accogliere merce da trasportare e solo in vista di tale sua destinazione acquistava rilevanza per le parti. ... Nella prospettazione delle parti, l'utilizzazione dello spazio sulla nave da parte del caricatore in un modo o nell'altro (per trasportarvi veicoli o per lasciarlo inutilizzato) non incide sulle obbligazioni delle parti medesime; ciò che determina, in realtà, l'obbligazione di pagamento del nolo da parte dell'uno è l'effettuazione del viaggio da parte dell'altra. Rileva inoltre l'Arbitro dissenziente come nessuna norma del codice civile e del codice della navigazione relativa al trasporto è in contrasto con un impegno di durata, tant'è vero che il trasporto di carico oltreché per un viaggio può essere stipulato per più viaggi consecutivi. Tale fine viene realizzato nella pratica con la redazione di un unico strumento contrattuale, che prevede il perdurare del rapporto di trasporto, alle condizioni ivi fissate, per un determinato numero di viaggi consecutivi. Dal punto di vista giuridico trattasi di un unico contratto di trasporto, prevedente una pluralità di prestazioni, successive nel tempo. Ritiene, pertanto, l'Arbitro dissenziente pienamente applicabile al rapporto di cui si tratta la disciplina del contratto di trasporto ed in particolare, quanto alla prescrizione, il termine semestrale di cui all'art. 438 cod. nav.».

Un approccio intermedio è quello adottato dal Trib. Cagliari 16 aprile 1986 (in *Dir. trasp.*, 1988, p. 173), che, muovendo dalla distinzione tra la disciplina del contratto-quadro e quella delle singole prestazioni di trasporto e richiamate al riguardo le disposizioni degli artt. 1677 e 1570 cod. civ., ritiene applicabile le norme del codice della navigazione in tema di trasporto di cose soltanto alla seconda, riportando invece la prima alle norme del codice civile in tema di appalto di servizi:

> «È pienamente condivisibile la qualificazione di appalto di servizi, attribuita dalle parti al contratto in questione. Per quanto attiene, per altro, la natura delle prestazioni che costituiscono l'oggetto di tale contratto, deve accogliersi la tesi dell'amministrazione convenuta, secondo cui l'oggetto dell'appalto era costituito dall'esecuzione di trasporti, e non dal noleggio di più navi, come vorrebbe invece l'attrice. È qui sufficiente, in sintesi, rilevare che le clausole contrattuali prevedevano l'obbligo della consegna della merce al vettore, il quale era tenuto alla riconsegna al termine del viaggio, la qual cosa esclude di per sé la possibilità di ipotizzare nella specie un contratto di noleggio; e che, in generale, la prestazione cui si era obbligata l'attrice non consisteva, con tutta evidenza, nei viaggi delle navi, che caratterizzano il contratto di noleggio, sebbene nello spostamento di merci da un luogo all'altro, tipica del trasporto. Tale soluzione non comporta, tuttavia, l'accoglimento dell'eccezione di prescrizione dedotta dalla convenuta, dovendosi ritenere che si applichi, nella specie, il termine prescrizionale ordinario. L'amministrazione richiama l'art. 1677 cod. civ. in materia di appalto di servizi, ed il rinvio, in esso contenuto, all'art. 1570 dello stesso codice in materia di somministrazione, sostenendo che, in virtù di tale ultima norma, dovrebbe applicarsi al caso in esame la normativa dettata per il contratto di trasporto marittimo, e quindi anche l'art. 438 cod. nav., che prevede per tale ultimo contratto il termine prescrizionale di sei mesi (...). La controversia *de qua* non riguarda, invero, profili attinenti alle singole prestazioni che costituiscono l'oggetto del contratto intercorso tra le parti, sebbene l'appalto complessivamente considerato; onde viene meno la *ratio* che giustifica il richiamo, *ex* art. 1570, alla disciplina dei singoli contratti, e si deve quindi applicare per intero la disciplina generale attinente all'appalto. In altri termini: poiché la causa dell'appalto di servizi è pur sempre quella tipica dell'art. 1655 cod. civ., l'applicazione di norme relative ad altri contratti è ammissibile solo nei limiti in cui vengano in rilievo profili specifici, connessi con la natura delle prestazioni di servizi che dell'appalto costituiscono l'oggetto».

La giurisprudenza italiana ha peraltro elaborato, con riferimento al trasporto terrestre, la figura del contratto di appalto di servizi di trasporto. I contorni di tale figura contrattuale non sono ben delineati (in particolare per quanto riguarda la differenza rispetto ad un contratto di trasporto per una pluralità di viaggi); tuttavia, anche quando le varie prestazioni di trasporto siano rese in esecuzione di un unico contratto (misto) di appalto di servizi di trasporto, la giurisprudenza prevalente ritiene che si debba fare comunque riferimento alla disciplina in tema di trasporto per individuare quelle norme che, come la durata della prescrizione, sono intimamente collegate alla concreta tipologia della prestazione (cfr. per es. Cass. 31 maggio 2019 n. 14886, in *Dejure*).

ONLINE *Vedi allegato al Capitolo10*

11. Il trasporto di cose determinate su polizza di carico

1. La polizza di carico quale titolo di credito rappresentativo

La polizza di carico (in inglese, *bill of lading*) è un titolo di credito rappresentativo di merci, di solito emesso dal comandante per conto del vettore, ovvero da quest'ultimo direttamente o tramite un rappresentante, in cui si attesta che le merci descritte nel titolo sono state ricevute ed imbarcate in un determinato porto e in una certa data sulla nave ivi nominata, per essere trasportate fino ad un altro porto (art. 459 cod. nav.). Normalmente, della polizza di carico vengono emessi tre originali, ciascuno dei quali attribuisce al portatore la pienezza dei diritti e, adempiuto uno di essi, il vettore si libera anche nei confronti di eventuali altri portatori dei rimanenti originali. Nella pratica vengono anche emesse copie non negoziabili della polizza, le quali vengono utilizzate per le altre formalità relative al carico, quali ad esempio quelle doganali.

Tradizionalmente, la polizza di carico attesta in primo luogo la consegna delle merci al vettore e ha, quindi, la funzione di ricevuta del carico. Nella pratica esiste anche la polizza c.d. "ricevuto per l'imbarco" (*received for shipment*), che attesta la consegna delle merci al vettore per l'imbarco (art. 458 cod. nav.), e che si trasforma in una polizza di carico ordinaria allorquando il comandante o il rappresentante del vettore vi appone il timbro "imbarcato" (*shipped on board*).

La polizza di carico può essere l'unico documento emesso in relazione al trasporto, ovvero essere rilasciata sulla base di un contratto preesistente, normalmente rappresentato da un *charter-party* (vedasi cap. 10, § 3.1). In tal caso, se la polizza rimane nel possesso del soggetto che è parte del *charter-party*, essa ha solo la già menzionata funzione di ricevuta del carico, mentre se viene trasferita a terzi essa assume anche la piena funzione di titolo di credito.

La polizza di carico può essere nominativa, all'ordine o al portatore e circola secondo le regole proprie dei titoli di credito (art. 464 cod. nav.). Quale titolo di credito, essa assume un ruolo essenziale – come già abbiamo indicato – nella cosiddetta vendita marittima (vedasi cap. 8), consentendo di attribuire al legittimo portatore della polizza di carico il possesso (mediato) delle cose in essa descritte e il diritto di disposizione delle stesse, di talché trasferendo la polizza si trasferisce anche il possesso (mediato) delle merci in essa descritte. Inoltre, la polizza attribuisce al legittimo portatore del titolo in conformità alle regole di circolazione dello stesso (App. Genova 25 luglio 2014, in *Dir. mar.*, 2014, p. 639) il diritto di ottenere la riconsegna a destino delle stesse merci (art. 467 cod. nav.) e il diritto di agire contro il vettore per il risarcimento dei danni nel caso in cui egli non adempia o adempia inesattamente all'obbligo di riconsegnarle esattamente nello stato in cui esse sono descritte nel titolo. Così, è stato chiarito (Cass. 22 dicembre 1994 n. 11043, in *Dir. mar.*, 1996, p. 722):

> «Il portatore della polizza di carico per effetto della girata senza limitazione alcuna è legittimato ad agire in giudizio per il risarcimento dei danni derivati dalla mancata corrispondenza quantitativa e qualitativa delle merci consegnate rispetto a quelle che nella polizza sono specificate. A tal fine è irrilevante qualsiasi rapporto sottostante tra destinatario e portatore della polizza di carico, e, pertanto, il vettore non può contestare la legittimazione attiva del portatore della polizza di carico eccependo che questi si sia dichiarato mandatario del ricevitore o del caricatore; tale riferimento non importa alcuna presunzione di rinunzia all'autonoma posizione soggettiva derivante dal possesso della polizza di carico e non è idoneo a creare un diverso titolo di legittimazione … in tema di trasporto marittimo … la polizza di carico, oltre a trasferire il diritto alla riconsegna della merce, abilita il portatore a pretendere il risarcimento dei danni per la mancata corrispondenza quantitativa e qualitativa delle merci consegnate rispetto a quelle indicate nella polizza. E, più in generale, i diritti inerenti alla consegna della merce, e quindi anche il diritto a far valere l'eventuale responsabilità del vettore spettano al legittimo possessore del titolo di credito e non all'effettivo o reale destinatario della merce».

Sotto questo profilo, deve ritenersi ormai prevalente in giurisprudenza (cfr. Cass. 14 febbraio 2005 n. 2898, in *Dir. mar.*, 2007, p. 1115) l'orientamento per cui nel caso di trasporto di cose documentato dalla polizza di carico, il destinatario reale e/o proprietario delle merci, in quanto tale, non ha alcuna legittimazione in proprio nei confronti del vettore, spettando questa unicamente al legittimo portatore del titolo:

> «Poiché si tratta di un titolo di credito (cfr. Cass. n. 7025/1999) trova applicazione la distinzione tra titolarità del diritto e legittimazione ad esercitarlo. Ed, infatti, nell'ambito dei titoli di credito la connessione tra proprietà del documento e titolarità del credito determina la possibilità di una duplice posizione soggettiva: da un lato la proprietà del documento cui si ricollega la titolarità del credito, dall'altro, il legittimo possesso del documento in base alla legge di circolazione che consente a norma dell'art. 1992 c.c. l'esercizio del credito, nel senso che il possessore del titolo, "legittimato" nelle forme prescritte, ha diritto alla prestazione in esso indicata. Secondo la giurisprudenza di legittimità (Cass. 22 dicembre 1994 n. 11043; Cass. 9 aprile 1987 n. 3482; Cass. 18 luglio 1986 n. 4632; Cass. 22 maggio 1975 n. 2027) la legittimazione a promuovere l'azione contro il vettore per la perdita o per i danni compete al portatore della polizza di carico per effetto di girata senza limitazione alcuna. A tal fine è irrilevante qualsiasi rapporto sottostante tra destinatario

e portatore della polizza di carico, nonché è irrilevante il rapporto sottostante tra il portatore della polizza e il caricatore (Cass. 6 novembre 1992 n. 12028). Più in generale, deve riaffermarsi che i diritti inerenti alla riconsegna della merce, e quindi anche il diritto a far valere l'eventuale responsabilità del vettore spettano al legittimo possessore del titolo di credito (Cass. 9 aprile 1987 n. 3482) e non all'effettivo o reale destinatario della merce»;

restando salva solo l'eventuale legittimazione del mittente, in forza del rapporto causale, nel caso in cui il destinatario non abbia richiesto la consegna delle merci e vengano restituiti al vettore tutti gli originali della polizza emessa.

In alcune decisioni si ammetteva, peraltro, che il proprietario e/o destinatario reale delle merci potesse dimostrare di essere stato il mandante dell'ultimo giratario della polizza, sostituendosi così, *ex* art. 1705 cod. civ., nei diritti *ex titulo* di quest'ultimo verso il vettore (così App. Genova 18 dicembre 1991, in *Dir. mar.*, 1993, p. 1041). In senso contrario, è stato invece affermato dalla Suprema Corte che tale norma non trova applicazione per le azioni di inadempimento e risarcimento danni (Cass. 21 gennaio 2005 n. 1312, in *Dir. mar.*, 2006, p. 162).

Il diritto alla riconsegna viene esercitato mediante girata per lo sbarco al vettore di un originale della polizza, cui normalmente fa seguito l'emissione di un ordine di consegna (*delivery order*) da parte del vettore o del suo agente, con il quale si indica al soggetto depositario della merce (di solito, un'impresa di sbarco o un terminal) quale sia il soggetto legittimato al ritiro della stessa (sulla natura e gli effetti di tali ordini nella giurisprudenza recente cfr. Trib. Napoli 28 ottobre 2015, in *Dir. mar.*, 2017, p. 810 e Cass. 14 maggio 2019 n. 12708, in *Dejure*).

Nella pratica, poiché spesso le merci arrivano al porto di destino prima dei documenti, il carico viene riconsegnato al destinatario contro una garanzia (c.d. *letter of indemnity*) circa l'essere lo stesso l'effettivo titolare del diritto in base alla polizza di carico, che verrà presentata in un secondo tempo. Il destinatario si impegna a tenere indenne il vettore nel caso in cui esso sia condannato al risarcimento dei danni verso un altro soggetto legittimato alla riconsegna delle merci in base ad un originale della polizza, che abbia successivamente chiesto a sua volta la riconsegna delle stesse merci.

Il vettore non è, ovviamente, tenuto ad accettare tale garanzia, essendo egli obbligato a riconsegnare il carico solo a chi presenti il titolo di credito originale ad esso relativo; peraltro, l'assoluta diffusione di tale prassi, supportata da obiettive esigenze connesse alla stessa struttura dei commerci internazionali (posto che in determinate tipologie di trasporto, ad esempio, di prodotti petroliferi si verifica quasi invariabilmente il caso dell'arrivo della nave nel porto di destino prima dell'arrivo delle polizze relative, trattenute nel circuito bancario), è testimoniata dal fatto che nei contratti di vendita e di *charter-party* vengono frequentemente inserite pattuizioni che legittimano il destinatario della merce a ritirare la stessa, anche in mancanza degli originali delle polizze, contro presentazione di *letter of indemnity* di tenore standard e controfirmata da una banca. Non sorprende, quindi, che, salva restando le responsabilità del vettore nei confronti dell'effettivo titolare della polizza di carico originale, sia normalmente riconosciuta la validità di tali *letters of indemnity*.

Infine, la polizza di carico costituisce prova del contratto di trasporto concluso tra mittente e vettore (cfr. Cass. 21 luglio 2003 n. 11319, in *Dejure*), di talché nei confronti del terzo portatore di buona fede il vettore potrà invocare solo le pattuizioni relative al trasporto che risultano dal titolo o che in esso sono incorporate mediante richiamo al *charter-party* sulla base del quale è stata emessa.

Questa ricostruzione è pacifica in giurisprudenza (Cass. 27 ottobre 1961 n. 2438, in *Dir. mar.*, 1962, p. 540):

> «La polizza di carico, in quanto titolo rappresentativo della merce, ha natura di titolo di credito causale, che rivela un negozio cartolare il cui oggetto è l'accertamento dei diritti ed eventualmente degli oneri derivanti per una delle parti (l'armatore) dal rapporto fondamentale nei confronti del terzo possessore. E considerando tale collegamento tra negozio cartolare di accertamento della polizza di carico e contratto fondamentale, i quali possono anche coincidere nell'unico documento, si è posto in risalto che essa adempie ad una duplice funzione, quella di titolo di credito e quella di prova del contratto di trasporto ... le enunciazioni contenute nella polizza di carico segnano la misura dei diritti e degli oneri del terzo possessore nei confronti dell'armatore e nel contempo provano il rapporto fondamentale che non risulti diversamente regolato».

Per quanto attiene l'incorporazione del rapporto fondamentale nella polizza, la giurisprudenza (Cass. 26 giugno 1963 n. 1736, in *Dir. mar.*, 1964, p. 56) ha poi chiarito che:

> «Va ulteriormente richiamato il carattere costitutivo della polizza quale titolo di credito, tanto che i diritti da essa rappresentati si presentano con carattere di autonomia rispetto ai diritti nascenti dal contratto di trasporto, mentre l'eventuale clausola relativa al nolo pagabile a destino dal possessore del titolo, non vale a conferire alla polizza una efficacia rappresentativa ai fini della circolazione (oltre che del credito) anche di tutto il rapporto contrattuale inerente al trasporto, ma si presenta solo come un onere, al cui adempimento è condizionata la realizzazione da parte del legittimo possessore della polizza, dei diritti spettantigli nei confronti del vettore».

Così, solo in presenza di un espresso richiamo ad un ben preciso rapporto preesistente contenuto in polizza si può avere una incorporazione delle pattuizioni del rapporto fondamentale nel titolo (Trib. Genova 17 marzo 1966, in *Dir. mar.*, 1966, p. 310):

> «Il richiamo operato nelle singole polizze mediante la formula tutte le pattuizioni, condizioni ed esoneri del su specificato (nella data e luogo di conclusione: n.d.r.) *charter-party*, inclusa la "clausola di negligenza" sono qui incorporate, ha per l'effetto di recepire tutti i termini contrattuali del *charter* compatibili con la natura dei singoli rapporti consacrati nelle polizze, e ciò, adunque, anche per quel che concerne caricazione e scaricazione, stallie e controstallie, nolo e privilegi».

Va, infine, sottolineato che, benché il codice della navigazione precisi quali elementi debbano essere contenuti nella polizza di carico (art. 460 cod. nav.), l'omissione di alcuno di questi non fa venire meno le caratteristiche proprie della polizza di carico. Infatti (Cass. 7 luglio 1999 n. 7025, in *Dir. mar.*, 2001, p. 1072):

> «La valenza della polizza di carico quale titolo di credito alla riconsegna delle merci trasportate è, invero, collegata alla sottoscrizione del documento da parte del vettore, che

con la sottoscrizione e l'emissione della polizza assume l'obbligo di riconsegnare le merci indicate nel titolo che le rappresenta al portatore della polizza ... l'indicazione del luogo di destinazione non è essenziale ai fini che ne occupano. La sua mancanza non incide, infatti, sul diritto del portatore della polizza ad ottenere la riconsegna ma lo espone, se mai, al rischio di eccezioni del vettore sul punto».

Tutti gli aspetti riconducibili alla disciplina della polizza di carico quale titolo di credito rappresentativo della merce sono, in virtù dell'art. 59, comma 3 della legge n. 218/1995, regolati dalla legge del luogo di emissione del titolo, con la precisazione che ci si deve riferire allo Stato di sottoscrizione che risulta da tale documento, e non già a quello nel quale essa è stata effettivamente sottoscritta o in concreto consegnata al soggetto che ne risulta essere il primo titolare. Infatti, tale soluzione è l'unica in grado di garantire certezza e prevedibilità della disciplina, soprattutto nei confronti dei successivi titolari della polizza di carico che, mentre sono in grado di conoscere il luogo di sua sottoscrizione in virtù delle indicazioni contenute in tale documento, difficilmente sarebbero in condizione di conoscere il luogo della sua trasmissione e quello di consegna al primo prenditore qualora tale evento non coincida con quello di sottoscrizione.

2. Il regìme di diritto uniforme applicabile al trasporto internazionale di cose via mare su polizza di carico

Il regìme della responsabilità del vettore internazionale di cose determinate su polizza di carico trae la sua origine nel compromesso raggiunto tra armatori e interessati al carico verso la fine dell'800. Invero, sulla scorta del riconoscimento della libertà contrattuale, i vettori avevano introdotto nelle polizze di carico un'ampia serie di clausole di esonero di responsabilità, tanto che, a fronte di un principio di legge per cui essi avrebbero dovuto rispondere di tutti i danni e le perdite occorse alle merci imbarcate, essi in pratica andavano quasi sempre esenti da responsabilità invocando le clausole contrattuali esonerative imposte ai propri contraenti. A tale situazione reagì in un primo tempo la giurisprudenza americana, che dichiarò tali clausole esonerative nulle per contrarietà alla *public policy*, e successivamente il legislatore americano, che emanò l'*Harter Act* del 1893, con cui si fissava inderogabilmente il regime della responsabilità applicabile ai trasporti di cose in arrivo o in partenza dagli Stati Uniti. Tale regìme addossava al vettore la responsabilità per perdita o danni alle merci, ma al contempo riconosceva la validità di alcune ipotesi di esonero, in presenza di rischi tipici della navigazione. Sulla scorta di tali precedenti, nel 1923 vennero redatte all'Aja delle Regole che avrebbero dovuto costituire il contenuto standard delle polizze di carico e che si ispiravano in larga misura al bilanciamento dei rispettivi interessi contenuto nell'*Harter Act*. Tali Regole avrebbero dovuto trovare applicazione in via negoziale, sull'esempio delle Regole di York e Anversa sull'avaria comune (vedasi cap. 14 § 3), ma ci si rese ben presto conto che solo attribuendo efficacia legale a tali regole si sarebbe potuto raggiungere una certa uniformità di regìme. Le Regole dell'Aja vennero, quindi, trasfuse nella Convenzione di

Bruxelles del 25 agosto 1924 per l'unificazione di alcune regole sulla polizza di carico, ratificata da un grandissimo numero di Stati e considerata a buon diritto la "regina delle convenzioni di diritto uniforme", la quale ha anche ispirato le singole legislazioni nazionali di numerosi Stati, compreso il codice della navigazione, come si evince chiaramente dalla stessa Relazione (n. 249):

> «Relativamente alla disciplina della responsabilità del vettore ho ritenuto opportuno seguire la Convenzione di Bruxelles del 1924. Ciò non tanto per l'esistenza di tale accordo internazionale, quanto perché i principi ivi consacrati sono ormai da tempo entrati nella prassi italiana, attraverso le clausole delle polizze per il Nordamerica, e costituiscono quindi già nostro diritto vivente ... la materia della polizza di carico costituisce l'oggetto precipuo della Convenzione di Bruxelles del 1924, alla quale, per le ragioni che ho accennato ... è parso opportuno conformarsi ... le linee essenziali della disciplina tracciata in questa sezione del codice possono dunque così sintetizzarsi: *a*) aderenza al contenuto delle regole stabilite nella Convenzione di Bruxelles del 1924, con assoluta libertà di forma».

Tale testo è stato successivamente aggiornato con i Protocolli di Visby del 1968 e di Bruxelles del 1979 (ratificati dall'Italia con legge 12 giugno 1984 nn. 243 e 244), che però sono stati ratificati solo da una parte degli Stati membri della Convenzione del 1924; in data 31 marzo 1978 è stata poi firmata ad Amburgo la Convenzione delle Nazioni Unite sul trasporto di merci via mare, entrata in vigore solo il 1° novembre 1992, sia pure tra un limitato numero di Stati (tra i quali non è attualmente compresa l'Italia – cfr. Cass. 14 febbraio 2001 n. 2155, in *Dir. mar.*, 2002, p. 227). In oggi, quindi, l'effettiva uniformità della disciplina della responsabilità del vettore internazionale di cose su polizza di carico appare in parte pregiudicata, posto che esiste una pluralità di regìmi che presentano tra loro, oltre a significativi elementi comuni, anche alcune non secondarie differenze.

3. L'àmbito di applicazione del diritto uniforme e la sua inderogabilità

La Convenzione di Bruxelles del 1924, come modificata dai Protocolli di Visby del 1968 e di Bruxelles del 1979, si applica ai trasporti marittimi internazionali di cose rappresentate da polizza di carico.

Superati i dubbi in ordine al rapporto tra normativa uniforme e codice della navigazione (sui quali vedasi ampiamente *supra*, cap. 1 §§ 3 e 4), il principale presupposto per l'applicazione del regìme della Convenzione è dato dall'internazionalità del trasporto. Mentre nel vigore del testo originario si era avuta qualche incertezza circa l'esatta determinazione del carattere internazionale di un determinato trasporto (ossia, se fosse sufficiente la circostanza che il trasporto avvenisse tra i porti di due Stati diversi – internazionalità c.d. obiettiva – o se fosse anche necessaria la diversa nazionalità del vettore e ricevitore, internazionalità c.d. soggettiva), il Protocollo di Visby chiarisce che l'elemento rilevante è dato solo dal fatto che il trasporto avvenga tra due Stati diversi, a questo fine anche non contraenti la Convenzione, essendo invece del tutto irrilevante la bandiera della nave e la nazionalità dei soggetti coinvolti.

Va precisato, in proposito, che l'internazionalità obiettiva del rapporto va valutata sulla base della prospettazione delle parti, così come consacrata nelle pattuizioni contenute nella polizza, essendo poi irrilevante che, in concreto, per circostanze sopravvenute (ad esempio, sinistro in corso di viaggio e termine del viaggio in porto diverso da quello previsto) il trasporto non sia effettivamente compiuto tra due Stati diversi.

Il secondo presupposto per l'applicazione del regìme uniforme è che il trasporto sia effettuato in base ad una polizza di carico. Qualora la polizza sia stata emessa sulla base di un *charter-party*, il regìme uniforme si applica solo se la polizza stessa ha circolato, ossia è stata trasferita ad un soggetto che non è parte del *charter-party* medesimo. Le norme uniformi, quindi, non si applicano, di per se stesse, ai contratti di trasporto documentati da un *charter-party* (Cass. 3 dicembre 1984 n. 6298, in *Dir. mar.*, 1985, p. 317):

> «Nel sistema delle norme unificate si distinguono, pertanto, due ipotesi: quella del trasporto di carico totale o parziale documentato da un *charter-party* [seconda parte dell'art. 1, lett. b) e comma 2 art. 5] e – per esclusione – quella del trasporto di cose determinate, documentato, secondo la prassi dei traffici marittimi, dalla stessa polizza di carico od altro documento circolante (prima parte della lett. b), art. 1). Nel trasporto di cose determinate, il termine "*contrat de transport*" s'applica, una volta emessa la polizza di carico (o altro simile documento) al rapporto da essa certificato ("*constaté*"); si tratti del rapporto interno fra vettore e caricatore o di quello esterno tra vettore e terzo portatore del titolo. Nel trasporto di carico totale o parziale documentato da un *charter-party*, vige, nel rapporto interno fra i contraenti, il regime giuridico derivante dalla legge regolatrice del *charter-party*; mentre nel rapporto fra il vettore ed il terzo portatore della polizza si applica "*également*" la disciplina uniforme della Convenzione. L'origine della distinzione si rinviene, secondo la *ratio* del sistema nell'esigenza di imporre ai vettori, con riferimento esclusivo al trasporto di cose determinate, un limite perentorio, in favore dei caricatori, alla facoltà di deroga alle norme sulla responsabilità nel trasporto marittimo. Esigenza, questa, non altrettanto sentita per il trasporto di carico totale o parziale, rappresentando i noleggiatori una categoria particolarmente forte nel traffico marittimo, in grado di partecipare alla determinazione del contenuto dei contratti di trasporto in condizione di parità con i vettori. Da ciò, appunto, la logica deduzione, con riferimento ai contratti di trasporto di carico totale o parziale documentati da *charter-parties*, dell'applicabilità della disciplina uniforme – col regime di particolare rigore della responsabilità del vettore – ai soli rapporti esterni fra l'emittente e il terzo portatore della polizza, estraneo alla formazione del contratto e non sottoscrittore del *charter party*; mentre il rapporto interno fra caricatore e vettore, derivante dal contratto sottostante alla polizza – alla cui formazione entrambi hanno partecipato – rimane soggetto alla disciplina liberamente voluta dalle parti».

Ciò non esclude, peraltro, che le parti possano volontariamente assoggettare anche i rapporti esclusi dall'applicazione *ex proprio vigore* delle regole uniformi, in quanto documentati da *charter-party*, alle stesse, mediante una *Paramount clause*, avendo tale richiamo l'effetto di recepire negozialmente tali norme nel rapporto. Ciò è stato di recente riconosciuto anche dalla giurisprudenza italiana, sulla scorta delle esperienze giurisprudenziali straniere e, soprattutto, della costante prassi degli operatori, che vogliono mediante tale inserzione sottoporre i rapporti tra *shipowner* e *charterer* allo stesso regìme che esiste nella Convenzione per i rapporti tra vettore ed interessato alle merci in relazione alle perdite e alle avarie al carico (Cass. 20 dicembre 1995 n. 13018, in *Contratti*, 1995, p. 356):

> «Tale "incorporazione" introduce una serie di questioni, delle quali si è da tempo fatta carico la giurisprudenza di questa Suprema Corte. Nella sentenza di questa sezione 10 agosto 1988 n. 4905 è stato affermato che le regole contenute nella Convenzione di Bruxelles, oltre che applicabili per il loro valore normativo sotto i presupposti previsti dalla Convenzione stessa, possono essere recepite dalla volontà delle parti ed avere valore contrattuale: in tale secondo caso, naturalmente, esse non possono derogare a norme imperative ... occorre partire dal presupposto che le parti, entrambe imprenditori, non abbiano, per mutuare una significativa espressione della giurisprudenza inglese, inteso inserire nel contratto una clausola "soffocata prima di nascere": ad un primo esame, infatti, sembrerebbe privo di significato inserire nel *charter party* una regolamentazione che, secondo una norma contenuta nella stessa, non è applicabile a tali contratti. Ma tale inserimento risulta talmente diffuso nella prassi mercantile internazionale che la giurisprudenza ha dovuto prendere atto della sua esistenza, non certamente frutto di casualità o di dimenticanza. ... per cui deve porsi il problema di un inserimento contrattuale della disciplina convenzionale la quale può ritenersi incorporata nel contratto, in quanto compatibile. È evidente, pertanto, che l'inserimento contrattuale della clausola presuppone l'inoperatività della riserva dell'art. 5 della Convenzione».

Va, peraltro, precisato che la mancata materiale emissione di una polizza di carico sicuramente non rileva al fine di escludere l'applicabilità della normativa uniforme in tutti quei casi in cui il contratto di trasporto è stato concluso in presenza di circostanze o di usi marittimi in virtù dei quali il vettore aveva comunque l'obbligo di emettere una polizza, ovvero una polizza sarebbe stata comunque emessa: si pensi all'ipotesi in cui la mancata presenza della polizza dipenda da un inadempimento del vettore marittimo all'obbligo di emetterla (il che non può certamente pregiudicare l'applicazione della normativa uniforme, che non è suscettibile di essere limitato dalla volontà delle parti) o da circostanze di fatto quali l'interruzione della caricazione prima del suo completamento per sinistri occorsi alla nave o alle merci, essendo pacifico che la previsione delle parti era che la polizza dovesse essere emessa al completamento dell'imbarco (cfr. App. Genova 13 giugno 2012, in *Dir. mar.*, 2013, p. 635; Trib. Genova 9 giugno 1967, in *Dir. mar.*, 1967, p. 237).

Inoltre, nella prassi si sono equiparate – ai fini dell'applicabilità della normativa uniforme – alla polizza di carico tutta una serie di documenti solitamente adoperati per provare l'esistenza di un titolo valido per il ritiro delle merci da trasportare, quali polizze ricevute per l'imbarco o *booking note*, tutte le volte in cui ad essi, in virtù della prassi e/o della volontà delle parti, hanno efficacia di un "preliminare" all'emissione di una polizza di carico, ossia danno diritto al portatore degli stessi di ottenere dal vettore l'emissione della polizza e/o la ricezione delle merci trasportate dal vettore.

Qualora ci si trovi di fronte ad un trasporto internazionale di cose su polizza di carico, nel senso ora precisato, il regìme uniforme trova applicazione in presenza dei criteri di collegamento stabiliti nell'art. 10, ossia quando il luogo di caricazione o il luogo di emissione della polizza sono situati in un paese contraente la Convenzione.

In Italia, ai fini dell'applicazione del regìme uniforme, si considerano Paesi contraenti tutti gli Stati che abbiano ratificato o dato esecuzione alla Convenzione di Bruxelles del 1924 nel testo originario, o in quello risultante da uno o da entrambi i Protocolli di modifica.

La Convenzione trova inoltre applicazione *ex proprio vigore* (ossia come norma di legge e non come clausola negoziale) anche laddove le parti abbiano inserito nella polizza un espresso richiamo alla stessa o ad normativa nazionale che la incorpori (Trib. Napoli 11 marzo 1997, in *Dir. mar.*, 1998, p. 720). In Italia, sia che il richiamo avvenga verso la Convenzione del 1924, sia che avvenga verso il testo risultante da uno o da entrambi i Protocolli di modifica, sia che avvenga verso una legge nazionale che incorpora uno qualsiasi di tali testi (ad esempio i *Carriage of Goods by Sea Acts* c.d. COGSA tipici dei Paesi di *common law*), trova applicazione quale norma di legge il testo della Convenzione di Bruxelles del 1924, come modificato dai due Protocolli. Tali clausole, dette *Paramount clauses* hanno formulazioni assai diverse, quale ad esempio la seguente:

> «*This bill of lading insofar as it relates to sea carriage by any vessel whether named herein or not shall have effect subject to the Hague Rules or any legislation making such Rules or the Hague-Visby Rules applicable (such as COGSA or COGWA) to this bill of lading and the provisions of the Hague Rules or applicable legislation shall be deemed to be incorporated herein*».

La caratteristica principale del regìme uniforme, che trae il suo fondamento nell'origine storica dello stesso, sta nel carattere inderogabile dell'assetto in esso previsto, se non in senso più favorevole all'interessato alle merci, considerato la parte economicamente più debole del rapporto e, quindi, meritevole di tutela. Tale principio, consacrato nell'art. 3, comma 8, fa sì che tutte le volte in cui un rapporto rientra nel campo di applicazione della Convenzione, ad esso va applicato il regìme uniforme indipendentemente da eventuali deroghe contenute nelle clausole della polizza, salvo che queste regole siano favorevoli all'interessato alle merci. Ciò comporta la nullità della clausole contrastanti con una qualsiasi delle norme uniformi, non solo in relazione alle ipotesi di responsabilità del vettore (ad esempio, clausole che introducono esoneri di responsabilità per fattispecie non previste dalla Convenzione), ma in ordine all'intero assetto fissato nella Convenzione, anche in relazione al periodo di responsabilità o al termine per far valere i diritti sanciti dalle norme uniformi (Cass. 16 luglio 1954 n. 2539, in *Dir. mar.*, 1955, p. 195):

> «L'art. 3 n. 8 della Convenzione dichiara "nulla, non avvenuta e di nessun effetto" qualsiasi clausola contrattuale diretta a restringere la responsabilità del vettore, contraria alle norme della Convenzione medesima; onde anche qualsiasi clausola che riducendo il tempo necessario a prescrivere tiene a limitare la suddetta responsabilità ... il legislatore ha quindi considerato non quali norme "dispositive" le norme della Convenzione, ma quali norme cogenti ed inderogabili. Di conseguenza, per tutti i trasporti per i quali è applicabile la legge speciale, i contraenti non possono limitare comunque la responsabilità del vettore».

Il periodo disciplinato inderogabilmente dal regìme uniforme è quello compreso tra il momento della consegna delle merci al vettore per l'imbarco e quello della riconsegna delle stesse al destinatario. Per quanto riguarda il primo momento, esso coincide con il momento in cui le merci sono prese dal paranco della nave o, comunque, dal momento iniziale delle operazioni di caricazione (Cass. 23 aprile 1969 n. 1278, in *Dir. mar.*, 1969, p. 72):

> «I giudici del merito hanno accertato che l'evento dannoso, consistente nella rottura dell'imballaggio, ebbe luogo durante le operazioni di caricamento, dopo che il collo era stato sollevato dal vagone ferroviario, nel quale si trovava. La fase del caricamento, secondo la prevalente interpretazione, costituisce la prima fase dell'operazione del trasporto e rientra pienamente nell'ambito di applicazione delle norme contenute nella Convenzione suddetta».

Coerentemente con tale impostazione, è stato affermato che la presa in consegna delle merci da parte del vettore in un proprio magazzino portuale, alcuni giorni prima dell'arrivo della nave e senza emissione di polizza ricevuto per l'imbarco o altro documento analogo, realizza un contratto di deposito, sottratto all'operatività delle norme relative al trasporto, le quali trovano invece applicazione solo allorquando la presa in custodia delle merci a terra sia necessaria e naturale integrazione per raggiungere il fine pratico cui è preordinato l'adempimento dell'obbligazione principale di trasporto, e non quando si debba ritenere stipulato un contratto di deposito separato ed autonomo rispetto a quello di trasporto (App. Genova 22 maggio 2003, in *Dir. mar.*, 2005, p. 1334; conf. Cass. 8 agosto 2007 n. 17384, in *Dir. mar.*, 2008, p. 970).

Particolarmente significativa è la precisazione operata dalla giurisprudenza (Cass. 6 giugno 2006 n. 13253, in *Dir. mar.*, 2008, p. 448) sulla diversità di regime applicabile alla fase intercorrente tra imbarco e sbarco e quelle anteriori o posteriori, cui la disciplina uniforme può essere estesa solo in virtù di apposito patto negoziale:

> «L'oggetto di disciplina della Convenzione è il trasporto per mare, per tale intendendosi un rapporto contrattuale che comprende come momento iniziale le attività preliminari al carico delle merci per come regolate nell'art. 3 (c.d. operazione di caricazione) e come momento finale quelle che si concretano, o nello scarico nel porto di arrivo e nella consegna ivi della merce senza soluzione di continuità, o, con una soluzione temporale di continuità fra scarico e consegna, ma senza che abbia luogo, dopo lo scarico, lo svolgimento di un'attività ulteriore rispetto al trasporto per mare, che non sia quella esclusivamente funzionale ad una consegna, sempre nel porto di scarico, differita nel tempo rispetto allo scarico dalla nave e concretatesi solo nella custodia (a cura diretta o a cura indiretta del vettore) nello stesso porto di scarico), e, quindi, con esclusione di un trasporto via terra in un luogo diverso dal porto stesso. Resta esclusa – al di là della previsione in via convenzionale, per come si dirà immediatamente di seguito – ogni possibilità di estensione della Convenzione a tratti di trasporto terrestre antecedenti o successivi, rispettivamente alla caricazione ed alla scaricazione. ... Sulla base dei rassegnati elementi deve, dunque, ritenersi che non sia, dunque, condivisibile l'affermazione che la Convenzione trova applicazione soltanto in riferimento al periodo compreso fra la caricazione delle merci sulla nave e la scaricazione, rispettivamente intese come effettivo carico della merce sulla nave e rimozione dalla stessa. Essa va corretta intendendo, invece, per caricazione e scaricazione le più complesse operazioni come sopra individuate. Ma, nel contempo, non è condivisibile nemmeno quella opinione, sostenuta da parte della dottrina ed invocata

dalla ricorrente, che vorrebbe applicabile la Convenzione anche qualora il rapporto abbia avuto corso con fasi anteriori alla caricazione per come identificata nell'art. 3 e con fasi successive alla scaricazione per come identificata dall'art. 3, paragrafo 6, eventualmente costituite da tratti di trasporto della merce via terra».

Le operazioni di caricazione, quindi, rientrano nel periodo di responsabilità disciplinato inderogabilmente dal diritto uniforme, di talché clausole inserite in polizza di carico con cui i vettori cerchino di spostare sul ricevitore il rischio dell'esecuzione delle operazioni di imbarco o sbarco (c.d. clausole *f.i.o.*: *free of costs and risks for carrier in and out*) non hanno effetto sulla responsabilità, ma solo sull'imputazione delle spese relative a dette operazioni (Cass. 25 ottobre 1982 n. 5565, in *Dir. mar.*, 1983, p. 262):

«In proposito non giova alla ricorrente invocare la clausola "*free in and out*" (FIO), assumendo che detta clausola avrebbe avuto l'effetto di spostare il rischio inerente alla caricazione-scaricazione dal vettore al caricatore o al ricevitore ... nel dubbio circa la portata della clausola FIO (se, cioè, essa abbia un rilievo puramente economico ovvero sia anche limitativa delle prestazioni del vettore e persino della sua responsabilità), non si disconosce tuttavia che, quando essa sia redatta nella sua espressione più sintetica ha l'esclusivo contenuto di una "clausola di spese", nel senso che le parti hanno inteso, soltanto, accollare le spese di caricazione e di sbarco, rispettivamente, al caricatore e al ricevitore, mentre non solo non esterna il proposito di esentare il vettore dall'obbligo, che per legge gli incombe, di procedere a quelle operazioni, ma non lo esonera dalla ordinaria diligenza nella custodia e nello stivaggio del carico, né incide sul regìme probatorio stabilito dall'art. 422 cod. nav. e dall'art. 4 della citata Convenzione di Bruxelles».

In proposito, mette conto segnalare come in altri ordinamenti, sebbene l'interpretazione letterale dell'art. 3, comma 2 della Convenzione sia inequivocabilmente nel senso di ritenere tali operazioni di competenza del vettore, sia invece ammessa la possibilità per le parti di derogarvi contrattualmente, modificando, quindi, il contenuto della prestazione del vettore medesimo (cfr. il caso *The "Jordan II"*, House of Lords 25 novembre 2004, in *Dir. mar.*, 2005, p. 1453 e, più di recente, il caso *The "Eems Solar"*, in [2013] 2 *Lloyd's Rep.*, p. 487). Tale possibilità è stata, invece, espressamente esclusa dalla giurisprudenza italiana, che ha ribadito la contrarietà di tale deroga alle disposizioni imperative della convenzione, in conformità al suo art. 3.8 (Cass. 10 giugno 2015 n. 12087, in *Dejure*):

«A detta della controricorrente Ras, quest'ultima previsione di nullità colpirebbe le esenzioni di responsabilità nell'ambito delle prestazioni effettivamente dovute dal vettore, ma non rileverebbe nel caso di specie, nel quale quest'ultimo sarebbe stato, a monte, proprio esentato dalla prestazione (caricamento e stivaggio) dal cui inadempimento sarebbe poi scaturita la responsabilità dedotta in giudizio. Questa interpretazione parte da un presupposto errato, e cioè che il vettore sarebbe stato qui appunto esonerato pattiziamente dalla prestazione di caricamento e stivaggio; il che – nei confronti delle parti del contratto di trasporto – non è, né poteva essere. Con la conseguenza che la pretesa di porre in capo al caricatore (ed ai suoi ausiliari) la responsabilità per una prestazione che la legge pone in capo al vettore si sostanzia proprio in un invalido esonero di responsabilità di quest'ultimo. Va del resto osservato come la connotazione giuridica di accessorietà al trasporto marittimo delle operazioni di caricamento e stivaggio trovi rispondenza sul piano operativo e funzionale, atteso che il vettore è tenuto, attraverso il comandante della nave, a verificare ed approvare, secondo un apposito piano di caricamento, le modalità di stivaggio; in quanto interferenti con le condizioni generali di navigabilità e sicurezza dell'imbarcazione».

Maggiori problemi sorgono per l'esatta determinazione del momento in cui avviene la riconsegna al destinatario e, quindi, cessa il periodo di responsabilità per il vettore. Invero, se normalmente tale momento dovrebbe coincidere con il distacco delle merci dal paranco della nave, è noto che nella moderna organizzazione dei porti esigenze di sicurezza e di efficienza fanno sì che in alcuni casi lo sbarco non sia organizzato ed eseguito privatamente dal vettore o dal ricevitore, bensì sia affidato per provvedimento d'autorità (c.d. sbarco d'amministrazione) ad uno o più soggetti qualificati (imprese di sbarco), che operano professionalmente nell'àmbito portuale in forza di una specifica concessione fornendo servizi a terzi. In tali casi, si ritiene che il vettore stipuli con l'impresa di sbarco un contratto di deposito a favore del destinatario delle merci: l'impresa provvede allo sbarco e al deposito delle stesse, rilasciando al vettore una ricevuta di sbarco in cui è indicato lo stato delle merci al momento della consegna delle stesse dal vettore all'impresa. L'impresa provvede, poi, alla custodia delle stesse e alla successiva riconsegna al destinatario, assumendosi la responsabilità per i danni che si verifichino durante il periodo in cui le merci sono nella custodia della stessa (Cass. 6 novembre 1992 n. 12028, in *Dir. mar.*, 1994, p. 429; conforme Cass. 3 dicembre 2003 n. 18476, in *Dir. mar.*, 2005, p. 1301).

Incombe però sul vettore l'onere della dimostrazione, nei confronti del ricevitore, di avere effettuato la riconsegna del carico all'impresa di sbarco o ai magazzini nella quantità o qualità a suo tempo ricevuta dal caricatore, per cui il vettore risponde per gli ammanchi e le avarie eventualmente costatate all'atto della riconsegna delle merci al ricevitore, a meno che dimostri che tali ammanchi ed avarie si sono verificati successivamente all'affidamento della merce alle imprese di sbarco (Cass. 24 luglio 1969 n. 2798, in *Dir. mar.*, 1969, p. 196). Tale prova viene usualmente fornita mediante esibizione della c.d. ricevuta di sbarco, ove l'impresa di sbarco indica la quantità e condizione delle merci ricevute dal vettore (App. Genova 2 dicembre 1988, in *Dir. mar.*, 1989, p. 804).

Se il destinatario è irreperibile o rifiuta di ricevere le merci o sorge una controversia tra più legittimati alla riconsegna, il vettore deve chiedere istruzioni al caricatore, salva la facoltà di procedere allo sbarco e deposito per conto di chi spetta (art. 450 cod. nav.). Al riguardo, va precisato (Cass. 15 gennaio 1985 n. 73, in *Giur. it.*, 1985, I, 1, c. 1502):

> «Per il caso in cui la merce, depositata dal vettore presso i magazzini di un terzo a seguito del ritardo del destinatario nel riceverla, subisca perdite o deterioramenti a causa dell'inefficienza di detti magazzini, la circostanza che a detto vettore sia imputabile il mancato uso dell'ordinaria diligenza, nella scelta di un idoneo depositario, comporta la sua responsabilità verso il destinatario, per violazione degli obblighi inerenti al contratto di trasporto, nonché il suo obbligo di risarcire il danno, in solido con il depositario, ai sensi dell'art. 2055 cod. civ. ed in considerazione della riconducibilità dell'evento alla condotta di entrambi».

Ciò sembra corretto solo in quei porti in cui il vettore abbia concretamente la facoltà di scegliere liberamente i soggetti cui affidare l'esecuzione delle operazioni di sbarco di amministrazione o di deposito per conto di chi spetta, in quanto in tali circostanze la scelta di un soggetto inidoneo dipende effettivamente da una negligenza del vettore, mentre in quei porti in cui non vi è possibilità di scelta non potrà essere ricondotta ad una responsabilità del vettore l'eventuale inadeguatezza del soggetto incaricato, non essendo il frutto di una scelta bensì di una imposizione (di fatto o di diritto).

Questa ricostruzione sembra poter trovare conferma nella più recente giurisprudenza che ha affermato la responsabilità del vettore aereo per i danni causati, dopo l'atterraggio, durante le operazioni di movimentazione e custodia delle merci dall'impresa di *handling* aeroportuale scelta dallo stesso vettore (cfr. Cass. SS.UU. 20 settembre 2017 n. 21850, in *Dejure*).

È stato, inoltre, affermato che l'esonero di responsabilità del vettore per il periodo successivo alla consegna della merce all'impresa di sbarco non si estende alle ipotesi diverse dal danno o perdita della merce, di talché laddove l'inadempimento consista nella riconsegna della merce a soggetto diverso dal legittimo portatore del titolo, di esso risponde il vettore anche laddove il comportamento sia stato realizzato materialmente dall'impresa depositaria della merce (cfr. Cass. 16 giugno 2003 n. 9629, in *Dir. mar.*, 2005, p. 161).

Parallelamente a quanto affermato per il momento della caricazione, anche in relazione alla scaricazione si è osservato che essa si concreta (Cass. 19 marzo 2015 n. 5488, in *Dir. mar.*, 2016, p. 93):

> «Nello scarico nel porto di arrivo e nella consegna ivi della merce senza soluzione di continuità, o, con una soluzione temporale di continuità fra scarico e consegna, ma senza che abbia luogo, dopo lo scarico, lo svolgimento di un'attività ulteriore rispetto al trasporto per mare, che non sia quella esclusivamente funzionale ad una consegna, sempre nel porto di scarico, differita nel tempo rispetto allo scarico dalla nave e concretatesi solo nella custodia (a cura diretta o a cura indiretta del vettore) nello stesso porto di scarico».

Infine, la normativa di diritto uniforme, in quanto tale, non si applica al trasporto di animali vivi o ai trasporti effettuati sopra coperta, ma nulla impedisce alle parti di estendere negozialmente la disciplina uniforme anche a tali rapporti. Peraltro, nella misura in cui tali contratti siano sottratti all'ambito di applicazione della normativa uniforma inderogabile, riprende spazio l'autonomia privata, con conseguente possibilità di pattuire clausole di esonero anche estremamente ampie (cfr. Commercial Court 18 aprile 2019, in *www.bailii.org*).

4. L'identificazione del vettore

L'identificazione del vettore, ossia del soggetto che assume le responsabilità connesse al trasporto delle merci, deve essere compiuta in base alle risultanze della polizza di carico, la quale – essendo un titolo di credito – non può non contenere l'indicazione del soggetto debitore della prestazione incorporata nel titolo stesso (Cass. 12 settembre 1963 n. 2586, in *Dir. mar.*, 1964, p. 73):

> «La polizza, oltre che documento probatorio del contratto di trasporto, è anche titolo rappresentativo e negoziale delle cose trasportate, sicché essa deve necessariamente indicare la persona dell'obbligato, identificabile nel soggetto che ha sottoscritto la polizza, o in nome o in rappresentanza del quale la polizza è stata sottoscritta».

Invero – ma solo nella previsione normativa – tra gli elementi che devono essere presenti nella polizza vi è l'espressa indicazione del vettore; peraltro, nella pratica, spesso tale indicazione manca, per cui si deve ricorrere ad altri elementi testuali.

Al riguardo, è stato efficacemente sottolineato (App. Genova 28 giugno 1960, in *Dir. mar.*, 1961, p. 624) come scarsa importanza possa essere attribuita all'intestazione, posto che:

> «... è risaputo che in pratica le polizze di carico sono predisposte in formulari in bianco, a caratteri di stampa; ove siano emesse dalle compagnie che garantiscono servizi di linea, esse sono regolarmente intestate alle compagnie vettrici, ma altrettanto non può dirsi per le polizze di carico relative a trasporti effettuati su *tramps*, le quali spesso non hanno alcuna intestazione; o hanno intestazioni immaginarie, o sono intestate, a scopo di pubblicità commerciale, a caricatori, ad esportatori, ad agenti marittimi, a mediatori, ecc., senza che costoro assumano la veste di vettori, specie per le polizze emesse su formulari di *charter party* relativi a trasporti di carichi totali o parziali ... a ciò si aggiunga che i moduli in bianco di polizze di carico, comunque intestate, sono in possesso di ogni agente marittimo, ed essendo in circolazione, sono suscettibili di essere usati anche da altro vettore. Sarebbe certamente desiderabile che le prescrizioni dell'art. 460 in ordine all'indicazioni obbligatorie fossero esattamente osservate, ma se ciò non avviene, non sembra logico invocare il disposto della legge per disconoscere ciò che in fatto si verifica nella pratica dei traffici marittimi internazionali ... se il capitano non specifica nella sottoscrizione il nome del soggetto per conto del quale appone la sua firma, o se questi non risulta in modo inequivoco dallo stesso contesto della polizza, il prenditore del titolo ha diritto di attenersi alla firma del capitano che rappresenta l'armatore, per tenere quest'ultimo obbligato anche nella sua qualità di vettore, anziché aver riguardo all'intestatario della polizza, di cui non sia certa la veste di vettore».

Pertanto, come chiarito in giurisprudenza, l'intestazione della polizza ha rilievo ai fini dell'identificazione del vettore solo quando, dal contesto del titolo, essa appare riferirsi effettivamente al soggetto che ha concluso il contratto di trasporto, mentre se l'intestazione contrasta con la sottoscrizione della polizza o risulta per altro verso inidonea a svolgere un'effettiva funzione identificativa, è necessario ricorrere ad altri elementi testuali. Tra questi, fondamentale importanza assume, com'è ovvio, la sottoscrizione, per cui vettore sarà il soggetto che, firmando la polizza, si assume le responsabilità connesse all'emissione della stessa. Peraltro, quasi sempre le polizze vengono sottoscritte dal comandante o dagli agenti nave, i quali non sempre specificano chiaramente per conto di quali soggetti agiscano (c.d. *contemplatio domini*), limitandosi ad indicare che essi firmano "*as master*" o "*as agents*" ovvero ancora "*as agents for the master*".

In tali casi, si presume che la sottoscrizione sia stata effettuata per conto dell'armatore (Cass. 26 luglio 1960 n. 2164, in *Dir. mar.*, 1961, p. 579; cfr. da ultimo Cass. 28 febbraio 2011 n. 4901, in *Dir. mar.*, 2013, p. 830):

> «... posto che la polizza di carico è documento del vettore, nella specie, essendo pacifico che la polizza stessa era stata sottoscritta dalla Sperco nell'espressa qualità di agente marittimo e "per il capitano", il *punctum pruriens* dell'indagine consisteva nell'accertare se la Sperco – in relazione ai terzi e quindi al caricatore – avesse speso il proprio nome ovvero quello dell'armatore. Ora, non è già che esista una incompatibilità giuridica tra le funzioni di agente marittimo e l'assunzione – saltuaria o non – di trasporti marittimi in proprio da parte di esso agente. Per tale assunzione, però, è indispensabile che dal contesto della polizza risulti che l'agente, nel sottoscrivere la polizza, abbia impegnato se stesso e non anche l'armatore. Nel caso di specie, poiché la Sperco aveva sottoscritto la polizza "per il capitano" e quest'ultimo aveva accettato il documento senza alcuna riserva, la Corte di merito ne ha dedotto che la polizza doveva ritenersi come emessa dal capitano in rappresentanza dell'armatore (*ex* art. 295 cod. nav.) e che vettore doveva considerarsi l'armatore, la cui identificabilità, attraverso l'utilizzazione della pubblicità della nave, permetteva di ritenere soddisfatto il precetto dell'art. 460 cod. nav., secondo cui la polizza deve contenere la indicazione del nome e del domicilio del vettore ... d'altra parte, la sottoscrizione di una polizza di carico da parte del raccomandatario della nave vettrice, qualora sia stata eseguita nella veste espressa di raccomandatario, risponde alle funzioni istituzionali di quest'ultimo, identificate nella collaborazione, con il capitano della nave e dell'armatore raccomandante, nell'espletamento delle incombenze relative, nel porto di raccomandazione, all'utilizzazione commerciale della nave».

Così, se la polizza è firmata dal comandante o da un agente raccomandatario, senza ulteriori specificazioni, e dal contesto del titolo non risultano elementi idonei ad identificare in modo diverso il vettore, si presume che tale veste sia stata assunta dall'armatore.

Peraltro, se nella polizza è contenuto un richiamo ad un contratto di noleggio a tempo e il comandante sottoscrive espressamente la polizza per conto del noleggiatore, si deve ritenere (Cass. 12 settembre 1963 n. 2586, in *Dir. mar.*, 1964, p. 73) che la veste di vettore venga assunta da quest'ultimo:

> «La Corte di merito ha posto in evidenza che, alla riferibilità di qualsiasi impegno all'armatore ostava la circostanza che, nella specie, la firma del capitano era preceduta dalla *contemplatio domini*, ossia dall'indicazione del soggetto per il quale l'impegno veniva assunto (secondo la formula "*For Time Charterer account*"), e quella, ancora più saliente, per cui la polizza era intestata ad un soggetto diverso dalla società armatrice-noleggiante».

Più dubbio è il caso in cui in polizza sia contenuto solo il richiamo al contratto di noleggio a tempo, senza che il comandante dichiari se sottoscrive per conto del noleggiante o del noleggiatore. Invero, non sempre il noleggiatore è autorizzato dal noleggiante a far emettere le polizza dal comandante ed, anzi, non è infrequente che nei contratti di noleggio a tempo venga precisato che le polizze di carico firmate dal comandante impegnano comunque l'armatore verso i terzi, salvo il diritto dello stesso armatore di farsi manlevare dal noleggiatore nel caso in cui la responsabilità verso i terzi in base alla polizza sorga per fatti che, in base al contratto di noleggio, rientrano nella sfera di rischio del noleggiatore. In tali casi, nonostante il richiamo del contratto di noleggio a tempo nella polizza, vettore in base al titolo è sempre l'armatore, e non il noleggiatore. Così, anche di recente è stato precisato in giurisprudenza (Cass. 30 aprile 2009 n. 10122, in *Dejure*; conf. Cass. 4 marzo 1997 n. 1914, in *Dir. mar.*, 1998, p. 1091):

> «La pur tendenziale coincidenza, in una fattispecie di noleggio a tempo (*charter party*) del naviglio, del noleggiatore col vettore, non può far trascurare di considerare che, nella fattispecie concreta, la sottoscrizione delle polizze di carico dimesse, recanti la previsione all'ordine e con l'indicazione di spedizionieri brasiliani, risulta effettuata esclusivamente *by authority and on behalf of master* e dunque appare riferibile al comandante, nella sua veste di rappresentante *ex lege* dell'armatore proprietario, nel mentre non figurano rinvenibili, nei documenti medesimi, dati od elementi idonei ad identificare il trasportatore ...: in altri termini, il difetto di tali puntualizzazioni e di qualsivoglia riferimento al noleggiatore, oltre a precludere la possibilità di individuare in quest'ultimo il vettore, comporta la conseguenza che diritti ed obblighi nascenti dal contratto di trasporto debbano intendersi riferiti all'armatore-proprietario».

Infine, va notato che il soggetto che risulta essere vettore in base alla polizza di carico non può negare di aver assunto tale qualifica ricorrendo ad elementi extratestuali (ad esempio, un contratto di noleggio non richiamato in polizza). Così, la giurisprudenza ha precisato (Cass. 11 agosto 1995 n. 8830, in *Dir. mar.*, 1996, p. 743) che:

> «La lettera del titolo costituisce l'elemento determinante per l'individuazione dei diritti del terzo possessore, i quali potranno essere fatti valere secondo il tenore letterale del titolo … questo vuol dire che i diritti acquistati dal giratario del titolo esistono in funzione dell'efficacia del contratto di trasporto: essi sono il prodotto di questo e non di un rapporto cartolare distinto da quello fondamentale. Il giratario della polizza, pertanto, ha un diritto proprio alla consegna della merce, e questo diritto trae la sua origine direttamente dalle indicazioni contenute nella polizza, per cui non sono rilevanti fatti che le parti non hanno provveduto ad inserire nel documento … ulteriore conseguenza dei principi fin qui indicati è che, anche in presenza di un *charter party* (e la cosa avviene frequentemente nei contratti di trasporto totale o parziale indicati dall'art. 439 cod. nav. per specificare ulteriormente le modalità del trasporto e della consegna del carico), l'eventuale antinomia fra la disciplina dei diritti del giratario della polizza (che contenga indicazioni sufficienti secondo le disposizioni dell'art. 460 già richiamato) e quelle del *charter-party*, non può risolversi nella privazione dei diritti di riconsegna che la legge attribuisce al legittimo giratario nei confronti di chi ha emesso la polizza di carico: diversamente verrebbe ad essere posto nel nulla il carattere probatorio della polizza di carico come sopra delineato».

È, invece, più discussa la possibilità per il ricevitore di buona fede di dimostrare che, nonostante le indicazioni letterali in polizza, in base ad elementi extratestuali il vettore deve essere considerato un altro soggetto. Tale possibilità è stata esclusa per il terzo portatore che agisce in base alla polizza, stante la natura di titolo di credito che essa ha, mentre è stata ammessa (con i limiti di cui all'art. 2725 cod. civ.) per il primo prenditore della polizza (Cass. 17 febbraio 1976 n. 517, in *Dir. mar.*, 1977, p. 416):

> «La polizza di carico è documento del trasporto, ossia del vettore. Diversa è tuttavia la

funzione cui essa assolve e la rilevanza che assume rispetto ai successivi possessori del titolo (ossia ai "terzi") e rispetto a colui che ha stipulato il trasporto ("prenditore"). Rispetto ai "terzi" la polizza manifesta la sua natura di titolo di credito letterale. E pertanto esattamente è stato ritenuto che per costoro (e solo per costoro) vettore è colui che nella polizza figura come tale, e dunque anche l'armatore se la polizza risulti emessa al nome appunto dell'armatore o su formulari intestati allo stesso. Nei confronti, invece, del "prenditore" (o del caricatore) e dei suoi cessionari, la polizza assolve ad una funzione propriamente probatoria del contratto ed anzi costituisce il documento tipico di una tal prova ed assorbente di ogni altro documento (ordine d'imbarco, polizza ricevuto per l'imbarco). Al prenditore, quindi, non è inibito provare – in contrasto con le risultanze della polizza – che il vettore è soggetto diverso dall'armatore della nave, qualora dimostri di aver stipulato il trasporto con persona che sapeva non essere rappresentante dell'armatore. Senonché una tal prova, appunto perché contraria alle risultanze dello scritto (polizza), soggiace al limite di cui all'art. 2725 cod. civ.».

Nella giurisprudenza di merito è discussa la possibilità di prova contraria (comunque negata ai successivi portatori della polizza) nel caso di polizza nominativa, in quanto il destinatario indicato *ab origine* e nominativamente nel titolo sarebbe titolare (oltre che dell'azione *ex titulo*) anche dell'azione causale, e potrebbe, quindi, invocare le risultanze del rapporto fondamentale, anche se non richiamato in polizza (in senso favorevole App. Bologna 24 novembre 1981, in *Dir. mar.*, 1982, p. 433; in senso contrario App. Genova 4 novembre 2016, in *Dir. mar.*, 2019, p. 156; più in generale, ammette la possibilità dell'azione causale in presenza di polizza di carico Cass. 14 maggio 2019 n. 12708, in *Dejure*).

Infine, sembra sia da escludere la possibilità per il soggetto che ha in concreto negoziato con l'interessato alle merci il trasporto o emesso la polizza di avvalersi di alcune clausole abitualmente ricorrenti nella pratica (quali la *demise clause* o la *identity of the carrier clause*) in virtù delle quali si tende a riportare esclusivamente all'armatore la posizione di vettore marittimo, evitando così l'assunzione degli obblighi inderogabili previsti dalla normativa uniforme. Si è, infatti, osservato che tali clausole si traducono in concreto in un esonero di responsabilità contrastante con l'art. III.8 della Convenzione di Bruxelles (App. Genova 23 ottobre 1997, in *Dir. mar.*, 1999, p. 1176) e non possono comunque essere invocate per negare l'identificazione del vettore quale risultante dagli espressi termini del titolo (Cass. 13 marzo 1987 n. 2651, in *Dejure*; nello stesso senso House of Lords 14 marzo 2003, *The "Starsin"*, in *Dir. mar.*, 2004, p. 563).

5. Il regìme della responsabilità: gli obblighi del vettore

Il regìme uniforme prevede in capo al vettore un fascio di singole obbligazioni che devono essere eseguite, ossia a) mettere la nave in stato di navigabilità all'inizio del viaggio; b) armare, equipaggiare ed approvvigionare la nave in modo conveniente; c) predisporre e mettere in buono stato le stive, le camere fredde e frigorifere e tutte le altre parti della nave dove la merce viene caricata per il suo ricevimento, trasporto e conservazione; d) provvedere in modo appropriato e con cura alla caricazione, al maneggio, allo stivaggio, al trasporto, alla custodia, alla cura ed allo sbarco delle merci trasportate. L'adempimento di tali obbligazioni è strumentale alla realizzazione dello scopo economico del rapporto, ossia l'effettivo e sicuro trasferimento delle merci dal luogo di partenza a quello di arrivo, ma l'obbligazione del vettore non è di risultato, ma solo di mezzi, nel senso che egli non è obbligato a raggiungere lo scopo sopra indicato, ma ad eseguire con diligenza le obbligazioni strumentali a tale scopo, senza che ciò comporti una garanzia dell'effettivo conseguimento di tale scopo.

La prima obbligazione del vettore è quella di approntare la nave in stato di navigabilità, concetto che include sia l'attitudine della nave a compiere in sicurezza lo specifico viaggio sotto il profilo tecnico nautico, incluso quello della competenza dell'equipaggio (c.d. *seaworthiness*), sia l'attitudine della nave a ricevere, conservare e trasportare in sicurezza lo specifico carico oggetto del contratto (c.d. *cargoworthiness*).

È stato così affermata (Trib. Venezia 30 maggio 1986, in *Dir. mar.*, 1987, p. 354), tra le numerose decisioni in materia, la responsabilità del vettore marittimo che:

> «Oltre a scegliere per il trasporto una nave vetusta, evidentemente non adempì prima del viaggio ai suoi obblighi intesi ad apprestare la nave in stato di navigabilità ed a curare che le stive fossero in buono stato non solo per il ricevimento, ma anche per la conservazione e per il trasporto delle merci. Infatti, una normale diligenza nell'adempimento da parte del vettore dei cennati obblighi non poteva esimere lo stesso dal verificare la funzionalità, tra l'altro, di tutte le strutture potenzialmente incidenti sulla ricettività delle stive, a nulla rilevando la circostanza secondo cui non fu facile individuare il tubo rotto durante le prove di zavorramento in conseguenza della sua collocazione, in quanto lo stesso vettore non poteva incolpevolmente ignorare le caratteristiche della nave scelta per i trasporti. A ciò si aggiunga, poi, che non poteva non apparire imprudente, in relazione alla vetustà della nave, eseguire lo zavorramento al di sopra del piano di galleggiamento, prima della compiuta discarica. Rilevato pertanto che gravava sul vettore l'onere di provare che il danno non si era verificato per causa determinata da colpa sua o dei suoi dipendenti e che lo stesso non vi ha ottemperato, lo stesso sarà senz'altro condannato, quale responsabile del danno, a risarcire lo stesso».

La prova di aver fornito una nave navigabile spetta, quindi, al vettore, come ulteriormente ribadito dalla giurisprudenza (Trib. Napoli 1° marzo 1971, in *Dir. mar.*, 1971, p. 103; conf. App. Genova 6 settembre 2005):

> «In ogni caso incombe al vettore dare la prova della navigabilità allorché il danno subito dall'interessato al carico coinvolga una indagine sulle condizioni della nave all'inizio del trasporto. Tale prova consiste nella dimostrazione dell'esercizio in tempo debito di normale diligenza nel rendere la nave navigabile. L'obbligo di rendere la nave navigabile non equivale a quello di fornire una nave assolutamente perfetta; bensì importa una ragionevole periodicità di revisione in relazione al carico da effettuarsi. Occorre rilevare invero che detta navigabilità ha carattere del tutto relativo, in funzione delle caratteristiche costruttive della nave, del tipo di viaggio, della natura del carico, della stagione in cui il viaggio è intrapreso ... la navigabilità è la funzionalità della nave in relazione ad un determinato trasporto, onde la stessa nave con le medesime deficienze di manutenzione, può essere idonea a trasportare indenne un carico di materiale alla rinfusa ed invece inidonea allorché il carico sia costituito da casse o balle».

Al riguardo, le indicazioni contenute nei certificati di classe e sicurezza della nave costituiscono solo "presunzioni semplici di navigabilità", suscettibili di essere vinte con ogni mezzo (Trib. Ravenna 9 giugno 1971, in *Dir. mar.*, 1971, p. 596):

«Né può accedersi alla tesi della società convenuta secondo cui il vettore avrebbe fornito la prova liberatoria della totale assenza di colpa con la produzione del certificato del *Lloyd's Register of Shipping* attestante che la nave era in classe. Deve infatti riconoscersi che il certificato di classe costituisce una presunzione semplice di navigabilità, derivante dagli artt. 164 e 165 cod. nav. ed ovviamente suscettibile di prova contraria. Nella fattispecie la presunzione è vinta dalle anzi evidenziate emergenze di istruttoria, in base alle quali il Tribunale ritiene che la nave fin dalla partenza non fosse in condizioni di navigabilità».

Secondo un orientamento più rigoroso, invece, (App. Genova 23 ottobre 1997, in *Dir. mar.*, 1999, p. 1176):

«Il fatto che, dal punto di vista dei certificati di classe, la nave fosse in regola non può creare una presunzione semplice di navigabilità e così invertire l'onere della prova a carico del vettore, che deve effettuare gli opportuni controlli prima e all'inizio di ogni viaggio».

La giurisprudenza italiana ha, poi, chiarito, con ciò uniformandosi alle analoghe conclusioni raggiunte dalla giurisprudenza straniera (ribadito anche di recente cfr. Admiralty Court 8 marzo 2019, *Alize 1954 v. Allianz Elementar Versicherungs AG, The "CMA CGM Libra"*, in *www.bailii.org*), che l'obbligo di apprestare la nave in stato di navigabilità non è delegabile, per cui il vettore risponde delle eventuali negligenze dei soggetti (compreso il comandante o l'equipaggio) cui abbia affidato il compito di porre la nave in stato di navigabilità all'inizio del viaggio, mentre la colpa nautica del comandante vale ad escludere la responsabilità dell'armatore solo in caso di innavigabilità sopravvenuta in corso di viaggio (Cass. 20 marzo 1959 n. 833, in *Dir. mar.*, 1959, p. 359):

«Il vettore è obbligato in proprio, prima dell'inizio del viaggio, oltre ad usare la normale diligenza perché la nave sia apprestata in stato di navigabilità ("*seaworthiness*") e convenientemente armata ed equipaggiata, anche a curare che le stive, le camere refrigeranti, le celle frigorifere e le altre parti della nave destinate alla caricazione, siano in buono stato per il ricevimento, la conservazione ed il trasporto della merce ... il difetto della nave preesisteva all'inizio del viaggio della nave per il trasporto in contestazione, cosicché il mancato apprestamento di locali idonei a ricevere e conservare la merce è colpa direttamente addebitabile al vettore, come tale rientrante nella prima parte dell'art. 422 cod. nav. con riferimento all'art. 421 dello stesso codice. Esclusa l'esistenza di alcun vizio occulto, anche l'innavigabilità della nave, alternativamente dedotta dall'armatore a proprio discarico di responsabilità, non ha più rilievo, in quanto il comma 2 dell'art. 422 cod. nav. si riferisce alla innavigabilità sopravvenuta all'inizio del viaggio, non a quella precedente, invertendo per la prima ipotesi soltanto l'onere della prova della colpa, nel senso che essa viene posta a carico dell'avente diritto alla riconsegna, cui incombe in tal caso dimostrare la colpa del vettore, o quella commerciale dei dipendenti e preposto di lui, per il danno da lui reclamato».

Così, nel caso in cui la nave, navigabile all'inizio del viaggio, divenga innavigabile nel corso della navigazione per un evento non riconducibile alla responsabilità del vettore, è stato sostenuto che sul vettore non incomberebbe alcun obbligo di riportare la nave in stato di navigabilità, posto che per il regime uniforme l'obbligo di fornire una nave navigabile si esaurisce all'inizio del viaggio, e non rivive in caso di innavigabilità sopravvenuta. La giurisprudenza più attenta (App. Genova 17 novembre 1990, in *Dir. mar.*, 1991, p. 1027) ha però chiarito che se la nave diventa innavigabile nel corso della navigazione (come può accadere a seguito di un incidente) ed il vettore, pur essendone informato (od essendo nelle condizioni di informarsi mediante l'uso dell'ordinaria diligenza) e pur avendo la possibilità di restituirla a condizioni di navigabilità, o di assicurare altrimenti la custodia della merce e l'esecuzione del trasporto, omette di fare ciò, esso è responsabile dei danni subiti dalla merce:

> «Anche a voler invece considerare l'innavigabilità sopravvenuta come pericolo eccettuato, dal suo verificarsi non ne potrebbe derivare la conseguenza della liberazione del vettore financo dal dovere di prestare quelle obbligazioni di diligenza che sono funzionali alla custodia del carico e all'esecuzione del trasporto. Talché non si dubita che una omissione colposa del vettore valga ad interrompere il nesso causale tra lo stesso pericolo eccettuato (quale la colpa nautica dei preposti) e il danno, per porsi come causa autonoma e autosufficiente del danno medesimo. Ciò non significa, ovviamente, che l'obbligo di mettere la nave in stato di navigabilità, posto a carico del vettore all'inizio del viaggio, permanga inalterato, quale obbligo continuativo per tutta la durata dello stesso … se l'obbligazione è costruita sul parametro della diligenza, la possibilità di esercitare un controllo sulla nave costituirà, secondo il criterio stesso di ragionevolezza, la misura della permanenza e dell'intensità dell'obbligo volto a mantenere la navigabilità della nave».

Peraltro, alla luce dei recenti sviluppi tecnologici in tema di telecomunicazioni e degli obblighi di cui al Codice ISM (cfr. risoluzione IMO A.741(18), capitolo IX della Convenzione SOLAS e Regolamento CE/336/06, vedasi *supra*, cap. 2 § 3) si può ritenere che il vettore sia obbligato, per tutta la durata del viaggio, non soltanto ad assumere le informazioni rilevanti relative alla navigabilità della nave, ma a porre in essere tutti gli atti ragionevolmente possibili, a seconda delle circostanze, per garantire tale navigabilità e la responsabilità del vettore sarà concretamente ravvisabile in tutti i casi in cui allo stesso vettore non sia possibile provare di avere costantemente adottato tutte le misure necessarie e/o utili per evitare l'evento che ha provocato il danno e/o il ritardo, secondo un giudizio di ragionevole prudenza da operarsi *ex ante* in base ai parametri di professionalità specifica desumibili dallo stesso Codice ISM.

Il vettore marittimo, quindi, per escludere la propria responsabilità, non può più semplicemente invocare la circostanza che l'innavigabilità della nave sia sopravvenuta rispetto all'inizio del trasporto marittimo o comunque che tale innavigabilità è stata provocata durante l'esecuzione del trasporto da un evento al di fuori del suo controllo e/o non prevedibile al momento dell'inizio della spedizione, in quanto il vettore dovrà fornire prova specifica del proprio comportamento diligente anche in presenza di situazioni originatesi nel corso della navigazione e pure nel caso in cui esse fossero imprevedibili al momento della partenza.

Va, infine, precisato che il concetto di *seaworthiness* e *cargoworthiness* della nave non è limitato alle strutture e agli apparati che la compongono, ma riguarda necessariamente anche il grado di preparazione e la qualità dell'equipaggio a bordo della stessa. Il vettore, infatti, è obbligato a curare l'organizzazione a bordo e ad assicurare che il personale di bordo sia adeguatamente addestrato e messo in grado di svolgere i propri compiti con professionalità ed efficienza, e ciò non solo con riferimento ai generali standard fissati dalle Convenzioni internazionali (ISM Code, STCW 1978 e 1995, vedasi *supra*, cap. 2 § 3) e dalle pertinenti disposizioni della legge della bandiera, ma anche in relazione alle specifiche caratteristiche e dotazioni della nave o delle sue apparecchiature, specie se inusuali o necessitanti una specifica preparazione per poter essere adoperate in sicurezza per la nave stessa e per il carico.

Pertanto, non si è esitato a ritenere responsabile il vettore per aver affidato la nave ad un equipaggio gravemente incompetente con conseguente (Trib. Genova 23 aprile 2008, in *Dir. mar.*, 2010, p. 132).

> «Inadempimento alla obbligazione primaria da lui assunta, che è quella di esercitare la diligenza necessaria a mettere la nave in condizione di portare a compimento il viaggio e consentire la consegna a destino del carico custodito».

6. (*Segue*): il regìme della responsabilità: la prova del danno

Secondo il diritto uniforme il vettore si presume responsabile delle perdite e dei danni subìti dalle merci nel periodo di tempo in cui le stesse gli erano affidate, salvo che provi che il danno è dipeso da un evento non imputabile. Particolare importanza assume, quindi, il regìme degli oneri probatori relativi a) alla prova della sussistenza del danno e del momento in cui si è verificato, che spetta all'interessato sulle merci; e b) alla prova della sussistenza di un evento esonerativo della responsabilità del vettore, che spetta a quest'ultimo.

Sotto il primo profilo, al momento della riconsegna il destinatario ha l'onere di segnalare l'esistenza di eventuali danni alle merci (immediatamente o, in caso di danni non apparenti, entro 3 giorni), in mancanza di che si presume che la merce sia stata consegnata senza danni. Peraltro, questa è solo una presunzione semplice, che può essere vinta dal destinatario con ogni mezzo di prova (Cass. 10 marzo 2016 n. 4671, in *Dejure*; conf. Cass. 14 febbraio 2001 n. 2155, in *Dir. mar.*, 2002, p. 227; Cass. 26 aprile 1971 n. 1230, in *Dir. mar.*, 1972, p. 41).

Particolare importanza assumono, sotto il profilo probatorio, i certificati di danno emessi dai commissari d'avaria, che esaminano la merce ai fini assicurativi, essendo ormai pacifico che tali certificati, stante l'esistenza di un contrasto di interessi tra assicuratore ed assicurato circa la sussistenza o meno del danno, fanno piena prova anche nei confronti del vettore, purché questo abbia partecipato agli accertamenti o sia comunque stato messo in condizione di prendervi parte (da ultimo, Cass. 28 dicembre 2016 n. 27193, in *Dejure*; Cass. 21 aprile 2010 n. 9439, in *Dir. mar.*, 2012, p. 1083).

Una volta provata l'esistenza del danno, è necessario per il destinatario dimostrare che lo stesso si è verificato nel periodo di tempo in cui le merci erano nella custodia del vettore. In proposito, va rilevato che il vettore ha l'obbligo di inserire nella polizza di carico la descrizione dello stato apparente delle merci al momento della consegna (cfr. la decisione della High Court *Priminds Shipping (HK) Co Ltd v. Noble Chartering Inc. (MV Thai Prize)* [2020] EWHC 127 (Comm.), in *www.bailii.org*), per cui per il ricevitore è sufficiente dimostrare che le merci, al momento della riconsegna da parte del vettore, non sono più nello stesso stato risultante dalla descrizione delle stesse in polizza per aversi provato che il danno è occorso nel periodo di tempo in cui le merci erano nella custodia del vettore, integrando così i presupposti per l'insorgere della presunzione di responsabilità di quest'ultimo.

Il Protocollo di Visby ha, poi, chiarito, stante i dubbi sorti nella pratica applicativa, che il vettore non può dimostrare che le merci si trovavano al momento dell'imbarco in uno stato di fatto diverso da quello che risulta dalla descrizione in polizza, il che è del resto coerente con la natura di titolo di credito della polizza di carico, con la quale il vettore si impegna a riconsegnare al soggetto legittimato esattamente le merci descritte nel titolo. In particolare, è stato ribadito (Cass. 24 settembre 1996 n. 8447, in *Dir. mar.*, 1998, p. 383):

> «Al destinatario di cose oggetto di un contratto di trasporto marittimo, legittimato alla riconsegna in virtù del possesso della polizza di carico, non sono opponibili eccezioni o circostanze relative alla caricazione non risultanti specificamente dal titolo ... non ha rilievo la circostanza del rilascio al vettore da parte del caricatore della lettera di garanzia relativa alla diversità tra le indicazioni della polizza e l'effettivo stato della merce, poiché detta lettera esaurisce la sua efficacia nei rapporti tra caricatore e vettore e non incide sulla posizione del destinatario o di altri soggetti legittimamente in possesso della polizza».

Peraltro, ancorché secondo il tenore letterale della Convenzione di Bruxelles il vettore abbia solo la possibilità di scegliere se inserire nella polizza di carico il dato relativo alla descrizione della merce (e rispondere per esso nei confronti di tutti i terzi portatori di buona fede del titolo) o se ometterlo (nel caso in cui, non essendo in grado di verificarne l'esattezza, non intende assumersi la responsabilità ad esso relativa), la prassi e la giurisprudenza (cfr. Cass. 3 ottobre 1997 n. 9670, in *Dir. mar.*, 1998, p. 1100) riconoscono al vettore la facoltà, al momento dell'imbarco, di apporre sulla polizza delle riserve circa la condizione apparente delle merci, evidenziando il loro stato di danneggiamento preesistente all'imbarco (quali "fusti colanti", "sacchi bucati", "coils arrugginiti e ammaccati" e così via), con conseguente esclusione della responsabilità del vettore per tali specifici danni.

Oltre alle riserve sullo stato apparente della merce, sono anche ammesse riserve relative ai dati relativi alla stessa (quali peso, volume e altre indicazioni), i quali vengono normalmente forniti dal caricatore al vettore; tale secondo tipo di riserve privano la polizza di valore probatorio rispetto a tali dati, e sono legittime qualora il vettore non sia stato messo nella condizione di controllarli al momento della consegna.

Invero, come ha precisato in più occasioni la giurisprudenza, le riserve devono in tal caso essere specifiche e giustificate da obiettive circostanze che hanno impedito al vettore, pur diligente, di verificare la effettiva consistenza quantitativa e qualitativa delle merci e così di adempiere al proprio obbligo di inserire in polizza una accurata descrizione delle merci (Cass. 23 luglio 1960 n. 2111, in *Riv. dir. nav.*, 1961, II, p. 273):

> «La sentenza impugnata ha specificatamente motivato affermando che, sia a tenore dei numeri 3 e 4 dell'art. III della Convenzione di Bruxelles, sia a tenore dell'art. 462 cod. nav. italiano, la validità delle riserve sul peso, sulla qualità o sul numero dei colli caricati è condizionata alla ragionevolezza delle riserve stesse, nel senso che deve sussistere un ragionevole motivo di sospetto sulle indicazioni di polizza al riguardo, oppure la ragionevole impossibilità – da parte del capitano del piroscafo vettore – di controllare dette indicazioni. Le suesposte affermazioni sono aderenti al principio già altre volte enunciato, sulla questione, da questa Corte Suprema».

Solo in presenza di valide riserve la descrizione delle merci in polizza non fa prova dello stato delle stesse (sia pur limitatamente al profilo coperto dalla specifica riserva), mentre le riserve generiche (quali quelle "ignoro peso", "qualità e quantità sconosciuta" e simili, soprattutto se apposte a stampa), che non siano giustificate da obiettive circostanze, non hanno l'effetto di escludere il valore probatorio dei dati di polizza (Trib. Genova 11 dicembre 1989, in *Dir. mar.*, 1991, p. 1056):

> «Ad esonerare la responsabilità il vettore non può giovare la clausola a stampa *weight, measure, quality, quantity, condition, contents and value unknown* e ciò per la duplice considerazione: a) dell'inefficacia, soprattutto in presenza della espressa dichiarazione *clean on board*, di una riserva, in ordine al caricato, a stampa e, quindi, chiaramente non predisposta per la caricazione oggetto della polizza; b) del principio per cui le riserve inserite in polizza in ordine al peso, qualità, condizioni, o numero dei colli sono efficaci condizionatamente alla ragionevolezza di esse, nel senso che deve sussistere un ragionevole motivo di sospetto sulle indicazioni di polizza oppure la ragionevole impossibilità, da parte del comandante, di controllare dette indicazioni, situazione questa chiaramente non ricorrente nella specie in esame, nella quale, al contrario, il comandante della nave, attraverso l'esame degli *ullage reports* alla caricazione, era perfettamente in grado di conoscere che il quantitativo indicato in polizza non corrispondeva al quantitativo concretamente imbarcato, il che gli rendeva obbligatorio non avallare, con la sottoscrizione della polizza, il quantitativo dichiarato e, anziché apporre la dicitura *clean on board*, apporre autonome e specifiche riserve che consentissero al ricevitore di poter agire contrattualmente contro il caricatore».

Ovviamente, tali principi devono poi trovare concreta applicazioni anche in ragione delle specificità tecniche di ciascun traffico. Così, ad esempio, nel trasporto in contenitori, si è affermato che la "ragionevolezza" della riserva – in caso di *container* ricevuto già sigillato dal vettore – può riguardare la natura, qualità e il numero dei colli contenuti nel *container* stesso, ma non già il peso complessivo della merce, che può essere oggetto di controllo anche in presenza di *container* sigillato (App. Genova 18 aprile 1988, in *Dir. mar.*, 1989, p. 1036):

> «Ammesso che la formula adoperata dalla polizza di carico non fosse diretta a limitare la riserva del contenuto dei due contenitori, e dunque al numero dei rotoli e alla natura e qualità della merce, è certo che non poteva riguardare anche il peso (lordo) della partita, e ciò in quanto né esistevano specifici motivi di sospetto sulle indicazioni del titolo, né,

quanto al peso, esisteva una "ragionevole impossibilità" del vettore di verificare il dato. E ciò non solo per l'ovvia controllabilità del dato estrinseco da parte della nave, ma anche per la considerazione che il peso entrava anche quale base di calcolo del nolo marittimo. Né può ritenersi elemento di difficile controllabilità la tara, sia perché, a parità di dimensioni e di tipologia, il peso dei contenitori è un dato standardizzato, sia perché i containers furono forniti dal caricatore dallo stesso vettore».

Al riguardo, va ricordato che dal 1° luglio 2016 è in vigore la disciplina dell'IMO relativa alla verifica della massa dei contenitori (IMO Solas Regola VI/2 – Verified Gross Mass), che impone ai vettori di accettare solo contenitori il cui peso sia stato oggetto di certificazione in conformità a quanto fissato in tali regole (cfr. per l'Italia le linee guida di cui al Decreto Dirigenziale n. 447/2016 del 5 maggio 2016 e Circolare del comando generale della Capitanerie di porto Serie Generale n. 133/2017).

Inoltre, sempre in tema di trasporto marittimo di merci mediante *containers*, la responsabilità risarcitoria del vettore, per ammanchi in sede di riconsegna rispetto ai quantitativi che risultino imbarcati, può essere esclusa, a prescindere da eventuali riserve inserite nella polizza di carico, solo dietro dimostrazione che detti contenitori siano stati consegnati dal caricatore chiusi con sigilli (od altri analoghi sistemi di sicurezza), la cui integrità sia stata constatata all'arrivo, trattandosi di prova necessaria per superare la presunzione di colpa contrattuale del vettore medesimo, ovvero dei suoi dipendenti o preposti (Cass. 12 luglio 2007 n. 15589, in *Dir. mar.*, 2008, p. 1342).

L'applicazione dei principi sopra identificati giustifica l'apposizione delle riserve, se ciò appare "ragionevole" alla luce delle specificità della merce (App. Genova 18 dicembre 1991, in *Dir. mar.*, 1993, p. 1041):

«La domanda di risarcimento dei danni per la mancata ricezione di diverse tavole specificatamente indicate nelle polizze insieme al numero dei colli, ma con la clausola "*said to be*", non può essere accolta. Manca invero attesa la intervenuta consegna del numero di colli previsto, la prova incombente sull'appellante che fu caricato il quantitativo di tavole espressamente indicato nelle polizza. Queste ultime, infatti, non sono impegnative per il vettore in ordine al numero delle tavole dichiarato dal caricatore, poiché siffatto elemento è neutralizzato dalla ricordata clausola "*said to be*" sulla cui ragionevolezza non è dato nella specie dubitare trattandosi di riserve destinate ad operare su un elemento (cioè rilevante numero di tavole componenti i vari colli) idoneo a concretare una plausibile difficoltà per il vettore di controllare, al momento dell'imbarco, le unilaterali osservazioni formulate dal caricatore, cioè di controllare una per una le tavole imbarcate pari, in relazione alla sola merce caricata per conto della Feltrinelli, a 4963 e ripartite su 97 colli».

È discusso se la validità delle riserve sia condizionata al solo requisito della "ragionevolezza" (in ragione delle caratteristiche della merce e delle modalità di caricazione; cfr. Cass. 29 novembre 1999 n. 13341, in *Dejure*) o se invece debba essere esclusa per le riserve "a stampa" preinserite nei formulari di polizza di carico e quindi presenti a prescindere da un'effettiva verifica delle circostanze che renderebbero impossibile o eccessivamente oneroso un controllo dei dati quantitativi e qualitativi della merce (per i contrastanti orientamenti della giurisprudenza cfr. Trib. Venezia 3 ottobre 2013, in *Dir. mar.*, 2014, p. 676, Trib. Venezia 1° settembre 2016, in *Dir. mar.*, 2018, p. 922 e App. Napoli 21 giugno 1996, in *Dir. mar.*, 1997, p. 1050).

Non va, infatti, dimenticato, che la ragionevolezza relativa all'apposizione della riserva – ancorché da valutarsi in relazione delle caratteristiche della merce – va sempre posta in relazione alle specifiche circostanze dell'imbarco e non può, quindi, mai giustificare la validità di una clausola a stampa, che per definizione è stata predisposta a prescindere dalle vicende del caso singolo.

In ogni caso, il destinatario delle merci può comunque fornire con tutti gli altri mezzi disponibili la prova relativa all'effettiva quantità e stato delle merci all'imbarco, anche in presenza di riserve in polizza, ed all'uopo possono essere adeguatamente valorizzate tutte le fonti di prova disponibili, senza che l'interessato alla merce possa essere, ad esempio, penalizzato dalle incertezze relative alla misurazione dei quantitativi imbarcati che dipendono da circostanze rientranti nell'esclusivo controllo del vettore, specie in presenza di una mancata cooperazione di quest'ultimo secondo il parametro della buona fede alle operazioni di accertamento.

Va anche menzionata la prassi per cui i caricatori chiedono al vettore di omettere l'indicazione in polizza di riserve che potrebbero rendere più difficile la negoziazione del titolo (c.d. riserve che "sporcano" la polizza), ovvero di inserire dati non corrispondenti al vero (quali, ad esempio, l'antidatazione della polizza) per rendere il documento conforme ai requisiti previsti dal sottostante contratto di vendita (su tali profili vedasi *supra*, cap. 8 § 4 e App. Napoli 12 maggio 1983, in *Dir. mar.*, 1985, p. 332). In taluni limitati casi tali richieste possono non avere un intento fraudolento: si pensi, ad esempio, al caso in cui la merce oggetto del trasporto sia costituita da materiali di seconda scelta, per i quali la presenza di anomalie anche vistose sia assolutamente normale e non suscettibile di formare oggetto di una riserva sullo stato apparente delle stesse; in tali casi, l'apposizione di una riserva comporterebbe di fatto il blocco del meccanismo di finanziamento della vendita per motivi esclusivamente formali. Si consideri, inoltre, il caso in cui mittente e ricevitore, pur formalmente e giuridicamente distinti, appartengano ad uno stesso gruppo economico, di talché la richiesta di polizze redatte anche in contrasto con le risultante fattuali è, in realtà, perseguita nel comune interesse di caricatore e ricevitore, al solo fine di evitare problemi di tipo formale nel perfezionamento dell'operazione economica complessiva.

Comunque, sotto questo profilo, non vi è dubbio che la polizza, ancorché contenga dati inesatti o falsi, rimane comunque valida, ma il vettore risponde nei confronti del terzo di buona fede di tali omissioni o false indicazioni, essendo inopponibile al portatore del titolo il contenuto della *letter of indemnity* eventualmente rilasciata dal caricatore, come pacificamente ritenuto in giurisprudenza (si veda la già citata Cass. 24 settembre 1996 n. 8447; nonché App. Genova 20 giugno 1987, in *Dir. mar.*, 1989, p. 780):

> «Esclusa una responsabilità *ex recepto* dell'appellante avendo questo messo a disposizione del destinatario le cose trasportate nelle stesse condizioni in cui le aveva ricevute, permane pur sempre una responsabilità dello stesso per aver emesso una polizza di carico manifestamente infedele. Trattasi evidentemente di colpa di carattere contrattuale, derivando al vettore dallo stesso contratto di trasporto, anche nei riguardi del ricevitore a cui favore il contratto è concluso e deve eseguirsi, il dovere giuridico di verificare, per quanto gli è possibile, la merce all'imbarco e di redigere la polizza di carico in conformità, non-

ché di formulare, se del caso, le opportune riserve ... in proposito è sufficiente riflettere sulle funzioni della polizza quale titolo di credito e quale titolo rappresentativo, nonché far riferimento al suo costante uso nella vendita CIF contro documenti, alle varie operazioni di credito che vi sono connesse, all'affidamento che i terzi di buona fede abitualmente fanno su tale documento per convincersi come non sia lecito al vettore emettere una polizza la quale non corrisponde affatto alle merci caricate».

D'altra parte, però, pur con qualche incertezza, si è ritenuto che il vettore possa, in forza della *letter of indemnity*, rivalersi sul caricatore di quanto sia stato costretto a pagare al destinatario per aver acconsentito ad omettere dalla e/o inserire taluni dati falsi nella polizza (Cass. 25 febbraio 1979 n. 1218, in *Dir. mar.*, 1979, p. 565):

«Che nei rapporti interni le conseguenze (dell'antidatazione) debbano nel caso concreto ricadere sul caricatore discende dalla garanzia prestata da questo a beneficio del (vettore) ... anche per questo vale quanto si è osservato in ordine all'irrilevanza dell'antidatazione sul piano negoziale nei rapporti fra il caricatore venditore ed il vettore ed in ordine alla validità della polizza. Basterà aggiungere che ancor più evidente è la esclusione nei rapporti predetti delle ragioni di nullità, che, per quanto osservato, non si trasmettono dal rapporto principale e che non sussistono con riguardo al rapporto accessorio, dal quale nessun ulteriore pregiudizio poteva derivare al destinatario del carico, poiché, lungi dal perseguire il fine della immunità del vettore dalla responsabilità assunta nei confronti del terzo danneggiato, non si proponeva altro scopo che quello di far ricadere sul solo caricatore le conseguenze dell'antidatazione della polizza ... la garanzia, cioè, oltre che lecita dal punto di vista della causa, da ricercarsi nella funzione stessa del negozio, è indicativa della diversità dei motivi che indussero le parti a stabilirla, con la limitazione della responsabilità, nei rapporti interni, a carico del soggetto esclusivamente interessato all'operazione».

Del resto, la soluzione (pur accolta da qualche decisione) della nullità della garanzia per causa illecita o per l'esistenza di un motivo illecito comune al vettore e al caricatore non sembra tener conto del fatto che, in realtà, il vettore molto spesso non è in grado di sapere se la richiesta del caricatore è supportata da un motivo fraudolento, ovvero da obiettive ed "innocenti" ragioni commerciali, quali quelle sopra descritte. Sembra, quindi, più logico da un lato mantenere la piena responsabilità del vettore per le indicazioni contenute in polizza verso i terzi portatori di buona fede, ma – al contempo – far gravare le effettive conseguenze economiche sul vero autore dell'illecito, ossia sul caricatore, ammettendo la validità della lettera di garanzia.

7. (*Segue*): il regìme della responsabilità: i pericoli eccettuati

Una volta provata la sussistenza del danno e la circostanza che lo stesso si è verificato nel periodo di tempo in cui le merci erano affidate al vettore, quest'ultimo può vincere la presunzione di responsabilità a suo carico solo dimostrando che il danno è dipeso da un fatto non a lui imputabile.

Sotto un primo profilo, nonostante qualche incertezza, è ormai chiaro che per vincere la presunzione il vettore non può limitarsi a fornire la prova della diligenza generica, bensì deve, in primo luogo, positivamente indicare la causa del danno, ossia identificare l'evento dannoso e il nesso causale tra tale evento ed il danno lamentato; in secondo luogo, il vettore deve provare che tale causa non è dipesa da colpa personale o da colpa commerciale dei propri preposti. Così, Cass. 29 maggio 1990 n. 5031 (in *Giur. it.*, 1990, I, 1, c. 1706; anche con riferimento all'art. 422 cod. nav. Cass. 30 aprile 2010 n. 10600, in *Dir. mar.*, 2010, p. 570) ha affermato che:

> «Incombe (al vettore) fornire la prova (anche in via presuntiva) della causa a lui non imputabile, giacché in base al regime fissato nella Convenzione di Bruxelles (...). (le cui conseguenze operano tanto nel campo sostanziale che in quello processuale), il vettore è responsabile dell'avaria o della perdita delle cose consegnategli per il trasporto dal momento in cui le riceve sino al momento in cui le riconsegna, a meno che non provi che la causa dell'avaria o della perdita non è stata, né in tutto né in parte, determinata da colpa propria o dei suoi dipendenti o preposti».

Il regìme uniforme facilita tale prova prevedendo una serie di ipotesi (c.d. pericoli eccettuati) per le quali è la legge stessa a disporre (in via presuntiva) la non imputabilità al vettore dei danni da esse conseguenti, per cui i pericoli eccettuati sono, dal punto di vista tecnico-giuridico, presunzioni di fortuito.

La Convenzione di Bruxelles (art. IV) prevede un lungo elenco di tali ipotesi:

a) atti, negligenza, o colpa del capitano, dei marinai, del pilota, o dei preposti del vettore nella navigazione o nella amministrazione della nave;
b) incendio, tranne se cagionato da fatto o colpa del vettore;
c) pericoli o fortuna di mare o di altre acque navigabili;
d) atto di Dio;
e) guerra;
f) fatto di nemici pubblici;
g) arresto o costrizione di principi, governanti o popolo, o sequestro giudiziario;
h) restrizione di quarantena;
i) atto od omissione del caricatore o del proprietario delle merci, del suo agente o del suo rappresentante;
j) scioperi o serrate o sospensioni o limitazioni di lavoro, qualunque ne sia la cagione, tanto parzialmente che completamente;
k) tumulti e sommosse civili;
l) salvataggio o tentativo di salvataggio di vite o beni in mare;
m) calo in volume o in peso o qualsiasi altra perdita o danno risultante da vizio occulto, dalla natura speciale o dal vizio proprio delle merci;
n) insufficienza d'imballaggio;
o) insufficienza o non corrispondenza di marche;
p) vizi occulti non scopribili colla normale diligenza.

Non è però esclusa al vettore la possibilità di dimostrare che la causa del danno è comunque dipesa, anche al di fuori dai predetti pericoli eccettuati nominati, da un evento non a lui imputabile (art. IV, lett. q) della Convenzione – c.d. pericoli eccettuati innominati o atipici). Ma in tali casi il vettore per liberarsi dalla responsabilità deve dare la prova diretta della non imputabilità, ossia della non dipendenza dell'evento, specificamente individuato, dalla colpa sua personale o dalla colpa (commerciale) dei suoi preposti.

Ne consegue che il danno da causa ignota rimane a carico del vettore, in quanto non essendo identificato lo specifico evento che ha determinato il danno, non è possibile per il vettore fornire la prova che, in relazione a tale specifico evento, egli ha posto in essere tutte le misure idonee ad evitare il danno, sì che non gli si possa imputare alcuna colpa in relazione al processo causativo del danno (Cass. 20 gennaio 1990 n. 639, in *Dir. mar.*, 1991, p. 92):

> «La giurisprudenza di questa Corte ha da tempo posto in evidenza che al fine di sentir spostare a carico dell'avente diritto alla riconsegna l'onere di provare che la causa dell'avaria è stata determinata da colpa del vettore e dei suoi dipendenti, il vettore medesimo deve previamente dimostrare che il danno è stato prodotto da una delle cause elencate nel comma 2 del citato art. 422; deve cioè dimostrare non solo l'evento integrante uno dei cosiddetti "pericoli eccettuati" ma anche la derivazione causale del danno da quell'evento. È alla luce di questo più recente indirizzo che deve essere esaminato il problema della incidenza (sul vettore oppure sul caricatore) del danno derivante da "causa ignota" ... la ragion d'essere del trattamento di maggiore favore riservato al vettore marittimo per tutta una serie di casi analiticamente indicati nella Convenzione di Bruxelles del 1924 all'art. IV, n. 2, lett. da a) a p) – cosiddetti "pericoli eccettuati" secondo l'elencazione sostanzialmente riprodotta nel comma 2 dell'art. 422 cod. nav. – riposa sulla considerazione che i fatti e le situazioni ivi contemplate integrano perlopiù dei casi di fortuito o di forza maggiore "onde la semplice dimostrazione da parte del vettore della derivazione del danno da uno di essi può ben far presumere, sino a prova contraria, l'assenza di una colpa a lui imputabile". Ma accanto alla serie di pericoli eccettuati nominati o tipici la Convenzione di Bruxelles ha pure considerato la ricorrenza di pericoli eccettuati innominati o atipici, con implicito riferimento ad una congerie eterogenea di fatti di terzi o di fatti accidentali di meno agevole, anche se non impossibile, riconduzione nell'area del fortuito e della forza maggiore, senza un efficiente concorso di colpa del vettore. Ne è derivata, quanto all'onere probatorio, che mentre rispetto a ciascuno dei pericoli eccettuati nominati o tipici è sufficiente per il vettore provare la derivazione del danno da esso, senza ulteriormente dimostrare che l'evento eccettuato, in concreto, non è stato cagionato da propria colpa personale o da colpa commerciale dei suoi preposti (poiché quest'ultima prova incombe sull'interessato al carico); viceversa, rispetto a ciascuno dei pericoli eccettuati innominati o atipici, grava sul vettore una duplice prova: a) anzitutto, quella che il danno trova la sua causa immediata in un fatto, accidentale o del terzo a lui estraneo, e non proviene direttamente da fatto o colpa di lui vettore o dei suoi agenti o preposti; b) in secondo luogo, quella che nell'eziologia del danno, il fatto o la colpa del vettore o dei suoi agenti e preposti non hanno nemmeno contribuito, quale causa mediata o concausa efficiente, alla produzione della perdita o dell'avaria ... se a questo punto si esamina il problema dell'incidenza sul vettore o sull'interessato al carico, del danno da "causa ignota", appare del tutto agevole escludere che il vettore per andare esente da responsabilità, possa limitarsi ad invocare il regime previsto per i cosiddetti "pericoli eccettuati" (senza precisare quale tra essi, in concreto, si sia verificato) ed ad offrirsi di provare di aver osservato, durante il carico, lo stivaggio ed il discarico della merce, i dettati della normale diligenza. La causa "ignota", proprio perché tale, mai potrebbe identificarsi con uno dei pericoli eccettuati di

cui alle lett. da a) a p) dell'art. IV della Convenzione di Bruxelles, i quali, in tanto sono qualificabili come "nominati o tipici" in quanto la loro elencazione contiene la descrizione, sia pure sintetica, della causa immediata – nota perché comprovata – da cui proviene la perdita o il danno. Ma la "causa ignota" nemmeno potrebbe essere identificata in una causa integrante il pericolo eccettuato innominato od atipico (lett. q) dell'art. IV), dato che per ravvisare la ricorrenza di questa ipotesi, come si è detto, occorre che il vettore comprovi la derivazione o provenienza del danno da un fatto, accidentale o del terzo, direttamente a lui non ricollegabile; e dove siffatta prova sia fornita, per ciò solo la causa della perdita o dell'avaria cesserà di essere ignota».

Al riguardo, va ribadito che i pericoli eccettuati sono presunzioni di fortuito, per cui non solo l'interessato alle merci può fornire la prova che l'evento esonerativo invocato dal vettore non sussiste o che non è l'effettiva causa del danno (c.d. prova di riscontro; ad esempio che la causa effettiva del sinistro non è una colpa nautica del comandante, bensì una circostanza comportante innavigabilità della nave alla partenza, di cui il vettore risponde; cfr. App. Palermo 29 novembre 2003, in *Dir. mar.*, 2005, p. 565), ma può anche dimostrare che, nel caso di specie, sussiste comunque l'imputabilità del danno al vettore. Ad esempio, nel caso di danni causati alla merce dalla circostanza che la nave ha incontrato cattivi tempi eccezionali, l'interessato al carico potrà comunque cercare di dimostrare la colpa del vettore, qualora questi, pur debitamente informato del fatto che erano previsti cattivi tempi, abbia comunque ordinato al comandante di intraprendere la navigazione attraversando la zona investita dalla tempesta.

È stato, così, giustamente sottolineato (Trib. Genova 15 maggio 1974, in *Dir. mar.*, 1976, p. 43):

«La responsabilità del vettore non è esclusa dall'essere l'incaglio della nave dipeso da colpa nautica dei di lui dipendenti o preposti. Invero, a norma dell'art. 4, § 2, lett. a) della Convenzione di Bruxelles, richiamata a quanto sembra nella polizza di carico (norma a cui corrisponde l'art. 22 cpv. cod. nav.), il vettore non risponde delle perdite e delle avarie delle merci trasportate, derivanti da colpa nautica; ma l'accertata presenza di tale tipo di colpa non produce ulteriori conseguenze limitatrici della responsabilità del vettore, non influendo, da un lato, sulla permanenza in vita del contratto di trasporto nel caso in cui, come nella specie, la colpa nautica abbia determinato l'interruzione del viaggio della nave; e, dall'altro, sull'autonoma rilevanza di una eventuale colpa commerciale, che a quella nautica successivamente si sovrapponga cagionando in modo esclusivo, diretto ed immediato, danni ulteriori alle merci trasportate. Nel caso in esame, mentre è pacifico che l'arenamento della nave (dovuto a colpa nautica) non ha causato danno alla merce in questione, viceversa le avarie riscontrate all'arrivo della merce a Genova sono da addebitare a colpa commerciale del vettore o dei suoi dipendenti o preposti, intervenuti in epoca successiva all'evento (incaglio) determinato dalla colpa nautica».

Questa impostazione va senz'altro condivisa, con la sola precisazione che l'esonero per colpa nautica non è comunque previsto per i comportamenti tenuti da soggetti diversi dal comandante e/o dall'equipaggio, quali altri dipendenti o preposti del vettore, per cui, come già ricordato, qualora questi sia informato dell'evento che, ponendo la nave in stato di innavigabilità, mette in pericolo le merci e sia in grado di porre rimedio allo stesso, nel caso in cui egli ometta di attivarsi con la dovuta diligenza per assicurare la salvezza delle merci affidategli è sempre responsabile, anche se la negligenza attiene la sfera della condotta nautica della nave.

Per quanto attiene l'elenco di pericoli eccettuati previsti dal diritto uniforme, va tenuto preliminarmente presente che essi rappresentano la codificazione operata in occasione delle Regole de L'Aja del 1923 di una serie di esoneri contrattuali che i vettori erano soliti inserire nelle proprie polizze-tipo. Tali pericoli erano ritenuti costituire espressione del rischio tecnico ineliminabile della navigazione, pertanto esclusi dall'area di rischio del vettore marittimo, ma risentivano in buona misura dello stato tecnologico dei trasporti marittimi. Non a caso, parallelamente all'evoluzione della tecnica dei trasporti, si è assistito ad una progressivo irrigidimento nel valutare la sussistenza dei presupposti per l'applicazione delle ipotesi di esonero che apparivano meno adeguate alla mutata realtà tecnico-economica.

Soffermandosi sulle principali ipotesi previste dall'art. IV.2 della Convenzione (di cui vedasi l'elenco completo più sopra), si può osservare:

(i) *Colpa nautica*: costituisce il più tipico dei pericoli eccettuati, in quanto deroga al principio generale per cui l'obbligato risponde non solo della colpa propria, ma anche di quella dei suoi dipendenti e preposti; la colpa nautica è quella del comandante o dell'equipaggio nella condotta della navigazione e nella gestione tecnica della nave e va distinta dalla c.d. colpa commerciale, che è invece fonte di responsabilità per il vettore. La distinzione tra le due fattispecie è stata da tempo autorevolmente chiarita dalla giurisprudenza (Cass. 30 dicembre 1959 n. 3586, in *Dir. mar.*, 1960, p. 184):

«Il concetto di colpa commerciale va ricavato, per esclusione, dal concetto di colpa nautica, nel senso che – come da indirizzo assolutamente prevalente – costituisce colpa commerciale quella che non può essere ricondotta nel concetto giuridico di colpa nautica; la colpa nautica comprende la colpa, del comandante o dell'equipaggio, nelle mansioni di carattere strettamente professionale (colpa "*in the navigation*" – ancoraggio contro regola d'arte, errori di manovra, errori di rotta, ecc.) nonché le mancanze, del capitano o dell'equipaggio, relative allo stato di manutenzione di quelle parti o di quegli organi della nave, che attengono alla navigabilità della stessa (colpa "*in the management of the ship*" – colpa relativa allo stato di manutenzione o di funzionamento dello scafo, delle macchine, delle ancore, ecc.); le altre specie di colpa, da parte del capitano o dell'equipaggio, confluiscono nel concetto di colpa "non nautica" e cioè di "colpa commerciale", con riferimento – per quanto attiene alle parti e agli organi della nave – a quelle parti ed a quegli organi che sono relativi alla utilizzazione commerciale della nave stessa (paranchi, celle frigorifere, stive, ecc.). Ritenuto, quindi, conclusivamente e con richiamo alla distinzione concettuale tra impresa di navigazione ed impresa commerciale della nave, che costituisce colpa nautica quella che è inerente alla condotta del capitano o dell'equipaggio, considerati quali ausiliari tecnici dell'impresa di navigazione; che costituisce, invece, colpa commerciale quella conseguente alla condotta del capitano o dell'equipaggio, nella veste di ausiliari dell'impresa di utilizzazione commerciale della nave; ritenuto ciò, esattamente la Corte di Appello ha affermato che la negligenza del comandante e dell'equipaggio nel controllare le condizioni delle stive dopo l'urto contro la banchina, costituiva colpa commerciale, dato che – in definitiva – violava quell'onere di curare la buona custodia e conservazione del carico, che – nel contratto di trasporto – è una delle obbligazioni primarie del vettore».

Sotto questo profilo, è stato riconosciuto (App. Genova 23 gennaio 2006, in *Dir. mar.*, 2007, p. 847) come

> «Integra gli estremi della colpa nautica quella in cui incorrono il comandante e l'equipaggio nell'esercizio della mansione di ausiliari tecnici dell'impresa di navigazione e che costituisce invece colpa commerciale quella commessa dal comandante o dall'equipaggio quali ausiliari dell'impresa di trasporto. E in applicazione di tale criterio devesi riconoscere che la messa in opera delle dotazioni e delle strumentazioni della nave preposte e destinate ad essere utilizzate al fine dell'attuazione del momento conclusivo del trasporto di merce (ossia dello sbarco), è funzionalmente riconducibile all'esercizio dell'impresa di trasporto e ad essa tecnicamente e giuridicamente appartiene».

Va in proposito osservato che in giurisprudenza la nozione di colpa nautica, considerata la natura eccezionale dell'esonero di responsabilità che essa garantisce, viene normalmente interpretata in via restrittiva, escludendo che ad essa possano ricondursi tutte quelle violazioni che riguardano la spedizione nel suo complesso e, quindi, anche il carico. Un esempio significativo di tale approccio restrittivo è dato ad esempio, dalla seguente decisone (App. Genova 16 giugno 1993, in *Dir. mar.*, 1993, p. 733) secondo cui:

> «La mancata richiesta da parte del comandante di una nave, dopo un sinistro, dell'intervento di periti per la constatazione dei danni integra una colpa relativa non solo al *management of the ship*, ma anche al *management of the cargo* di cui il vettore risponde»;

oppure dalla seguente decisione (Cass. 29 maggio 1990 n. 5031, in *Giur. it.*, 1990, I, 1, c. 1706):

> «Nel trasporto marittimo la mancata adozione di cautele atte ad impedire, in presenza di fatti che la facciano apparire prevedibile, la penetrazione di acqua nelle stive destinate a contenere e conservare il carico, rientra nel concetto di colpa commerciale, non invece in quello di colpa nautica»;

orientamento restrittivo che appare confermato anche nella più recente giurisprudenza (Trib. Napoli 27 giugno 2015, in *Dir. mar.*, 2016, p. 738):

> «le operazioni di carico di una nave da trasporto, quale è quella in esame, esigono la predisposizione di un piano di stivaggio e la necessità di prepararsi a compiere le necessarie manovre dirette ad assicurare la stabilità della nave, non solo allo scopo di evitarne l'inabissamento ma anche al fine evidente di preservare la merce ed assicurarne la migliore conservazione. Infatti, le manovre di stabilizzazione della nave erano iniziate già in occasione del rifornimento di carburante della nave ... e proseguirono durante lo stivaggio ed in relazione ai carichi immessi .... È, dunque, evidente che la manovra fatale, posta in essere senza la necessaria cautela e perizia, che ha comportato la perdita della merce cagionando l'inclinazione della nave fino al suo inabissamento, è stata compiuta durante le operazioni di carico e nell'ambito, in particolare, di quelle finalizzate ad assicurare la loro corretta sistemazione e direttamente connesse con l'utilizzazione commerciale della nave, in relazione imprescindibile con la necessità di equilibrio e di stabilità del mezzo».

Conseguentemente, non devono essere ricondotti all'esimente della colpa nautica comportamenti che, pur riguardando l'amministrazione della nave, sono tali che gli effetti che ne derivano sul carico, anche se dipendenti da una situazione che coinvolge la sicurezza della nave, possono o avrebbero potuto essere evitati con l'adozione di specifiche azioni rivolte a proteggere la merce e/o attraverso la dotazione della nave di apparecchiature idonee ad impedirli.

(ii) *Incendio*: il vettore non risponde dei danni alle merci causati da incendio salvo che si tratti di evento derivato da fatto o colpa del vettore. Tale prova spetta all'interessato sulle merci, il che – per il gioco degli oneri probatori – comporta che il danno causato da un incendio la cui causa resti ignota rimanga a carico dell'interessato al carico (cfr. Trib. Livorno 14 febbraio 1996, in *Dir. mar.*, 1998, p. 138); invero, va tenuto conto che in molti casi in cui la causa del danno rimane sconosciuta essa è attribuibile a caratteristiche proprie della merce (ad esempio, autocombustione). Tuttavia, la portata di tale prova è stata chiarita nella giurisprudenza (Cass. 13 aprile 1957 n. 1273, in *Dir. mar.*, 1958, p. 434):

> «L'incendio non costituisce sempre un pericolo eccettuato, ma lo costituisce solo in quanto non sia stato determinato da colpa del vettore (...) nel caso dell'incendio, e la lettera dell'art. 422 cod. nav. e la lettera del n. 2 dell'art. IV della Convenzione di Bruxelles e i precedenti dottrinali e giurisprudenziali (esteri) sulla predetta Convenzione, attestano che non si volle fare alcuna distinzione tra la colpa personale del vettore e quella dei dipendenti di lui».

Nel nostro ordinamento (a differenza di quello inglese; cfr. Court of Appeal 14 marzo 2019) è stato, poi, precisato (Trib. Livorno 31 dicembre 1986, in *Dir. mar.*, 1987, p. 363) che l'esimente in questione è esclusa anche in presenza di colpe imputabili all'equipaggio:

> «L'eccezione al riguardo sollevata circa l'esclusione di responsabilità in quanto vertesi in tema di c.d. "pericolo eccettuato" ai sensi dell'art. IV della Convenzione di Bruxelles del 25 agosto 1924 è ad avviso del Collegio infondata, dovendosi al termine "vettore" di cui alla Convenzione dare un significato comprensivo sia di fatto (in caso di incendio) determinato da sua colpa, sia di fatto dovuto a colpa del comandante della nave (...) la responsabilità di quest'ultimo (n.d.r.: vettore) è comunque per altro verso dimostrata, in base alle risultanze istruttorie. Ed invero dovendo l'incendio, che portò alla distruzione del vino, ritenersi causato da un grave errore di stivaggio, posto in essere prima dell'inizio del viaggio, ne consegue che nel caso ebbe a verificarsi una grave inadempienza del vettore, il quale secondo l'art. III della citata Convenzione, era tenuto a porre la nave in stato di navigabilità e particolarmente a provvedere in modo appropriato ed accurato alla caricazione delle merci trasportate».

Non vi è poi dubbio alcuno del fatto che, in ogni caso, anche laddove l'evento che ha originato l'incendio non sia riconducibile all'area di controllo e responsabilità del vettore, quest'ultimo sia comunque tenuto ad adottare tutte le misure necessarie ad eliminare o minimizzare le conseguenze dell'incendio stesso e, pertanto, anche a predisporre tutte le dotazioni all'uopo necessarie, cosicché in presenza di una condotta negligente del vettore o dell'equipaggio nel reagire al sinistro ovvero di una inadeguatezza delle attrezzature della nave il vettore risponderà dei danni anche se causati da incendio non imputabile (cfr. Cass. 4 marzo 1981 n. 1257, in *Arch. civ.*, 1981, p. 425).

(iii) *Pericoli di mare*: sulla scorta della considerazione che i pericoli eccettuati sono presunzioni di fortuito, la giurisprudenza italiana ha chiarito che i cattivi tempi, per poter costituire pericolo eccettuato, devono presentare gli estremi obiettivi della forza maggiore, ossia quando le condizioni meteo-marine assumono i caratteri della tempesta o dell'uragano ed hanno il carattere dell'imprevedibilità in relazione al tratto di mare e alla stagione (Cass. 4 aprile 1957 n. 1150, in *Riv. dir. nav.*, 1958, II, p. 73). Così App. Palermo 22 maggio 1991, in *Temi siciliana*, 1991, p. 144:

> «L'evento "fortuna di mare" non si identifica in uno stato semplicemente anormale o mosso del mare, connesso a burrasca o altra anomalia, rientrante nel rischio normale e prevedibile della navigazione, bensì in un'eccezionale alterazione delle condizioni di navigazione dovuta a imprevedibile tempesta o uragano di straordinaria violenza tale da rendere inutile ogni preventiva cautela diretta a impedirne le conseguenze dannose».

Va in particolare rilevato che ai fini della valutazione dell'effettiva invincibilità dei cattivi tempi, non deve essere adottato uno standard soggettivo, proporzionato alle effettive dimensioni ed equipaggiamento della nave coinvolta, bensì una valutazione della straordinarietà dei cattivi tempi di tipo obiettivo (App. Trieste 3 dicembre 1982, in *Dir. mar.*, 1983, p. 540):

> «Non si dubita che in tanto un pericolo eccettuato venga in considerazione ed operi sul piano della prova secondo il paradigma legislativo, in quanto sussiste dimostrazione esauriente vuoi delle caratteristiche di eccezionale imprevedibilità delle condizioni del tempo, vuoi della causalità corrente fra quelle condizioni e l'evento dannoso da discriminarsi (soprattutto per l'imprevedibilità della causa determinante l'obliterazione di ogni possibilità di difesa rapportata alla normalità di attivazione del vettore nell'adempimento della sua obbligazione contrattuale) in favore della nave. Sicché ne consegue, nel caso concreto, in cui già è dubitabile l'eccezionalità, in senso tecnico, delle condizioni dichiarate dal capitano con richiamo ad eventi descrittivi privi di caratteristiche di sicura anomalia ... debba rimuoversi il consenso all'eccettuazione posto che la dimostrazione della causalità non sussiste; né presuntivamente è accreditabile, e meglio presupponibile, per una nave che presenti infiltrazioni d'acqua salsa in stiva capaci di imbibire profondamente il carico, e non anche denunci lesioni occorse nelle strutture di contenimento e riparo sotto coperta delle merci, causalità diversa da quella, a tutto concedere, della precarietà delle sue condizioni di navigabilità».

Inoltre, nel valutare l'effettiva sussistenza dell'esonero, non può non prendersi in considerazione la prevedibilità o meno dei fenomeni meteomarini, specie in relazione alla stagione e alla rotta seguita, essendo certamente non coperta dall'esonero la scelta del vettore di affrontare comunque i rischi della navigazione pur essendo previsto (o potendo essere previsto con l'uso della normale diligenza) che la nave avrebbe in tal caso incontrato cattivi tempi di particolare intensità.

Infine, per poter invocare la fortuna di mare (Cass. 18 maggio 1995 n. 5475, in *Dir. mar.*, 1997, p. 967):

> «Occorre che sussista una derivazione causale tra il pericolo eccettuato e la produzione dell'evento dannoso, nel senso che deve poter essere esclusa un'altra concausa di pari efficacia o di effetto assorbente rispetto a questa».

cosicché nella specie, in un caso di merce sopra coperta, è stato ritenuto necessario che il vettore fornisse non solo la prova dei cattivi tempi asseritamente incontrati dalla nave, ma anche delle specifiche modalità con cui si era provveduto a rizzare il carico sopra coperta, al fine di escludere ogni efficienza causale di un'eventuale inidoneità o inadeguatezza dello stesso.

(iv) *Deviation*: la responsabilità del vettore resta esclusa allorché le perdite o i danni alle merci trasportate dipendono (a) da un mutamento di rotta operato al fine di compiere operazioni di soccorso in mare a persone o cose (cfr. cap. 14, § 2); oppure (b) da qualsiasi altra ragionevole deviazione geografica dalla rotta normalmente seguita. Al riguardo, mentre per l'ipotesi *sub* a il giudizio di ragionevolezza è compiuto a priori dall'ordinamento, nell'ipotesi *sub* (b) si tratterà di operare caso per caso un bilanciamento tra l'interesse dell'interessato al carico (per il quale ogni mutamento della rotta ordinaria comporta un possibile aumento dei rischi collegati all'esecuzione del trasporto) e gli altri interessi che possono essere legittimamente perseguiti dal vettore (ad esempio, necessità di deviare dalla rotta per poter sbarcare un membro dell'equipaggio malato), mettendo in relazione l'utilità sociale che viene perseguita con il sacrificio che viene imposto. Restano, invece, escluse, siccome irragionevoli, tutte quelle deviazioni dalla rotta (non preventivamente pattuite) che perseguano finalità meramente egoistiche del vettore (quali la sopravvenuta possibilità di imbarcare della merce ulteriore in un porto non originariamente compreso tra quelli da toccare durante il viaggio). In proposito, va osservato che normalmente le polizze di carico relative a traffici di linea incorporano clausole molto dettagliate volte ad attribuire al vettore una facoltà molto ampia di scelta del percorso e della rotta, in funzione delle necessità tecniche proprie dei servizi di linea. Il che sembra soddisfare il requisito di ragionevolezza richiesto dalle norme, in quanto è solo potendo contare su un elevato grado di flessibilità operativa che il vettore può fornire agli utenti un servizio con le caratteristiche di regolarità e frequenza tipiche della linea, di cui anche l'interessato alle merci beneficia.

(v) *Vizio proprio della merce*: esso esclude la responsabilità del vettore in quanto consiste in una condizione patologica della merce, dipendente da un difetto intrinseco originario o dall'alterazione delle qualità naturali della merce stessa, cui non abbia concorso in tutto o in parte la colpa del vettore o la colpa commerciale dei suoi preposti. La giurisprudenza (Trib. Genova 24 giugno 1968, in *Dir. mar.*, 1968, p. 431) ha però precisato che:

> «Il vizio proprio della merce ha riguardo ad una condizione patologica o ad uno stato fisiologico della merce che, assoggettata ad un trasporto marittimo, nelle condizioni usuali ed ordinarie, è soggetta inevitabilmente ad un decadimento o ad un'alterazione delle

sue qualità fondamentali che la rendono utilizzabile alla sua comune destinazione industriale o commerciale. Sotto l'aspetto fisiologico occorre dunque distinguere l'inattitudine assoluta della merce a sopportare le ordinarie vicende di un viaggio per mare, dalla necessità che tale merce ha di essere oggetto di cure particolari, rientranti peraltro nella sfera normale dell'organizzazione vettoriale, e, di conseguenza, negli obblighi specificamente imposti al vettore dalla Convenzione».

Non sorprende, quindi, che la giurisprudenza (Trib. Genova 3 gennaio 1996, in *Dir. mar.*, 1996, p. 782) richieda una prova assai rigorosa circa l'effettiva esistenza del preteso vizio proprio, anche in relazione all'adozione, da parte del vettore, di idonee cautele volte a prevenire o contrastare la intrinseca tendenza della merce al deterioramento:

Al riguardo, è interessante osservare che tale orientamento rigoroso risulta adottato più di recente anche nella giurisprudenza inglese (Supreme Court 5 dicembre 2018, *Volcafe Ltd and others v. Compania Sud Americana De Vapores SA*, in *www.bailii.org*):

> «"By 'inherent vice' is meant the unfitness of the goods to withstand the ordinary incidents of the voyage, given the degree of care which the shipowner is required by the contract to exercise in relation to the goods." ... It follows that if the carrier could and should have taken precautions which would have prevented some inherent characteristic of the cargo from resulting in damage, that characteristic is not inherent vice. Accordingly, in order to be able to rely on the exception for inherent vice, the carrier must show either that he took reasonable care of the cargo but the damage occurred nonetheless; or else that whatever reasonable steps might have been taken to protect the cargo from damage would have failed in the face of its inherent propensities».

(vi) *Insufficienza di imballaggio*: il vettore non risponde se prova che il danno è dipeso da una inadeguatezza dell'imballaggio della merce, inidonea a sopportare le usuali traversie del maneggio e del trasporto via mare. La giurisprudenza (Trib. Trieste 15 giugno 1991, in *Dir. mar.*, 1993, p. 761) ha però chiarito che:

> «L'insufficienza di imballaggio non può essere invocata come pericolo eccettuato se della stessa non sia stata fatta annotazione sulla polizza di carico».

Spetta cioè al vettore, qualora il vizio dell'imballaggio sia apparente all'imbarco, apporre idonea riserva sulla polizza di carico per poter poi invocare tale circostanza esonerativa in caso di danno alla merce. Deve, poi, comunque il vettore provare che il danno concretamente verificatosi è causalmente ricollegato al lamentato difetto di imballaggio.

In generale, un aspetto molto delicato è quello che attiene al possibile concorso di cause che hanno causato la perdita o l'avaria alle merci trasportate. Al riguardo, l'orientamento prevalente ritiene che quando i danni alle merci sono provocati da un complesso di eventi, di cui alcuni riconducibili ad una o più ipotesi di pericolo eccettuato ed altri invece imputabili alla responsabilità del vettore (Cass. 14 febbraio 1957 n. 546, in *Dir. mar.*, 1957, p. 319):

> «La responsabilità del vettore in ordine all'avaria stessa ne risulterà, secondo i principi generali, proporzionalmente diminuita».

restando comunque chiaro che, in ogni modo, spetta al vettore non solo dimostrare la sussistenza degli eventi concorrenti qualificabili come pericoli eccettuati, ma anche dare la prova dell'esistenza di una collegamento eziologico di questi rispetto all'avaria e della misura dell'incidenza causale di tali eventi rispetto a quelli a lui imputabili.

8. Il danno risarcibile e la sua limitazione

Il vettore risponde della perdita e delle avarie subite dalla merce nel periodo di tempo in cui esse gli erano affidate. Al riguardo, il danno risarcibile deve essere stabilito in relazione al prezzo corrente delle merci nel luogo e al tempo della riconsegna (art. IV.5 (b) della Convenzione di Bruxelles come modificata dal Protocollo di Visby, ma già nel nostro ordinamento all'art. 1696 cod. civ.), il che ha l'effetto di non far gravare sul vettore le conseguenze di valutazioni imprevedibili del valore delle merci in funzione della posizione soggettiva specifica del creditore del trasporto, ancorandolo invece a valutazioni obiettive di mercato. Così, come osservato dalla giurisprudenza (Cass. 16 giugno 1962, in *Giust. civ.*, 1963, I, p. 633), dalla valutazione del danno risarcibile vanno escluse considerazioni soggettive attinenti al particolare interesse del danneggiato, limitandosi a:

> «Prendere in considerazione … soltanto … un elemento obiettivo, cioè il prezzo che le cose trasportate avevano nel luogo e al tempo della riconsegna … (in quanto) tale prezzo rappresenta l'ammontare del danno subito con esclusione di qualsiasi altro indennizzo».

Va peraltro osservato che, laddove non sia possibile identificare tale prezzo sulla scorta di valutazioni ufficiali (quali listini, mercuriali o altro), è possibile calcolarlo in via equitativa utilizzando come base di partenza il costo di acquisto della merce (inclusivo del nolo e degli altri oneri), maggiorato di una percentuale a titolo di profitto sperato (cfr. Cass. 28 dicembre 2016 n. 27193, in *Dejure*), normalmente pari al 10% (in analogia a quanto stabilito dall'art. 516 cod. nav.).

Non vi è dubbio che il vettore debba risarcire non solo i danni conseguenti ad eventi traumatici che colpiscono le merci, ma anche i danni derivanti dal deterioramento delle merci conseguente alla ritardata riconsegna delle stesse. È, invece, discusso se il vettore debba anche rispondere delle c.d. *economic losses*, intendendosi con tale termine i danni (non fisici ma) economici conseguenti al ritardo nell'esecuzione del trasporto (quali perdita di mercato, fermo impianti, ecc.).

A riguardo va precisato che i contrasti interpretativi insorti circa l'essere tali danni ricompresi o meno nella disciplina di diritto uniforme non esauriscono i termini del problema, in quanto – in realtà – anche laddove si ritenga che la Convenzione di Bruxelles del 1924 non si occupi delle *economic losses*, rimane comunque da accertare se tale esclusione vada intesa come non risarcibilità delle stesse o, piuttosto, come rinuncia della normativa uniforme ad occuparsi della questione, lasciandola ai singoli ordinamenti nazionali.

Sotto questo profilo, va rilevato che nel diritto italiano è ormai pacificamente configurabile una responsabilità del vettore per il ritardo nella prestazione, pur con la difficoltà di individuare con precisione quando tale ritardo sussista, posto che nei contratti di trasporto via mare non è mai indicato un termine per l'esecuzione e lo stesso può solo essere ricavato facendo riferimento alla prassi dello specifico tipo di traffico e tenendo conto di tutte le circostanze del caso (cfr. App. Reggio Calabria 28 ottobre 2016, in *Dir. mar.*, 2017, p. 191).

Peraltro, qualora sia stata raggiunta la prova del ritardo nella prestazione e del pregiudizio ad esso conseguente, spetta al vettore fornire la prova della non imputabilità del ritardo stesso. Così la giurisprudenza (Cass. 17 luglio 1974 n. 2130, in *Dir. mar.*, 1974, p. 733), sia pure in una fattispecie non relativa a *economic losses*, ha precisato che:

> «Secondo il regime probatorio della responsabilità del vettore marittimo per ritardo nell'adempimento alle proprie obbligazioni ... è imposta al vettore (che intenda esonerarsi dalla relativa responsabilità) la prova negativa della non derivazione del ritardo da colpa sua o da colpa commerciale dei suoi dipendenti o preposti».

Per quanto riguarda i danni fisici alla merce, la quantificazione del danno risarcibile avviene attraverso il raffronto tra il valore che le merci avrebbero avuto nel luogo ed al tempo della riconsegna, e l'effettivo valore che esse hanno in seguito all'avaria.

Tale quantificazione, peraltro, non corrisponde necessariamente all'effettivo risarcimento dovuto dal vettore, in quanto le norme uniformi prevedono una limitazione della sua responsabilità per perdita o danni alle cose trasportate. Attualmente, a seguito delle modifiche apportate dai Protocolli di Visby del 1968 e di Bruxelles del 1979, tale limite va calcolato in 2 DSP per chilogrammo di merce o in 666,67 DSP per *package* (collo) o *unit*, applicandosi in concreto quello più favorevole al danneggiato. Secondo la giurisprudenza (App. Genova 15 luglio 1959, in *Dir. mar.*, 1960, p. 197):

> «Devesi ritenere che l'espressione *package* sia stata usata soltanto per designare quegli imballaggi o involucri (colli, sacchi, casse, balle, gabbie, botti, cisterne, ecc.) che non permettono di scorgere il contenuto e rendono impossibile di apprezzarne il valore, e ciò al solo effetto di esonerare il vettore dall'obbligo di rispondere, sotto il profilo quantitativo, per il reale valore della cosa trasportata»;

mentre per quanto riguarda il termine *unit*, nonostante qualche oscillazione, nella giurisprudenza italiana (diversamente da quella inglese; cfr. Commerial Court 14 ottobre 2016, *Vinnlustodin HF e Vatrygginaffelag Islands HF c. Sea Tank Shipping AS, The "Aqasia"*, in *Dir. mar.*, 2017, p. 555) si deve intendere (Trib. Genova 13 maggio 1957, in *Dir. mar.*, 1958, p. 551) l'unità di nolo, in quanto:

> «Da qualsiasi diversa accezione del termine *unit* rimarrebbero esclusi i carichi alla rin-

fusa, mentre ... verrebbero compresi carichi di ogni sorta, salvo poi ad accertare di volta in volta l'unità cui riferire la limitazione di responsabilità. In favore di quest'ultima tesi che consente di estendere l'applicabilità della limitazione della responsabilità del vettore anche ai carichi alla rinfusa, esclusi invece dalla prima, si è schierata quasi tutta la dottrina, per il rilievo appunto che si rende così possibile l'applicazione della limitazione ad ogni sorta di carico».

I Protocolli hanno poi chiarito – recependo gli orientamenti maturati anche nella giurisprudenza italiana (Cass. 27 aprile 1984 n. 2643, in *Dir. mar.*, 1984, p. 864) e straniera in applicazione delle regole uniformi del 1924 – come debba applicarsi la limitazione con riferimento alla merce trasportata in *containers*, prevedendo espressamente che quando un contenitore, un *pallet* o un altro analogo sistema di trasporto è utilizzato per il trasporto di merce, ogni collo o unità in esso contenuto, se indicato nella polizza di carico, deve essere considerato individualmente ai fini del calcolo del limite. Se, invece, la polizza non dà atto del numero dei colli contenuti nel contenitore, esso viene globalmente considerato come un unico collo, salva comunque l'applicazione del limite calcolato in base al peso.

La sostituzione dell'unità di conto dalle sterline oro (come previsto nelle regole del 1924) con i DSP ha superato il problema, assai discusso nella giurisprudenza italiana e straniera, del metodo di conversione da adottare per la quantificazione del limite, successivamente al venir meno del sistema di parità fissa dell'oro. L'orientamento internazionalmente accolto era peraltro quello fatto proprio dalla miglior giurisprudenza, che affermava la necessità di convertire il limite in base al valore di mercato dell'oro al momento del sinistro, con conseguente possibilità di applicare sulla somma, così calcolata, gli interessi e la svalutazione, posto che il risarcimento – pur limitato – dovuto dal vettore per danni al carico costituisce un credito di valore, e non di valuta (Cass. 27 aprile 1984 n. 2643, in *Dir. mar.*, 1984, p. 864). Tali principî, peraltro, continuano ad applicarsi anche oggi nel senso che il limite della responsabilità del vettore, calcolato in Diritti Speciali di Prelievo (DSP), va comunque convertito in base alla quotazione di tale unità di conto al momento del sinistro, e sulla somma così calcolata vanno applicati gli interessi e la svalutazione.

A fronte delle divergenze dottrinali e giurisprudenziali sorte nel vigore della Convenzione di Bruxelles del 1924, che nulla diceva in merito, i Protocolli hanno anche definitivamente chiarito che il vettore decade dal beneficio della limitazione laddove venga fornita la prova che il danno o la perdita è dovuta ad un suo atto o ad una sua omissione compiuta con l'intenzione di provocare un danno oppure temerariamente e con la consapevolezza che un danno ne sarebbe derivato. Tale locuzione, comune anche ad altre convenzioni di diritto uniforme in tema di trasporto internazionale di cose, è stata interpretata nella giurisprudenza prevalente (Cass. 16 settembre 1980 n. 5269, in *Dir. mar.*, 1981, p. 217; Cass. 15 luglio 2005 n. 15024, in *Dejure*) come riferentesi al dolo o alla colpa "con previsione" del vettore; ad esempio da ultimo si è ribadito (Cass. 8 maggio 2015 n. 9313, in *Dir. mar.*, 2016, p. 535):):

«La temerarietà della condotta del vettore e la consapevolezza della possibilità di un danno derivante dai suoi atti od omissioni ... integrano la fattispecie della cosiddetta "colpa con previsione", caratterizzata dal fatto che l'agente prevede come probabile l'evento dannoso, ma non modifica la propria condotta, nella sicura consapevolezza di poterlo evitare, e non anche quella del dolo eventuale, per effetto del quale l'agente, oltre a rappresentarsi l'evento, agisce accettando il rischio che questo, comunque, si verifichi».

Appare quindi oggi del tutto minoritario l'approccio più restrittivo, il quale riconduce la nozione di cui all'art. 4.5 lett. e) della Convenzione all'area del solo dolo eventuale (App. Genova 6 giugno 2002, in *Dir. mar.*, 2004, p. 191).

In ogni modo, al fine di verificare la sussistenza dei presupposti della decadenza dal beneficio della limitazione appare necessario operare una combinazione tra valutazioni di tipo obiettivo (per cui la possibilità o meno che il vettore o l'equipaggio abbiano avuto coscienza della temerarietà dei comportamenti tenuti va valutata sulla base di criteri di normale esperienza professionale, tali da rendere imputabili tutti quei comportamenti che si discostano in via obiettiva dagli standard applicabili, senza necessità di una ulteriore indagine di tipo psicologico) e valutazioni di tipo soggettivo (volte a valorizzare l'effettiva coscienza dei danni che sarebbero stati provocati in capo agli autori delle rilevanti determinazioni volitive tutte le volte in cui i comportamenti concreti, valutati in via obiettiva sulla base dei parametri standard di professionalità, non bastano da soli a far ritenere sussistente la temerarietà richiesta dalla norma). Invero, anche comportamenti che non risultino censurabili dal punto di vista obiettivo assumono comunque rilevanza se, dal punto di vista soggettivo, risulta provato che il soggetto che ha concretamente tenuto tale comportamento sapeva comunque che da esso ne sarebbe probabilmente derivato un danno; mentre al contrario l'assenza di una consapevolezza soggettiva non vale ad escludere la decadenza dal beneficio tutte le volte in cui il comportamento tenuto si sia discostato dagli standard minimi di professionalità richiesti a qualsiasi operatore professionale del settore.

Va rilevato che anche il codice della navigazione (art. 423) prevede l'analogo istituto della limitazione ed esso, essendosi ispirato al testo originario della Convenzione, non prevedeva alcuna ipotesi di decadenza. La norma è stata oggetto di numerose pronunce di legittimità, che da ultimo hanno portato alla dichiarazione di incostituzionalità proprio nella parte in cui non è prevista la decadenza dal beneficio della limitazione nei casi di dolo o colpa grave (cfr. Corte cost. 26 maggio 2005 n. 199, in *Dir. mar.*, 2005, p. 481), benché il termine di raffronto nel giudizio di costituzionalità sia stato individuato non nella disciplina uniforme applicabile al trasporto marittimo con elementi di estraneità, bensì in altre discipline della limitazione applicabili in base alla legge italiana a diverse tipologie di trasporto (tra le quali l'art. 952 cod. nav. in tema di trasporto aereo).

Il limite di responsabilità viene, poi, escluso laddove il caricatore effettui la c.d. dichiarazione di valore, cui corrisponde l'obbligo del vettore (che abbia accettato di eseguire il trasporto a tali condizioni a fronte del pagamento di un nolo maggiorato, c.d. nolo *ad valorem*) di risarcire gli eventuali danni in base al valore effettivo della merce trasportata (senza usufruire della limitazione).

Ciò spiega il motivo per cui, nella pratica, la dichiarazione di valore non venga mai eseguita, in quanto il caricatore trova di solito più economico garantirsi l'integrale risarcimento in caso di danni alle cose trasportate stipulando un'assicurazione sulle stesse, invece che effettuando la dichiarazione di valore, posto che il premio assicurativo corrisponde ad una frazione di quello che sarebbe il nolo *ad valorem* richiesto dal vettore.

9. L'azione per risarcimento danni

È stata oggetto di notevoli dubbi giurisprudenziali e dottrinali la questione se, per il trasporto marittimo di cose determinate su polizza di carico, fosse ammissibile il concorso tra l'azione di responsabilità contrattuale (regolata dalle norme di diritto uniforme) e l'azione di responsabilità extracontrattuale (ai sensi degli artt. 274 cod. nav. e 2049 cod. civ.). Tale concorso, ormai ammesso pacificamente per le fattispecie regolate dalla norme nazionali (cfr. Cass. 21 gennaio 2005 n. 1312, in *Dir. mar.*, 2006, p. 162), allorché sia indicata una specifica violazione del principio del *neminem laedere* e non un inadempimento a obblighi che trovino la loro fonte esclusiva nel rapporto contrattuale (cfr. Cass. 8 agosto 2007 n. 17384, in *Dir. mar.*, 2008, p. 970), veniva invece escluso nella giurisprudenza (Cass. 26 luglio 1983 n. 5121, in *Dir. mar.*, 1984, p. 845) allorché la fattispecie ricadesse sotto la disciplina uniforme:

> «Il concorso delle due azioni (contrattuale ed extracontrattuale n.d.r.) è, sì, riconosciuto dalla giurisprudenza – nonostante il dissenso di una notevole parte della dottrina – con particolare riferimento al trasporto regolato dal diritto comune. Si può dire, ormai, *ius receptum* che nel caso di responsabilità del vettore derivante dal fatto illecito la pretesa del danneggiato al risarcimento per la perdita della cosa può trovare il suo fondamento "oltre che nel contratto di trasporto, nel generale precetto di non arrecare al alcuno danno ingiusto". Ma il concorso delle azioni è, ovviamente, ammissibile nei limiti consentiti dall'ordinamento positivo. Si tratta, pertanto, di stabilire se un determinato regìme giuridico del contratto precluda l'applicabilità del principio della colpa aquiliana al peculiare rapporto che ne deriva. Ora, nell'applicazione delle regole del trasporto marittimo, la questione si delinea in modo del tutto particolare, sì da non consentire all'interprete la trasposizione a questo settore dello schema astratto del concorso dell'azione aquiliana e dell'azione contrattuale ... per l'art. 1, lett. a) della Convenzione di Bruxelles del 25 agosto 1924 la nozione di "*transporteur*" comprende "*le proprietaire du navire ou l'affrétteur, partie à un contrat de transport avec un chargeur*". Vettore, cioè, può essere sia il proprietario armatore – o l'armatore non proprietario – della nave, sia il semplice noleggiatore – non proprietario e non armatore – di essa. L'uno e l'altro possono assumere posizione e ruolo di parte nel contratto di trasporto con un caricatore. A norma del successivo art. 4, n. 1, nessuno dei due risponde dei pericoli eccettuati, perché non ne risponde *le transporteur*. E a norma dell'art. 5 beneficiano entrambi del regime del limite di danno risarcibile per unità di carico, perché ne beneficia, appunto, *le transporteur*. Pertanto, in base alla Convenzione, non solo il vettore non armatore, ma anche l'armatore vettore è destinatario delle norme che stabiliscono i limiti della sua responsabilità e del danno risarcibile: si tratta di posizioni indifferenziate, soggette ad una regola unitaria, al medesimo sistema uniforme di vincoli convenzionali, incompatibili, secondo la lettera e lo spirito degli accordi, con discipline extracontrattuali diverse, deducibili dai sistemi delle legislazioni interne, che ne vanificherebbero altrimenti – e in modo paradossale – gli effetti, comportando, ad esempio, per l'armatore vettore, una responsabilità per colpa nautica convenzionalmente esclusa. Onde della operatività di tali diverse ed incompatibili discipline, il regime convenzionale – tradotto in legge negli ordinamenti interni – appare già di per sé preclusivo».

Il problema risulta peraltro superato a seguito dell'entrata in vigore del Protocollo di Visby laddove, proprio al fine di garantire un'effettiva uniformità del regime applicabile al trasporto, si prevede che gli esoneri e i limiti previsti dalle regole uniformi sono applicabili a qualsiasi azione contro il vettore per il risarcimento dei danni conseguenti alla perdita od avaria delle merci trasportate, sia che l'azione sia stata fondata su una responsabilità contrattuale, sia che essa si riferisca a una responsabilità aquiliana.

È stato poi ulteriormente precisato che, se l'azione è promossa contro un dipendente o preposto del vettore, ivi compreso l'armatore-non vettore (o vettore di fatto), anche tale soggetto può beneficiare degli esoneri e delle limitazioni di responsabilità che il vettore può invocare in virtù della Convenzione, salvo il caso in cui sia provato il dolo o la colpa con previsione del preposto stesso in ordine al danno (Cass. 26 luglio 1983 n. 5121, in *Dejure*; Cass. 19 giugno 2015 n. 12087, in *Dejure*; Trib. Genova 22 gennaio 2019, in *Giur. ligure*, 2019, p. 20).

Analogo risultato si raggiunge mediante l'inserimento nella polizza della c.d. "*Himalaya clause*" (sulla quale vedi *infra* § 11 e Trib. Genova 30 settembre 2015, in *Dir. mar.*, 2016, p. 178).

Ne discende che all'azione di risarcimento danno deve comunque essere applicato il regìme uniforme, non solo con riferimento all'onere probatorio ed alle ipotesi di esonero di responsabilità del vettore, ma anche con riferimento ai limiti del danno risarcibile ed ai termini per far valere il diritto al risarcimento.

Sotto quest'ultimo profilo, le regole uniformi prevedono che l'azione di risarcimento del danno debba essere esercitata entro un anno dal termine della scaricazione. A tale termine la giurisprudenza ha attribuito natura di decadenza, di talché il suo maturare può essere impedito solo dal compimento dell'atto (inizio dell'azione), ovvero dal riconoscimento del debito. Peraltro, a fronte di una prassi assolutamente diffusa a livello internazionale nel senso di ammettere la validità di estensioni pattizie del termine di decadenza stesso, anche la giurisprudenza italiana (Cass. 24 luglio 1969 n. 2798, in *Dir. mar.*, 1969, p. 294) ha avuto modo di rilevare che:

> «Il termine di cui all'art. 3, n. 6, comma 4 della Convenzione di Bruxelles è stato costantemente considerato dalla giurisprudenza di questa Suprema Corte come termine di decadenza, sebbene nell'ordinamento d'origine (anglosassone) esso corrisponde ad un istituto – quello della c.d. "*limitation of action*" – non esattamente riconducibile né alla nostra decadenza, né alla nostra prescrizione; e – com'è noto – non si dubita affatto della liceità, secondo il nostro ordinamento, della fissazione di un termine convenzionale di decadenza. E secondariamente, poiché dottrina e giurisprudenza interpretando gli artt. 2966 e 2968 cod. civ. sono concordi nel ritenere che la decadenza convenzionale (e così quella stabilita da una norma di legge relativa a diritti disponibili), essendo posta a tutela di interessi eminentemente privati, bene può essere impedita non solo con l'esercizio del diritto mediante azione giudiziaria e mediante il riconoscimento del diritto proveniente dalla parte contro la quale lo stesso deve farsi valere, ma anche mediante "rinunzia", persino preventiva, alla decadenza medesima. Talché non può essere dubbio, sotto il profilo esaminato, che il mutamento di regìme praticamente attuato dalle parti mediante la pattuizione delle "proroghe" di cui si controverte, concretandosi in una "rinuncia", ora preventiva, ora posteriore, alla decadenza in questione, fosse da considerarsi assolutamente lecito e vincolante … la validità

della "proroga", oltre che nel riconoscimento che suole esserle fatto nell'ordinamento di origine della norma, (trae) testuale fondamento dalla disposizione del successivo n. 8 dello stesso art. 6 della Convenzione, a mente del quale la disposizione del n. 6 è compresa fra quelle che sono derogabili a favore dell'avente diritto alle cose trasportate».

Non sorprende, quindi, che il Protocollo di Visby abbia recepito tale uniforme orientamento nella prassi e nella giurisprudenza internazionale, prevedendo espressamente la possibilità di estendere convenzionalmente il termine di decadenza. Inoltre, il Protocollo ha precisato che, nel caso in cui l'azione di rivalsa di un vettore – tenuto responsabile dal ricevitore in base alle norme uniformi – verso un subvettore sia anch'essa regolata dalla Convenzione, il termine annuale deve essere comunque prorogato di almeno tre mesi, per consentire al vettore, citato in giudizio dal ricevitore in prossimità della scadenza del termine annuale, di citare a sua volta il subvettore nei termini (cfr. Trib. Livorno 22 gennaio 2008, in *Dir. mar.*, 2010, p. 126).

Il termine di decadenza previsto dalle norme uniformi viene fatto decorrere dal termine della scaricazione. Peraltro, come già osservato, tale momento non coincide necessariamente con la riconsegna delle cose al ricevitore, in quanto lo sbarco può essere effettuato da un'impresa specializzata, che solo successivamente provvede alla riconsegna delle merci al destinatario. La giurisprudenza (Cass. 19 giugno 1962 n. 1557, in *Dir. mar.*, 1965, p. 370) ha, quindi, chiarito che in tali ipotesi il termine decorre non dal termine della scaricazione, ma solo:

> «Dal momento in cui l'avente diritto al carico ha potuto concretamente prendere conoscenza delle condizioni del carico affidato all'impresa sbarchi».

Nel caso in cui la merce non sia giunta a destino, il termine inizia a decorrere dalla data in cui l'arrivo avrebbe dovuto aver luogo o, quando tale data non sia identificabile, dal momento in cui l'avente diritto alla riconsegna sia stato posto a conoscenza del danno verificatori alla sua merce (cfr. Trib. La Spezia 17 dicembre 2007, in *Dir. mar.*, 2008, p. 1444).

10. La Convenzione di Amburgo del 1978 e le Regole di Rotterdam

Come già osservato, è attualmente internazionalmente in vigore (sia pure tra un numero limitato di Stati, tra i quali non è l'Italia) la Convenzione di Amburgo del 1978, anch'essa volta a disciplinare il trasporto internazionale di cose determinate via mare. Tale Convenzione fu voluta in contrasto con la tradizionale Convenzione di Bruxelles del 1924, ritenuta soprattutto dai Paesi in via di sviluppo troppo favorevole ai vettori e, quindi, ai Paesi tradizionalmente marittimi, e comunque non più adeguata difronte all'evoluzione tecnica ed economica dei traffici marittimi. In realtà, è stato da tempo messo in luce come, pur in presenza di indubbie innovazioni, la Convenzione di Amburgo in larga misura recepisca i risultati cui era giunta la dottrina e la giurisprudenza internazionale nell'interpretazione e concreta applicazione della Convenzione di Bruxelles del 1924, di talché i motivi di effettivo contrasto tra i due regìmi di diritto uniforme – pur sussistenti – non debbono essere sopravvalutati.

Del resto, si è avuto modo di osservare come anche all'interno del sistema delle Regole de L'Aja esista una discrasia tra i Paesi che sono ancora parti della Convenzione di Bruxelles del 1924 e Paesi che hanno, invece, ratificato i Protocolli di modifica conclusi a Visby nel 1968 e a Bruxelles nel 1979, ma si è precisato come, in molti casi, le modifiche apportate da detti Protocolli sono nel senso di esplicitare e fissare in espressa regola di legge gli esiti interpretativi delle Regole della Convenzione di Bruxelles del 1924 cui era giunta la miglior dottrina e giurisprudenza.

Analogamente, non stupisce che come detto la Convenzione di Amburgo, per molti versi, recepisca semplicemente in norma di legge gli esiti interpretativi che venivano conseguiti dalla miglior giurisprudenza all'interno del sistema di Bruxelles 1924/1968.

Così, non rappresenta certo motivo di insanabile contrasto prevedere l'applicazione delle Regole di Amburgo a tutti i trasporti di cose via mare documentati da un contratto di trasporto (diverso da un *charter-party*) in partenza o in arrivo in uno Stato contraente, posto che la sufficienza del requisito della c.d. internazionalità obiettiva e l'interpretazione estensiva della nozione di "polizza di carico" (salva comunque l'esclusione dei *charter-parties*) era già stata affermata nelle Regole de L'Aja-Visby; inoltre, la previsione di un criterio aggiuntivo (porto di sbarco in uno Stato contraente) o dell'applicazione a taluni casi di trasporto sopra coperta non sembra comportare un effettivo allargamento dell'àmbito di applicazione del diritto uniforme, posto che già nel vigore delle Regole de L'Aja-Visby le parti – ricorrendo alle c.d. *Paramount clauses* – di fatto già in larghissima misura assoggettano tali rapporti al regìme uniforme.

Anche in ordine al periodo temporale di applicazione delle norme uniformi, le Regole di Amburgo, laddove fanno riferimento non più alla caricazione o alla scaricazione, ma al periodo in cui le merci sono nella custodia del vettore, sembrano per lo più adeguare la normativa all'odierno assetto delle operazioni portuali, recependo e chiarendo i risultati già raggiunti nel vigore delle Regole de L'Aja, specie sull'identificazione del momento della riconsegna in caso di sbarco d'amministrazione.

Anche il passaggio dal sistema dei pericoli eccettuati proprio delle Regole de L'Aja al sistema di Amburgo, in virtù del quale il vettore è responsabile dei danni alle merci a meno che non provi che egli, i suoi dipendenti o preposti hanno adottato tutte le misure che erano ragionevolmente richieste per evitare l'evento e le sue conseguenze, è meno rilevante di quanto possa apparire, in quanto la Convenzione d'Amburgo fa semplicemente propria la regola giurisprudenziale circa la necessità di una prova "positiva" da parte del vettore circa la sussistenza dell'evento liberatorio, dovendosi d'altro canto ritenere che le ipotesi di fortuito contenute nei tradizionali pericoli eccettuati (correttamente intesi secondo l'interpretazione rigorosa che ne ha sempre dato la miglior giurisprudenza) continuano a fondare l'esonero di responsabilità del vettore anche nel regìme di Amburgo.

È ben vero che la mancata previsione in Amburgo dell'esonero per innavigabilità sopravvenuta e per colpa nautica comporta un effettivo aumento dell'area di rischio del vettore, ma è altrettanto vero che, pur nel vigore delle Regole de L'Aja, nella maggior parte dei casi la giurisprudenza più attenta – anche in ipotesi in cui tali esoneri venivano invocati – ha comunque ritenuto la sussistenza della responsabilità del vettore sia attraverso una ricostruzione estensiva dell'obbligo di fornire una nave navigabile, sia attraverso un'interpretazione assolutamente restrittiva della nozione di colpa nautica, sia infine valorizzando i comportamenti colpevoli personali del vettore posti in essere all'epoca del e successivamente all'evento asseritamente liberatorio.

Anche le previsioni, indubbiamente innovative, contenute nella Convenzione di Amburgo circa la possibilità per l'interessato al carico di responsabilizzare direttamente l'*actual carrier* (ossia contro il soggetto che, pur non essendo legato da un contratto di trasporto con il destinatario delle merci, esegue in concreto il trasporto) a ben vedere si limitano a fornire un più sicuro ed uniforme fondamento ai risultati cui già si giunge nel vigore delle Regole de L'Aja attraverso la tendenziale individuazione del vettore nell'armatore della nave, nonché tramite il ricorso (laddove consentito) ad *actiones in rem* contro la nave vettrice, o ancora sfruttando la possibilità di far valere privilegi marittimi sulla nave vettrice, anche se non di proprietà del vettore contrattuale.

Infine, le Regole di Amburgo disciplinano espressamente alcune ipotesi effettivamente non previste dalle Regole de L'Aja (ad esempio, ammettendo la risarcibilità del danno da ritardo ma, al contempo, limitando la stessa al doppio del nolo pagato; ovvero dettando una disciplina specifica per le lettere di garanzia; ovvero ancora dettando criteri uniformi in ordine alla giurisdizione applicabile all'azione per risarcimento danni), ma così facendo si limitano a garantire un regìme omogeneo applicabile a tali casi, laddove nel regìme de L'Aja tali ipotesi vengono invece ad essere regolate dai singoli ordinamenti nazionali, con grave pregiudizio per l'uniformità.

Nell'ottica di un superamento del dualismo dato dall'attuale coesistenza tra il sistema della Convenzione di Bruxelles e quello della Convenzione di Amburgo è stata di recente elaborata la Convenzione Uncitral sul trasporto internazionale di merci del 2009 (c.d. Regole di Rotterdam). Tali Regole riprendono e sviluppano gli esiti cui si è giunti in sede di applicazione dei regimi previgenti, adeguando altresì la disciplina del trasporto marittimo alla mutata realtà dei traffici e cercando di porsi come momento di sintesi tra la tradizione rappresentata dalle Regole de L'Aja e il presunto superamento della stessa che viene attribuito alle Regole di Amburgo.

Le regole di Rotterdam si applicano a tutti i contratti di trasporto internazionale di linea (con alcune eccezioni) e a quelli non di linea in cui il rapporto tra le parti non sia documentato da un *charter-party*, allorché sia previsto che l'esecuzione della prestazione si svolga in tutto o in parte via mare e in cui il luogo di consegna, il porto di caricazione, il porto di sbarco o il luogo di riconsegna della merce sia situato in un Paese contraente. Il periodo di responsabilità del vettore va dal momento della presa in consegna della merce a quello della riconsegna ed il regime della responsabilità è fissato in modo inderogabile, salve alcune eccezioni per specifiche tipologie di contratti. Le Regole di Rotterdam si applicano non solo ai vettori, ma anche alle c.d. *maritime performing parties*, quali terminalisti, imprese di imbarco e sbarco, depositi e magazzini portuali.

Particolarmente significativa e confermativa dell'evoluzione indotta dall'adozione del Codice ISM è la previsione dell'obbligo per il vettore di esercitare una ragionevole diligenza nel mantenere la nave in stato di navigabilità durante tutto il periodo di esecuzione del trasporto, così come adeguata ai tempi è l'abolizione dell'anacronistico esonero da responsabilità per colpa nautica o nell'amministrazione della nave.

Le Regole di Rotterdam disciplinano nel dettaglio il regime degli oneri probatori, riproducendo al riguardo gli esiti giurisprudenziali già affermatisi in sede di applicazione della Convenzione di Bruxelles.

Vengono poi disciplinati in modo assai dettagliato aspetti trascurati dalla Convenzione di Bruxelles, quali gli obblighi e le responsabilità del caricatore, la possibilità di utilizzare documenti in formato elettronico, la portata probatoria dei documenti del trasporto, il diritto di dare istruzioni al vettore riguardanti le merci nel corso dell'esecuzione del trasporto (c.d. *right of control*), i diritti ed obblighi delle parti in relazione alla riconsegna delle merci e le regole relative alla giurisdizione e all'arbitrato.

11. Dal trasporto "*port to port*" al trasporto "*door to door*": il trasporto multimodale

L'art. 1 della Convenzione di Bruxelles del 1924 definisce l'ambito spazio-temporale del trasporto marittimo come quello intercorrente tra la caricazione della merce sulla nave e la scaricazione della stessa.

L'evoluzione dei traffici marittimi, ed in particolare di quelli containerizzati, ha però sensibilmente modificato tale quadro contrattuale ed operativo. In particolare, nei confronti dei soggetti interessati al carico, il vettore marittimo assume, con sempre maggiore frequenza, i connotati del vettore multimodale, che offre un servizio "*door to door*".

Il vettore marittimo si pone quindi, rispetto alla complessa operazione economica del trasporto "*door to door*", come unico interlocutore degli interessati al carico, ferma restando naturalmente la sua facoltà di avvalersi di terzi per la esecuzione di talune fasi o segmenti di tale complessa operazione.

In questa prospettiva, viene in primo luogo in rilievo la movimentazione delle merci in ambito portuale da parte dell'impresa terminalista (cfr. *supra*, cap. 6 § 6.4).

In passato, con riferimento alla disciplina della responsabilità dell'impresa portuale per perdita o avaria delle merci movimentate, si era discusso se essa fosse da ricondurre alla figura del deposito, dell'appalto, del trasporto o ad una figura atipica. In oggi, gli assetti contrattuali si sono delineati nel senso che è il vettore ad intrattenere in esclusiva i rapporti con gli interessati al carico ed è lo stesso vettore a concordare con l'impresa terminalistica, che assume così i connotati di sub-contraente del vettore, le modalità di erogazione dei servizi di movimentazione della merce.

La responsabilità del terminalista per la perdita o il danneggiamento della merce intervenuti nel corso della movimentazione in ambito portuale, risulta così disciplinata, in primo luogo dal "*terminal contract*" stipulato con il vettore. Una Convenzione di diritto uniforme elaborata dall'UNCITRAL nel 1991 non è entrata in vigore, ma può comunque fornire spunti per un migliore inquadramento e definizione delle problematiche relative alla responsabilità del terminalista.

Spetta, così, normalmente, al vettore provare che l'evento dannoso si è prodotto nell'ambito spazio-temporale compreso tra il momento in cui il terminalista ha preso in consegna le merci e quello in cui le ha riconsegnate o messe a disposizione. Una volta fornita tale prova da parte del vettore, il terminalista sarà ritenuto responsabile della perdita o del danneggiamento delle merci, salvo che provi di aver adottato le misure ragionevolmente necessarie per impedire tale perdita o danneggiamento.

Per quanto riguarda i limiti massimi alla responsabilità dell'operatore terminalista, essi variano a seconda dei *terminal contracts* e delle coperture assicurative a disposizione dell'impresa terminalista, ma anche del prezzo di movimentazione delle merci pagato dal vettore. Anche la Convenzione UNCITRAL, all'art. 6, dispone limiti alla responsabilità del terminalista, prevedendo in particolare, all'art. 7, che tali limiti operano anche relativamente ad azioni proposte in sede extracontrattuale. Com'è evidente, fino all'entrata in vigore della Convenzione le eventuali limitazioni di responsabilità risultano lecite e valide solo se inerite nel contratto, e nella misura in cui il diritto applicabile consenta tali limitazioni. Sotto questo profilo, quindi, se al *terminal contract* è applicabile a vario titolo la legge italiana, pattuizioni limitative della responsabilità incontreranno comunque i limiti di cui all'art. 1229 cod. civ. D'altronde, l'impossibilità di invocare limiti alla responsabilità in caso di dolo e colpa grave del terminalista per ipotesi del genere è comune a numerosi ordinamenti giuridici, ed è stabilita anche nella stessa Convenzione UNCITRAL, all'art. 8.

Per quanto riguarda, infine, la disciplina dei termini entro i quali eventuali denunce di danno alle (o perdita delle) merci, ovvero anche ritardo nella riconsegna delle stesse, debbono essere ritualmente proposte nei confronti del terminalista, esigenze di certezza del diritto e di risparmio di costi transattivi nella gestione del contenzioso hanno consolidato nella pratica la previsione di limiti temporali assai ristretti in capo al vettore per far valere eventuali responsabilità del terminalista.

Peraltro, a somiglianza di quanto già osservato a proposito dei limiti quantitativi della responsabilità dell'operatore terminalista, la pattuizione tra le parti di limiti temporali all'esercizio di determinati diritti deve comunque rapportarsi alle norme (statali) imperative a vario titolo applicabili al contratto. Così, ad esempio, ove al *terminal contract* fosse applicabile la legge italiana, le pattuizioni in esame, in quanto volte a prevedere contrattualmente un termine di prescrizione, sarebbero incompatibili con l'art. 2936 cod. civ. ed al principio ivi previsto dell'inderogabilità della prescrizione; al contrario, ove la disposizione rilevante del *terminal contract* si limitasse a prevedere un termine di decadenza, essa sarebbe assai più agevolmente giustificabile alla stregua del meno rigoroso test di cui all'art. 2965 cod. civ.

Sotto i profili da ultimo accennati, giova infine rilevare che, comunque, l'esatta identificazione di termini di decadenza o prescrizione ad un *terminal contract* presuppone in ogni caso la preventiva qualificazione del contratto a norma di uno dei "tipi" individuati nel codice civile. Ed in questa prospettiva, si deve ritenere che le attuali caratteristiche esecutive ed organizzative mediante le quali il terminalista eroga la propria prestazione, devono essere ricondotte alla nozione di appalto, ed in particolare di appalto di servizi. Pertanto, le norme imperative eventualmente applicabili ad un *terminal contract* soggetto alla legge italiana risultano essere quelle di cui all'art. 1655 e ss. cod. civ. e quindi, con riferimento a decadenza e prescrizione, le disposizioni contenute all'art. 1667 cod. civ. ed i termini particolarmente brevi in esso previsti.

Quanto appena indicato in merito alla normale configurabilità del terminalista come ausiliario/sub-contraente del vettore (che, sua volta, si pone come unico interlocutore degli interessati al carico) non esclude che azioni di responsabilità per perdita o avaria della merce possano essere proposte dagli interessati al carico (eventualmente anche in via extracontrattuale) direttamente nei confronti del terminalista. Rispetto a tali azioni, si configura un evidente interesse del terminalista ad avvalersi della disciplina propria della responsabilità del vettore marittimo, essendo tale disciplina (per gli esoneri e le limitazioni di responsabilità che la caratterizzano) più favorevole di qualsiasi altra normativa che sarebbe altrimenti applicabile alla attività del terminalista (a seconda della qualificazione della stessa che si voglia adottare).

Tale risultato viene conseguito da una parte della giurisprudenza (cfr. Trib. La Spezia 18 febbraio 2003, in *Dir. mar.*, 2005, p. 1365) facendo rientrare il terminalista nella definizione (di cui viene data una interpretazione estensiva) di "preposto" che, ai sensi dell'art. IV *bis*.2 della Convenzione di Bruxelles del 1924 (come modificato dal Protocollo del 1968) (cfr. *supra*, par. 8), beneficia degli esoneri e delle limitazioni previsti dalla normativa uniforme a favore del vettore:

> «Si tratta dunque di vedere se l'impresa terminalista rientri tra i soggetti ("*préposé*") cui si estendono le limitazioni di responsabilità della normativa internazionale previste a favore del vettore ai sensi del citato art. 4-*bis* comma 2 della Convenzione di Bruxelles 25 agosto 1924, come integrata dal Protocollo del 23 febbraio 1968. In primo luogo si deve osservare che il termine utilizzato è estremamente generico e dunque, come tale, non appare legittima una sua restrizione ad uno o all'altro dei possibili collaboratori (dipendenti o indipendenti) del vettore. In secondo luogo si deve osservare quanto segue. L'estensione in esame ha la funzione di evitare che si possa perseguire, a condizioni più ampie di quelle previste per il vettore, quei soggetti che, pur materialmente e giuridicamente entrando in contatto con la merce, non siano in rapporto negoziale con il caricatore (e dunque poi con il ricevitore). Lo scopo è evidentemente quello di assicurare una disciplina uniforme e certa all'intera dinamica del rapporto di trasporto su polizza di carico, cosa che verrebbe facilmente elusa se, decaduta o non perseguita a termini di normativa internazionale, l'azione verso il vettore, potesse poi darsi corso ad un'azione extracontrattuale, senza limite alcuno, verso uno qualunque degli ausiliari ... Se ne deve concludere, anche al fine di assicurare efficacia allo scopo della normativa in esame, che nel concetto di preposto rientrino tutti i soggetti giuridici che, su incarico del vettore (o, poco importa, di un suo mandatario), operino in relazione alle merci al fine di assicurarne la consegna al titolare del diritto al ricevimento in forza della polizza di carico: preposti sono dunque da considerare non solo i dipendenti o mandatari del vettore, ma anche tutti coloro (imprese portuali di varia natura) che ricevano in subappalto la gestione di una fase del trasporto e ciò in forza di contratto intercorrente esclusivamente con il vettore, che sia finalizzato a dare attuazione e completamento agli obblighi di quest'ultimo (mentre è evidente che la fattispecie esula da quella in esame se il rapporto contrattuale del terminalista intercorra direttamente con il destinatario della merce o i suoi rappresentanti, visto che in tal caso non si tratterebbe neppure di una fattispecie in materia di trasporto, ma in ambito di contratto di deposito tra destinatario e terminalista)».

A prescindere dall'operare della norma di cui al citato art. IV *bis*.2, il risultato viene perseguito mediante la inserzione nella polizza di carico della c.d. "*Himalaya clause*", mediante la quale la disciplina della polizza di carico (e cioè quella propria della responsabilità del vettore marittimo) viene estesa alla attività di qualsiasi soggetto del quale a vario titolo il vettore si avvalga per la concreta esecuzione delle singole operazioni rientranti nell'ambito del contratto di trasporto. È anzi frequente che i *terminal contracts* stipulati tra terminalista e vettore pongano a carico di quest'ultimo l'obbligo di inserire nel proprio formulario di polizza di carico una *Himalaya clause* obbligandolo altrimenti a tenere indenne il terminalista dal pregiudizio derivante dalla mancata inserzione di tale clausola (e quindi della applicazione di un regime di responsabilità più oneroso). La giurisprudenza italiana ha affermato la validità della *Himalaya clause*, riconducendola alla figura del contratto a favore di terzi di cui all'art. 1411 cod. civ.; cfr. la sentenza Trib. Genova 20 novembre 2000, in *Dir. mar.*, 2002, p. 989:

> «La Terminal Contenitori del Porto di Genova S.p.A. ritiene di potersi valere delle clausole della polizza di carico in quanto in base alla clausola 4 il vettore poteva subappaltare in tutto o in parte il trasporto e la controparte si era impegnata a non presentare alcuna pretesa o reclamo contro qualsiasi persona diversa dal vettore a cui il medesimo abbia affidato il trasporto o parte dello stesso in relazione alle merci a lui affidate, mentre coloro i quali il vettore ha sub-appaltato in tutto o parte il trasporto possono valersi di ogni condizione, eccezione o facoltà prevista dalla polizza di carico come se fossero a suo beneficio in quanto nella stipula del contratto di trasporto il vettore agisce anche quale agente o mandatario di tali persone: c.d. *Himalaya clause*. Trattasi di una previsione che non contrasta con il nostro ordinamento che disciplina agli artt. 1441 ss. cod. civ. "il contratto a favore di terzi" e ne giustifica la validità quando lo stipulante ne abbia interesse (...). L'interesse alla stipulazione può essere di qualsiasi natura e nel caso in esame è sicuramente di carattere economico, in quanto consente agli ausiliari cui delega parte dell'incarico di avvalersi delle clausole della polizza di carico e, comunque, di non essere soggetto passivo delle richieste avanzate inerenti a qualsiasi responsabilità relativa al trasporto delle merci, consente sicuramente al vettore di meglio contrattare con questi ultimi».

La stessa giurisprudenza (cfr. anche App. Genova 18 gennaio 2003, in *Dir. mar.*, 2005, p. 1320) ha peraltro precisato che presupposto della operatività della *Himalaya clause* è l'estensione dell'ambito delle prestazioni alle quali il vettore è contrattualmente obbligato nei confronti degli interessati al carico alle operazioni di movimentazione svolte a terra dall'impresa terminalistica, in modo che questa possa essere effettivamente considerata sub-contraente del vettore.

12. (*Segue*): il trasporto multimodale

La movimentazione in ambito portuale della merce non è però l'unica operazione che si aggiunge al tradizionale trasporto "*port to port*" né, conseguentemente, il terminalista è l'unico sub-contraente del quale il vettore si avvale nell'ambito dell'operazione di trasporto "*door to door*". È assai frequente infatti che il vettore marittimo assuma l'obbligo di far pervenire la merce sino alla sua destinazione finale, facendosi carico, in tal modo, anche della tratta terrestre (ferroviaria o, più spesso, stradale) dal porto di sbarco fino allo stabilimento del destinatario. Considerazioni analoghe valgono ovviamente anche per la tratta dallo stabilimento o magazzino del mittente al porto di imbarco.

Il complesso di prestazioni alle quali il vettore si obbliga assume così le caratteristiche proprie del trasporto multimodale, ponendo il problema della disciplina applicabile a tale tipologia contrattuale.

Come si è indicato, la definizione di "trasporto" dettata dall'art. 1 della Convenzione di Bruxelles del 1924 e rilevante ai fini della applicazione della normativa uniforme ivi contenuta, è strettamente limitata all'ambito spazio-temporale intercorrente tra la caricazione e la scaricazione. La giurisprudenza italiana si è mostrata estremamente riluttante ad accogliere un'interpretazione "estensiva" o "evolutiva" della norma che delimita l'ambito di applicazione della normativa uniforme in tema di trasporto marittimo, in modo da ricomprendervi anche i trasporti "*door to door*", nei quali, al trasporto marittimo in senso stretto, si aggiungono, con funzione accessoria, tratte stradali o ferroviarie. Si veda, al riguardo, la sentenza Cass. 27 settembre 1998 n. 8713 (in *Riv. dir. int. priv. e proc.*, 2000, p. 179; conf. Cass. 14 febbraio 2005 n. 2898, in *Dejure*):

> «Va subito precisato che, essendo avvenuto il danneggiamento, come accertato dal giudice di merito, durante la fase finale del trasporto per via di terra, la Merzario non può invocare l'assoggettamento del rapporto alla Convenzione di Bruxelles. Infatti il regime della responsabilità in essa previsto trova applicazione dal momento della caricazione delle merci a bordo della nave fino a quello del loro sbarco (art. 1, lett. e). Il trasporto misto di cose, per via marittima e terrestre, sebbene caratterizzato dall'assoluta prevalenza del tratto marittimo, non rientra dunque nell'ambito della normativa speciale prevista dalla Convenzione, riguardante il solo contratto di trasporto che si svolge esclusivamente per via marittima, ma rimane regolato dalla disciplina del codice civile».

I tentativi di disciplinare con una normativa internazionale uniforme il trasporto multimodale, unitariamente ed autonomamente considerato, non hanno fino ad oggi avuto successo. In particolare, la Convenzione di Ginevra del 1980 non è mai entrata in vigore non avendo raggiunto il necessario numero di ratifiche.

Può comunque essere di qualche interesse ricordare sinteticamente i principali contenuti della citata Convenzione di Ginevra del 1980 quanto alla disciplina della responsabilità del vettore multimodale. L'art. 16 della Convenzione prevede che il vettore risponda per la perdita o avaria della merce, dal momento in cui riceve le merci a quello in cui le riconsegna, a meno che non fornisca la prova di aver adottato tutte le misure che potevano essere ragionevolmente richieste per evitare il danno. In relazione all'esecuzione della complessa operazione di trasporto multimodale, il vettore risponde dell'operato di tutti i soggetti dei quali si avvale, siano essi qualificabili come "*servants or agents*" o come "*independent contractors*". Il regime di responsabilità cui si è appena fatto cenno prescinde dal verificarsi della perdita o avaria nell'uno o nell'altro dei segmenti nei quali si articola l'operazione di trasporto multimodale.

La precisa "localizzazione" del sinistro alle merci, rileva invece per la determinazione dei limiti di responsabilità del vettore multimodale. L'art. 18 della Convenzione di Ginevra del 1980 prevede infatti un limite "generale" di 920 DSP per collo o unità di carico ovvero di 2,75 DSP per kg. di merce perduta o danneggiata (con applicazione di quello più favorevole al danneggiato); qualora però il trasporto non comprenda tratte marittime o fluviali, i limite è invece fissato in 8,33 DSP per kg. Il successivo art. 19 prevede però che, qualora possa essere identificata la singola tratta nell'ambito della quale si sia verificato il sinistro alle merci, il limite di responsabilità del vettore sia quello che risulterebbe dall'applicazione della disciplina (unimodale) tipica di tale singola tratta.

In mancanza di una normativa internazionale uniforme *ad hoc*, specificamente applicabile al trasporto multimodale, la giurisprudenza italiana (cfr. da ultimo Cass. 6 agosto 2013 n. 18657, in *Dir. mar.*, 2013, p. 862) ha costantemente affermato che il trasporto multimodale sia disciplinato dalle norme del codice civile. Questo orientamento comportava la rilevante conseguenza dell'inapplicabilità di limiti risarcitori alla responsabilità del vettore; tale situazione, gravemente penalizzante per i vettori multimodali, è oggi superata dalle modifiche apportate dal d.lgs. 21 novembre 2005 n. 286 all'art. 1696 cod. civ., con l'introduzione di un limite pari a 1 euro per kg. nei trasporti nazionali e 8,33 DSP per i trasporti internazionali.

In tale situazione di incertezza (e/o inadeguatezza) del quadro normativo, la prassi contrattuale prevalente, che si estrinseca nelle condizioni generali di contratto predisposte dai principali operatori multimodali e dalle associazioni di categoria, è orientata (seppure con soluzioni di dettaglio non del tutto omogenee) verso l'adozione del modello c.d. "*network*", caratterizzato dalla adozione, per ciascun segmento del trasporto multimodale, dalla disciplina unimodale tipica di tale segmento e dalla individuazione di una disciplina "residuale" (normalmente quella del trasporto marittimo) da applicarsi qualora la perdita o il danno delle merci non possano essere "localizzati" in uno specifico segmento. Per un esempio di applicazione di clausola "*network*", cfr. la sentenza Cass. 26 maggio 1994 n. 5165 (in *Dir. mar.*, 1995, p. 1012):

> «Del tutto correttamente il giudice del merito, accertato che la perdita del carico avvenne dopo il trasporto marittimo e successivamente alla consegna al vettore terrestre per il trasporto da Genova a S. Croce sull'Arno, ha ritenuto applicabili le clausole del gruppo 5, B, 2 della polizza di carico, le quali nel disciplinare il caso in cui è nota la fase del trasporto nella quale si è verificata la perdita, stabiliscono che la responsabilità del vettore è regolata dalla Convenzione internazionale o dalla legge nazionale, non derogabile in danno del *merchant*, che sarebbero state applicate se per quella fase del trasporto quest'ultimo avesse stipulato un contratto distinto e diretto».

Interessante è poi la proposta ricostruttiva elaborata da altra giurisprudenza, la quale fa leva sull'applicazione inderogabile della normativa uniforme per sostenere la necessaria applicazione del sistema della combinazione dei tipi contrattuali (trasporto marittimo e terrestre) al fine di non sottrarre la tratta marittima dalla disciplina imperativa della Convenzione di Bruxelles del 1924, e successive modifiche (Cass. 6 giugno 2006 n. 13253, in *Contratti*, 2007, 2, p. 147):

> «Resta aperto a questo punto un problema interpretativo ulteriore, che non si pone quando le parti prevedano l'applicabilità della Convenzione oltre i suoi limiti e, quindi, per intendersi ad un tratto più o meno lungo di trasporto via terra iniziale o finale, bensì allorquando, senza nulla convenire, stipulino un contatto di trasporto per mare prevedendo tratti iniziali o finali (nei sensi indicati) che non sono riconducibili sotto le norme della Convenzione. In questo caso, ci si deve domandare, se la Convenzione resti applicabile a partire dal momento della caricazione (sempre come sopra intesa) e fino al momen-

to della scaricazione (pure come sopra intesa) e per la fase precedente o successiva subentri la disciplina del trasporto terrestre, ovvero l'intero rapporto resti sottratto alla Convenzione e, come sembrano adombrare, sia pure senza particolare motivazione, le ricordate decisioni di questa Corte, rimanga integralmente regolato come trasporto terrestre. ... in presenza di una norma della Convenzione che espressamente rimette all'accordo delle parti la deroga alle sue disposizioni e, quindi, anche la sua estensione (costituente una deroga in senso lato) oltre i limiti che le sarebbero propri, l'operazione di qualificazione del rapporto di prevalenza resta preclusa, perché si risolverebbe in una estensione della disciplina della Convenzione al di fuori delle modalità da essa prevista. E, quindi, di una violazione dei limiti del diritto internazionale patrizio. Non resta, dunque, che applicare il criterio della combinazione di diversi tipi contrattuali, di modo che il rapporto resta soggetto alla disciplina della Convenzione a partire dall'operazione di caricazione e fino a quelle di scaricazione (sempre intese nei sensi indicati sopra) della merce dalla nave, mentre anteriormente e successivamente, venendo in rilievo un trasporto terrestre, a quella del trasporto terrestre».

ONLINE *Vedi allegato al Capitolo 11*

12. Ausiliari dell'armatore o del vettore ed intermediari delle operazioni del commercio marittimo

1. Introduzione

Lo sviluppo quantitativo e la crescente complessità dei servizi di trasporto ed in genere delle attività connesse all'esercizio commerciale della nave fanno sì che, accanto alle figure dell'armatore e del vettore, si sviluppino figure di ausiliari ed intermediari, relativi alle diverse operazioni del commercio che gravitano intorno al trasporto marittimo e di cui il trasporto marittimo è un'importante componente. Avviene così, abitualmente che i rapporti tra chi offre e chi utilizza servizi di trasporto si svolgano per il tramite di tali soggetti.

Alcune figure di ausiliari ed intermediari, largamente diffuse e sufficientemente "tipizzate" nella prassi mercantile, hanno trovato riscontri normativi nei codici e nella legislazione speciale. In questo capitolo verranno esaminati i più ricorrenti "tipi" di ausiliario o intermediario: e cioè il raccomandatario, lo spedizioniere ed il *broker*.

Accanto ai profili civilistici dell'attività di tali ausiliari ed intermediari occorre peraltro tenere conto della disciplina "amministrativa" delle stesse attività, i cui punti salienti sono costituiti, da un lato, dalla istituzione di "albi" professionali e da un controllo pubblicistico della loro attività e, dall'altro, dall'adozione di tariffe.

Particolarmente significativa a questo proposito appare la disciplina dell'attività del raccomandatario dettata dalla legge 4 aprile 1977 n. 135 che integra, come si vedrà meglio in seguito, la disciplina dei profili civilistici di tale attività previsti nel codice della navigazione e dispone, al tempo stesso, una regolamentazione amministrativa dell'esercizio della professione di raccomandatario marittimo. In particolare, si è previsto l'obbligo di iscrizione ad appositi albi, previo accertamento del possesso di determinati requisiti e superamento di un esame, nonché la costituzione di commissioni preposte alla tenuta di detti atti (iscrizioni, trasferimenti, cancellazione, ecc.); sono inoltre previste sanzioni disciplinari (irrogate dalle suddette commissioni) ed è anche stabilita l'applicabilità dell'art. 348 cod. pen. all'ipotesi di esercizio abusivo dell'attività di raccomandatario.

Il nuovo *status* del raccomandatario, risultante da tale regolamentazione pubblicistica, è così descritto dalla sentenza della Cass. 8 febbraio 1992 n. 1430 (in *Dir. mar.*, 1993, p. 70):

> «Le innovazioni recate dalla legge n. 135 connotano l'attività del raccomandatario marittimo come una professione intellettuale, regolata anche da particolare disciplina pubblicistica, che si esplica, da un lato, in un accertamento della idoneità professionale del soggetto e, dall'altro, nella iscrizione, come condizioni di esercizio dell'attività relativa, in un apposito albo, iscrizione configurabile come una dichiarazione al pubblico dell'accertamento abilitante».

La stessa sentenza precisa altresì che l'attività di raccomandatario, integrando un'attività commerciale, può essere svolta anche da persone giuridiche; l'iscrizione all'albo è quindi prevista per le persone fisiche, in quanto titolari di imprese individuali o legali rappresentanti di società: al riguardo si veda anche App. Aquila 18 novembre 2015, in *Dir. mar.*, 2016, p. 141:

> «Sebbene il raccomandatario debba far capo ad una persona fisica, l'attività di raccomandazione può essere svolta, ai sensi della legge 4 aprile 1977 n. 135, anche da persone giuridiche, per cui la riferibilità ad una società di capitali in qualità di raccomandatario non trova ostacolo nella circostanza che l'iscrizione all'albo dei raccomandatari riguardi la persona fisica dell'amministratore della società».

Analogamente, per quanto riguarda il *broker*, deve essere ricordato che, in aggiunta alla disciplina generale del codice civile, la legge 12 marzo 1968 n. 478 ha regolato l'esercizio della professione di mediatore marittimo (e cioè della mediazione relativa ai contratti di costruzione e compravendita di navi, nonché di noleggio e trasporto marittimo), prevedendo la formazione di un apposito albo. La mancata iscrizione all'albo ha per il mediatore, almeno secondo l'orientamento fino ad oggi prevalente, l'assai grave conseguenza del venir meno del diritto alla provvigione, a norma dell'art. 2231 cod. civ., come affermato dal Trib. Genova 29 gennaio 1992 (in *Dir. mar.*, 1993, p. 1110):

> «Al riguardo sarà sufficiente osservare che incontroversa in causa risulta la mancata iscrizione all'albo dei mediatori professionali marittimi del legale rappresentante della società Consulgetra e che la legge 12 marzo 1968 n. 487 subordina l'iscrizione nei relativi ruoli professionali al possesso di determinati requisiti ed al superamento di esame, secondo le modalità di cui al regolamento di esecuzione di cui al d.p.r. 4 gennaio 1973 n. 66, con la conseguenza che l'attività di mediazione svolta da soggetti diversi, in quanto privi dell'indefettibile presupposto della iscrizione nel ruolo professionale prescritto dalla legge n. 487/1968 citata, non dà azione per il pagamento del compenso *ex* art. 2231 cod. civ.».

Per gli spedizionieri, la legge 14 novembre 1941 n. 1442 richiedeva l'iscrizione in appositi elenchi presso le Camere di Commercio; la Corte di Giustizia ha però affermato (CGCE 8 giugno 2000, causa C-264/99, in *Dir. mar.*, 2002, p. 880) la incompatibilità di tale normativa con le norme del Trattato in materia di libera prestazione di servizi:

> «È pacifico, cosa che il governo italiano non contesta, che gli artt. 4 e 6 della legge n. 1442 ostacolano l'attività di spedizioniere esercitata da cittadini comunitari in Italia. Anche se non si può escludere che tali ostacoli possano, a talune condizioni, essere giustificati da motivi imperativi di interesse generale, né dal controricorso del governo italiano né dagli altri documenti del fascicolo risultano tali motivi che potrebbero, nella fattispecie, essere fatti valere. Pertanto occorre constatare che la Repubblica italiana, mantenendo una normativa che esige dai cittadini comunitari che esercitano l'attività di spedizioniere in Italia in qualità di prestatore di servizi l'iscrizione all'albo specifico presso le camere di commercio, e questo previa autorizzazione del Ministero dell'Interno, è venuta meno agli obblighi che le incombono in forza degli artt. 12, 43 e 49 TCE».

Da ultimo, in attuazione della direttiva comunitaria 2006/123/CE, il d.lgs. 26 marzo 2010 n. 59 ha disposto la soppressione del ruolo dei mediatori marittimi di cui alla legge 12 marzo 1968 n. 478 e degli elenchi degli spedizionieri di cui alla legge 14 novembre 1941 n. 1442, subordinando l'esercizio di tali attività alla mera presentazione alla Camera di Commercio di una dichiarazione di inizio attività, corredata dalle certificazioni o autocertificazioni attestanti il possesso dei requisiti prescritti.

Come indicato, la regolamentazione delle attività oggetto di questo capitolo consiste, prevalentemente, oltre che nell'istituzione di albi professionali, nella formazione di tariffe che prevedono limiti uniformi, minimi e massimi, nella determinazione dei corrispettivi dovuti per tali attività; un ruolo fondamentale, nel procedimento di formazione di tali tariffe, è svolto dalle associazioni di categoria.

Così, l'art. 16 della citata legge n. 135/1977 (relativo alla disciplina della professione di raccomandatario) prevede che il Ministero competente stabilisca con decreto «su proposta delle associazioni di categoria a carattere nazionale ... le tariffe minime e massime a carattere obbligatorio dei compensi dovuti ai raccomandatari marittimi per le loro prestazioni».

Un primo profilo problematico riguarda i limiti della obbligatorietà di tali tariffe e la validità o meno di pattuizioni in deroga ad esse. A questo riguardo, la giurisprudenza ha ritenuto che la violazione delle tariffe di cui all'art. 16 della legge n. 135/1977 possa avere rilievo sul piano disciplinare ma, in assenza di un'espressa disposizione in tale senso, non comporti la nullità delle pattuizioni in deroga alle tariffe stesse; in questo senso si veda la sentenza App. Genova 15 giugno 1994, in *Dir. mar.*, 1995, p. 1050 (e nello stesso senso, più di recente, Trib. Genova 4 febbraio 2015, in *Dir. mar.*, 2015, p. 635):

> «La disposizione dell'art. 16 della legge 4 aprile 1977 n. 135, che prevede la determinazione delle tariffe per i raccomandatari marittimi, non solo non prevede espressamente la inderogabilità delle suddette tariffe, ma non sembra dettata neanche nell'interesse generale (e, quindi, dotata di quel carattere di imperatività tale da rendere nulli i negozi o patti ad essa contrari), ma piuttosto nell'interesse della categoria, ed in particolare della dignità e del decoro professionale della stessa, come è possibile desumere dal fatto che la violazione della suddetta disposizione è inserita tra i comportamenti sanzionati ai sensi dell'art. 13 della stessa legge».

Assai delicato è anche il problema della compatibilità delle tariffe in questione con la normativa (nazionale e comunitaria) in tema di concorrenza. A questo proposito, va infatti ricordato, da un lato, che la nozione di "impresa" rilevante ai fini della normativa *antitrust* è sufficientemente ampia da includere certamente attività quali quelle svolte da raccomandatari e spedizionieri e, dall'altro, che il procedimento e le modalità di determinazione delle tariffe possono essere ricondotti nell'ambito delle "intese" suscettibili di sanzione (nella misura in cui abbiamo effetti distorsivi della concorrenza) da parte della stessa normativa *antitrust*.

Con provvedimento in data 31 marzo 1993 (in *Dir. mar.*, 1995, p. 1120) l'Autorità Garante della Concorrenza e del Mercato ha ritenuto lesiva della concorrenza, ai sensi dell'art. 2 della legge 10 ottobre 1990 n. 287, la deliberazione del consiglio direttivo della Fedespedi con la quale era stata adottata una "tariffa di riferimento", con la quale venivano fissati i prezzi per determinati servizi di spedizione internazionale. Il provvedimento della Autorità Garante evidenzia in particolare le seguenti circostanze:

> «La deliberazione della Fedespedi contiene l'indicazione sia dei prezzi di riferimento per la fornitura del servizio di trasporto che delle voci di fatturazione della tariffa che le imprese di spedizione internazionale debbono utilizzare ... L'evidente intento della Fedespedi è dunque stato quello di elaborare un tariffario al quale, sempre nelle intenzioni della Federazione, dovevano adeguarsi tutte le imprese di spedizioni internazionali ad essa aderenti ... Il Comunicato, oggetto della deliberazione della Fedespedi, è diretto a tutte le imprese ad essa aderenti. Queste rappresentano la quasi totalità delle imprese operanti sul territorio nazionale nel settore del trasporto internazionale di merci su strada. Inoltre il servizio di spedizione internazionale di merci di tipo *groupage* sino a 5000 kg. riveste un'importanza significativa per l'attività di esportazione di un gran numero di imprese italiane. Questi elementi portano a ritenere consistente il pregiudizio alla concorrenza derivante dall'adozione della Tariffa».

Nella stessa linea si è posta anche la giurisprudenza comunitaria ed in particolare la sentenza della Corte di Giustizia (CGCE 18 giugno 1998, causa C-35/94, in *Dir. mar.*, 1999, p. 480) che, con riferimento alle tariffe degli spedizionieri doganali (regolate dalla legge 22 dicembre 1960 n. 162) ha enunciato regole e principi valevoli per tutte le attività "regolate". La citata sentenza ha infatti ribadito la definizione in termini assai ampi (e tali da ricomprendervi gli ausiliari ed intermediari di cui si tratta nel presente capitolo) della nozione di "impresa" rilevante ai fini della applicazione della normativa *antitrust* ed ha altresì confermato che i provvedimenti di fissazione di tariffe uniformi da parte di associazioni di categoria devono essere considerate "intese" ai sensi dell'attuale art. 101 TFUE. La stessa decisione ha altresì precisato come i suddetti provvedimenti di fissazione delle tariffe non possono sfuggire ai divieti previsti dalla normativa *antitrust*, non rispondendo ad esigenze di carattere pubblicistico:

> «Ne consegue che i membri del CNSD non possono essere qualificati esperti indipendenti e che essi non sono tenuti dalla legge a fissare le tariffe prendendo in considerazione non soltanto gli interessi delle imprese o delle associazioni di imprese del settore che li ha designati, ma anche l'interesse generale e gli interessi delle imprese degli altri settori o degli utenti dei servizi di cui trattasi».

2. Il raccomandatario

2.1. La definizione dell'attività di raccomandazione

Il raccomandatario è un ausiliario dell'armatore incaricato dell'assistenza alla nave nei porti di approdo; storicamente la figura del raccomandatario nasce dall'esigenza di affidare ad un soggetto localizzato nel porto di approdo una serie di operazioni (rapporti con le autorità, rapporti con fornitori di beni e servizi per la nave, rapporti con caricatori e ricevitori delle merci, ecc.) che, per la loro complessità, non potevano più essere svolte direttamente dal comandante.

È singolare notare come il codice della navigazione, pur dedicando un complesso di norme (artt. 287-291) alla figura del raccomandatario, così riconoscendone la rilevanza e la "tipicità", non ne dia una definizione, limitandosi a prevedere l'applicabilità della disciplina del mandato con rappresentanza (art. 287). La determinazione dell'attività tipica del raccomandatario era quindi rinviata alla prassi.

Il quadro normativo si è successivamente precisato con la legge n. 135/1977, che, da un lato, detta norme di rilievo pubblicistico volte a disciplinare l'esercizio dell'attività e, dall'altro, pone a carico del raccomandatario una serie di rilevanti obblighi aggiuntivi rispetto a quelli derivanti dalla semplice applicazione delle norme sul mandato. L'art. 2 della legge n. 135/1977 detta una definizione (per la verità non molto precisa) della figura del raccomandatario nei termini seguenti: «È raccomandatario chi svolge attività di raccomandazione di navi, quali assistenza al comandante nei confronti delle autorità locali o di terzi, ricezione o consegna delle merci, operazioni di imbarco e sbarco di passeggeri, acquisizione di noli, conclusione di contratto di trasporto per merci o passeggeri con rilascio dei relativi documenti, nonché qualsiasi analoga attività per la tutela degli interessi a lui affidati».

La determinazione dell'esatto contenuto del mandato conferito al raccomandatario e dei conseguenti poteri rappresentativi in capo a quest'ultimo è affidata in primo luogo alle pattuizioni contrattuali intervenute tra le parti, ma viene anche integrata in virtù di norme di legge, come indicato nella sentenza della Cass. 25 agosto 2006 n. 18491 (in *Dir. mar.*, 2008, p. 1291):

> «In materia di trasporto marittimo, il contratto di raccomandazione intercorrente tra il raccomandatario e l'impresa nautica integra un'ipotesi di mandato con rappresentanza avente ad oggetto il compimento di tutti gli atti giuridici concernenti l'attività di appoggio alla nave in arrivo o in partenza e l'individuazione dell'attività gestoria che le parti possono compiere è affidata alla sua rappresentazione nel contratto. Indipendentemente da queste determinazioni convenzionali, in casi particolari, interviene la legge, dettando direttamente le regole per l'individuazione dell'oggetto del contratto, ai fini della determinazione delle obbligazioni delle parti. Uno di questi casi è contemplato dall'art. 1708 cod. civ., secondo il quale il mandato comprende non solo gli atti per i quali è stato rilasciato, ma anche quelli che sono necessari al loro compimento (comma 1). Sono esclusi gli atti che eccedono l'ordinaria amministrazione, se non sono indicati espressamente (comma 2)».

Su queste basi (la prassi mercantile, da un lato, ed il dato normativo, dall'altro) la giurisprudenza ha elaborato una ricostruzione della figura del raccomandatario, individuando un nucleo di attività tipiche ed essenziali (consistenti nella assistenza alla nave in occasione dello scalo nel porto ove opera il raccomandatario), cui possono aggiungersi altre attività (in particolare di natura agenziale-commerciale) che vengono frequentemente svolte dai raccomandatari, ma che possono essere svolte anche da altri soggetti, non qualificabili come raccomandatari. Si vedano al riguardo le precisazioni contenute nella sentenza della Cass. 13 giugno 1991 n. 6718 (in *Dir. mar.*, 1991, p. 714):

> «In senso proprio, sono mansioni di raccomandazione marittima (e, pertanto, tipiche di questa figura giuridica) le prestazioni dell'ausiliare del vettore o dell'armatore di appoggio alle operazioni di approdo, imbarco e sbarco, arrivo, permanenza e partenza della nave (rimorchio, pilotaggio, ormeggio, rifornimento, approvvigionamento, riparazioni, carico e scarico) realizzate attraverso la conclusione di contratti privati per la fornitura di beni o servizi necessari per la gestione della nave durante la permanenza nel porto e attraverso la formazione di atti giuridici di rilevanza amministrativa. Peraltro, usualmente, i raccomandatari eseguono anche altre prestazioni estranee, per natura, alle operazioni amministrative e commerciali relative alle navi in arrivo ed in partenza (e, quindi, alla raccomandazione in senso proprio) e riconducibili alle funzioni di altri ausiliari dell'armatore quali l'agente. Stante la loro natura, le prestazioni tipiche possono essere espletate soltanto dal raccomandatario, laddove le altre (quelle collegate ed accessorie) virtualmente possono essere espletate da ausiliari dell'armatore che non sono raccomandatari. Vale a dire che solo in presenza di una prestazione tipica l'attività dell'ausiliare può essere qualificata di raccomandazione marittima; e che in loro assenza, ed in presenza esclusivamente di prestazioni del tipo di quelle collegate ed accessorie, l'attività dell'ausiliare non può essere qualificata di raccomandazione».

Lo svolgimento di attività di tipo agenziale da parte del raccomandatario era già stato preso in considerazione nel codice della navigazione che, dopo aver previsto (art. 287) in via generale l'applicabilità delle norme sul mandato con rappresentanza alla normale attività di raccomandazione, aveva disciplinato all'art. 290 alcune ipotesi di «altre specie di raccomandazione», ed in particolare (oltre a quelle, senza riscontro nella prassi, del raccomandatario-institore e del raccomandatario senza rappresentanza) quella del raccomandatario che «assume stabilmente l'incarico di promuovere la conclusione di contratti in una zona determinata per conto dell'armatore o del vettore», al quale «si applicano le norme sul contratto di agenzia». In tali ipotesi, mentre l'attività di raccomandazione in senso proprio, sia essa stabile od occasionale, continua ad essere regolata, sia per quanto riguarda i rapporti interni tra raccomandante e raccomandatario, sia per quanto riguarda i rapporti esterni con i terzi, dalle norme sul mandato con rappresentanza, l'ulteriore attività di agenzia viene sottoposta alle norme del codice civile relative a tale tipo contrattuale, tra le quali hanno particolare rilevanza quelle relative alle indennità spettanti all'agente in caso di cessazione del rapporto (artt. 1751-1751-*bis* cod. civ.). Il rapporto tra le due norme (artt. 287 e 290 cod. nav.) e quindi tra i rispettivi ambiti di applicazione della disciplina del contratto di mandato con rappresentanza e di quello di agenzia viene esaminato da Cass. 27 ottobre 1966 n. 2649 (in *Dir. mar.*, 1966, p. 502):

> «Infatti, il codice della navigazione dispone (art. 287) che al contratto di raccomandazione si applicano, in via generale o normale, le norme del codice civile sul mandato con

rappresentanza, mentre, nei casi previsti dall'art. 290, e cioè quando il raccomandatario è preposto all'esercizio di una sede dell'impresa di navigazione o di trasporto (comma 1) o quando assume stabilmente l'incarico di promuovere la conclusione di contratti in una zona determinata per conto dell'armatore o del vettore (comma 2) o quando assume l'obbligo di trattare e concludere in nome proprio affari per conto dell'armatore o del vettore (comma 3) si applicano rispettivamente, le norme relative agli institori, o le norme sul contratto di agenzia, o quelle sul mandato senza rappresentanza. Il codice della navigazione, dunque, distingue le varie specie di raccomandatari in base alla esistenza e all'ampiezza dei poteri di rappresentanza che siano stati ad essi conferiti da parte dell'armatore o del vettore. ... Le eccezioni previste dall'art. 290, appunto perché eccezioni, non possono essere estese oltre i casi da esse considerati. In particolare, per quanto riguarda la ipotesi prevista dal comma 2 del detto articolo ("quando il raccomandatario assume stabilmente l'incarico di promuovere la conclusione di contratti in una zona determinata per conto dell'armatore o del vettore, si applicano le norme sul contratto di agenzia"), è certo che per tale applicazione non è sufficiente la stabilità dell'incarico, poiché anche il normale rapporto di raccomandazione, derivante da mandato, può avere carattere di stabilità, come innanzi si è detto. Il comma 2 dell'art. 290 è applicabile nei casi in cui ricorra il tipico contratto di agenzia, la cui nozione, enunciata dall'art. 1742 cod. civ., è riprodotta nel comma 2 dell'art. 290 cod. nav. con identica formulazione».

2.2. Le ipotesi di responsabilità in proprio del raccomandatario previste dalla legge n. 135/1977

La legge n. 135/1977 ha ulteriormente inciso sui profili civilistici della disciplina del raccomandatario. Si è già precisato che l'art. 287 cod. nav. rende applicabile all'attività del raccomandatario le norme del mandato con rappresentanza; ne deriva la riferibilità all'armatore (o vettore) preponente delle obbligazioni assunte dal raccomandatario nell'espletamento del mandato e, per converso, l'assenza di responsabilità in proprio del mandatario per l'adempimento di tali obbligazioni. Questa regola generale trova una rilevante deroga nell'art. 3 della legge n. 135/1977 che, a tutela dei creditori impone al raccomandatario di nave straniera, non solo di «far pervenire al comandante del porto una nota da cui risultino il nome e l'indirizzo dell'armatore o del noleggiatore o del vettore dal quale ha ricevuto il mandato», ma anche «prima della partenza della nave dal porto in cui egli opera», di «ottenere dal suo mandante – armatore, noleggiatore o vettore – la disponibilità nel territorio italiano della somma in valuta sufficiente a garantire l'adempimento delle obbligazioni assunte suo tramite in occasione dell'approdo della nave nel porto stesso». La conseguenza del mancato rispetto di tale obbligo è la responsabilità solidale del raccomandatario con il suo mandante.

Questa disposizione è stata oggetto di critiche dalla dottrina, in quanto considerata eccessivamente onerosa per il raccomandatario, soprattutto per la indeterminatezza e l'ampiezza delle risorse necessarie all'adempimento delle obbligazioni relative allo e/o sorte in occasione dell'approdo della nave. La giurisprudenza, d'altro canto, consapevole di tale problematica, è stata chiamata a precisare la nozione di "obbligazioni assunte suo tramite in occasione dell'approdo della nave", che, appunto, se intesa in senso eccessivamente lato, avrebbe esposto il raccomandatario a rischi difficilmente prevedibili. Si è così affermata nella giurisprudenza un'interpretazione restrittiva degli artt. 3 e 5 della legge n. 135/1977. In primo luogo, si è precisato che dette norme possono trovare applicazione soltanto a rapporti specificamente collegati ad un determinato scalo della nave nel porto in cui opera il raccomandatario. Si tratta, a ben vedere, di una limitazione oggettiva relativa alle obbligazioni riconducibili esclusivamente alle attività "tipiche" del raccomandatario; quindi, per quanto riguarda le ulteriori attività (di natura commerciale) che possono essere svolte dal raccomandatario nell'interesse del preponente (quali, ad esempio, la stipulazione di contratti di trasporto terrestre per l'inoltro a destino delle merci sbarcate), l'applicabilità degli artt. 3 e 5 della legge n. 135/1977 viene subordinata all'ulteriore requisito della determinabilità e prevedibilità delle obbligazioni assunte nei confronti dei terzi. I suddetti criteri interpretativi degli artt. 3 e 5 della legge n. 135/1977 sono ben esplicitati nella sentenza della Cass. 18 giugno 2003 n. 9701 (in *Dir. mar.*, 2004, p. 1385):

«La *ratio* della disposizione è identificabile nell'esigenza di sollecitare, agendo di stimolo affinché il raccomandatario pretenda il deposito di idonei fondi di valuta, l'azione preventiva del raccomandatario stesso, per garantire dalle frodi di armatori disonesti (spesso battenti bandiera ombra) e impedire al raccomandatario di agire da ausiliare di copertura, interessato all'affare, ed escludersi da responsabilità invocando il suo ruolo di rappresentante ... In particolare si è premesso che l'art. 3 della legge n. 135/1977 va interpretato restrittivamente, nel senso che l'obbligo di garanzia in valuta nel territorio italiano sussista (pur trattandosi di garanzia tipica non fungibile) sol quando la disponibilità della provvista si ponga in rapporto di strumentalità necessaria con la realizzazione del fine – l'adempimento dell'obbligazione dell'armatore straniero – per cui è predisposta. Si è poi – considerando l'art. 2 della legge in tutta la sua estensione – rilevato come la garanzia in questione è sicuramente dovuta in relazione alle obbligazioni assunte dal raccomandatario di nave straniera nello svolgimento dell'attività di assistenza al comandante nei confronti delle autorità locali o dei terzi, ricezione o consegna delle merci, imbarco e sbarco dei passeggeri. Si tratta, in tal caso, delle obbligazioni "tipiche" della raccomandazione marittima che si esplicano nelle prestazioni di appoggio alle operazioni di approdo, imbarco e sbarco, arrivo permanenza o partenza della nave ... Si ammette, peraltro che esistono altre attività, di natura più strettamente commerciale, non "tipiche" ma che si coordinano con quelle proprie dell'incarico raccomandatoriale in un rapporto di collegamento negoziale che lascia inalterata l'identità e l'autonomia delle singole prestazioni. Tra queste attività rientra l'ipotesi della conclusione di contratti di trasporto per merci e passeggeri con rilascio dei relativi documenti. In questa ipotesi, così come correttamente ritenuto dal giudice di merito, può rientrare anche la conclusione di contratti "terrestri" per la movimentazione dei *containers*, stante l'ampiezza della dizione che fa riferimento ad "altra analoga attività" in cui l'armatore ha la veste di mittente, ma, a tal titolo, emette documenti (lettera di vettura). In tali ipotesi, però, occorre distinguere, per stabilire quando effettivamente sussista l'obbligo di garanzia alla cui inosservanza l'art. 5 collega il sorgere della responsabilità solidale del raccomandatario. Occorre, in primo luogo, che ricorra il presupposto della prevedibilità e determinabilità dei corrispettivi delle prestazioni pattuite con il contratto di trasporto. Ma, soprattutto, occorre considerare come l'art. 3 consideri le obbligazioni assunte dal raccomandatario di nave straniera, non con indistinto riferimento a tutte le obbligazioni di cui sopra, ma attraverso la flessibile formula di raccordo con la occasione dell'approdo applicativo della norma, la necessità di individuare, tra le varie obbligazioni sorte nello svolgimento delle attività elencate all'art. 2, quelle che necessariamente richiedano la garanzia prevista dall'art. 3».

Nella stessa logica di cui all'art. 3 ora indicato si muove, e deve essere interpretato, anche l'art. 4 della stessa legge n. 135/1977, che pone una serie di obblighi a carico del raccomandatario che ingaggi lavoratori marittimi su navi di nazionalità diversa da quella del lavoratore. Più precisamente il raccomandatario deve accertare ed attestare all'autorità marittima che i lavoratori arruolati godono di una tutela assicurativo-previdenziale (per invalidità, vecchiaia, malattie ed infortuni) «non inferiore a quella obbligatoria secondo la legge italiana»; inoltre il raccomandatario deve fornire all'autorità marittima «la prova che l'armatore abbia prestato una idonea garanzia bancaria o assicurativa per il pagamento degli stipendi dei marittimi relativi al previsto periodo d'imbarco». L'autorità marittima, a seguito della conseguente istanza presentata dallo stesso raccomandatario, dopo aver verificato (i) l'adempimento degli obblighi di cui sopra nonché (ii) la conformità del contratto di arruolamento ai «principi fondamentali contenuti nei vigenti contratti collettivi di lavoro nazionali», nonché (iii) la sussistenza nella nave straniera di «requisiti di sicurezza, igiene e abitabilità ... almeno equivalenti a quelli stabiliti per le navi della marina mercantile italiana di tipo e caratteristiche analoghe» rilascia il nulla-osta all'imbarco. Anche in questo caso, la conseguenza del mancato rispetto degli obblighi posti dalla norma a carico del raccomandatario è la responsabilità solidale di quest'ultimo con l'armatore. Gli aspetti più problematici della responsabilità del raccomandatario, peraltro, riguardano la sua permanenza anche a seguito del rilascio del nulla-osta all'imbarco da parte dell'autorità marittima. Ci si chiede se il rilascio del nulla-osta da parte dell'autorità marittima esima il raccomandatario dalla responsabilità in merito alla conformità del contratto di arruolamento ai principi fondamentali della contrattazione collettiva italiana ed alla idoneità della garanzia prestata per il pagamento dei salari. Su questo tema si sono formati orientamenti contrastanti della giurisprudenza. Alcune decisioni ritengono che il rilascio del nulla-osta da parte dell'autorità marittima non faccia venir meno la responsabilità del raccomandatario, argomentando che altrimenti ne risulterebbe sostanzialmente svuotata l'efficacia dell'art. 4 della legge n. 135/1977. Esempio di questo orientamento è la sentenza Cass. 20 maggio 1993 n. 5696 (in *Dir. mar.*, 1995, p. 158):

> «La legge in questione prevede, infatti, che il raccomandatario debba – prima di procedere all'imbarco – assicurarsi che sussistano una adeguata tutela assicurativa per il marittimo e garanzie per la retribuzione che egli dovrà percepire dall'armatore straniero. Il rilascio del nulla osta da parte delle autorità marittime non esonera il raccomandatario da ogni responsabilità. Se infatti il trattamento economico dovesse risultare pregiudizievole – una volta avvenuta la disapplicazione dell'atto amministrativo dell'Autorità portuale – la responsabilità del raccomandatario – legata da vincolo solidale a quella dell'armatore – diviene operativa in ordine alle integrazioni retributive che dovessero spettare al marittimo. In caso diverso la sua funzione si ridurrebbe ad una mediazione formale-amministrativa inefficace rispetto al fenomeno delle bandiere-ombra ed in contrasto con la stessa sanzione penale a cui la legge assoggetta gli obblighi del raccomandatario».

In senso contrario, altre decisioni affermano invece che il raccomandatario non è tenuto a garantire la conformità del contratto, dal punto di vista normativo ed economico, ai principi fondamentali della contrattazione collettiva, a seguito della verifica, dell'accertamento e del controllo di tali circostanze da parte dell'autorità marittima, che in tal modo ne diviene responsabile, rientrando nell'ambito delle sue competenze. Espressione di questo diverso orientamento è la sentenza Cass. 24 novembre 1993 n. 11580 (in *Dir. mar.*, 1995, p. 168):

> «L'esame delle predette disposizioni, nella loro successione, mostra chiaramente che il raccomandatario è tenuto soltanto a garantire il pagamento delle retribuzioni spettanti ai marittimi che egli intenda ingaggiare, munendosi di idonea garanzia bancaria o assicurativa in favore dell'armatore: dopo essersi munito di tale garanzia egli può procedere all'arruolamento, ma l'imbarco dei lavoratori arruolati è subordinato al nulla osta della capitaneria, la quale è tenuta a verificare la conformità del contratto stipulato dal raccomandatario con i principi fondamenti della contrattazione collettiva nazionale. Da ciò consegue che il raccomandatario deve solo garantire il pagamento delle retribuzioni pattuite, mentre compete all'autorità marittima verificare la loro congruità e l'assenza nei contratti di arruolamento di clausole negoziali contrastanti con i principi fondamentali della contrattazione collettiva, impedendo, in caso contrario, l'imbarco dei marittimi arruolati: pertanto il raccomandatario risponde in solido con l'armatore delle obbligazioni assunte (art. 5, comma 3, legge cit.) solo se viene meno l'obbligo di garantire il pagamento nel territorio nazionale delle somme che l'armatore è tenuto a versare all'equipaggio secondo il contratto di arruolamento, ma non è tenuto a garantire anche la regolarità del contratto da un punto di vista normativo ed economico, rientrando tale accertamento nei compiti dell'autorità marittima».

Di fronte a queste divergenti posizioni, pare ragionevole ritenere che, comunque, la responsabilità del raccomandatario non possa essere evitata allorché quest'ultimo abbia erroneamente rappresentato (tanto più se a seguito di un comportamento non in buona fede) all'autorità marittima le condizioni normative e previdenziali riservate al lavoratore marittimo dalla legge applicabile al rapporto di lavoro e/o le garanzie di solvibilità dell'armatore.

2.3. La rappresentanza processuale del raccomandatario

A parte le (rilevanti ma pur sempre eccezionali) ipotesi di responsabilità in proprio (solidalmente con il suo preponente) previste dalla legge n. 135/1977, l'operato del raccomandatario resta nello schema del mandato con rappresentanza. Alla rappresentanza sostanziale, prevista dall'art. 287 cod. nav., il successivo art. 288 aggiunge la rappresentanza processuale. Dispone infatti tale norma che «entro i limiti nei quali gli è conferita la rappresentanza dell'armatore o del vettore, il raccomandatario può promuovere azioni ed essere convenuto in giudizio in loro nome». Si tratta di una rappresentanza processuale attribuita al raccomandatario *ex lege*, indipendentemente da qualsiasi manifestazione di volontà in tal senso da parte del preponente, sulla base del semplice presupposto del conferimento della rappresentanza sostanziale.

Lo stretto collegamento posto dall'art. 288 cod. nav. tra la rappresentanza sostanziale e processuale consente all'interprete di ricostruire l'estensione ed i limiti di quest'ultima. Così, in primo luogo, la rappresentanza processuale non potrà sussistere in ipotesi nelle quali non sia configurabile la rappresentanza sostanziale, ed in particolare nelle ipotesi di responsabilità extracontrattuale dell'armatore preponente (quali, ad esempio, quelle derivanti da urto di navi). Si veda in questo senso la sentenza del Trib. Genova 23 ottobre 1995 (in *Dir. mar.*, 1997, p. 479):

«La rappresentanza processuale del raccomandatario per il disposto dell'art. 288 cod. nav., ha lo stesso contenuto e gli stessi limiti della rappresentanza sostanziale conferitagli dall'armatore, nell'ambito di un rapporto al quale sono applicabili le norme del codice civile sul mandato con rappresentanza (art. 287). Ne consegue che non può darsi alcun potere rappresentativo del raccomandatario in relazione ad attività non connesse all'oggetto del mandato, il quale deve essere individuato sulla base delle attribuzioni che per legge o in virtù degli usi spettano a tale soggetto ... Non vi rientrano invece le incombenze relative alla direzione tecnica del viaggio, che esula dall'attività amministrativa, commerciale e burocratica del raccomandatario e spetta in via esclusiva al capitano della nave, con la conseguenza che, in relazione alle azioni promosse da terzi nei confronti dell'armatore per ottenere il risarcimento dei danni causati da errori di manovra, sia pure nel porto di raccomandazione, deve escludersi la rappresentanza processuale del raccomandatario. Va inoltre rilevato che per la dottrina e la giurisprudenza prevalenti il raccomandatario non può avere la rappresentanza processuale dell'armatore nell'ambito di rapporti extracontrattuali (quale quello dedotto in giudizio) in quanto non vi può essere rappresentanza sostanziale in tale materia».

Analogamente, non è configurabile la rappresentanza processuale del raccomandatario in relazione a contratti alla cui stipulazione egli sia rimasto del tutto estraneo (cfr. per es. l'ordinanza del Trib. Genova 2 marzo 2004, in *Dir. mar.*, 2004, p. 1525, relativa ad una fattispecie di compravendita di nave).

La rappresentanza processuale ha inoltre gli stessi limiti spaziali di quella sostanziale e non può quindi estendersi a rapporti localizzati al di fuori del porto di approdo della nave nel quale il raccomandatario ha operato. La questione è rilevante anche perché la rappresentanza processuale, di cui all'art. 288 cod. nav., spetta al solo raccomandatario in senso proprio e non invece ad altri ausiliari dell'armatore (quali i c.d. agenti generali), la cui attività può avere una sfera territoriale più vasta. Sul punto si veda la sentenza App. Genova 6 novembre 1985 (in *Dir. mar.*, 1986, p. 920):

«Dalla legge 4 aprile 1977 n. 135 sulla "disciplina della professione di raccomandatario marittimo", integrativa delle disposizioni generali di cui agli artt. 287 ss. cod. nav., emerge con chiarezza ed evidenza una figura di raccomandatario la cui connotazione soggettiva è costituita essenzialmente dall'esercizio diretto ed effettivo dei compiti a lui demandati dal preponente col contratto di raccomandazione, nonché dalla limitazione spaziale della attività all'ambito territoriale della località ove si trova il porto in cui opera. Vi sono, pertanto elementi più che sufficienti per ritenere che il raccomandatario deve svolgere direttamente i compiti demandatigli e solo nella località in cui è iscritto ed in cui opera, potendo agire in località diverse unicamente a mezzo di institori anch'essi debitamente iscritti nel locale elenco di cui all'art. 6 della legge. Ove si tratti del c.d. agente generale marittimo, preposto dall'impresa di trasporto alla cura dei generali interessi del preponente connessi allo scalo di una o più navi nei porti di un territorio più vasto della località in cui è iscritto, egli potrà svolgere l'attività di raccomandatario nel porto in cui opera come tale; ma negli altri porti in cui non abbia insediato un suo institore non potrà che farsi sostituire da altri che ivi siano debitamente abilitati, assumendo nei confronti di costoro il ruolo di mandante di secondo grado».

Dalla correlazione tra rappresentanza sostanziale e processuale deriva anche l'impossibilità di convenire in giudizio il raccomandatario quale rappresentante processuale di un soggetto diverso da quello che gli ha conferito il mandato (e tale mandato può essergli conferito anche da più soggetti diversi quale l'armatore, il noleggiatore o il vettore). La giurisprudenza ha appunto precisato che il raccomandatario può stare in giudizio soltanto quale rappresentante processuale del soggetto che gli ha in concreto conferito l'incarico e non anche degli altri soggetti che, pur essendo a vario titolo coinvolti nell'esercizio della nave e/o nella esecuzione del trasporto, non gli hanno conferito alcun mandato. La questione è ben illustrata dalla sentenza App. Genova 8 febbraio 1995, in *Dir. mar.*, 1996, p. 194 (e nello stesso senso cfr. anche, più di recente, Trib. Livorno 24 luglio 2017, in *Dir. mar.*, 2018, p. 188):

> «Va notato che l'art. 288 cod. nav., nell'occuparsi della figura del raccomandatario (cui si applicano le norme del codice civile sul mandato con rappresentanza *ex* art. 287 dello stesso codice della navigazione), dispone che a questi può essere conferita la rappresentanza o dall'armatore o dal vettore. Tale normativa prevede, quindi, come del tutto normale il caso in cui il raccomandatario sia in rapporto o con il solo armatore o con il solo vettore. In altri termini, pur essendo certo possibile che il rapporto di raccomandazione faccia capo, contemporaneamente, *a parte committentis*, all'armatore ed al vettore, è peraltro assolutamente legittima (e deve aggiungersi, consueta, in mancanza di prove di usi in senso contrario) la dissociazione tra i due rapporti, sì che un soggetto sia raccomandatario o del solo armatore o del solo vettore».

Quanto appena osservato, deve essere coordinato con la regola della libertà di forma per il conferimento dell'incarico di raccomandazione e con la possibilità di desumere la sussistenza di tale incarico anche da presunzioni e comportamenti concludenti; si veda al riguardo la sentenza App. Genova 9 ottobre 2000 (in *Dir. mar.*, 2002, p. 1359):

> «È altresì pacifica, in giurisprudenza oltre che in dottrina, la interpretazione dell'art. 288 cod. nav. e dell'art. 2, legge n. 135/1977 nel senso della possibilità che un medesimo agente in relazione all'approdo di una singola nave rappresenti quale raccomandatario, sulla base di distinti incarichi, contemporaneamente l'armatore, il noleggiatore ed il vettore ... però è anche affermazione consolidata in giurisprudenza, oltre che disposto espresso del citato secondo comma dell'art. 2, legge n. 135/1977 (il quale prevede la possibilità del mandato tacito), la libertà di forme nel conferimento del mandato di raccomandazione per cui la prova del medesimo, come in generale del mandato, può desumersi anche da presunzioni e perciò da una *contemplatio domini* tacita o da fatti concludenti in relazione al comportamento tenuto dalle parti; in particolare, lo svolgimento nei confronti dei terzi, senza diretto incarico da parte del raccomandante, di attività rientranti nell'ambito tipico della raccomandazione, tra le quali è senz'altro compresa la ricezione o la riconsegna della merce (vedi art. 2, comma 1, legge n. 135/1977), attua una *contemplatio domini* tacita da cui consegue la rappresentanza sostanziale e processuale del raccomandatario da parte dell'agente tanto più in quanto il raccomandatario dichiaratamente agisca in tale qualità con il menzionare la nave per la quale svolge il suo incarico».

Si è così ritenuto (App. Venezia 11 ottobre 2005, in *Dir. mar.*, 2006, p. 858) che, nonostante la dichiarazione resa dal raccomandatario alla Capitaneria di Porto di agire in base a mandato conferitogli dal noleggiatore della nave, il raccomandatario possa considerarsi aver agito anche quale rappresentante sostanziale dell'armatore qualora abbia presentato in Capitaneria i documenti di arrivo e partenza della nave firmati dal comandante, dichiarando di provvedere a ciò per conto dell'armatore.

Resta comunque fermo che incombe a chi conviene in giudizio il raccomandatario l'onere della prova in merito alla sussistenza della rappresentanza sostanziale, e quindi anche processuale, come ribadito di recente da Cass. 22 novembre 2013 n. 26234 (in *Dir. mar.*, 2015, p. 561):

> «La qualifica di raccomandatario e lo svolgimento delle relative funzioni presuppone un'investitura di carattere sia sostanziale, sia formale, della quale deve fornire la prova chi ad un determinato soggetto pretende sia attribuita la relativa qualità.».

Altro problema è quello delle modalità con le quali deve essere formulata la citazione in giudizio del raccomandatario, quale rappresentante processuale dell'armatore (o del vettore). È infatti frequente che la *vocatio in jus* venga indirizzata al raccomandatario "nella qualità", con il solo riferimento alla nave per la quale ha svolto l'attività di raccomandazione, senza indicare il nome dell'armatore (o vettore) preponente del raccomandatario (e cioè della parte sostanziale che si intende convenire in giudizio tramite la rappresentanza processuale del raccomandatario). È lecito chiedersi se una tale citazione soddisfi i requisiti di cui all'art. 163 cod. proc. civ. L'orientamento prevalente della giurisprudenza è nel senso che la citazione del raccomandatario con la sola indicazione del nome della nave sia da ritenersi valida qualora dal complesso dell'atto e della documentazione prodotta possa desumersi chi sia la parte sostanziale nei confronti della quale è rivolta la domanda. Espressione di tale orientamento prevalente è la sentenza della Cass. 28 febbraio 2011 n. 4901 (in *Dir. mar.*, 2013, p. 830):

> «nullità della citazione, quando è chiamato in giudizio il raccomandatario, che non ha indicato nella polizza il nome del rappresentato, senza l'indicazione dell'armatore o del vettore, si verifica solo quando sia impossibile identificare il soggetto di cui al raccomandatario si attribuisce la rappresentanza, ma non quando, attraverso la citazione o altri atti, la identificazione possa aver luogo, purché avvenga prima del momento della decisione».

Peraltro non sono mancati nella giurisprudenza di merito esempi di un atteggiamento più rigoroso, secondo il quale la citazione deve, ai fini della valida instaurazione del contraddittorio, contenere la specifica indicazione del soggetto che si è inteso convenire in giudizio tramite la rappresentanza processuale del raccomandatario; si veda, per esempio la sentenza Trib. La Spezia 29 novembre 1990 (in *Dir. mar.*, 1991, p. 790):

> «Vero è che, secondo un indirizzo giurisprudenziale, non è nulla la citazione, notificata al raccomandatario, in cui tale qualità sia riferita alla nave che ha eseguito il trasporto, anziché al vettore o all'armatore in nome del quale egli è stato convenuto in giudizio (la richiesta di condanna del raccomandatario, in tale qualità, equivarrebbe alla richiesta di

condanna dell'armatore o del vettore, di cui il raccomandatario ha la rappresentanza processuale). Senonché sta di fatto che l'indirizzo giurisprudenziale predetto non appare davvero condivisibile non fosse altro per ciò che, in buona sostanza, viene a porre a carico di un terzo un onere che processualmente appare essere esclusivamente del convenuto, quello, cioè, delle identificazioni del proprio contraddittore, anche se in persona di chi lo rappresenta. Del pari, peraltro, non condivisibile s'ha da ritenere, secondo il Collegio, altro indirizzo giurisprudenziale per il quale la citazione di un raccomandatario, senza l'indicazione dell'armatore o del vettore importa la nullità della citazione sol quando sia impossibile identificare il soggetto, del quale si attribuisce al raccomandatario la rappresentanza e non quando, attraverso la citazione o gli altri atti, tale identificazione possa aver luogo. E ciò, non solo per il principio sopra enunciato, circa l'onere incombente solo e soltanto all'attore di indicare chi sia il convenuto (rappresentato), dal quale intende ottenere il soddisfacimento delle proprie ragioni, ma anche per un principio che attiene alla stessa validità del contraddittorio, che ha da essere fin dall'inizio instaurato nei confronti di persona identificata con chiarezza e certezza».

Tale impostazione è stata condivisa dalla giurisprudenza di merito (Trib. Brescia 3 febbraio 2003, in *Dir. mar.*, 2005, p. 1360) anche argomentando sulla base della disponibilità della dichiarazione resa dal raccomandatario alla Capitaneria di Porto ai sensi dell'art. 3 della legge n. 135/1977.

3. Lo spedizioniere e l'operatore di logistica

3.1. Lo spedizioniere quale mandatario senza rappresentanza

Mentre il raccomandatario è un ausiliario dell'armatore (incaricato di svolgere nel porto di approdo mansioni di assistenza alla nave ed al comandante), lo spedizioniere è un ausiliario degli utenti di servizi di trasporto e cioè dei soggetti interessati alla consegna della merce trasportata.

Questi ultimi (esportatori o importatori di merci), infatti, spesso non hanno le capacità organizzative e le conoscenze tecniche per provvedere direttamente alla ricerca sul mercato ed alla conclusione dei contratti di trasporto strumentali alla propria attività imprenditoriale. Tali funzioni vengono così "terziarizzate" mediante il ricorso allo spedizioniere.

Così, alla stessa stregua del raccomandatario, anche la figura dello spedizioniere viene ricondotta nell'ambito del mandato, con la fondamentale differenza che si tratta di un mandato senza rappresentanza (né sostanziale, né processuale). L'art. 1737 cod. civ. dispone infatti che «il contratto di spedizione è un mandato col quale lo spedizioniere assume l'obbligo di concludere, in nome proprio e per conto del mandante, un contratto di trasporto e di compiere le operazioni accessorie». Al riguardo si è anche osservato (App. Torino 9 dicembre 2015, in *Dir. mar.*, 2017, p. 183) che:

«Lo spedizioniere svolge un lavoro di organizzazione al fine di soddisfare le necessità del cliente di trasferire la merce (acquistata o venduta), frequentemente da o verso l'estero, collaborando con esso anche nell'evasione delle pratiche doganali e fiscali e nel reperimento dei mezzi di trasporto necessari».

Dall'attività di spedizioniere in senso proprio (regolata dagli artt. 1737-1741 cod. civ.) deve essere tenuta distinta l'attività di spedizioniere doganale, relativa allo svolgimento delle operazioni doganali per conto dell'esportatore o importatore delle merci (regolata dalla legge 22 dicembre 1960 n. 1612); mentre la prima ha certamente carattere imprenditoriale, la seconda viene qualificata come professione intellettuale.

Dall'inquadramento del contratto di spedizione nell'ambito del mandato, deriva l'applicabilità delle norme speciali dettate dagli artt. 1737-1741 cod. civ., e delle norme generali in tema di mandato (in quanto non derogate da tali norme speciali). Viene così soprattutto in rilievo, in primo luogo, l'art. 1705 cod. civ. in tema di mandato senza rappresentanza, secondo il quale «il mandatario che agisce in proprio nome acquista i diritti ed assume gli obblighi derivanti dagli atti compiuti con i terzi» salva la facoltà del mandate di sostituirsi al mandatario ed esercitare direttamente nei confronti dei terzi i diritti di credito derivanti dall'esecuzione del mandato. Vengono altresì in rilievo l'art. 1710 cod. civ. in tema di diligenza del mandatario, l'art. 1711 cod. civ., relativo ai limiti entro i quali il mandatario può discostarsi dalle istruzioni ricevute, l'art. 1715 cod. civ. per il quale il mandatario non risponde dell'inadempimento dei terzi, salvo il caso che ne conoscesse (o dovesse conoscerne) l'insolvenza, l'art. 1717 cod. civ., in tema di sostituzione nel mandato e l'art. 1719 cod. civ., che stabilisce l'obbligo del mandante di fornire al mandatario i mezzi necessari per l'esecuzione del mandato e per l'adempimento delle obbligazioni assunte in proprio nome dal mandatario.

Lo spedizioniere, essendo un mandatario senza rappresentanza, può quindi, in particolare, esercitare in nome proprio nei confronti del vettore i diritti derivanti dal contratto di trasporto (ivi compreso il diritto al risarcimento del danno per perdita o avaria delle cose trasportate). In passato era riconosciuta in giurisprudenza la facoltà per il mandante, a norma del comma 2 dell'art. 1705 cod. civ., di esercitare direttamente tali diritti in sostituzione del mandatario. Tale situazione è sinteticamente e chiaramente esposta nella sentenza App. Genova 18 dicembre 1991 (in *Dir. mar.*, 1993, p. 1041):

> «Il possessore delle polizze di carico all'ordine (e cioè il ricevitore o il successivo giratario) è legittimato formalmente e sostanzialmente ad esercitare l'azione di danni nei confronti del vettore. E tale principio sussiste anche nel caso in cui il possessore non sia proprietario della merce (cioè sia, come nella specie, uno spedizioniere) poiché quest'ultimo, essendo un mandatario senza rappresentanza che agisce in nome proprio, sebbene per conto del mandante, acquista in nome proprio il diritto alla riconsegna della merce o, in mancanza, al risarcimento dei danni anche se i terzi hanno avuto conoscenza del mandato. Il predetto principio, poi, conserva la sua validità sino a quando, dopo l'esaurimento del ciclo di circolazione del titolo, il mandante (cioè il vero proprietario della merce), previa dimostrazione che il possessore non è che un suo mandatario o che la girata delle polizze benché piena è in concreto stata fatta con effetti limitati, non si avvale della facoltà di cui all'art. 1705, comma 2, cod. civ. ponendo in essere l'atto negoziale (dichiarazione unilaterale di sostituzione al mandatario per esercitare in via diretta i diritti di credito derivanti dalla esecuzione del mandato) creativo di un rapporto diretto tra esso mandante ed il terzo contraente».

Un orientamento giurisprudenziale formatosi in tempi più recenti ha peraltro chiarito che il diritto del mandante di sostituirsi *ex* art. 1705 cod. civ. al mandatario senza rappresentanza non si estende anche alle azioni di risarcimento del danno; cfr. per es. Cass. 21 gennaio 2005 n. 1312, in *Dir. mar.*, 2006, p. 162):

> «La disposizione di cui al secondo comma dell'art. 1705 cod. civ. introduce, per ragioni di tutela dell'interesse del mandante, una eccezione al fondamentale principio enunciato nel primo comma, per il quale il mandatario che agisce in nome proprio acquista i diritti ed assume gli obblighi derivanti dagli atti compiuti con i terzi, anche se questi hanno avuto conoscenza del mandato, consentendo al mandante di esercitare i diritti di credito derivanti al mandatario dall'esecuzione del mandato. Esigenze di ordine logico e sistematico ed in particolare il carattere eccezionale della norma e il chiaro tenore dell'espressione "diritti di credito derivanti dall'esercizio del mandato" inducono a limitare la legittimazione del mandante alle sole azioni dirette al soddisfacimento di detti crediti, con esclusione della possibilità di esperire contro il terzo le azioni contrattuali ed in particolare – come nella specie – le azioni di risarcimento danni per la mancata esecuzione del contratto».

In quanto titolare dell'azione risarcitoria nei confronti del vettore, lo spedizioniere è tenuto ad esercitarla diligentemente (Cass. 28 febbraio 2011 n. 4928, in *Dir. mar.*, 2012, p. 465):

> «lo spedizioniere, in quanto mandatario senza rappresentanza del committente, acquista, a sua volta, i diritti e assume gli obblighi derivanti dagli atti compiuti con i terzi *ex* art. 1705 cod. civ. ... di talché, avendo nella fattispecie concluso in nome proprio e per conto del mandante il contratto ... non può pretendere che, verificatesi delle anomalie nella sua esecuzione, sia il committente ad agire nei confronti dell'ausiliario».

Lo spedizioniere, quale mandatario senza rappresentanza, è inoltre direttamente responsabile nei confronti del vettore per il pagamento del nolo, come chiaramente affermato, per esempio, dal Trib. Genova 8 settembre 1990 (in *Dir. mar.*, 1991, p. 784):

> «Ciò premesso, è innegabile, d'altra parte, come la convenuta sia legittima destinataria dell'azione proposta dall'attrice pur avendo agito, come pacifico in causa, quale spedizioniere. Dalla polizza di carico, infatti, si evince che, sia il contratto di trasporto, sia quello di noleggio dei contenitori, sono stati conclusi, in nome proprio, dalla odierna convenuta, col che risulta provato che la convenuta stessa ha assunto gli obblighi derivanti dal contratto di trasporto e da quello di noleggio, con la conseguenza che, pur avendo agito in veste di spedizioniere, risponde direttamente nei confronti dell'attrice e ciò in forza dell'art. 1705 cod. civ., per cui "il mandatario che agisce in nome proprio acquista i diritti ed assume gli obblighi derivanti dagli atti compiuti con i terzi, anche se questi hanno avuto conoscenza del mandato"».

La normale configurazione (secondo il dettato dell'art. 1737 cod. civ.) del contratto di spedizione come mandato senza rappresentanza non esclude che, in particolari circostanze, verificandosi la spendita del nome del mandante, lo spedizioniere possa assumere la qualifica di mandatario con rappresentanza; si veda, per esempio, la fattispecie decisa dal Trib. Savona 13 settembre 2002 (in *Dir. mar.*, 2004, p. 1028):

«Orbene, si rileva innanzitutto che la polizza di carico in atti individua la "*shipper*" (ossia il mittente) nella NCFG: ne consegue che lo spedizioniere ha speso il nome del mandante. Sul punto si è affermato che "dall'assoluta non necessità, anzi, dall'estraneità allo schema legale della spedizione della rivelazione dell'identità del mittente non può, ragionevolmente, non desumersi non solo l'esistenza di una specifica autorizzazione della committente, ma anche la sua intenzione di esternare, così, la riferibilità a sé medesima del regolamento negoziale (del trasporto e del collegato noleggio *containers*), sicché si è ravvisato nella vicenda della spendita – altrimenti non giustificata – in polizza di carico da parte di spedizioniere professionale del nome (ditta) del committente quale '*shipper*', la manifestazione di un agire rappresentativo ... non solo per conto ma anche in nome della mittente, con conseguente corretta applicazione del regime del mandato con rappresentanza"».

Quale mandatario, lo spedizioniere ha diritto, a norma dell'art. 1719 cod. civ., di ricevere dal mandante i fondi necessari per l'esecuzione del mandato ed in particolare per il pagamento dei noli relativi ai contratti di trasporto stipulati dallo spedizioniere in nome proprio, ma per conto del mandante. Lo spedizioniere pertanto, salvo patto contrario, non è tenuto, nei confronti del proprio mandante, ad anticipare il pagamento dei noli, né il mandante può imputare a responsabilità dello spedizioniere il rifiuto del vettore di eseguire il trasporto giustificato dal mancato pagamento del nolo, quando il mandante stesso non abbia fornito i fondi necessari allo spedizioniere.

Il mandato dello spedizioniere ha (come detto) quale oggetto principale la stipulazione, in nome proprio ma per conto del mandante, di contratti di trasporto. L'art. 1737 cod. civ., nel definire il contratto di spedizione, prevede però che, oltre alla prestazione fondamentale relativa alla stipula per conto del mandante del contratto di trasporto, lo spedizioniere può obbligarsi anche al compimento di "operazioni accessorie", che comprendono tutte le attività in vario modo collegate e strumentali al trasporto della merce, e pertanto anche le pratiche doganali o la custodia in magazzino della merce prima dell'imbarco. La nozione di "operazione accessoria" è stata analizzata da App. Genova 5 febbraio 1960 (in *Dir. mar.*, 1960, p. 457):

«L'espressione "operazioni accessorie" va intesa non già nel ristretto senso, di operazioni necessarie per addivenire alla pura e semplice stipulazione del contratto di trasporto, ma intesa nel senso di operazioni che si ricollegano, con un rapporto di accessorietà, al detto contratto; cosicché in essa debbono ricomprendersi tutte quelle che il mandante dovrebbe compiere se, invece di affidarsi ad uno spedizioniere, curasse egli stesso la spedizione della propria merce, e cioè il deposito di questa nei magazzini in attesa di essere caricata, le pratiche doganali, anche ai fini di cui all'art. 426 cod. nav., gli altri eventuali adempimenti amministrativi, la consegna della merce al vettore, il ritiro dei documenti relativi al contratto di trasporto ed alla sua esecuzione, l'inoltro dei documenti stessi. Tali operazioni, tipiche dell'attività dello spedizioniere, vanno quindi considerate tutte come "operazioni accessorie"; e l'essersi lo spedizioniere obbligato a compierle non solo non fa ricadere sotto la nozione di mandato generico il contratto che le contempla ma, anzi, concorre a specificarle come contratto di spedizione».

La Corte di Cassazione è ritornata (sentenza 28 febbraio 2011 n. 4900, in *Dir. mar.*, 2012, p. 448) sul tema della definizione delle "operazioni accessorie" di cui all'art. 1737 cod. civ., sottolineando come la loro precisa determinazione dipenda in ultima analisi dalla volontà delle parti:

> «Pur ribadendosi che la stipulazione del contratto di trasporto è la operazione principale dello spedizioniere, la nozione di accessorietà nell'ambito del rapporto di spedizione non è quella di accessorietà ad una operazione principale ravvisata nel trasporto stesso ... In altri termini, il lemma "accessorietà", se può indicare la subordinazione di elementi ad uno o ad altri, principali (accessorietà giuridica), può anche indicare la mera accessione al trasporto di una molteplicità di operazioni tutte collegate ... che possono tradursi in più contratti autonomi fra loro e relativi a prestazioni diverse, anche se tutti aventi ad oggetto prestazioni funzionali alla spedizione della stessa merce. Il che non significa affatto ... che, in mancanza di una dichiarazione di volontà contrattuale, dalla legge possa presumersi la volontà dei contraenti il contratto di spedizione di sottoporre al regime dello stesso tutte le operazioni accessorie, ma a parere del Collegio, che debba ritenersi che è lo stesso legislatore, in relazione alla particolare natura del contratto, a lasciare alla autonomia delle parti determinare ciò che è giuridicamente accessorio e ciò che è praticamente accessorio, ma non giuridicamente tale».

Una particolare tipologia di operazione accessoria che può essere affidata allo spedizioniere (oltre che al vettore, come previsto dall'art. 1692 cod. civ.) è costituita dalla riscossione, nei confronti del destinatario-acquirente, e su incarico del mittente-venditore, del prezzo della merce; si veda in argomento la sentenza della Cass. 15 novembre 2002 n. 16069, in *Dir. mar.*, 2002, p. 1341):

> «Contenuto del mandato, nel contratto di spedizione, è però anche l'obbligo che lo spedizioniere assume, di compiere le operazioni accessorie. ... Che quante volte è dato incarico allo spedizioniere di organizzare il trasporto, operazioni che ineriscono al trasporto o ne costituiscono un normale accessorio, possono assumere diversa connotazione, perché il compierle è assunto a carico dello spedizioniere. Non si può quindi escludere che il mandato conferito allo spedizioniere sia conformato in modo da richiedere un suo diretto intervento nell'operazione di riscossione del prezzo o, quando al destinatario sia consentito un pagamento dilazionato, com'è avvenuto nel caso, un suo diretto intervento nel constatare che siano state verificate le altre condizioni che il mandante ha richiesto perché la merce fosse consegnate. Non si può escludere, in altri termini, che il mandato sia conformato nel senso per cui spetti allo spedizioniere esigere e non far esigere il prezzo, verificare e non dare a sua volta incarico di controllare che le condizioni imposte dal mandante si siano verificate».

L'art. 1739 cod. civ. dispone che «nella scelta della via, del mezzo e delle modalità di trasporto della merce lo spedizioniere è tenuto ad osservare le istruzioni del committente e, in mancanza, ad operare secondo il miglior interesse del medesimo». Tale disposizione va integrata, al fine di determinare obblighi e responsabilità dello spedizioniere nell'esecuzione del mandato, con il riferimento agli artt. 1710 e 1711 cod. civ. relativi rispettivamente al grado di diligenza richiesto al mandatario ed alla facoltà per il mandatario di discostarsi dalle istruzioni ricevute quando le circostanze lo impongano. Sembra anche corretto ritenere che lo spedizioniere sia tenuto ad informare il mandante di circostanze che impediscano od ostacolino la regolare esecuzione del mandato, come affermato dalla sentenza App. Venezia 3 maggio 1999 (in *Dir. mar.*, 2000, p. 912):

«Appare, a questa Corte, che essendo lo spedizioniere tenuto al compimento degli atti preparatori e strumentali del mandato, con la diligenza del buon padre di famiglia, abbia il dovere di informare tempestivamente il mandante degli intoppi, ritardi e disguidi che ostacolino la tempestiva esecuzione del contratto di trasporto. Omettendo ogni comunicazione, la società appellata non ha sicuramente operato secondo il migliore interesse della committente (art. 1739 cod. civ.)».

Gli standard di diligenza sopra indicati si applicano pure alle "operazioni accessorie": è stata così affermata, ad esempio, la responsabilità dello spedizioniere che con il suo comportamento negligente abbia contribuito al prolungarsi della giacenza della merce (Trib. La Spezia 20 giugno 2017, in *Dir. mar.*, 2018, p. 932) o che abbia scelto contenitori inadatti alla conservazione del carico (Trib. Venezia 15 settembre 2015, in *Dir. mar.*, 2016, p. 762). Va altresì precisato che in relazione alle "operazioni accessorie", vengono in rilievo anche le norme relative alla specifica attività in questione; così, ad esempio, alla responsabilità dello spedizioniere per custodia della merce si applicheranno le norme in tema di deposito, secondo le precisazioni indicate a questo proposito nella sentenza Cass. 18 ottobre 1991 n. 11010 (in *Dejure*):

«Tra tali prestazioni accessorie sono da considerare tutte quelle che il mandante stesso avrebbe dovuto compiere se, invece di affidarsi ad uno spedizioniere, avesse eseguito egli stesso la spedizione, come la presa della merce a domicilio, la custodia di essa, il deposito, il magazzinaggio, il carico e lo scarico, oltre agli eventuali adempimenti amministrativi, doganali o bancari. E per tali compiti lo spedizioniere risponde *ex* art. 1717 cod. civ., in base al principio della *culpa in eligendo* anche dell'operato degli altri soggetti (spedizionieri o meno) le prestazioni dei quali abbia richiesto nell'adempimento del proprio mandato. Orbene, in ordine alla responsabilità dello spedizioniere per violazione dell'obbligo della custodia, la giurisprudenza di questa Corte è radicata nel senso di ritenere l'applicabilità diretta delle disposizioni dettate dal codice per il deposito. In particolare, non si dubita che la prestazione di temporanea custodia cui è tenuto lo spedizioniere in attesa della stipulazione del contratto di trasporto per conto del mandante sia soggetta alla disciplina degli artt. 1768 e 1780 cod. civ. in tema di deposito, con la conseguenza che lo spedizioniere stesso risponde dell'avaria o della perdita della merce durante la temporanea custodia, salvo che provi il fatto a lui non imputabile verificatosi malgrado l'uso della diligenza del buon padre di famiglia».

Ma l'ipotesi indiscussa, e maggiormente riscontrabile nella pratica, di responsabilità dello spedizioniere è costituita dalla c.d. responsabilità per "*mala electio*", derivante dalla negligenza nella stipulazione del contratto di trasporto ed in particolare a seguito della scelta di un vettore privo di adeguati requisiti di capacità professionale e solvibilità finanziaria. Un caso di questo tipo di responsabilità è stato esaminato nella sentenza del Trib. Prato 14 settembre 1982 (in *Dir. mar.*, 1983, p. 344):

«Orbene, a giudizio del Collegio, non può nel caso di specie negarsi che lo spedizioniere sia venuto meno all'obbligo di normale diligenza (artt. 1739, 1710, 1711 cod. civ.) poiché vi rientra quello di concludere il contratto di trasporto con un mezzo valido allo scopo e quindi di compiere le indagini ed assumere all'uopo le informazioni minime necessarie ad assicurarsi delle condizioni del mezzo di trasporto e quindi di avvisare il mittente (l'art. 1711 fa obbligo al mandatario di discostarsi dalle istruzioni ricevute qualora circostanze ignote al mandante facciano ragionevolmente ritenere che lo stesso mandante avrebbe dato la sua approvazione). Infatti, nel caso di specie si trattava di nave che non era in grado di "prendere il largo" cioè era in condizioni di "innavigabilità" di cui l'attrice con un minimo di diligenza poteva venire a conoscenza per la sua qualità».

Analogamente (Trib. Napoli 3 novembre 2004, in *Dir. mar.*, 2006, p. 1277):

«Lo spedizioniere risponde contrattualmente dei danni derivati al suo committente dalle scelte da lui compite e dalle informazioni e consigli dati o non dati al committente quando scelte, consigli, informazioni, attive od omissive si discostino dalla diligenza prescritta dalla norma dell'art. 1176, comma 2, cod. civ. Ne consegue che rientra nelle obbligazioni tipiche dello spedizioniere quella di cercare i soggetti più adatti al compimento di prestazioni utili al raggiungimento dei fini del committente, di modo che gli può essere ascritta una *culpa in eligendo*, e non già una *culpa in vigilando*, proprio perché, esaurendo la propria prestazione nella stipula del contratto di trasporto più funzionale all'esigenza del committente, non è tenuto, poi a vigilare in ordine all'esatta esecuzione dello stesso».

Una decisione di merito (Trib. Bolzano 7 gennaio 2009, in *Dir. mar.*, 2011, p. 1288) ha puntualizzato che l'obbligo dello spedizioniere può essere caratterizzato come obbligo di risultato solo con riferimento alla stipulazione del contratto di trasporto, ma non anche alla sua esecuzione da parte del vettore:

«Va del pari negata fondatezza all'ulteriore prospettazione dell'attrice, secondo la quale la convenuta sarebbe incorsa in violazione dell'obbligazione di operare secondo il miglior interesse del committente posta a carico dello spedizioniere dall'art. 1739 cod. civ. e dell'obbligo di diligenza proprio del mandatario per *culpa in eligendo* concretata dalla scelta di un vettore rivelatosi non affidabile ... In confutazione di tale prospettazione è agevole invero osservare che una *culpa in eligendo* della società convenuta sarebbe ravvisabile in ragione di fatti e comportamenti posti in essere [dal vettore] prima dell'erroneo imbarco in questione, potendosi in tal modo imputare alla mandataria una negligente omissione di assunzione di informazioni e/o un incauto conferimento di incarico a compagnia non accreditata o non affidabile, ma non è inferibile a posteriori sulla base dell'errore di imbarco commesso dal vettore nell'esecuzione del trasporto ... Non può, infine, condividersi neppure l'ulteriore assunto dell'attrice, secondo la quale con la conclusione del contratto di spedizione [lo spedizioniere] avrebbe assunto l'obbligazione di risultato di far giungere la merce in Kuwait in tempo utile per la fiera, posto che l'obbligazione di risultato assunta dalla convenuta è stata quella dello svolgimento dell'attività finalizzata alla conclusione del contratto di trasporto e che la convenuta ha adempiuto all'obbligazione di operare secondo il migliore interesse del committente posto a suo carico dagli artt. 1739 e 1710 cod. civ. ... mentre la convenuta medesima, per le ragioni sopra esposte, non può essere chiamata a rispondere per l'errore di imbarco della merce, che ha dato causa alla ritardata consegna, commesso dal vettore nel corso del trasporto».

Infine, va ricordato che anche con riferimento allo spedizioniere, in quanto mandatario, può trovare applicazione la norma dettata dall'art. 1717 cod. civ. in tema di sostituzione nel mandato, con le conseguenze che vengono sinteticamente illustrate nella sentenza della Cass. 25 agosto 2006 n. 18512 (in *Dir. mar.*, 2008, p. 1302):

«Il mandato, secondo i principi interpretativi che si sono consolidati nella giurisprudenza di questa Corte a partire dalla sentenza 7 novembre 1979 n. 5744, pur essendo un contratto caratterizzato dalla fiducia, tuttavia, non è basato necessariamente sull'*intuitus personae*, per cui al mandatario non è vietato avvalersi dell'opera di un sostituto. Tanto emerge dalla disciplina contenuta nell'art. 1717 cod. civ., nel quale sono contemplate le seguenti tre ipotesi. La sostituzione non autorizzata del mandante o non necessaria per la natura dell'incarico: in questo caso il mandatario, che abbia sostituito altri a se stesso nell'esecuzione dell'incarico, risponde all'operato del sostituito. La sostituzione autorizzata dal mandante senza indicazione della persone del sostituto, o della sostituzione resa necessaria dalle circostanze: in questo caso il mandatario risponde dell'operato del sostituto se è dimostrata la sua colpa nella scelta di quest'ultimo. La sostituzione autorizzata dal mandante con contemporanea indicazione del sostituto: in questo caso, il mandatario è esonerato da responsabilità. In tutte e tre ipotesi il mandante può agire direttamente contro la persona del sostituto».

3.2. Lo spedizioniere-vettore

In generale, comunque, con la sola eccezione dei casi di *mala electio*, lo spedizioniere non risponde nei confronti del suo preponente dell'operato del vettore con il quale abbia concluso, in nome proprio ma per suo conto, il contratto di trasporto. Si può peraltro verificare che lo spedizioniere assuma in proprio l'obbligo di eseguire il trasporto, seppure avvalendosi dell'opera di terzi. Tale ipotesi è espressamente contemplata dall'art. 1741 cod. civ. ed in tali casi lo spedizioniere assume la posizione di spedizioniere-vettore, con la conseguenza che «lo spedizioniere che con mezzi propri o altrui assume l'esecuzione del trasporto in tutto o in parte, ha gli obblighi e i diritti del vettore».

Sul piano teorico, la distinzione e la differenziazione di ruoli e funzioni tra spedizioniere e vettore è assai netta: mentre il primo si obbliga a concludere, in nome proprio ma per conto del mandante, un contratto di trasporto, il secondo si obbliga ad eseguire, con mezzi propri o altrui, il trasporto. Tale distinzione è ben delineata nella sentenza della Cass. 17 maggio 1991 n. 5668 (in *Giur. it.*, 1992, I, 1, c. 514):

> «Questa Corte ha più volte affermato che la differenza tra il contratto di trasporto e quello di spedizione consiste nel fatto che mentre nel primo il vettore si obbliga ad eseguire il trasporto con i propri mezzi, o anche a mezzo di altri, assumendo su di sé i rischi del trasporto, invece nel secondo lo spedizioniere si obbliga soltanto a concludere con altri, in nome proprio e per conto di colui che gli ha dato all'uopo l'incarico, il contratto di trasporto. Ne deriva che mentre il vettore esaurisce i suoi obblighi allorché ha trasferito al luogo indicatogli le cose ricevute in consegna, salva la sua responsabilità per l'eventuale loro perdita o avaria, lo spedizioniere esaurisce il suo compito con la conclusione del contratto di trasporto e risponde solo dell'eventuale inadempimento dell'obbligo di concludere».

In concreto, però, può non essere semplice ricostruire quale sia stata l'effettiva volontà delle parti, se cioè esse abbiano inteso stipulare un contratto di spedizione ovvero di trasporto ovvero di spedizione-trasporto con gli effetti innanzi indicati. Si ritiene (Trib. Trieste 3 marzo 2015, in *Dir. mar.*, 2015, p. 376 e App. Torino 9 dicembre 2015, in *Dir. mar.*, 2017, p. 183) che spetti a chi afferma la responsabilità vettoriale dello spedizioniere fornire la prova della assunzione, da parte di quest'ultimo, della veste di spedizioniere vettore.

La giurisprudenza ha individuato alcuni indici che, se pure da soli non decisivi, hanno grande rilevanza nella qualificazione del rapporto contrattuale posto in essere dalle parti. Tra essi, la circostanza relativa all'emissione dei documenti di trasporto (polizze di carico, lettere di vettura), a nulla, peraltro, rilevando al riguardo che il trasporto sia stato materialmente eseguito da un sub-vettore; in questo senso si veda la sentenza della Cass. 11 ottobre 1990 n. 9993 (in *Riv. dir. comm.*, 1991, II, p. 209):

> «Il molteplice atteggiarsi dell'autonomia privata in una vasta gamma di fattispecie concrete non sempre consente un immediato inquadramento delle varie figure nell'uno o nell'altro tipo di contratto. La risoluzione di molti casi dubbi, allora, può essere affidata ad un elemento caratteristico ed esclusivo della disciplina della conclusione del contratto di trasporto di cose rappresentato dalla lettera di vettura. Secondo gli artt. 1683 e 1684 cod. civ. questa è un documento che il mittente deve rilasciare su richiesta del vettore, contenente l'indicazione del destinatario e il luogo di destinazione, la natura, il peso, la quantità ed il numero delle cose da trasportare e gli altri estremi necessari per eseguire il trasporto. L'esistenza di una lettera di vettura, formulata nella maniera indicata, sarà quindi elemento significativo dell'esistenza di un contratto di trasporto di cose e non già di un contratto di spedizione».

Altro elemento rilevante per la assunzione della qualifica di spedizioniere-vettore è la discrezionalità che lo spedizioniere si sia riservato in merito alle modalità di esecuzione del trasporto, come rilevato dalla sentenza della Cass. 9 novembre 1982 n. 5881 (in *Dir. mar.*, 1984, p. 265):

> «Correttamente la giurisprudenza di merito si è orientata nel senso di riconoscere l'assunzione dell'obbligo di un risultato finale e unitario di trasporto, e la qualifica, quindi, di spedizioniere vettore, nella traslazione di merce per più tratte, l'una terrestre, l'altra marittima, senza la specificazione, nella stipulazione col cliente, dei particolare itinerari da far seguire alla merce, né delle modalità, dei costi e dei nominativi fra una pluralità di possibili vettori trasportatori».

Infine, può avere grande rilevanza, pur non dando luogo ad una vera e propria presunzione legale, la pattuizione a favore dello spedizioniere di un compenso globale e forfettario, comprensivo sia del rimborso delle spese che della provvigione propria dello spedizioniere; tale pattuizione implica infatti l'assunzione da parte dello spedizioniere del rischio economico della maggiore o minore onerosità del trasporto, di un rischio cioè tipico dell'attività vettoriale, piuttosto che del rapporto di mandato, nel quale gli effetti economici dell'affare vengono trasferiti nella sfera del mandante. Questa problematica è stata affrontata in numerose sentenze della Corte di Cassazione, tra le quali Cass. 28 marzo 1995 n. 3614 (in *Dir. mar.*, 1996, p. 1026):

> «Questa Corte ha ritenuto non censurabile, sul piano metodologico, la motivazione della sentenza del giudice di merito, che, di fronte a clausola di retribuzione a forfait (includente il corrispettivo della fondamentale prestazione del trasporto), ha ritenuto di poter considerare tale forma di corrispettivo come basilare elemento, in difetto di altri contrastanti, per ricostruire la volontà delle parti. Si è precisato che, ricorrendo l'ipotesi da compenso globale, pur non generandosi una presunzione di legge, la forma del corrispettivo rappresenta un importante elemento di fatto (a mò di *praesumptio hominis*) da tenere

presente nella valutazione dei dati esterni per risalire all'intento negoziale. Occorreva così, nel caso di specie, per escludere una qualificazione giuridica diversa da quella del contratto di spedizione pura, procedere ad una ricostruzione della volontà delle parti, sulla base di una completa enunciazione ed analisi delle clausole contrattuali. Potendo, in effetti, rilevare decisivamente, nel senso di escludere la ricorrenza di spedizione pura, il collegamento tra la clausola concernente la retribuzione unitaria e globale o la clausola che prevede un amplissimo potere discrezionale di scelta nel modo di esecuzione di un complesso trasporto combinato, marittimo e terrestre».

Per contro, non osta alla assunzione di responsabilità vettoriali da parte dello spedizioniere la circostanza che egli sia stato incaricato dello svolgimento di "operazioni accessorie"; cfr. in questo senso Cass. 28 giugno 2005 n. 13905 (in *Dir. mar.*, 2006, p. 1199):

«Il trasporto è un contratto di risultato, ed è perciò configurabile allorché il vettore ne assume da solo, nei confronti del mittente, gli obblighi e la responsabilità dell'adempimento, mentre non rileva che per l'esecuzione della sua prestazione di avvalga dell'opera di altri soggetti concludendo con costoro contratti di subtrasporto. Per questo l'art. 1741 cod. civ. riconosce allo spedizioniere-vettore – e cioè a colui che con mezzi propri o altrui assume in tutto o in parte l'esecuzione del trasporto – gli stessi obblighi e i diritti del vettore. Né incide sulla natura del contratto l'obbligo che questi assuma di compiere anche operazioni accessorie e strumentali all'esecuzione del trasporto, quali pesatura, sdoganamento della merce e pagamento di tributi, se la prestazione principale è il trasferimento da un luogo all'altro di cose o persone».

In sintesi, si può concludere su questo punto ribadendo che nessuna circostanza può considerarsi di per sé decisiva ai fini della qualificazione del contratto, occorrendo invece procedere, caso per caso, ad una valutazione complessiva di tali circostanze e di tutte le clausole contrattuali, come ribadito dalla Cass. 6 marzo 1997 n. 1994 (in *Dir. mar.*, 1998, p. 394):

«Quante volte il soggetto cui il committente si rivolge conclude a sua volta il contratto di trasporto con terzi, la predeterminazione di un compenso unitario nel contratto di cui è parte il committente pone il problema di stabilire se la volontà delle parti si sia indirizzata alla conclusione di un contratto di trasporto anziché di spedizione, ma la questione non può essere risolta sulla sola base di tale dato, sicché il giudizio consistente nello stabilire la natura del contratto deve essere condotto valorizzando una pluralità di dati concorrenti».

3.3. L'operatore di logistica

Per completezza di esposizione occorre infine menzionare che l'attività di molti spedizionieri e/o vettori si è negli ultimi anni estesa in modo da offrire unitariamente alla propria clientela l'ampia e differenziata gamma di attività relativa alla c.d. logistica. In realtà un vero e proprio "contratto di logistica" dovrebbe garantire un regime unitario al completo ciclo di attività a vario titolo eseguita al fine di garantire la corretta e tempestiva consegna della merce al luogo di destinazione dopo averla presa in carico da parte del committente. Invece, i contratti abitualmente impiegati nella pratica sono limitati alla prestazione dei c.d. servizi di logistica che raggruppano, oltre alle più tradizionali attività di trasporto e deposito, altre attività e servizi accessori e complementari, quali la raccolta degli ordini, la pianificazione della distribuzione dei prodotti dai punti di stoccaggio alla clientela, la pesatura, misurazione, etichettatura, imballaggio e/o containerizzazione delle merci, l'assicurazione della merce, il disbrigo delle pratiche doganali, la riscossione del prezzo in occasione della consegna, la predisposizione e gestione di sistemi informatici relativi alle suddette attività.

Gli operatori di logistica intendono così soddisfare non tanto l'esigenza del committente di avere un regime unitario dell'intera operazione di logistica "*door to door*" (sul quale vedi cap. 11 § 11), bensì l'esigenza del committente di "terziarizzare" un intero settore della propria attività. Tanto risulta, ad esempio, dalle premesse del modello di "Contratto di forniture di servizi di logistica integrata" predisposto da Assologistica, ove si indica che:

> «È intenzione del Committente affidare ad una terza parte la gestione dei flussi di merci in arrivo e/o in partenza, la preparazione degli ordini, la consegna ai clienti nonché la fornitura di servizi accessori e complementari a tali attività».

Nello stesso modello contrattuale predisposto da Assologistica l'oggetto del contratto viene definito come segue:

> «Il contratto ha ad oggetto l'affidamento dell'Operatore da parte del Committenti, ai patti ed alle condizioni qui di seguito precisati, dell'esecuzione di servizi di logistica integrata relativi alla ricezione, al controllo quantità, al magazzinaggio, alla custodia, al trasporto ed alla spedizione dei prodotti [di seguito specificati] inerenti alla sua attività, disponendo tutto quanto necessario dal punto di vista tecnica organizzativo, burocratico e normativo, per dare esecuzione a tali attività».

L'indicazione appena fornita (o quella risultante dai modelli contrattuali predisposti dalle associazioni di categoria) dei servizi offerti dagli operatori di logistica non deve in alcun modo considerarsi "rigida" od esaustiva. I contratti di logistica devono necessariamente essere modellati in funzione delle specifiche esigenze e delle caratteristiche della struttura aziendale del committente; la definizione delle prestazioni che l'operatore si impegna a fornire non può che variare in funzione di tali esigenze e caratteristiche e non può quindi essere ricondotta ad uno schema standardizzato.

La "esternalizzazione" di un settore rilevante della propria attività che l'impresa committente realizza attraverso il contratto di logistica e la conseguente configurazione della disciplina contrattuale in funzione delle specifiche esigenze dell'impresa committente implicano necessariamente che il contratto preveda un elevato grado di collaborazione tra le parti. In particolare, dal lato del committente, questo si traduce in un ampio obbligo di informazione, che consenta all'operatore un efficiente svolgimento della propria attività. Così, ad esempio, il citato modello contrattuale predisposto da Assologistica prevede che il committente si obblighi:

> «a comunicare all'Operatore (e mantenere aggiornata) una precisa descrizione dei prodotti oggetto dell'attività logistica a lui affidata in modo tale da permettergli un'accurata

gestione dell'attività, indicando specificamente le caratteristiche merceologiche ed i quantitativi delle merci oggetto dell'incarico, le loro modalità di confezionamento e le eventuali particolarità di trattamento».

Tali obblighi di collaborazione a carico del committente non possono però essere intesi nel senso di svuotare di contenuto o sminuire i doveri di diligenza dell'operatore e ciò in particolare quando, in relazione alle concrete circostanze, sia necessario agire anche al di là o al di fuori delle specifiche istruzioni del committente, come richiesto dagli artt. 1710, 1711 e 1739 cod. civ. (la cui rilevanza è già stata esaminata nelle pagine precedenti in relazione all'attività dello spedizioniere).

L'impossibilità di predeterminare secondo uno schema standardizzato le prestazioni oggetto dei contratti di logistica e, soprattutto, le molteplicità ed eterogeneità di tali prestazioni, rende assai problematica la ricostruzione della disciplina di tali contratti. Per altro verso, la stessa denominazione frequentemente adottata di "contratto di fornitura di servizi di logistica integrata" rende evidente come nella prospettazione delle parti i "servizi di logistica" debbano essere intesi come un complesso unitario. Di qui la preoccupazione dei redattori di contratti di logistica di dettare una disciplina negoziale il più possibile completa e (tendenzialmente) autosufficiente, utilizzando nella misura massima consentita lo spazio lasciato libero dall'art. 1322 cod. civ. ed evitando l'applicazione di norme relative ai contratti tipici previsti e disciplinati dal codice civile. Estremamente significativo a questo riguardo è quanto disposto dal modello di contratto predisposto di Assologistica, ove si prevede che:

> «Le parti si danno vicendevolmente atto: – che il contratto tra di loro stipulato esula, sulla base del suo contenuto e degli accordi al proposito espressamente intervenuti, dallo schema dei contratti tipici disciplinati dal Codice Civile italiano e/o da altre normative, anche di diritto uniforme; – che il contratto ha ad oggetto prestazioni, servizi ed attività che presentano solo in parte elementi di collegamento con alcuni modelli contrattuali tipici, discostandosene peraltro sotto altri profili; – che, secondo la loro comune intenzione, il contratto è stato stipulato in applicazione del principio dell'autonomia contrattuale espressamente riconosciuta e legittimata dall'art. 1322 cod. civ., intendendo in tale modo attribuire allo stesso valore di legge, nel senso e per gli effetti di cui all'art. 1372 cod. civ. e di una disciplina sostanziale applicabile al rapporto; – che, conseguentemente, il contratto esaurisce in se stesso ogni possibile contenuto normativo del rapporto, escludendo in tal modo la possibilità di applicare ad esso qualsiasi tipo di normativa disciplinata nel Codice Civile italiano e/o in convenzioni di diritto uniforme relative ad istituti o rapporti che abbiano almeno in parte, elementi comuni con il contratto tra di loro stipulato, fatto salvo il caso di normative espressamente e formalmente dichiarate inderogabili».

Il punto critico di tale impostazione è però costituito appunto dall'impatto sulla disciplina negoziale di norme inderogabili ed in particolare di quelle relative alla responsabilità per perdita o avaria della merce affidata all'operatore di logistica. La soluzione adottata a questo riguardo dal modello contrattuale predisposto da Assologistica è nel senso di prevedere in via generale un sistema di responsabilità dell'operatore fondata sulla colpa, con onere della prova liberatoria a carico dell'operatore, ma precisando che, qualora la perdita o l'avaria si verifichino nel corso dell'esecuzione di un prestazione di trasporto, si applichi la disciplina propria di tale modalità di trasporto (per mare, aria, strada o ferrovia) "come se" fosse stato stipulato un separato contratto di trasporto.

Tale impostazione presuppone la soluzione del problema della disciplina dei contratti atipici "misti" nel senso della frazionabilità di tale disciplina o, quanto meno, della possibilità di contemperare l'applicazione delle norme che discende dalla configurazione del contratto nel suo complesso come appalto di servizi con la parziale rilevanza di norme relative ad altri tipi contrattuali, possibilità che sembra potersi ricavare dal combinato disposto degli artt. 1677 e 1570 cod. civ. In questo senso cfr. Trib. Parma 3 luglio 2013 (in *Dejure*):

> «Il "contratto di servizi logistici integrati" configura quindi una figura atipica mista, contenente in sé gli elementi di varie fattispecie contrattuali (appalto, deposito, trasporto, somministrazione). Com'è noto, in tali ipotesi "... la relativa disciplina va individuata in quella risultante dalle norme del contratto tipico nel cui schema sono riconducibili gli elementi prevalenti (cosiddetta teoria dell'assorbimento o della prevalenza), senza escludere ogni rilevanza giuridica degli altri elementi, che sono voluti dalle parti e concorrono a fissare il contenuto e l'ampiezza del vincolo contrattuale, ai quali si applicano le norme proprie del contratto cui essi appartengono, in quanto compatibili con quelle del contratto prevalente" (così Cass., S.U., 1.5.2008 n. 11656) ... Secondo la dottrina, al "contratto di logistica" risulta applicabile la disciplina del contratto di appalto di servizi, potendo venire tuttavia in rilievo anche disposizioni attinenti ad altri contratti tipici in base alle specifiche prestazioni cui l'operatore si è obbligato. La disciplina dell'appalto potrà essere coordinata con norma inderogabili dei singoli tipi contrattuali».

In concreto, anche in ragione delle diverse situazioni di fatto, gli esiti della giurisprudenza al riguardo non appaiono del tutto omogenei. Si incontrano così decisioni che ritengono quella in tema di appalto di servizi l'unica disciplina applicabile (Trib. Milano 15 settembre 2006, in *Dejure*):

> «Non pare proprio contestato tra le parti ... che si tratti di un contratto unitariamente riconducibile, sotto il profilo causale, alla fattispecie tipica dell'appalto ... sicché l'unico schema legale applicabile in concreto è quello dettato dagli artt. 1655 e seguenti del codice civile, con l'ulteriore effetto che è infondata l'eccezione di prescrizione sollevata dal convenuto in riferimento al disposto dell'art. 2951 e di cui all'art. 1698 del codice civile ... dettati per il contratto di trasporto».

ed altre che invece ritengono la rilevanza di una determinata prestazione (per es. il trasporto) talmente assorbente da ricondurre la disciplina dell'intero contratto a quella propria di tale prestazione (App. Roma 2 settembre 2004, in *Dejure*):

> «dal momento che la principale (se non l'unica) obbligazione assunta [dall'operatore] nei confronti [del committente] consisteva nel trasferimento nello spazio di cose, da ciò discende che "nella necessaria combinazione di più discipline normative (desumibili non solo dalla natura "mista" del contratto, bensì anche dal disposto degli artt. 1677 e 1570 cod. civ., il contenuto specifico delle singole prestazioni (trasporto di merci) imporrebbe pur sempre di far capo alla normativa in tema di trasporto per l'individuazione di quelle norme che, come la durata della prescrizione, sono intimamente collegate alla concreta tipologia della prestazione" (così Cass. 13 settembre 1997 n. 9128)».

4. Il *broker*

A differenza del raccomandatario e dello spedizioniere, che sono ausiliari rispettivamente dell'armatore-vettore o dell'utente dei servizi di trasporto (ai quali sono legati da rapporti di mandato, con o senza rappresentanza), il mediatore (o *broker* secondo la terminologia anglosassone in uso nel settore dei traffici marittimi) si definisce proprio per la sua "terzietà", rispetto alle parti contraenti. L'art. 1754 cod. civ. infatti dispone che «è mediatore colui che mette in relazione due o più parti per la conclusione di un affare, senza essere legato ad alcuna di esse da rapporti di collaborazione, di dipendenza o di rappresentanza».

La giurisprudenza ha altresì precisato che il rapporto di mediazione sussiste indipendentemente da qualsiasi conferimento di un incarico in tal senso, come pure non è rilevante la pattuizione o meno della misura del corrispettivo (provvigione) dovuto al mediatore per l'opera prestata; si veda in proposito Trib. Genova 29 gennaio 1992 (in *Dir. mar.*, 1993, p. 1110):

> «In particolare, premesso che, come noto, il rapporto di mediazione sussiste indipendentemente sia dal preventivo accordo delle parti sulla persona del mediatore, sia dal previo conferimento dell'incarico, in virtù della effettiva ed imparziale interposizione del mediatore tra le parti dell'affare, che si concreti in una attività diretta a favorirne la conclusione e che sia stata accettata anche tacitamente dalle parti ... Appare, infine, opportuno, ancora in tema di qualificazione del rapporto negoziale intervenuto tra le parte attrice e la società convenuta, sottolineare che non osta alla anzidetta qualificazione come contratto di mediazione la mancata pattuizione, contestuale allo svolgimento dell'attività mediatoria, della misura della provvigione, atteso che il caso di mancanza del relativo patto forma oggetto della previsione normativa di cui all'art. 1755, comma 2, cod. civ.».

L'art. 1754 cod. civ. stabilisce l'incompatibilità tra l'attività di mediazione e la rappresentanza delle parti nelle trattative. In altri ordinamenti, diversi da quello italiano, e, più in genere nella prassi internazionale dei traffici marittimi, tale incompatibilità è assai meno netta ed i *broker* possono svolgere anche funzioni di rappresentanza (e/o di consulenza) a favore delle parti. L'impossibilità di configurare il mediatore anche come rappresentante delle parti, ha indotto la dottrina e la giurisprudenza italiane a ritenere che, nel trasmettere ad una parte le dichiarazioni dell'altra, il mediatore agisca quale "*nuncius*". Queste problematiche sono esaminate nella sentenza del Trib. Casale Monferrato 20 luglio 1977 (in *Dir. mar.*, 1978, p. 106):

> «L'art. 1754 cod. civ. definisce come mediatore "colui che mette in relazione due o più parti per la conclusione di un affare, senza essere legato ad alcuna di essa da rapporti di collaborazione, di dipendenza e di rappresentanza". Attraverso questa definizione la legge vuole assicurare l'imparzialità del mediatore. Se ne trae la conseguenza, e la giurisprudenza è unanime, che il mediatore non può essere rappresentante. Ma tale principio va visto nel suo giusto valore; non va cioè inteso nel senso che chi esercita la mediazione non possa talvolta essere rappresentante, bensì nel senso che se è rappresentante non è più mediatore. In altri termini le due posizioni sono incompatibili; si dovrà vedere volta per volta se vi fu o no mediazione, se vi fu o no rappresentanza, per decidere, a seconda dei casi, quale fu il vero rapporto instaurato. D'altra parte non è affatto dimostrato che il *broker* sia l'esatto

equivalente del mediatore italiano, specie quando si tratti di *brokers* marittimi che, nel grande e complesso campo dei trasporti su scala mondiale, specie di petrolio, devono poter agire con particolare scioltezza e libertà di forme e ad un tempo con notevole ampiezza di poteri. Ben chiara è la differenza fra il rappresentante ed il *nuncius*; il primo, in virtù della procura ricevuta, è autorizzato a concludere uno o più contratti secondo la propria volontà, che vale per quella del rappresentante; il secondo invece si limita a trasmettere la volontà del suo *dominus*. Nel caso concreto il già citato telex del 18 marzo dalla Cima alla Maura sembra attestare che la Cima abbia agito su precise istruzioni della Maura, riferendole telefonicamente la proposta di contratto e ricevendone, sempre per telefono, l'autorizzazione ad accettarla. ... Dunque ci fu scambio di conversazioni telefoniche tra la Cima e la Maura, la quale ultima, informata delle linee essenziali del contratto, autorizzò la Cima a confermare, e cioè accettare, la proposta contrattuale. La Cima cioè non avrebbe stipulato il contratto secondo la propria volontà in base ai poteri conferitile, ma si sarebbe limitata a fare da portavoce, almeno sui punti essenziali, della volontà della Maura».

In tempi più recenti, la giurisprudenza ha preso atto della concreta configurazione che l'attività del broker ha assunto nella prassi mercantile, distaccandosi della figura tipica della mediazione delineata dall'art. 1754 cod. civ. ed assumendo piuttosto le caratteristiche di un contratto atipico; cfr. al riguardo App. Milano 8 aprile 2005 (in *Dir. mar.*, 2007, p. 472):

«Ciò essendo quanto dagli atti risulta, non si può affermare che tra le parti – Gasbrokers e Stargas – non siano intervenuti contratti; essendo, invece, provata la prestazione di corrispettive prestazioni, il problema è quello di identificare i contratti tra esse intervenuti. Si deve, in primo luogo, affermare che non si è trattato di un contratto tipico di mediazione, ai sensi dell'art. 1754 cod. civ., limitato alla stipulazione dei quattro contratti di noleggio a tempo, e ciò almeno per due ragioni. In primo luogo, non sussiste una delle essenziali caratteristiche del contratto di mediazione, che è quello della imparzialità, della equidistanza del mediatore rispetto alle parti. È noto infatti che la mediazione (artt. 1754 e ss. cod. civ.) si distingue da altri contratti, con i quali ha in comune l'elemento della prestazione di una attività di intermediazione finalizzata a favorire fra terzi la conclusione degli affari, per la posizione di imparzialità del mediatore, il quale non agisce su incarico di una delle parti interessate alla conclusione dell'affare e può pretendere il compenso da entrambe le parti. Nel caso in esame Sernavimar, prima, e Gasbroker, dopo, hanno agito, nella attività di mediazione svolta, su incarico degli armatori ... In secondo luogo il contenuto dell'incarico affidato a Sernavimar e a Gasbrokers non era solo quello di svolgere il ruolo di mediatore, per l'armatore, nella stipulazione dei contratti di noleggio ma più ampio ... I contratti di brokeraggio stipulati tra armatori e *broker* relativi ai contratti di noleggio delle navi "*Capo Nord*", "*Capo Sud*", "*Yellow Star*", "*Golden Star*" non avevano per oggetto solo l'attività di mediazione che il *broker* aveva svolto in occasione della prima stipulazione dei contratti di noleggio, ma anche quella svolta in occasione dei rinnovi contrattuali, quando il noleggiatore poteva esercitare il diritto di opzione prima della scadenza del contratto; e, ancora l'apporto tecnico nella formulazione, o eventuale modifica, delle clausole contrattuali, la formulazione dei vari *addenda* in occasione della cessione delle navi ad altre società e la gestione dei contratti di noleggio, quali calcolo dei noli, revisione dei noli, conteggi tra armatore e noleggiatore relativi a "consumi bunker" e "*off hire*", inoltro fatture e altro. Si tratta quindi, quanto al contenuto della prestazione del *broker*, di un contratto atipico, peraltro non molto diverso da contratti tipici noti, quali ad esempio il contratto di brokeraggio assicurativo... Il contenuto della prestazione del *broker* non è limitato alla attività di mediazione nella stipulazione dell'iniziale contratto, svolta per conto del cliente, ma comprende anche una assistenza tecnica nella formulazione dei contratti e nella gestione ed esecuzione dei contratti stessi, come le parti avevano convenuto nel caso in esame e come risulta dalla esecuzione dei contratti stessi. Quello stipulato tra le parti è quindi un contratto innominato con una pluralità di cause, a causa complessa, che comporta non solo prestazioni a esecuzione unica (la mediazione finalizzata alla conclusione di un contratto) ma anche prestazioni a esecuzione protratta nel tempo (contratto di durata). Anche la prestazione a carico della società cliente, che usufruiva delle prestazioni del *broker*, era protratta nel tempo, essendo previsto il pagamento di una commissione in una misura percentuale sui noli che sarebbero maturati fino al termine ultimo dei contratti di nolo, misura che, come risulta dalle fatture variava in relazione ai vari contratti».

L'incompatibilità tra mediazione e rappresentanza è peraltro limitata alla fase delle trattative e della stipulazione del contratto; l'art. 1761 cod. civ. dispone infatti che «il mediatore può essere incaricato da una delle parti di rappresentarla negli atti relativi all'esecuzione del contratto concluso con il suo intervento». Ne deriva in particolare che, una volta concluso il contratto, il *broker* può essere nominato raccomandatario dell'armatore/vettore in relazione al viaggio oggetto del contratto, come nella fattispecie oggetto della sentenza del Trib. Genova 19 gennaio 1971 (in *Dir. mar.*, 1971, p. 386):

«Le funzioni del mediatore vanno tenute ben distinte da quelle del rappresentante in genere e in particolare del raccomandatario ... Infatti, tra le vesti di mediatore, caratterizzata dall'imparzialità e dall'equidistanza rispetto ai contraenti e la qualità di rappresentante di alcune delle parti, v'è, nella fase delle trattative e fino alla conclusione del contratto, una evidente incompatibilità concettuale e funzionale. È soltanto dopo l'avvenuta formazione del contratto, in relazione al quale si è prestata l'opera d'intermediazione, e cioè nella fase della esecuzione dello stesso negozio, che il mediatore, come nella specie in esame, può legittimamente rappresentare una delle parti, ai sensi dell'art. 1761 cod. civ.».

Oltre a prestare la propria opera nelle trattative, i *broker* spesso provvedono alla materiale redazione del documento contrattuale e talvolta anche alla sua sottoscrizione; in altre ipotesi non si arriva nemmeno alla stesura ed alla sottoscrizione di un testo definitivo, con la conseguenza che la corrispondenza tra le parti ed i *brokers* resta l'unica documentazione delle intese contrattuali. Tenuto conto, da un lato, della qualità di *nuncius* normalmente attribuita al mediatore e, dall'altro, della forma scritta *ad probationem* richiesta dall'art. 420 cod. nav. per il contratto di trasporto marittimo, si pone quindi il problema dell'efficacia, sul piano probatorio, dei documenti contrattuali sottoscritti dai *broker* e delle comunicazioni (lettere, telex, fax) da essi provenienti. La giurisprudenza, considerato il minor rigore, rispetto alla forma scritta *ad substantiam*, della forma scritta *ad probationem* (che può dirsi soddisfatta da qualsiasi documento, riconducibile alle parti e dal quale possa trarsi la certezza della conclusione del contratto), ritiene che i messaggi provenienti dai *broker*, purché non ne venga contestata la conformità alle istruzioni delle parti, valgono ad integrare la prova scritta del contratto di trasporto marittimo. Al riguardo si veda la sentenza del Trib. Genova 5 novembre 1968 (in *Dir. mar.*, 1969, p. 434):

«Il contratto "tra lontani", può essere concluso, oltre che mediante dirette comunicazioni delle parti, o dei loro rappresentanti, mediante *nuncii* ossia affidando a terzi, sia pur sforniti di rappresentanza, l'incarico di trasmettere alla controparte in un messaggio, che può essere anche scritto, il contenuto della propria manifestazione di volontà, cosicché il messaggio dell'incaricato costituisce la comunicazione stessa della parte. E che il mediatore può, nella fase delle trattative, assumere proprio, dietro specifico incarico, le qualità e la veste di *nuncius*. Tutto ciò osservato, non v'è dubbio che il messaggio scritto proveniente dal *nuncius*, ove ne sia provata l'autenticità insieme alla devoluzione dell'incarico di trasmissione, può costituire prova scritta dell'esistenza del contenuto del contratto».

L'art. 1759 cod. civ. pone a carico del mediatore l'obbligo di «comunicare alle parti le circostanze a lui note, relative alla valutazione ed alla sicurezza dell'affare, che possono influire sulla conclusione di esso». Al riguardo viene in rilievo, anche per il mediatore marittimo, l'elaborazione giurisprudenziale, relativa ad altre ipotesi di mediazione, che ha precisato i contorni di tale obbligo di informazione.

Al riguardo, la giurisprudenza di merito (App. Genova 4 aprile 2008, in *Dir. mar.*, 2009, p. 1174) ha precisato quanto segue:

«L'obbligo incombente al mediatore ai sensi dell'art. 1759 cod. civ., il cui inadempimento può essere dedotto dalla parte tenuta al pagamento della provvigione per sottrarsi all'adempimento della propria obbligazione, ha ad oggetto sia le circostanze la cui eventuale conoscenza avrebbe indotto le parti o alcuna di esse a non prestare il proprio consenso a un determinato contratto sia quelle in funzione delle quali le parti avrebbero acceduto al contratto con diverse condizioni e clausole: e la giurisprudenza precisa che l'obbligo implica "il divieto di fornire non solo informazioni non veritiere ma anche informazioni su circostanze delle quali non abbia consapevolezza e quello di diligenza gli imporrebbero in tal caso di astenersi dal darle"».

Si è anche affermato che tale obbligo si estende alle circostanze che sebbene non conosciute dal mediatore, lo stesso avrebbe dovuto conoscere (per espresso incarico del cliente o perché rientranti nel contenuto della prestazione usuale del mediatore), come pure alle circostanze delle quali il mediatore abbia soltanto avuto notizia, senza averle direttamente accertate.

Sul piano pratico, l'ipotesi più rilevante di responsabilità del *broker* per inadempimento dell'obbligo di informazione in merito alle circostanze «relative alla valutazione ed alla sicurezza dell'affare» è quello relativo alla insolvenza di una delle parti del contratto.

Anche al di là della ipotesi tipica dell'art. 1759 cod. civ., il mediatore è comunque responsabile per la violazione del generale obbligo di diligenza ogni volta che il suo comportamento negligente crei nelle parti affidamenti che poi si rivelino infondati, per esempio sulla stessa sussistenza di un contratto effettivamente concluso.

Dev'essere infine ricordata la diversa ipotesi di responsabilità del mediatore contemplata dall'art. 1762 cod. civ., per il quale «il mediatore che non manifesta ad un contraente il nome dell'altro risponde della esecuzione del contratto».

13. Traffici marittimi e disciplina della concorrenza

SOMMARIO: 1. Il mercato del trasporto marittimo di linea e le *conferences*. – 2. La disciplina della concorrenza: dal Regolamento CEE/4056/86 al Regolamento CE/1419/2006. – 3. I consorzi ed il Regolamento CE/823/2000. – 4. Gli interventi dell'autorità antitrust italiana. – 5. L'applicazione al trasporto marittimo del principio di libera prestazione di servizi. – 6. Il cabotaggio. – 7. I Regolamenti CEE/4057/86 e CEE/4058/86.

1. Il mercato del trasporto marittimo di linea e le *conferences*

Le attività di trasporto marittimo possono essere ripartite, dal punto di vista della struttura economica, in due settori o "mercati": da un lato, il trasporto c.d. "*tramp*" e, dall'altro, il trasporto di linea. Nel primo caso, i soggetti interessati a movimentare quantitativi rilevanti di merci (in particolare le c.d. rinfuse) richiedono l'impiego di una nave (e normalmente dell'intera portata di essa) per trasportare tali merci al luogo di destinazione. Nel secondo caso, le compagnie di navigazione servono determinati porti regolarmente, con frequenze, rotte e scali prestabiliti, indipendentemente dal volume di merci da caricare o scaricare nei singoli porti. Il servizio di linea rappresenta quindi l'unica soluzione possibile per gli utenti che devono movimentare quantitativi limitati di merci, per i quali l'utilizzo di un'intera nave risulterebbe ovviamente antieconomico. Per altro verso, un servizio di linea è ipotizzabile solo in presenza di flussi di interscambio commerciale sufficientemente ampi e regolari tra le aree che fanno capo ai porti interessati.

Le caratteristiche del settore dei trasporti di linea (ed in particolare la rigidità dell'offerta, la necessità di rilevanti immobilizzazioni di capitale, la inesistenza di rilevanti barriere all'entrata) hanno fatto sì che in tale "mercato", a differenza di quanto avviene per i trasporti "*tramp*", non si siano realizzate condizioni di concorrenza perfetta. Al contrario, nel settore dei traffici marittimi di linea si sono affermati e consolidati fenomeni di cooperazione tra vettori che includono limitazioni della concorrenza.

Il modello storicamente più risalente di tali accordi di cooperazione (comprensivi di limitazioni della concorrenza) è costituito dalle *conferences* marittime. Le *conferences* erano raggruppamenti di imprese di trasporto marittimo di linea, che operavano sulla stessa relazione di traffico geograficamente determinata; oggetto fondamentale dell'accordo era la fissazione di tassi uniformi di nolo secondo una "tariffa" comune, nonché la regolamentazione di date e frequenze dei viaggi e degli scali nei singoli porti serviti dai vettori conferenziati. A tale contenuto minimo dell'accordo di *conference* si potevano aggiungere forme ulteriori di integrazione (e di limitazione della concorrenza) quali la ripartizione, con sistemi di *pool*, delle quote di carico e/o dei proventi derivanti dal complessivo volume di carico servito dalla *conference*. La funzionalità delle intese contrattuali intercorrenti, nei termini sopra sintetizzati, tra i vettori conferenziati veniva garantita tramite la creazione di una struttura organizzativa consistente, di solito, in un organo rappresentativo di tipo assembleare dotato di generali poteri decisionali ed in un organo esecutivo dotato di poteri operativi e rappresentativi verso i terzi.

Gli effetti restrittivi della concorrenza degli accordi di *conference* furono solo in parte mitigati dal Codice di Condotta UNCTAD del 1974, che, da un lato, impose un modello di *conference* "aperta", alla quale potevano accedere tutte le compagnie degli Stati capo-scalo ed a certe condizioni anche i *cross-traders*, mentre dall'altro precisava i criteri da adottarsi nella fissazione delle tariffe ed introduceva un'articolata disciplina degli "accordi di fedeltà", mediante i quali i vettori conferenziati, a fronte dell'impegno di utilizzare in via esclusiva per un determinato periodo di tempo i servizi della *conference*, concedevano ai caricatori un trattamento preferenziale sotto forma di sconti o ristorni sui noli.

Con il Regolamento CEE/954/79 l'allora Comunità economica europea consentì agli Stati membri l'adesione al Codice di Condotta, condizionandola però alla formulazione di alcune riserve, volte ad a conseguire una maggiore liberalizzazione dei traffici, quanto meno in ambito infracomunitario.

2. La disciplina della concorrenza: dal Regolamento CEE/4056/86 al Regolamento CE/1419/2006

Nonostante i correttivi apportati dal Codice di Condotta e dal Regolamento CEE/954/79, l'assetto dei traffici risultante dall'operare delle *conferences* risultava difficilmente conciliabile con i principi generali in tema di concorrenza dell'ordinamento comunitario. Con il Regolamento CEE/4056/1986 venne introdotta una disciplina antitrust dell'attività delle *conferences* marittime. Gli accordi conferenziali, in quanto fortemente limitativi della concorrenza, rientravano certamente, in astratto, nella nozione di "intesa" vietata dal Trattato (oggi, art. 101 TFUE). Con il Regolamento in questione, alle *conferences* marittime venne garantita una esenzione per categoria della applicazione del divieto di cui all'(allora) art. 85 TCE, giustificata dalla circostanza che esse «esercitano un ruolo stabilizzatore atto a garantire servizi affidabili ai caricatori» e «contribuiscono in genere ad assicurare un'offerta di servizi di trasporto marittimo regolari, sufficienti ed efficaci».

Tale esenzione si riferiva ad accordi, decisioni e pratiche concordate aventi ad oggetto: (i) la fissazione dei prezzi e delle condizioni di trasporto; (ii) il coordinamento degli orari, delle date di partenza e di scalo; (iii) la determinazione della frequenza dei viaggi e degli scali; (iv) il coordinamento e la ripartizione tra imprese conferenziate dei viaggi o degli scali; (v) la regolazione della capacità di trasporto offerta da ciascuna delle imprese conferenziate; (vi) la ripartizione tra le imprese conferenziate dei carichi trasportati o dei proventi.

L'esenzione per categoria delle *conferences* dall'applicazione dell'allora art. 85

TCE era peraltro subordinata a limiti e condizioni attinenti a: (i) il divieto di pratiche discriminatorie a danno di determinati utenti, porti o categorie di merci; (ii) l'obbligo di consultazioni con le associazioni dei caricatori; (iii) una dettagliata disciplina degli accordi di fedeltà; (iv) il divieto di imporre limitazioni alla libertà di scelta degli utenti per quanto riguarda i servizi accessori al trasporto marittimo; (v) l'obbligo di rendere agevolmente disponibili le tariffe conferenziali.

Restava inoltre fermo il divieto di pratiche e comportamenti che costituiscano abuso di posizione dominante, a norma, oggi, dell'art. 102 TFUE.

La prassi applicativa del Regolamento CEE/4056/86, da parte delle autorità comunitarie (Commissione e Tribunale di Primo Grado), tuttavia, non tardò ad evidenziare un orientamento favorevole ad un'interpretazione restrittiva delle deroghe ed esenzioni garantite al settore dei trasporti marittimi di linea, rispetto alle regole ed ai divieti previsti in via generale dalla normativa *antitrust* (cfr. la sentenza del Tribunale di Primo Grado 28 febbraio 2002, causa T 395/94).

Altre decisioni della Commissione e del Tribunale di Primo Grado hanno dichiarato l'illegittimità di accordi e pratiche concordate con effetti limitativi della concorrenza diversi ed ulteriori rispetto a quelli per i quali il Regolamento CEE/4056/86 prevedeva l'esenzione per categoria.

La Corte di Giustizia (sentenza 6 marzo 2000, causa C-395/96, in *Dir. mar.*, 2002, p. 505) ha inoltre ritenuto che i legami tra le compagnie conferenziate e la posizione da esse occupata sul mercato possano rientrare nella nozione di "*collective dominance*" e che, conseguentemente, comportamenti posti in essere collettivamente dalle compagnie conferenziate possano essere sanzionati dalle norme sul divieto di abuso di posizione dominante.

Sul finire del secolo scorso, la containerizzazione dei traffici e la globalizzazione dell'economia hanno prodotto una trasformazione delle modalità di organizzazione dei flussi di traffico, con la sostanziale scomparsa di traffici rigidamente bilaterali e la riduzione dei protezionismi nazionali.

Nel contempo si è assistito ad un ripensamento dell'atteggiamento di favore sino ad allora riservato (nonostante i loro contenuti limitativi della concorrenza) agli accordi conferenziali; oltre alle già citate pronunce della giurisprudenza comunitaria, va ricordato al riguardo il rapporto OCSE, intitolato "*Competition Policy in Liner Shipping*", pubblicato nel 2002, nel quale si raccomandava una revisione della normativa in materia di concorrenza nel settore dei trasporti marittimi di linea, nel senso di rimuovere le esenzioni concesse a favore di accordi di fissazione dei prezzi.

Preso atto della circostanza che i pretesi benefici in termini di stabilizzazione dei noli e regolarità del servizio (in virtù dei quali era stata giustificata la esenzione per categoria a favore delle *conferences*) in realtà non sussistevano o, quanto meno, non sussistevano in misura sufficiente da giustificare i pesanti effetti limitativi della concorrenza, il legislatore comunitario pervenne, con il Regolamento CE/1419/2006, alla abrogazione del Regolamento CEE/4056/96 contenente l'esecuzione per categoria a favore delle *conferences* marittime. Alcuni passi del preambolo del Regolamento CE/1419/2006 illustrano le motivazioni di tale mutato atteggiamento:

> «L'esenzione di categoria a favore delle conferenze di compagnie di trasporti marittimi di linea prevista dal Regolamento CEE/4056/86 esclude dal divieto di cui all'articolo

81, paragrafo 1, del Trattato accordi, decisioni e pratiche marittime di linea che soddisfano determinati condizioni. In sostanza, la giustificazione dell'esenzione di categoria si basa sull'ipotesi che le conferenze portino stabilità e garantiscano agli esportatori servizi affidabili che non si possono ottenere con mezzi meno restrittivi. Tuttavia, un riesame completo dell'industria effettuato dalla Commissione ha dimostrato che i trasporti marittimi regolari non hanno un carattere di unicità in quanto la struttura dei costi non differisce sostanzialmente da quella di altri settori. Non ci sono quindi elementi di prova che indichino che tale settore debba essere protetto dalla concorrenza.

La prima condizione relativa all'esenzione di cui all'articolo 81, paragrafo 3, del Trattato, prevede che l'accordo restrittivo contribuisca a migliorare la produzione o la distribuzione dei prodotti o a promuovere il progresso tecnico o economico. ... Non ci sono nemmeno elementi di prova che dimostrino che il sistema delle conferenze produca una maggiore stabilità dei prezzi di trasporto o una maggiore affidabilità dei servizi di trasporto rispetto ad un mercato caratterizzato da una situazione di concorrenza completa. ... Il preteso nesso di causalità tra le restrizioni (fissazione dei prezzi e regolazione della fornitura) e la presunta efficienza (affidabilità dei servizi) appare pertanto troppo debole per soddisfare la prima condizione di cui all'articolo 81, paragrafo 3, del Trattato.

La seconda condizione relativa all'esenzione di cui all'articolo 81, paragrafo 3, del Trattato è che gli utilizzatori debbano essere compensati rispetto agli effetti negativi che derivano dalle restrizioni alla concorrenza. Nel caso delle restrizioni fondamentali, quali la determinazione orizzontale dei prezzi che avviene quando la conferenza fissa le tariffe congiuntamente a tasse e soprattasse, gli effetti negativi sono molto gravi. Al contrario, non sono stati individuati effetti chiaramente positivi. Gli utenti ritengono che le conferenze rechino un vantaggio ai membri meno efficienti e ne chiedono l'abolizione. Le conferenze non soddisfano più la seconda condizioni di cui all'articolo 81, paragrafo 3, del Trattato.

La terza condizione relativa all'esenzione di cui all'articolo 81, paragrafo 3, del Trattato è che gli accordi restrittivi non impongano alle imprese interessate restrizioni che non siano indispensabili per raggiungere tali obiettivi. I consorzi sono accordi di cooperazione tra compagnie marittime di linea che non prevedono la fissazione dei prezzi e sono quindi meno restrittivi delle conferenze. Gli utenti ritengono che essi garantiscano servizi regolari adeguati, affidabili ed efficienti. Inoltre, negli ultimi anni è aumentato in misura significativa l'uso di singoli accordi di servizi. Per definizione, i singoli accordi di servizi non sono restrittivi della concorrenza ed arrecano un vantaggio agli esportatori in quanto consentono di fornire servizi su misura. Inoltre, poiché il prezzo è fissato in anticipo e non è soggetto a fluttuazioni per un determinato periodo (generalmente fino ad un anno), i contratti di servizi possono contribuire alla stabilità dei prezzi. Non è quindi stato stabilito che le restrizioni della concorrenza autorizzate dal Regolamento CEE/4056/86 (fissazione dei prezzi e regolazione della capacità) siano indispensabili alla fornitura agli utenti di servizi di trasporto affidabili, che possono essere ottenuti anche con mezzi meno restrittivi. La terza condizione di cui all'articolo 81, paragrafo 3, del Trattato prevede che la conferenza debba rimanere soggetta ad efficaci restrizioni della concorrenza».

La disciplina dei traffici marittimi sul piano della normativa *antitrust* non può però esaurirsi a livello dell'ordinamento dell'Unione europea. Comportamenti anticoncorrenziali possono, infatti, essere attuati da imprese di trasporto marittimo anche nell'ambito del solo mercato interno, rientrando così nel campo di applicazione della normativa *antitrust* nazionale. Quest'ultima sanziona, in termini analoghi a quelli degli artt. 101 e 102 TFUE, le intese e pratiche concordate tra imprese che abbiano effetti limitativi o distorsivi della concorrenza e gli abusi di posizione dominante sul mercato.

Nel suo primo intervento in materia di trasporti marittimi, l'Autorità Garante della Concorrenza e del Mercato ha affermato l'illegittimità, in quanto costituenti sfruttamento abusivo di posizione dominante, di comportamenti di un'impresa di navigazione consistenti nell'applicazione dei premi di fedeltà o premi di produzione su base annua, commisurati al totale del traffico assicurato sull'insieme delle rotte da essa servite e nell'intensificazione delle partenze, pur operando in perdita, resa possibile dalle sovvenzioni statali delle quali l'impresa beneficiava (cfr. il provvedimento dell'Autorità Garante 10 aprile 1992, in *Dir. mar.*, 1992, p. 772).

In una successiva occasione, l'Autorità Garante della Concorrenza e del Mercato, il cui provvedimento è stato confermato dal T.A.R. Lazio 24 gennaio 2003 (in *Dir. mar.*, 2005, p. 1003), ha sanzionato la condotta "predatoria" di un'impresa di trasporti marittimi a mezzo traghetto che, già attiva ed in posizione dominante sulla linea Messina-Villa S. Giovanni, aveva attivato tramite una società controllata, anche la linea Messina-Reggio Calabria per contrastare, praticando prezzi artificialmente bassi e fissando gli orari in modo da anticipare di pochi minuti le partenze dell'impresa concorrente, l'ingresso di un concorrente che aveva iniziato ad operare su tale linea.

3. I consorzi ed il Regolamento CE/823/2000

Come ricordato nel paragrafo precedente, l'evoluzione dei modelli di acquisizione dei traffici alla fine del secolo scorso, con il superamento del bilateralismo, ha significativamente ridotto la rilevanza del fenomeno conferenziale.

Per contro, è aumentata l'importanza delle economie di scala e quindi la necessità di acquisire maggiori volumi di traffico da trasportare su navi di maggiori dimensioni. Le mutate condizioni del mercato hanno dato luogo a nuove figure di cooperazione tra imprese di trasporto marittimo di linea, tra le quali hanno particolare rilevanza i c.d. consorzi.

Nei consorzi, l'esigenza di ottimizzare l'impiego di navi di grandi dimensioni e di mantenere frequenze adeguate di servizio viene soddisfatta mediante l'utilizzo di una stessa nave da parte di più compagnie, le quali si suddividono la capacità della nave: uno dei vettori consorziati (armatore della nave) noleggia agli altri consorziati spazi di stiva (c.d. "*slot charter*"); normalmente si realizzano nell'ambito del consorzio sistemi di *slot charter* reciproci, per i quali ciascun vettore consorziato è di volta in volta noleggiante o noleggiatore di spazi di stiva, rispettivamente sulle navi proprie o degli altri consorziati.

Al sistema degli *slot charter* si aggiunge spesso un *pool* di carichi (non dissimile da quelli attuati dalle *conference*). Gli accordi di consorzio comprendono inoltre pattuizioni relative a (i) questioni di carattere tecnico, attinenti alla tipologia delle navi da impiegare nel servizio, (ii) rapporti con i fornitori di servizi ed, in particolare, i terminal portuali, (iii) coordinamento dei servizi logistici e di trasporto terrestre, (iv) adozione di procedure uniformi di gestione dei dati relativi alla merce. È invece normalmente estranea agli accordi di consorzio la fissazione di noli comuni. Questo non esclude che i vettori consorziati siano anche membri di una *conference* e nell'ambito di quest'ultima adottino pattuizioni in tema di tariffe e di fissazione dei noli. In tal modo le imprese interessate combinano l'oggetto dell'accordo consortile con quello dell'accordo conferenziale, in funzione del risultato di razionalizzazione e coordinamento delle rispettive attività da esse desiderato.

Come nelle *conferences*, nei consorzi sono previsti organi competenti alla gestione dell'accordo, anche se tali organi hanno una rilevanza esterna minore rispetto a quanto avviene nelle *conferences*.

Non vi è dubbio che anche gli accordi di consorzio abbiano significativi effetti di limitazione della concorrenza e rientrino quindi nella nozione di "intesa" di cui all'art. 101 TFUE. Anche per i consorzi è stata però prevista, prima con il Regolamento CE/870/95 e poi con il Regolamento CE/823/2000, un'esenzione per categoria dell'applicazione del divieto di "intese" limitative della concorrenza.

L'art. 1 definisce i consorzi come accordi tra vettori di linea «il cui oggetto è quello di instaurare una cooperazione per l'esercizio in comune di un servizio di trasporto marittimo (...) razionalizzando le loro operazioni tramite accordi tecnici, operativi e commerciali, ad eccezione della determinazione dei prezzi».

L'esenzione si applica agli accordi aventi ad oggetto: (i) l'esercizio in comune di servizi di trasporto marittimo di linea (ivi comprese la determinazione di orari di viaggio e porti di scalo, gli *slot-charter*, l'utilizzazione in comune di navi ed impianti portuali, uffici, contenitori ed altre attrezzature); (ii) aggiustamenti temporanei di capacità; (iii) l'esercizio o l'uso in comune di terminal e servizi portuali; (iv) la partecipazione a *pool* di carico o di proventi; (v) l'esercizio in comune del diritto di voto in organi conferenziali; (vi) strutture comuni di commercializzazione comune e l'uso di polizze di carico congiunte. Sono inoltre consentite sia le clausole che impongono ai consorziati di utilizzare solo (spazi su) navi di altri consorziati, sia quelle che vietano ai consorziati di cedere spazio sulle proprie navi a vettori non consorziati. L'esenzione non si applica, invece, ai patti di non utilizzazione di capacità esistenti, con i quali i consorziati si impegnano ad astenersi dall'impiegare parte della capacità delle navi utilizzate nel consorzio.

L'esenzione (analogamente a quanto previsto dal Regolamento CEE/4056/86 per le *conferences*) è subordinata ad alcune rilevanti condizioni e cioè (i) l'esistenza di una concorrenza effettiva in materia di prezzi o di servizi tra i membri della conferenza all'interno della quale opera il consorzio ovvero l'esistenza di una concorrenza effettiva reale o potenziale da parte di compagnie non consorziate, (ii) la circostanza che il consorzio non detenga una quota di mercato superiore al 30%, se esso opera nell'ambito di una *conference*, o al 35%, se opera al di fuori di una *conference*, (iii) la possibilità per ciascun consorziato di negoziare autonomamente "*service contracts*" con i caricatori, (iv) la possibilità per ciascun consorziato di recedere dal consorzio con un preavviso non superiore a sei mesi e senza penali o limitazioni della propria futura attività sullo stesso traffico, (v) la possibilità per ciascun consorziato, quando il consorzio opera con una struttura di commercializzazione comune, di intraprendere, con un preavviso non superiore a sei mesi e senza penali, una commercializzazione indipendente, (vi) il divieto di pratiche discriminatorie o danno di determinati utenti o posti.

L'esenzione a favore dei consorzi è stata più volte rinnovata e l'ultima estensione andrà a cessare il 25 aprile 2024 (cfr. Regolamento della Commissione EU/2020/436 del 24 marzo 2020). In relazione all'ultimo rinnovo, concesso nel 2020, si è sviluppato il dibattito in merito alla opportunità del mantenimento dell'esenzione. Da un lato, le associazioni armatoriali ritengono che l'esenzione debba essere mantenuta, in quanto gli accordi di consorzio consentono un più efficiente sfruttamento delle navi (anche in termini di consumi di carburante e quindi di emissioni) e la realizzazione di economie di scala, delle quali beneficia anche l'utenza sotto forma di noli più contenuti. Per contro, le associazioni dei caricatori (si veda in particolare in documento dell'International Transport Forum dell'OCSE intitolato "*Impact of Alliances in Container Shipping*") si oppongono all'esenzione, argomentando che la concentrazione dell'offerta dà luogo a situazioni di oligopolio e che la realizzazione di economie di scala si traduce in un peggioramento del servizio sotto forma di minore frequenza degli scali e minor numero di porti serviti.

4. Gli interventi dell'autorità antitrust italiana

La problematica relativa alla disciplina della concorrenza nel settore dei traffici marittimi non si esaurisce nel solo ambito comunitario: comportamenti anti-concorrenziali possono infatti essere attuati da imprese di trasporto marittimo anche nell'ambito del solo mercato interno, rientrando così nell'ambito di applicazione della normativa anti-trust nazionale di cui alla legge n. 287/1990. Quest'ultima sanziona, in modo analogo alle corrispondenti disposizioni del TFUE, le intese e le pratiche concordate tra imprese che abbiano oggetto o effetti limitativi o distorsivi della concorrenza e gli abusi di posizione dominante.

A seguito di un indagine avviata nel maggio 2011, la Autorità Garante della Concorrenza e del Mercato (AGCM) ha ritenuto (provvedimento 11 giugno 2013, in *Dir. mar.*, 2014, p. 710) che vi fosse stata, in relazione alla stagione estiva 2011, un'intesa tra le principali compagnie di navigazione operanti sulle rotte per la Sardegna per un aumento generalizzato dei prezzi dei biglietti. Il provvedimento dell'AGCM è stato però riformato dal T.A.R. Lazio (sentenza 7 maggio 2014, in *Dir. mar.*, 2014, p. 701) sulla base della considerazione che, perché il parallelismo dei comportamenti tra più imprese sia configurabile come "intesa" è necessario che esso sia concordato e quindi che vi sia la prova (diretta o presuntiva) di una concertazione tra le imprese, con flussi di informazioni e contatti che conducano ad una precisa linea d'azione comune; in difetto di tale prova si rientra nell'ambito della autonomia che permette agli operatori di adattarsi al comportamento, reale o presunto, dei concorrenti.

L'AGCM ha altresì sanzionato (provvedimento 10 aprile 1992, in *Dir. mar.*, 1992, p. 71), quale abuso di posizione dominante i comportamenti di un'impresa di navigazione consistenti nell'applicazione di premi di fedeltà o premi di produzione su base annua, commisurati al totale del traffico sull'insieme delle rotte da essa servite e nell'intensificazione delle partenze, resa possibile, pur operando in perdita, dalle sovvenzioni statali della quali tale impresa beneficiava. Il carattere abusivo degli sconti di fedeltà risulta rafforzato quando ad esso si accompagnino comportamenti escludenti o discriminatori (per es. rifiuto di imbarcare, peggioramento dei termini di pagamento) nei confronti dei caricatori "non fedeli", come nella fattispecie esaminata dall'AGCM con il provvedimento 26 marzo 2018, poi confermato dal T.A.R. Lazio con la sentenza 4 giugno 2019.

Un'altra fattispecie di illecito concorrenziale, che integra l'abuso di posizione dominante (o comunque la violazione dell'art. 2598, n. 3, cod. civ.) è costituita dai c.d. "prezzi predatori", e cioè prezzi artificialmente bassi ed anche inferiori ai costi di produzione, resi possibili dalla posizione di forza economica sul mercato, praticati al fine di acquisire la clientela dei concorrenti ed estrometterli dal mercato (in argomento cfr. T.A.R. Lazio 24 gennaio 2003, in *Dir. mar.*, 2005, p. 1003 e, più di recente Trib. Milano 22 aprile 2015, in *Dir. mar.*, 2015, p. 639).

Va infine ricordato che, come evidenziato da Trib. Genova 11 agosto 2014 (in *Dir. mar.*, 2015, p. 630) la commissione di illeciti anti concorrenziali possa essere agevolata da aiuti di Stato, allorché la disponibilità dell'aiuto consenta all'impresa di adottare politiche di prezzo altrimenti insostenibili, svincolandola dal limite del rapporto tra costi e ricavi. Sul vantaggio concorrenziale che può derivare dalle convenzioni di servizio pubblico cfr. anche T.A.R. Lazio 4 giugno 2019.

5. L'applicazione al trasporto marittimo del principio di libera prestazione di servizi

Il Regolamento CEE/4055/86 intende dare attuazione, nel settore del trasporto marittimo internazionale, al principio della libera prestazione di servizi, senza distinguere, a questo riguardo, tra servizi di linea e servizi non di linea o tra trasporto di cose e di persone.

In base all'art. 1 del Regolamento, la regola della libera prestazione di servizi è applicabile ai cittadini degli Stati membri, stabiliti in uno Stato membro diverso da quello destinatario dei servizi ed anche ai cittadini di Stati membri, stabiliti fuori della Comunità, quando le loro navi siano registrate in uno Stato membro.

Il Regolamento impone agli Stati membri la eliminazione (in un arco di tempo graduato da tre a sette anni) di tutte le restrizioni nazionali unilaterali per il trasporto di determinate merci interamente o parzialmente riservate a navi di bandiera nazionale. Per quanto riguarda le clausole di ripartizione dei carichi contenute in accordi bilaterali con Stati terzi, il Regolamento ne impone la eliminazione ovvero, se ciò risulti impossibile, la rinegoziazione in modo tale da garantire a tutti i cittadini della Comunità un accesso equo, libero e non discriminatorio alle quote di carico spettanti allo Stato membro interessato. La stipulazione di futuri accordi bilaterali contenente clausole di ripartizione dei carichi è vietata, a meno che essa non rappresenti per lo Stato membro l'unica effettiva possibilità di accedere ai traffici con il Paese terzo in questione; gli accordi bilaterali così negoziati, con il consenso della Comunità, dovranno comunque, in relazione alla ripartizione dei carichi, conformarsi ai principi sopra indicati con riferimento alle modalità di adattamento degli accordi bilaterali già esistenti.

Chiamata a pronunciarsi sulla legittimità dell'accordo bilaterale italo-algerino del 28 febbraio 1987, la Corte di Giustizia ne affermò la conformità al diritto comunitario, in quanto, da un lato, la partecipazione al traffico dei vettori italiani era fortemente ostacolata dalle pratiche protezionistiche adottate dallo Stato algerino e, dall'altro, le clausole dell'accordo garantivano comunque alle compagnie di altri Stati comunitari un accesso libero, equo e non discriminato, alla quota di traffico riservato dall'accordo alle compagnie nazionali italiane.

Non sono però soltanto le imposizioni unilaterali di quote riservate o gli accordi bilaterali di ripartizione del traffico a costituire ostacoli all'attuazione della libertà di prestazione di servizi e ad essere quindi vietati dal Regolamento CEE/4055/86. Secondo la giurisprudenza della Corte di Giustizia sono incompatibili con il Regolamento i provvedimenti nazionali che impongano tasse o oneri di altra natura o autorizzino tariffe per servizi portuali che (i) non sono giustificati da reali esigenze di sicurezza o di efficienza del servizio ed (ii) abbiano carattere discriminatorio in funzione della nazionalità della nave o della natura (nazionale o internazionale, dell'Unione europea o extra-Unione) del servizio svolto dalla nave.

Si vedano ad esempio le seguenti affermazioni della Corte di Giustizia (CGCE 14 novembre 2002, causa C-435/00):

> «Come osservato dalla Commissione, la maggiorazione di dazi portuali influisce direttamente ed in modo meccanico sul prezzo del viaggio, sicché una differenziazione dei dazi sopportati dai passeggeri si ripercuote automaticamente sul costo del trasporto. La Corte ha avuto modo di statuire che l'applicazione di dazi portuali differenziati a seconda del carattere nazionale o intracomunitario del trasporto costituisce una restrizione della libera prestazione dei servizi, vietata ai sensi del Regolamento CEE/4055/86. Il Regolamento CEE/4055/86, avendo reso applicabile al settore dei trasporti marittimi tra Stati membri tutte le norme del Trattato disciplinanti la libera prestazione dei servizi, osta all'applicazione di qualsiasi normativa nazionale che abbia come effetto di rendere la prestazione di servizi tra Stati membri più difficile della prestazione di servizi puramente interna ad uno Stato membro, a meno che tale normativa non risulti giustificata da un motivo imperativo di interesse generale e purché le misure da essa previste siano necessarie e proporzionate. Posto che l'art. 1, n. 1 del Regolamento CEE/4055/86 ha ampliato il principio della libera prestazione dei servizi nei collegamenti intracomunitari estendendolo ai collegamenti tra uno Stato membro ed un paese terzo, occorre applicare, quanto a questi ultimi collegamenti, le regole sviluppate relativamente ai primi. Di conseguenza, le prestazioni di servizi di trasporto marittimo tra il porto di Rodi ed un porto turco non possono, in assenza di una giustificazione oggettiva, essere assoggettate a condizioni più rigorose di quelle cui sono sottoposte le analoghe prestazioni di servizi tra il porto di Rodi ed i porti della Repubblica ellenica o di altri Stati membri».

Per contro, limitazioni alla libera prestazione di servizi (in particolare l'imposizione di un tributo a fronte di servizi di assistenza alla navigazione) possono essere giustificate da esigenze di pubblica sicurezza (CGCE 13 giugno 2002, cause riunite C-430/99 e C-431/99):

> «Orbene, secondo una giurisprudenza costante, la libera prestazione dei servizi, di cui all'art. 59 del Trattato, richiede non solo l'eliminazione di qualsiasi discriminazione nei

confronti del prestatore di servizi stabilito in un altro Stato membro in base alla sua cittadinanza, ma anche la soppressione di qualsiasi restrizione, anche qualora essa si applichi indistintamente ai prestatori nazionali e a quelli degli altri Stati membri, qualora sia tale da vietare, ostacolare o rendere meno attraenti le attività del prestatore stabilito in un altro Stato membro ove egli fornisce legittimamente servizi analoghi. In applicazione a tale principio, la libera prestazione dei servizi può essere invocata anche da un'impresa nei confronti dello Stato in cui è stabilita qualora i servizi siano forniti a destinatari stabiliti in un altro Stato membro. A tal riguardo occorre constatare che il sistema VBS, imponendo il pagamento di un tributo alle navi di alto mare con una lunghezza superiore a 41 metri, mentre esonera dallo stesso tributo le imbarcazioni per la navigazione interna, qualunque sia la loro bandiera e la nazionalità delle imprese che le utilizzano, non comporta alcuna discriminazione basata direttamente sulla nazionalità ... Inoltre, per quanto attiene alla questione dell'esistenza di motivi imperativi di interesse generale idonei a giustificare la restrizione della libera prestazione dei servizi derivante da detto sistema, si deve ricordare che la tutela della pubblica sicurezza figura tra i motivi che, ai sensi dell'art. 56, n. 1 del Trattato, possono giustificare restrizioni risultanti da un regime particolare per i cittadini stranieri. La tutela della sicurezza pubblica è quindi idonea, in linea di principio, a giustificare parimenti un provvedimento nazionale indistintamente applicabile, come quello nelle cause principali. Orbene, l'assistenza alla navigazione fornita nell'ambito del sistema VBS costituisce un servizio nautico essenziale per garantire la pubblica sicurezza nelle acque costiere e portuali, ed il tributo VBS, cui sono assoggettate le navi di alto mare con lunghezza superiore a 41 metri, in quanto utenti di tale servizio, contribuisce all'interesse generale alla sicurezza pubblica in tali acque».

6. Il cabotaggio

La liberalizzazione dei servizi di trasporto marittimo avrebbe potuto essere considerata completa soltanto quando avesse investito anche il c.d. cabotaggio e cioè i trasporti tra due porti situati nello stesso Stato. Come si è indicato (*supra*, § 5) il Regolamento comunitario CEE/4055/86 aveva infatti sancito la applicazione della libertà di prestazione di servizi soltanto con riferimento ai trasporti internazionali.

Maggiori difficoltà si opponevano però all'abbattimento delle barriere all'accesso ai traffici nazionali da parte di vettori stabiliti in altri Stati comunitari; ci si riferisce in particolare alle normative nazionali che, nel riservare il cabotaggio alla bandiera nazionale, intendevano perseguire anche finalità extraeconomiche, quale il mantenimento di collegamenti adeguati e costanti con porzioni periferiche, e soprattutto insulari, del territorio nazionale.

La liberalizzazione del cabotaggio venne quindi realizzata solo in un momento successivo, con il Regolamento CEE/3577/92 che, con un calendario differenziato, a seconda dei diversi tipi di traffico (da un punto di vista geografico e merceologico), apre l'accesso ai traffici di cabotaggio a vettori appartenenti a Stati comunitari diversi da quello nell'ambito del quale si svolge il traffico. La Corte di Giustizia ha recentemente precisato (CGCE 27 marzo 2014, causa C-17/13) che rientra nella nozione di "cabotaggio" di cui all'art. 2 del Regolamento n. 3577/1992 un servizio di trasporto marittimo consistente in una crociera che inizia e termina, con gli stessi passeggeri, in uno stesso porto di uno stesso Stato membro. Si è invece escluso (CGCE 11 gennaio 2007, causa C-251/04, in *Dir. mar.*, 2009, p. 406) che la liberalizzazione del cabotaggio disposta con il Regolamento CE/3577/92 si applichi anche al servizio di rimorchio.

Più precisamente, la libera prestazione di servizi di trasporto marittimo di cabotaggio viene estesa alle compagnie marittime stabilite in uno Stato membro che utilizzino navi iscritte nei registri di tale Stato. Tenuto conto dell'esistenza in alcuni Stati membri di registri "internazionali" (cfr. per l'Italia, cap. 2 § 2.3) si è previsto che ciascuno Stato membro possa consentire la partecipazione al proprio traffico di cabotaggio alle navi, iscritte in registri di altri Stati membri, che, nell'ambito di tali Stati, siano ammesse al cabotaggio.

Per quanto riguarda le materie attinenti alla composizione ed al trattamento degli equipaggi (e cioè uno dei più rilevanti elementi di costo dell'impresa armatoriale, che incide in modo rilevante sulla sua competitività), il Regolamento CEE/3577/92 stabilisce l'applicabilità della legge dello Stato di registrazione della nave per il cabotaggio continentale e per il c.d. cabotaggio insulare "consecutivo" (cioè quello direttamente seguito o preceduto da una tratta internazionale) e le navi da crociera ed invece della legge dello Stato nel cui ambito territoriale viene effettuato il servizio per il cabotaggio insulare.

La esatta definizione della nozione di cabotaggio insulare acquista così una notevole rilevanza. Escluso senza esitazioni (sentenza Corte di Giustizia CE 21 ottobre 2004, causa C-288/02, in *Dir. mar.*, 2005, p. 437) che la nozione di cabotaggio insulare potesse applicarsi in via analogica alla penisola greca del Peloponneso, ci si è chiesti se, ai fini della definizione di cabotaggio insulare consecutivo, potesse rilevare anche una tratta internazionale effettuata senza carico ("in zavorra"); al riguardo la Corte di Giustizia (sentenza 6 aprile 2006, causa C-456/04, in *Dir. mar.*, 2006, p. 798), pur rinviando al legislatore nazionale la valutazione del caso concreto, ha affermato che, in linea di principio, anche un viaggio in zavorra possa essere rilevante, con il limite però di condotte abusive e fraudolente:

> «Per quanto riguarda la nozione di "viaggio internazionale", occorre rilevare innanzi tutto che l'art. 3, par. 3 del Regolamento si limita a richiedere che il viaggio di cabotaggio sia preceduto o seguito da un viaggio internazionale, senza fornire alcuna indicazione né sulla nozione stessa di "viaggio" né sull'eventuale presenza di carico a bordo. Di conseguenza, e poiché il regolamento non contiene alcuna definizione della nozione di "viaggio" né alcun elemento che faccia supporre che il legislatore comunitario abbia inteso consentire che si tenga conto di criteri supplementari, quali la necessità di un carico a bordo o l'esistenza di un'autonomia funzionale e commerciale del viaggio internazionale, occorre intendere tale nozione come comprendente, in linea di principio, qualsiasi viaggio a prescindere dalla presenza di un carico a bordo (... *omissis* ...) Tuttavia, nonostante tale constatazione, non possono essere ammessi viaggi in zavorra intrapresi abusivamente allo scopo di aggirare le norme previste dall'art. 3 del Regolamento e l'obiettivo del regolamento medesimo. A questo proposito occorre rilevare che, secondo una giurisprudenza costante, gli interessati non possono avvalersi abusivamente o fraudolentemente del diritto comunitario. Infatti l'applicazione della normativa comunitaria non può estendersi fino a comprendere i comportamenti abusivi degli operatori economici, vale a dire le operazioni realizzate non nell'ambito di transazioni commerciali normali, bensì al solo scopo di aggirare le norme previste dal diritto comunitario. I giudici nazionali possono pertanto

tener conto, basandosi su elementi obiettivi, del comportamento abusivo dell'interessato per negargli eventualmente la possibilità di fruire delle disposizioni di diritto comunitario invocate. Al riguardo essi debbono tuttavia tener presenti le finalità perseguite dalle disposizioni di cui trattasi».

Come si è accennato, le normative nazionali in materia di traffici di cabotaggio sono fortemente connotate dalla esigenza di garantire comunque (prescindendo dall'effettiva economicità del servizio) adeguati collegamenti con porzioni periferiche o insulari del territorio nazionale. A questo riguardo, il Regolamento CEE/3577/92 consente agli Stati membri di concludere contratti di servizio pubblico o di imporre obblighi di servizio pubblico ai vettori che intendono partecipare a traffici di cabotaggio con le isole. Gli obblighi di servizio pubblico che possono essere imposti riguardano la determinazione dei porti che devono essere serviti, la regolarità, continuità, frequenza e capacità del servizio offerto, le tariffe da praticarsi, la composizione dell'equipaggio. La conclusione di contratti di servizio pubblico o l'imposizione di obblighi di servizio pubblico devono comunque avvenire su basi non discriminatorie per tutti i vettori comunitari.

La Corte di Giustizia (CGCE 20 febbraio 2001, causa C-205/99, *Analir*, in *Dir. mar.*, 2003, p. 1258) ha chiarito le differenze tra imposizione di oneri di servizio pubblico e contratti di servizio pubblico, precisando altresì le condizioni di utilizzo, eventualmente anche cumulativo, di tali strumenti da parte degli Stati:

«Si deve, infatti, constatare, da un lato, che il ricorso alla via contrattuale consente all'autorità pubblica di ottenere che l'armatore si impegni a fornire le prestazioni di servizi di trasporto convenute per contratto. Dall'altro, l'armatore sarà disposto, in via di principio, ad essere vincolato da siffatte clausole solo se lo Stato membro di impegna ad accordargli un corrispettivo, quale un compenso economico. Per contro, nel caso in cui obblighi di servizio pubblico siano imposti per via extracontrattuale, l'armatore rimane libero, in via di principio, di rinunciare a fornire i servizi di trasporto di cui trattasi. Solo nel caso in cui intenda procedervi, quest'ultimo deve farlo nel rispetto degli obblighi imposti. Peraltro, a tale modalità potrebbe del pari essere associato un regime di compensi finanziari ai sensi dell'art. 4, n. 2, comma 2, del Regolamento CEE/3577/92, come dimostra la normativa spagnola di cui alla causa principale. Da un confronto delle caratteristiche delle due modalità di esecuzione del servizio di cabotaggio marittimo risulta, quindi, che lo strumento del contratto offre allo Stato maggiori garanzie che il servizio verrà effettivamente fornito. Inoltre, come a giusto titolo ha rilevato il governo spagnolo, la via contrattuale consente di garantire che, in caso di risoluzione del contratto, il prestatore continui ad assicurare il servizio fino alla stipulazione di un nuovo contratto, fermo restando che siffatta garanzia sarà ottenuta di regola soltanto dietro corrispettivo. Alla luce delle caratteristiche delle due modalità considerate, nonché delle loro finalità, non vi è ragione di escludere che di esse ci si avvalga in maniera concomitante per una medesima rotta o una medesima linea di trasporto al fine di garantire un determinato livello di servizio pubblico. Gli Stati membri possono imporre obblighi di servizio pubblico agli armatori comunitari soltanto se può essere dimostrata un'effettiva esigenza di servizio pubblico. Va constatato che tale conclusione s'impone parimenti per la stipulazione di un contratto di servizio pubblico. Un'eventuale combinazione delle due modalità per una stessa linea o per una stesa rotta sarebbe giustificata solo nel rispetto della medesima condizione. In secondo luogo, come risulta del pari dall'art. 4, nn. 1 e 2 del Regolamento CEE/3577/92, un'applicazione concomitante delle due modalità deve essere effettuata in base a criteri non discriminatori nei confronti di tutti gli armatori comunitari. In terzo luogo, trattandosi di un ostacolo alla libera prestazione dei servizi di cabotaggio marittimo, un'eventuale applicazione concomitante delle due modalità, per essere giustificata e compatibile con l'art. 4, nn. 1 e 2 del detto Regolamento, in combinato disposto con l'art. 1 del medesimo, deve essere conforme al principio di proporzionalità. In altri termini, la combinazione delle due modalità di esecuzione dei detti servizi deve essere adeguata per garantire un sufficiente livello dei medesimi e non comportare effetti restrittivi alla libera prestazione dei servizi di cabotaggio marittimo che esorbiterebbero da quanto necessario per conseguire l'obiettivo perseguito».

Successivamente (CGCE 17 marzo 2011, cause C-128/10 e C-129/10, in *Dir. mar.*, 2013, p. 560) la Corte di Giustizia ha ulteriormente chiarito condizioni e presupposti per l'imposizione di restrizioni alla libertà di cabotaggio e oneri di servizio pubblico:

«Il combinato disposto degli artt. 1 e 4 del Regolamento deve essere interpretato nel senso che non osta ad una normativa nazionale che istituisce un regime di previa autorizzazione per i servizi di cabotaggio che prevede l'adozione di decisioni amministrative che impongono il rispetto di talune fasce orarie per ragioni collegate, da un lato, alla sicurezza delle navi e all'ordine nei porti e, dall'altro, a obblighi di servizio pubblico, purché siffatto regime sia fondato su criteri obiettivi, non discriminatori e noti in anticipo, in particolare nel caso in cui numerosi armatori intendano entrare contemporaneamente nello stesso porto. Per quanto riguarda decisioni amministrative che impongono obblighi di servizio pubblico, è inoltre necessario poter dimostrare una necessità reale di servizio pubblico a causa dell'insufficienza dei servizi regolari di trasporto in una situazione di libera concorrenza».

Con riferimento alla delimitazione degli obblighi di servizio pubblico, l'ACGM ha precisato (provvedimenti 26 luglio 2017 e 17 dicembre 2018) che, vista la rilevanza che assumono rispetto alle dinamiche concorrenziali, essi dovrebbero essere circoscritti a quella parte del servizio pubblico il cui soddisfacimento non potrebbe altrimenti essere garantito dal mercato e, comunque, senza necessariamente ricorrere all'esclusiva; al fine di giungere a corrette determinazioni al riguardo, le amministrazioni competenti dovrebbero svolgere approfondite indagini di mercato, aggiornandole periodicamente, per verificare se sussistono le condizioni per la prestazione di servizi da parte di operatori di mercato o la possibilità di soddisfare le esigenze di trasporto pubblico senza attribuire diritti di esclusiva.

7. I Regolamenti CEE/4057/86 e CEE/4058/86

Il "pacchetto" del 1986, oltre a disciplinare le conferenze (quali accordi limitativi della concorrenza), e ad applicare ai trasporti marittimi il principio di libera prestazione di servizi comprendeva altri due Regolamenti destinati a dare attuazione, nel settore dei traffici marittimi, ai principi fondamentali dell'ordinamento comunitario.

Il Regolamento CEE/4057/86 costituisce un'applicazione, nel settore del trasporto marittimo, dei principi comunitari in materia di pratiche tariffarie sleali ("*dumping*"). Il Regolamento consente alla Comunità di imporre dazi compensativi, come reazione a pratiche tariffarie sleali da parte di vettori di Paesi non comunitari, che provochino gravi perturbazioni del mercato su rotte da o per Paesi comunitari o rischino di danneggiare gravemente i vettori comunitari che operano su tali rotte e gli interessi della Comunità.

L'art. 3 del Regolamento precisa che per "pratiche tariffarie sleali" si intende «l'applicazione costante su una determinata rotta di navigazione da, verso o all'interno della Comunità, per alcune merci selezionate o per tutte le merci, di tassi di nolo inferiori ai tassi normali di nolo praticati durante un periodo di almeno sei mesi, quando detti tassi di nolo inferiori sono possibili in quanto l'armatore in questione beneficia di vantaggi non commerciali concessi da uno Stato non membro della Comunità».

Un esempio di applicazione del Regolamento *anti-dumping* in materia di trasporti marittimi è costituito dall'imposizione di un dazio compensativo a carico di un vettore asiatico, operante sulla rotta tra l'Europa e l'Australia, che praticava noli considerevolmente inferiori alla media del mercato e godeva di rilevanti aiuti statali in termini di finanziamenti agevolati per l'acquisto e la costruzione di navi e di sgravi fiscali, nonché di misure protezionistiche, che ponevano detto vettore al riparo da concorrenza sul proprio traffico nazionale mediante un sistema di licenze e di riserve di carico.

Il Regolamento CEE/4058/86 disciplina l'esercizio di azioni coordinate dell'Unione europea e degli Stati membri, volte alla salvaguardia del libero accesso ai traffici marittimi internazionali. Si tratta di contromisure in reazione ad azioni di Stati terzi che limitino o minaccino di limitare il libero accesso di società di navigazione degli Stati membri o di navi registrate in uno Stato membro a traffici marittimi internazionali (siano essi di linea o meno, soggetti o meno al Codice di Condotta).

L'azione coordinata può attuarsi mediante rimostranze diplomatiche ovvero mediante contromisure dirette alle società di navigazione dei Paesi terzi interessati (o di altri Paesi) che traggano vantaggio dalle pratiche protezionistiche poste in essere da tali Paesi terzi; le contromisure possono consistere in (i) imposizione dell'obbligo di ottenere l'autorizzazione (eventualmente soggetta a condizioni ed obblighi) a caricare, trasportare o scaricare merci, (ii) imposizione di un contingente, (iii) imposizione di oneri finanziari.

La risposta a pratiche protezionistiche e discriminatorie poste in essere da Stati terzi, può essere attuata, oltre che a livello unionale (come previsto dal citato Regolamento CEE/4058/86), anche mediante misure unilaterali dello Stato italiano, come previsto dalla legge 3 marzo 1987 n. 69 ("*Disposizioni per la difesa della marina mercantile italiana*"). L'art. 1 di detta legge prevede che il Ministero dei Trasporti possa limitare o vietare la partecipazione al traffico da e per porti italiani: (i) alle compagnie di navigazione appartenenti a Stati che limitano la libertà di concorrenza sui traffici internazionali mediante riserve di carico, concorrenza non commerciale, regolamentazioni portuali o fiscali preferenziali o altri mezzi idonei ad influire sulla scelta della bandiera ed a determinare (direttamente o indirettamente) ripartizioni o controlli unilaterali dei traffici; (ii) alle compagnie di navigazione straniere che pongono in atto misure idonee ad assicurarsi quote di traffico italiano o di determinati tipi di traffico, da ritenere pregiudizievoli per gli interessi nazionali; (iii) alle compagnie di navigazione appartenenti a Stati per i quali esiste un consistente squilibrio tra la partecipazione dei vettori italiani al traffico da e per i porti di tale Stato e la partecipazione di dette compagnie al traffico italiano. Va sottolineato che le ipotesi rispetto alle quali è prevista la possibile adozione di contromisure si riferiscono ad attività e comportamenti sia di Stati esteri sia di compagnie di navigazione straniere.

Per un esempio di applicazione del Regolamento CEE/4058/86 cfr. la complessa vicenda conclusasi con la sentenza Cass. 27 luglio 2005 n. 15868 (in *(Dir. mar.*, 2006, p. 511). È stata invece respinta (Trib. Genova 1° dicembre 2012, in *Dir. mar.*, 2013, p. 907) la richiesta di un provvedimento *ex* art. 700 cod. proc. civ. che inibisse ad una nave tunisina l'accosto nel porto di Genova, quale "ritorsione" rispetto al diniego delle autorità tunisine di consentire lo scalo di una nave italiana nel porto tunisino di La Goulette.

14. I sinistri ed il soccorso in mare

1. Urto di nave

1.1. Le fonti della disciplina

La Convenzione di Bruxelles del 23 settembre 1910 sull'urto tra navi (ratificata con legge 12 giugno 1913 n. 606) ha costituito il primo esempio di diritto internazionale uniforme marittimo di origine convenzionale e le norme dettate nel codice della navigazione in tema di urto di nave riprendono sostanzialmente quelle della Convenzione. A tale disciplina devono aggiungersi anche le due Convenzioni di Bruxelles del 10 maggio 1952, rispettivamente sulle regole di competenza civile (applicabile se tutte le navi coinvolte nell'urto battono la bandiera di un Paese contraente; cfr. Cass. 9 marzo 2015 n. 4686, in *Dir. mar.*, 2016, p. 91) e penale in tema di urto (ratificate con legge 25 ottobre 1977 n. 880), nonché le Regole per la prevenzione degli abbordi in mare (rese esecutive in Italia con la legge 27 dicembre 1977 n. 1085); completa il quadro l'art. 488 cod. nav., in virtù del quale le norme sull'urto di nave si applicano anche ai danni non derivanti da collisione materiale (ad esempio per spostamento d'acqua).

Sia la Convenzione del 1910, sia il codice della navigazione fondano la responsabilità in caso di collisione sul principio della colpa: nella materia, quindi, non vige né una responsabilità obiettiva o per rischio d'impresa, né una presunzione analoga a quella dell'art. 2054 cod. civ. (che si applica solo alla navigazione da diporto; cfr. Cass. 26 giugno 2015 n. 13224, in *Dir. mar.*, 2016, p. 104). La Convenzione del 1910 si applica agli urti, ovunque avvenuti (alto mare, mare territoriale o acque interne), tra navi battenti bandiera di Stati contraenti, salva l'applicazione della legge nazionale comune alle navi coinvolte nel sinistro allorché la controversia sia portata davanti ai giudici di tale Stato (art. 1).

La Convenzione non si applica, invece, se il sinistro coinvolge esclusivamente navi addette alla navigazione interna (art. 1) e alle navi da guerra o alle navi di Stato esclusivamente adibite a un servizio pubblico (art. 11).

Con riferimento a queste ultime, viene in rilievo la Convenzione di Bruxelles del 10 aprile 1926 per l'unificazione di alcune regole concernenti le immunità delle navi di Stato (ratificata dall'Italia con legge 19 luglio 1929 n. 1638). Tale Convenzione prevede l'assoggettamento delle navi di proprietà di Stato alle regole ordinarie, salve le eccezioni previste nell'art. 3, ossia con esclusione delle navi da guerra, dei panfili di Stato, delle navi di vigilanza, navi ospedale, ausiliarie, da approvvigionamento e ad altre navi di uno Stato o usate da esso e adibite a un servizio non commerciale dello Stato allorché il credito è sorto.

Nel caso in cui una delle navi coinvolte nella collisione batta la bandiera di uno Stato non contraente, la Convenzione di Bruxelles sull'urto tra navi del 1910 non trova applicazione e la legge regolatrice della fattispecie va determinata in base alle norme di diritto internazionale privato del foro.

Nel nostro ordinamento si doveva in passato operare un coordinamento tra l'art. 12 cod. nav. (che in caso di urto tra navi in alto mare prevede l'applicazione della legge nazionale, se comune, e in mancanza, della legge italiana) e l'art. 62 della legge n. 218/1995 (recante "*Riforma del diritto internazionale privato italiano*"), secondo il quale la responsabilità da fatto illecito è regolata dalla legge dello Stato in cui si è verificato l'evento o, su richiesta del danneggiato, dalla legge dello Stato in cui si è verificato il fatto che ha causato il danno, salva l'applicazione della legge comune se l'evento coinvolge soltanto cittadini di un medesimo Stato in esso residenti. Tale ultima norma trovava, quindi, applicazione, solo per eventi e/o fatti che si fossero verificati in acque soggette alle giurisdizione di uno Stato, mentre l'art. 12 cod. nav. continuava a trovare applicazione agli urti occorsi in alto mare, salva l'applicazione della normativa uniforme (in questo senso, era già giunta la giurisprudenza italiana cfr. Cass. 7 febbraio 1975 n. 458, in *Dir. mar.*, 1976, p. 427).

In realtà, già nel vigore del precedente regime, la dottrina aveva già sottolineato l'inadeguatezza del ricorso, sia pure residuale, alla legge della bandiera, sottolineando come più corretta fosse la soluzione, peraltro già prevista dall'art. 12 cod. nav. nel caso di navi battenti la bandiera di Stati diversi, di applicare comunque alla fattispecie dell'urto tra navi in alto mare la *lex fori*.

Con l'entrata in vigore del Regolamento CE/864/2007 sulla disciplina applicabile alle obbligazioni extra-contrattuali (il quale prevale sia sull'art. 12 cod. nav., sia sull'art. 62 della legge n. 218/1995) la materia è ora regolata dall'art. 4 dello stesso che prevede, salva la possibilità per le parti di scegliere la legge regolatrice, l'applicazione alle obbligazioni extracontrattuali che derivano da un fatto illecito della legge del Paese in cui il danno si verifica, indipendentemente dal Paese nel quale è avvenuto il fatto che ha dato origine al danno e a prescindere dal Paese o dai Paesi in cui si verificano le conseguenze indirette di tale fatto, salva l'ipotesi che dal complesso delle circostanze risulti chiaramente che il fatto illecito presenta collegamenti manifestamente più stretti con un Paese diverso.

In dottrina è stato rilevato come, in caso di urto in alto mare, questa norma renda certamente rilevante la *lex fori* quale fonte della disciplina del rapporto, in virtù della sussistenza del collegamento giurisdizionale rispetto alla fattispecie, sicuramente più significativo rispetto a quello, ormai svalutato a livello teorico e non menzionato dal Regolamento, dato dalla bandiera. In tale prospettiva, infatti, la bandiera delle navi coinvolte rileva solo ai fini dell'applicazione della Convezione di Bruxelles del 1910 sull'urto di nave o nell'ipotesi, in assenza di altri più significativi collegamenti, di urto in alto mare tra navi battenti la stessa bandiera, mentre negli altri casi la *lex fori* sembra poter venire in rilievo anche prevalendo sull'eventuale comune nazionalità delle persone fisiche coinvolte nell'incidente e dei soggetti sui quali può ricadere la responsabilità. Nessun dubbio, poi, sull'applicabilità della *lex loci* nel caso di danni verificatisi in spazi soggetti alla giurisdizione di uno Stato costiero.

Va, poi, precisato come in base all'art. 17 del Regolamento CE/864/2007 vengano comunque in rilievo, quale dato di fatto e ove opportuno, le norme di sicurezza e di condotta in vigore nel luogo e nel momento in cui si verifica il fatto che determina la responsabilità, laddove diverso dal Paese in cui il danno si verifica, quali ad esempio quelle relative alla regolamentazione adottata dagli Stati costieri in funzione dell'interesse della sicurezza del traffico marittimo o della tutela dell'ambiente marino dalla quale, con imposizione di limiti alla velocità delle navi e/o di schemi di separazione del traffico ovvero di obblighi di impiego dei servizi di assistenza e di controllo del traffico marittimo.

1.2. I soggetti

Benché il testo delle norme del codice della navigazione in tema di urto menzioni la nave come se fosse un autonomo soggetto di diritti (cosicché si parla di "colpa di una delle navi" e di "risarcimento a carico della nave"), è evidente che, in realtà, ci si deve riferire ai soggetti responsabili della condotta della nave, ossia in primo luogo all'armatore (cfr. art. 274 cod. nav.) e, più in generale, all'autore dell'illecito.

Peraltro, come già accennato, sono molteplici i soggetti a vario titolo coinvolti in una collisione tra navi:

– sotto il profilo della responsabilità

a) l'armatore della nave investitrice, il quale risponde dei danni causati a terzi anche per colpa dei propri dipendenti e preposti, incluso il pilota;

b) l'autore del fatto illecito;

– sotto il profilo del diritto al risarcimento

c) il proprietario della nave investita, relativamente ai danni materiali ed al danno economico conseguente al fermo nave (*off hire*);

d) le persone che hanno subìto danni fisici a seguito della collisione (membri dell'equipaggio, passeggeri, ecc.);

e) i proprietari delle merci trasportate nei confronti della nave investitrice;

f) l'armatore della nave investita, limitatamente alla perdita di utile conseguente al fermo della nave (cfr. Trib. Civitavecchia 30 gennaio 1999, in *Dir. mar.*, 2001, p. 1142).

Va osservato che, in caso di nave data in locazione, se in deroga alle disposizione del codice della navigazione (cfr. *supra*, cap. 2) i costi di riparazione dei danni causati dall'urto sono stati sopportati dal conduttore-armatore, è configurabile un diritto proprio di quest'ultimo a chiederne il risarcimento (in argomento, cfr. Trib. Genova

23 gennaio 2013, in *Dir. mar.*, 2014, p. 182 e in generale Cass. 8 giugno 2017 n. 14269, in *Dejure*).

Sono invece esclusi dal diritto al risarcimento eventuali perdite di nolo dei noleggiatori non armatori o sub-noleggiatori della nave, che non rivestono la qualifica di armatori, come affermato anche dalla giurisprudenza, in quanto non si trovano in rapporto immediato e diretto rispetto all'evento dannoso. In tal senso si esprime, infatti, il Trib. Genova 4 aprile 1968 (inedita):

> «L'armatore, assuntore dell'esercizio della nave pur se non proprietario, quale titolare di una posizione giuridica obiettiva, meritevole di tutela, ha diritto a richiedere il risarcimento dei danni da mancato guadagno per la perdita del nolo in seguito all'immobilizzazione della nave data a noleggio a tempo derivanti, al pari del pregiudizio emergente (danni materiali alla nave) e del lucro cessante (perdita del nolo da locazione) richiesti, in via di ristoro, dal proprietario-locatore non armatore, dal fatto illecito del terzo, armatore della nave urtante, in colpa. Invece, sia il noleggiatore a tempo (*time charterer*) che, *a fortiori*, il sub-noleggiatore, che non sono armatori, non hanno legittimazione attiva nei confronti dell'armatore cui risale la responsabilità dell'urto con la nave noleggiata, poiché non sussiste, tra il fatto illecito di questo terzo e il preteso danno sub specie di lucro cessante, il nesso eziologico avente i caratteri previsti dagli artt. 1023-2056 cod. civ. ("conseguenza diretta e immediata"). Così è da dirsi per i danni "indiretti" da perdita di mercato, subiti dai proprietari delle merci trasportate dalla nave investita, in conseguenza del ritardo nell'arrivo a destino delle merci stesse derivato dalla collisione».

1.3. Il criterio di imputazione della responsabilità

Il criterio di imputazione della responsabilità nell'urto tra navi è quello tradizionale della colpa, espresso nell'ordinamento italiano dagli artt. 483, 484 e 482 cod. nav. Invero, se l'urto è avvenuto per colpa di una delle navi, il risarcimento è integralmente a carico dell'armatore della stessa, mentre se la colpa è comune a più navi, ciascuna di esse risponde in relazione alla gravità della propria colpa e all'entità delle relative conseguenze. Tale ultima formula, propria della tradizione giuridica italiana (art. 2055, comma 2, cod. civ.), si differenzia dalla scelta operata dalla Convenzione di Bruxelles del 1910, che in caso di colpa comune prevede il riparto delle responsabilità solo in ragione della gravità della colpa a prescindere dall'entità delle conseguenze che hanno rispettivamente causato.

L'art. 482 cod. nav., infine, chiarisce che, se l'urto è avvenuto per caso fortuito o forza maggiore (ossia, per causa non imputabile), ovvero se non è possibile accertarne la causa, i danni restano a carico di coloro che li hanno sofferti. Questa norma risulta, pertanto, coerente con il principio generale per cui, nella responsabilità extracontrattuale, spetta al danneggiato provare sia la colpa, sia il nesso di causalità tra il comportamento del (preteso) responsabile e il danno, per cui in mancanza di adeguata prova non soccorrono presunzioni legali. Ciò non significa, peraltro, che debba essere sempre necessariamente fornita una prova diretta di ogni circostanza relativa ai singoli comportamenti colpevoli e di tutti gli eventi che li collegano causalmente alla collisione, potendosi integrare l'accertamento di tali elementi anche con presunzioni semplici. Il punto è stato chiarito dalla giurisprudenza (Cass. 17 gennaio 1958 n. 90, in *Dir. mar.*, 1958, p. 467):

«È, pertanto, incensurabile in cassazione l'apprezzamento del giudice di merito che ritenga di fare risalire la colpa unica dell'urto fra le due navi, di cui una ferma all'ancoraggio e l'altra in movimento, esclusivamente a carico di quest'ultima perché negligentemente lasciata alla deriva, priva di ormeggi e della dovuta sorveglianza da parte del personale di bordo, quando tale valutazione del reciproco comportamento delle navi sia sorretto da motivazione logica e conforme ai principi di diritto (...) in realtà, non è per nulla contrario alla logica ricavare una presunzione semplice dalle dette circostanze dell'essere una nave abbandonata alla deriva e l'altra, invece, ferma all'ancoraggio, perché in detta ipotesi, è – invece – del tutto razionale la deduzione circa la possibilità che l'evento sia stato causato proprio per colpa esclusiva della nave in movimento, mentre quella all'ancoraggio non poteva compiere alcuna manovra utile per evitare l'urto da parte di quella in movimento che viene a colpirla».

Al riguardo, sotto il profilo della ricostruzione fattuale, sono state valorizzate dalla giurisprudenza gli esiti delle inchieste sommarie (artt. 578 cod. nav.; cfr. Trib. Catania 28 febbraio 2007, in *Dir. trasp.*, 2008, p. 459) e formali (artt. 579 e 582 cod. nav.) condotte dall'Autorità marittima in caso di sinistri della navigazione salva la prova contraria che, in base all'art. 582 cod. nav., gli interessati possono fornire rispetto ai fatti accertati nell'àmbito di tali indagini.

Similmente, elementi di prova possono essere tratti anche da altre fonti, quali la relazione di evento straordinario (art. 304 cod. nav.), anche laddove essa non sia stata seguita dal procedimento di verificazione *ex* art. 584 cod. nav. (cfr. Cass. 28 giugno 2018 n. 17015, in *Dejure*).

La direttiva 2009/18/CE stabilisce poi i principi fondamentali in materia di inchieste sugli incidenti nel settore del trasporto marittimo e ad essa è stata data attuazione nell'ordinamento italiano con il d.lgs. 6 settembre 2011 n. 165.

1.4. Il riparto delle responsabilità negli urti per colpa comune

Il codice della navigazione detta, poi, alcune norme speciali per chiarire l'àmbito di applicazione delle norme in tema di urto, nonché per risolvere alcuni problemi posti da istituti speciali di diritto marittimo.

In linea generale, l'art. 484 cod. nav. stabilisce che, nel caso in cui, per particolari circostanze, sussistano dubbi sulla proporzione della partecipazione dei comportamenti colpevoli (imputabili alle varie parti responsabili del sinistro) alle relative conseguenze dannose, il risarcimento è dovuto dai corresponsabili in parti uguali (cfr. Trib. Bari 9 ottobre 2017, in *Dir. mar.*, 2018, p. 938).

L'art. 486 cod. nav. stabilisce poi che, salvo il disposto del comma 2 dell'art. 484, le norme sulla responsabilità per danni da urto di navi non si applicano ai rapporti di responsabilità che intercorrono tra persone vincolate da contratto di lavoro, di trasporto, o da altro contratto. Conseguentemente, le norme del codice della navigazione si applicano esclusivamente quando la relazione intercorrente tra i soggetti è di natura extracontrattuale, mentre se vi è tra questi un legame contrattuale (ad esempio, il rapporto che lega l'armatore verso i membri dell'equipaggio che hanno perso i loro beni personali nella collisione, ovvero quello che lega l'armatore verso i proprietari delle merci perdute a seguito della stessa, ma anche – ad esempio – il rapporto tra armatore e noleggiatore a tempo per quanto riguarda i danni subìti dall'equipaggiamento che quest'ultimo può avere a bordo, quali containers, *fork-lifts*, ecc.) le rispettive pretese vengono ad essere regolate esclusivamente dalla disciplina relativa allo specifico rapporto tra loro intercorrente.

L'art. 484, comma 2, cod. nav. precisa, però, che al risarcimento dei danni derivanti da morte o lesioni di persone gli armatori delle navi in colpa sono tenuti solidalmente.

Dal coordinamento delle due norme risulta che, per i danni alle persone, vige la regola generale per cui tutti i coautori dell'illecito rispondono solidalmente verso i terzi danneggiati, salva l'azione di regresso del responsabile escusso per l'intero danno verso i corresponsabili in ragione delle rispettive quote di responsabilità (art. 2055 cod. civ.). Così, i membri dell'equipaggio o i passeggeri rimasti feriti possono chiedere l'integrale risarcimento in via extracontrattuale all'armatore di ciascuna delle navi in colpa.

Per i danni alle cose, invece, in deroga al principio generale, in caso di urto per colpa comune non vi è responsabilità solidale, per cui il proprietario della merce trasportata da una delle navi ha azione contrattuale contro l'armatore-vettore di quest'ultima, nei limiti della disciplina applicabile al rapporto tra loro intercorrente (con le eventuali esclusioni di responsabilità applicabili qualora la causa del sinistro sia una colpa nautica; cfr. cap. 11 § 7), ed azione extracontrattuale solo nei confronti dell'armatore dell'altra nave, ma non per l'intero danno, bensì solo per la quota di responsabilità di quest'ultimo. Ciò in quanto, in caso di colpa comune, se il proprietario del carico trasportato dalla nave A potesse ottenere, in via extracontrattuale e solidale, l'intero risarcimento dall'armatore della nave B, pur essendo quest'ultimo responsabile solo in parte del sinistro, l'armatore della nave B potrebbe ottenere in via di regresso dall'armatore della nave A il rimborso di quanto pagato al proprietario delle merci trasportate dalla nave A, in ragione della sua quota di responsabilità. Ma, in tal caso, l'armatore della nave A potrebbe trovarsi in concreto a sopportare l'onere economico del risarcimento di un danno alle merci da lui trasportate, anche nei casi in cui tale risarcimento non sarebbe stato dovuto in base al contratto di trasporto, ad esempio perché la collisione è dipesa esclusivamente dalla colpa nautica dei due comandanti delle navi coinvolte. L'eccezione alla regola della solidarietà serve appunto ad evitare tale situazione.

Comunque, nelle polizze di carico e nei contratti di trasporto di carico viene usualmente inserita una *Both to blame Collision Clause* di tenore analogo alla seguente:

> «*If the ship comes in collision with another ship as a result of the negligence of the other ship and any act, neglect or default of the master, mariner, pilot, or the servants of the carrier in the navigation or in the management of the ship, the owners of the goods carried hereunder will indemnify the carrier against all loss or liability to the other or non-carrying ship or her owners in so far as such loss or liability represent loss of, or damage to, or any claim*

whatsoever of the owners of said goods, paid or payable by the other or non carrying ship or her owners of said goods and set-off, recouped or recovered by the other or non carrying ship or her owners as part of their claim against the carrying ship or carrier. The foregoing provisions shall also apply where the owners, operators or those in charge of any ship or ships or objects other than, or in addition to, the colliding ships or objects are at fault in respect of the collision or contact».

Scopo della clausola è evidentemente quello di evitare per l'armatore un onere economico non dovuto in base al contratto di trasporto, nel caso in cui la legge regolatrice dell'azione extracontrattuale verso l'altra nave preveda la responsabilità solidale dei due armatori verso i proprietari del carico.

2. Il soccorso in mare

2.1. Le fonti della disciplina

Il fondamentale testo in materia di soccorso, che ha fornito la base della successiva elaborazione codicistica, è la Convenzione di Bruxelles del 23 settembre 1910 per l'unificazione di alcune regole sull'assistenza e salvataggio marittimi (ratificata nel nostro ordinamento con la legge 14 giugno 1925 n. 938), volta ad armonizzare i diversi regìmi previsti nei sistemi di *common law* e in quelli di *civil law*. Tale disciplina è però oggi superata da quanto disposto dalla Convenzione di Londra del 28 aprile 1989 sul soccorso in mare (ratificata dall'Italia con legge 12 aprile 1995 n. 129 ed in vigore dal 14 luglio 1996), che ha adeguato il tradizionale istituto del salvataggio alle moderne esigenze dei traffici marittimi, soprattutto in tema di tutela dell'ambiente marino dall'inquinamento. L'art. 2 della Convenzione prevede l'applicazione *erga omnes* in tutti i procedimenti arbitrali o giurisdizionali in materia di soccorso che si svolgano in uno Stato contraente, indipendentemente dalla nazionalità delle navi coinvolte. Il nuovo regime uniforme sostituisce, quindi, non solo la Convenzione del 1910, ma anche la normativa del codice della navigazione.

In primo luogo, sulla base dell'art. 2, le regole della Convenzione si applicano a tutti i procedimenti legali iniziati in uno stato contraente dopo la sua entrata in vigore, indipendentemente dal fatto che le operazioni si siano realizzate in tutto o in parte prima di tale data (*contra* Cass. 28 marzo 2008 n. 8092, in *Dir. trasp.*, 2009, p. 463, che sostiene la non applicazione della normativa uniforme a procedimenti iniziati dopo l'entrata in vigore della stessa, ma relativi ad operazioni svoltesi anteriormente).

In secondo luogo, appare evidente dalla formulazione dell'art. 2 come esso fissi il campo di applicazione della normativa uniforme in modo inderogabile e con portata *erga omnes*, fondandolo esclusivamente sulla circostanza che la controversia sia portata davanti ad un foro ordinario o arbitrale in uno Stato contraente, il che, da un lato, sembra poter semplificare l'accertamento circa l'applicabilità o meno della normativa uniforme, e, dall'altro, esclude l'applicazione di ogni norma della *lex fori* (materiale o di d.i.p.) dello Stato contraente, se non nei limiti in cui l'utilizzo di tali norme è consentito dalla Convenzione stessa (cfr. Cass. 13 marzo 2020 n. 7149, in *Dejure*).

La Convenzione (art. 30) ammette la possibilità per gli Stati di apporre riserve circa l'applicazione della stessa in alcuni ipotesi specifiche, ossia: qualora le operazioni di soccorso abbiano luogo all'interno delle acque territoriali e tutte le navi interessate siano destinate alla navigazione interna; qualora le operazioni di soccorso abbiano luogo in acque territoriali e non sia implicato alcun tipo di imbarcazione e qualora tutte le parti interessate appartengano allo stesso Stato. L'Italia, peraltro, non si è avvalsa di tali riserve, per cui nel nostro ordinamento l'applicazione delle regole uniformi prescinde dall'esistenza nella fattispecie di elementi di internazionalità (obiettiva o soggettiva).

Ovviamente, il campo materiale di applicazione della Convenzione viene ulteriormente precisato dalle regole che stabiliscono quali attività ricadano nel concetto di soccorso e quali ipotesi ne siano, invece, escluse. Così, ai sensi dell'art. 1, per operazione di soccorso s'intende qualsiasi azione o attività intesa ad assistere una nave o qualsiasi altro bene in pericolo in acque navigabili o in altre acque. Per "nave" s'intende qualsiasi costruzione atta a navigare, essendo espressamente esclusa l'applicabilità della Convenzione alle piattaforme fisse o galleggianti, e agli impianti mobili di trivellazione situati al largo della costa se tali piattaforme o impianti, nel luogo in cui si trovano, servono all'esplorazione, allo sfruttamento o all'estrazione di risorse minerali del fondo marino (art. 3) e, salva dichiarazione espressa in senso contrario da parte della Stato, alle navi da guerra o ad altre navi appartenenti a uno Stato, o al suo servizio, che non servono a scopi commerciali e che, al momento delle operazioni di assistenza, godono dell'immunità secondo i principi generalmente riconosciuti del diritto internazionale (art. 4).

Per "bene" s'intende qualsiasi bene che non sia assicurato in modo permanente e intenzionale al litorale e comprende, ovviamente, anche il carico a bordo della nave salvata. Stante l'amplissima nozione di "bene" adottata dalla Convenzione, deve ritenersi che la normativa uniforme si applichi non solo nei casi che, nel regime precedente, sarebbero stati qualificati come assistenza o salvataggio di nave, bensì anche nei casi di recupero o ritrovamento di relitti. Ciò sembra confermato anche dal già ricordato art. 30, che prevede un'ulteriore, specifica riserva che consente agli Stati di escludere dal campo di applicazione della Convenzione i casi in cui oggetto dell'attività sia un bene culturale marittimo di interesse preistorico, archeologico o storico che si trovi sul fondo marino.

Peraltro, questa nozione così ampia di soccorso impone la necessità di un coordinamento con altre Convenzioni internazionali, quali la Convenzione di Parigi sulla protezione del patrimonio culturale subacqueo del 2001 (ratificata con la legge 23 ottobre 2009 n. 157), la Convenzione di Nairobi sulla rimozione di relitti del 2007 (non in vigore in Italia) e la Convenzione di Londra del 1969 sulla responsabilità per danni da inquinamento all'ambiente marino (cfr. cap. 7); in relazione a tale ultimo aspetto, l'art. 9 prevede che la Convenzione del 1989 non pregiudichi il diritto dello Stato costiero interessato di adottare misure – in conformità con i principi generalmente riconosciuti del diritto internazionale – volte a proteggere il proprio litorale o gli interessi affini dall'inquinamento o da un pericolo di inquinamento derivante da un incidente marittimo, o da azioni da esso derivanti, che lascino ragionevolmente presagire effetti devastanti.

2.1.1. L'integrazione della disciplina uniforme

Il regime uniforme introdotto in Italia dalla Convenzione di Londra del 1989 si sostituisce non solo la Convenzione del 1910, ma in larga misura anche la normativa di diritto internazionale privato e materiale del codice della navigazione, la cui applicazione è ormai solo residuale (cfr. Cass. 13 marzo 2020 n. 7149, in *Dejure*; Trib. Oristano 18 gennaio 2011, in *Dir. mar.*, 2011, p. 1340). Va però rilevato che la Convenzione, pur mantenendo la fattispecie all'interno del perimetro applicativo del diritto uniforme, riconosce un certo grado di flessibilità nella concreta disciplina del rapporto sia in capo agli Stati, sia in capo alle parti.

Sotto il primo aspetto, in alcuni casi la Convenzione del 1989 consente espressamente agli Stati membri di adottare o mantenere soluzioni normative diverse da o integrative rispetto a quanto previsto dalla stessa disciplina uniforme. Così, a volte la Convenzione non stabilisce direttamente la disciplina di specifici aspetti della fattispecie del soccorso, ma si limita a dettare norme uniformi di diritto internazionale privato volte ad identificare quale sia la legge nazionale competente a regolare tale aspetti. Ad esempio, l'art. 5 della Convenzione, in materia di soccorso condotto sotto il controllo di pubbliche autorità, prevede espressamente che, da un lato, essa "non pregiudica" le norme interne o internazionali relative ad operazioni effettuate da o sotto il controllo di dette autorità, ma precisa che i soccorritori possono in ogni caso avvalersi dei diritti e delle azioni previsti dalla Convenzione, inclusa l'autorità pubblica in questione "nella misura determinata dalla legge dello Stato nel quale tale autorità è situata" (in ipotesi diversa dalla *lex fori*). Similmente, anche gli artt. 15 e 24 della Convenzione omettono di dettare una disciplina materiale e introducono speciali norme di diritto internazionale privato allo scopo di regolare specifiche questioni.

In altri casi, la Convenzione consente al Giudice di applicare, in deroga alla disposizioni della stessa, la disciplina materiale prevista dalla *lex fori*. Ad esempio, l'art. 13.2 della Convenzione stabilisce in via generale che il pagamento del compenso grava su tutte le parti interessate ai beni salvati, in misura proporzionale al rispettivo valore degli stessi, ma un Paese contraente può prevedere nel proprio diritto interno che il pagamento di un compenso sia effettuato da una delle parti interessate, salvo il diritto di regresso. L'art. 13.2 non opera come norma di diritto internazionale privato, ma rende direttamente rilevante la normativa materiale dello Stato del foro che sia in punto diversa da quella stabilita dalla Convenzione, di talché quegli Stati che – come l'Italia (cfr. *infra*, § 2.4) – prima dell'entrata in vigore della Convenzione di Londra del 1989 non adottavano il sistema proporzionale, hanno potuto continuare ad applicare detto regime in deroga alle disposizioni della Convenzione anche dopo l'entrata in vigore della stessa, rimanendo quindi l'armatore della nave salvata responsabile nei confronti dei salvatori del pagamento dell'intero compenso, salvo il regresso verso gli altri partecipanti alla spedizione.

Questa soluzione, dibattuta in dottrina e giurisprudenza (in senso favorevole Trib. Tempio Pausania 12 ottobre 2012, in *Dir. trasp.*, 2013, p. 541; Trib. Palermo 22 marzo 2010, in *Dir. mar.*, 2012, p. 547; *contra* Trib. Cagliari 17 dicembre 2008, in *Dir. mar.*, 2009, p. 524; App. Genova 18 aprile 2018, in *Dir. mar.*, 2018, p. 680) è stata infine fatta propria dalla Cassazione (Cass. 13 marzo 2020 n. 7149, in *Dejure*), la quale ha osservato come

> «la Convenzione internazionale di Londra ... non esclude l'applicabilità della legge nazionale in via suppletiva, con riguardo agli aspetti non disciplinati – nei limiti di compatibilità – o per i quali la stessa Convenzione fa salva la diversa disciplina della legge nazionale ... Quest'ultimo è il caso dell'art. 13, par. 2 della Convenzione, che, dopo aver posto la regola per cui "il versamento di un compenso stabilito in base al paragrafo 1 deve essere effettuato da tutte le parti interessate alla nave e agli altri beni tratti in salvo, in proporzione del rispettivo valore" (configurando perciò un'obbligazione parziaria), aggiunge che "uno Stato Parte può tuttavia prevedere, nella sua legislazione interna, che il versamento del compenso venga effettuato da una delle parti interessate, restando fermo che tale parte ha un diritto di regresso nei confronti delle altre parti per ciò che concerne la loro rispettiva quota", consentendo così agli Stati aderenti di contemplare un obbligato principale con diritto di rivalsa nei confronti degli altri coobbligati, ovvero forme di responsabilità congiunta o solidale ... Tale rinvio della Convenzione alla legislazione interna include – s'intende – anche disposizioni già esistenti, volendosi con esso rispettare i diversi principi previsti nei singoli ordinamenti degli Stati aderenti in punto di configurazione del lato passivo dell'obbligazione avente ad oggetto il compenso ... di qui la superfluità di una eventuale disposizione di legge meramente confermativa di norme preesistenti».

Altrettanto significativa appare la possibilità, ammessa dalla Convenzione, di derogare ad essa non ad opera dello Stato contraente, bensì direttamente ad opera delle parti coinvolte nelle operazioni di soccorso. In particolare, l'art. 6.1 stabilisce che la normativa uniforme si applica ad ogni operazione di soccorso salvo nella misura in cui un contratto disponga diversamente, in modo espresso o implicito. Tale norma attribuisce alle parti di un contratto di soccorso non già la facoltà di manifestare una volontà idonea ad escludere l'applicazione della Convenzione in quanto tale alla specifica fattispecie, bensì più limitatamente consente alle parti di un contratto di soccorso di derogare alla disciplina dettata dalle norme uniformi, fissando essi stessi l'assetto delle loro reciproche relazioni. In tale caso, si potrà avere una disciplina negoziale concretamente applicabile parzialmente difforme da quella dettata dal regime uniforme, ma la fattispecie continuerà a rimanere all'interno del perimetro applicativo della Convenzione e la possibilità di deroga pattizia (espressa o implicita) potrà realizzarsi solo nella misura in cui tale deroga è ammessa dalla Convenzione stessa. Ciò è chiarito dall'art. 6.3 laddove si precisa che la facoltà attribuita alle parti del contratto dallo stesso art. 6.1 non può comportare una deroga all'art. 7 (che prevede la possibilità di modificare od annullare clausole contrattuali inique) o all'obbligo stabilito per il soccorritore dall'art. 8.1, lett. b) e per il comandante e il proprietario della nave salvata dall'art. 8.2, lett. b) di agire con la dovuta cura per eliminare o minimizzare i danni all'ambiente.

Al riguardo, si deve ritenere che le parti possano modificare non solo le norme materiali dettate dalla Convenzione, bensì identificare l'ordinamento competente esercitando la facoltà di scelta della legge regolatrice del contratto di soccorso. Solo in via del tutto residuale, per profili non altrimenti disciplinati dalla Convenzione o dalla *lex contractus*, potrà venire in rilievo, ai fini dell'integrazione della disciplina uniforme, la legge dello Stato nei cui spazi marittimi è stata eseguita in tutto o in parte l'attività di soccorso, ovvero, in presenza di situazioni che non consentono l'impiego di detti criteri di collegamento, la *lex fori* (cfr. lodi arbitrali 28 giugno 1966, in *Riv. dir. int. priv. e proc.*, 1967, p. 838 e 4 novembre 1973, *ibidem*, 1974, p. 573), mentre nessuno spazio può essere riconosciuto alla legge della bandiera in quanto tale, salvo in quanto espressamente richiamata dalla Convenzione.

2.2. I tipi di soccorso

La normativa uniforme ed il codice della navigazione distinguono vari tipi di salvataggio, ossia:

a) *Soccorso obbligatorio*: si tratta del caso in cui il comandante di nave è obbligato a prestare soccorso in presenza di persone in pericolo (Convenzione di Londra art. 10, comma 1) e possa farlo senza serio pericolo per la propria nave. L'obbligo grava personalmente sul comandante e delle conseguenze derivanti dall'inadempimento dello stesso non risponde l'armatore. Il soccorso di persone dà diritto a remunerazione, allorché abbia conseguito un risultato utile, quando l'ammontare relativo è coperto da assicurazione ovvero quando è stato effettuato in occasione di operazioni di soccorso rese a navi (art. 493 cod. nav.). La Convenzione di Bruxelles del 1910 sull'urto di navi prevede poi un'ulteriore caso di soccorso obbligatorio, ossia quello che il comandante deve prestare a favore della nave rimasta danneggiata a seguito della collisione (art. 8). Secondo l'interpretazione prevalente, nell'ordinamento italiano gli artt. 489 e 490 cod. nav. sembrano estendere l'obbligo legale di prestare soccorso non solo alle ipotesi di pericolo per le persone, ma anche qualora la nave sia in pericolo di perdersi. Inoltre, il soccorso può essere obbligatorio a seguito di ordine dell'Autorità marittima in forza degli artt. 69 e 70 cod. nav., che, secondo l'interpretazione prevalente, ne estendono l'operatività anche ad ipotesi ulteriori rispetto a quelle del pericolo per la vita umana. A fronte dello specifico tenore letterale di tali ultimi articoli si è, infatti, osservato come appaia (lodo 26 giugno 1992, in *Dir. mar.*, 1993, p. 147):

> «inconfutabile che queste espressioni escludano che presupposto dell'obbligo di prestare soccorso ad una nave sia *sempre* e *solo* la presenza di persone a bordo in pericolo. Il potere-dovere accordato all'autorità ha indubbiamente riguardo ad un oggetto ben più ampio. Si pensi ai casi di nave in difficoltà con pericolo di inquinamento o di polluzione già in atto, e conseguente alea di un disastro ecologico. Si pensi al caso più semplice, ma altrettanto preoccupante, di nave (tuttora integra nella sua struttura e funzionalità, e quindi non costituente un relitto) incagliata o arenata all'imboccatura di un porto, che venga a costituire remora ed ostacolo alla libera pratica di accesso e di uscita dal medesimo. È certo, quindi, che la nostra legge predispone, nei citati articoli, gli strumenti amministrativi adeguati giacché venga disposto obbligatoriamente, *sub specie* di emissione di precetti dell'autorità, il soccorso a *nave* in pericolo, anche se a bordo non si trovano persone la cui vita sia, al momento, posta a repentaglio».

Giova osservare che il diritto uniforme non sembra escludere il potere per i singoli Stati di stabilire ipotesi di soccorso obbligatorio al di là di quelle previste nelle fonti internazionali, posto che l'obbligo sancito dalla Convenzione di Londra del 1989 (come già da quella di Bruxelles del 1910) è quello di applicare anche ai salvataggi prestati per obbligo di legge o per ordine dell'Autorità il regime sostanziale previsto dalle norme uniformi, laddove ne sussistano i presupposti applicativi (per un esempio di operazioni ordinate dall'Autorità marittima e non rientranti nella fattispecie di soccorso cfr. Cass. 28 marzo 2008 n. 8092, in *Dejure*).

b) *Soccorso spontaneo*: si ha soccorso spontaneo allorché, pur non versandosi in un caso di soccorso obbligatorio per legge o per ordine dell'autorità, il soccorritore – in presenza di una situazione di pericolo per la nave e il suo carico – presta la propria opera senza essere vincolato da alcun contratto con i titolari dei beni soccorsi (normalmente rappresentati dal comandante; cfr. cap. 5, § 2) e, addirittura, nonostante il rifiuto espresso opposto dal comandante della nave soccorsa, qualora lo stesso sia irragionevole. La natura giuridica del soccorso spontaneo è assai discussa in dottrina, ruotando il dibattito circa l'assimilabilità o meno di questa fattispecie all'ipotesi di *negotiorum gestio*. Tale qualificazione, comunque, impinge solo su profili marginali dell'istituto, posto che esso trova la sua disciplina sostanziale (ed in larga misura esaustiva) nelle norme sul soccorso in generale. Tanto più che nella normalità dei casi le operazioni di soccorso, iniziate spontaneamente, vengono poi ricondotte allo schema del soccorso contrattuale, posto che spesso nel corso dell'esecuzione delle operazioni di soccorso le parti stipulano il relativo negozio *ad hoc*. L'autonomia dell'istituto, peraltro, va ribadita, soprattutto qualora dopo l'inizio delle operazioni di soccorso spontaneo le parti stipulino un contratto che qualifica diversamente le prestazioni rese. Il caso tipico è quello in cui, successivamente all'inizio delle operazioni, venga sottoscritto un "buono di rimorchio", come nel caso affrontato nel lodo 27 ottobre 1993 (in *Dir. mar.*, 1994, p. 849), la cui presenza non esclude la concorrente applicazione dell'istituto del soccorso, se ne ricorrono i presupposti e se non si è espressamente rinunciato al relativo compenso. Infatti:

> «il diritto al compenso per il soccorso in mare trova la sua fonte direttamente nelle disposizioni di legge ogni qualvolta si siano verificati i presupposti di fatto normativamente previsti affinché si versi in un'ipotesi di soccorso. Ora, al momento in cui il "buono di rimorchio" è stato emesso, il diritto a pretendere il compenso o era già sorto in capo ai soccorritori o non era mai sorto a seconda che le prestazioni rese dai rimorchiatori siano da ritenersi come prestazioni di soccorso o come prestazioni di rimorchio-manovra. Nella sostanza ciò significa che – ove si dovessero ritenere come sussistenti i presupposti del soccorso – il "buono di rimorchio" dovrebbe essere configurato come un vero e proprio atto di rinunzia al diritto al compenso nonché ad agire per il riconoscimento di tale diritto (...) la dottrina e la giurisprudenza, con orientamento costante, hanno ritenuto che la rinunzia non può essere presunta, ma deve risultare da comportamenti concludenti o da atti tali da rivelare ed esprimere in modo univoco e rigoroso la volontà abdicativa ... nel dubbio, circa l'univocità e la concludenza, la volontà abdicativa deve essere esclusa».

c) *Soccorso contrattuale*: anche tale fattispecie di soccorso presuppone che vi sia una situazione di pericolo per la nave o il suo carico; essa, peraltro, si caratterizza rispetto alla precedente per la stipulazione di un contratto di soccorso. La disciplina legale prevista al riguardo è in larga misura derogabile, salvo che per le norme che tutelano profili di tipo pubblicistico (ad esempio, in tema di tutela dell'ambiente). Inoltre, la Convenzione di Londra del 1989 (come già quella di Bruxelles del 1910) prevede la possibilità per i giudici di modificare d'ufficio i termini dell'accordo, laddove essi contrastino con l'equità o la remunerazione prevista sia troppo alta o troppo bassa rispetto ai servizi resi (art. 7). Da ciò sembra discendere che, in presenza dei presupposti obiettivi previsti dalle norme perché si abbia soccorso (ossia, principalmente, il pericolo), le parti non possono stipulare negozi che qualifichino diversamente i servizi resi (ad esempio, rimorchio o allibo) se ciò porta ad una violazione dei limiti previsti dall'art. 7. Sembra qui emergere con evidenza l'interesse pubblicistico che con sempre maggior decisione permea la materia del soccorso, sottraendola alla libera disponibilità delle parti nonostante l'ampio spazio apparentemente riservato all'autonomia privata dalla normativa di diritto uniforme. Nella prassi dei traffici marittimi si è, comunque, affermato il ricorso a formulari standard di contratto di soccorso, periodicamente aggiornati, per far fronte alle esigenze indicate e a quelle degli operatori, anche in anticipo sulle riforme legislative (su cui vedasi *infra*, § 2.5).

2.3. Gli elementi costitutivi: i beni salvati, la valutazione del pericolo e il c.d. *liability salvage*

A seguito dell'entrata in vigore della Convenzione di Londra del 1989, come già accennato, viene a perdere rilievo la distinzione operata dal legislatore italiano tra assistenza e salvataggio (sulla quale vedasi App. Lecce 12 gennaio 1995, in *Dir. mar.*, 1996, p. 175), ormai unificati nella fattispecie del soccorso: e cioè, ogni atto o attività che si intraprende per assistere una nave o ogni altro bene in pericolo nelle acque navigabili o in ogni altra acqua (art. 1), prestato anche con mezzi non nautici.

Da tale norma appare chiaro come la disciplina uniforme si applichi quando l'oggetto dell'attività sia una nave, ovvero altri beni, con ciò seguendo la tradizione inglese che unifica nel concetto di *salvage* anche il recupero. Viene, quindi ad essere superata la distinzione prevista nel nostro ordinamento tra salvataggio ed assistenza da una parte (che hanno per oggetto solo il bene nave in pericolo) ed il recupero dall'altra (artt. 501 e ss. cod. nav.). Questa unificazione appare opportuna, anche perché è spesso assai difficile individuare il momento in cui il bene nave perde la sua individualità (cfr. *supra*, cap. 2).

Al riguardo, la speciale disciplina del soccorso non può trovare applicazione laddove i beni non si trovino in "acque navigabili o in ogni altra acqua", dovendosi così escludere che ricada in essa l'operazione svolta – sia pure con mezzi nautici – a favore di beni che si trovino sulla terraferma (Cass. 28 marzo 2008 n. 8092, in *Dir. trasp.*, 2009, p. 463).

L'art. 1, lett. b) della Convenzione di Londra del 1989 precisa poi che per "*vessel*" deve intendersi come «*any ship or craft, or any structure capable of navigation*», mentre l'art. 1, lett. c) definisce come "*property*" (cui pure si applicano le norme della Convenzione) «*any property not permanently and intentionally attached to the shoreline*»; il che ha portato la giurisprudenza arbitrale a ritenere rientrante nel concetto di nave, ai fini dell'applicazione della Convenzione, una unità in costruzione la quale, pur non avendo l'apparato propulsore funzionante, abbia assunto una completezza strutturale e di dotazioni tale da far ritenere acquisita l'attitudine virtuale e potenziale a navigare (lodo 9 giugno 1998, in *Dir. mar.*, 2000, p. 967).

Come già accennato, perché si configuri un'ipotesi di soccorso è necessario che ci si trovi di fronte ad una situazione di pericolo per la nave o per il suo carico. Le caratteristiche di tale situazione sono state precisate già nel vigore della Convenzione di Bruxelles del 1910 e del codice della navigazione. In proposito, è stato chiaramente indicato che, per la sussistenza del soccorso, non è necessario che il pericolo corso dalla nave raggiunga una intensità tale da configurare come possibile la perdita totale della stessa (Trib. Genova 27 marzo 2012, in *Dir. mar.*, 2013, p. 178; Trib. Trieste 19 marzo 2009, in *Dir. mar.*, 2009, p. 869; Trib. Genova 8 novembre 2005, in *Dir. mar.*, 2007, p. 501); peraltro, deve comunque sussistere una situazione tale da rendere ragionevolmente prevedibile, e non solo possibile, il verificarsi di un evento dannoso grave per la nave e il carico (App. Genova 17 dicembre 2018, in *Dir. mar.*, 2019, p. 808; App. Cagliari 27 dicembre 2012, in *Dir. mar.*, 2013, p. 130), anche se non è necessario che esso sia imminente. È stato così affermato in giurisprudenza (Cass. 27 maggio 1989 n. 2571, in *Dir. mar.*, 1990, p. 62) che per pericolo deve intendersi una situazione della nave, tale da rendere ragionevolmente prevedibile il verificarsi di un sinistro, con particolare riferimento all'effettiva incapacità della stessa a disimpegnarsi con i propri mezzi, senza però perdere di vista che:

> «La situazione deve essere tale da rendere "ragionevolmente" possibile il verificarsi di un sinistro. E la ragionevolezza della previsione deve essere vagliata, nel giudizio "a posteriori" del giudice, secondo le regole dell'esperienza e le nozioni della tecnica marinaresca e tenendo presente, altresì, la particolare esigenza di prontezza che, in un calcolo immediato delle probabilità, possa condurre il comandante a valorizzare, per disporre di un margine di sicurezza, le condizioni oggettive meno favorevoli alla prospettiva che la nave possa realmente affrontare l'emergenza utilizzando soltanto le proprie risorse. Ma tale apprezzamento deve pur sempre rispondere alla necessità di un raffronto tra circostanze obiettive; ed è soggetto a un sindacato di congruenza logica che non lascia spazio a valutazioni non rigorose ed arbitrarie. È questo il motivo per cui l'assenza oggettiva del pericolo – pur esistente nella supposizione soggettiva degli interessati – destituisce di ogni fondamento l'elemento causale del contratto di assistenza e salvataggio, consistente nello scopo di prestare soccorso a una nave in pericolo».

Nella pratica, peraltro, può non essere facile operare questa ricostruzione della "ragionevolezza" della previsione del pericolo nel giudizio a posteriori, specie qualora il giudizio *ex ante* sia stato compiuto non dal comandante, bensì dall'Autorità marittima nell'esercizio dei suoi poteri *ex* artt. 69 e 70 cod. nav.

Va comunque sottolineato che, nonostante la contraria posizione assunta da una parte della giurisprudenza (cfr. Trib. Lecce 24 luglio 1975, in *Dir. mar.*, 1979, p. 257), la circostanza che il soccorso sia stato prestato su ordine dell'Autorità non esclude che, nel rapporto privatistico tra soccorritori e titolari dei beni soccorsi, debba comunque essere accertata la sussistenza dei presupposti del soccorso stesso. Infatti è stato osservato (lodo 24 novembre 1993 in *Dir. mar.*, 1995, p. 242) che pur in presenza di un provvedimento amministrativo dell'Autorità marittima:

> «Ben potrà l'a.g.o., nel rapporto contenzioso *inter partes* accertare se un pericolo, sia pure nella sua accezione più lata (*distress*), sussisteva davvero e quale ne era l'entità, al fine di riconoscere il diritto a compenso, e di procedere poi ad una sua equa valutazione ed attribuzione secondo le norme di legge sul soccorso. Il rapporto debitorio che, a seguito del soccorso, pur anco obbligatorio *issu legis aut principis*, viene a crearsi tra soccorritore e soccorso, è, infatti, un rapporto, essenzialmente ed esclusivamente, di diritto privato. E rientra nella competenza del giudice ordinario stabilire se e in che misura il soccorritore abbia diritto al compenso e il titolare del bene soccorso sia tenuto a corrisponderlo. Così, anche in forza del preciso riferimento che le disposizioni di legge, sia internazionale che nazionale, fanno alla piena vigenza, anche in questa materia di pubblico interesse, della normativa privatistica, in quanto applicabile».

Peraltro, la più significativa novità che caratterizza l'evoluzione dell'istituto del soccorso, solo parzialmente recepita a livello legislativo, è l'estensione dell'ambito di applicazione della disciplina del soccorso ad operazioni rivolte ad eliminare il rischio dell'insorgere di una responsabilità per danni a terzi a carico dell'armatore della nave salvata (c.d. *liability salvage*) ovvero a minimizzare tali danni. Tale prospettazione, più aderente all'evoluzione dei traffici marittimi, ha trovato significativi riconoscimenti nella giurisprudenza ordinaria, sia pure sotto il più limitato profilo della valutazione ai fini della remunerazione della circostanza di aver evitato l'insorgere di responsabilità verso terzi (cfr. Trib. Napoli 8 giugno 1963, in *Dir. mar.*, 1965, p. 221; Trib. Livorno 2 febbraio 1971, in *Dir. mar.*, 1971, p. 222; App. Trieste 18 febbraio 2011, in *Dir. mar.*, 2011, p. 1283), ed in quella arbitrale, laddove non si è esitato a valorizzare sotto il profilo della sussistenza del requisito del pericolo la possibilità non solo di danni alla nave soccorsa, ma anche di danni che la nave soccorsa può provocare a terzi. Si veda, ad esempio, il lodo 22 e 23 marzo 1989 (in *Dir. mar.*, 1990, p. 416):

> «Per darsi luogo a diritto a compenso ai sensi dell'art. 491 cod. nav. è sufficiente che una nave si trovi in una situazione di pericolo, da cui non riesca a sottrarsi con le sole proprie risorse. Il pericolo può anche non essere imminente essendo sufficiente che esso sia serio e talmente prossimo da giustificare il ragionevole timore di una perdita o di un danno grave. La circostanza che una nave si trovi in porto non esclude la possibilità di una situazione di pericolo: se una nave, spinta dal vento, minaccia di rompere tutti gli ormeggi e di scarrocciare in un ristretto bacino contornato da moli e sporgenti cui sono attraccate altre navi ben può correre il pericolo di gravi danni al proprio scafo ed a proprietà di terzi ... nella valutazione di beni salvati il Collegio non può inoltre non tenere conto dei danni che lo scarrocciamento dell'Espresso Liguria avrebbe potuto provocare alle altre navi ormeggiate nel bacino».

Ma il settore in cui è stato maggiormente sentito il problema del riconoscimento dell'attività dei soccorritori rivolta non tanto e non solo al salvataggio dei beni materiali, ma anche alla eliminazione o riduzione delle conseguenze che il sinistro può avere sui terzi (e delle relative responsabilità in capo all'armatore), è stato quello della tutela dell'ambiente marino in occasioni di sinistri marittimi. In tali casi, la concezione tradizionale dell'istituto portava a negare un'adeguata remunerazione agli sforzi dei soccorritori rivolti alla tutela dell'ambiente marino, specie qualora il salvataggio non portava ad un utile risultato. Peraltro, l'affermazione a livello internazionale della responsabilità oggettiva in capo al proprietario della nave cisterna in caso di sinistro e conseguente inquinamento marino da idrocarburi (Convenzione CLC 1969 e FUND 1971; cfr. cap. 7) rende palesemente inadeguato il sistema tradizionale.

Della soddisfazione di tale esigenza si è dato carico sia la prassi (che inserì nel formulario standard LOF 80 specifiche previsioni sul diritto dei soccorritori ad una remunerazione anche per gli sforzi compiuti per la tutela dell'ambiente), sia la giurisprudenza arbitrale (lodo 26 novembre 1982, in *Dir. mar.*, 1983, p. 580):

> «L'interpretazione prevalente è che (n.d.r. nella Convenzione di Bruxelles del 1910) si abbia avuto riguardo a detto pericolo sotto il limitato aspetto oggettivo-intrinseco del possibile danno ai beni specificamente sopra indicati (n.d.r. nave e carico), ma che non si abbia affatto preso in considerazione sotto l'aspetto soggettivo (se non sotto il profilo relativo alla responsabilità dei salvatori), il rischio del danno estrinseco a terzi, da cui il c.d. *liability salvage*, né che il compenso debba pertanto stabilirsi anche in relazione all'utile risultato derivante dal fatto che è stato evitato un danno a terzi del quale il titolare della nave o carico salvati avrebbero dovuto rispondere. A mio avviso personale ... nella locuzione "pericoli corsi dalla nave salvata", non potrebbe non intravvedersi la ben nota personificazione tradizionale nel nostro campo, e la stessa locuzione non potrebbe non intendersi "rischi di natura patrimoniale corsi dal proprietario della nave salvata". Tenuto conto di una tale immedesimazione se si inserisse nel concetto espresso dalla locuzione surrichiamata anche il rischio derivante dalla responsabilità per danno a terzi, non si procederebbe affatto ad una interpretazione estensiva della norma internazionale uniforme. Ché anzi, negare la vera portata funzionale dell'espressione ancorché contrastata dalla ricostruzione storica della *mens* dell'epoca, comporterebbe ... una arbitraria interpretazione normativa. ... Il problema si è acuito negli ultimi tempi ... in cui è subentrato un sistema normativo più severo e complesso, per quanto attiene la responsabilità per polluzione derivanti da una *marine casualty*. ... muovendosi nella direzione ormai necessaria, precedendo la revisione in corso del diritto internazionale uniforme sul salvataggio, dando il giusto valore al rischio di danno a terzi quanto meno per inquinamento, il nuovo strumento contrattuale standard (n.d.r. LOF 80) di adozione pressoché universale, deroga, in relazione alle navi-cisterne che trasportano un carico di idrocarburi, agli schemi limitati e restrittivi come fino ad ora interpretati della normativa del 1910 e delle leggi nazionali che si sono ad esse adeguate. E addirittura deroga altresì al principio base del *no cure no pay*».

Di tale evoluzione la Convenzione del 1989 costituisce solo un parziale riconoscimento, poiché se da un lato riprende e istituzionalizza a livello legislativo i risultati della prassi in tema di attività dei soccorritori per la tutela dell'ambiente (cfr. *infra*, § 2.4), dall'altro continua a non riconoscere espressamente la fattispecie del *liability salvage*, la cui operatività, peraltro, può essere valorizzata in virtù degli argomenti innanzi riportati.

2.4. Il compenso

La Convenzione di Londra del 1989 prevede, da un lato (art. 8), l'obbligo per il soccorritore di svolgere le operazioni di soccorso con la dovuta cura, nonché di usare la necessaria diligenza per prevenire o limitare i danni all'ambiente, dall'altro (artt. 12 e 13) l'obbligo di remunerazione dei soccorritori solo in presenza di un utile risultato. Si precisa, poi, che il concreto ammontare da corrispondere quale remunerazione va stabilito tenendo presenti una serie di parametri, quali:

a) il valore dei beni salvati;
b) l'abilità e l'impegno dei soccorritori nel limitare o evitare il danno all'ambiente;
c) la misura del successo ottenuto;
d) la natura e il grado del pericolo che correvano i beni salvati;
e) l'abilità e l'impegno dei soccorritori nel salvare i beni in pericolo;
f) il tempo impiegato;
g) le spese e le perdite incontrate dai soccorritori;
h) i rischi corsi dai soccorritori (anche sotto il profilo della responsabilità in cui sarebbero potuti incorrere);
i) la prontezza del servizio reso;
j) la disponibilità e l'uso di navi specificamente armate ed equipaggiate per il soccorso.

Tale elenco non sembra avere natura tassativa, per cui anche altri elementi possono essere presi in considerazione nel quantificare la remunerazione spettante ai salvatori, che in ogni caso non può superare il valore dei beni salvati. Inoltre, i parametri di cui all'elenco non sono tra loro in rapporto gerarchico, ma contribuiscono complessivamente a fornire al giudicante gli strumenti per una equilibrata valorizzazione del contributo concretamente dato dal soccorritore alla salvezza della nave.

In ogni caso, in deroga al principio del *no cure, no pay*, l'art. 14 prevede una *special compensation* a carico del solo proprietario della nave (senza gravare sui proprietari degli altri beni in rischio) allorché il salvatore ha prevenuto o impedito un danno all'ambiente, ossia un pregiudizio materiale alla salute umana, alla fauna o alla flora marina o alle risorse del mare. Essa è dovuta solo quando (per mancanza di utile risultato) non vi è remunerazione ai sensi degli artt. 12 e 13, oppure nel caso in cui la *special compensation* è superiore alla remunerazione calcolata in base agli artt. 12 e 13.

In merito a tale *special compensation* in una importante decisione della House of Lords (nel caso *The "Nagasaki Spirit"*, in *Dir. mar.*, 1997, p. 542) si è affermato che deve essere calcolata sulla base delle spese (ossia sugli esborsi ragionevolmente sostenuti dal salvatore per eseguire le operazioni), più una *fair rate* per i mezzi e personale ragionevolmente ed effettivamente impiegati, senza però poter considerare inclusa una quota di profitto per il salvatore; mentre in una decisione italiana (Trib. Roma 23 gennaio 2003, in *Dir. mar.*, 2004, p. 252) si è ritenuto, invece, che nella determinazione della *fair rate* il Giudice possa far ricorso anche a valutazioni equitative.

In dottrina è stata criticata la mancata previsione relativa ad una netta distinzione da operarsi sotto il profilo teleologico tra attività compiute per porre in salvo i beni (che devono gravare su tutti i partecipanti alla spedizione) e attività compiute per diminuire il danno all'ambiente (che sarebbero di interesse solo per il proprietario della nave a fronte della sua responsabilità oggettiva). Infatti, si è optato per una soluzione di compromesso, in quanto se da un lato la *special compensation* grava solo sul proprietario della nave (e sul suo P&I Club), l'abilità e l'impegno dei salvatori nel limitare o evitare il danno all'ambiente (cfr. art. 13, comma 1, lett. b) costituisce purtuttavia un elemento nella quantificazione della remunerazione dovuta da tutti gli interessati ai beni salvati (nave, carico, ecc.) e dai loro assicuratori ai soccorritori. Si è ritenuto, infatti, ragionevole far gravare anche sui carichi una parte dell'onere economico relativo alle attività antinquinamento, sia nel caso di trasporto di idrocarburi (che con tutta evidenza è l'ipotesi tenuta maggiormente presente dal legislatore nella Convenzione di Londra del 1989), sia con riguardo agli altri trasporti di carichi "non inquinanti".

La remunerazione ai salvatori è dovuta e corrisposta dai proprietari dei beni salvati. In argomento, peraltro, si verifica una discrasia tra il regìme invalso nella prassi internazionale (come consacrato nel LOF) che prevede l'obbligo di pagamento della remunerazione in capo ai singoli proprietari dei beni salvati (nave e carico) per quanto da ognuno di essi dovuto e senza vincolo di solidarietà, e il sistema italiano, che nell'interpretazione prevalente in giurisprudenza rende l'armatore responsabile verso i salvatori del pagamento dell'intero compenso, ed i proprietari delle merci solo in ragione della quota loro spettante. Tale impostazione è stata autorevolmente sostenuta da Cass. 9 settembre 1996 n. 8167, in *Foro it.*, 1996, I, c. 3347:

> «Occorre, ad avviso di questo collegio, partire dalla rilevanza fondamentale che nel nostro ordinamento assume la nozione di spedizione marittima, intesa come comunione di interessi e rischi, della quale l'armatore è soggetto organizzatore, il comandante è il capo, e la nave è l'elemento strutturale materiale. Fermo restando che l'armatore non è l'unico responsabile perché, tutti i beni fruendo del soccorso, tutti i loro titolari sono soggetti passivi dell'obbligazione avente ad oggetto la remunerazione del soccorso stesso, devesi riconoscere che il soccorso prestato alla spedizione, unitariamente considerata nel significato di cui sopra, rientra nell'ambito degli atti e fatti che, riguardando la spedizione, impegnano la responsabilità dell'armatore in base all'art. 274 cod. nav. … Può, così, ritenersi non impropria la qualificazione dell'armatore, in funzione della sua posizione istituzionale, come "obbligato principale" nel senso che l'armatore, soltanto, può essere escusso, direttamente ed immediatamente, per l'intero ammontare della remunerazione relativa al soccorso alla nave ed al carico (con conseguenza che, in virtù, del privilegio speciale, la nave costituisca oggetto di garanzia per l'intero), mentre la responsabilità di ciascuno degli aventi diritto al carico (o dell'unico avente diritto al carico come nel caso in esame) resta limitata al pagamento della remunerazione relativa al soccorso di cui hanno fruito le cose di rispettiva pertinenza e non si estende alla remunerazione spettante per il soccorso alla nave».

A tale soluzione ermeneutica ha dato continuità recentemente la Suprema Corte (Cass. 13 marzo 2020 n. 7149, in *Dejure*), ribadendo che il compenso dovuto ai soccorritori per il soccorso all'intera spedizione, unitariamente considerato, integra, ai sensi dell'art. 497 cod. nav., una forma di avaria-spesa, la cui ripartizione nei rapporti interni tra tutti gli interessati alla spedizione avviene secondo il meccanismo della contribuzione alle avarie comuni. Nei rapporti esterni l'armatore, quindi, stante il ruolo istituzionalmente rivestito risponde quale obbligato principale nei confronti dei soccorritori: in via esclusiva, per la componente del compenso correlata al soccorso della nave; in solido con ciascuno dei condebitori aventi diritto al carico, per la componente del compenso a questo correlata. Resta esclusa la solidarietà tra i diversi interessati al carico, attesa l'indipendenza e la non comunicabilità delle loro rispettive posizioni.

Il sistema italiano, quindi, presenta il vantaggio pratico – che si traduce in un incentivo all'attività di soccorso, che proprio la Convenzione internazionale di Londra esplicita nell'art. 13, con riguardo ai criteri dettati per la determinazione del compenso al soccorritore – di rendere più agevole per i salvatori conseguire il pagamento essendo possibile ottenere l'intero compenso (e le relative garanzie) da un unico soggetto, ossia dall'armatore, lasciando a quest'ultimo l'onere di ottenere in via di regresso e/o surroga dal carico (o eventualmente nell'àmbito di un procedimento di avaria comune) il rilascio delle garanzie e il pagamento della quota di compenso gravante sullo stesso.

Laddove le prestazioni di soccorso siano rese da più soggetti, l'art. 15 della Convenzione di Londra stabilisce che la ripartizione tra di essi del compenso avvenga sulla base dei criteri previsti dall'art. 13 e in ragione dell'utilità dell'opera prestata da ciascuno (cfr. App. Genova 18 aprile 2018, in *Dir. mar.*, 2018, p. 680). Tuttavia, la ripartizione tra il proprietario, il capitano e le altre persone che si trovano al servizio di una nave che ha prestato il soccorso è regolata dalla legge dello Stato della bandiera della nave. In proposito, l'art. 496 cod. nav. stabilisce che, allorché la nave non sia armata ed equipaggiata allo scopo di prestare soccorso, il compenso si ripartisce per un terzo all'armatore e per due terzi ai componenti dell'equipaggio e tale quota di compenso costituisce per i membri dell'equipaggio un credito di lavoro che può essere fatto valere non solo verso il proprio datore di lavoro, ma anche direttamente nei confronti dell'armatore della nave soccorritrice (cfr. App. Napoli 14 marzo 2010, in *Dir. mar.*, 2011, p. 1260; Cass. 27 settembre 1996 n. 8545, in *Dejure*).

Infine, l'art. 23 della Convenzione prescrive che il diritto al compenso venga meno decorsi due anni dalla data in cui le operazioni sono state completate; conformemente a quanto in genere previsto nelle Convenzioni di diritto marittimo uniforme (cfr. *supra*, cap. 11 § 8), la norma impone all'interessato di iniziare l'azione giudiziale entro tale termine, ovvero di ottenere una dichiarazione di prolungamento dello stesso da parte del controinteressato, con esclusione della rilevanza a fini interruttivi di atti stragiudiziali di costituzione in mora (cfr. App. Cagliari 27 dicembre 2012, in *Dir. mar.*, 2013, p. 130).

2.5. La prassi contrattuale

Come già più volte ricordato, nella materia del soccorso marittimo la prassi del commercio internazionale, come evidenziata dalla contrattualistica standard, non solo ha predisposto uno schema pattizio che disciplina in modo efficace gli aspetti più delicati del rapporto privatistico che si instaura tra le parti, ma ha fatto fronte alle nuove esigenze dell'istituto sulla scorta delle modifiche tecniche ed economiche dei traffici marittimi, precorrendo ed indirizzando la risposta legislativa. Così, a fronte dell'esigenza di provvedere ad una adeguata tutela degli sforzi dei soccorritori per limitare i danni ambientali, già nel LOF 80 veniva introdotto il principio, poi fatto proprio dalla Convenzione di Londra del 1989, del riconoscimento di un separato compenso a favore dei soccorritori e a carico del proprietario della nave per le operazioni anti-inquinamento. Ancora più interessante è risultata la versione del LOF 90, in cui – preso atto delle innovazioni apportate dalla Convenzione di Londra del 1989 e sulla scorta della realistica considerazione che una Convenzione così innovativa poteva incontrare notevoli resistenze e ritardi prima di entrare in vigore internazionalmente – si procedeva anche ad una incorporazione in via negoziale delle parti più innovative della Convenzione stessa per garantirle il massimo di operatività e di uniformità di applicazione (cfr. artt. 1 e 2 LOF 90).

In questo modo, nel passato, anche nelle more dell'entrata in vigore dello strumento convenzionale, le parti rendevano già di fatto operativa la disciplina sostanziale uniforme. Non a caso, una volta entrata in vigore la Convenzione di Londra del 1989 nell'ordinamento inglese, il contratto standard è stato modificato (LOF 95), eliminando l'incorporazione espressa di parte della Convenzione, in quanto l'assoggettamento del rapporto alla nuova disciplina è di per sé garantito, in virtù del criterio di applicazione della stessa Convenzione, dalla clausola contrattuale che prevede l'arbitrato a Londra.

L'attuale versione del contratto standard (LOF 2020) si limita a dettare gli aspetti essenziali del rapporto, rinviando poi alle *Lloyd's Standard Salvage and Arbitration Clauses* per la disciplina di dettaglio.

Di particolare interesse, sempre in tema di remunerazione, è la disciplina introdotta dalla c.d. *SCOPIC Clause* (anch'essa incorporata *ex recepto*). Si tratta di una clausola rivolta a rispondere alle menzionate difficoltà insorte nella prassi circa la corretta applicazione dell'art. 14 della Convenzione di Londra in tema di *special compensation*. In virtù di una disciplina estremamente articolata vengono fissati i criteri per calcolare la *special compensation* di cui al precedente paragrafo secondo criteri certi e precostituiti, con specifico riguardo alla c.d. "*fair rate*" per personale, equipaggiamento ed atteso profitto, proprio al fine di incentivare le attività a difesa dell'ambiente. La speciale clausola trova applicazione solo se essa dà diritto ad una remunerazione, comunque gravante sul solo proprietario della nave, superiore a quella dovuta in base all'art. 13 della Convenzione di Londra.

2.6. Il soccorso in pendenza di contratto preesistente

Normalmente, i soccorritori sono soggetti terzi, ossia non legati da alcun precedente vincolo contrattuale con i proprietari dei beni salvati. Non è però infrequente che la situazione di pericolo per la nave e il carico sorga mentre è in corso l'esecuzione di un diverso contratto (quale, ad esempio, il contratto di rimorchio). In tal caso, sorge il problema di verificare se le prestazioni rese da soggetti già legati da un vincolo contrattuale con i proprietari dei beni salvati possano essere qualificate come soccorso, laddove nel corso della prestazione sopravvenga una situazione di pericolo (cfr. App. Trieste 18 febbraio 2011, in *Dir. mar.*, 2011, p. 1283). Il caso più tipico è quello, affrontato nel già citato lodo 27 ottobre 1993 (in *Dir. mar.*, 1994, p. 849; nello stesso senso Trib. Trieste 2009, in *Dir. mar.*, 2011, p. 171), della situazione di pericolo insorta nel corso dell'esecuzione di un rimorchio, laddove l'art. 106 cod. nav. prevede che il rimorchiatore che, al fine di assistere o salvare la nave rimorchiata, presta un'opera eccedente quella normale di rimorchio, ha diritto alle indennità ed al compenso previsti nell'art. 491:

> «Nel caso in esame si è data inizialmente esecuzione ad un normale rimorchio al fine di ormeggiare a banchina la nave *Eve Trader* durante il quale si è verificata una temporanea avaria alle macchine della nave (periodo di tempo questo per il quale si prospetta l'esistenza di prestazioni di soccorso) per poi, riparate le macchine, proseguire con un'operazione di rimorchio ... l'Arbitro ritiene di non doversi discostare dall'indirizzo interpretativo recepito dalla dottrina e dalla giurisprudenza in forza del quale sussiste un soccorso quando nel caso di una prestazione di rimorchio accade che: – la nave rimorchiata si venga a trovare in una situazione di pericolo; – le prestazioni di rimorchio, eccedano le usuali prestazioni di rimorchio o per la loro natura o per le condizioni ambientali o per le particolari caratteristiche dell'elemento rimorchiato; – vi sia stato un utile risultato».

Al riguardo, la verifica in concreto della sussistenza o meno di una attività che trascenda l'esecuzione delle obbligazioni dedotte in contratto e/o lo svolgimento di compiti istituzionali, tale da poter quindi essere qualificata come straordinaria ai fini del riconoscimento del diritto al compenso di soccorso, non può che essere condotta alla luce circostanze del caso concreto (cfr. Cass. 13 marzo 2020 n. 7150, in *Dejure*).

È stato anche sostenuto (Trib. Brindisi 14 aprile 1986, in *Dir. mar.*, 1987, p. 115) il diritto al compenso a favore dell'equipaggio della nave salvata, nonostante l'art. 190 cod. nav. imponga in caso di pericolo ai membri dell'equipaggio di cooperare alla salvezza della nave, delle persone imbarcate e del carico «fino a quando il comandante abbia dato l'ordine di abbandonare la nave». Pertanto, l'attività compiuta da membri dell'equipaggio dopo l'ordine di abbandonare la nave non costituisce più esecuzione di un loro dovere pubblicistico *ex* art. 190 cod. nav. e/o di un obbligo contrattuale scaturente dal contratto di arruolamento, ma deve essere inquadrata tra le attività di salvataggio, con conseguente obbligo di remunerazione secondo i criteri al riguardo innanzi indicati.

3. L'avaria comune

3.1. Le Regole di York e Anversa

L'avaria comune (in inglese, *general average*) è probabilmente uno degli istituti più antichi del diritto marittimo. Il legislatore italiano ha dettato un'ampia normativa relativa sia alla disciplina sostanziale dell'istituto, sia al procedimento di ripartizione dei costi e dei sacrifici, ispirata in larga misura alla prassi allora esistente a livello internazionale (sia pure con modifiche per lo più criticate in dottrina).

La regolamentazione dell'avaria comune pur derivando da, e creando, obbligazioni *ex lege*, è largamente condizionata sia dalle norme applicabili ai vari rapporti contrattuali che fanno capo alla spedizione marittima conclusa con il regolamento di avaria comune, sia dalla normativa della *lex fori* nell'ambito della quale l'applicazione di tali norme deve trovare una sintesi, cui spetta anche un ineliminabile ruolo per gli aspetti processuali della regolamentazione di avaria comune. D'altro canto il regolamento di avaria disciplina un rapporto tra i partecipi a vario titolo della stessa spedizione che, per essere pienamente adeguato alla sua funzione, si caratterizza anche come convenzionale e, pertanto, con ampi spazi riservati all'autonomia privata intesa in senso sostanziale ed in senso internazionalprivatistico.

In quest'ultima prospettiva, quindi, sembra logico garantire un adeguato rilievo, nella massima misura possibile consentita dalle norme rilevanti per la determinazione della legge regolatrice delle obbligazioni contrattuali, alla legge scelta dalle parti interessate ai fini dello specifico regolamento di avaria comune ed alla disciplina contrattuale da esse adottata sia direttamente, sia attraverso il rinvio alle regole oggettive del commercio internazionale che, a questo specifico riguardo, in una misura sempre maggiormente significativa si sono consolidate nella pratica mercantile.

Invero, le avarie comuni, indipendentemente dal luogo in cui vengono dichiarate o da dove viene redatto il relativo regolamento ed a prescindere dalla nazionalità dei soggetti coinvolti, sono abitualmente regolate attraverso un rinvio contrattuale alla disciplina fissata dalle Regole di York e Anversa, ossia secondo un *corpus* di regole e di principi di natura consuetudinaria, periodicamente aggiornati dal *Comité Maritime International*. La prima redazione risale al 1860 a Glasgow, cui seguirono nel 1864 le Regole di York e, nel 1877, le prime Regole di York e Anversa, aggiornate nel 1903, 1924, 1950, 1974, 1990, 1994, 2004 e 2016. Le Regole si distinguono in Regole (letterali) che fissano i principî generali ed in Regole (numeriche) che disciplinano le singole ipotesi e fattispecie di avaria comune.

Le Regole di York e Anversa, come accennato, sono oggetto di costante richiamo in tutti i contratti di noleggio e di trasporto, tanto che talora non si è esitato ad attribuire ad esse natura di veri e propri usi normativi, applicabili anche laddove non espressamente richiamati (Trib. Genova 23 dicembre 1940, in *Dir. mar.*, 1941, p. 288):

> «Quantunque le Regole di York ed Anversa non siano leggi formalmente costituite perché non emanano dal potere legislativo, nondimeno esse, in quanto sono universalmente conosciute ed applicate da tutti i ceti marittimi, costituiscono indubbiamente fonte di diritto consuetudinario, oltreché essere *lex contractus* quando sono espressamente richiamate dalle parti nei loro contratti di noleggio, e per la loro interpretazione quale diritto consuetudinario, da considerarsi anch'esso quale vera e propria legge sussidiaria, integratrice della legge commerciale, deve farsi ricorso, per analogia, alle norme che valgono per la legge codificata, specie quando si tratta di un corpo di consuetudini ridotto per iscritto, come si verifica appunto nel caso in esame».

Anche negli ordinamenti che attribuiscono alle Regole valore contrattuale, come in quelli di *common law*, si sottolinea la peculiarità di esse, in quanto originatesi dalla ed elaborate sulla scorta della prassi dei commerci internazionali e, quindi, da interpretarsi non in base alle qualificazioni giuridiche proprie di una singola legge nazionale, ma sulla scorta del significato proprio dei termini utilizzati(cfr. Supreme Court 25 ottobre 2017, *The "Longchamp"*, [2017] UKSC 68, in *www.bailii.org*):

> «Given that the Rules represent an international arrangement, it is particularly inappropriate to adopt an approach to their interpretation which involves reading in any words or qualification ... In the same way as an international convention or treaty, the Rules should be interpreted by a United Kingdom court "unconstrained by technical rules of English law, or by English legal precedent, but on broad principles of general acceptation", to quote Lord Wilberforce in James Buchanan & Co Ltd v Babco Forwarding & Shipping (UK) Ltd [1978] AC 141, 152. As Lord Hobhouse said in King v Bristow Helicopters Ltd [2002] 2 AC 628, para 148, in relation to an article in the Warsaw Convention, "it is the unadorned language of the article to which attention must be directed"».

In occasione della revisione delle Regole del 2016 ad esse sono state affiancate delle *Guidelines* elaborate dal CMI che, pur non avendo portata vincolante, offrono una serie di indicazioni sulle *best practices* relative alla concreta applicazione di esse.

3.2. Il pericolo e l'atto di avaria comune

Tradizionalmente, quando viene posto in essere un atto ragionevolmente preso per la comune salvezza della spedizione (c.d. atto di avaria), i danni e le spese conseguenti a tale atto vengono ripartiti tra tutti i partecipanti alla spedizione, in proporzione al valore dei beni salvati. Tale principio risulta chiaramente affermato nella Regola A ed è ripreso anche dall'art. 469 cod. nav.

Il presupposto perché si abbia avaria comune è, quindi, la sussistenza di una situazione di pericolo incombente (anche se non necessariamente immediato), che minacci la spedizione marittima nel suo complesso, ossia la nave, il carico e gli altri beni in rischio. Conseguentemente, se il pericolo minaccia solo singoli beni, e non il complesso della spedizione, non si ha avaria comune.

È discusso in dottrina se tale pericolo debba sempre necessariamente sussistere secondo parametri obiettivi, e quindi essere valutato *ex post* in base ai dati di fatto indipendentemente dalla percezione soggettiva che il capitano o gli altri soggetti coinvolti abbiano avuto *ex ante* della situazione, ovvero se sia ammissibile il c.d. pericolo "putativo" (ossia, un pericolo soggettivamente e ragionevolmente ritenuto sussistente ma, in realtà, non esistente in fatto).

Mentre la giurisprudenza inglese sembra orientata nel senso più rigoroso, ritenendo necessaria l'obiettiva sussistenza del pericolo, la giurisprudenza italiana appare più permissiva (App. Genova 11 luglio 1957, in *Dir. mar.*, 1958, p. 97):

> «L'accertamento del pericolo non può che riferirsi a un apprezzamento soggettivo. La certezza o la probabilità dell'evento non devono quindi considerarsi oggettivamente in relazione a un giudizio *a posteriori*, ma avendo riguardo al momento in cui il sacrificio è stato deciso. Può pertanto affermarsi che l'atto di avaria sia giustificato ogni qualvolta la nave si trovi in una situazione che, secondo il ponderato e ragionevole giudizio del comandante – cioè dell'uomo medio, del cauto capitano – debba ritenersi pericolosa».

Secondo il codice della navigazione l'atto di avaria, ossia l'atto con cui si sacrifica alcuno dei beni facenti parte della spedizione ovvero si incorre in una spesa per la salvezza comune, deve essere posto in essere dal comandante o da altri in sua vece. Il che ha portato una parte della dottrina e della giurisprudenza italiana ad escludere che atti d'avaria possano essere compiuti da soggetti diversi dal comandante, se non in limitati casi in cui tali soggetti abbiano agito facendo le sue veci. Sembra, però, preferibile la diversa posizione che, ispirandosi alla prassi internazionale (e soprattutto, alla giurisprudenza inglese), sostiene che la locuzione "da altri in sua vece" possa essere interpretata in senso estensivo, in modo da comprendere l'armatore o i tecnici fiduciari dello stesso, nonché qualsiasi soggetto che, a fronte della situazione di pericolo, si sostituisca al comandante oppure agisca, in via di necessità per la salvezza comune, prevenendo o precedendo le determinazioni del comandante.

Per essere tale, comunque, l'atto di avaria comune deve possedere specifici requisiti. Esso deve essere, anzitutto, (i) straordinario rispetto al normale succedersi degli eventi della navigazione, come chiarito sia dalla Regola A, sia dall'art. 469 cod. nav., laddove si precisa che il sacrificio provocato dall'atto di avaria non deve essere lo stesso che si sarebbe comunque verificato secondo il corso naturale degli eventi; ma, soprattutto, l'atto di avaria deve essere (ii) intenzionale, ossia specificamente rivolto allo scopo della salvezza della spedizione. Esso, quindi, deve essere compiuto avendo come fine specifico quello della salvezza della spedizione nel suo complesso (e non di un singolo interesse in rischio). Ciò non esclude, peraltro, che vi possano essere motivi concorrenti ulteriori rispetto a quello principale della salvezza della spedizione, come è stato chiarito nella prassi applicativa dell'istituto (lodo arbitrale 26 novembre 1982, in *Dir. mar.*, 1982, p. 580):

> «Nel caso di concorrenza dei motivi, non si possono non adottare i medesimi criteri che si impongono nella (necessaria) discriminazione tra una spesa o un sacrificio incorsi "*to save the whole*" o "*to save only a part*", e che regolano altresì tutte le fattispecie relative alle *complex salvage operations*. Quando si compiono complesse operazioni di salvataggio, in più fasi e riprese bisogna accertare: (1) se ognuna di tali successive operazioni ha il duplice scopo di salvare una parte dei beni coinvolti e, contemporaneamente, di facilitare il recupero della(e) altra(e) parte(i), e inoltre: (2) se, quando le successive operazioni vengono compiute, i detti beni siano tuttora legati dalla comunione o alcuni di essi ne siano stati sciolti ... Il principio dell'ammissibilità di scopi concorrenti mi sembra perciò ammesso, almeno rispetto ai motivi concomitanti "interni" rispetto alla spedizione. E non vedo perché non debba essere ammesso anche riguardo alla concorrenza di un motivo "esterno" ... le Regole A, VI e VIII di York e Anversa devono interpretarsi nel senso su espresso, e le spese e i sacrifici devono ammettersi in avaria comune se deliberati volontariamente dal comandante o da chi per esso, con lo scopo primario e prevalente di perseguire la comune salvezza dei beni coinvolti nella spedizione marittima, ancorché l'atto possa essere determinato, in via subordinata, da altri motivi».

L'atto di avaria, inoltre, deve essere (iii) ragionevole, sulla scorta di una valutazione ispirata alle norme di prudenza e della buona tecnica marinaresca, e (iv) rivolto a conseguire un utile risultato. Tali fondamentali requisiti sono chiaramente illustrati nella c.d. *Rule Paramount* (che, pur facendo parte delle Regole letterali, prevale comunque anche sulle Regole numeriche), la quale dispone che in nessun caso può essere riconosciuta ai fini dell'avaria comune una spesa o un danno che non siano stati sostenuti ragionevolmente, con la precisazione che tale valutazione deve essere compiuta tenendo conto delle circostanze esistenti al momento in cui la decisione è stata presa, verificando se essa fosse congrua e/o adeguata rispetto ad esse, nonché se era prevedibile che l'atto avrebbe raggiunto lo scopo voluto (non essendo peraltro il mancato raggiungimento dello scopo elemento di per sé sufficiente per far ritenere *ex post* inutile e quindi irragionevole l'atto stesso).

Laddove sia stato posto in essere un legittimo atto di avaria nel senso innanzi precisato, i danni e le spese direttamente conseguenti a tale atto devono essere ripartite tra tutti i partecipanti alla spedizione, in ragione del valore dei beni salvati.

La necessità di uno stretto nesso causale tra atto e danno o spesa ammessa in avaria comune è chiaramente espressa nella Regola C, la quale prevede come ammissibili in avaria solo quei danni e spese che siano diretta conseguenza dell'atto di avaria, con esclusione di ogni danno indiretto (quali controstallie, perdite di mercato, danni da ritardo).

Tale principio trova eccezione solo per le spese c.d. "sostitutive", ossia per quelle spese straordinarie sostenute in sostituzione di altra spesa ammissibile in avaria, fino a concorrenza dell'ammontare della spesa di avaria comune che sarebbe stata sostenuta (Regola F).

3.3. Il procedimento

Il procedimento previsto nel codice della navigazione per la concreta ripartizione dei danni e delle spese conseguenti all'atto di avaria comune tra i partecipanti alla spedizione, come già accennato, trova scarsissima applicazione pratica in quanto le parti preferiscono invariabilmente seguire le prassi universalmente adottate nel mondo marittimo internazionale. Così, allorché viene dichiarata un'avaria comune, i proprietari delle cose caricate possono liberare ed ottenere la riconsegna dei loro beni (che sono gravati da un privilegio marittimo a garanzia della contribuzione ai sacrifici dell'avaria comune; cfr. art. 561 cod. nav.) sottoscrivendo un *General Average Bond* and *Guarantee* di tenore standard, in cui – a fronte della riconsegna del carico da parte dell'Armatore – si impegnano a versare la quota di contribuzione del carico determinata in virtù del regolamento di avaria (*adjustment*) redatto dai liquidatori (*adjusters*) conformemente alle disposizioni del contratto di trasporto e pertanto secondo le Regole di York e Anversa in esso abitualmente richiamate. Tale impegno di pagamento può essere anche garantito con il deposito di una somma di denaro (calcolata su una percentuale del valore dei beni) o, più spesso, con uno specifico impegno da parte degli assicuratori della merce.

I liquidatori nominati (dall'armatore e, se necessario, dagli assicuratori del carico) provvedono, pertanto, a determinare, da un lato, i danni e/o le spese ammissibili in avaria comune (massa creditoria) e, dall'altro, il valore contributivo dei beni facenti parte della spedizione (massa debitoria), procedendo poi alla ripartizione delle conseguenze dell'atto di avaria tra i soggetti interessati e sulla base di tali valori determinano la misura della contribuzione che ciascun partecipante alla spedizione è tenuto a versare.

Al riguardo, deve rilevarsi come – contrariamente all'ipotesi prevista nel codice della navigazione – il mandato attribuito ai liquidatori non assegna loro, nella maggior parte dei casi, vere e proprie funzioni arbitrali (rituali od irrituali), restando le parti libere di contestare il risultato del regolamento stesso e spettando alla parte che chiede la contribuzione l'onere di provare la sussistenza del relativo diritto (Regola E). Tale profilo è stato chiaramente sottolineato nella giurisprudenza (Trib. Genova 1° aprile 1970, in *Dir. mar.*, 1970, p. 201):

> «Le parti interessate ai beni coinvolti nella spedizione hanno sottoscritto un chirografo informale per il regolamento del rapporto di contribuzione reciproca in avaria generale, seguendo lo schema del *Lloyd's Average Bond*, in base al quale il predisposto regolamento ha un carattere ed un contenuto di natura esclusivamente contabile, senza alcuna natura compromissoria arbitrale, eppertanto non vincolante tra le parti sottoscriventi. Dal che è derivato per l'attrice l'onere di convenire le controparti in un rituale giudizio al fine di sentir dichiarare il suo diritto ad ottenere, dagli interessati al carico, il pagamento della somma riconosciuta dal Liquidatore quale loro quota contributoria. Il regime degli oneri probatori siccome stabilito, e, in via particolare, dalla norma sub E delle Regole di York e Anversa 1950, convenzionalmente richiamate dalle parti interessate alla contribuzione e, in via generale, dall'art. 2697 cod. civ., comporta che sia l'attrice a dover assolvere, rispetto alle voci contestate, il peso del carico probatorio».

L'esclusione espressa della natura arbitrale o comunque vincolante per le parti dell'attività dei liquidatori, inserita nei formulari standard di *General Average Bond*, è stata però omessa nell'ultima versione dello stesso (LAB 77), il che ha indotto parte della giurisprudenza (sia pure ai soli fini della valutazione dell'efficacia sospensiva del relativo procedimento sulla prescrizione del diritto dell'assicurato verso l'assicuratore, efficacia che comunque sussiste indipendentemente dalla natura arbitrale o meno del regolamento) a ritenere che l'attività dei liquidatori possa avere natura arbitrale (Trib. Lecce 21 novembre 1987, in *Dir. mar.*, 1988, p. 1191). Deve peraltro concordarsi con la miglior dottrina, che osserva come – al di là del tenore letterale dell'*Average Bond* – sia comunque dirimente la circostanza che secondo l'ordinamento sulla base dei cui principi è redatto il formulario LAB 77 non si ritiene che esso conferisca un mandato arbitrale ai liquidatori. Pertanto, allorché le parti ricorrono a tale testo standard si deve escludere, salvo espresse indicazioni in senso contrario, che esse abbiano in effetti voluto conferire ai liquidatori un vero e proprio mandato arbitrale.

Sotto un ultimo profilo, vanno altresì tenute distinte l'azione volta ad ottenere il regolamento di avaria comune dall'azione relativa al pagamento dei contributi stabiliti nel regolamento di avaria, con la precisazione che, conformemente alla miglior giurisprudenza (Trib. Genova 30 luglio 1997, in *Dir. mar.*, 1999, p. 426, sia pure non senza contrasti in dottrina), il termine di prescrizione annuale stabilito dall'art. 461 cod. nav. si applica solo alla prima e non alla seconda.

3.4. Soccorso e avaria comune

Assai complessi sono i rapporti tra avaria comune e soccorso. In primo luogo, mentre si riscontrano i presupposti dell'atto di avaria in senso proprio allorché il comandante abbia stipulato un contratto di soccorso con i terzi, tali presupposti sembrano difettare laddove si versi nel caso di soccorso spontaneo, in cui manca ogni determinazione da parte del comandante o si è, addirittura, verificato il suo rifiuto, anche se tale rifiuto è irragionevole e, pertanto, non è ostativo alla qualificazione dell'attività prestata come salvataggio.

In secondo luogo, non tutte le fattispecie che rientrano nella nozione di soccorso possono automaticamente giustificare la presenza dei presupposti dell'avaria comune, in quanto si può verificare che si tratti di soccorso cui difettano alcuni requisiti essenziali per l'ammissione in avaria: ad esempio, allorché il soccorso viene prestato per la salvezza non già di tutti i beni coinvolti nella spedizione, ma solo di alcuni di essi.

Indipendentemente dai problemi ora indicati, le Regole di York e Anversa, nella versione in vigore fino al 1994, estendevano, a talune condizioni, il regime dell'avaria comune ai compensi versati ai soccorritori nelle ipotesi di soccorso non contrattuale.

La questione è stata negli anni oggetto di un ampio dibattito e modifiche, sino a giungere all'attuale testo della Regola VI, adottato nel 2016, il quale prevede che le spese sostenute dalle parti per un soccorso, contrattuale o altro, sono ammissibili in avaria comune se le operazioni sono state effettuate allo scopo di preservare le proprietà dei soggetti a vario titolo coinvolti nella spedizione marittima, ma nel caso in cui ciascun partecipante alla spedizione risponda per tali spese senza vincolo solidale con le altre parti (cfr. *supra*, § 2.4) il salvataggio è ammesso in avaria comune solo in presenza di situazioni, espressamente elencate nella regola, che alterano la posizione delle parti in modo significativo, determinando in capo ad una o più di essere un onere contributivo sproporzionato ed iniquo. A mero titolo di esempio, è preso in considerazione il caso in cui i valori utilizzati per il calcolo del compenso di salvataggio siano manifestamente errati o per altre specifiche ragioni significativamente diversi rispetto a quelli posti alla base del regolamento; oppure il caso in cui una parte, pur non essendovi legalmente o contrattualmente obbligata, ha pagato una parte significativa del compenso di salvataggio dovuto da un'altra parte.

Inoltre, tenendo conto dell'evoluzione delle norme in materia di salvataggio, le Regole prevedono che possa essere ammessa in avaria comune la quota di compenso – gravante su tutti i partecipanti alla spedizione – calcolata in base all'art. 13, comma 1, lett. b) (ossia, tenendo conto dell'abilità e dell'impegno dei salvatori nel limitare o evitare il danno all'ambiente; cfr. *supra*, § 2.4); mentre resta sempre esclusa dall'Avaria comune l'eventuale *special compensation* dovuta dal solo proprietario della nave ai salvatori ai sensi dell'art. 14 della Convenzione di Londra del 1989. La Regola C prevede infine che perdite o danni all'ambiente, ancorché causati da beni che fanno parte della spedizione, non sono mai ammissibili in avaria comune.

3.5. Avaria comune e colpa di un partecipante alla spedizione

Tradizionalmente, l'avaria comune veniva esclusa allorquando la situazione di pericolo che aveva reso necessaria l'adozione di misure per la comune salvezza dipendeva da una colpa dell'armatore, del comandante o dell'equipaggio. Solo verso la fine dell'800 si cominciò a prendere coscienza del fatto che l'azione di contribuzione, che spettava all'interessato sui beni sacrificati nei confronti degli altri interessati nella spedizione che avevano avuto un beneficio da tale pregiudizio, si poneva su un piano diverso rispetto all'azione di responsabilità che l'interessato al carico poteva esercitare contro il vettore nel caso di eventi riconducibili a sua colpa.

Inoltre, l'affermarsi a livello prima contrattuale e, poi, legislativo (sia nazionale che internazionale) di ipotesi di esonero da responsabilità per il vettore anche in presenza di colpe dell'equipaggio portò alla diffusione di clausole (*Jason clause*) il cui scopo era appunto quello di consentire il ricorso all'avaria comune anche in presenza di comportamenti colposi, laddove tali colpe non potessero fondare una responsabilità per il vettore in base al contratto di trasporto. Con l'entrata in vigore delle Regole de L'Aja, tali clausole assunsero il seguente contenuto standard:

> «*NEW JASON CLAUSE – In the event of accident, danger, or disaster, before or after the commencement of the voyage resulting from any cause whatsoever, whether due to negligence or not, for which, or for the consequence of which, the carrier is not responsible, by statute, contract or otherwise, the goods, the shipper and the consignee, jointly and severally, shall contribute with the carrier in general average to the payment of any sacrifices, losses, or expenses of a general average nature that may be made or incurred, and shall pay salvage and special charges incurred in respect of the goods. If a salving ship is owned or operated by the carrier, salvage shall be paid for as fully and in the same manner as if the delving ship or ships belonged to strangers*».

Tale evoluzione appare consacrata sin dal 1903 anche nelle Regole di York e Anversa, la cui Regola D prevede che il diritto alla contribuzione all'avaria comune sussista anche se l'evento che ha dato origine al sacrificio o alla spesa è stato determinato dalla colpa di una delle parti interessate alla spedizione, restando peraltro in tal caso impregiudicate le azioni o le eccezioni difensive che possano essere proposte contro o a favore di detta parte in relazione a tale colpa.

Come è stato osservato dalla giurisprudenza (lodo arbitrale 16 gennaio 1960, in *Riv. dir. nav.*, 1961, II, p. 99):

> «Tanto ai sensi dell'art. 469 cod. nav., quanto ai sensi delle Regole A e D di York e Anversa 1950, per l'esistenza dell'avaria comune è sufficiente che ricorrano i requisiti della volontarietà e della ragionevolezza dei provvedimenti presi per la salvezza della spedizione ed è irrilevante che la situazione di pericolo sia stata originata da colpa di terzi o delle parti interessate alla spedizione medesima, od altresì che il momento genetico della stessa sia da attribuire a forza maggiore, restando tutto ciò assorbito dalla disciplina propria della contribuzione».

Conseguentemente, l'esistenza di una colpa nel processo causativo del pericolo non è fatto ostativo al sorgere del diritto alla contribuzione ed allo svolgersi del relativo procedimento.

Come però chiarisce la stessa Regola D, lo svolgimento del regolamento non pregiudica i diritti e i doveri che competono in base a distinti rapporti giuridici (ossia, normalmente, il contratto di noleggio o di trasporto, ma eventualmente anche in via extracontrattuale) al soggetto che, a seguito del deposito del regolamento, chiede la contribuzione in avaria comune e al soggetto cui tale pagamento viene richiesto.

Ad esempio, si considerino i casi in cui la situazione di pericolo sia stata determinata da innavigabilità della nave alla partenza riconoscibile con la normale diligenza (di cui, pertanto, il vettore è responsabile) ovvero da una colpa nautica del comandante (di cui, invece, il vettore non è responsabile) e tali circostanze abbiano determinato un sacrificio per la comune salvezza della spedizione a carico dell'armatore/vettore. In entrambi i casi la Regola D consente che si dia corso all'avaria comune e alla stesura del relativo regolamento. Quando però, in ipotesi, l'armatore/vettore, sulla base del regolamento, chiederà ai ricevitori la loro quota di contribuzione, questi ultimi potranno nel primo caso rifiutare il pagamento in via di eccezione, in quanto l'innavigabilità della nave all'inizio del viaggio è fonte di responsabilità in base alle norme uniformi sul trasporto, mentre nel secondo caso il contributo sarà dovuto, essendo la colpa nautica un pericolo eccettuato in virtù di tale disciplina (cfr. Cour de cassation 4 marzo 2014, in *Dir. trasp.*, 2015, p. 233).

Pertanto, in altri termini, se il pericolo è dipeso da fatto imputabile al vettore, il ricevitore, richiesto del pagamento del contributo in avaria comune da parte del vettore, può a sua volta chiedere a quest'ultimo il risarcimento del danno subìto a causa della violazione degli obblighi assunti con il contratto di trasporto, essendo tale danno quanto meno l'esborso del contributo stesso. In tal modo l'azione per il pagamento del contributo viene paralizzata in via d'eccezione, ma la differenza sul piano logico e giuridico delle due azioni appare evidente laddove il soggetto che chiede al ricevitore il pagamento del contributo è diverso dal vettore contrattuale: in tal caso, il ricevitore è tenuto a pagare il contributo, ma ha comunque azione contro il vettore per il risarcimento del danno. Invero, l'azione contributiva trova il suo fondamento nell'avaria comune (che prescinde dall'eventuale colpa di alcuno dei partecipanti), ma non preclude l'esercizio dell'azione di responsabilità verso il soggetto responsabile in base al contratto di trasporto (o altro rapporto negoziale, ovvero in via extracontrattuale).

Quanto ora osservato è stato chiaramente condiviso dalla giurisprudenza (Trib. Napoli 13 gennaio 1975, in *Dir. mar.*, 1975, p. 375, pur nella peculiarità del caso in cui il mandato ai liquidatori si configurava come un incarico arbitrale):

> «Esaminando la domanda sotto il profilo dell'azione di risarcimento concessa al componente della massa debitoria contro il partecipante che abbia causato, con la propria colpa il pericolo per la spedizione ... contrariamente a quanto sostengono le convenute, l'incondizionata esecuzione del regolamento di contribuzione da parte dell'attrice, non è preclusiva dell'esercizio dell'azione di risarcimento verso il responsabile poiché, tanto ai sensi dell'art. 469 cod. nav. quanto ai sensi delle Regole A e D di York e Anversa 1950, l'avaria comune è condizionata al solo presupposto della volontarietà e della ragionevolezza dei provvedimenti presi per la salvezza della spedizione, per cui è irrilevante che la

situazione di pericolo sia stata originata da colpa di terzi o delle stesse parti interessate alla avventura marittima. Come è già stato notato da autorevole dottrina i rapporti inerenti alla contribuzione e quelli derivanti da eventuale responsabilità, di terzi o anche di uno dei partecipi alla spedizione, giacciono su piani differenti, di talché nulla impedisce che il partecipante chiamato alla contribuzione possa poi agire in rivalsa nei confronti dell'eventuale responsabile del danno».

ONLINE *Vedi allegato al Capitolo 14*

15. Le assicurazioni marittime

SOMMARIO: 1. Le fonti della disciplina. – 2. La standardizzazione dei contratti e il ricorso a formulari stranieri. – 3. I beni assicurati e i rischi della navigazione. – 4. I soggetti. – 5. Le deroghe al regìme comune. – 6. L'assicurazione della nave. – 7. L'assicurazione delle merci. – 8. La copertura *Protection & Indemnity*. – 9. Le assicurazioni obbligatorie della responsabilità.

1. Le fonti della disciplina

L'assicurazione marittima si è affermata come speciale rispetto all'assicurazione in generale non solo per ragioni di carattere storico, ma soprattutto per motivi di carattere tecnico (essendo le peculiarità di tale ramo assicurativo in buona misura collegate alle caratteristiche del fatto tecnico della navigazione) e per la spiccata internazionalità che caratterizza questo settore.

Nell'ordinamento italiano l'assicurazione marittima è oggetto di una disciplina apposita da parte del codice della navigazione che, peraltro, si limita a dettare norme frammentarie, regolanti solo alcuni tratti peculiari dell'istituto, in virtù di una precisa scelta di politica legislativa. Infatti, nella stessa Relazione al codice della navigazione (n. 319) è chiarito che:

> «Le assicurazioni contro i rischi della navigazione (marittima e interna) sono regolate solo nei loro aspetti particolari, solo in quanto cioè la speciale natura loro richiede di precisare, sviluppare o derogare alla disciplina comune a tutti i rami di assicurazione. Sono quindi applicabili alle assicurazioni qui considerate, per quanto non è previsto dal codice, le norme dettate per la disciplina generale del contratto e per l'esercizio dell'industria assicurativa contenute nel codice civile e nelle leggi speciali».

In realtà, in dottrina il problema del rapporto tra le norme del codice della navigazione e quelle del codice civile è stato ampiamente discusso. Da un lato, infatti, vi è chi ha sostenuto che l'art. 1885 cod. civ., laddove prevede che le norme dettate per le assicurazioni in genere si applichino anche alle assicurazioni contro i rischi della navigazione "per quanto non è regolato dal codice della navigazione", debba essere interpretato nel senso che venga in rilievo non soltanto la disciplina espressamente dettata dal codice della navigazione in materia assicurativa, ma anche l'art. 1 cod. nav., di talché prima di invocare l'applicazione delle norme comuni sarebbe necessario fare ricorso all'analogia e/o agli usi, quali fonti integrative della disciplina speciale. Altra dottrina ha, invece, osservato come, per effetto dell'art. 1885 cod. civ., le norme dettate dal codice civile in materia di assicurazione entrino a far parte del diritto speciale, con il solo limite dato dalle eventuali integrazioni e/o deroghe espressamente previste da quest'ultimo.

Tale dibattito costituisce una proiezione settoriale della più generale controversia dottrinale sull'autonomia e specialità del diritto della navigazione e sul problema dei rapporti di questo con il diritto civile (vedasi *supra*, cap. 1). Particolarmente significative sono, quindi, le pronunce giudiziali (Cass. 18 settembre 1961 n. 2033, in *Foro it.*, 1962, I, c. 321) che non hanno esitato a ricostruire in via restrittiva il concetto di autonomia e specialità del diritto della navigazione, giungendo ad affermare sul punto specifico che:

> «L'assicurazione marittima, così come quella degli aeromobili, è solo un settore dell'assicurazione contro i danni, la quale, a sua volta, si presenta quale specie rispetto all'assicurazione in genere. Di qui la conseguenza che l'assicurazione marittima trova i suoi presupposti e le necessarie premesse nella normativa dettata, in tema di assicurazioni, dal codice civile, le cui disposizioni generali nella soggetta materia si presentano, in deroga alla gerarchia delle fonti di cui all'art. 1 cod. nav., con carattere primario anche in tema di assicurazioni marittime, così come, del resto, è affermato esplicitamente dall'art. 1885 cod. civ.».

Anche in seguito (Cass. 25 ottobre 1984 n. 5438, in *Dir. mar.*, 1985, p. 783) è stato ribadito che solo in presenza di norme espresse contenute nel capo dedicato alle assicurazioni marittime del codice della navigazione è possibile derogare alle norme dettate per l'assicurazione in generale nel codice civile (nella specie, si trattava dell'art. 1901 cod. civ.), non essendo invece possibile disapplicare le norme generali in forza di una pretesa applicazione analogica delle disposizioni speciali e/o di pretesi principî speciali ricavabili da queste ultime.

Tale indirizzo trova applicazione anche nella giurisprudenza più recente (Cass. 15 gennaio 2020 n. 541, in *Dejure*), la quale ha osservato che, a fronte della norma di cui all'art. 547 cod. nav., disciplinante la speciale materia della prescrizione in tema di navigazione, nessuna rilevanza può avere il diverso termine biennale previsto dall'art. 2952 cod. civ., relativo al contratto di assicurazione in genere, in quanto la natura di norma speciale della menzionata disposizione del codice della navigazione (specialità espressamente confermata dall'art. 1885 cod. civ.) comporta, in tale caso la prevalenza della stessa rispetto alla norma generale contenuta nel codice civile, in base al criterio *lex specialis derogat generali*. Peraltro, Il richiamo all'art. 2952 cod. civ. contenuto nell'art. 547 cod. nav. implica che gli aspetti della prescrizione in materia di navigazione non specificamente disciplinati da tale norma (quali il decorso e la eventuale sospensione del termine di prescrizione nell'assicurazione della responsabilità civile ed il rapporto tra assicuratore ed eventuale suo riassicuratore), vengono invece comunque regolati dalla disciplina comune.

Si deve, altresì, ritenere che le norme del codice civile, laddove non espressamente derogate, concorrano a determinare la disciplina legale applicabile ai contratti di assicurazione marittima, con ciò superandosi in parte il carattere frammentario e disorganico che caratterizza la normativa speciale ad essi applicabile. Ulteriore conseguenza che discende da tale impostazione è che anche per le assicurazioni marittime vale in linea di principio il regime c.d. "semicogente" previsto dall'art. 1932 cod. civ., il quale individua le disposizioni che non possono essere derogate contrattualmente dalle parti se non in senso più favorevole all'assicurato.

Pertanto, tutte le volte in cui il rapporto sia assoggettato alla legge italiana, tali norme – qualora non espressamente modificate e/o derogate dalle corrispondenti disposizioni del codice della navigazione – prevalgono sulle pattuizioni eventualmente difformi contenute nelle polizze assicurative marittime.

Per quanto attiene la disciplina di diritto internazionale privato, in base all'art. 7.2 del Regolamento CE/593/2008 i contratti di assicurazione marittima, in quanto appartenenti alla categoria dei contratti relativi ai c.d. grandi rischi quali definiti all'art. 5, lett. d), della prima direttiva 73/239/CEE e successive modifiche, sono disciplinati dalla legge scelta dalle parti o, in mancanza di scelta, dalla legge del Paese in cui l'assicuratore ha la residenza abituale. Se dal complesso delle circostanze del caso risulta chiaramente che il contratto presenta collegamenti manifestamente più stretti con un paese diverso, si applica la legge di tale diverso paese. Tale disciplina si applica a tutti i contratti di assicurazione marittima, indipendentemente dalla circostanza che il rischio sia localizzato in un Paese membro (art. 7.1).

Va osservato che anche in assenza di clausole di scelta espressa della legge, quest'ultima si può ricavare dal riferimento fatto nel contesto del contratto a singole disposizioni di una legge nazionale (per ribadirne l'applicazione o modificarne la portata) ovvero da clausole che siano indicative della volontà delle parti di riferirsi ad un determinato ambiente socio-economico (vedasi *infra*, § 2). Al riguardo, sia pure in una fattispecie non regolata dall'attuale regime di d.i.p., appare assai interessante il caso *Armadora Occidental Sa* v. *Horace Mann Insurance Co.* (in *Lloyd's Rep.*, 1977, II, p. 406) in cui si è valorizzata in questo senso una "*follow London clause*" di questo tenore:

> «*Assurers herein shall follow Lloyd's underwriters and/or British insurance companies in regard to accounts, terms, conditions, alterations, extension, endorsements, cancellations, surveys and settlements of claims hereunder and all matters pertaining to this insurance with or without prior notice. Notice to Lloyd's underwriters and/or British insurance companies of any matter requiring notice shall be deemed notice to American underwriters and/or American insurance companies interested in these insurance*»

concludendosi nel senso di ritenere tale clausola una scelta implicita della legge inglese. Anche l'indicazione del foro competente ad opera delle parti può costituire un forte indizio della scelta della legge dello stesso foro quale disciplinante il contratto, specie in presenza di ulteriori elementi di collegamento fattuale (cfr. però Cass. 2 aprile 2007 n. 8095, in *Dir. mar.*, 2008, p. 946 circa i requisiti per la prova del consenso sula clausola di scelta del foro competente incorporata *de relato* mediante richiamo di un formulario straniero).

Un profilo peculiare del contratto di assicurazione è la previsione, propria di molti ordinamenti (cfr. art. 1916 cod. civ.), secondo la quale l'assicuratore che paga l'indennizzo si surroga *ex lege* nei diritti dell'assicurato verso i terzi responsabili del sinistro. Sia pure non senza contrasti, appare preferibile l'opinione per cui tale istituto ricade nel campo di applicazione dell'art. 15 del Regolamento CE/593/2008, impostazione che ha trovato accoglimento nella giurisprudenza italiana con riferimento all'analoga norma della Convenzione di Roma del 1980 (Trib. Bergamo 4 dicembre 2002, in *Riv. dir. int. priv. e proc.*, 2003, p. 986):

> «È noto che prima della riforma del diritto internazionale privato, la giurisprudenza e la dottrina si dividevano tra chi affermava la completa applicazione della sola legge disciplinante l'obbligo dell'assicuratore – e quindi quella del contratto di assicurazione – e chi distingueva tra la legge del contratto, limitatamente al riconoscimento del diritto di surroga, e la legge regolatrice del credito oggetto di surroga quanto all'esercizio del diritto *ex* art. 1916 cod. civ. verso il terzo debitore, ivi compresa la tematica delle difese ed eccezioni opponibili al surrogante ... questa seconda impostazione appare accolta dall'art. 13 della Convenzione di Roma che richiama la legge dell'obbligo del surrogante solo per 'stabilire se' sussista il diritto di surroga, lasciando chiaramente intendere che l'oggetto del rinvio è relativo ad un solo aspetto dell'istituto surrogatorio: quello della sua spettanza».

Ne consegue che l'esistenza del diritto di surroga dell'assicuratore nei diritti dell'assicurato contro i terzi va accertata alla luce della legge che disciplina il contratto di assicurazione, mentre il contenuto dell'obbligo del terzo rimane regolato dalla legge del rapporto che esso aveva con l'assicurato.

2. La standardizzazione dei contratti e il ricorso a formulari stranieri

Le esigenze di omogeneità nella raccolta dei rischi e di standardizzazione dei contratti ai fini di una più corretta ed efficiente gestione dell'impresa assicurativa fanno sì che in questo settore sia estremamente diffuso il ricorso a clausolari standard molto dettagliati, che identificano con precisione l'ambito della copertura.

Peraltro, benché i principali mercati assicurativi nazionali abbiano in genere un proprio formulario di riferimento, nella pratica gli assicuratori molto spesso stipulano contratti in cui viene fatto riferimento a formulari stranieri, di solito inglesi (in quanto tali clausolari si sono storicamente affermati come testi standard di riferimento nel mercato assicurativo marittimo internazionale) in via esclusiva o in deroga al formulario nazionale.

Le cause di questo fenomeno sono molteplici. In primo luogo, gli assicuratori tendono ad usare un formulario inglese per offrire ai loro clienti stranieri una copertura assicurativa a condizioni ad essi già note. Inoltre, quando uno stesso rischio è coperto in coassicurazione da assicuratori aventi nazionalità diversa tra loro, spesso la copertura viene prestata in base ad un formulario inglese. Infatti, è evidente che una compagnia che voglia coassicurare un rischio con assicuratori stranieri avrà meno difficoltà se la copertura è alle condizioni inglesi (che sono note a tutti i coassicuratori), invece che alle sue condizioni nazionali (che possono non essere conosciute dagli assicuratori stranieri). Infine, il coassicuratore non sarebbe in grado di conoscere con precisione per che tipologia di rischio assume una quota; il che è contrario alle esigenze della tecnica assicurativa, che impone di conoscere con precisione il rischio, in modo da assumere rischi tendenzialmente omogenei.

Sotto un diverso profilo, poi, una spiegazione al frequente ricorso da parte di compagnie assicuratrici a formulari di origine inglese viene dalle caratteristiche del mercato assicurativo in relazione ad uno strumento tipico dell'attività assicurativa, quale è la riassicurazione, che consente all'assicuratore di rendere omogenea la massa dei rischi assunti rispetto a quelli trasferiti sul riassicuratore.

È notorio come per molto tempo il mercato inglese abbia rappresentato (e – nonostante la crisi attuale – ancora rappresenti), il mercato riassicurativo più importante. Non sorprende, quindi, che alcuni assicuratori non inglesi, desiderosi di riassicurare su Londra i rischi assunti sul proprio mercato nazionale, ritengano opportuno adottare i clausolari inglesi nella stipulazione dei contratti. Così facendo, risulta molto più semplice piazzare il rischio di riassicurazione, in quanto i riassicuratori inglesi sono perfettamente in grado di valutare la copertura, prestata a condizioni da loro ben note, mentre più problematico risulterebbe piazzare il rischio se la copertura fosse stipulata in base a clausolari puramente nazionali, la cui effettiva portata risulta difficilmente apprezzabile dal riassicuratore.

L'utilizzo da parte degli assicuratori di formulari elaborati in ordinamenti giuridici stranieri ed il carente coordinamento tra i vari clausolari incorporati nel contratto può però creare notevoli difficoltà in ordine alla corretta interpretazione delle pattuizioni contrattuali contenute nel formulario richiamato.

Infatti, ci si trova a dover risolvere il problema di quale significato attribuire a clausole ispirate a concezioni giuridiche proprie dell'ordinamento sulla base dei cui principi sono state redatte. A ciò si aggiunga che la terminologia utilizzata per definire l'ambito della copertura assicurativa viene necessariamente ad assumere un significato "proprio", che può differire da quello comune del termine, anche a seguito dello stratificarsi di interpretazioni e di decisioni giurisprudenziali con riferimento a specifiche clausole standard. Tale significato è, peraltro, difficilmente ricostruibile senza far riferimento all'ambiente giuridico in cui il termine viene utilizzato.

La soluzione normalmente adottata nella prassi consiste nell'interpretare il clausolario straniero inserito nella polizza nello stesso modo e con lo stesso significato che esso assume nel Paese di origine, ma la concreta percorribilità di tale canone ermeneutico è soggetta a forti limitazioni. Come ben evidenziato in alcune decisioni (lodo arbitrale 25 novembre 1985, in *Assic.*, 1986, II, 2, p. 58), per quanto riguarda:

> «La questione dell'interpretazione di un formulario straniero allegato ad una polizza retta dal diritto italiano ... si è osservato come non sia possibile operare – salvo che espressamente convenuto dalle parti – un completo rinvio ricettizio tale da comprendere anche soluzioni che rappresentino, al di là dei canoni ermeneutici di interpretazione del clausolario, vera e propria applicazione di norme di legge straniere anche se rappresentanti il fondamento nel quale il clausolario straniero è innestato. La c.d. prassi interpretativa straniera viene quindi ad assumere rilevanza essenzialmente come criterio interpretativo a norma dell'art. 1368 cod. civ. secondo cui le clausole ambigue si interpretano secondo ciò che si pratica generalmente nel luogo in cui il contratto è stato concluso, vuoi come "prassi" del mercato vuoi come "prassi" di applicazione dettata dalla giurisprudenza. Per assumere rilevanza giuridica la prassi interpretativa deve anzitutto essere tale, cioè unanime e consolidata, ed inoltre deve essere strettamente attinente al clausolario considerato».

Conseguentemente, se si adotta un approccio fondato esclusivamente sui principi ora indicati, si deve ritenere che solo nei casi in cui la prassi interpretativa straniera sia unanime e consolidata l'interprete possa ricorrere ad essa, con la precisazione che essendo il clausolario e la prassi interpretativa ad esso relativa oggetto di una recezione meramente contrattuale, essa in ogni caso non può, comunque, derogare rispetto alle norme imperative della legge regolatrice della fattispecie.

Nella prassi contrattuale (ad esempio l'art. 2 della c.d. polizza Camogli, sul quale cfr. Cass. 16 maggio 1995 n. 5123, in *Dejure*), il rapporto tra la polizza base e il clausolario straniero adottato è stato espressamente regolato nel senso innanzi indicato, precisandosi che le clausole inglesi allegate alla presente polizza dovranno essere interpretate ed applicate così come sono interpretate ed applicate in Inghilterra, ferma, naturalmente, la loro integrazione in virtù, e la inderogabilità, dei principi vigenti nell'ordinamento italiano in materia assicurativa.

Sotto un diverso profilo, in assenza di espresse indicazioni circa la scelta della legge regolatrice ad opera delle parti, può assumere rilievo il fatto che esse abbiano adottato un formulario contrattuale, elaborato in un ben determinato ordinamento giuridico e chiaramente ispirato alla legge di tale Stato. Proprio con riferimento ai contratti di assicurazione marittima la stessa Relazione alla Convenzione di Roma del 1980 individuava nella circostanza che le parti avessero stipulato una copertura adottando la S.G. Form una ipotesi di scelta implicita della legge regolatrice.

Al riguardo, particolarmente significativa appare la decisione *Amin* v. *Kuwait Insurance* (in *Lloyds Rep.*, 1983, 2, p. 370), in cui è stato affermato, con riferimento alla S.G. Form, che tale formulario poteva essere interpretato solo facendo riferimento ai precedenti giurisprudenziali e, in generale, al diritto inglese, in quanto senza fare riferimento a tali fonti non sarebbe possibile interpretare la polizza o determinare quali siano i reciproci diritti e obblighi delle parti.

Va osservato che, nonostante queste indicazioni, il valore indicativo del richiamo di un formulario straniero può essere, nel caso specifico, controbilanciato da altri fattori. Così, ad esempio, nella decisione della Cassazione francese 5 febbraio 1991 (in *Dir. mar.*, 1992, p. 523) si è escluso che il richiamo di clausole inglesi nel contesto di un contratto di abbonamento scritto in francese e concluso tra un assicuratore italiano e un assicurato francese, comportasse una scelta implicita della legge inglese, osservandosi come alcune delle clausole tipo non rinviassero espressamente al diritto inglese e costituissero piuttosto un corpo di usi al quale gli operatori professionali dei trasporti marittimi fanno abitualmente riferimento, senza che il riferimento ad esse implicasse l'assoggettamento dell'intero contratto al diritto inglese.

D'altra parte, anche nella giurisprudenza inglese (Queen's Bench division – Commercial Court 20 aprile 2003, in *Dir. mar.*, 2005, p. 1069) si è osservato che, in presenza di un contratto di assicurazione stipulato in base ad una polizza italiana (contenente tra le condizioni generali una clausola espressa di scelta della legge italiana) ed incorporante tra l'altro un formulario inglese, il riferimento alle Institute Clauses nel certificato non facesse emergere con ragionevole certezza una volontà delle parti di scegliere la legge inglese quale regolatrice dell'intero contratto di assicurazione.

Da quanto sopra emerge come l'effettiva rilevanza dell'utilizzo di clausolari stranieri ai fini dell'identificazione della legge regolatrice del rapporto assicurativo vada valutata caso per caso, sulla scorta delle specifiche circostanze della fattispecie. Così, ad esempio, in caso di contestuale presenza di un richiamo alla legge italiana contenuto nelle condizioni generali della Polizza italiana di assicurazione merci ed. 1983 e di un richiamo alla legge inglese nell'allegato formulario Institute Cargo Clauses, è stato ritenuto sussistere un *depeçage* della legge regolatrice del rapporto assicurativo così instaurato (Cass. 5 dicembre 2014 n. 25735, in *Dejure*, confermativa di App. Milano 20 gennaio 2011, in *Dir. mar.*, 2013, p. 631).

3. I beni assicurati e i rischi della navigazione

Il codice della navigazione non fornisce una definizione di cosa sia l'assicurazione marittima, bensì individua quali siano i beni oggetto di tale assicurazione, ossia la nave (art. 515 cod. nav.), le merci (art. 516 cod. nav., con la possibilità di coprire anche i profitti sperati sulle stesse: art. 518 cod. nav.) ed il nolo (artt. 519-520 cod. nav.). La previsione normativa risulta, però, inadeguata rispetto alla prassi assicurativa, che ha portato all'elaborazione e tipizzazione di altre fattispecie, quali ad esempio l'assicurazione P&I (che copre le responsabilità del armatore della nave), l'assicurazione della c.d. *charterers' liability* (che copre le responsabilità del noleggiatore della nave), l'assicurazione del costruttore o del riparatore di nave, l'assicurazione dei *containers*, ecc., considerate dagli operatori come assimilabili alle fattispecie assicurative marittime accolte nel codice della navigazione. Inoltre, talvolta le polizze di assicurazione marittima vengono estese a coprire in parte rischi e/o tratte non marittime, come nel caso di coperture uniche su clausolario marittimo per merce in contenitori con previsione di un trasporto via mare, preceduto o seguito da una tratta terrestre.

Al riguardo, si pone il problema di verificare se le uniche assicurazioni soggette alle norme speciali siano quelle espressamente previste dal codice della navigazione, ovvero se anche le ulteriori tipologie affermatesi nel settore possano essere ricondotte nell'alveo della disciplina speciale.

La dottrina appare favorevole alla seconda soluzione, soprattutto alla luce dell'analoga evoluzione avutasi negli ordinamenti stranieri, ove si considerano marittime tutte le assicurazioni che riguardano attività anche solo incidentalmente connesse ad una spedizione marittima (cfr. artt. 1 e 2 del *Marine Insurance Act* inglese e art. 171-1 del *Code d'assurances* francese).

Non va poi trascurato il fatto che per tali nuove tipologie sembrano sussistere gli stessi presupposti (quali il riferimento alla nave e il collegamento con il fatto tecnico della navigazione) che giustificano la previsione della disciplina speciale per i tipi classici di assicurazione marittima.

Per quanto attiene l'identificazione dei rischi assicurati, l'art. 521 cod. nav. prevede che siano a carico dell'assicuratore i danni e le perdite che colpiscono le cose oggetto del contratto a causa di «tempesta, naufragio, investimento, urto, getto, esplosione, incendio, pirateria, saccheggio ed in genere per tutti gli accidenti della navigazione». L'inciso finale chiarisce che l'elencazione ha valore solo esemplificativo, di talché deve ritenersi assicurato ogni rischio che sia qualificabile come ricollegato al fatto tecnico della navigazione.

Tale formula e, soprattutto, l'inscrzione nell'elenco dei rischi coperti dell'evento "naufragio" ha portato la dottrina ad affermare il principio della c.d. universalità dei rischi, secondo cui nel sistema italiano (in mancanza di pattuizioni contrattuali che restringano l'àmbito della copertura) tutti i rischi che possono colpire le cose assicurate nel corso della navigazione sono rischi assicurati, salvo che l'assicuratore non dimostri la riconducibilità del sinistro ad un evento espressamente escluso dalla copertura, per legge o per contratto.

Nella pratica, peraltro, il largo impiego di formulari di origine inglese e l'esigenza di uniformare i propri comportamenti agli standard vigenti nel mercato internazionale hanno portato gli assicuratori italiani ad adottare un approccio diverso da quello risultante dall'art. 521 cod. nav. Invero, nel sistema inglese, vige il diverso principio dei c.d. *named perils*, per cui sono assicurati non già genericamente tutti i rischi, bensì solo i pericoli conseguenti alla navigazione marittima o ad essi assimilati (*perils of the seas*), costituenti un novero più ristretto rispetto ai pericoli sul mare (*perils on the seas*), ossia quei rischi che – pur verificandosi nel corso della navigazione – non dipendono da essa (cfr. art. 3 del *Marine Insurance Act*). Tale sistema viene ripreso dai formulari standard (ad esempio, art. 6 dell'ITCH 95), che pertanto prevedono che spetti all'assicurato provare che la causa dell'evento dannoso è riconducibile ad uno dei rischi nominati indicati nella copertura, la cui esatta qualificazione potrà essere operata avvalendosi dei precedenti giurisprudenziali elaborati al riguardo.

La differenza tra i due approcci si traduce, quindi, in buona sostanza, in un diverso onere probatorio, che assume specifico rilievo in tutti quei casi in cui sia difficile accertare la causa effettiva dell'evento dannoso. Invero, se si ipotizza l'affondamento di una nave in condizioni di tempo e mare tali da non giustificare l'evento stesso (ad esempio, mare calmo, vento assente, ecc.), secondo il sistema dell'universalità dei rischi ci si trova comunque di fronte ad un sinistro coperto, perché qualificabile come "naufragio" e/o comunque riconducibile alla nozione lata di "accidente della navigazione", a meno che l'assicuratore non provi che la causa di tale affondamento è riconducibile ad un evento (ad esempio, dolo dell'assicurato, innavigabilità della nave alla partenza conosciuta all'assicurato, ecc.) la cui sussistenza escluda la risarcibilità del sinistro a termini di legge o di polizza. Invece, nel sistema inglese spetta all'assicurato provare che la causa dell'affondamento è riconducibile ad uno dei *named perils*.

Assume, quindi, notevole rilievo per determinare l'indennizzabilità di un sinistro sia l'esatta qualificazione del rischio assunto, specie quando la copertura è prestata in base ad un formulario straniero, sia l'esatto apprezzamento degli oneri probatori gravanti sulle parti, dovendosi in molti casi fare ricorso non già a prove dirette, bensì a prove indirette e/o a presunzioni per determinare la possibile causa dell'evento dannoso.

In particolare, come esattamente precisato dalla giurisprudenza, la nozione di *perils of the sea* rilevante ai fini di stabilire la sussistenza del *named peril* previsto dai formulari inglesi non può essere fatta discendere dalla nozione di "fortuna di mare" rilevante in materia di esonero di responsabilità del vettore marittimo *ex* art. 422

cod. nav., ma deve essere ricavato dalla nozione vigente nell'ordinamento inglese, che assimila la nozione di "fortuna di mare" rilevante ai fini assicurativi agli effetti della forza del mare che eccedono la normale usura delle onde sullo scafo (cfr. Cass. 16 maggio 1995 n. 5123, in *Dejure*).

Così, come precisato nella stessa decisione, pure la nozione di innavigabilità della nave rilevante ai fini del contratto di assicurazione, quale circostanza delimitativa del rischio assunto dall'assicuratore, deve essere rettamente intesa. Quindi:

«Pur in presenza di una situazione di innavigabilità della nave alla partenza, sono indennizzabili, i danni da essa derivati "quando la innavigabilità dipende da vizio della nave (compresa la vetustà o l'usura derivante dal suo normale impiego) salvo che questa fosse scopribile dall'assicurato con l'uso della normale diligenza": nonché "quando la navigabilità dipende da colpa del comandante o dell'equipaggio", salvo che l'armatore assicurato ne sia stato partecipe. In sostanza, come è stato rilevato, alla valutazione soggettiva della innavigabilità della nave al viaggio "si sostituisce il principio della normale diligenza nel senso che, ai fini della delimitazione del rischio assicurato, la innavigabilità assume rilevanza solo in presenza della colpa dell'assicurato", senza la quale viene a costituire vizio occulto. Anche tale nozione, inoltre, andava precisata, alla stregua della nozione di *latent defect* nella prassi interpretativa britannica (anche sulla base dell'art. 35 del *Marine Insurance Act* e della nozione di *privity* ivi enunciata)».

4. I soggetti

I soggetti del rapporto assicurativo sono, in primo luogo, l'assicuratore, ossia la parte che assume, contro pagamento del premio, l'obbligazione di versare l'indennizzo assicurativo laddove uno degli eventi (rischi) previsti dalla polizza colpisca i beni assicurati. Al riguardo, va osservato come normalmente i contratti di assicurazione marittima vengano stipulati non da un singolo assicuratore, bensì da una pluralità in coassicurazione, affidando poi ad uno di essi (c.d. Compagnia delegataria) la gestione della polizza. Pur in presenza di un contratto unico, in base all'art. 1911 cod. civ., applicabile anche alle assicurazioni marittime, ciascun coassicuratore rimane obbligato solo per la quota di rischio assunto, senza vincolo solidale cogli altri coassicuratori, anche quando ad uno di essi sia affida, tramite la c.d. clausola di delega, la gestione della polizza. Così (Cass. 28 gennaio 2005 n. 1754, in *Dir. mar.*, 2006, p. 831; conf. Cass. 13 luglio 2018 n. 18571, in *Dejure*):

«Nel contratto di coassicurazione si attua la ripartizione del rischio tra i coassicuratori, ciascuno dei quali è tenuto al pagamento dell'indennizzo in proporzione della quota di rischio che si è assunta e l'assicurato non può pretendere da lui il pagamento di una somma maggiore. Anche quando è formalmente unico, il contratto genera separati rapporti assicurativi, in relazione ai quali ciascun assicuratore è titolare di autonome posizioni sostanziali e processuali, rimanendo escluso il vincolo della solidarietà (Cass. 26 gennaio 1988 n. 661). La clausola di delega o guida, mediante la quale i coassicuratori per ragioni di semplificazione conferiscono ad uno di essi (solitamente a quello che ha assunto la quota maggiore) la gestione della polizza e, cioè, il compimento di tutti gli atti inerenti allo svolgimento del rapporto assicurativo non interferisce con l'indicato regime e vale ad armonizzare il frazionamento della garanzia assicurativa con l'esigenza dello svolgimento unitario del rapporto (Cass. 12 dicembre 1997 n. 12610). Conseguentemente, il coassicuratore delegato, che sia citato in giudizio per il pagamento dell'intero indennizzo, è tenuto solo per la sua quota».

Nella prassi, peraltro, normalmente la clausola di delega prevede espressamente che tutte le comunicazioni contrattuali tra i coassicuratori e l'assicurato debbano essere tenute colla sola Delegataria, ovvero con un rappresentante indicato nella stessa polizza (di solito, il broker o agente tramite il quale è stata stipulata la copertura). Pur non rappresentando (salvo espressa formulazione) tale pattuizione una costituzione della Delegataria quale rappresentante processuale *ex* art. 77 cod. proc. civ. dei coassicuratori, essa ha però effetti sostanziali in ordine alla presentazione degli avvisi di sinistro e delle altre comunicazioni di cui è onerato l'assicurato, anche ai fini dell'interruzione della prescrizione (Cass. 19 maggio 2004 n. 9469, in *Dir. trasp.*, 2005, p. 736; conf. Cass. 30 maggio 2013 n. 13661, in *Dejure*; Cass. 17 ottobre 2016 n. 20934, in *Dejure*):

«In ipotesi di coassicurazione, l'espressa attribuzione ad uno dei coassicuratori, in aggiunta ai compiti di gestione della polizza conferiti con "clausola di delega", anche della rappresentanza dell'altro coassicuratore in ordine a tutte le "comunicazioni contrattuali", è idonea a comprendere, in assenza di deroghe o limitazioni, l'abilitazione alla ricezione del suddetto atto, con la conseguenza che l'atto medesimo interrompe la prescrizione pure con riferimento alla quota dell'indennizzo a carico di quell'altro coassicuratore (Cass. 5 agosto 1993 n. 8551) ... Pertanto, con riguardo ad ipotesi di coassicurazione, la costituzione in mora rivolta al coassicuratore delegato alla gestione della polizza per effetto della cosiddetta clausola "di guida" o "di delega" è idonea ad interrompere la prescrizione del diritto all'indennità anche nei confronti del coassicuratore delegante solo ove quest'ultimo, con l'atto di delega, abbia conferito al primo anche l'incarico di pagare l'intero importo dell'indennità».

Per quanto riguarda, invece, la controparte dell'assicuratore, si deve distinguere tra lo stipulante, ossia il soggetto che stipula il contratto, e l'assicurato, ossia il soggetto titolare dell'interesse assicurato, il quale per l'effetto sopporta il pregiudizio conseguente al verificarsi dei rischi dedotti in polizza.

Con riferimento all'interesse nell'assicurazione (art. 1904 cod. civ.) si deve, quindi, avere riguardo sia alla posizione dell'assicurato, sia a quella dello stipulante (Cass. 5 giugno 2007 n. 13058, in *Dir. mar.*, 2008, p. 468; cfr. anche Cass. 13 marzo 2013 n. 6293, in *Dejure*):

«Sicché sotto il primo profilo, l'interesse assicurato sottende, nella sostanza, una relazione economica tra un soggetto e un bene esposto a rischio in rapporto ad un evento futuro potenzialmente dannoso (dovendo, per l'effetto, risultarne una posizione soggettiva giuridicamente qualificata e non un interesse di mero fatto) mentre sotto il secondo aspetto, ferma l'operatività del principio generale dell'art. 1411 cod. civ., l'interesse in discorso non deve giocoforza assumere i caratteri della giuridicità, potendo, per converso, risolversi in una situazione soggettiva di mero fatto, morale o di immagine».

Al riguardo, deve essere accertata caso per caso, in base alle specifiche pattuizioni, quale sia l'esatta relazione economica che il contratto vuole salvaguardare, in quanto l'interesse richiesto dall'art. 1904 cod. civ., ai fini della validità del contratto di assicurazione contro i danni, è ravvisabile non solo con riguardo al diritto di proprietà o ad altro diritto reale sulla cosa assicurata, ma può sussistere anche in relazione a qualsiasi rapporto economico-giuridico per il quale il titolare sopporti il danno patrimoniale per effetto di un evento dannoso (Cass. 17 giugno 2013 n. 15107, in *Dejure*).

Normalmente, quindi, il soggetto assicurato è il proprietario della nave o altro titolare di diritto reale o in particolari casi il creditore ipotecario (cfr. Cass. 13 ottobre 1976 n. 3425), ma come è stato osservato in precedenza (cfr. *supra*, cap. 3) allorché la nave venga data in locazione a scafo nudo la prassi negoziale trasferisce in capo al locatario il rischio relativo al deterioramento e alla perdita del bene, per cui è stato precisato in giurisprudenza (cfr. Cass. 6 novembre 2002 n. 15552, in *Dir. mar.*, 2004, p. 116) che in tale ipotesi quest'ultimo è il titolare dell'interesse dedotto in contratto ed, in particolare:

> «Poiché l'interesse all'assicurazione non può essere di mero fatto, ma deve inerire ad una posizione giuridica, per quanto attiene all'assicurazione per i danni ad un bene, in linea di principio, deve escludersi che il locatario possa avere interesse all'assicurazione del rischio del perimento del bene, inteso come cespite patrimoniale. Questo danno ed il relativo rischio sono infatti del proprietario o di altro titolare di diritto reale ... Sennonché, come ha rilevato la dottrina, diverso è il caso in cui il rischio e pericolo della cosa assicurata sono, nel caso concreto, posti pattiziamente, a carico del locatario. In questa ipotesi il proprietario, che sia anche locatore, ha trasferito a carico del conduttore il rischio della perdita della cosa, e l'assicurazione di questo rischio, a lui trasferito indipendentemente da ogni sua responsabilità, comporta che il conduttore abbia l'interesse all'assicurazione per la perdita del bene, sempre inteso come cespite e non come fonte di reddito. Quest'ultimo principio è applicabile anche in tema di assicurazione per la perdita della nave, allorché il proprietario della stessa abbia trasferito al conduttore, che se l'è assunto, il rischio di perdita della nave. Non si tratta di un'assicurazione di responsabilità civile, ma invece di un'assicurazione di danno al bene-nave, giacché non si versa in un'ipotesi di responsabilità del locatario in senso tecnico giuridico, ma in quella diversa di assunzione negoziale del rischio relativo alla cosa altrui. Pertanto il rapporto economico che in relazione a tale rischio viene a crearsi tra il locatario e la nave determina in capo a questi un interesse assicurabile diretto, avente ad oggetto la nave».

Di converso, è nullo per carenza di interesse il contratto di assicurazione copri stipulato in nome proprio da un soggetto che, pur risultando essere l'utilizzatore del mezzo, non abbia assunto il rischio di perimento del bene o non sopporti il pregiudizio legato al mancato godimento dello stesso (Cass. 22 dicembre 2011 n. 28284, in *Foro it.*, 2012, 3, I, c. 787; Trib. Trieste 26 agosto 2004, in *Dir. mar.*, 2006, p. 549). Più problematica appare la possibilità di riconoscere, fuori dei casi di vincolo dell'indennizzo (cfr. cap. 4 § 1), accanto alla posizione dell'assicurato, quella del mero beneficiario dell'indennizzo assicurativo, il quale per effetto della designazione ad opera del primo risulterebbe titolare in via esclusiva del potere di azione contro l'assicurazione, a prescindere dal suo rapporto economico rispetto al bene nave (tale ipotesi, benché rara nel settore corpi, è ammessa da Cass. 2 aprile 2007 n. 8095, in *Dir. mar.*, 2008, p. 946).

Per quanto concerne l'assicurazione delle merci l'art. 517 cod. nav. prevede che in caso di vendita delle cose assicurate l'assicurazione delle merci continua a favore del nuovo assicurato senza obblighi di avviso all'assicuratore, né facoltà di recesso in capo a quest'ultimo o all'acquirente delle merci. Come è stato osservato, questo articolo trasforma in regola di legge la prassi assolutamente prevalente di stipulare il contratto di assicurazione merci trasportate via mare con la clausola "per conto di chi spetta" (Trib. Genova 4 febbraio 1992, in *Assic.*, 1993, II, 2, p. 77):

> «Anche in assenza di specifica dicitura, l'assicurazione marittima sopra merci stipulata dallo spedizioniere si configura sempre come assicurazione stipulata per conto di chi spetta ... ciò premesso, non si condivide l'assunto per cui il titolare del diritto all'indennizzo non possa essere altro che chi, al momento del sinistro, risulti proprietario o titolare di un diritto reale sul bene assicurato. L'art. 1904 cod. civ. rapporta, infatti, la titolarità del diritto all'indennizzo, non tanto al concetto di proprietà, quanto all'interesse dell'assicurato al risarcimento del danno ... la legittimazione del soggetto su cui gravava il rischio relativo alla macchina venduta sino al momento della consegna appare evidente ed indiscutibile».

Il contratto di assicurazione merci è, infatti, intrinsecamente collegato all'effettuazione del trasporto e, normalmente, ad un contratto di vendita, con conseguente ambulatorietà del diritto all'indennizzo, che viene trasferito in capo ai successivi titolari dell'interesse assicurato. Al riguardo la giurisprudenza (per tutte Cass. 9 luglio 2003 n. 10770, in *Dir. mar.*, 2004, p. 172) ha precisato come nell'ipotesi di perdita o danni alle merci assicurate "per conto di chi spetta" e consegnate al vettore, la titolarità dell'interesse tutelato dalla garanzia assicurativa vada identificato in base alle regole previste per il trasferimento del rischio nella vendita di cose da trasportare:

> «L'orientamento di questa Corte è fermo nel ravvisare, nell'ipotesi di perimento delle cose consegnate al vettore, la titolarità del diritto all'indennizzo in capo all'acquirente destinatario della merce (quale titolare dell'interesse tutelato dalla garanzia assicurativa) e non in capo al mittente venditore e ciò in applicazione dell'art. 1510 cod. civ., in forza del quale il venditore rimettendo al vettore o allo spedizioniere le cose oggetto della vendita non solo si libera dell'obbligazione della loro consegna e dei rischi connessi al loro perimento, ma trasferisce all'acquirente, salvo patto contrario, anche la loro proprietà, con la conseguenza che la qualità di assicurato con detta consegna si trasferisce dal venditore all'acquirente. Il venditore non è quindi legittimato ad agire nei confronti della società con cui ha stipulato il contratto di assicurazione per il risarcimento dei danni verificatisi al bene alienato successivamente alla consegna al vettore. Ai detti fini non è di alcun rilievo l'articolo 1891 cod. civ., che regola soltanto la distribuzione dei diritti e degli obblighi del contraente e dell'assicurato (per conto altrui ovvero per conto di chi spetta), e non riguarda la natura dell'interesse assicurato e la titolarità dei diritti che da essa derivano: i rapporti interni tra stipulante ed assicurato non interferiscono con il rapporto assicurativo. Il diritto alla prestazione dell'assicuratore spetta a chi risulti essere titolare dell'interesse assicurato nel momento del verificarsi del sinistro. In particolare nell'assicurazione contro i danni stipulata per conto di chi spetta la persona dell'assicurato va individuata in colui che al momento dell'evento dannoso sia proprietario della cosa. In sostanza il vendi-

tore, rimettendo al vettore o allo spedizioniere le cose che formano oggetto della vendita, non solo si libera dell'obbligazione inerente alla consegna di detti beni e dei rischi connessi al loro perimento, ma trasferisce all'acquirente – salvo patto contrario (di cui nella specie non vi è traccia) – anche la proprietà dei beni medesimi con la conseguenza che la qualità di assicurato avente diritto all'indennizzo, nel contratto di assicurazione per conto di chi spetta, è rivestita non dal venditore ma dall'acquirente».

Sia pure con qualche oscillazione, questa impostazione è stata ribadita anche più di recente (Cass. 29 maggio 2018 n. 13377, in *Dejure*), affermando che:

> «ai sensi dell'art. 1510 c.c., in tema di vendita di cose mobili secondo cui il venditore si libera dall'obbligo di consegna al compratore al momento della consegna della merce al vettore e in tale momento si trasferisce in capo al compratore il rischio di perimento della cosa durante il trasporto e i conseguenti diritti derivanti dall'assicurazione contro i rischi di danni alla merce trasportata ... la questione va correttamente inquadrata rilevando che tra le parti è stata stipulata una polizza merci, che garantisce i beni trasportati contro i danni o le perdite che si verifichino durante il trasporto. Il contratto collegato, quello di compravendita, è disciplinato, come correttamente evidenziato dalla Corte territoriale, dall'art. 1510 c.c., comma 2, trattandosi di vendita con spedizione, per cui nel momento della consegna dei beni da parte del venditore al vettore si trasferisce anche la proprietà in capo al destinatario della merce ... Il beneficiario dell'assicurazione sarà il soggetto che al momento dell'evento assicurato sia titolare dell'interesse assicurato. Il titolare di tale interesse è chi, al momento dell'evento dannoso, risulti proprietario della cosa o di un diritto reale o di un diritto di garanzia o che, comunque, si trovi con la cosa assicurata in una relazione tale da subire un diretto pregiudizio patrimoniale per effetto della sua perdita».

Il che è certamente corretto, con la precisazione che – analogamente a quanto già osservato in tema di assicurazione della nave – ciò che rileva è la sopportazione dei rischi relativi alla perdita od avaria del bene in base alla concreta disciplina del contratto di vendita; sicché, ad esempio, in presenza di clausole contrattuali che – in deroga al disposto dell'art. 1510 cod. civ. – prevedono il pagamento del corrispettivo della merce avvenga solo se e nella misura in cui la stessa giunga a destino in stato sano, la qualità di assicurato, non vi è dubbio che la legittimazione a richiedere l'indennizzo assicurativo spetta al venditore mittente (cfr. Cass. 17 giugno 2013 n. 15107, in *Dejure*; App. Roma 18 settembre 2008, in *Dir. mar.*, 2009, p. 503; Trib. Genova 4 febbraio 1992, in *Assicurazioni*, 1993, II, 2, p. 77; Trib. Genova 20 settembre 1988, in *Dir. mar.*, 1989, p. 488).

5. Le deroghe al regìme comune

Come già osservato, il codice della navigazione detta alcune norme che derogano alla disciplina generale prevista per il contratto di assicurazione nel codice civile.

Tra le deroghe più significative, si può notare che, mentre l'art. 1895 cod. civ. dispone che se il rischio non è mai esistito o ha cessato di esistere prima della conclusione del contratto questo è nullo, l'art. 514 cod. nav. ammette il c.d. rischio putativo, in quanto se il rischio non è mai esistito o ha cessato di esistere ovvero se il sinistro è avvenuto prima della conclusione del contratto, l'assicurazione è nulla solo se la notizia dell'inesistenza o cessazione del rischio o della verificazione del sinistro è pervenuta prima della conclusione del contratto nel luogo dell'assicurazione o in quello dal quale l'assicurato diede l'ordine di assicurare.

L'istituto del c.d. rischio putativo è conforme ad una risalente tradizione del diritto assicurativo marittimo, evolutasi allorquando era obiettivamente assai difficile, se non impossibile, per i proprietari della nave o delle merci essere informati tempestivamente sullo stato delle stesse. L'odierna evoluzione dei sistemi di telecomunicazione rende meno frequente, ma non per questo impossibile, la situazione in cui un soggetto abbia interesse a stipulare una copertura assicurativa senza sapere se nel momento in cui viene concluso il contratto i beni oggetto di assicurazione abbiano o meno subìto un sinistro.

Ovviamente, al fine di evitare comportamenti fraudolenti, si presume fino a prova contraria che la notizia della cessazione del rischio o della verificazione del sinistro sia giunta tempestivamente nel luogo di stipulazione e, quando ciò sia avvenuto, è irrilevante il fatto che l'assicurato abbia sia pure in buona fede ignorato la circostanza.

Va precisato, poi, che l'evento deve comunque essersi verificato nel periodo assicurato previsto in polizza (Cass. 25 marzo 1961 n. 687, in *Dir. mar.*, 1962, p. 25):

> «Il rischio putativo ... postula il presupposto che il sinistro si sia realizzato prima della conclusione del contratto, ma pur sempre durante il periodo al quale, in virtù del successivo contratto, la copertura assicurativa venne convenzionalmente estesa con efficacia retroattiva. Se, al contrario, il sinistro ebbe a realizzarsi, non solo prima della stipula del contratto di assicurazione, ma anche prima che iniziasse a decorrere il periodo di copertura, in tal caso non sarà più a parlarsi di un rischio putativo, ma di nullità del contratto di assicurazione per difetto di causa giuridica, in conseguenza della inesistenza del rischio dedotto in contratto, per essersi detto rischio realizzato al di fuori del periodo al quale le parti avevano voluto rapportare l'efficacia dell'assicurazione».

Un altro esempio di deroga è dato dal raffronto tra l'art. 1918 cod. civ., il quale prevede che l'alienazione delle cose assicurate non comporta lo scioglimento del contratto, fatto salvo l'obbligo di notifica dell'avvenuta alienazione e la facoltà per l'acquirente e l'assicuratore di recedere entro determinati termini dal contratto, e il già ricordato art. 517 cod. nav.

Ulteriori differenze tra il regime comune e quello speciale sono state rinvenute da una parte della dottrina nell'art. 524 cod. nav., che secondo una discussa interpretazione escluderebbe la copertura anche in presenza della sola colpa lieve dell'assicurato, laddove l'art. 1900 cod. civ. prevede l'esclusione solo per la colpa grave. Va peraltro osservato come la disposizione del codice della navigazione sia di fatto sempre derogata dalle pattuizioni contrattuali, le quali usualmente escludono la copertura solo nei casi di dolo o colpa grave dell'assicurato ed, anzi, normalmente ammettono come coperti i sinistri causati dal colpa anche grave dei dipendenti dell'assicurato, cui esso sia rimasto estraneo.

Anche l'art. 522 cod. nav. detta un regime relativo all'aggravamento del rischio più rigido rispetto a quello dell'art. 1898 cod. civ., benché tale norma del codice della navigazione preveda la possibilità per le parti di derogarvi, il che di solito avviene con le pattuizioni denominate "*held covered*", in cui l'assicuratore si impegna a coprire anche determinate ipotesi di aggravamento del rischio. In tali casi, l'assicurato è tenuto a dare all'assicuratore tempestiva notizia del verificarsi delle circostanze previste dalla clausola (ad esempio, l'entrata della nave in una zona di mare esclusa dalla copertura) e la copertura prosegue, salvo il pagamento di un premio addizionale (cfr. App. Genova 25 gennaio 1999, in *Dir. mar.*, 2001, p. 302).

L'art. 534 cod. nav. ammette, invece, la possibilità di derogare al principio legale del pieno rimborso delle c.d. spese di salvataggio, mentre nell'art. 1914 cod. civ. tale principio è dichiarato inderogabile.

Peculiare, poi, delle assicurazioni marittime è la possibilità per l'assicurato di effettuare il c.d. abbandono delle cose assicurate agli assicuratori, qualora si verifichi un evento che comporta di fatto o per disposizione di legge la perdita totale del bene in conseguenza di un evento assicurato (artt. 540 e 541 cod. nav.). Sia l'abbandono, sia l'azione di avaria mirano ad ottenere l'indennizzo assicurativo, sicché l'assicurato – anche in caso di perdita totale – può comunque avvalersi a propria scelta dell'una o dell'altra azione, ma come precisato in giurisprudenza l'abbandono – se non contestato dall'assicuratore – ha la peculiarità di produrre anche l'effetto reale del trasferimento della proprietà delle cose assicurate in capo a quest'ultimo (Cass. 7 settembre 1998 n. 8848, in *Dejure*):

> «Nelle assicurazioni marittime, verificatosi il danno, la liquidazione di questo in favore dell'assicurato può essere fatta seguendo due sistemi: quello generale della liquidazione per avaria; quello della liquidazione per abbandono delle merci. Con il secondo sistema l'assicuratore è tenuto al pagamento, rispettando gli eventuali limiti contrattuali, dell'importo corrispondente al valore dell'interesse (danno totale) assicurato, previo passaggio in suo favore delle cose eventualmente salvate o residue … Con questa configurazione l'abbandono produce un effetto reale ed uno obbligatorio. L'effetto reale è dato dal passaggio della proprietà delle cose abbandonate e dei relativi diritti dall'assicurato all'assicuratore: art. 546, secondo comma. L'effetto obbligatorio è quello di far sorgere l'obbligazione dell'assicuratore di pagare l'indennità totale al momento in cui si verifica l'effetto reale».

Infine, in tema di prescrizione l'art. 547 cod. nav. stabilisce che, salvo per il resto quanto disposto dall'art. 2952 cod. civ., per quanto attiene i diritti dell'assicurato verso l'assicuratore il termine è di un anno (e non già biennale come nel codice civile a seguito delle modifiche apportate dall'art. 22, comma 14, d.l. 18 ottobre 2012 n. 179 e modificato in sede di conversione dalla legge 17 dicembre 2012 n. 221; cfr. Cass. 15 gennaio 2020 n. 541, in *Dejure*; Trib. Milano 14 maggio 2019, in *Dejure*) e decorre dalla data del sinistro ovvero da quella in cui l'assicurato provi di averne avuto notizia, e, in caso di presunzione di perdita della nave, dal giorno in cui questa è stata cancellata dal registro d'iscrizione; al riguardo, è stato però ritenuto (Trib. Genova 11 gennaio 2011, in *Dir. mar.*, 2013, p. 470) che in presenza di una clausola peritale detto termine debba comunque farsi decorrere

> «da quando l'assicurato è posto in grado, sulla base degli accertamenti tecnici, di accertare la natura e l'entità del danno subito dalle merci durante il trasporto».

6. L'assicurazione della nave

Il codice della navigazione detta una disciplina del contratto di assicurazione di nave ispirata alla prassi dei formulari standard adottati all'epoca della redazione di tale testo normativo, che risulta abbastanza frammentaria. Essa, peraltro, è in larga misura a carattere dispositivo, per cui non ha rappresentato un ostacolo alla successiva evoluzione delle regole contrattuali, che, quindi, oggi per alcuni aspetti appaiono diverse da quanto ipotizzato nel codice della navigazione. In ogni modo, la disciplina del codice ha per lo più carattere meramente secondario e suppletivo, essendo di solito tutti gli aspetti della vicenda contrattuale dettagliatamente disciplinati nel formulario di assicurazione adottato nel caso di specie.

Per assicurazione della nave si intende quella che copre «la nave e le sue pertinenze», nonché eventualmente «le spese di armamento e di equipaggiamento» (art. 515 cod. nav.). In mancanza di espressa indicazione in senso contrario, il valore della nave indicato nella polizza equivale al patto di stima previsto dall'art. 1908 cod. civ. (ove, peraltro, viene stabilito l'opposto principio per cui nel silenzio delle parti la dichiarazione di valore non equivale ad un patto di stima), con l'importante conseguenza che – in caso di sinistro – è il valore stimato (e non il valore effettivo del bene) ad essere preso come base per il calcolo dell'indennizzo (purché l'assicurato non abbia fraudolentemente indicato un valore diverso da quello effettivo al momento della stipulazione della copertura assicurativa; cfr. Trib. Genova 16 maggio 1953 in *Foro it.*, 1954, I, c. 142).

Seguendo la tradizionale concezione del principio indennitario, il codice prevede che nel calcolo dell'indennità per danni materiali sofferti dalla nave debba, peraltro, computarsi il beneficio derivante all'assicurato per la differenza tra il valore delle parti vecchie della nave (rimaste danneggiate) e quelle nuove che hanno sostituito gli elementi danneggiati (art. 535 cod. nav.), ma tale disposizione è spesso derogata da apposite clausole, che escludono la differenza tra nuovo e vecchio, applicando il principio indennitario non già al singolo bene, bensì al rapporto tra detto bene e il patrimonio del proprietario nel suo complesso.

Il codice distingue tra assicurazioni a tempo e a viaggio (quest'ultime di uso ormai poco frequente) ed il meccanismo di determinazione della copertura è parzialmente diverso, così come le regole sulla durata del contratto (artt. 530 e 531 cod. nav.).

Benché l'assicurazione della nave sia una tipica assicurazione contro i danni alle cose, secondo la disciplina codicistica, essa comprende anche ipotesi particolari di assicurazione della responsabilità, quali la contribuzione in avaria comune eventualmente dovuta dal proprietario del bene (artt. 526 e 537 cod. nav.). Oltre che per ragioni storiche, la circostanza si spiega con il fatto che, normalmente, gli atti che danno origine ad un debito per contribuzione in avaria comune, costituiscono eventi che hanno comportato l'eliminazione e/o diminuzione di un potenziale danno alle cose assicurate che, se verificatosi, sarebbe stato oggetto di indennizzo assicurativo. Sembra, quindi, coerente con la logica del sistema che gli oneri conseguenti a questi peculiari istituti gravino sul soggetto (assicuratore del bene) che – sotto un profilo economico – ha beneficiato della mancata verificazione del danno al bene.

Inoltre, l'assicuratore risponde delle somme dovute per azioni di risarcimento danni avanzate da terzi danneggiati a seguito di urto della nave con altra nave, ovvero contro opere portuali od oggetti fissi o galleggianti (artt. 527 e 538 cod. nav.), anche se di solito i formulari prevedono una disciplina apposita di tale ipotesi, limitando la copertura ai 3/4 della responsabilità legale per i danni subiti dall'altra nave (essendo invece esclusi dalla copertura altre tipologie di danno quali la perdita di vite umane, danni da inquinamento, ecc.) nascente a carico dell'assicurato a seguito di urti o collisioni.

Infine, in relazione a questa estensione della copertura prevista nel contratto di assicurazione della nave ad ipotesi di responsabilità, va osservato che esiste uno strettissimo collegamento tra l'evento che colpisce la nave e l'insorgere della responsabilità e, soprattutto, che i crediti per contribuzione in avaria comune, e per risarcimento danni da urto sono assistiti da privilegio marittimo sulla nave, ossia da un diritto reale di garanzia che colpisce il bene in quanto tale. È ben vero che debitore di tali importi è pur sempre il proprietario, che ne risponde con il suo patrimonio, ma il collegamento con il bene assicurato, dato dalla possibilità di agire esecutivamente sulla specifica *res* gravata dal privilegio, fa sì che sia giustificato includere nella copertura assicurativa della cosa stessa tali ipotesi.

Nella pratica, la copertura viene poi estesa anche alle ipotesi di obbligo di pagamento di un compenso per il soccorso prestato alla nave, nonché alla peculiare ipotesi di urto tra navi appartenenti allo stesso soggetto (c.d. *sister-ships*), caso per cui è previsto che l'assicurato goda degli stessi diritti che avrebbe avuto se le navi fossero appartenute a soggetti tra loro diversi.

Infine, è del tutto usuale che gli assicuratori, in modo da prevenire o eliminare il sequestro del bene assicurato ad opera del creditore privilegiato, forniscano a quest'ultimo una garanzia diretta emessa proprio in base al fatto che tale pagamento rientra nella copertura assicurativa.

In base all'art. 525 cod. nav., l'assicuratore risponde dei danni e delle perdite dovute a vizio occulto della nave (ancorché esso non sia uno dei rischi della navigazione previsti dall'art. 521 cod. nav.), a meno che provi che esso poteva essere scoperto dall'assicurato esercitando la normale diligenza. Infine, se le cose assicurate subiscono più sinistri successivi, nella liquidazione del danno si devono computare le somme già riconosciute all'assicurato per i sinistri precedenti, purché verificatisi nell'ambito dello stesso viaggio e nella vigenza della stessa copertura assicurativa (art. 539 cod. nav.).

Come già ricordato, nella prassi i contratti di assicurazione della nave fissano in maniera autonoma gran parte della disciplina applicabile, integrando e derogando alle norme del codice della navigazione. L'aspetto più significativo è dato dalla prassi di riferirsi non già ad una universalità di rischi, bensì ad una serie di "*named perils*" (vedasi i formulari allegati in fondo al capitolo), la cui verificazione fa sorgere il diritto all'indennizzo dei danni conseguenti. Conseguentemente, spetta all'assicurato provare che il danno alla nave è dipeso da un evento ricompreso tra i "*named perils*", salva la possibilità per l'assicuratore di fornire la prova che sussiste comunque una causa di esclusione della copertura.

Vi sono formulari speciali che provvedono alla copertura di alcuni dei rischi esclusi dalle polizze rischi ordinari, tra i quali particolare interesse e importanza rivestono le coperture dei c.d. rischi guerra, che non sono disciplinati nel codice della navigazione e sono totalmente affidati all'autonomia privata.

7. L'assicurazione delle merci

Proprio in virtù della prevista circolazione del rapporto, normalmente in relazione all'assicurazione merci la prova del contratto è contenuta nel "certificato di assicurazione", documento sottoscritto dal solo assicuratore e distinto dalla polizza di assicurazione, il quale può essere consegnato ai successivi interessati e costituisce documento di legittimazione. Al riguardo, va precisato (App. Genova 13 dicembre 2005, in *Dir. mar.*, 2007, p. 198) che:

> «È da escludere quindi la configurabilità ... della radicale autonomia ed autosufficienza del certificato di assicurazione, il quale esige invece di essere fatto oggetto di interpretazione coordinata e complessiva con il contenuto delle condizioni di polizza».

Spesso le coperture merci assumono la struttura di polizze in abbonamento, particolare forma di assicurazione che consente la copertura di interessi che, mentre al momento della stipula del contratto sono parzialmente indeterminati ed il rischio è meramente astratto, vengono determinati e specificati nelle loro precise caratteristiche nel successivo momento della concreta esposizione al rischio, specificazione che viene comunicata all'assicuratore mediante la c.d. dichiarazione di alimento (Cass. 3 luglio 1991 n. 7300), rispetto alla quale

> «Si individuano due figure contrattuali, sostanzialmente diverse, in funzione della disciplina pattizia della copertura dei singoli interessi, quando si verifichi la loro concreta esposizione al rischio. Più precisamente, a seconda che le parti abbiano convenuto che la copertura assicurativa sorga automaticamente al mero verificarsi della concreta esposizione al rischio, nel qual caso entrambe rimangono vincolate agli obblighi assunti nella polizza (c.d. abbonamento obbligatorio); ovvero, le abbiano subordinate ad una ulteriore manifestazione di volontà in tal senso da parte di uno dei contraenti (c.d. abbonamento facoltativo). Ne consegue che la dichiarazione di alimento assume una diversa natura a seconda che acceda ad un contratto di abbonamento obbligatorio o facoltativo: nella prima ipotesi, è una mera comunicazione di scienza che non ha alcuna influenza sulla copertura assicurativa dell'interesse; nell'altra ipotesi è una manifestazione di volontà unilaterale e recettizia che determina il sorgere del rapporto assicurativo in ordine allo specifico interesse significato con la dichiarazione, nel momento in cui la dichiarazione medesima giunge a conoscenza dell'assicurato (cfr. Cass. 20 marzo 1964 n. 638; 12 gennaio 1984 n. 237). Correlativamente, il contratto di assicurazione in abbonamento facoltativo si qualifica come un contratto unico dal quale scaturiscono, nell'immediato, un rapporto normativo (o cornice) che attiene non già alla copertura dei rischi, sibbene alle regole per la realizzazione di questa copertura; successivamente, ed eventualmente, tanti singoli rapporti assicurativi quante sono le dichiarazioni di alimento, rapporti che, lo si è detto, sorgono solo quando le dichiarazioni medesime sono pervenute a conoscenza dell'assicuratore».

Ovviamente, anche in tale ipotesi, quando alla dichiarazione di alimento segue l'emissione di un certificato di assicurazione, la determinazione dell'ambito della copertura andrà effettuato dalla lettura congiunta e coordinata dei due documenti (polizza e certificato).

In base all'art. 516 cod. nav., l'assicurazione delle merci copre il valore che esse avrebbero, in stato sano, al luogo della destinazione ed al tempo della scaricazione. La copertura assicurativa, pertanto, non è limitata al costo di acquisto delle stesse, ma incorpora una quota di utile sperato che, in mancanza di più precise indicazioni, può essere calcolata sulla base del 10% del prezzo di acquisto, nonché le spese di trasporto e il premio assicurativo dovuto. È poi possibile stipulare una specifica copertura dei profitti sperati (art. 518 cod. nav.).

L'assicuratore (art. 523 cod. nav.) non risponde dei danni occorsi alle merci se esse sono state caricate su nave diversa da quella indicata in polizza (laddove l'indicazione manchi, l'assicurato ha l'obbligo di comunicare il nome all'assicuratore non appena ne venga a conoscenza, a meno che non si tratti di spedizione su navi di linea), norma che è stata estesa dalla giurisprudenza anche all'ipotesi di trasbordo su nave diversa da quella contrattualmente prevista (cfr. Cass. 20 febbraio 2006 n. 3654, in *Dir. trasp.*, 2008, p. 473), ma tale disposizione è spesso superata da clausole specifiche inserite in polizza, alla luce dell'evoluzione dei traffici marittimi che rende sempre meno rilevante per il trasporto di linea – specie per merce in contenitori – la precisa identità della nave che effettua il viaggio ed in considerazione della possibilità per il vettore, riconosciuta nei contratti di trasporto di linea, di trasbordare la merce su altre navi a propria scelta, senza il consenso e addirittura all'insaputa dell'assicurato stesso.

L'assicurazione delle merci, in base all'art. 532 cod. nav., prende effetto dal momento in cui le merci lasciano la terra per essere caricate sulla nave fino al momento dello sbarco nel porto di destinazione. Peraltro, si è universalmente diffusa nei formulari la clausola c.d. "da magazzino a magazzino", in base alla quale il momento iniziale della copertura prevista da un contratto di assicurazione marittima merci coincide con il momento in cui le cose assicurate lasciano il magazzino portuale (cfr. Trib. Genova 28 marzo 2006, in *Dir. mar.*, 2007, p. 263) e il momento terminale coincide con il deposito della merce stessa nel magazzino del porto di destino (cfr. Cass. 27 settembre 2011 n. 19735, in *Dir. mar.*, 2013, p. 115; Trib. Genova 27 giugno 1994, in *Dir. ed economia assicuraz.*, 1995, p. 594).

Tale pattuizione è ora incorporata nella c.d. *transit clause*, la quale disciplina in modo articolato il momento di cessazione della copertura, che si verifica non solo quando le merci giungono al magazzino del destinatario o del luogo di destinazione finale indicato in polizza (o nel diverso magazzino eventualmente scelto successivamente dall'assicurato), ma anche decorsi 60 giorni dal completamento della scaricazione fuoribordo, di talché (App. Genova 6 giugno 2001, in *Dir. mar.*, 2003, p. 869):

> «La clausola in questione ... lascia chiaramente intendere che, pur essendo prevista una destinazione finale indicata in polizza, lo scadere dei 60 giorni dalla scaricazione fuoribordo delle merci determina il venir meno della copertura assicurativa ... si tratta di clausola che disciplina nel tempo e nello spazio l'ambito di operatività dell'assicurazione, permettendo di includere i rischi terrestri collegati ad un trasporto terrestre, purché contenuti nel suddetto limite temporale».

Così, anche in presenza di trasporti caratterizzati da una fase marittima e una fase terrestre, oggetto di coperture differenziate, la *transit clause* determina l'applicazione delle condizioni della polizza assicurativa marittima anche alle ipotesi di danni occorsi mentre le merci si trovano nel porto di sbarco intermedio (Cass. 23 giugno 2017 n. 15646, in *Dejure*):

> «poiché la copertura assicurativa del trasporto dell'autogrù è stata realizzata mediante due distinte polizze, una per trasporto terrestre e l'altra per il trasporto marittimo, il concetto di "porto definitivo di sbarco" contenuto nella seconda delle due polizze va riferito al luogo finale di destinazione della tratta marittima, restando del tutto indifferente la circostanza che l'autogrù dovesse percorrere un ulteriore tratto via terra, governato da una diversa polizza assicurativa. Non vi è dubbio, quindi, che il porto di Napoli ha costituito la destinazione definitiva del trasporto marittimo, poiché da quel punto in poi l'autogrù ha proceduto via terra ... Consegue che la corte d'appello ha esattamente ritenuto che l'autogrù fosse ancora soggetta alla polizza assicurativa del trasporto marittimo anche nei giorni successivi allo sbarco. Pertanto, essendo certo che il sinistro si verificò o durante la navigazione o, al più tardi, nei giorni in cui il mezzo è rimasto sulla banchina del porto di Napoli, è corretta l'affermazione secondo cui il regime delle limitazioni della responsabilità dell'assicuratore applicabile al caso di specie era quello della polizza marittima».

Come per l'assicurazione della nave, anche l'assicurazione delle merci copre anche il contributo in avaria comune e, in via pattizia, il compenso di salvataggio dovuti dall'assicurato, nonché i danni da avaria comune.

Benché il codice nulla disponga al riguardo, i formulari standard di assicurazione merci non solo prevedono la copertura contro determinati rischi, ma introducono diverse formulazioni a seconda dell'ampiezza della copertura stessa e della tipologia dei rischi. Nelle polizze cosiddette "*all risks*" (con tale locuzione nella prassi ci si intende riferire alle coperture "pieno rischio" italiana o ICC (A) 2009 inglese) la determinazione della copertura avviene in prima battuta identificando una "universalità" di rischi coperti e indicando espressamente alcune ipotesi di rischio escluse. Sotto il profilo probatorio, la conseguenza di tale impostazione, coerente colla prassi internazionale, dovrebbe essere che spetti all'assicurato provare la sussistenza di un danno alle cose assicurate astrattamente riconducibile all'universalità dei rischi assicurati, mentre l'assicuratore dare la prova che, in concreto, il danno è invece dipeso da alcuno dei rischi espressamente esclusi; in difetto di tale prova, l'indennizzo è dovuto (cfr. Trib. Genova 17 aprile 1990, in *Dir. mar.*, 1991, p. 122). Va peraltro segnalato il diverso orientamento assunto da parte della giurisprudenza italiana (cfr. Cass. 12 febbraio 1998 n. 1473) che, salvo diversa pattuizione contrattuale, pone a carico dell'assicurato anche l'onere di provare la non sussistenza di un'ipotesi di esclusione della garanzia assicurativa:

> «Riguardo all'onere della prova dovrà, infatti, porla a carico della società attrice anche nel caso in cui riterrà che in effetti il contratto attenga, come la ricorrente sostiene, ad un rischio di carattere generale, e contempli poi specifiche esclusioni. Allorquando, invero, venga domandato – come nella specie – l'adempimento di un contratto, non è dato distinguere, quanto alla distribuzione, tra le parti, dell''onere della prova, tra clausole generali e speciali del contratto stesso, dal momento che tutte ed inscindibilmente attengono

alla delimitazione dell'oggetto di esso: il quale, se contestato, deve essere provato unicamente dall'attore, che intenda giovarsi degli effetti relativi e conseguenti, trattandosi di fatto costitutivo della domanda ai sensi del comma 1 dell'art. 2697 cod. civ. Né può qualificarsi come eccezione in senso proprio l'allegazione del convenuto, per la quale tali effetti non si sarebbero invece verificati per essere il danno riconducibile ad una clausola contrattuale di esclusione della garanzia assicurativa, dal momento che tale difesa si sostanzia in un'eccezione in senso improprio, la quale, come tale, non può ritenersi compresa nella previsione del capoverso dell'art. 2697 cod. civ. dal momento che si risolve nella contestazione della mancanza della prova, a carico dell'attore, del fatto costitutivo della domanda. Conseguenze diverse non possono farsi derivare dal tipo di contratto stipulato ("*all risks policy*"), e ciò per la ragione che, agli effetti, di cui all'art. 2697 cod. civ., non è dato distinguere tra un contratto d'assicurazione, relativo ad un rischio generale e contemplante altresì specifiche esclusioni, ed un contratto relativo invece a specifici rischi: essendo, infatti, richiesta, a pena di nullità (art. 1418, comma 2, cod. civ.), la determinazione od almeno la determinabilità dell'oggetto del contratto (art. 1346 cod. civ.), l'uno e l'altro tipo di manifestazione di volontà contrattuale sono riconducibili a tale requisito e rappresentano forme soltanto diverse della sua necessaria esplicitazione. La regola, di cui all'art. 2697 cod. civ., è, peraltro, derogabile nei limiti di cui al successivo art. 2698 cod. civ.: ed avendo nella specie le parti, nel capoverso della clausola relativa alle "esclusioni generali", posto a carico dell'assicurato la prova dei fatti, di cui alla lettera a) della stessa clausola (guerra, invasione, ecc.) – come anche rileva, senza incontrare *ex adverso* obiezioni, la ricorrente, la quale da tale "limitata inversione (così qualificata) dell'onere della prova, espressamente ed appositamente prevista", intende trarre "che, in tutti gli altri casi l'onere della prova sui rischi esclusi gravi sull'assicuratore" – sarà compito del giudice del rinvio accertare la portata di tale previsione, al fine di stabilire se ed in quali limiti le parti abbiano eventualmente inteso derogare alla disciplina, di cui all'art. 2697 cod. civ.».

Tale orientamento, è stato confermato anche nella giurisprudenza successiva (Cass. 20 marzo 2006 n. 6108, in *Impresa*, 2006, 9, p. 1359), ma non è mancata la proposta (Cass. 23 gennaio 2018 n. 1558, in *Dejure*) di operare un'ulteriore distinzione in tema di onere probatorio:

«È noto tuttavia come il rischio previsto nel contratto di assicurazione sia di norma un rischio delimitato, attraverso patti di vario genere che circoscrivono, a seconda delle volontà delle parti e del premio pagato, l'indennizzabilità ai sinistri derivanti da determinate cause, ovvero ai sinistri consistiti in determinati eventi, od ancora ai sinistri che abbiano prodotto determinati effetti. Per effetto dell'inserimento nel contratto di assicurazione di queste clausole di delimitazione del rischio, gli effetti avversi cui l'assicurato è teoricamente esposto possono essere classificati in tre categorie: (a) i rischi inclusi; (b) i rischi esclusi; (c) i rischi non compresi. I rischi inclusi sono quelli per i quali il contratto accorda all'assicurato il pagamento dell'indennizzo. I rischi esclusi sono quelli del tutto estranei al contratto (ad es., il rischio di infortuni rispetto ad una polizza che copra la responsabilità civile). I rischi non compresi sono invece quelli che astrattamente rientrerebbero nella generale previsione contrattuale, ma l'indennizzabilità dei quali è esclusa con un patto espresso di delimitazione del rischio (ad esempio, in un contratto di assicurazione contro i danni da incendio, si esclude l'indennizzabilità degli incendi provocati dal fulmine) ... La distinzione appena riassunta, risalente e condivisa da sapiente dottrina, riverbera effetti sul piano del riparto dell'onere della prova. La circostanza che l'evento dannoso rientri tra i "rischi inclusi" è fatto costitutivo della pretesa, e va provata dall'assicurato. La circostanza che l'evento verificatosi rientri fra i rischi "non compresi" costituisce invece un fatto impeditivo della pretesa attorea, e va provato dall'assicuratore. Tale circostanza infatti non rappresenta un fatto costitutivo della domanda, ma un fatto costitutivo dell'eccezione di non indennizzabilità, e come tale deve essere dimostrato da chi quell'eccezione intenda sollevare».

Tale ultimo orientamento appare preferibile, in quanto la posizione giurisprudenziale precedente non sembra valorizzare adeguatamente come, laddove il contratto sia regolato dalla legge italiana, l'art. 521 cod. nav. pone a carico dell'assicuratore la generalità degli "accidenti della navigazione", per cui la pattuizione "all risks" è sostanzialmente riproduttiva del disposto del codice della navigazione e le esclusioni contrattuali dedotte rappresentano piuttosto una delimitazione dell'obbligo legale; come tali, le circostanze poste a fondamento delle stesse, una volta dimostrata la riconducibilità del sinistro alla generalità dei rischi della navigazione, dovrebbero essere oggetto di prova da parte del soggetto che intende far valere in via di eccezione tale deroga (contrattuale) rispetto alla regola legale.

Altri formulari prevedono, invece, la copertura non per tutti i rischi, ma solo per ipotesi più limitate, con conseguente onere per l'assicurato di provare la sussistenza dello specifico rischio dedotto in contratto. Alcuni formulari specializzati prevedono, infine, la copertura di classi di rischi esclusi nelle polizze ordinarie, quali scioperi o guerre.

8. La copertura *Protection & Indemnity*

Benché non prevista nel codice della navigazione, la copertura P&I ha avuto un enorme sviluppo nella pratica. La peculiarità del sistema risiede nel fatto che tale copertura viene prestata non già da società di assicurazione a premio, bensì da associazioni di armatori (c.d. *Clubs*) che prestano una copertura assicurativa di tipo mutualistico. Di qui, lo stretto collegamento che esiste tra rapporto associativo (intercorrente tra il singolo socio-*member* e l'associazione di cui fa parte) e il rapporto assicurativo, che trova nel primo la sua ragione d'essere, e che sussiste per ciascuna nave iscritta.

Secondo la giurisprudenza, le conseguenze di tale configurazione giuridica si riflettono anche sulla disciplina applicabile al rapporto (Trib. Genova 12 aprile 1979, in *Dir. mar.*, 1979, p. 585):

«I P&I Clubs, sorti in Inghilterra intorno alla seconda metà dell'800 per l'esigenza di ampliare la copertura assicurativa delle responsabilità connesse all'esercizio della navigazione, hanno struttura di una associazione di persone tra loro riunite allo scopo di ripartire mutualmente la sopportazione dei rischi individuali fra loro simili. Pertanto, come è proprio dell'assicurazione mutua, l'assicurazione è tutt'una con l'associazione al Club, onde essa non può essere governata da altra legge che non sia quella che governa il Club (...) la prima conseguenza che se ne deve ritrarre è che non ha alcun rilievo il fatto che nessuna polizza di assicurazione sia stata emessa dallo Standard giacché, in relazione alla descritta struttura dell'ente, per cui il contratto tra armatore e Club non è il normale contratto di assicurazione marittima, ma è dall'associazione al Club che deriva la conseguenza dell'assicurazione delle responsabilità relative all'esercizio della nave, ciò che viene in considerazione è l'iscrizione al Club, documentata dal "*certificate of entry*"».

I Clubs sono sorti per fornire agli Armatori la copertura assicurativa delle responsabilità connesse all'esercizio della loro attività imprenditoriale. Peculiare di questa copertura è, quindi, il fatto che sono assicurate quelle responsabilità che non risultano essere già oggetto della copertura fornita dalle tradizionali formule assicurative. L'aumento del novero delle responsabilità armatoriali a seguito dell'evoluzione legislativa è una delle ragioni del grande sviluppo dell'istituto.

Salvo ipotesi particolari (soprattutto in materia di inquinamento marino; vedasi *supra*, cap. 7), la copertura assicurativa fornita dal Club non ha un massimale, e il *Member* non è tenuto a pagare un premio fisso, bensì una contribuzione variabile a seconda dell'andamento dei sinistri e del tipo di naviglio iscritto.

In linea generale sono coperti dai Clubs i seguenti rischi:

– responsabilità per risarcimento danni per morte, lesioni o malattia (e spese connesse di marittimi imbarcati sulla nave, passeggeri, lavoratori portuali, ma anche soggetti terzi in determinate circostanze);
– spese di rimpatrio dell'equipaggio in caso di sinistro, indennità di naufragio spettante all'equipaggio, spese per clandestini;
– compenso per il salvataggio di vite umane (dovuto dall'Armatore, se non recuperabile in base alla polizza corpi);
– responsabilità per urto o collisione, che non siano già coperte dalla polizza corpi;
– spese per la rimozione di relitto ordinata dall'autorità e di quarantena.

Quando l'Armatore assume anche la veste di vettore di cose, l'assicurazione P&I copre altresì:

– la responsabilità per perdita o avaria alle cose trasportate, nei limiti legali della legge applicabile.

In ogni caso il *Member* non può contrattualmente prevedere un regime di responsabilità che sia più favorevole all'interessato sulle merci rispetto alle *Hague-Visby Rules* o, se applicabili, alle Regole di Amburgo (cfr. cap. 11):

– crediti per contribuzione in avaria generale non recuperabili dal Vettore verso gli interessati al carico a fronte dell'eccezione di questi che l'evento che ha determinato l'avaria generale è di responsabilità del vettore;
– multe e sanzioni relative all'attività imprenditoriale o a fatti dell'equipaggio.

Stante la mutevolezza dei rischi e delle legislazioni, nonché le sempre nuove ipotesi di rischio che possono sorgere nella pratica e non essere oggetto di una specifica previsione, è previsto che gli organi del Club possano discrezionalmente accordare la copertura di casi non espressamente previsti, purché ciò sia congruo con gli scopi perseguiti dall'Associazione (che è in primo luogo un ente mutualistico volto a proteggere i propri soci contro le responsabilità nascenti dalla loro attività).

Alla copertura tradizionale si possono aggiungere ulteriori classi di assicurazione fornite dal Club:

– la c.d. *Freight, Demurrage and Defence*, che prevede la copertura assicurativa delle spese legali inerenti a controversie tipiche connesse all'attività armatoriale quali per il mancato pagamento del nolo, vertenze con l'equipaggio, ecc.;
– la c.d. *Strike*, che copre le perdite di tempo conseguenti a scioperi dell'equipaggio o in determinati casi di terzi;
– la c.d. *Charterers' Liability*, che copre le responsabilità dell'attività di un soggetto che, non essendo proprietario della nave ma avendone la disponibilità in forza di un time o *voyage charter-party*, non avrebbe titolo (non essendo Armatore) a far parte del Club, ma corre rischi in larga misura assimilabili a quelli di un Armatore vero e proprio, specie per quel che concerne la responsabilità verso il carico.

Infine, è frequente la pattuizione per cui il P&I Club copre la responsabilità dell'armatore verso terzi in caso di urto di navi, nella misura in cui essa non sia già oggetto di assicurazione nella polizza corpi (cfr. *supra*, § 6).

9. Le assicurazioni obbligatorie della responsabilità

Ormai numerose Convenzioni internazionali prevedono un vero e proprio obbligo per il Proprietario della nave di stipulare coperture assicurative relative ai rischi di danni a terzi conseguenti all'esercizio della stessa.

In ordine di tempo, la prima ipotesi è stata introdotta in materia di responsabilità per danni da inquinamento marino da idrocarburi (oggi, art. VII.1 della Convenzione del 1992 sulla responsabilità civile per i danni derivanti da inquinamento da idrocarburi; cfr. cap. 7) e tale modello è stato via via esteso anche alle ipotesi da responsabilità per i danni causati dal trasporto di sostanze pericolose, (art. 12.1 della Convenzione del 1996 sulla responsabilità e l'indennizzo per i danni causati dal trasporto via mare di sostanze nocive e potenzialmente pericolose, non in vigore), da sversamenti di bunker (art. 7.1 della Convenzione del 2001 sulla responsabilità civile per i danni derivanti dall'inquinamento determinato dal carburante delle navi; cfr. cap. 7), e per i danni e costi conseguenti alla necessità di provvedere alla rimozione di un relitto (art. 12.1 della Convenzione di Nairobi del 2007 sulla rimozione dei relitti, non in vigore per l'Italia; cfr. cap. 2.1.3).

Tali disposizioni prevedono normalmente che una nave, indipendentemente dalla propria bandiera, possa entrare negli spazi marini soggetti alla giurisdizione di un Paese membro delle Convenzioni in questione solo se dispone di idonea certificazione atta a dimostrare l'esistenza di una adeguata garanzia assicurativa o finanziaria dei rischi di danni a terzi disciplinati dalle Convenzioni medesime (cfr. ad esempio, con riferimento alla CLC, il d.p.r. n. 504/1978) e la finalità pubblicistica di tutela dei potenziali terzi danneggiati appare ulteriormente evidente se si considera come tali convenzioni prevedano l'azione diretta dei danneggiati contro i prestatori di tali garanzie.

Analogamente, il Protocollo 1992 alla Convenzione di Atene del 1974 sul trasporto di persone e bagagli via mare prevede l'obbligo per il vettore contrattuale e il vettore effettivo di essere assicurato per i danni conseguenti a morte o lesioni personali dei passeggeri, anche in questo caso con azione diretta del danneggiato contro l'assicuratore (art. 4-*bis*; cfr. cap. 9), mentre la Convenzione sul lavoro marittimo del 2006 (cfr. cap. 5), a seguito delle modifiche apportate nel 2014, prevede l'obbligo per l'armatore di assicurare la propria responsabilità per morte o invalidità sofferte dal personale imbarcato (MLC Regulation 4.2, Standard A4.2 and Guideline B4), e per i salari non versati e le spese di rimpatrio (MLC Regulation 2.5, Standard A2.5.2 and Guideline B2.5).

Vanno anche segnalati anche gli obblighi assicurativi specificamente previsti dal Regolamento CE/392/2009, relativo alla responsabilità dei vettori che trasportano passeggeri via mare in caso di incidente (che riprende le analoghe disposizioni della Convenzione di Atene del 1974/1992), e dalla direttiva 2009/20/CE sull'assicurazione degli armatori per i crediti marittimi, cui è stata data attuazione in Italia con il d.lgs. 28 giugno 2012 n. 111 (cfr. cap. 4).

Tale ultima disciplina si aggiunge alle ipotesi già menzionate e prevede in capo al proprietario, all'armatore o a qualsiasi altro soggetto che sia responsabile della conduzione di una nave rientrante nel campo di applicazione della normativa l'obbligo di stipulare un'assicurazione del tipo di quella fornita dai P&I Clubs (o altre forme effettive analoghe) a copertura, nei limiti dei massimali di responsabilità, dei crediti previsti dalla Convenzione di Londra del 1976 (come modificata per effetto del Protocollo 1996) sulla limitazione della responsabilità per i crediti marittimi cfr. cap. 4). Particolarmente significativa appare la previsione la possibilità di negare l'ingresso nei o espellere dai porti comunitari quelle navi che non rispettino gli obblighi previsti, essendo gli stessi finalizzati non solo ad assicurare una migliore protezione delle vittime, ma anche ad eliminare le navi non conformi alle norme, considerate substandard analogamente a quelle che non rispettano le normative in tema di sicurezza della navigazione e di salvaguardia dell'ambiente marino dall'inquinamento.

Normalmente, le disposizioni delle convenzioni disciplinano in modo autonomo le modalità con le quali il danneggiato può agire nei confronti dell'assicuratore che presta la copertura obbligatoria (si veda, ad esempi, l'art. 4-*bis* della Convenzione di Atene del 1974, come modificata dal Protocollo del 1992).

In mancanza, la Corte di giustizia ha affermato alcuni importanti principi in materia, ossia che la possibilità di azione diretta contro l'assicuratore da parte del danneggiato è possibile se prevista alternativamente o dalla legge regolatrice del contratto di assicurazione, o dalla legge che disciplina la responsabilità per i danni oggetto della copertura assicurativa (art. 18, Regolamento n. 864/2007 e CGUE 9 settembre 2015, causa C-240/14) e che il danneggiato ha la possibilità di agire nei fori previsti dall'art. 11.2 del Regolamento n. 44/2001 (ora art. 13.2, Regolamento n. 1215/2012), senza che gli possano essere opposte le clausole di scelta del foro competente eventualmente contenute nel contratto di assicurazione stipulato tra il responsabile del danno e l'assicuratore (CGUE 13 luglio 2017, causa C-368/16).

ONLINE *Vedi allegato al Capitolo 15*

16. La tutela dei diritti

SOMMARIO: 1. I privilegi speciali sulla nave. – 2. I privilegi speciali sulle cose caricate. – 3. Il sequestro conservativo di nave. – 3.1. Sequestro conservativo e garanzia dei crediti. – 3.2. La Convenzione di Bruxelles del 1952. – 4. L'attuazione delle garanzie sulle cose caricate.

1. I privilegi speciali sulla nave

Le caratteristiche, già più volte evidenziate, dei rapporti inerenti ai traffici marittimi (internazionalità dei rapporti, "mobilità" dei beni, configurazione e localizzazione dei soggetti) rendono particolarmente pressante la necessità di garantire l'effettiva attuazione di tali rapporti ed in particolare la tutela dei crediti da essi derivanti. In altre parole, si pone il problema di fare in modo che all'accertamento del credito segua il concreto soddisfacimento del credito stesso.

A questo riguardo, la nave, come elemento del patrimonio del debitore, costituisce (al pari di qualsiasi altro bene) garanzia generica dell'adempimento delle obbligazioni dell'armatore. Il generalissimo principio della responsabilità patrimoniale di cui all'art. 2740 cod. civ., incontra però, con riferimento a quel particolare bene che è la nave, alcune rilevanti eccezioni. Infatti, in primo luogo, in talune ipotesi, i creditori dell'armatore possono far valere i propri crediti sulla nave anche quando essa non sia di proprietà dell'armatore stesso; in secondo luogo, la nave, oltre a costituire garanzia generica per la totalità dei creditori, costituisce garanzia specifica e preferenziale per alcune categorie di crediti.

Entrambe le accennate eccezioni alla regole generale della responsabilità patrimoniale si attuano mediante il riconoscimento legislativo di privilegi speciali sulla nave a favore di alcune tipologie di crediti.

Più precisamente, a norma dell'art. 552 cod. nav., sono assistiti da privilegio speciale sulla nave: 1) le spese giudiziali dovute allo Stato o fatte nell'interesse comune dei creditori per atti conservativi sulla nave o nel processo di esecuzione; i diritti di ancoraggio, di faro o di porto; le spese di custodia e conservazione della nave dopo l'entrata nell'ultimo porto; 2) i crediti derivanti dal contratto di arruolamento; 3) i crediti per somme anticipate dallo Stato per il mantenimento o il rimpatrio di componenti dell'equipaggio; i crediti per contributi obbligatori di previdenza e assistenza sociale; 4) le indennità e i compensi di salvataggio e le somme dovute per contribuzione della nave ad avarie comuni; 5) le indennità per urto o altri sinistri della navigazione o per danni a opere portuali; le indennità per morte o lesioni di passeggeri o equipaggi e quelle per perdita o avaria del carico o del bagaglio; 6) i crediti derivanti da contratti stipulati od operazioni eseguite dal comandante, in virtù dei suoi poteri legali, per la conservazione della nave o la continuazione del viaggio (nel senso che il privilegio non sussista per le forniture ordinate direttamente dall'armatore cfr. Trib. Genova 10 febbraio 2015, in *Dir. mar.*, 2015, p. 230).

I privilegi speciali sulla nave costituiscono, in primo luogo, causa di prelazione; in tal modo, come detto, la nave viene destinata in via preferenziale al soddisfacimento di alcune categorie. I privilegi speciali sulla nave previsti dal codice della navigazione concorrono con altre cause di prelazione (l'ipoteca navale, i privilegi di diritto comune). Il rispettivo rango, in caso di concorso, di tali cause di prelazione è determinato dall'art. 575 cod. nav. secondo un ordine che vede al primo posto i privilegi speciali sulla nave previsti dall'art. 552 cod. nav. (seguiti dall'ipoteca navale e dai privilegi di diritto comune). I crediti relativi all'ultimo viaggio sono preferiti a quelli relativi ai viaggi precedenti; fra i crediti relativi allo stesso viaggio, la graduazione corrisponde all'ordine nel quale sono collocati nella formulazione della norma stessa (con alcune ulteriori precisazioni indicate negli artt. 555 e 556 cod. nav.).

Come già accennato (*infra*, cap. 3 § 4) la prevalenza accordata ai privilegi speciali di cui all'art. 552 cod. nav. rispetto all'ipoteca navale ha l'effetto, per gli enti finanziatori, di rendere meno efficace la garanzia costituita dall'ipoteca navale. In prospettiva, questo potrebbe disincentivare il finanziamento di acquisti e nuove costruzioni, a danno dell'industria armatoriale nel suo complesso.

Altra fondamentale caratteristica dei privilegi speciali sulla nave, di cui all'art. 552 cod. nav., è la loro natura assimilabile a quella dei diritti reali di garanzia. Pertanto, in concreto, il credito assistito da privilegio speciale può essere fatto valere sulla nave anche quando quest'ultima non sia di proprietà del soggetto debitore (art. 557 cod. nav.). Ciò si verifica, ad esempio, nelle ipotesi di locazione a scafo nudo o *leasing* di nave, in cui i debiti relativi all'esercizio della nave sono debiti dell'armatore (e non del proprietario) o nelle ipotesi di responsabilità per danni al carico da parte del vettore che non sia anche proprietario della nave. In tali ipotesi, il proprietario della nave, sulla quale grava il privilegio speciale, subisce l'aggressione di un bene del proprio patrimonio a soddisfazione di debiti contratti da altri soggetti, che a vario titolo abbiano avuto l'esercizio o l'impiego commerciale della nave.

Alla realità (o quasi-realità) dei privilegi speciali sulla nave, di cui all'art. 552 cod. nav., inerisce anche il c.d. "diritto di seguito", in forza del quale i titolari di crediti assistiti da privilegio speciale possono aggredire la nave, in relazione a debiti relativi all'esercizio della nave da parte del precedente proprietario, anche dopo che questi abbia alienato a terzi la nave medesima. Sul tema del "diritto di seguito" che assiste i crediti muniti di privilegio speciale sulla nave cfr. l'ordinanza del Trib. Trieste 7 maggio 2008 (in *Dir. mar.*, 2009, p. 835):

> «Sembra infatti evidente che, ove il creditore sequestrante sia titolare del privilegio marittimo che invoca a norma della Convenzione di Bruxelles del 10 aprile 1926, tale privilegio, in forza dell'attuazione già ricevuta con il concesso sequestro, comporti il diritto di seguito efficace, sempre che tempestivamente trascritto, verso gli aventi causa del venditore. Pertanto, o il sequestro è stato tempestivamente reso opponibile all'attuale preteso compratore o, diversamente, esso non sarà opponibile».

La natura reale (o quasi-reale) dei privilegi speciali sulla nave trova peraltro un bilanciamento nel limite temporale della loro validità. I privilegi si estinguono infatti, oltre che per la estinzione del credito cui ineriscono, con lo spirare del termine di un anno, ad eccezione di quelli di cui al n. 6 dell'art. 552 cod. nav., per i quali è stabilito il più breve termine di centottanta giorni (art. 558 cod. nav.). In caso di alienazione volontaria della nave, i privilegi speciali sulla nave si estinguono con il decorso del termine di sessanta giorni (art. 559 cod. nav.). Le indicate caratteristiche fondamentali dei privilegi speciali sulla nave, di cui all'art. 552 cod. nav., sono ben sintetizzate nella sentenza della Cass. 3 marzo 1965 n. 347 (in *Dir. mar.*, 1965, p. 404):

> «I privilegi marittimi s'inquadrano nella categoria generale dei privilegi, disciplinata dal codice civile; essi sono cause di prelazione che il codice della navigazione (artt. 548 e ss.) attribuisce ad alcuni crediti nascenti dalla navigazione e aventi per oggetto la nave, il nolo o le cose caricate. Si pongono, quindi, come un accessorio di determinati crediti e, a differenza dei privilegi mobiliari previsti nel codice civile, hanno sempre carattere speciale. Altre due caratteristiche distinguono i privilegi marittimi da quelli ordinari; da un lato la loro natura reale o affine a quella reale, tanto che essi danno luogo ad un diritto di seguito (art. 557 cod. nav.) che per alcuni autori li rende simili ai diritti del creditore pignoratizio e, dall'altro, il loro carattere temporale, cioè la loro limitatezza nel tempo, di regola non superiore ad un anno (si veda l'intera disposizione dell'art. 558 cod. nav. con le sue eccezioni) e che, in caso di vano decorso del termine, ne provoca l'estinzione. Nel caso di vendita della nave il termine è notevolmente ridotto, in considerazione dell'interesse del terzo proprietario, che non è creditore, a veder al più presto liberata la nave dal peso del privilegio; giustificato interesse di cui si è reso interprete il legislatore nell'art. 559 dello stesso codice, stabilendo che, nel caso di alienazione volontaria della nave, il privilegio si estingue nel termine di sessanta giorni, da computarsi con i criteri ivi espressamente indicati, quanto a decorrenza».

L'estinzione dei privilegi è impedita dall'esercizio dei privilegi stessi da parte del creditore entro i termini di decadenza innanzi indicati, previsti dagli artt. 558 e 559 cod. nav., con la precisazione che tale esercizio del privilegio si attua mediante atti diretti al soddisfacimento del credito garantito sulla nave gravata dal privilegio stesso e cioè mediante il sequestro conservativo o il pignoramento della nave stessa. Al riguardo, l'art. 558 precisa che i termini di estinzione dei privilegi sono sospesi finché la nave gravata non abbia potuto essere sequestrata o pignorata nelle acque territoriali italiane, ma tale sospensione non può oltrepassare i tre anni dal giorno in cui il credito è sorto. Non rilevano, invece, ai fini di impedire l'estinzione del privilegio, azioni volte al mero accertamento della sussistenza del credito. Anche su questo punto, si vedano i puntuali rilievi della Cass. 3 marzo 1965 n. 347 (in *Dir. mar.*, 1965, p. 404):

> «Il problema è, dunque, quello di determinare quale debba essere il comportamento del creditore privilegiato per non perdere, in caso d'alienazione della nave, il suo privilegio; problema che, del resto, per quanto in termini meno rigorosi, si presenta, sul piano generale, come si è visto (art. 558 cod. nav.) per tutti i creditori privilegiati sulla nave e sul nolo ... Va in proposito rilevato che, in applicazione d'un principio di carattere generale, la decadenza è impedita soltanto dal compimento di un atto d'esercizio del diritto, che

non fatto valere nel termine di estinguerebbe (art. 2966 cod. civ.). Il diritto, che nel caso si estinguerebbe, è ovviamente il privilegio, non il credito, tanto più che nella specie il privilegio, accessorio del credito, deve farsi valere nei confronti del terzo acquirente, cioè d'una persona diversa dal debitore e del tutto estranea al debito, ma colpita soltanto dalla speciale forma di garanzia da cui il credito è assistito. ... Consegue dai rilievi ora svolti che, ad evitare la decadenza dal privilegio, è necessario, da parte del terzo acquirente, il tempestivo compimento di un atto, che sia esercizio del privilegio e non sia invece diretto al mero accertamento del credito nei confronti del terzo, tanto più quando il credito, come nel caso, non è contestato da chicchessia, a cominciare dal terzo acquirente. ... Occorre, pertanto, stabilire quali siano gli atti idonei all'esercizio del privilegio. Senza dubbio, allorché il credito sia fondato su titolo esecutivo, atto idoneo all'esercizio del privilegio, è il pignoramento; col pignoramento le cose gravate da privilegio sono sottratte alla disponibilità dell'avente diritto e sono messe a disposizione del creditore privilegiato, affinché su di esse egli faccia valere la sua causa legittima di prelazione. Se il titolo non è fondato su titolo esecutivo, il creditore può evitare la decadenza soltanto compiendo un atto, sui beni soggetti a privilegio, che abbia effetto similare – ancorché provvisorio – a quello del pignoramento, cioè che sottragga i beni stessi alla disponibilità dell'avente diritto e che sia seguito da un'immediata manifestazione di volontà diretta a rendere definitiva la situazione, attraverso la precostituzione d'un titolo esecutivo valido per iniziare il procedimento di esecuzione».

Occorre, infine, precisare che l'elencazione dei privilegi speciali sulla nave, di cui all'art. 552 cod. nav., è certamente tassativa, ma questo non impedisce che sulla nave possano gravare (seppure in posizione deteriore quanto alla graduazione, come indicato dagli artt. 548 e 575 cod. nav.) anche privilegi speciali di diritto comune, previsti dagli artt. 2755 e ss. cod. civ. e che, sussistendone i presupposti, in relazione a tali privilegi speciali, il creditore possa esercitare un diritto di ritenzione. Si è ritenuto che tale ipotesi ricorra, ad esempio, in relazione al credito del riparatore per la custodia della nave, successiva alla esecuzione dei lavori; la giurisprudenza (Trib. Salerno 24 giugno 1994, in *Dir. mar.*, 1996, p. 1055) ha infatti affermato che tale credito è assistito da privilegio speciale e diritto di ritenzione a norma degli artt. 2756 e 2761 cod. civ.:

«Il credito riscontrato come sussistente appare rientrare, ad avviso del Collegio, se non fra quelli previsti dall'art. 552, n. 1, cod. nav., (dal momento che le spese di custodia e di conservazione, di cui discorre la detta norma, si profilano riferite, con riguardo al momento dell'entrata nell'ultimo porto, alle esigenze che il natante ha per il suo esercizio in loco al fine del mantenimento della sua navigabilità, non a quelle per ristrutturazione dell'imbarcazione dopo il suo alaggio), certo fra quelli previsti dall'art. 2756 cod. civ., attenendo esso a spese relative alla conservazione del natante o, se si voglia inquadrare le prestazioni rese dalla società attrice in un deposito che abbia acceduto all'appalto, fra quelli previsti dall'art. 2761 cod. civ.: sicché, secondo il disposto delle dette norme (cfr. art. 2756, ultimo comma, cod. civ.), la società creditrice ha (oltre al privilegio speciale, da far valere in sede esecutiva) il diritto di ritenere il motopesca finché essa non venga soddisfatta del detto credito».

Peraltro, secondo un altro orientamento, in virtù del rapporto di specialità intercorrente tra le norme in tema di privilegi del codice della navigazione e quelle del codice civile, queste ultime non possono essere applicate quando il loro ambito coincida con quello delle norme del codice della navigazione: cfr. Trib. La Spezia 10 febbraio 2004 (in *Dir. mar.*, 2006, p. 860):

> «Non ricorre l'ipotesi di cui all'art. 552, n. 1, cod. nav. (e di cui anche alla Convenzione di Bruxelles del 1926, il cui testo è analogo a quello dell'art. 552 cod. nav.); infatti, il privilegio per le spese di conservazione e di custodia della nave è solo quello per spese effettuate "dopo l'entrata nell'ultimo porto"; invece, si evince pacificamente dagli atti di causa che dopo i lavori la nave ha lasciato il porto di La Spezia, toccando altri porti, per rientrare nuovamente a La Spezia – sede della società armatrice – al tempo del ricorso introduttivo. Quanto al privilegio di cui all'art. 2756 cod. civ., esso pure richiamato da parte ricorrente, si evidenzia la non applicabilità di esso alla materia di navigazione essendovi una norma speciale quale è quella di cui all'art. 552 cod. nav.; in ogni caso, il privilegio di cui all'art. 2756 cod. civ. presuppone che il bene oggetto di opere di conservazione si trovi presso colui che dette riparazioni ha effettuato».

2. I privilegi speciali sulle cose caricate

Oltre ai privilegi speciali sulla nave (esaminati al § precedente) il codice della navigazione prevede e disciplina anche privilegi speciali sulle cose caricate.

I crediti assistiti da privilegio speciale sulle cose caricate sono elencati all'art. 561 cod. nav.: 1) le spese giudiziali dovute allo Stato o fatte nell'interesse comune dei creditori per atti conservativi sulle cose o per il processo di esecuzione, 2) i diritti doganali dovuti sulle cose nel luogo di scaricazione o di consegna, 3) le indennità ed i compensi di salvataggio e le somme dovute per contribuzione ad avaria comune, 4) i crediti del vettore derivanti da contratto di trasporto (in particolare, per nolo e controstallie), 5) le somme dovute per obbligazioni contratte dal comandante sul carico a norma dell'art. 307 cod. nav.

Tra il credito garantito dal privilegio speciale e le cose trasportate sulle quali sgrava tale privilegio deve esservi un rapporto di connessione, che sussiste quando il trasporto in relazione al quale è sorto il credito e quello avente per oggetto le cose sulle quali il vettore intende far valere il privilegio costituiscono esecuzione di un unico contratto (cfr. per es. Trib. Milano 22 ottobre 2012, in *Dir. mar.*, 2013, p. 905).

Quanto alla graduazione, i crediti assistiti da privilegi speciali sul carico, di cui all'art. 561 cod. nav., prevalgono su quelli garantiti da pegno sulle cose caricate (art. 561 cod. nav., ultimo comma) e, tra di loro, prendono grado nell'ordine secondo il quale sono collocati nella formulazione dell'art. 561 cod. nav.

Anche i privilegi speciali sul carico di cui all'art. 561 cod. nav. hanno, seppure in misura più limitata rispetto a quelli sulla nave, caratteristiche di (quasi) realità. Essi infatti gravano sulle cose trasportate, indipendentemente dal diritto di proprietà delle stesse e possono quindi essere esercitati dal creditore anche nei confronti del proprietario non debitore (cfr. in argomento la sentenza della Cass. 23 ottobre 1958 n. 3424, in *Dir. mar.*, 1960, p. 366):

«Dato che il privilegio a favore dei crediti derivanti dal trasporto marittimo incide sulle cose trasportate, indipendentemente dal diritto di proprietà sulle stesse, ne consegue che legittimato a contraddire direttamente alla domanda di realizzazione del privilegio è l'avente diritto al carico in base al contratto di noleggio o di trasporto, mentre è indifferente se tale avente diritto ne sia anche il proprietario, pur restando indubbiamente, quest'ultimo, interessato alla risoluzione della controversia».

In argomento cfr. anche Trib. Trieste 5 novembre 2007 (in *Dir. mar.*, 2009, p. 1205):

«Poiché tale privilegio legale mobiliare è di tipo speciale ed ha natura reale, il diritto di seguito che ne consegue è opponibile *erga omnes*, dunque anche ai terzi nei confronti dei quali esso viene esercitato, indipendentemente dalla loro partecipazione ai contratti che lo hanno fatto sorgere o dalla loro conoscenza.".

Tuttavia, la possibilità per il creditore di far valere le caratteristiche di (quasi) realità dei privilegi sulle cose caricate è strettamente correlata alla permanenza delle stesse a bordo della nave o nel controllo del vettore. Il venir meno di tali circostanze segna, infatti, il limite oltre il quale il privilegio diventa inopponibile ai terzi di buona fede che abbiano, successivamente a tale momento, acquistato diritti sulle stesse cose. L'art. 564 cod. nav. dispone, a questo riguardo, che i privilegi sulle cose caricate si estinguono se il creditore non li esercita (intimando opposizione al comandante della nave ovvero procedendo al sequestro conservativo o al deposito *ex* art. 437 cod. nav.) entro quindici giorni dalla scaricazione e prima che le cose scaricate siano passate legittimamente a terzi. Per un'applicazione degli artt. 561, n. 4 e 437 cod nav. (cfr. l'ordinanza del Trib. Genova 2 febbraio 1995, in *Dir. mar.*, 1997, p. 803):

«Ritenuto che la ricorrente, premesso che il credito per le controstallie alla caricazione avrebbe dovuto essere pagato giorno per giorno e quello per il nolo prima dell'inizio della scaricazione, assume di non essere stata soddisfatta dei suoi crediti e di essere assistita dal privilegio speciale sulle cose caricate sia a sensi dell'art. 561, n. 4, cod. nav., sia a norma della clausola n. 11 del *voyage charter-party*, secondo cui spetta al noleggiante un diritto di *lien*; ritenuto che i dedotti crediti ed il relativo privilegio appaiono sufficientemente provati dai documenti prodotti a corredo del ricorso e che il privilegio si estinguerebbe se la ricorrente perdesse il possesso del carico che del privilegio costituisce l'oggetto; ritenuto che la nave è arrivata nel porto di questa città e che la ricorrente ha, pertanto, il diritto di essere autorizzata, ai sensi dell'art. 437 cod. nav., a depositare la quantità di cose caricate sufficiente a coprire il nolo ed i compensi di controstallia, essendo questa misura, la meno gravosa, necessaria al fine di garantire alla creditrice la conservazione del privilegio sul carico ed il recupero del suo credito».

È discusso, in dottrina e giurisprudenza, se i privilegi speciali sul carico di cui all'art. 561 cod. nav. attribuiscano al creditore un diritto di ritenzione; tale diritto comunque sicuramente esiste allorché sia previsto da specifiche pattuizioni contrattuali, quali quelle che vengono frequentemente inserite nei contratti di trasporto per meglio garantire i crediti del vettore per nolo e controstallie.

3. Il sequestro conservativo di nave

3.1. Sequestro conservativo e garanzia dei crediti

Come si è già accennato (al § 1 di questo capitolo) il sequestro conservativo della nave costituisce lo strumento essenziale di esercizio e salvaguardia del privilegio speciale sulla nave che assiste alcune categorie di crediti. Qualora (come avviene nella normalità dei casi) il creditore non sia ancora munito di un titolo esecutivo e non possa quindi procedere direttamente al pignoramento, il sequestro conservativo della nave consente al creditore privilegiato, da un lato, di impedire che il passaggio del tempo, necessario all'accertamento del credito e dalla pronuncia della relativa condanna, provochi l'estinzione del privilegio speciale e, dall'altro, di assoggettare la nave al soddisfacimento del credito assistito dal privilegio stesso. Proprio in vista di tale specifica funzione di attuazione e conservazione del privilegio speciale, il sequestro conservativo di nave viene concesso, in relazione a crediti assistiti da tali privilegi, anche a prescindere dall'accertamento della sussistenza del requisito del "*periculum in mora*" (cfr. Trib. Genova 11 luglio 2011, in *Dir. mar.*, 2012, p. 924 e, più di recente, Trib. Genova 1° febbraio 2017, in *Dir. mar.*, 2018, p. 2017). Il collegamento funzionale tra sequestro conservativo e privilegi speciali viene evidenziato dalla sentenza del Trib. Velletri 3 novembre 1970 (in *Dir. mar.*, 1971, p. 50):

> «I privilegi speciali previsti dal codice della navigazione hanno una durata più o meno breve, per cui, per evitare la loro estinzione è necessario che siano esercitati tempestivamente. A questo fine, però, non è sufficiente l'esercizio dell'azione di cognizione, diretta all'accertamento del credito, anche se accompagnato dalla trascrizione dell'atto di citazione nella matricola della nave, giacché tale azione costituisce solo l'esercizio del credito per il quale è concesso il privilegio, ma non l'esercizio di quest'ultimo; il quale, invece, può essere esercitato mediante un mezzo idoneo a sottrarre la nave dalla disponibilità dell'avente diritto ed a metterla a disposizione del creditore privilegiato, in modo che questi possa su di essa, o meglio sul ricavato della sua vendita, soddisfare il suo credito con prelazione rispetto agli altri creditori. Tale mezzo, quando detto creditore sia munito di titolo esecutivo, è indubbiamente il pignoramento; ma, quando quel titolo manchi, l'unico mezzo di esercizio del privilegio marittimo non può essere che il sequestro conservativo (...) Ne deriva che l'interesse ad agire del creditore privilegiato, che chiede il sequestro conservativo della nave gravata dal privilegio, è dato dall'esigenza di mantenere in vita questo ultimo e di precostituirsi le condizioni per l'esercizio dell'azione esecutiva privilegiata, e non, come nel diritto comune, dal pericolo di perdere la garanzia del credito; il quale pericolo, pertanto, non può costituire un presupposto del sequestro della nave».

Nei confronti dei creditori ordinari, il sequestro di nave opera quale strumento di natura cautelare volto alla conservazione della garanzia generica costituita dal patrimonio del debitore, assoggettando ad un vincolo di indisponibilità (finalizzato alla concreta efficacia della futura fase esecutiva) un elemento rilevante del suo patrimonio. In tali ipotesi, la concessione del sequestro di nave è, in conformità alle norme generali del codice di procedura civile, subordinata all'accertamento da parte del giudice della sussistenza dei due requisiti dell'apparente fondatezza del credito ("*fumus boni iuris*") e del fondato timore di perdere la garanzia del proprio credito ("*periculum in mora*"). Mentre il primo di essi non richiede particolari osservazioni, il secondo merita qualche maggiore approfondimento, in relazione alle divergenti valutazioni che è dato riscontrare nella giurisprudenza. Pur nella estrema sinteticità e frammentarietà delle motivazioni dei provvedimenti cautelari, sembra infatti di poter ricostruire due differenti filoni. Un orientamento, più restrittivo, richiede una circostanziata analisi della consistenza e della composizione del patrimonio del debitore; nonché, se si tratta di credito relativo ad un rapporto contrattuale, del depauperamento di tale patrimonio in epoca successiva alla stipulazione del contratto. L'altro orientamento, più favorevole ai creditori, riscontra la sussistenza del *periculum in mora* nella nazionalità straniera del debitore, nell'assenza di altri beni (al di fuori della nave di cui si chiede il sequestro) sul territorio italiano o addirittura nel mero fatto dell'imminente partenza della nave.

Si è detto in precedenza che, nel sistema disegnato dalle norme comuni (ed in particolare dagli artt. 2905-2906 cod. civ.), il sequestro conservativo attua un vincolo di indisponibilità giuridica del bene sequestrato, finalizzato alla conservazione dello stesso in vista della concreta efficacia della futura esecuzione forzata. Nella prassi dei traffici marittimi, il sequestro di nave è venuto però ad assumere in concreto una diversa connotazione, nel senso che la sua efficacia viene percepita, più che in termini di indisponibilità giuridica, in termini di indisponibilità materiale. In altre parole, il creditore che procede al sequestro di nave tende, non soltanto a prevenire la alienazione della stessa a terzi da parte del debitore, ma in primo luogo a "bloccare" la nave nel porto ove essa viene sequestrata, impedendone l'utilizzo da parte dell'armatore-proprietario, costringendo così quest'ultimo a fornire adeguate garanzie alternative, facilmente liquidabili, a soddisfacimento del credito, nella forma di depositi cauzionali in denaro o di fideiussioni bancarie o assicurative. La dottrina ha così rilevato che il sequestro di nave tende a trasformarsi da strumento di conservazione di un bene, da assoggettare ad esecuzione forzata, a strumento di pressione sul debitore, per il rilascio di garanzie fideiussorie ovvero di "stimolo all'emersione di potenzialità economiche occultate".

3.2. La Convenzione di Bruxelles del 1952

La maggiore accentuazione dell'effetto di immobilizzazione materiale, rispetto a quello di indisponibilità giuridica, del sequestro di nave, che si è delineata nella prassi, trova riscontro nella disciplina del sequestro di nave dettata dalla Convenzione di Bruxelles del 1952 (ed anche nella successiva revisione di tale normativa uniforme risultante dalla Convenzione di Ginevra del 1999, non ancora in vigore per l'Italia). Infatti, manca nella normativa uniforme qualsiasi disciplina del passaggio dalla fase cautelare a quella esecutiva, come pure degli adempimenti pubblicitari (trascrizione nelle matricole della nave) che dovrebbero rendere la misura cautelare, ed in particolare il conseguente vincolo di indisponibilità giuridica, opponibile a terzi.

Gli elementi di differenziazione tra il sequestro conservativo regolato dalle norme ordinarie ed il sequestro di nave regolato dalle norme speciali della Convenzione di

Bruxelles del 1952 sono rilevati dall'ordinanza del Trib. Bari 26 novembre 1996 (in *Dir. trasp.*, 1998, p. 751) nei termini che seguono:

«Con sequestro (*arrest*) si intende, a mente dell'art. 1, l'immobilizzazione giudizialmente autorizzata della nave a garanzia del credito marittimo, ma non anche l'assicurazione della nave in esecuzione di un titolo giudiziale (*judgement*). Il sequestro è quindi essenzialmente una misura cautelare, equivalente al nostro sequestro conservativo (cui è largamente riconducibile; per la procedura da adottare l'art. 6 rinvia alla legge nazionale), ma non corrisponde all'apprensione del bene, allorché si ponga in esecuzione un titolo dotato di efficacia esecutiva. È così esclusa per definizione una fase esecutiva, essendo limitata l'efficacia del sequestro al blocco materiale ed alla custodia della nave. Ne segue che, allorché si sia il creditore procurato un titolo esecutivo, fermo restando gli effetti dell'*arrest* (immobilizzazione del bene), deve provvedere al pignoramento del bene, non essendo applicabile l'art. 686 c.p.c. (conversione del sequestro conservativo in pignoramento). Non è possibile infatti procedere ad esecuzione forzata con l'*arrest*, che in ciò marca la propria differenza dal sequestro conservativo. Naturalmente prima dell'inizio dell'esecuzione forzata il credito è comunque tutelato dalla permanenza degli effetti propri dell'*arrest*».

L'immobilizzazione materiale della nave, volta ad ottenere il rilascio di idonee garanzie di tipo fideiussorio sembra quindi essere la finalità preminente del sequestro disciplinato dalla Convenzione di Bruxelles del 1952. L'art. 5 della Convenzione prevede che il Giudice che ha autorizzato il sequestro ne disponga la revoca quando il debitore abbia prestato «une caution ou une garantie suffisants» e che, in difetto di accordo tra le parti sai lo stesso Giudice a fissare natura ed importo della garanzia. L'art. 3.3 prevede inoltre che una nave non possa essere sequestrata più di una volta a garanzia dello stesso credito. Una recente decisione di merito (Trib. Ravenna 29 maggio 2010, in *Dir. mar.*, 2011, p. 592) ha però ritenuto ammissibile il sequestro, da parte di un creditore che aveva in precedenza sequestrato in altra giurisdizione una nave del debitore, di una seconda nave dello stesso debitore, quando dal riparto del ricavato della vendita giudiziale della prima il creditore aveva ottenuto una soddisfazione solo parziale del suo credito.

La rilevanza, nell'ambito della tutela cautelare, dell'aspetto materiale della immobilizzazione della nave, viene evidenziato anche dalle decisioni che negano l'interesse ad agire del creditore ricorrente quando la nave abbia lasciato le acque territoriali italiane: cfr. per es. Trib. Trieste 7 ottobre 2008 (in *Dir. mar.*, 2009, p. 1267; *contra* Trib. Ravenna 3 dicembre 2010, in *Dir. mar.*, 2012, p. 1188):

«L'emanazione di un provvedimento di sequestro relativo ad uno specifico bene non più apprensibile, in quanto sottratto alla sfera di incisività dei poteri coercitivi che è necessario utilizzare per dare attuazione concreta alla tutela cautelare richiesta, risulterebbe *data inutiliter*. Invero perché l'interesse possa ritenersi sussistente è necessario che il provvedimento sia utile a chi lo richiede, secondo la sua stessa prospettazione, in chiave satisfattiva dell'interesse sostanziale di cui si lamenta la frustrazione. Ciò tanto più che la natura del provvedimento cautelare di sequestro non ne consente l'utilizzazione se non sul piano della diretta attuazione fattuale (qui all'evidenza impossibile, per il pacifico rientro in Turchia del bene oggetto esclusivo della richiesta)».

La Convenzione di Bruxelles del 1952 sul sequestro di nave si differenzia dalla configurazione del sequestro risultante dalle norme comuni degli artt. 2905-2906 cod. civ. anche sotto un altro rilevante profilo. Si è detto, che il sequestro conservativo costituisce strumento di attuazione dei privilegi speciali e, per i creditori ordinari, strumento di conservazione della garanzia generica costituita dal patrimonio del debitore. Nel sistema della Convenzione, invece, il sequestro di nave è consentito solo in relazione ai "crediti marittimi" elencati all'art. 1 della Convenzione stessa. Tale elencazione, che secondo il giudizio concorde di dottrina e giurisprudenza deve considerarsi tassativa, comprende i principali crediti derivanti dall'esercizio della nave, ma è altresì caratterizzata da alcune rilevanti esclusioni, quali i crediti per premi assicurativi o quelli derivanti da contratti di vendita di nave. In sede di revisione della Convenzione, l'alternativa tra lista "chiusa" e lista "aperta" dei crediti marittimi è stata vivacemente dibattuta, ma è prevalsa infine ancora l'impostazione della elencazione tassativa, sebbene integrata da alcuni crediti precedentemente esclusi.

La giurisprudenza italiana appare peraltro orientata (anche sulla scorta di alcune decisioni straniere e di riferimenti a principi costituzionali) in senso favorevole ad una interpretazione "estensiva" delle definizioni delle categorie di crediti marittimi; nell'art. 1 della Convenzione di Bruxelles del 1952; si veda, al riguardo, l'ordinanza del Trib. Bari 19 luglio 2002 (in *Dir. mar.*, 2004, p. 1424):

> «Nella presente controversia, una parte del credito vantato dalla Morfimare attiene a tali spese, ma l'altra parte (più consistente) attiene a provvigioni ed indennità di fine rapporto agenziale. Francamente non si vede per quale ragione un agente che abbia anticipato dette spese possa giovarsi delle disposizioni della Convenzione, mentre altrettanto non possa fare se egli sia creditore di somme dovute a titolo provvigionale o indennitario, dal momento che entrambi i crediti nascono dal contratto di agenzia. La prevalente giurisprudenza straniera formatasi attorno alla Convenzione del 1952 assegna la natura di credito marittimo ai crediti nascenti dal contratto di agenzia, pur non mancando, ad onor del vero, pronunce di segno opposto. Ma vi è anche giurisprudenza italiana favorevole all'inclusione, fra i crediti marittimi di quelli nascenti dal contratto di agenzia ... Conseguentemente, dovendosi sempre privilegiare un'interpretazione delle norme *secundum Costitutionem*, il credito vantato dalla Morfimare (neppure contestato dalla Bellatrix) è da ritenere "marittimo" ai sensi della Convenzione».

Particolarmente significativa, nell'ambito dell'ordinamento giurisprudenziale sopra ricordato, è l'ordinanza del Trib. Napoli 28 marzo 2006 (in *Dir. mar.*, 2008, p. 279) relativa ad una fattispecie di credito ad un compenso forfettario a fronte di una pluralità di servizi, solo alcuni dei quali rientranti nella definizione di "credito marittimo":

> «[resta] aperto il problema di come regolarsi nelle ipotesi in cui il credito azionato abbia solo in parte natura marittima e sia impossibile separare nel suo ambito, quanto dovuto per un titolo abilitante il sequestro, da quanto dovuto per altro titolo, restando in ogni altro caso ovvia la necessità di concedere il sequestro per la sola parte del credito che ha natura marittima. ... Buona parte delle voci del credito della ricorrente ricadono dunque senz'altro nelle previsioni dell'art. 1.1 della Convenzione, e segnatamente sotto le lettere k), i) ed m) che contemplano la fornitura di prodotti o materiali in vista dell'esercizio e

manutenzione della nave, i servizi di rimorchio ed i pagamenti del personale di bordo, con impossibilità di scindere quanto dovuto per le altre causali in ragione dell'onnicomprensività del compenso pattuito. Si pone dunque l'ineludibile alternativa tra l'esclusione dell'ammissibilità del sequestro, ad onta della natura parzialmente marittima del credito, ed il riconoscimento della sua ammissibilità in ragione della protezione privilegiata che la Convenzione ha inteso accordare ai crediti marittimi, riconoscendoli come particolarmente meritevoli di tutela, cosicché, in presenza di un credito composito, lo spirito della normativa convenzionale imporrebbe di dare in ogni caso prevalenza all'elemento marittimo in vista della concessione del sequestro. È a tale seconda opzione ermeneutica che questo giudicante intende aderire con l'avallo di un precedente giurisprudenziale della Corte di Cassazione francese».

Ai "crediti marittimi" viene così riservata non una vera e propria prelazione (paragonabile a quella dei crediti privilegiati), ma un anomalo trattamento preferenziale, nel senso che solo ad essi è riservata la possibilità di aggredire la nave in sede cautelare mediante il sequestro e (come sopra accennato) di ottenere in tal modo, nella normalità dei casi, il rilascio di garanzie cauzionali o fideiussorie. La tutela dei "crediti marittimi" è ulteriormente rafforzata dalla circostanza che, secondo l'interpretazione prevalente in dottrina ed in giurisprudenza, il sequestro di nave può essere concesso in relazione a tali crediti anche prescindendo dalla verifica in merito alla sussistenza del requisito del *periculum in mora*. Tale orientamento appare giustificato, oltre che dalla menzionata esigenza di rafforzare la tutela dei crediti marittimi, anche dalla considerazione che il requisito del *periculum in mora* è sconosciuto negli ordinamenti di molti Stati contraenti della Convenzione (cfr. al riguardo il decreto del Trib. Genova 20 maggio 1995, in *Dir. mar.*, 1995, p. 768):

«Ritenuto che l'interpretazione letterale e logica delle disposizioni della Convenzione più volte citata indicano a ritenere – con la migliore dottrina – non necessaria, ai fini della concedibilità del sequestro la delibazione del *periculum* (del quale non è traccia nel testo della Convenzione che, come è noto, per frutto di mediazione, è finalizzata alla eliminazione delle principali diversità fra i vari ordinamenti nazionali, sì che pare plausibile il mancato riconoscimento della necessità del *periculum in mora* sconosciuto agli ordinamenti anglosassoni)».

È assai controverso se la maggior tutela concessa ai crediti marittimi dalla Convenzione di Bruxelles del 1952 si estenda fino al punto di consentire ai titolari di tali crediti di sequestrare la nave alla quale il credito si riferisce, anche quando essa non sia di proprietà del debitore (e cioè, ad esempio, quando debitore sia il noleggiatore a tempo della nave), portando così ad una sorta di equiparazione dei crediti marittimi ai crediti assistiti da privilegio speciale sulla nave. L'interpretazione ed il coordinamento, a questo riguardo, delle norme della Convenzione appaiono assai incerti e difficoltosi. Infatti, l'art. 3, comma 4 della Convenzione sembra consentire il sequestro della nave alla quale il credito si riferisce, anche se essa non sia di proprietà del debitore, anche se poi (come già indicato) nulla viene detto in merito al passaggio alla successiva fase espropriativa; per contro, l'art. 9 esplicitamente dispone che la Convenzione non intende creare nuovi privilegi o "diritti di seguito".

Alcune decisioni, dando rilievo preminente alla citata disposizione dell'art. 9 della Convenzione, hanno così limitato la possibilità di sequestrare la nave cui si riferisce il credito, che non sia di proprietà del debitore, ai casi di esistenza di un privilegio speciale sulla nave (in questo senso cfr., ad esempio, l'ordinanza del Trib. Genova 24 marzo 1995, in *Dir. mar.*, 1997, p. 1063):

«Deve essere escluso il diritto del creditore di sequestrare una nave, a garanzia di un credito nei confronti del noleggiatore, quando tale credito non sia garantito da privilegio speciale sulla nave, e ciò (come è stato precisato dalla dottrina) in quanto la Convenzione di Bruxelles del 1952 sul sequestro conservativo di navi non crea diritti sostanziali né privilegi né diritti di seguito essendo diretta esclusivamente a fornire il mezzo materiale per assicurare, col sequestro della nave, il realizzo dei diritti riconosciuti dalla legge sostanziale che si troverà applicabile».

A questo indirizzo ha aderito di recente Trib. Ravenna 22 marzo 2016 (in *Dir. mar.*, 2017, p. 303).

Altre decisioni, invece, attribuiscono all'art. 9 della Convenzione una funzione mera-mente interpretativa e di "chiusura" del sistema, consentendo così il sequestro di nave non appartenente al debitore, indipendentemente dall'esistenza di un privilegio e dall'assoggettabilità della nave stessa ad esecuzione forzata: cfr. l'ordinanza del Trib. Napoli 28 marzo 2006, in *Dir. mar.*, 2008, p. 979 (e nello stesso senso, di recente, Trib. Imperia 22 aprile 2015, in *Dir. mar.*, 2017, p. 193):

«Il primo capoverso dell'art. 3.4 della Convenzione di Bruxelles sancisce infatti in via espressa la possibilità di sequestrare una nave per un credito vantato verso il noleggiatore purché rientrante nel novero dei crediti marittimi sorto in riferimento alla nave oggetto della misura cautelare, ed il secondo capoverso finisce con l'estendere la sequestrabilità della nave a tutte le ipotesi in cui persona diversa dal proprietario sia debitore di un credito o un credito marittimo. ... In adesione alla giurisprudenza maggioritaria sull'argomento occorre infatti riconoscere che, in base all'art. 3.4 della Convenzione di Bruxelles, tutti i crediti marittimi e non solo quelli assistiti da privilegio speciale possono essere garantiti mediante sequestro conservativo anche quanto il debitore non sia o non sia più proprietario della nave in relazione alla quale il credito è sorto, a nulla rilevando la circostanza che tale credito, in quanto privo di carattere privilegiato, non possa in seguito essere realizzato mediante pignoramento del bene. Il chiaro tenore letterale dell'art. 3.4 impone infatti di ribaltare l'opzione ermeneutica prospettata dalla resistente in quanto sono piuttosto gli artt. 2 e 9 a dover essere interpretati alla luce del primo, nel senso di riconoscere che la Convenzione attribuisce solo i diritti dalla stessa espressamente previsti con esclusione della possibilità di introdurre nei rispettivi ordinamenti nazionali diritti o azioni da questi non previsti, ad eccezioni di quelli creati dalla Convenzione medesima. Tra questi ultimi figura il diritto di sequestrare la nave di proprietà di terzi per un credito marittimo che alla nave si riferisca. Ciò vuol dire che non vi è identità assoluta tra credito marittimo e credito privilegiato in quanto, diversamente opinando, non avrebbe senso la stessa nozione di credito marittimo introdotta dall'art. 1.1 e verrebbe del tutto vanificato il disposto dell'art. 3.4 la cui introduzione sarebbe completamente superflua se credito equivalesse a credito privilegiato. ... Una tale interpretazione è del resto pienamente coerente con gli scopi e la genesi della Convenzione che è frutto di uno sforzo di armonizzazione di legislazioni di paesi diversi da un lato improntate all'attribuzione della soggettività soltanto alle persone e dall'altro propense a riconoscere, a determinati effetti, un centro di imputazione di rapporti giuridici anche in taluni beni con conseguente attribuzione di una *action in rem*».

Nell'ambito di tale secondo orientamento si afferma che l'eventuale impossibilità di sottoporre la nave sequestrata ad esecuzione forzata non possa influire sulla valutazione in merito alla concessione del sequestro (cfr., di recente, l'ordinanza del Trib. Trieste 14 gennaio 2013, in *Dir. mar.*, 2013, p. 180 e, in precedenza, quella del Trib. Genova 13 gennaio 2003, in *Dir. mar.*, 2004, p. 1482):

«La possibilità di sottoporre o meno ad esecuzione forzata la nave non dipende quindi dall'art. 9 della Convenzione, ma dalle disposizioni dei singoli ordinamenti nazionali applicabili ed attiene unicamente a questa ulteriore fase, se ed in quanto il creditore abbia ottenuto un titolo esecutivo. Ad avviso del giudicante, l'eventuale impossibilità del pignoramento riguarda unicamente detta fase esecutiva ma non può, sotto pena di svuotare di contenuto normativo l'art. 3, comma 4, della Convenzione, impedire la creazione del vincolo cautelare, come previsto dalla norma testé citata».

Su una posizione intermedia si pongono decisioni che ammettono il sequestro di nave non appartenente al debitore, anche in assenza di privilegio speciale, ma (evidenziando il già menzionato collegamento tra sequestro e rilascio di garanzie sostitutive) consentono la liberazione della nave sequestrata a fronte di fideiussione subordinata all'accertamento dell'esistenza del credito e della responsabilità patrimoniale del proprietario della nave per il debito per il quale si procede (cfr. l'ordinanza del Trib. Ravenna 26 maggio 2000, in *Dir. mar.*, 2001, p. 772):

«Lo scopo e gli effetti della garanzia prestata ai sensi dell'art. 684 c.p.c. devono, nella specie, consentire che il sequestrante venga a trovarsi rispetto alla soddisfazione dell'accertando credito nella stessa situazione in cui si sarebbe trovato ove il vincolo cautelare permanesse sulla nave sequestrata. ... La presente vicenda propone una fattispecie in cui vi è scissione tra debito e responsabilità posto che, pacificamente, esclusa la possibilità che la Seker possa essere riconosciuta debitrice nei confronti della Balco, l'eventuale responsabilità della Seker è condizionata non solo all'accertamento del credito della Balco nei confronti della Atlas, ma anche alla circostanza che il suddetto credito sia assistito dal privilegio speciale sulla nave di proprietà della Seker. Ciò chiarito va osservato che la garanzia prestata appare, assolutamente, idonea allo scopo previsto dall'art. 684 c.p.c. essendo escutibile dalla Balco per le somme che risultassero dovute alla Seker o per le quali la stessa fosse dichiarata responsabile in virtù di privilegio speciale sulla m/n *Alev K*».

Secondo Trib. Gorizia 12 febbraio 2016 (in *Dir. mar.*, 2017, p. 499):

«Qualsiasi sia l'interpretazione dell'art. 3.4 della Convenzione di Bruxelles del 1952 sul sequestro di navi, e così anche se in base a tale norma il sequestro sia consentito anche a garanzia di un credito nei confronti di persona diversa dal proprietario, purché esso sia "marittimo" e comunque legato alla nave, l'ammissibilità del sequestro presuppone in ogni caso un legame fra la nave ed il debitore, il quale deve avere il potere di assumere obbligazioni per l'esercizio della nave. L'estensione invece a chi tale potere non possiede comporterebbe l'attribuzione di un forte strumento di pressione su di un bene che appartiene o è gestito da un soggetto totalmente diverso dal reale debitore della obbligazione a tutela della quale si chiede la cautela».

Ancora diversa è la posizione di recente assunta da Trib. Oristano 21 febbraio 2019, ove si è affermato che la nave di proprietà di soggetto diverso dal debitore può essere sequestrata solo in presenza di un privilegio speciale, con la sola eccezione dei crediti derivanti da obbligazioni assunte dal conduttore nell'ambito di un contratto di locazione a scafo nudo (con ciò apparentemente anticipando i contenuti della Convenzione del 1999, sulla quale v. *infra*).

Le oscurità e contraddittorietà delle due norme citate sono state risolte in sede di revisione nella nuova Convenzione del 1999 nel senso di consentire il sequestro di nave non appartenente al debitore solo in presenza di una ipoteca navale o di un privilegio speciale o quando il debitore sia il conduttore a scafo nudo e, in base alla *lex fori*, il sequestro conservativo possa poi dare luogo all'espropriazione (quando sia possibile quello che l'art. 686 cod. proc. civ. definisce "conversione del sequestro in pignoramento").

Va infine ricordato un ulteriore elemento che concorre a rafforzare la tutela dei crediti marittimi nell'ambito della Convenzione di Bruxelles del 1952 sul sequestro di nave: si tratta della possibilità per il creditore, in un largo numero di ipotesi previste dall'art. 7, comma 1 della Convenzione, di radicare la giurisdizione di merito sull'accertamento del credito di fronte ai Tribunali del luogo ove è stato eseguito il sequestro (cfr. per es. Trib. Trieste 16 novembre 2010, in *Dir. mar.*, 2011, p. 972):

> «Va rilevato che, sulla base dell'art. 7.1 della Convenzione, i giudici dello Stato in cui è stato concesso il sequestro hanno giurisdizione sul merito, tra l'altro, quando ricorra uno dei seguenti criteri alternativi di collegamento: a) l'attore ha la sede principale dei suoi affari nello Stato in cui è stato eseguito il sequestro, b) il credito è sorto nello Stato in cui è stato eseguito il sequestro, c) il credito è sorto nel viaggio nel corso del quale è stato eseguito il sequestro. Nel caso in esame appaiono sussistenti tutte e tre le circostanze indicate: – quanto ad a), poiché [il creditore]è società di diritto italiano, regolarmente iscritta nel Registro delle Imprese di Trieste, luogo ove svolge la sua attività, – quanto a b), perché il credito ... è sorto in Italia (essendo Trieste il luogo in cui è stato stipulato il contratto ...,– quanto a c), considerato che gli approvvigionamenti di combustibile, relativi ai crediti oggi azionati in giudizio, sono avvenuti per le necessità del viaggio conclusosi con la toccata in Italia».

In tal modo, viene attribuita al creditore la possibilità di "inseguire" la nave e di aggredirla nel luogo ritenuto più opportuno, non solo in funzione dell'ottenimento di adeguate garanzie, ma anche di sottoporre poi la controversia con il debitore ad una giurisdizione ritenuta più favorevole.

4. L'attuazione delle garanzie sulle cose caricate

Come il sequestro della nave rappresenta in concreto il mezzo principale per garantire il soddisfacimento dei crediti nei confronti dell'armatore (o del vettore), così il sequestro del carico costituisce un fondamentale strumento di tutela dei crediti dell'armatore (o del vettore) ed in particolare del credito per il nolo e le controstallie (come visto, assistito da privilegio speciale sulle cose caricate a norma dell'art. 561 cod. nav.). Il sequestro conservativo del carico non è però l'unico strumento a disposizione dell'armatore (e del vettore). Esso concorre, infatti, con il rimedio particolare previsto dall'art. 437 cod. nav., secondo il quale «il comandante, nel caso di mancato pagamento del nolo, può farsi autorizzare dall'autorità giudiziaria del luogo di scaricazione a depositare o, se sia necessario, a vendere tanta parte delle cose caricate quanta ne occorre per coprire il nolo ed i compensi di controstallia». Molti contratti prevedono inoltre un diritto di ritenzione sul carico a favore dell'armatore-vettore.

La funzione del sequestro conservativo del carico come mezzo di attuazione e conservazione del privilegio speciale che assiste il credito per nolo e controstallie è ben illustrata nell'ordinanza del Trib. Genova 18 aprile 1980 (in *Dir. mar.*, 1980, p. 674):

> «Secondo la legge italiana, il credito del vettore marittimo per il nolo ed il compenso di controstallia è assistito da un privilegio sulle cose caricate (art. 561, n. 4, cod. nav.) ... La permanenza di un tale privilegio devesi però ritenere subordinata alla permanenza del carico nella detenzione del vettore, dato che la prelazione si perde se, con lo scarico, le cose "passino legittimamente a terzi" (art. 564 cod. nav.) – Tanto premesso e poiché nella specie non è consentito al vettore di richiedere il pagamento del suo credito per le controstallie prima della discarica delle merci, non vi è dubbio che ricorra il pericolo da questi paventato – che, con la consegna del carico ai destinatari, venga eliminata la particolare situazione cui è subordinata la sussistenza del suo privilegio. Orbene, al fine di scongiurare un tale pericolo, non appare legittima l'adozione di altra misura, fuorché quella del sequestro conservativo, che dall'art. 2769 cod. civ. è preordinato, precisamente, allo scopo di conservare e, talora, ripristinare la situazione cui è subordinata la sussistenza della particolare causa di prelazione del credito di cui si tratta ... Va infine ritenuto che il sequestro conservativo, disciplinato dall'art. 2769 cod. civ., bene può essere eseguito anche su cose di terzi, in quanto siano soggette a privilegio».

Un'analoga funzione può invece essere attribuita in misura più ridotta al rimedio di cui all'art. 437 cod. nav., in quanto esso presuppone la immediata esigibilità del credito (si veda in proposito l'ordinanza del Trib. Genova 2 aprile 1980, in *Dir. mar.*, 1980, p. 669):

> «Il deposito delle cose caricate, disciplinato dall'art. 437 cod. nav. a garanzia dei crediti del vettore per il nolo ed i compensi di controstallia, presuppone il "mancato pagamento" di codesti compensi o controprestazioni. Non essendo nella specie – per patto contrattuale (clausola n. 18 *charter party*) – le controstallie esigibili prima di 60 giorni dal completamento della discarica e non essendo la discarica, che qui interessa, stata a tutt'oggi ultimata, non può ritenersi sussistente l'anzidetto presupposto per la concessione dell'autorizzazione (al deposito parziale del carico) richiesta. Per la stessa ragione, il deposito *ex* art. 437 cod. nav. non può essere utilizzato neppure quale mezzo al fine della salvaguardia del privilegio che al vettore compete sulle cose caricate (per i crediti derivanti dal contratto di trasporto) a norma dell'art. 561, n. 4, cod. nav.: essendo fra loro incompatibili la norma (art. 564 cod. nav.), secondo cui tale privilegio si estingue se il creditore non esercita l'azione entro quindici giorni dalla scaricazione, e la disposizione di contratto (clausola n. 18 del *charterparty*), secondo cui il compenso di controstallia non è esi-

gibile prima di 60 giorni dal completamento della discarica. Questo non impedisce peraltro al creditore di esercitare la propria "azione" (nei confronti del debitore, ed a salvaguardia del privilegio) nei modi ordinari».

Quanto infine al diritto contrattuale di ritenzione, le sue modalità di attuazione sono brevemente illustrate nella ordinanza del Trib. Genova 2 aprile 1980 (in *Dir. mar.*, 1980, p. 669):

«Compete nella specie al vettore, per esplicito patto contrattuale (clausola n. 8 del *charter party*) anche un *lien* sulle cose caricate a garanzia del suo credito per controstallie; ossia un diritto di ritenzione o di pegno convenzionale sulle cose stesse. I mezzi, però con i quali si esercita tale garanzia, per assicurare al vettore il soddisfacimento del suo credito, sono rappresentati dalla vendita coattiva del carico (a mezzo di pubblico mediatore) e dalla prelazione sul relativo prezzo, senza bisogno di autorizzazione giudiziaria (arg. *ex* artt. 2976 e 2797 cod. civ.)».

Ristampa effettuata nel mese di ottobre 2022
nella LegoDigit S.r.l. – Via Galileo Galilei, 15/1
38015 Lavis (TN)